COMPREHENSIVE GUIDE TO THE LATEST INSURANCE ACCOUNTING

이 책은 보험회계를 구성하는 일반회계(IFRS17/IFRS9), 감독회계, 건전성회계(K-ICS)와 함께
할인율, 법인세와 교육세까지 보험회계와 관련된 모든 내용을 한 권으로 정리하였습니다.
보험회사의 계리, 리스크, 재무 및 상품부서에서 일하는 실무자는 물론,
보험업계에 처음 입문하는 신입 사원과 보험회계에 관심있는 모든 분들에게 매우 유용한 지침서가 될 것입니다.

1ST EDITION

한 권으로 정리하는

# 최신 보험회계

이태기 · 노건엽 · 이준호 · 이원주

상경사
www.SKBOOKS.co.kr

# 한 권으로 정리하는 최신 보험회계

**지은이** 이태기 · 노건엽 · 이준호 · 이원주

2024년 11월 28일 1판 1쇄 펴냄

**펴낸곳** 상경사
**펴낸이** 김희철
**재무이사** 반경희
**영업·마케팅** 김병훈 · 김희은
**편집·북디자인** 성진우 · 배정영 · 이은정 · 임경순
**경영지원** 배정민

**등록일** 1988년 6월 27일
**등록번호** 제 1-753 호

06784 서울특별시 서초구 동산로12길 13-8 B01,02 (양재동,담덕궁)
전화 02-577-3835, 팩스 02-573-2240, https://www.skbooks.co.kr



- ISBN 979-11-6137-378-2 13320

- 저자와의 협의에 의해 인지를 생략합니다.
- 값은 표지 뒷면에 있습니다.
- 파본은 구입하신 서점에서 교환해드립니다.

COMPREHENSIVE GUIDE TO THE LATEST INSURANCE ACCOUNTING

1ST EDITION

한 권으로 정리하는

# 최신 보험회계

이태기 · 노건엽 · 이준호 · 이원주

상경사
www.SKBOOKS.co.kr

# 저자 소개


## 이태기

[이력/업무]

- (현) 금융감독원 근무
- 고려대학교 경영학과 졸업, 고려대학교 일반대학원(경영학 석사)
- 멜번대 MBA 졸업, 삼정회계법인 근무(한국공인회계사, 세무사)

## 노건엽

[이력/업무]

- (현) 보험연구원 실장
- 경북대학교 수학과 졸업
- KAIST 대학원 수학과 석,박사(통계 전공)
- 미래에셋생명, 우리투자증권, 보험개발원 근무
- 금융감독원 IFRS TF 파견 근무
- 리스크관리, 보험회계 및 보험계리 연구와 관련 TF 지속 참여

## 이준호

[이력/업무]

- (현) 삼일회계법인 보험 담당 파트너(공인회계사, 보험계리사)
- 연세대학교 경영학과 졸업
- 런던 Bayes 경영대학원 계리경영학 석사
- PwC 영국 보험계리컨설팅팀 파견근무
- 국내 주요 보험사 IFRS와 K-ICS 감사 및 자문

## 이원주

[이력/업무]

- (현) 법무법인(유) 율촌 조세부문 Senior Tax Partner (공인회계사)
- 건국대학교 경영학과 졸업
- 삼일회계법인, 안진회계법인, 한영회계법인 근무
- 은행·보험 등 금융세무전문가

# 머리말

도대체 보험회계와 친해지려면 어디서부터 시작해야할까?

저자는 논문, 보고서, 세미나 등을 통해 보험회계에 관한 내용을 이슈별로 설명하는 역할을 오랫동안 하고 있다. 하지만, 이 물음에 대해 속시원히 답하기는 쉽지 않았다. 2015년 금융감독원 IFRS TF를 통해 '보험계약 국제회계기준 2단계 해설서'가 발간된 적이 있으나 이미 시간이 많이 흘러 최근 내용은 반영되어 있지 않다.

IFRS 17 시행으로 국내 보험산업은 새로운 시대에 돌입하였지만 새로운 시대의 준비는 글이 아닌 말로 전해지는 구전문학에 가까운 형태이다. 전체적인 내용을 입체적으로 설명할 수 있는 자료가 많지 않고 실무 현장을 접하지 않고서는 실질적인 내용을 알기 어렵다.

보험회계에 대해 새롭게 접근하고 싶거나, 이미 알고는 있지만 체계적인 정리가 필요한 독자들을 위한 책이 필요하다고 생각하고 있던 찰나에 금융감독원 이태기 국장의 제안으로 이 책을 저술하게 되었다.

보험회계는 IFRS 17로 인해 일반회계, 감독회계, 건전성회계가 유기적으로 촘촘히 연결되어 있어 전체를 동시에 정리하는 것이 필요하다. 이에 금융감독원, 보험연구원, 회계법인에서 근무하는 각 분야 최고 전문가가 의기투합하여 2023년 초 집필을 시작하였다.

2023년 중 발간을 목표로 시작하였으나 각자의 과중한 업무로 인해 집필 속도가 빠르지 않았다. 법무법인 율촌에서 이원주 회계사를 영입한 후 2년간의 여정이 마무리 되었다.

이 책은 보험업계에 처음 입문하는 신입 사원부터 보험회사의 계리, 리스크, 재무 및 상품부서 등 보험 현장의 실무자와 보험회계에 관심있는 모든 분들을 대상으로 한다.

독자들을 위해 보험회계를 구성하는 일반회계, 감독회계, 건전성회계뿐만 아니라 할인율과 법인세 및 교육세까지 보험회계와 관련된 모든 내용을 정리하였다. 또한, 보험계약 회계처리, 금융자산 재분류, 특별계정 및 재보험, 할인율 산출구조, K-ICS 경과조치, 세법상 전환이익 등을 구체적인 사례와 함께 제시한다.

이 책에 대해 좀 더 자세히 살펴보면 모두 12장으로 구성되며 각 장에서 보험회계와 관련된 내용을 설명한다.

1장은 보험회계를 구성하는 일반회계, 감독회계, 건전성회계의 전반적인 체계에 관해 설명한다. 2장과 3장에서 각각 금융상품 회계기준(IFRS 9)과 보험계약 회계기준(IFRS 17)을 예시와 함께 보여준다. 4장부터 6장까지는 감독회계의 자산, 부채, 자본 및 손익을 계정과목별로 상세히 다룬다. 7장은 특별계정, 재보험, 외국환 감독규제와 같은 보험회사의 특수회계를 소개한다. 8장은 건전성회계(K-ICS)에서의 자산과 부채평가를 논의하고 9장에서 보험부채평가에 적용하는 할인율 산출방법을 단계별로 제시한다. 10장은 지급여력금액 산출과정과 함께 경과조치 종류와 적용방안을 소개한다. 11장은 법인세에 대한 일반적인 사항을 설명하고 12장에서 보험계약과 관련한 법인세와 교육세를 이해한다.

독자들은 이 책을 통해 2023년부터 변화된 보험회계 기준을 충분히 이해하고, 실무에 적용할 수 있는 능력을 갖출 수 있을 것으로 기대한다.

이 책에 대한 신뢰성과 가독성을 높이기 위해 업계 전문가의 감수를 받았다. 보험산업의 발전에 기여한다는 일념으로 수고를 마다하지 않은 DB손해보험 정병록 부장님, 코리안리의 문성훈 부장님에게 감사의 마음을 전한다.

새로운 보험회계는 2013년부터 2022년까지 10년간의 준비를 거쳐 시행되었다. 저금리 시기의 자본 감소 우려를 씻어내고 2023년 금리 상승과 함께 이익과 자본이 증가하여 화려하게 시작하였다. 하지만 시행 2년차를 맞이하여 단기실적 위주의 경쟁이 심화되고 계리적 가정의 합리화와 금리 하락기 자본관리 등에서 이슈가 발생하고 있다.

이 책을 통해 보험회계를 좀 더 쉽게 접할 수 있고 이로 인해 보험회계에 대한 심도 있는 논의가 이어져 보험회계의 신뢰도와 안정성을 높이는데 미약하나마 기여할 수 있기를 희망한다.

2024년 11월

이태기, 노건엽, 이준호, 이원주

# 차 례

제1장

# 보험회계 총론

# 제1절
# 보험회계 개요

## 1. 보험회계 체계

보험회계는 「주식회사 등의 외부감사에 관한 법률(이하 외감법)」에 따른 국제회계기준위원회(International Accounting Standards Board : IASB)의 국제회계기준(IFRS)을 채택하여 정한 회계처리기준(한국채택국제회계기준, K-IFRS)인 일반회계기준(Generally Accepted Accounting Principle : GAAP)과 「보험업법」에 따른 보험회사 감독목적 달성을 위한 감독회계기준(Statutory Accounting Principle : SAP) 및 건전성회계기준(Prudential Accounting Principle : PAP)으로 나누어진다.

**[도표 1] 보험회계 체계**

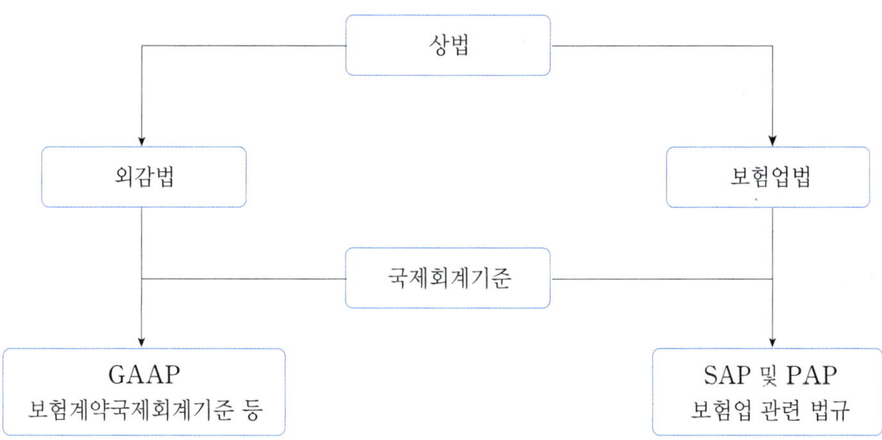

## (1) 보험 일반회계

보험회계 중 일반회계기준은 주주, 투자자의 의사결정에 필요한 재무정보 제공목적의 재무제표 작성기준으로 외감법에 근거를 두며 국제회계기준위원회(IASB)에서 제정된 국제회계기준(IFRS)을 전면도입(Full Adoption)하여 보험회사는 일반목적 재무제표를 작성하고 있다.

2023년 12월말 현재 국제회계기준에는 총 41개의 기준서가 있으며 2023년 1월부터 보험계약 국제회계기준이 IFRS 4에서 IFRS 17로 대체되었다.

[도표 2] 국제회계기준 현황

| 구분 | 제목 | 구분 | 제목 |
|---|---|---|---|
| IFRS 1 | 국제회계기준의 최초채택 | IAS 10 | 보고기간후 사건 |
| IFRS 2 | 주식기준보상 | IAS 12 | 법인세 |
| IFRS 3 | 사업결합 | IAS 16 | 유형자산 |
| ~~IFRS 4~~ | ~~보험계약~~ | IAS 19 | 종업원 급여 |
| IFRS 5 | 매각예정 비유동자산과 중단영업 | IAS 20 | 정부보조금 회계처리와 정부지원 공시 |
| IFRS 6 | 광물자원의 탐사와 평가 | IAS 21 | 환율변동효과 |
| IFRS 7 | 금융상품 : 공시 | IAS 23 | 차입원가 |
| IFRS 8 | 영업부문 | IAS 24 | 특수관계자 공시 |
| IFRS 9 | 금융상품 | IAS 26 | 퇴직급여제도에 의한 회계처리와 보고 |
| IFRS 10 | 연결재무제표 | IAS 27 | 별도재무제표 |
| IFRS 11 | 공동약정 | IAS 28 | 관계기업과 공동기업에 대한 투자 |
| IFRS 12 | 타 기업에 대한 지분의 공시 | IAS 29 | 초인플레이션 경제에서의 재무보고 |
| IFRS 13 | 공정가치 측정 | IAS 32 | 금융상품 : 표시 |
| IFRS 14 | 규제이연계정 | IAS 33 | 주당이익 |
| IFRS 15 | 고객과의 계약에서 생기는 수익 | IAS 34 | 중간재무보고 |
| IFRS 16 | 리스 | IAS 36 | 자산손상 |
| IFRS 17 | 보험계약 | IAS 37 | 충당부채, 우발부채 및 우발자산 |
| IAS 1 | 재무제표 표시 | IAS 38 | 무형자산 |
| IAS 2 | 재고자산 | IAS 39 | 금융상품 : 인식과 측정 |
| IAS 7 | 현금흐름표 | IAS 40 | 투자부동산 |
| IAS 8 | 회계정책, 회계추정의 변경 및 오류 | IAS 41 | 농림어업 |

* 국제회계기준위원회(IASB)가 제정 · 승인한 기준서에 대해 서는 IFRS로, 국제회계기준위원회(IASB)가 설립되기 전의 제정기구인 IASC(International Accounting Standards Committee)에서 제정 · 승인한 기준서에 대해서는 IAS로 명칭

### (2) 보험 감독회계

보험회계 중 감독회계기준은 재무건전성 유지, 계약자 보호 등 감독목적에 활용하기 위한 재무제표 작성기준으로 보험업법에 근거를 두고 있으며, 보험감독당국이 감독회계 관련 보험업감독규정 및 보험업감독업무시행세칙의 제 · 개정을 담당하고 있다.

감독회계기준은 기본적으로 보험부채 공정가치 평가, 보험계약의 보장서비스 제공에 따른 수익인식 등을 주요골자로 하는 보험계약 국제회계기준(IFRS 17)을 포함한 모든 IFRS를 전면 수용하여 반영하고 있다.

그러나 IFRS는 원칙만을 제시하고 회계처리의 다양한 선택권을 부여하여 실무적용 및 재무정보의 비교가 곤란한 부분이 있다. 또한, IFRS 도입으로 인해 보험회사의 재무건전성이 악화될 우려가 있기 때문에 보험회사의 특수성을 감안하여 보험부채 평가를 위한 할인율 제공, 위험조정 산출기준 제시, 이익잉여금 내 해약환급금준비금 · 비상위험준비금 · 보증준비금 · 대손준비금의 별도 적립 및 보험계리기준 운영 등의 기준을 규정하고 있다.

### (3) 보험 건전성회계

보험회계 중 건전성회계기준은 보험회사의 건전성 감독의 핵심지표인 지급여력비율 산출에 기초가 되는 재무상태표 작성을 위한 자산 · 부채평가기준으로 보험업법에 근거를 두고 있으며, 보험감독당국이 건전성회계 관련 규정 및 세칙의 제 · 개정을 담당하고 있다.

보험업감독규정 및 보험업감독업무시행세칙에서의 건전성회계기준은 Solvency Ⅱ, ICS(Insurance Capital Standard) 등 국제적인 표준을 참고하여 국제회계기준(IFRS)을 토대로 한 연결재무상태표를 기준으로 일반회계 및 감독회계와 달리 모든 자산 · 부채를 완전 시가로 평가하는 기준 등을 규정하고 있다.

[도표 3] 우리나라 보험회계 체계

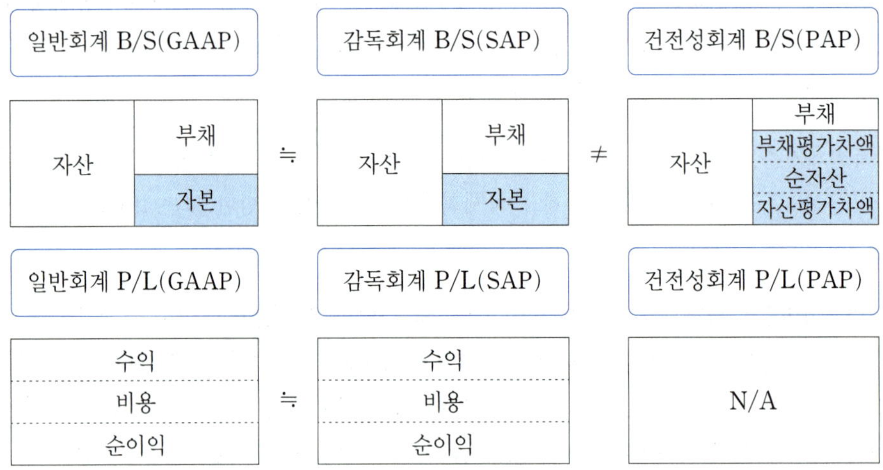


## 2. 보험회계의 발전

### (1) 보험 일반회계 발전

1997년 외환위기 이후 국제적 수준에 맞는 회계기준의 필요성이 대두되어 기업회계기준 개정을 진행함과 동시에 "금융업종별 회계처리준칙" 제정을 추진하게 되었다.

특히 그간의 금융업종 회계처리는 일반투자자에 대한 정보제공목적인 기업회계기준보다도 감독을 위한 정보제공목적인 감독회계처리규정이 우선 적용되어 유가증권 평가 등의 경우 타 업종과의 비교가능성이나 일관성에 문제가 있어 금융기관 회계정보에 대한 신뢰성이 저하된 상태이었다.

이와 관련하여 국제부흥개발은행(International Bank for Reconstruction and Development : IBRD) 등 국제금융기구에서 감독회계규정과는 별도로 국제적 기준에 부합한 기업회계기준의 제정을 요구하여 왔다. 이에 따라 국제적 수준의 회계기준을 반영한 금융업종(은행 · 증권 · 보험)별 회계처리준칙이 제정(1998년 12월)되어 이후 보험회사의 경우 개정된 기업회계기준과 보험업회계처리준칙을 적용하여 재무제표를 작성하였다.

외환위기 후 우리나라는 기업회계 선진화를 위해 회계감독을 강화하고 회계 및 감사제도를 개선하여 왔으나 기업의 재무상태와 경영성과를 나타내는 기초언어인 회계처리기준이 국제회계기준(IFRS)과 달라 국제적으로 한국기업의 회계에 대한 신뢰도가 저하되는 원인이 되었다.

세계적인 회계기준 단일화 추세에 적극 대응하기 위해 우리나라는 국제회계기준 도입을 준비하고자 2006년 2월에 정부, 감독기구, 회계기준원, 기업대표, 회계법인, 학계 등 전문가가 포함된 국제회계기준 도입준비단을 구성하였고 1년여 간의 준비를 통하여 2007년 3월, 2011년부터 국제회계기준을 전면도입하는 '국제회계기준 도입 로드맵'을 공표하였다.

2007년 3월 발표한 '국제회계기준 도입 로드맵'에 따라 우리나라는 2011년부터 모든 상장기업, 은행, 보험회사를 포함한 주요 금융회사에 대해 의무적으로 IFRS를 적용하되, 2009년 또는 2010년부터 조기적용할 수 있도록 하였다. 다만, 금융회사는 금융회사간 비교가능성 확보를 위해 조기적용이 금지되었다.

### (2) 보험계약 국제회계기준(IFRS)의 발전

보험회사 및 보험계약에 대한 회계처리기준의 경우 각 국의 보험회계의 역사, 관행 및 실무 등에 의해 영향을 받아왔으며 이러한 결과로서 국가별로 보험회사 및 보험계약에 대하여 상이한 회계처리가 이루어졌다.

이에 따라 국제회계기준위원회는 국가간 보험회계의 통일성을 제고하기 위해 1997년부터 보험계약 회계기준서 제정작업을 시작하였으나, 그 작업이 방대하여 1단계와 2단계로 구분하여 먼저 2004년에 1단계 기준서인 IFRS 4를 제정하였다.

2004년 제정된 IFRS 4에서는 책임준비금 적정성 평가, 비상위험준비금의 부채계상금지 등의 기준을 제시하였으나 임시적인 기준서로서 각 국가의 보험회계 관행 및 실무를 허용하였다.

이후 국제회계기준위원회는 IFRS 4의 한계를 알고 있었으므로 IFRS 4를 대체하는 2단계 보험계약 기준서 제정을 추진하여 2007년 8월 보험계약 회계처리 토론서를 발표한 후 2010년 7월과 2013년 6월에 두 차례의 보험계약회계처리기준 공개초안 발표 등 총 10여 년간의 논의를 통해 보험계약 회계처리기준의 조정작업이 이루어졌다.

[도표 4] IFRS 4 한계 및 IFRS 17 제정배경

| IFRS 4 한계 | IFRS 17 제정배경 |
| --- | --- |
| • 각 국의 회계관행 허용하는 회계기준<br>– 과거정보를 이용한 보험부채 측정으로 보험회사 현재의 경제적 실질을 알려주기 곤란<br>– 수익인식 시 현금주의 적용으로 일반회계원칙과 충돌(보험료 수취 시 수익인식)<br>– 보험 및 투자이익의 원천을 파악하기 곤란<br>– 보험산업의 특수한 회계처리 인정<br>➡ "보험회사 재무제표, 이해하기 어렵다" | • 국제적으로 통일된 회계기준<br>– 최근정보를 이용한 보험부채 측정으로 보험회사 현재의 경제적 실질을 충실히 반영<br>– 수익인식 시 발생주의 적용으로 일반회계원칙에 부합(보험서비스 제공에 따라 수익인식)<br>– 보험 및 투자이익의 원천을 파악하기 용이<br>– 다른 금융산업과 비교가능성 증가<br>➡ "보험회사 재무제표, 이해하기 쉽다" |

2017년 5월에 국제회계기준위원회는 국제적으로 일관성 있는 기준을 통해 보험회사 재무제표의 비교가능성을 제고하는 한편 투자자 등 재무제표 이용자가 보험회사의 재무제표에 대한 이해가능성을 증가시킨 IFRS 17을 확정 · 발표하였고 이후 두 차례 시행시기를 연기하여 2023년 1월부터 시행되었다.

[도표 5] 보험계약 국제회계기준 제정경과

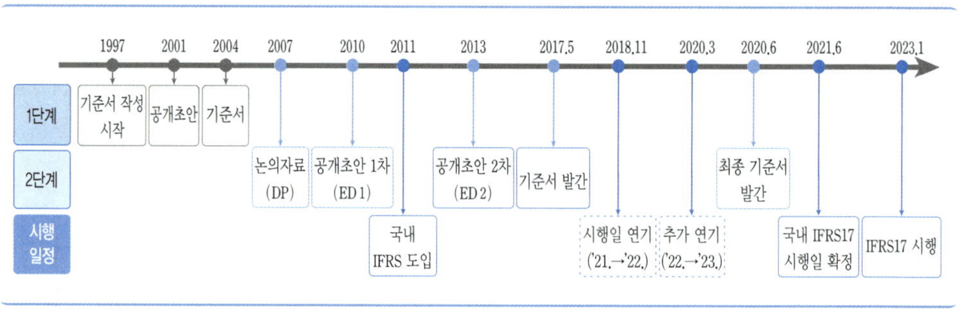


[자료 : 노건엽 · 조영현 · 이승주(2023)]

## (3) 보험 감독회계 발전[1)]

보험업법이 최초로 1962년 제정되어 시행된 이후 보험회사의 회계가 본격적으로 시작되었다. 그 이후 여러 차례의 보험업법 개정 및 신설을 통해 점차 발전적인 모습으로 변모해 왔다.

1980년에 보험회사 표준회계 규정 및 재무제표 준칙이 규정되어 보험회사 결산에 관한 일반적인 내용이 최초로 규정되었고 1988년에 생명보험회사 · 손해보험회사의 회계규정이 분리되어

1) 금융감독원 보험회계 해설서(2011)를 참고함

생보 및 손보업종간 특성을 반영하게 되었다. 그 이후 준비금 적립방법, 계약자 배당 등 일부 내용에 있어서 생명보험회사 및 손해보험회사간 고유한 업무영역이 구분되어 발전하였다.

그러나 1997년 외환위기 이후 국제적 수준에 맞는 회계기준의 필요성이 대두되어 '보험업회계처리준칙'이 제정으로 생보사와 손보사 구분없이 보험회사의 재무제표 표시양식으로 통일되었다. 1998년 회계연도 이후 보험회사의 재무제표 작성이 일반회계와 감독회계로 이원화되어 정보이용자(감독당국, 투자자 등)에 따라 안정성 또는 수익성 위주라는 서로 다른 각각의 상황에 맞는 재무제표를 작성하여 제출하였다.

1998년 10월에 정부와 IBRD간 독립된 민간 회계기준 제정기구 설립 합의에 따라 한국회계기준원이 설립되었다. 이와 같이 설립된 한국회계기준원은 회계기준을 국제회계기준에 합치시키라는 IMF(International Monetary Fund)와 IBRD의 요구에 따라 28개 기업회계기준서를 제정하여 적용하였다.

1998년 4월, 금융감독위원회는 보험업감독규정을 제정하여 별도의 보험회계 관련 규정을 포함하였고 보험회사의 회계처리[2]에 관하여 규정에서 정하지 아니한 사항은 기업회계기준을 준용하도록 하였다.

1998년 12월 제정된 보험업회계처리준칙이 기업회계기준에 포함됨에 따라 보험업감독규정의 보험회계에서도 유가증권의 공정가치 평가 등이 반영되었다. 이후에도 일반회계에서의 새로운 기준서 제 · 개정 등에 따라 감독회계기준이 점진적으로 발전되었다.

한편, IMF 외환위기 이후 다양한 회계투명성 제고 노력을 기울였으나, 여전히 국제사회는 한국에 대해 부정적으로 평가받고 있고 재무제표의 투명성에 대해 충분한 국제적 신뢰를 얻지 못하였으며 '코리아 디스카운트' 현상이 계속되었다.

이에 우리나라는 세계적인 회계기준 단일화 추세 반영, 회계투명성 제고 등을 위해 2011년부터 상장기업 및 보험회사 등 금융회사의 국제회계기준(IFRS) 도입을 추진하게 되었고 2011년부터 모든 보험회사는 보험회계 1단계 기준서인 IFRS 4 등 국제회계기준을 전면적으로 적용하여 일반목적 재무제표를 작성하였고 동시에 보험업감독규정 및 보험업감독업무시행세칙도 IFRS 4 내용을 반영하여 동 규정 및 세칙이 전면 개정되어 감독목적 재무제표도 작성하였다.

국제회계기준위원회(IASB)는 보험회계 1단계 기준서인 IFRS 4에서 각 국가별로 다양한 보험회계 관행을 인정하고 있는 한계점을 인지하고 국제적으로 통일된 보험회계기준 제정작업을 추진하여 2023년부터 보험회계 2단계 기준서인 IFRS 17이 적용되었다.

---

2) 생명보험회사 및 손해보험회사의 재무제표 서식, 사업비 이연 및 상각, 유가증권 평가, 책임준비금 적립, 계약자배당, 재평가적립금 등에 관한 규정을 제시함

이에 따라 보험업감독규정 및 보험업감독업무시행세칙도 IFRS 17 기준에서 허용하는 범위 내에서 동 규정 및 세칙을 개정하여 일반목적 재무제표와 일관된 감독목적 재무제표를 작성하게 되었다.

### (4) 보험 건전성회계 발전

외환위기 후 IMF와 합의에 따라 EU방식(Solvency I)을 참고하여 지급여력제도를 1999년 도입(생보 : 1999년 5월, 손보 : 1999년 6월)하여 보험회사의 재무건전성 도모 및 경영 안정성 · 효율성 제고에 기여하였다. 동 Solvency I 방식의 지급여력제도에서는 별도의 건전성회계기준이 아닌 감독재무제표를 기초로 가용자본과 요구자본을 산출하여 지급여력비율을 산출하였다.

2009년 4월, 보험회사에 내재된 다양한 위험(자산운용리스크[금리 · 신용 · 시장리스크], 보험리스크, 운영리스크)을 보다 정교하게 반영하는 한편 보험회사 위험관리능력을 제고하기 위하여 위험기준 지급여력제도(Risk Based Capital) 도입하고 2년간의 시범운영을 거쳐 2011년 4월부터 본격 시행하였다.

IFRS 4 및 RBC제도에서는 별도의 건전성회계기준을 마련하지 않은 채 감독회계기준에 따른 재무상태표를 기초로 가용자본과 요구자본을 산출하여 건전성감독제도의 핵심비율인 지급여력비율을 산출하여 왔다.

그러나 2023년부터 보험부채 시가평가 근간의 보험계약 국제회계기준(IFRS17)이 시행되며 자산 · 부채평가가 일관되지 않는 등 RBC제도의 한계점이 커지고 있었으며 보험권역 자본규제의 국제적인 패러다임이 자산 · 부채 완전시가평가 기반으로 전환되고 있었다.

이에 따라 감독당국은 IFRS 17 시행준비와 함께 새로운 지급여력제도(K-ICS) 도입을 준비하여 2023년 IFRS 17 시행시기에 맞추어 K-ICS가 시행되었다. K-ICS제도에서는 모든 자산 · 부채를 완전 시가로 평가하는 기준인 건전성 회계기준이 마련되었다.

**[도표 6] IFRS 17 및 K-ICS제도에서의 보험회계 현황**

IFRS 17 등 일반회계(GAAP) ≒ 감독회계(SAP) ≠ 건전성회계(PAP)

# 3. 보험회계의 법규

보험회계의 법규[3]에서는 보험회사의 회계와 관련하여 일반회계, 감독회계 및 건전성회계의 근거가 되는 법규에 대하여 살펴본다.

## (1) 일반회계

먼저 일반회계의 경우 보험회사뿐만 아니라 모든 회사에 적용되는 회계처리기준의 근거법은 외감법이다. 구체적으로 금융위원회는 「금융위원회의 설치 등에 관한 법률」에 따른 증권선물위원회의 심의를 거쳐 회사의 회계처리기준을 한국채택국제회계기준과 일반기업회계기준으로 구분하여 정한다.

주권상장법인, 은행, 보험회사 등을 포함하는 금융회사 등은 한국채택국제회계기준을 적용하며 국내의 모든 보험회사는 의무적으로 한국채택국제회계기준을 적용하여야 한다.

[도표 7] 우리나라의 회계처리기준 적용 현황

| 구분 | 적용기준 |
|---|---|
| 상장회사, 보험회사 등 주요 금융회사 | 한국채택국제회계기준 의무적용 |
| IFRS 적용을 원하는 비상장회사 | 한국채택국제회계기준 선택적용 |
| 기타 비상장기업 | 일반기업회계기준 적용 |

## (2) 감독회계

보험감독회계의 근거법은 보험업법이며 보험업법에서 결산일(매년 12월 31일)을 정하고 재무제표(부속명세서를 포함), 사업보고서, 감사보고서 및 매월의 업무보고서를 감독당국에 제출[4]하도록 규정하고 있다.

한편 규정에서는 보험회사에 대한 감독을 위하여 사용되는 회계처리기준을 정하며 규정에서 정하지 아니한 사항은 한국채택국제회계기준을 준용하도록 적시하고 있으며 세칙에서 재무제표의 서식, 계정과목별 회계처리기준을 구체적으로 정하고 있다.

---

3) 보험회계 관련 법규에 대하여 보험업법은 "법"으로, 보험업법 시행령은 "영"으로, 보험업법 시행규칙은 "규칙"으로, 보험업감독규정은 "규정"으로, 보험업감독업무시행세칙은 "세칙"으로 약칭하여 기술한다.

4) 보험업법에 따른 허가를 받아 보험업을 경영하는 자(주식회사, 상호회사 및 외국보험회사국내지점)는 「주식회사 등 외부감사에 관한 법률」과 관계없이 회계법인으로부터 재무제표 등에 대한 감사를 받은 결과를 포함하는 감사보고서를 감독원장에게 제출하여야 한다.

### (3) 건전성회계

보험건전성회계의 근거법도 보험업법이며 구체적으로 보험회사가 사업연도말 업무보고서를 제출할 경우 건전성감독기준 재무상태표를 포함하여야 한다.

건전성감독기준 재무상태표를 작성할 때에는 한국채택국제회계기준에 의한 연결재무상태표를 기준으로 하며 건전성감독기준 재무상태표의 자산 및 부채는 경제적이고 시장가격과 일관된 가치로의 평가를 위해 세칙에서 구체적인 시가평가기준을 정하고 있다.

**보충설명** 건전성회계 외부검증

❑ **K-ICS 외부검증제도 도입배경**

- 일반회계기준에 따라 작성되는 재무상태표는 외부감사인이 적정성을 검증하지만 K-ICS 재무정보는 일반회계기준과 다름에도 불구하고 적정성 검증이 없어 신뢰성 확보를 위한 방안마련이 필요

❑ **해외사례**

- 유럽보험연금감독청(EIOPA)은 수준 높은 지급여력 재무정보 공시를 위해 외부검증을 수행할 것을 권고하고 있으며, 이에 상당수의 유럽 국가들은 이미 Solvency Ⅱ 감독당국 보고 및 공시사항에 대한 감사인에 의한 외부감사 등 외부검증 제도를 시행 중

❑ **우리나라 K-ICS 외부검증제도 주요내용**

- 보험회사는 사업연도말 기준 업무보고서 제출 시 건전성감독기준 재무상태표, 지급여력금액, 지급여력기준금액에 대한 회계법인의 검증보고서를 첨부
- 회계법인의 검증보고서에는 (1) 건전성감독기준 재무상태표의 보험계약 관련 부채, 보험계약대출 및 재보험자산 (2) 지급여력기준금액 중 생명 · 장기손해보험위험액, 일반손해보험위험액 및 금리위험액 산출시 보험계약부채 등의 적정성에 관한 사항에 대해 독립계리업자 또는 보험요율 산출기관인 보험개발원의 검토보고서를 첨부

# 제2절 보험회사의 재무제표 개요

## 1. 보험회사 재무제표

보험회사의 재무제표는 일반회계, 감독회계 및 건전성회계로 구분되며 일반회계에 의한 재무제표는 재무제표 표시 회계기준서와 현금흐름표 회계기준서에서 규정하고 감독회계에 의한 재무제표는 보험업법규에 의거한 재무상태표, 포괄손익계산서, 현금흐름표, 자본변동표 및 이익잉여금처분계산서 또는 결손금처리계산서로 구성된다.

일반회계에 의한 재무제표의 경우 원칙중심의 국제회계기준의 특성에 따라 최소한의 항목만을 예시하고 있어 각 보험회사별로 재무제표의 표시항목에 차이가 있을 수 있다.

그러나 감독회계에 의한 재무제표의 경우 보험업법에 근거한 생명보험 및 손해보험 업무보고서에서 재무제표에서 사용되는 계정과목 및 분류를 명확하게 규정하고 있어 동일한 기준에 의거하여 재무제표를 작성함에 따라 각 보험회사별로 재무제표 표시항목이 동일하다.

한편, 건전성회계에 의한 재무제표는 보험업법에 따라 건전성감독기준 재무상태표만으로 구성된다. 업무보고서상의 건전성감독기준 재무상태표에 사용되는 계정과목 및 분류를 명확하게 규정하고 있는 등 동일한 기준에 의거하여 재무상태표를 작성함에 따라 각 보험회사별로 재무상태표의 표시항목이 동일하다.

## 2. 감독회계 재무제표

감독회계에 의한 재무제표는 보험업법에 따라 재무상태표(총괄), 포괄손익계산서(총괄), 재무상태표(일반계정), 재무상태표(원리금보장형 특별계정), 포괄손익계산서(원리금보장형 특별계정), 재무상태표(실적배당형 특별계정), 포괄손익계산서(실적배당형 특별계정), 연결재무상태표 및 연결포괄손익계산서로 구성된다. 본 서에서는 감독회계 재무제표 중에서 주된 재무제표인 재무상태표(총괄), 포괄손익계산서(총괄)를 중심으로 살펴본다.

### (1) 재무상태표(총괄)

보험회사의 감독회계 재무상태표(총괄)의 자산은 운용자산, 비운용자산 및 특별계정자산으로 구분되며 부채는 책임준비금, 계약자지분조정 및 기타부채로 구분된다. 한편 보험업법에 의거하여 준비금에 상당하는 자산을 일반계정 등 그 밖의 자산과 구별하여 자산운용하는 특별계정에 대해서는 변액보험 등 실적배당형 특별계정은 특별계정자산 및 특별계정부채를 총액으로 한 줄로 표시하며, 장기손해보험, 퇴직보험 등 원리금보장형 특별계정은 일반계정과 합산하여 총괄 · 표시[1]한다.

1) 특별계정 재무제표 표시에 대해서는 제7장 "보험회사의 특수회계 분야" 참고

[도표 8] 보험회사의 감독회계 재무상태표(총괄) 요약

| 자산총계 | 부채총계 |
|---|---|
| Ⅰ. 운용자산 | Ⅰ. 책임준비금 |
| 1. 현금및예치금 | 1. 보험계약부채 |
| 2. 유가증권 | 가. 잔여보장요소 |
| 2-1. 당기손익-공정가치측정유가증권 | (1) 최선추정 |
| 2-2. 기타포괄손익-공정가치측정유가증권 | (2) 위험조정 |
| 2-3. 상각후원가측정유가증권 | (3) 보험계약마진 |
| 2-4. 관계 · 종속기업투자주식 | 나. 발생사고요소 |
| 3. 대출채권 | (1) 최선추정 |
| 4. 부동산 | (2) 위험조정 |
| Ⅱ. 비운용자산 | 2. 재보험계약부채 |
| 1. 보험계약자산 | 3. 투자계약부채 |
| 2. 재보험계약자산 | Ⅱ. 계약자지분조정 |
| 3. 미수금 | 1. 공익사업출연기금 |
| 4. 보증금 | 2. 기타포괄손익-공정가치측정금융상품평가손익 |
| ⋮ | ⋮ |
| Ⅲ. 특별계정자산 | Ⅲ. 기타부채 |
| 1. 실적배당형퇴직연금 | 1. 미지급금 |
| 2. 변액보험 | ⋮ |
| | Ⅳ. 특별계정부채 |
| | 1. 실적배당형퇴직연금 |
| | 2. 변액보험 |
| | **자본총계** |
| | Ⅰ. 자본금 |
| | Ⅱ. 자본잉여금 |
| | Ⅲ. 신종자본증권 |
| | Ⅳ. 이익잉여금 |
| | Ⅴ. 자본조정 |
| | Ⅵ. 기타포괄손익누계액 |

### (2) 포괄손익계산서(총괄)

보험회사의 감독회계 포괄손익계산서(총괄)는 보험영업과 투자영업으로 구분하여 손익의 발생 원천을 파악할 수 있고 변액보험 등 실적배당형 특별계정 및 장기손해보험, 퇴직보험 등 원리금 보장형 특별계정과 관련된 수익과 비용은 일반계정과 합산하여 총괄 · 표시한다.

[도표 9] 보험회사의 감독회계 포괄손익계산서(총괄)

Ⅰ. 보험손익
1. 보험수익
1-1. 일반모형/변동수수료접근법 보험수익
가. 예상보험금
나. 예상손해조사비
다. 예상계약유지비
라. 예상투자관리비
마. 위험조정변동
바. 보험계약마진상각
사. 보험취득현금흐름상각
⋮
1-2. 보험료배분접근법 보험수익
2. 보험서비스비용
2-1. 일반모형/변동수수료접근법 보험서비스비용
가. 발생보험금
나. 발생손해조사비
다. 발생계약유지비
라. 발생투자관리비
⋮
2-2. 보험료배분접근법 보험서비스비용
3. 재보험수익
3-1. 일반모형 재보험수익
3-2. 보험료배분접근법 재보험수익
4. 재보험서비스비용
4-1. 일반모형 재보험서비스비용
4-2. 보험료배분접근법 재보험서비스비용
5. 기타사업비용
Ⅱ. 투자손익
1. 투자수익
가. 보험금융수익
⋮
2. 투자비용
가. 보험금융비용
⋮
Ⅲ. 영업이익
Ⅳ. 영업외손익
Ⅴ. 법인세비용차감전순이익
Ⅵ. 법인세비용
Ⅶ. 당기순이익
Ⅷ. 기타포괄손익
Ⅸ. 총포괄손익

# 3. 건전성회계 재무상태표

보험회사의 건전성회계 재무상태표(총괄)의 자산은 운용자산, 비운용자산 및 특별계정자산으로 구분되며 부채는 책임준비금과 기타부채로 구분된다. 변액보험 등 실적배당형 특별계정은 특별계정자산 및 특별계정부채를 구분하여 별도로 표시하되, 장기손해보험, 퇴직보험 등 원리금보장형 특별계정은 일반계정과 합산하여 총괄 · 표시한다.

[ 도표 10 ] 보험회사의 건전성회계 재무상태표

| 자산총계 | 부채총계 |
|---|---|
| Ⅰ. 운용자산 | Ⅰ. 책임준비금 |
| 1. 현금및예치금 | 1. 현행추정부채 |
| 2. 유가증권 | 가. 생명 · 장기손해보험 |
| 2-1. 당기손익-공정가치측정유가증권 | (1) 보험료부채 |
| 2-2. 기타포괄손익-공정가치측정유가증권 | (2) 준비금부채 |
| 2-3. 상각후원가측정유가증권 | 나. 일반손해보험 |
| 2-4. 지분법적용투자주식 | (1) 보험료부채 |
| 3. 대출채권 | (2) 준비금부채 |
| 4. 부동산 | 2. 위험마진 |
| Ⅱ. 비운용자산 | 가. 생명 · 장기손해보험 |
| 1. 재보험자산 | 나. 일반손해보험 |
| 2. 미수금 | Ⅱ. 기타부채 |
| 3. 보증금 | 1. 미지급금 |
| ⋮ | ⋮ |
| | 23. 계약자지분조정 |
| | ⋮ |
| Ⅲ. 특별계정자산 | Ⅲ. 특별계정부채 |
| 1. 실적배당형퇴직연금 | 1. 책임준비금 |
| 2. 변액보험 | 2. 기타부채 |
| | 3. 일반계정미지급금 |
| | **자본총계** |
| | Ⅰ. 보통주 |
| | Ⅱ. 보통주 이외의 자본증권 |
| | Ⅲ. 이익잉여금 |
| | Ⅳ. 자본조정 |
| | Ⅴ. 기타포괄손익누계액 |
| | Ⅵ. 조정준비금 |

## 보론 1 : 연결 · 개별 · 별도재무제표 및 중간재무제표의 이해

본 보론에서는 연결 · 개별 · 별도재무제표간 차이를 비교하여 분석한 후 중간재무제표에 대해서는 한국채택국제회계기준을 중심으로 중간재무제표 요소 등을 살펴본다.

## 1. 연결 · 개별 · 별도재무제표

2011년 연결재무제표 중심의 국제회계기준이 도입된 이후에도 건전성감독, 주주에 대한 배당, 법인세 계산 등의 측면에서는 개별재무제표(별도재무제표 포함)를 작성하여 공시하여야 한다. 여기서는 연결 · 개별 · 별도재무제표를 비교하여 그 차이를 살펴보자.

### (1) 용어 정의

연결 · 개별 · 별도재무제표에 대한 차이를 이해하기 위하여 다음에서 주요 용어에 대한 정의를 살펴본다.

① **연결재무제표** : 지배기업과 그 종속기업의 자산, 부채, 자본, 수익, 비용, 현금흐름을 하나의 경제적 실체로 표시하는 연결실체(지배기업과 그 종속기업)의 재무제표

② **별도재무제표** : 기업이 종속기업, 공동기업 및 관계기업에 대한 투자를 원가법, 기업회계기준서 제1109호 '금융상품'에 따른 방법(공정가치법), 기업회계기준서 제1028호 '관계기업과 공동기업에 대한 투자'에서 규정하고 있는 지분법 중 어느 하나를 적용하여 표시한 재무제표

③ **개별재무제표** : 기업회계기준서에서 사용되는 용어는 아니며 연결재무제표와 구별하기 위한 재무제표. 상법, 자본시장법 및 보험업법 등 법령상에서는 재무제표로 통상적으로 사용된다.

④ **관계기업** : 투자자가 유의적인 영향력을 보유하는 기업

⑤ **공동기업** : 약정의 공동지배력을 보유하는 당사자들이 그 약정의 순자산에 대한 권리를 보유하는 공동약정

⑥ **피투자자에 대한 지배력** : 투자자는 피투자자에 관여함에 따라 변동이익에 노출되거나 변동이익에 대한 권리가 있고, 피투자자에 대한 자신의 힘으로 변동이익에 영향을 미칠 능력이 있는 경우 피투자자를 지배한다.

⑦ **유의적인 영향력** : 피투자자의 재무정책과 영업정책에 관한 의사결정에 참여할 수 있는 능력. 그러나 그러한 정책의 지배력이나 공동지배력은 아니다.

⑧ **지분법** : 관계기업이나 공동기업에 대한 투자를 최초에 원가로 인식하고, 취득시점 이후 발생한 피투자자의 순자산 변동액 중 투자자의 몫을 해당 투자자산에 가감하여 보고하는 회계처리방법. 투자자의 당기순손익에는 피투자자의 당기순손익 중 투자자의 몫에 해당하는 금액을 포함하고 투자자의 기타포괄손익에는 피투자자의 기타포괄손익 중 투자자의 몫에 해당하는 금액을 포함한다.



### (2) 연결 · 개별 · 별도재무제표 비교

국제회계기준 도입에 따라 지배회사의 개별재무제표 작성방식이 별도재무제표 방식으로 변경되었다. 별도재무제표란 지배회사가 개별재무제표를 작성할 때 종속 · 공동 · 관계기업에 대한 투자지분을 각 범주별[2]로 원가법, 공정가치법, 지분법 중 하나의 방법을 선택하여 작성하는 재무제표를 말한다.

종속기업이 없어 연결재무제표를 작성하지 않는 회사는 개별재무제표가 주된 재무제표가 되며 개별재무제표를 작성할 때 공동 · 관계기업에 대하여 지분법을 적용하여야 한다. 그러나 종속기업이 있어 연결재무제표를 작성하는 지배회사는 별도재무제표방식으로 종속 · 공동 · 관계기업에 대한 투자지분을 원가법, 공정가치법, 지분법 중 선택하여 개별재무제표를 작성하게 되므로 회사별 재무정보의 비교가능성이 저하될 수 있다.

이에 따라 감독회계에서의 주된 재무제표는 연결재무제표가 아닌 개별재무제표이므로 보험회사간 비교가능성 확보 등 감독목적을 달성하기 위해 종속기업, 공동기업 및 관계기업에 대한 투자지분은 원가법을 적용하되, 수익증권에 대해서만 공정가치법을 적용토록 규정하고 있다.

**[ 도표 11 ] 국제회계기준에서의 재무제표 작성기준**

| 구분 | 종속기업 있는 경우 | | 종속기업이 없는 경우 |
|---|---|---|---|
| | 연결재무제표 | 개별재무제표 | 개별재무제표 |
| 일반회계 | 종속기업 : 연결<br>관계 · 공동기업 : 지분법 | 종속 · 관계 · 공동기업 : 원가법, 공정가치법, 지분법 중 선택<br>(별도재무제표 방식) | 관계 · 공동기업 : 지분법 |

2) IFRS에서 범주의 정의가 명확하게 정의되지 않았지만 일반적으로 종속기업, 공동기업 및 관계기업으로 범주가 구분된다. 그러나 모든 상황에서 관계기업에 대한 투자를 투자자산의 한 범주로 보아서는 안 되고 공동기업에 대한 모든 투자를 투자자산의 또 다른 한 범주로 보아서는 안 된다. 예로 기업회계기준서 제1028호 문단18에 따라 일부 뮤추얼펀드 등 이와 유사한 기구는 관계기업이나 공동기업에 대해 지분법 대신 당기손익–공정가치측정 항목으로 선택할 수 있고 이 경우 별도재무제표에서도 동일한 기준으로 적용해야 한다.

| 감독회계 | 종속기업 : 연결<br>관계 · 공동기업 : 지분법 | 종속 · 관계 · 공동기업 : 원가법.<br>단, 수익증권은 공정가치법<br>(별도재무제표 방식) | 관계 · 공동기업 : 원가법.<br>단, 수익증권은 공정가치법<br>(별도재무제표 방식) |
|---|---|---|---|

## 2. 중간재무제표

중간재무제표는 1회계연도보다 짧은 기간을 대상으로 작성하는 재무제표를 말하며 재무정보의 적시성을 제고하기 위해서 연차재무제표와 별도로 1회계연도 중간에 중간재무제표인 반기재무제표 및 분기재무제표를 작성하여 공시하고 있다. 여기서는 기업회계기준서 제1034호 '중간재무보고'를 중심으로 살펴보자.

### (1) 중간재무보고서의 구성요소

기업회계기준서 제1001호 '재무제표 표시'에 의하면 전체 재무제표는 기말재무상태표, 기간포괄손익계산서, 기간자본변동표, 기간현금흐름표, 주석 및 회계정책을 소급하여 적용하거나, 재무제표의 항목을 소급하여 재작성 또는 재분류하는 경우 가장 이른 비교기간의 기초 재무상태표를 포함하나, 중간재무보고서의 경우 요약된 형태의 재무보고로서 최소한 다음의 구성요소를 포함하여야 한다.

① 요약재무상태표　② 요약포괄손익계산서　③ 요약자본변동표
④ 요약현금흐름표　⑤ 선별적 주석

### (2) 중간재무제표의 형식 및 내용

전체 재무제표를 중간재무보고서에 포함하는 경우, 이러한 재무제표는 기업회계기준서 제1001호에서 정한 전체 재무제표의 형식과 내용에 부합하여야 한다.

요약재무제표를 중간재무보고서에 포함하는 경우, 이러한 재무제표는 최소한 직전 연차재무제표에 포함되었던 제목, 소계 및 선별적 주석을 포함하여야 한다. 다만, 추가적인 항목이나 다른 주석들이 생략될 경우 요약중간재무제표가 재무제표이용자의 오해를 유발할 수 있다면 그러한 항목이나 주석은 추가되어야 한다.

### (3) 중간재무제표 제시기간

중간재무보고서는 다음 기간에 대한 중간재무제표(요약 또는 전체)를 포함하여야 한다.

① **재무상태표** : 당해 중간보고기간말을 직전 연차보고기간말과 비교

② **포괄손익계산서** : 당해 중간기간과 당해 회계연도 누적기간을 직전 회계연도의 동일기간과 비교

③ **자본변동표** : 당해 회계연도 누적기간을 직전 회계연도의 동일기간과 비교

④ **현금흐름표** : 당해 회계연도 누적기간을 직전 회계연도의 동일기간과 비교

### (4) 중간재무제표의 인식 및 측정

중간재무제표는 연차재무제표에 적용하는 회계정책과 동일한 회계정책을 적용하여 작성한다. 다만 직전 연차보고기간말 후에 회계정책을 변경하여 그 후의 연차재무제표에 반영하는 경우에는 변경된 회계정책을 적용한다.

그러나 연차재무제표의 결과가 보고빈도에 따라 달라지지 않아야 한다. 이러한 목적을 달성하기 위하여 중간재무보고를 위한 측정은 당해 회계연도 누적기간을 기준으로 하여야 한다.

한편, 연차기준과 중간기준의 측정 모두 합리적인 추정에 근거하지만, 일반적으로 중간기준의 측정은 연차기준의 측정보다 추정을 더 많이 사용한다.

**보충설명** 보험회사의 중간재무제표 작성 시 회계추정의 변경

❑ IFRS 17에서의 중간재무보고시 회계추정 변경

- 중간재무제표를 작성하는 경우, 후속 중간재무제표와 연차 보고기간에 IFRS 17을 적용할 때 이전 중간재무제표에서 측정한 회계추정의 회계처리 변경여부를 회계정책으로 선택할 수 있다.
- 즉 이전 중간재무보고에서 처리한 회계추정을 변경하지 않거나(분기기준 추정) 이전 중간재무보고에서 처리한 회계추정을 변경할 수 있다(연간기준 추정)는 것이다.

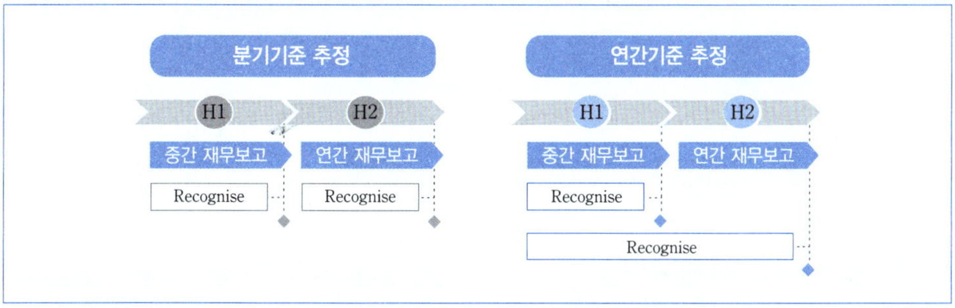

- 일반적인 회계원칙에 따라 회계추정 변경의 과거 누적효과를 소급하여 적용하는 것은 보험계약의 특성상 계리 · 경제적 가정이 빈번하게 변경됨에 따라 실무적으로 매우 복잡하고 어려운 점을 인정하여 회계추정 변경효과를 소급 적용하지 않는 예외기준을 허용하고 있다.
- 이러한 회계정책의 선택은 발행한 모든 보험계약집합과 모든 출재보험계약집합에 적용한다. 즉, 동 회계정책의 선택은 보고기업 수준에서 결정하여야 한다.

❑ **중간재무보고 관련 회계기준원 질의회신 요약(2019년 10월)**

- 비상장보험회사가 한국채택국제회계기준을 채택하고, 동 기준을 준수하여 작성한 중간재무보고서를 회사 홈페이지 등에 공시하여 외부 정보이용자가 이용할 수 있도록 제공하였다면, 한국채택국제회계기준에 따른 중간재무보고를 하였다고 볼 수 있다.

01

# 보론 2 : 공시

## 1. 일반회계(IFRS 17) 공시

IFRS 17 도입에 따라 보험회사의 시가 재무정보를 설명하기 위해 주석으로 공시되는 내용 또한 기존 IFRS 4 대비하여 대폭 증가하였다. IFRS 17 기준서는 문단 93부터 문단 132까지 40개의 문단에 걸쳐 보험계약이 보험회사의 재무상태, 재무성과 및 현금흐름에 미친 영향을 재무제표이용자가 평가할 수 있도록 다음에 관한 질적 정보와 양적 정보를 공시할 것을 요구하고 있다.

① 이 기준서의 적용범위에 포함되는 계약에 대해 재무제표에 인식한 금액(문단 97~116)
② 이 기준서를 적용할 때 내린 유의적인 판단 및 그 판단의 변경(문단 117~120)
③ 이 기준서의 적용범위에 포함되는 계약에서 생기는 위험의 성격과 정도(문단 121~132)

[도표 12] 문단별 주요 공시요구사항 요약

| 구분 | 기준서 문단 | 주제 | 주요 요구사항 | 속성 |
|---|---|---|---|---|
| 재무제표 인식금액 (문단 97 ~ 116) | 97 | PAA 특성 | PAA 관련 회계정책(1년 이하 여부, 화폐의 시간가치와 금융위험 반영 여부, 신계약비 인식방법) | 질적 or 양적 |
| | 100, 103, 105 | 변동내역 1 | 잔여보장부채의 손실요소, 손실요소 제외분과 발생사고부채의 보험손익별 변동내역 | 양적 |
| | 101, 104, 105 | 변동내역 2 | BEL, RA, CSM의 서비스별 변동내역 | 양적 |
| | 105 A, B, | 신계약비자산 변동내역 | 신계약비자산 변동내역 및 향후 예상 상각 스케줄 | 양적 |
| | 106 | 보험수익 | 보험수익 상세(예상현금흐름, 위험조정변동, CSM 상각, 신계약비상각비, 과거서비스 관련 보험료경험 조정) | 양적 |
| | 107, 108 | 신계약 효과 | 신계약 효과(현금유입BEL, 신계약비유출BEL, 신계약비제외유출BEL, RA, CSM 별도) 손실계약과 보험계약의 이전, 사업결합으로 인한 신계약 인식효과 별도 | 양적 |

| | | | | |
|---|---|---|---|---|
| | 109 | CSM 상각스케쥴 | 기말 CSM 잔액 향후 상각기간별 예상손익 | 양적 |
| | 110 | 보험금융손익 | PL과 OCI로 인식한 보험금융손익 및 자산의 투자수익과의 관계 | 양적 |
| | 111 | 기초항목 | 직접참가특성인 보험계약의 경우 기초항목의 구성과 공정가치 | 양적 |
| | 112 | 위험경감 | 위험 경감 선택으로 인해 CSM 조정에 미친 영향 | 양적 |
| 재무제표 인식금액 (문단 97 ~ 116) | 113 | 보험금융손익 세부 | 직접참가특성인 보험계약의 경우 보험금융손익 세분화 기준 변경 사유 및 재무제표 조정금액과 장부금액 | 질적 and 양적 |
| | 114 | 전환 CSM | 전환방법별(수정소급법, 공정가치법, 그외)<br>CSM 변동내역 및 보험수익 | 양적 |
| | 115 | 전환 CSM 산정 | 전환 금액 산정 시 측정방법 | 질적 |
| | 116 | 전환 OCI | 수정소급법(계약발생시점 차이 1년 초과 여부, Participation 정도 고려) 및 공정가치법 적용<br>계약집합의 전환시점<br>AOCI 측정방법과 관련자산의 AOCI 변동내역 | 양적 |
| 유의적인 판단 및 판단의 배경 (문단 117 ~ 120) | 117 | 투입변수 | 투입변수, 가정 및 추정기법(재량의 행사로 인한 변동과 그 외의 구분, RA산정, 할인율산정, 투자요소 산정)<br>보험보장과 투자수익서비스로 제공되는 급부의 상대적 비중(직접참가특성이 없는 보험계약의 경우) 또는 보험보장과 투자관련서비스(직접참가특성이 있는 보험계약의 경우)로 제공되는 급부의 상대적 비중의 산정 | 질적 |
| | 118 | 보험금융손익 정책 | PL인식 보험금융손익 산정방법 | 질적 |
| | 119 | RA 신뢰수준 | 신뢰수준법 외의 방법으로 측정한 경우에도 그 결과치에 해당하는 신뢰수준 공시 | 양적 |
| | 120 | 할인율 | 수익률곡선 혹은 수익률곡선의 범위 | 양적 |

| | | | | |
|---|---|---|---|---|
| 보험계약에서 생기는 위험의 성격과 정도 (문단 121 ~ 132) | 122 | 위험관리방법 | 보험계약에서 생기는 보험위험과 금융위험 및 이러한 위험의 관리방법 | 질적 |
| | 123 | 위험 익스포져 | 익스포져가 대푯값이 아닌 경우 대푯값에 대한 추가 정보 | 양적 |
| | 124 | 위험 익스포져 | 익스포져 발생이유, 위험관리 목적, 정책과 절차 및 측정방법 | 질적 |
| | 125 | 위험 익스포져 | 익스포저에 관한 요약된 양적 정보 | 양적 |
| | 126 | 보험계약 통합수준 예외 | 법률이나 규제의 영향을 받아 다른 집합에 포함해야 하지만 같은 집합에 포함시킨 경우 그 사실(문단 20 적용 여부) | 질적 |
| | 127 | 위험의 집중도 | 산업, 지역, 통화 등 위험의 집중도에 대한 내용 | 양적 |
| | 128 | 민감도 분석 | 위험 경감의 효과, 민감도 분석방법과 가정 및 자산의 민감도 분석과의 관계 | 질적 and 양적 |
| | 129 | 민감도 분석 예외 | 128의 민감도 분석 외의 다른 민감도분석 사용 시 주요 변수와 가정 | 질적 and 양적 |
| | 130 | 보험금진전 추이 | 할인하지 않은 보험금진전추이 및 발생사고부채 장부금액과의 차이조정 | 양적 |
| | 131 | 신용위험 | 신용위험 익스포져 및 재보험계약자산의 신용도 정보 | 질적 and 양적 |
| | 132 | 유동성위험 | 유동성위험 관리방법, 만기분석(1, 2, 3, 4, 5년 및 그 이후) 및 요구 시 지급금액(해약환급금 상당액)과 장부금액과의 관계 | 질적 and 양적 |

아래에서는 주요 공시사항을 중심으로 살펴본다.

### (1) 인식한 금액에 대한 설명

문단 99에 따라 자산인 계약 포트폴리오 총계와 부채인 계약 포트폴리오 총계로 세분하여 문단 78에 따라 재무상태표에 표시되는 금액과 동일하게 기초와 기말의 순장부금액을 표시한다.

보통 보험계약자산 및 보험계약부채와 관련된 주석의 첫 번째로 보여주는 표로서 개괄적인 정보를 표시하는 총괄표 역할을 한다.

**[도표 13] 공시사례 - 보험계약자산 및 보험계약부채 총괄표**

| 구분 | 당기말 | | | 전기말 | | |
|---|---|---|---|---|---|---|
| | 자산 | 부채 | 순부채 | 자산 | 부채 | 순부채 |
| 보험계약 | | | | | | |
| 포트폴리오 A | ××,××× | ××,××× | ××,××× | ××,××× | ××,××× | ××,××× |
| 포트폴리오 B | ××,××× | ××,××× | ××,××× | ××,××× | ××,××× | ××,××× |
| 포트폴리오 C | ××,××× | ××,××× | ××,××× | ××,××× | ××,××× | ××,××× |
| 합계 | ××,××× | ××,××× | ××,××× | ××,××× | ××,××× | ××,××× |

간편법인 보험료배분접근법(PAA) 회계모형을 적용한 보험계약이 있는 경우 문단 97에 따라 다음의 사항을 공시하여야 한다.

① 어느 기준을 충족하여 PAA 회계모형을 적용하는지[일반모형(BBA)과의 유사성을 충족하였는지 아니면 보장기간이 1년 미만인지]

② 화폐의 시간가치와 금융위험의 효과를 조정하는지(보장기간이 1년 이하인 계약의 경우 화폐의 시간가치와 금융위험의 효과 조정여부가 선택사항임)

③ 보험취득 현금흐름을 인식하기 위해 선택한 방법(PAA 회계모형 적용시 보험취득 현금흐름을 즉시 비용 인식 가능함)

### (2) 순보험계약부채의 변동내역

순보험계약부채의 변동내역 표는 공시항목 중에서 가장 많은 유용한 정보를 담고 있기에 정확하게 이해할 필요가 있다.

기초잔액부터 기말잔액까지의 순보험계약부채의 변동내역을 공시하되, 문단 100에 따라서 잔여보장부채와 발생사고부채를 구분하여 변동내역을 공시하는 표가 있고, 이와 별도로 문단 101에 따라서 보험부채의 구성요소별(미래 현금흐름의 현재가치 추정치, 비금융위험에 대한 위험조정, 보험계약마진)로 변동내역을 공시하는 표가 있다.

먼저 문단 100에 따라서 잔여보장부채와 발생사고부채를 구분하여 변동내역을 공시하는 표에서는 잔여보장부채는 손실요소를 제외한 금액과 손실요소 금액을 구분하여야 한다.

발생사고부채는 미래현금흐름의 현재가치 추정치(BEL)와 비금융위험에 대한 위험조정(RA)를 구분하여 공시한다. 손실요소의 변동내역을 별도로 구분하므로 신계약에서의 손실 인식금액, 후속 측정 시 손실부담계약으로 전환된 금액 등의 정보를 알 수 있다.

문단 103에 따라서 변동내역은 1) 보험수익, 2) 보험서비스비용 그리고 보험수익 및 보험서비스비용에서 제외된 3) 투자요소로 구분하여 공시하여야 한다. 그리고 문단 105에 따라서 4) 보험금융손익과 5) 현금흐름에 대한 세부 변동내역을 공시하여야 한다.



### 1) 보험수익

- 예상현금흐름 : 예상보험금, 예상보험서비스비용(예상사업비) 등
- 위험조정의 변동 : 당기 위험의 해제로 위험조정이 감소하여 수익인식한 금액
- 보험계약마진 상각 : 당기 보험서비스를 제공함에 따라 상각한 보험계약마진
- 보험취득현금흐름 상각 : 보험계약 만기까지 배분되어 수익으로 인식되는 금액
- 보험료 및 관련현금흐름의 경험조정 : 미래 서비스와 무관한 보험료 경험조정

### 2) 보험서비스비용

- 발생손해액 : 발생보험금, 발생보험서비스비용(발생사업비) 등
- 발생사고요소 이행현금흐름 추정치 변동 : 당기 이전에 발생한 사고에 대한 당기말 발생사고부채 추정 금액의 변동(개별 추산금액의 변동, 보험금지급진전계수 업데이트 로 인한 IBNR의 변동 등)
- 손실요소의 전입(환입) : 잔여보장부채 이행현금흐름의 후속적 변동분 중 손실요소에 배분된 금액
- 보험취득현금흐름 상각 : 보험계약 만기까지 배분되어 비용 인식되는 금액

### 3) 투자요소

- 실제 발생 투자요소 : 당기 잔여보장부채에서 제거되어 발생사고부채에 인식된 금액

### 4) 보험금융손익

- 이자비용 : 잔여보장부채와 발생사고부채에서의 당기 화폐시간가치 효과(Unwinding effect)
- 할인율/환율 변동효과 : 잔여보장부채와 발생사고부채에서의 전기말 대비 당기말 할인율/환율의 변동효과, OCI법 회계정책을 선택한 회사는 기타포괄손익인식 구분표시

### 5) 현금흐름

- 수취보험료 : 당기 실제 수취한 보험료(기존 IFRS4에서의 수익 정보가 공시됨)
- 지급한 보험금/기타보험서비스비용 : 당기 실제 지급한 보험금/기타보험서비스비용(투자요소 포함)
- 보험취득현금흐름 지급 : 당기 실제 지급한 보험취득현금흐름

[도표 14] 공시사례 - 순보험계약부채의 변동내역(문단 100)

| 구분 | 잔여보장부채 | | 발생사고부채 | | 합계 |
|---|---|---|---|---|---|
| | 손실 요소 외 | 손실 요소 | 미래현금 흐름의 현재가치 추정치 | 비금융 위험에 대한 위험조정 | |
| 기초보험계약부채 | ××,××× | ××,××× | ××,××× | ××,××× | ××,××× |
| 기초보험계약자산 | (××,×××) | (××,×××) | (××,×××) | (××,×××) | (××,×××) |
| 기초보험계약순부채 | ××,××× | ××,××× | ××,××× | ××,××× | ××,××× |
| 보험수익 | | | | | |
| 예상보험금 | (××,×××) | | | | (××,×××) |
| 예상보험서비스비용 | (××,×××) | | | | (××,×××) |
| 위험조정의 변동 | (××,×××) | | | | (××,×××) |
| 보험계약마진 상각 | (××,×××) | | | | (××,×××) |
| 보험취득현금흐름 상각 | (××,×××) | | | | (××,×××) |
| 보험료 및 관련현금흐름의 경험조정 | (××,×××) | | | | (××,×××) |
| 보험서비스비용 | | | | | |
| 발생보험금 | | | ××,××× | ××,××× | ××,××× |
| 발생보험서비스비용 | | | ××,××× | ××,××× | ××,××× |
| 발생사고부채 이행현금흐름 추정치 변동 | | | ××,××× | | ××,××× |
| 손실요소의 전입(환입) | | ××,××× | | | ××,××× |
| 보험취득현금흐름상각 | ××,××× | | | | ××,××× |
| 투자요소 | | | | | |
| 실제발생투자요소 | (××,×××) | | ××,××× | | ××,××× |

| 보험금융손익 | | | | | |
|---|---|---|---|---|---|
| 당기손익인식 보험금융손익 | | | | | |
| 이자비용 | ××,××× | | | | |
| 기타포괄손익인식 보험금융손익 | | | | | |
| 할인율변동효과 | ××,××× | ××,××× | ××,××× | | |
| 환율변동효과 | ××,××× | ××,××× | ××,××× | | |
| 현금흐름 | | | | | |
| 수취보험료 | ××,××× | | | | |
| 지급한 보험금 | | | (××,×××) | | |
| 지급한 기타보험서비스비용 | | | (××,×××) | | |
| 보험취득현금흐름 지급 | (××,×××) | | | | |
| 기말보험계약순부채 | ××,××× | ××,××× | ××,××× | ××,××× | ××,××× |
| 기말보험계약부채 | ××,××× | ××,××× | ××,××× | ××,××× | ××,××× |
| 기말보험계약자산 | (××,×××) | (××,×××) | (××,×××) | (××,×××) | (××,×××) |

01

문단 101에 따라서 보험부채의 구성요소별로 변동내역을 공시하는 표는 일반모형(BBA)을 적용하는 보험계약에만 해당하며, 미래 현금흐름의 현재가치 추정치, 비금융위험에 대한 위험조정 그리고 보험계약마진으로 구분하여 당기 중 변동내역을 공시한다.

문단 104에 따라서 변동내역은 1) 미래서비스와 관련된 변동, 2) 현재서비스와 관련된 변동, 3) 과거서비스와 관련된 변동으로 구분하여 공시하여야 한다.

또한 문단 105에 따라 공시하는 보험금융손익과 현금흐름에 대한 세부 변동내역은 문단 100에 따른 공시와 동일하다.

### 1) 미래서비스와 관련된 변동

- 보험계약마진을 조정하는 변동 : 당기말 예상 대비 실제 보유계약의 변동효과, 당기말 계리적 가정의 변동효과, 당기말 재량가정(공시이율의 조정률 등)의 변동효과, 보험계약마진을 조정하는 경험조정(보험료, 보험료 관련 보험취득현금흐름, 투자요소)
- 보험계약마진을 조정하지 않는 변동 : 손실부담계약집합의 손실과 동 손실의 환입
- 신계약효과 : 당기 신계약의 최초 인식 시점의 미래 현금흐름의 현재가치 추정치, 비금융위험에 대한 위험조정 그리고 보험계약마진 인식 금액

### 2) 당기서비스와 관련된 변동

- 보험계약마진 상각 : 당기 보험서비스를 제공함에 따라 상각한 보험계약마진
- 비금융위험에 대한 위험조정의 변동 : 당기 위험의 해제로 위험조정이 감소하여 수익인식한 금액
- 경험조정 : 보험계약마진을 조정하지 않는 경험조정(보험금, 보험서비스비용, 보험료와 무관한 보험 취득현금흐름 등)

### 3) 과거서비스와 관련된 변동

- 발생사고부채 이행현금흐름 추정치 변동 : 당기 이전에 발생한 사고에 대한 당기말 발생사고부채 추정 금액의 변동(개별 추산금액의 변동, 보험금지급진전계수 업데이트 로 인한 IBNR의 변동 등)

[도표 15] 공시사례 - 순보험계약부채의 변동내역(문단 101)

| 구분 | 미래현금흐름의 현재가치 추정치 | 비금융위험에 대한 위험조정 | 보험계약마진 | 합계 |
|---|---|---|---|---|
| 기초보험계약부채 | ××,××× | ××,××× | ××,××× | ××,××× |
| 기초보험계약자산 | (××,×××) | (××,×××) | (××,×××) | (××,×××) |
| 기초보험계약순부채 | ××,××× | ××,××× | ××,××× | ××,××× |
| 미래서비스와 관련된 변동 | | | | |
| 보험계약마진을 조정하는 변동 | (××,×××) | ××,××× | ××,××× | |
| 보험계약마진을 조정하지 않는 변동 | ××,××× | ××,××× | | ××,××× |
| 신계약효과 | (××,×××) | ××,××× | ××,××× | |
| 당기서비스와 관련된 변동 | | | | |
| 보험계약마진 상각 | | | (××,×××) | (××,×××) |
| 비금융위험에 대한 위험조정의 변동 | | (××,×××) | | (××,×××) |
| 경험조정 | | | | |
| 과거서비스와 관련된 변동 | | | | |
| 발생사고부채 이행현금흐름 추정치 변동 | (××,×××) | (××,×××) | | (××,×××) |
| 보험금융손익 | | | | |
| 당기손익인식 보험금융손익 | | | | |
| 이자비용 | ××,××× | | ××,××× | ××,××× |
| 기타포괄손익인식 보험금융손익 | | | | |

| | | | | |
|---|---|---|---|---|
| 할인율변동효과 | ××,××× | | | ××,××× |
| 환율변동효과 | ××,××× | | | ××,××× |
| 현금흐름 | | | | |
| 수취보험료 | ××,××× | | | ××,××× |
| 지급한 보험금 | (××,×××) | | | (××,×××) |
| 지급한 기타보험서비스비용 | (××,×××) | | | (××,×××) |
| 보험취득현금흐름 지급 | (××,×××) | | | (××,×××) |
| 기말보험계약순부채 | ××,××× | ××,××× | ××,××× | ××,××× |
| 기말보험계약부채 | ××,××× | ××,××× | ××,××× | ××,××× |
| 기말보험계약자산 | (××,×××) | (××,×××) | (××,×××) | (××,×××) |

### (3) 신계약 최초 인식 효과

문단 107에 따라 보험료배분접근법이 적용되지 않은 보험계약에 대하여 당기 신계약의 최초 인식시점 잔여보장부채 항목별 인식금액을 다음과 같이 구분하여 공시한다.

① 미래 현금 유출액 현재가치 추정치(단, 보험취득현금흐름은 별도 표시)
② 미래 현금 유입액 현재가치 추정치
③ 비금융위험에 대한 위험조정
④ 보험계약마진

[도표 16] 공시사례 - 신계약 최초 인식 효과

| 구분 | 순보험계약부채 | | 순재보험계약자산 | |
|---|---|---|---|---|
| | 손실계약 집합 외 | 손실계약 집합 | 순이익계약 집합 외 | 순이익계약 집합 |
| 미래현금유출현금흐름 현재가치 추정치 | | | | |
| 보험취득현금흐름 | ××,××× | ××,××× | ××,××× | ××,××× |
| 보험취득현금흐름 외 | ××,××× | ××,××× | ××,××× | ××,××× |
| 미래현금유입현금흐름 현재가치 추정치 | ××,××× | ××,××× | ××,××× | ××,××× |
| 비금융위험에 대한 위험조정 | ××,××× | ××,××× | ××,××× | ××,××× |
| 보험계약마진 | ××,××× | ××,××× | ××,××× | ××,××× |
| 합계 | ××,××× | ××,××× | ××,××× | ××,××× |

### (4) 보험계약마진 상각 기간별 잔액

문단 109에 따라 보험료배분접근법이 적용되지 않은 보험계약에 대하여 당기말 보험계약마진의 미래 각 시점별 상각금액을 공시한다.

[도표 17] 공시사례 - 보험계약마진 상각 스케줄

| 구분 | 1년 이하 | 1년 초과<br>3년 이하 | 3년 초과<br>5년 이하 | 5년 초과 | 합계 |
|---|---|---|---|---|---|
| 순보험계약부채 | | | | | |
| 보험계약마진 상각 | ××,××× | ××,××× | ××,××× | ××,××× | ××,××× |
| 순재보험계약자산 | | | | | |
| 보험계약마진 상각 | ××,××× | ××,××× | ××,××× | ××,××× | ××,××× |

### (5) 보험금융손익

문단 110에 따라 당기에 인식한 보험금융수익(비용)을 당기손익과 기타포괄손익으로 구분하여 내역을 공시한다.

[도표 18] 공시사례 - 보험금융손익 내역

| 구분 | 포트폴리오<br>A | 포트폴리오<br>B | 포트폴리오<br>C | 합계 |
|---|---|---|---|---|
| 당기손익인식 보험금융손익 | | | | |
| 이자비용 등 | ××,××× | ××,××× | ××,××× | ××,××× |
| 환율변동효과 | ××,××× | ××,××× | ××,××× | ××,××× |
| 기타포괄손익인식 보험금융손익 | | | | |
| 할인율 및 금융가정 변경효과 | ××,××× | ××,××× | ××,××× | ××,××× |
| 기타 | ××,××× | ××,××× | ××,××× | ××,××× |
| 보험계약부채(자산) 금융비용 | ××,××× | ××,××× | ××,××× | ××,××× |
| 당기손익인식 재보험금융손익 | | | | |
| 이자수익 | ××,××× | ××,××× | ××,××× | ××,××× |
| 환율변동효과 | ××,××× | ××,××× | ××,××× | ××,××× |
| 재보험계약 불이행위험 변동효과 | ××,××× | ××,××× | ××,××× | ××,××× |
| 기타포괄손익인식 재보험금융손익 | | | | |
| 할인율 및 금융가정 변경효과 | ××,××× | ××,××× | ××,××× | ××,××× |

| 기타 | ××,××× | ××,××× | ××,××× | ××,××× |
|---|---|---|---|---|
| 재보험계약자산(부채)금융수익 | ××,××× | ××,××× | ××,××× | ××,××× |
| 총보험금융손익 | ××,××× | ××,××× | ××,××× | ××,××× |
| 당기손익인식 총보험금융손익 | ××,××× | ××,××× | ××,××× | ××,××× |
| 기타포괄손익인식 총보험금융손익 | ××,××× | ××,××× | ××,××× | ××,××× |



### (6) 전환 관련 공시

문단 114에 따라 전환시점에 수정소급법 또는 공정가치법을 적용하여 측정한 보험계약집합의 보험계약마진에 대해서는 전환 방법의 차이가 전환 이후 후속 기간의 보험수익에 미치는 효과를 재무제표이용자가 식별할 수 있도록 구분하여 공시한다.

[도표 19] 공시사례 - 전환방법별 보험계약마진의 당기 변동내역

| 구분 | 수정소급법 적용 계약집합 | 공정가치법 적용 계약집합 | 그 외 계약집합 | 합계 |
|---|---|---|---|---|
| 순보험계약부채 | | | | |
| 기초 보험계약마진 잔액 | ××,××× | ××,××× | ××,××× | ××,××× |
| 미래서비스와 관련된 변동 | ××,××× | ××,××× | ××,××× | ××,××× |
| 당기서비스와 관련된 변동 | ××,××× | ××,××× | ××,××× | ××,××× |
| 보험계약마진이자비용 | ××,××× | ××,××× | ××,××× | ××,××× |
| 당기말 보험계약마진 잔액 | ××,××× | ××,××× | ××,××× | ××,××× |
| 당기 보험수익 | ××,××× | ××,××× | ××,××× | ××,××× |
| 순재보험계약자산 | | | | |
| 기초 보험계약마진 잔액 | ××,××× | ××,××× | ××,××× | ××,××× |
| 미래서비스와 관련된 변동 | ××,××× | ××,××× | ××,××× | ××,××× |
| 당기서비스와 관련된 변동 | ××,××× | ××,××× | ××,××× | ××,××× |
| 보험계약마진이자수익 | ××,××× | ××,××× | ××,××× | ××,××× |
| 당기말 보험계약마진 잔액 | ××,××× | ××,××× | ××,××× | ××,××× |
| 당기 재보험비용 | ××,××× | ××,××× | ××,××× | ××,××× |

## 2. 감독회계 공시

보험회사는 보험계약자를 보호하기 위하여 필요한 경영내용을 보험업법(124조 1항)에 따라 금융위원회가 정하는 바에 따라 즉시 공시하도록 규정하고 있다. 시행령, 감독규정에서 공시 내용, 범위, 방법 등을 제시한다.

구체적인 공시항목 및 방법은 생손보협회의 경영통일공시기준을 따른다. 보험회사는 결산일부터 3개월 이내에 공시해야하나 분기 결산은 2개월 이내에 공시하여야 한다.

**[도표 20] 감독회계 공시 관련 법규 현황**

| 보험업법 | → | 시행령 | → | 감독규정 | → | 자율규제 |
|---|---|---|---|---|---|---|
| 제124조<br>(공시 등) | | 제67조<br>(공시사항) | | 제7-44조<br>(경영공시) | | 보험경영통일<br>공시기준 |

시행령(67조)에서는 ① 재무 및 손익 ② 자금의 조달 및 운용 ③ 경영건전성 유지 목적의 금융위원회 명령, 보험회사 제재, 적기시정조치, 행정처분에 관한 사항 ④ 보험약관 및 사업방법서, 보험료 및 해약환급금, 공시이율 등 보험료 비교에 필요한 자료 등 공시의 내용과 범위를 정하고 있다.

감독규정(7-44조)에서 좀 더 구체적인 시기와 방법을 정하고 있다. ① 재무 및 손익에 관한 사항, 자금의 조달 및 운용에 관한 사항 ② 조직 및 인력에 관한 사항 ③ 안정성, 수익성, 생산성 등 경영지표에 관한 사항 ④ 위험관리기준의 설정 및 운영현황 등 위험관리에 관한 사항(지배구조법 제27조) ⑤ 경영 · 자산 등에 관하여 중대한 영향을 미칠 회계처리기준 등을 변경하기로 한 결정 ⑥ 주주총회결의사항 등 보험회사의 이해관계자에 중대한 영향을 미칠 수 있는 사항을 제시한다.

이와 같이 감독규정에서 제시한 구체적인 공시항목 및 방법은 생손보협회의 보험경영통일 공시기준과 경영공시 시행세칙에서 정하고 있다.

### (1) 정기공시

정기공시에서는 주요 경영현황을 요약하고, 일반현황과 경영실적, 재무상황, 경영지표 등을 제시하며 기타 경영현황을 설명하며 일반회계 공시에서는 다루지 않는 해약환급금준비금, 위험관리 등이 감독회계 공시에 포함된다.

[도표 21] 정기공시 항목

| 구분 | 항목 |
|---|---|
| 주요 경영현황 요약 | 주요 경영지표 및 경영효율지표 항목 |
| 일반 현황 | 선언문, 경영방침, 연혁 · 추이, 조직, 임직원 현황, 모집조직 현황, 자회사, 자본금, 대주주, 주식소유현황, 계약자배당, 주주배당, 주식매수선택권 부여내용 |
| 경영실적 | 경영실적 개요, 요약 포괄손익계산서(총괄) |
| 재무상황 | 요약재무상태표(총괄), 대출채권 운용, 유가증권투자 및 평가손이, 부동산 보유현황, 보험계약부채 및 자산 현황, 외화자산 · 부채, 대손상각 및 대손충당금, 부실대출채권 현황, 계약현황, 재보험 현황 |
| 경영지표 | B/S상의 자기자본, 지급여력비율, 해약환급금준비금 등의 적립, 자산건전성, 수익성, 유동성, 신용평가등급 |
| 위험관리 | 위험관리개요, 생명 · 장기손해보험위험 관리, 일반손해보험위험 관리, 시장위험관리, 신용위험관리, 운영위험관리, 유동성위험관리 |
| 기타 경영 현황 | 자회사 경영실적, 타금융기관과의 거래내역, 내부통제, 기관경고 및 임원 문책 사항, 임직원 대출잔액, 금융소비자보호 실태평가 결과, 민원발생건수, 불완전판매비율, 유지율 및 청약철회비율 현황, 보험금부지급률 및 청구이후 해지비율, 사회공헌활동, 손해사정업무 처리 현황, 손해사정사 선임 등, 신탁 |
| 재무제표 | 감사보고서, 재무상태표, 포괄손익계산서, 자본변동표, 현금흐름표, 이익잉여금처분계산서, 주석사항 |
| 기타 | 임원, 이용자 편람 |

[자료 : 생명보험경영공시 시행세칙(2023.5.31. 개정)]

### (2) 차이 공시

일반회계와 감독회계간 차이가 발생하는 경우 "요약 재무상태표(총괄)"에서 차이 금액을 표시하고 차이가 발생한 원인을 기술한다.

[도표 22] 일반회계와 감독회계 차이 공시

(단위 : 억원)

| 구분 | 일반회계 (A) | 감독회계 (B) | 차이 금액 (A – B) | 차이원인 |
|---|---|---|---|---|
| 자산 | | | | |
| 계정 A | | | | 1) |
| 계정 B | | | | 2) |
| ⋮ | | | | |

| 부채 | | | | |
|---|---|---|---|---|
| 계정 C | | | | 3) |
| 계정 D | | | | 4) |
| ⋮ | | | | |
| 자본 | | | | |
| 계정 E | | | | 5) |
| 계정 F | | | | 6) |
| ⋮ | | | | |

*1 차이가 발생한 항목 중 중요한 사항에 대해 비교하여 작성

*2 실질적으로 동일한 계정성격이나, 용어나 표기만 달리하는 경우 차이가 없는 것으로 간주

1)

2)

3)

4)

5)

6)

한편, 국내는 일반회계와 건전성회계간 재무정보 차이에 대한 공시가 의무화 되어 있지 않으나 유럽은 Solvency II와 일반목적 재무보고 간 재무정보 차이에 대해 비교 및 분석하고 있다. 해외 사례를 고려할 때 국내도 K-ICS와 일반회계의 재무정보 차이에 대한 비교 및 분석 공시를 도입할 필요가 있을 것으로 예상한다.

**보충설명** **Solvency II 재무정보 보고체계**[3)]

❏ Solvency II는 외부 정보이용자를 위해 지급여력 재무상태보고서(SFCR), 감독보고를 위한 정기감독보고서(RSR), SFCR과 RSR에 첨부되는 계량보고양식(QRTs)으로 구성됨

- (SFCR ; Solvency and Financial Conditions Report) 보험회사 재무상태, 위험관리 등일반 재무정보를 제공함. 즉, 과거 실적정보를 제공함
- (RSR ; Regular Supervisory Report) SFCR 정보를 포함하여 감독목적 달성에 필요한 추가 민감 정보를 제공함. 즉, 과거 실적정보 및 미래 예측정보를 제공함
- (QRTs ; Quantitative Reporting Templates) 보험회사간 비교가능성 제고를 위해 표준양식에 따른 Solvency II Valuation 기반 계량정보를 제공함

---

3) 금융감독원(2019), "IFRS 17 시행 대비 회계기준간 재무정보 차이에 대한 공시방안", 금융감독원 · 한국회계정보학회 IFRS 17 공동 컨퍼런스 개최

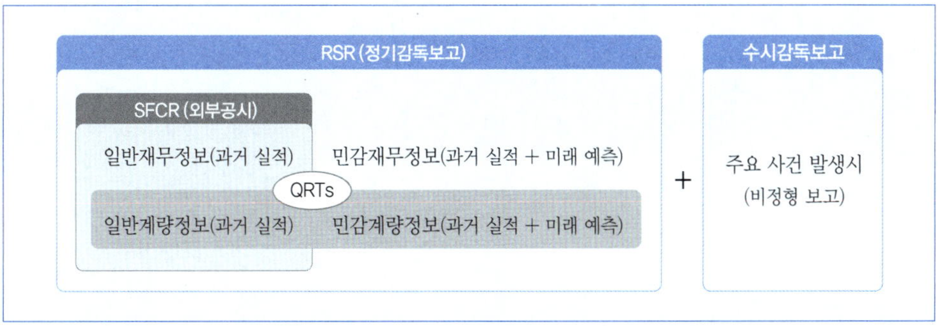


❑ 보고 내용을 살펴보면 SFCR과 RSR의 보고서 구성은 기본적으로 동일하나, 정보제공 수준 및 범위에서 차이가 존재함(RSR이 SFCR보다 좀 더 넓은 범위임)

- 보고내용은 크게 ① 사업개요 및 영업성과, ② 지배구조, ③ 위험요소, ④ 지급여력 재무평가, ⑤ 자본관리 등으로 구성됨
- 사업개요 및 영업성과는 보험, 투자, 기타 영업성과를 나타내며 RSR은 추가적으로 경영목적 및 전략(향후 일정 포함), 예측대비 목표 달성 수준, 사업라인(lines of business)별 영업성과 등을 포함함
- 지배구조는 일반정보, 경영자 적격성요건, 내부통제 및 감사부서, 계리부서, 위험관리시스템 등을 나타내며 RSR은 추가적으로 지배구조에 대한 자체 평가결과, 역할별 키맨 및 보수 등을 포함함
- 위험요소는 요구자본(보험, 시장, 신용 등)별 노출도, 집중도, 경감수준, 민감도 등을 나타내며 RSR은 추가적으로 장래 사업기간의 위험정보 및 관련 계량 데이터 등이 포함됨
- 지급여력 재무평가는 자산, 책임준비금, Solvency Ⅱ와 일반목적 재무보고 간 재무정보 차이 비교 · 분석 등을 포함하며 RSR은 추가적으로 계리적 가정, 계약분리 및 계약경계 상세내용, 보증 · 옵션가치 상세내용, 시나리오 생성 가정, 금리민감도 등을 포함함
- 자본관리는 가용자본, 지급여력요구자본(SCR), 최소요구자본(MCR), SCR 및 MCR 미준수내역, 표준모형과 내부모형 간 차이 등이 있으며 RSR은 추가적으로 가용자본 및 요구자본에 대한 미래 예측치 등이 포함됨

제2장

# 금융상품 회계기준서(IFRS 9) 이해

# 제1절
# 금융상품의 정의, 인식 및 제거

## 1. 금융상품 등의 정의

금융상품이란 거래당사자 어느 한쪽에게는 금융자산이 생기게 하고 거래상대방에게 금융부채나 지분상품이 생기게 하는 모든 계약을 말한다.

### (1) 금융자산

금융자산은 현금, 다른 기업의 지분상품, 거래상대방에게서 현금 등 금융자산을 수취할 계약상 권리, 잠재적으로 유리한 조건으로 거래상대방과 금융자산이나 금융부채를 교환하기로 한 계약상 권리 등을 포함한다. 보험회사의 경우 통상 유형 및 무형자산을 제외한 현금 및 예치금, 유가증권, 대출채권, 파생상품자산 등이 금융자산으로 분류된다.

### (2) 금융부채

금융부채는 거래상대방에게 현금 등 금융자산을 인도하기로 한 계약상 의무, 잠재적으로 불리한 조건으로 거래상대방과 금융자산이나 금융부채를 교환하기로 한 계약상 의무 등을 포함한다. 보험회사의 경우 통상 일반사채, 차입금, 투자계약부채, 파생상품부채 등이 금융부채로 분류된다.

**보충설명** 금융자산과 금융부채간 대응

- 미래에 현금을 수취할 계약상 권리에 해당하는 금융자산과 이에 대응하여 미래에 현금을 지급할 계약상 의무에 해당하는 금융부채의 일반적인 예로는 ① 매출채권과 매입채무, ② 받을어음과 지급어음, ③ 대여금과 차입금, ④ 투자사채와 사채 등이며 각각의 사례에서, 한 거래당사자가 현금을 수취(지급)할 계약상 권리(의무)는 다른 거래당사자가 지급(수취)할 계약상 의무(권리)에 대응한다.

### (3) 지분상품

지분상품은 기업의 자산에서 모든 부채를 차감한 후의 잔여지분을 나타내는 모든 계약을 의미한다.

### (4) 파생상품

파생상품은 금융상품 기준서의 적용범위에 포함되면서 다음의 세 가지 특성을 모두 가진 금융상품이나 그 밖의 계약을 말한다.

① 기초변수의 변동에 따라 가치가 변동한다. 기초변수는 이자율, 금융상품가격, 일반상품가격, 환율, 가격 또는 비율의 지수, 신용등급 또는 신용지수나 그 밖의 변수를 말한다. 다만, 비금융변수의 경우에는 계약의 당사자에게 특정되지 아니하여야 한다.
② 최초 계약 시 순투자금액이 필요하지 않거나 시장 요소의 변동에 비슷한 영향을 받을 것으로 예상되는 다른 유형의 계약보다 적은 순투자금액이 필요하다.
③ 미래에 결제된다.

## 2. 금융상품의 인식

금융자산이나 금융부채는 금융상품의 계약당사자가 되는 때에만 재무상태표에 인식하며 파생상품에 따른 모든 계약상 권리와 의무는 재무상태표에 자산과 부채로 각각 인식한다.

다만, 금융자산의 양도가 제거 조건을 충족하지 못하면, 양수자는 해당 금융자산을 자산으로 인식하지 아니한다.

### (1) 최초인식 원칙적용 예

① 무조건적인 채권과 채무는 계약의 당사자가 되어 현금을 수취할 법적 권리를 가지거나 현금을 지급할 법적 의무를 부담할 때 자산이나 부채로 인식한다.
② 재화나 용역을 매입하거나 매도하는 확정계약에 따라서 취득하는 자산과 부담하는 부채는 일반적으로 당사자 중 적어도 어느 한쪽이 계약을 이행할 때 비로소 인식한다. 예를 들면 확정주문을 받은 기업은 계약시점에는 일반적으로 자산을 인식하지 아니하며, 주문한 재화를 선적하거나 인도할 때 또는 용역을 제공할 때 비로소 인식한다.

③ 선도계약은 결제일이 아닌 계약일에 자산이나 부채로 인식한다. 선도계약의 당사자가 되는 때에 일반적으로 권리와 의무의 공정가치는 같으므로 선도계약의 순공정가치는 영(0)이 된다.

④ 옵션계약은 그 보유자나 발행자가 계약의 당사자가 되는 때 자산이나 부채로 인식한다.

⑤ 예정된 미래 거래는 그 발생 가능성에 관계없이 자산도 아니고 부채도 아니다. 그 이유는 기업이 현재 계약의 당사자가 된 것이 아니기 때문이다.



### (2) 금융자산의 정형화된 매입 또는 매도

한국채택국제회계기준에 의하면 금융자산의 정형화된 매입 또는 매도의 경우에는 매매일이나 결제일에 인식하거나 제거한다.

매매일은 자산을 매입하거나 매도하기로 약정한 날을 말하며 매매일 회계처리방법은 ① 매매일에 수취할 자산과 그 자산에 대하여 지급할 부채를 인식하는 것과 ② 매매일에 매도한 자산을 제거하고 처분손익을 인식하며 매입자의 지급할 금액을 채권으로 인식하는 것을 말한다.

결제일은 자산을 인수하거나 인도하는 날을 말하며 결제일 회계처리방법은 ① 자산을 인수하는 날에 자산을 인식하는 것과 ② 자산을 인도하는 날에 자산을 제거하고 처분손익을 인식하는 것을 말한다. 결제일 회계처리방법을 적용하는 경우에는 이미 취득한 자산에 대한 회계처리와 같은 방법으로 수취할 자산의 공정가치에 대한 모든 변동을 매매일과 결제일의 기간 중에 회계처리한다.

따라서 상각후원가로 측정하는 자산의 가치변동은 인식하지 아니하고, 당기손익-공정가치 측정 금융자산으로 분류한 자산의 가치변동은 당기손익으로 인식하며, 기타포괄손익-공정가치 측정 금융자산과 후속적인 변동을 기타포괄손익으로 표시하는 선택권을 사용하여 회계처리하는 지분상품에 대한 투자에 대한 가치변동은 기타포괄손익으로 인식한다.

금융자산의 정형화된 매입 또는 매도는 매매일 회계처리방법 또는 결제일 회계처리방법 중 하나를 사용하여 인식하며, 같은 방식으로 분류한 금융자산의 매입이나 매도 모두에 일관성 있게 같은 방법을 사용한다. 이 경우에 의무적으로 당기손익-공정가치로 측정해야 하는 금융자산은 당기손익-공정가치 측정 금융자산으로 지정한 자산과는 별도의 범주로 구분한다. 또한 후속적인 변동을 기타포괄손익으로 표시하는 선택권을 사용하여 회계처리하는 지분상품에 대한 투자도 별도의 범주로 구분한다.

한편, 가치변동에 대하여 차액결제를 요구하거나 차액결제를 허용하는 계약은 정형화된 계약이 아니며 동 계약은 매매일과 결제일의 기간 중에 파생상품으로 회계처리해야 한다.

그러나 보험업 법규에 따라 보험회사는 금융자산의 정형화된 매입이나 매도는 매매계약 체결일(매매일)에 거래를 인식하고 제거하여야 한다.

## 3. 금융자산의 제거

금융자산의 제거는 금융자산의 인식과의 반대개념으로 기인식된 금융자산을 재무상태표에서 삭제하는 것을 이른다. 앞서 살펴본 바와 같이 금융자산의 정형화된 매도는 매매일이나 결제일에 금융자산을 제거한다. 그 이외의 정형화되지 않는 금융자산 매도 경우에는 금융자산의 현금흐름에 대한 계약상 권리가 소멸할 때 금융자산을 제거하거나 또는 금융자산의 현금흐름에 대한 권리를 양도하거나 현금흐름에 대한 권리를 보유하면서 거래상대방에게 현금흐름을 지급할 의무를 부담하는 경우 제거의 조건을 충족할 때 금융자산을 제거한다.

### (1) 금융자산의 제거절차

금융자산의 제거여부와 제거정도를 평가하는 방법에 대한 순서도는 다음과 같다.

[도표 1] 금융자산의 제거절차

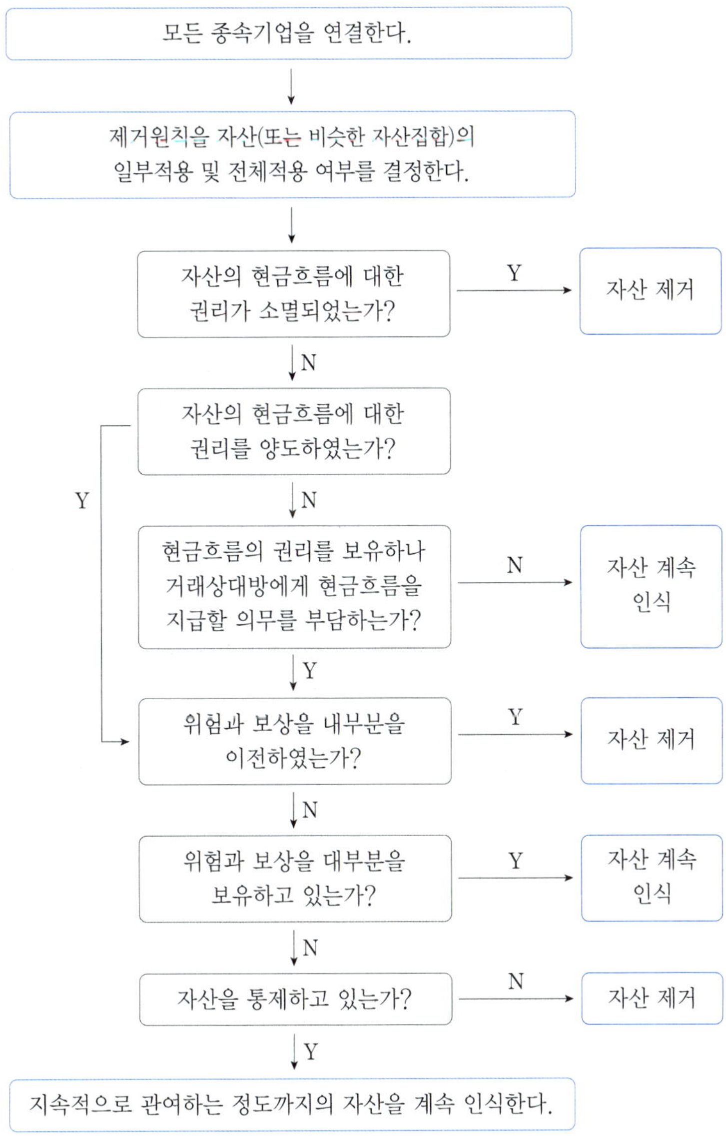

### 1) 연결범위 확정

금융자산 제거의 경우 연결재무제표를 작성한 후 연결 관점에서 적용한다. 따라서 기업회계기준서 제1110호(연결재무제표)에 따라 모든 종속기업을 연결한 후 해당 연결실체에서 금융자산의 제거여부와 제거정도를 평가하여 적용한다.

### 2) 제거기준 적용대상 결정

금융자산의 제거여부와 제거정도의 적정성을 평가하기 전에 금융자산의 일부에 적용하여야 하는지 아니면 전체에 적용하여야 하는지를 다음과 같이 결정한다.

① 제거 대상이 다음 세 가지 조건 중 하나를 충족하는 경우에만 금융자산의 일부에 대해 제거기준을 적용한다.

㈎ 제거 대상이 금융자산의 현금흐름에서 식별된 특정 부분만으로 구성된다. 예를 들면 이자율 스트립채권 계약에서 거래상대방이 채무상품의 현금흐름 중 원금에 대한 권리는 없고 이자 부분에 대한 권리만 있는 경우 제거기준을 이자 부분에 적용한다.

㈏ 제거 대상이 금융자산의 현금흐름에 완전히 비례하는 부분만으로 구성된다. 예를 들면 거래상대방이 채무상품의 현금흐름 중 90%에 대한 권리를 가지는 계약을 체결하는 경우에는 제거기준을 현금흐름의 90%에 적용한다.

㈐ 제거 대상이 금융자산의 현금흐름에서 식별된 특정 부분 중 완전히 비례하는 부분만으로 구성된다. 예를 들면 거래상대방이 채무상품의 현금흐름 중 이자 부분의 90%에 대한 권리를 가지는 계약을 체결하는 경우에는 제거기준을 해당 이자 부분의 90%에 적용한다.

② 위 ① 외의 모든 경우에는 제거기준을 금융자산의 전체에 적용한다. 예를 들면 ㈎ 금융자산에서 회수되는 현금 중 처음이나 마지막 90%에 대한 권리를 양도하거나 ㈏ 수취채권 집합의 현금흐름 중 90%에 대한 권리를 양도하면서 매입자에게 수취채권 원금의 8%까지 신용손실을 보상하기로 하는 지급보증을 제공하는 경우에는, 제거기준을 해당 금융자산의 전체[1]에 적용한다.

### 3) 금융자산의 양도요건

금융자산의 양도는 금융자산의 현금흐름을 수취할 계약상 권리를 양도하는 경우 또는 금융자산의 현금흐름을 수취할 계약상 권리를 보유하고 있으나, 해당 현금흐름을 다음의 세가지 조건을 모두 충족하는 계약에 따라 하나 이상의 수취인에게 지급할 계약상 의무를 부담하는 경우[2]에만 해당된다.

---

1) 제거대상이 금융자산의 현금흐름에서 식별된 특정부분 중 완전히 비례적이지 않는 현금흐름을 양도한 것이므로 해당 금융자산 전체에 대해 제거기준을 적용한다.

2) 예로, 신탁기업이 소유하고 있는 금융자산을 기초자산으로 하여 그에 대한 수익지분을 투자자에게 발행하고, 해당 금융자산에 대한 관리용역을 제공할 때 생긴다.

① 최초 자산에서 최종 수취인에게 지급할 금액에 상응하는 금액을 회수하지 못한다면, 그 금액을 최종 수취인에게 지급할 의무가 없다.

② 현금흐름을 지급할 의무를 이행하기 위해 최종 수취인에게 담보물로 제공하는 경우를 제외하고는, 양도자는 양도계약의 조건 때문에 최초 자산을 매도하거나 담보물로 제공하지 못한다.

③ 양도자는 최종 수취인을 대신해서 회수한 현금을 중요하게 지체하지 않고 최종 수취인에게 지급할 의무가 있다. 또 양도자는 해당 현금을 재투자할 권리가 없다.



#### 4) 위험과 보상의 이전여부

위험과 보상의 이전여부는 양도자산의 순현금흐름의 금액과 시기의 변동에 대한 양도 전·후 양도자의 익스포저를 비교하여 평가한다. 금융자산의 미래 순현금흐름의 현재가치 변동에 대한 양도자의 익스포저가 양도의 결과 유의적으로 달라지지 않는다면(예 양도자가 확정가격이나 매도가격에 대여자의 이자수익을 더한 금액으로 재매입하기로 하고 금융자산을 매도한 경우), 양도자는 금융자산의 소유에 따른 위험과 보상의 대부분을 보유하고 있는 것이다.

그러나 금융자산과 관련된 미래 순현금흐름 현재가치의 변동성과 비교하여 해당 금융자산의 미래 순현금흐름의 현재가치 변동에 대한 양도자의 익스포저가 더는 유의적이지 않다면 양도자는 금융자산의 소유에 따른 위험과 보상의 대부분을 이전한 것이다.

소유에 따른 위험과 보상의 대부분을 이전하였는지 아니면 보유하고 있는지가 명백하여 별도의 계산이 불필요한 경우가 흔히 있다. 한편 미래 순현금흐름의 현재가치 변동에 대한 양도 전·후 양도자의 익스포저를 계산하여 비교할 필요가 있는 경우가 있을 것이다.

이때 적절한 현행 시장이자율을 할인율로 사용하여 양도자의 익스포저 정도를 계산하고 비교한다. 가능성이 어느 정도 있는 모든 순현금흐름 변동을 고려하되 발생 가능성이 더 높은 결과에 비중을 더 둔다.

양도자가 소유에 따른 위험과 보상의 대부분을 이전하는 경우와 소유에 따른 위험과 보상의 대부분을 보유하는 경우의 예는 다음과 같이 구분된다.

[도표 2] 위험과 보상의 대부분의 이전여부

| 대부분 이전 | 대부분 보유 |
|---|---|
| ① 금융자산을 아무런 조건 없이 매도한 경우<br>② 양도자가 매도한 금융자산을 재매입시점의 공정가치로 재매입할 수 있는 권리를 보유하고 있는 경우 | ① 양도자가 매도 후 미리 정한 가격으로 또는 매도가격에 양도자에게 금전을 대여하였더라면 그 대가로 받았을 이자수익을 더한 금액으로 양도자산을 재매입하는 거래의 경우 |

| | |
|---|---|
| ③ 양도자가 매도한 금융자산에 대한 콜옵션을 보유하고 있거나 양수자가 해당 금융자산에 대한 풋옵션을 보유하고 있지만, 해당 콜옵션이나 풋옵션이 현재까지 깊은 외가격 상태이기 때문에 만기 이전에 해당 옵션이 내가격 상태가 될 가능성이 매우 낮은 경우 | ② 유가증권대여계약을 체결한 경우<br>③ 시장위험 익스포저를 양도자에게 다시 이전하는 총수익스왑 체결과 함께 금융자산을 매도한 경우<br>④ 양도자가 매도한 금융자산에 대한 콜옵션을 보유하고 있거나 양수자가 해당 금융자산에 대한 풋옵션을 보유하고 있으며, 해당 콜옵션이나 풋옵션이 현재까지 깊은 내가격 상태이기 때문에 만기 이전에 해당 옵션이 외가격 상태가 될 가능성이 매우 낮은 경우<br>⑤ 양도자가 발생 가능성이 높은 신용손실의 보상을 양수자에게 보증하면서 단기 수취채권을 매도한 경우 |

### 5) 양도자산의 통제여부

양도자가 양도자산을 통제하고 있는지 여부는 양수자가 그 자산을 매도할 수 있는 능력을 가지는지에 따라 결정한다. 양수자가 자산 전체를 독립된 제3자에게 매도할 수 있는 실질적 능력을 가지고 있으며 양도에 추가 제약을 할 필요 없이 그 능력을 일방적으로 행사할 수 있다면, 양도자는 양도자산에 대한 통제를 상실한 것이다. 이 경우 외에는 양도자가 양도자산을 통제하고 있는 것이다.

한편, 양도자산이 활성시장에서 거래된다면 양도자에게 자산을 돌려줄 필요가 있을 때 양수자가 시장에서 양도자산을 재매입할 수 있기 때문에 양수자는 양도자산을 매도할 수 있는 실질적인 능력을 보유한 것이다.

예를 들면 양도자가 양도자산을 재매입할 수 있는 옵션을 보유하고 있으나, 해당 옵션을 행사하더라도 양수자가 시장에서 해당 양도자산을 쉽게 매입할 수 있다면, 양수자는 양도자산을 매도할 수 있는 실질적인 능력을 보유하고 있다고 볼 수 있다.

그러나 양도자가 양도자산을 재매입할 수 있는 옵션을 보유하고 있으며, 해당 옵션을 행사할 경우 양수인이 시장에서 해당 양도자산을 쉽게 매입할 수 없다면, 양수자는 양도자산을 매도할 수 있는 실질적인 능력을 보유하고 있지 않다.

또한, 양수자가 양도자산 전체를 독립적인 제3자에게 매도할 수 있고, 양도할 때 추가 제약조건을 부가하지 않으면서 그러한 능력을 일방적으로 행사할 수 있다면, 양수자는 양도자산을 매도할 수 있는 실질적인 능력을 보유한 것이다.

중요한 것은 양도자산에 대하여 양수자가 가지고 있는 계약상 권리나 존재하는 계약상 금지조항이 아니라 양수자가 양도자산에 대하여 실질적으로 무엇을 할 수 있느냐이다. 특히 이와 관련하여 다음 사항을 고려할 필요가 있다.

① 양도자산을 거래할 수 있는 시장이 없다면 양도자산을 처분할 수 있는 계약상 권리는 실질적으로 거의 효과가 없다.

② 양도자산을 자유롭게 처분할 수 없다면, 양도자산을 처분할 수 있는 능력은 실질적으로 거의 효과가 없다. 따라서 양수자가 양도자산을 자유롭게 처분할 수 있는 능력을 보유하기 위해서는 다음 두 가지 조건을 모두 충족해야 한다.

(가) 양도자산을 처분할 수 있는 양수자의 능력은 다른 기업의 행동에 독립적이어야 한다. 즉, 일방적인 능력이어야 한다.

(나) 양수자가 양도할 때에 제약조건이나 부대조건(예 대여금에 관리용역이 제공되는 방법에 대한 조건이나 양수자에게 자산을 재매입할 수 있는 권리를 부여하는 옵션)을 부가할 필요 없이 양도자산을 처분할 수 있어야 한다.

### 6) 양도자산에 대한 지속적 관여

양도자가 양도자산의 소유에 따른 위험과 보상의 대부분을 보유하지도 이전하지도 않고, 양도자가 양도자산을 통제하고 있다면, 그 양도자산에 지속적으로 관여하는 정도까지 그 양도자산을 계속 인식한다.

이때 지속적 관여 정도는 양도자산의 가치 변동에 양도자가 노출되는 정도를 말한다. 예를 들면 다음과 같다.

① 양도자가 양도자산에 보증을 제공하는 형태로 지속적으로 관여하는 경우에 지속적 관여 정도는 (가) 양도자산의 장부금액과 (나) 수취한 대가 중 상환을 요구받을 수 있는 최대 금액(보증금액) 중 적은 금액이다.

② 양도자가 양도자산에 대한 옵션을 매입 또는 발행하는 경우나 매입 · 발행을 둘 다 하는 경우에 지속적 관여 정도는 양도자산 중 양도자가 재매입할 수 있는 금액이다. 그러나 공정가치로 측정하는 자산에 대하여 풋옵션을 발행하는 경우에 지속적 관여 정도는 양도자산의 공정가치와 옵션의 행사가격 중 적은 금액이다.

③ 양도자가 양도자산에 대하여 현금결제옵션이나 이와 비슷한 계약을 체결하는 경우에 지속적 관여 정도는 위의 ②에서 설명한 비현금결제옵션의 지속적 관여 정도와 같은 방법으로 측정한다.

한편, 양도자가 지속적으로 관여하는 정도까지 자산을 계속 인식하는 경우에 관련 부채도 함께 인식한다. 이때 양도자산과 관련 부채는 양도자가 보유하는 권리와 부담하는 의무를 반영하여 측정한다. 관련 부채는 다음과 같이 측정한다.

① 양도자산을 상각후원가로 측정한다면, 양도자산과 관련 부채의 순장부금액이 양도자가 보유하는 권리와 부담하는 의무의 상각후원가가 되도록 관련 부채를 측정한다.
② 양도자산을 공정가치로 측정한다면, 양도자산과 관련 부채의 순장부금액이 양도자가 보유하는 권리와 부담하는 의무를 독립적으로 측정한 공정가치가 되도록 관련 부채를 측정한다.

양도자는 양도자산에서 생기는 수익을 지속적으로 관여하는 정도까지 계속 인식하며, 관련 부채에서 생기는 모든 비용을 인식한다. 또한 후속 측정할 때 양도자산과 관련 부채의 공정가치 변동액은 서로 간에 일관성 있게 회계처리하며 상계하지 아니한다.

양도자가 금융자산의 일부에만 지속적으로 관여하는 경우에(예 양도자산의 일부를 재매입할 수 있는 옵션을 보유하거나, 양도자산의 소유에 따른 위험과 보상의 대부분을 보유한 것으로 볼 수 없는 나머지 지분을 보유하고 양도자산을 통제하고 있는 경우) 양도하기 전 금융자산의 장부금액을 지속적 관여에 따라 계속 인식하는 부분과 제거하는 부분에 양도일 현재 각 부분의 상대적 공정가치를 기준으로 배분하며 다음 ①과 ②의 차액은 당기손익으로 인식한다.

① 제거하는 부분에 배분된 금융자산의 장부금액(제거일에 측정)
② 제거하는 부분에 대하여 수취한 대가

여기서 기업이 양도자산을 상각후원가로 측정한다면, 금융부채를 당기손익-공정가치 측정 금융부채로 지정하는 공정가치선택권을 양도자산과 관련된 부채에는 적용할 수 없다.

### (2) 금융자산의 제거 회계처리

금융자산을 양도한 경우에 양도자는 금융자산의 소유에 따른 위험과 보상의 보유 정도를 평가하여 다음과 같이 회계처리한다.

① 양도자가 금융자산의 소유에 따른 위험과 보상의 대부분을 이전한다면, 해당 금융자산을 제거하고 양도하여 생기거나 갖게 된 권리와 의무는 각각 자산과 부채로 인식한다.
② 양도자가 금융자산의 소유에 따른 위험과 보상의 대부분을 보유한다면, 해당 금융자산을 계속 인식한다.

③ 양도자가 금융자산의 소유에 따른 위험과 보상의 대부분을 보유하지도 이전하지도 않는다면, 양도자가 해당 금융자산을 통제하는지를 판단하여 다음과 같이 회계처리한다.

㈎ 양도자가 금융자산을 통제하고 있지 않다면, 해당 금융자산을 제거하고 양도하여 생기거나 보유하게 된 권리와 의무는 각각 자산과 부채로 인식한다.

㈏ 양도자가 금융자산을 통제하고 있다면, 해당 금융자산에 지속적으로 관여하는 정도까지 그 금융자산을 계속 인식한다.



### 1) 제거조건을 충족하는 양도

금융자산 전체가 제거 조건을 충족하는 양도로 금융자산을 양도하고, 수수료를 대가로 해당 양도자산의 관리용역을 제공하기로 한다면 관리용역제공계약과 관련하여 자산이나 부채를 인식한다.

관리용역 수수료가 용역제공의 적절한 대가에 미달할 것으로 예상한다면 용역제공의무에 따른 부채를 공정가치로 인식한다. 관리용역 수수료가 용역제공의 적절한 대가를 초과할 것으로 예상한다면 용역제공 권리에 따른 자산을 인식한다.

양도의 결과로 금융자산 전체를 제거하지만 새로운 금융자산을 획득하거나 새로운 금융부채나 관리용역부채를 부담한다면, 그 새로운 금융자산, 금융부채, 관리용역부채를 공정가치로 인식한다.

금융자산 전체를 제거하는 경우에는 금융자산의 장부금액(제거일에 측정)과 수취한 대가(새로 획득한 모든 자산에서 새로 부담하게 된 모든 부채를 차감한 금액 포함)의 차액을 당기손익으로 인식한다.

한편, 양도자산이 양도하기 전 금융자산 전체 중 일부이고(예 채무상품의 현금흐름 중 이자 부분의 양도) 그 양도한 부분 전체가 제거 조건을 충족한다면, 양도하기 전 금융자산 전체의 장부금액은 계속 인식하는 부분과 제거하는 부분에 대해 양도일 현재 각 부분의 상대적 공정가치를 기준으로 배분한다.

양도하기 전 금융자산 전체의 장부금액을 계속 인식하는 부분과 제거하는 부분에 배분할 때, 계속 인식하는 부분의 공정가치를 측정해야 한다. 계속 인식하는 부분과 비슷한 부분을 매도한 경험이 있거나 해당 부분에 대한 그 밖의 시장 거래가 있는 경우에 최근 거래가격이 공정가치에 대한 최선의 추정치가 된다.

계속 인식하는 부분의 공정가치를 추정하기 위한 공시가격이나 최근 시장거래가 없는 경우에 양도하기 전 금융자산 전체의 공정가치와 제거하는 부분에 대하여 양수자에게서 수취한 대가의 차이가 계속 인식하는 부분의 공정가치에 대한 최선의 추정치가 된다.

### 2) 제거조건을 충족하지 않는 양도

양도자가 양도자산의 소유에 따른 위험과 보상의 대부분을 보유하고 있기 때문에 양도자산을 제거하지 않는다면, 그 양도자산 전체를 계속 인식하며 수취한 대가는 금융부채로 인식한다. 양도자는 후속기간에 양도자산에서 생기는 모든 수익과 금융부채에서 생기는 모든 비용을 인식한다.

양도자산을 계속 인식하는 경우에 그 양도자산과 관련 부채는 상계하지 아니한다. 이와 마찬가지로 양도자산에서 생기는 모든 수익은 관련 부채에서 생기는 어떤 비용과도 상계하지 아니한다.

금융자산의 양도가 제거 조건을 충족하지 못하면, 양수자는 양도자산을 양수자의 자산으로 인식하지 아니한다. 양수자는 지급한 현금이나 그 밖의 대가를 제거하고, 양도자에 대한 채권을 인식한다.

### 3) 담보물을 제공하는 경우

양도자가 비현금담보물(예 채무상품, 지분상품)을 양수자에게 제공한 경우에 그 담보물에 대한 양도자와 양수자의 회계처리는 양수자가 그 담보물을 매도할 권리나 다시 담보로 제공할 권리를 가지고 있는지와 양도자의 채무불이행 여부에 따라 결정한다. 양도자와 양수자는 담보물을 다음과 같이 회계처리한다.

① 양수자가 계약이나 관행에 따라 담보물을 매도할 권리나 다시 담보로 제공할 권리를 가지고 있다면, 양도자는 그 담보자산을 그 밖의 자산과 구분하여 재무상태표에 재분류(예 대여자산, 담보제공지분상품, 재매입수취채권)한다.

② 양수자가 담보물을 매도하면, 양수자는 매도로 수취한 대가와 그 담보물을 돌려줄 의무를 공정가치로 측정한 부채를 인식한다.

③ 양도자가 계약조건에 따른 채무를 이행하지 못하여 담보물을 돌려받을 권리가 없으면, 양도자는 그 담보물을 제거하며, 양수자는 그 담보물을 공정가치로 측정하여 자산으로 최초 인식하거나 담보물을 이미 매도하였다면 그 담보물을 돌려줄 의무를 제거한다.

④ 위 ③의 경우를 제외하고는, 양도자는 담보물을 계속 자산으로 인식하며, 양수자는 해당 담보물을 자산으로 인식하지 아니한다.

## 4. 금융부채의 제거

금융부채는 소멸한 경우 즉 계약상 의무가 이행, 취소, 만료된 경우에만 재무상태표에서 제거한다.

금융부채는 채무자가 일반적으로 현금, 그 밖의 금융자산, 재화 또는 용역을 채권자에게 제공하여 부채를 이행한 경우 또는 채무자가 채권자에게서 또는 법적 절차에 따라 부채에 대한 일차적 의무를 법적으로 유효하게 면제받은 경우에 소멸한다. 그러나, 채무자가 제3자에게 지급하였더라도 법적면제의 효력이 없다면, 채권자에 대한 채무자의 일차적 의무는 면제되지 아니한다.



### (1) 금융부채의 교환 및 조건변경

기존 차입자와 대여자가 실질적으로 다른 조건으로 채무상품을 교환한 경우에 최초의 금융부채를 제거하고 새로운 금융부채를 인식한다. 이와 마찬가지로, 기존 금융부채의 조건이 실질적으로 변경된 경우에도 최초의 금융부채를 제거하고 새로운 금융부채를 인식한다.

한편, 실질적으로 다른 조건으로 채무상품을 교환한 경우라 함은 새로운 조건에 따른 현금흐름의 현재가치와 최초 금융부채의 나머지 현금흐름의 현재가치의 차이가 적어도 10% 이상이라면, 계약조건이 실질적으로 달라진 것이다.

이때 새로운 조건에 따른 현금흐름에는 지급한 수수료에서 수취한 수수료를 차감한 수수료 순액이 포함되며, 현금흐름을 할인할 때에는 최초의 유효이자율을 사용한다. 채무상품의 교환이나 계약조건의 변경을 금융부채의 소멸로 회계처리한다면, 발생한 원가나 수수료는 금융부채의 소멸에 따른 손익의 일부로 인식한다.

그러나, 채무상품의 교환이나 계약조건의 변경을 금융부채의 소멸로 회계처리하지 아니한다면, 발생한 원가나 수수료는 부채의 장부금액에서 조정하며, 변경된 부채의 남은 기간에 상각한다.

### (2) 금융부채의 소멸 및 양도

소멸하거나 제3자에게 양도한 금융부채의 장부금액과 지급한 대가의 차액은 당기손익으로 인식한다.

한편, 채권자가 채무자의 현재지급의무를 면제하였으나, 주채무의 인수자가 지급을 이행하지 못한다면 해당 채무자가 지급해야 하는 보증의무를 부담하는 경우가 있다. 이러한 상황에서 채무자는 해당 보증의무를 다음과 같이 처리한다.

① 보증의무의 공정가치에 근거하여 새로운 금융부채를 인식한다.

② (가) 지급한 대가와 (나) 최초 금융부채의 장부금액에서 새로운 금융부채의 공정가치를 차감한 금액과의 차이를 손익으로 인식한다.

### (3) 금융부채의 재매입

금융부채의 일부를 재매입하는 경우에 종전 금융부채의 장부금액은 계속 인식하는 부분과 제거하는 부분에 대해 재매입일 현재 각 부분의 상대적 공정가치를 기준으로 배분한다. 제거하는 부분에 배분된 금융부채의 장부금액과 제거하는 부분에 대하여 지급한 대가의 차액은 당기손익으로 인식한다.

한편, 채무상품의 발행자가 해당 금융상품을 재매입한다면, 발행자가 그 금융상품에 대한 시장조성자이거나 그 금융상품을 단기간에 재매도할 의도가 있더라도 해당 금융부채는 소멸한다.

# 제2절
# 금융상품의 분류



## 1. 금융자산의 분류

기업회계기준서 제1039호에서는 금융자산을 주관적인 보유 의도에 따라 분류하였던 반면, 기업회계기준서 제1109호에서는 단순한 주장이 아니라 사실에 근거하여 금융자산의 사업모형 및 계약상 현금흐름 특성을 판단하고 이에 따라 분류한다. 따라서 기업회계기준서 제1039호를 적용하던 당시에는 보유 의도 변경에 따라 주기적으로 금융자산을 재분류할 수 있었던 반면, 기업회계기준서 제1109호 도입 이후로는 영업에 유의적인 활동을 시작하거나 중단하는 등 매우 예외적인 경우가 아니라면 금융자산의 재분류가 인정되지 않는다.

[도표 3] 금융상품의 분류 및 측정 요약 비교(1039호 VS 1109호)

| 구분 | K-IFRS 제1039호 | | K-IFRS 제1109호 |
|---|---|---|---|
| | 분류 | 측정 | 분류 및 측정 |
| 금융자산 | 대여금 및 수취채권 | AC | AC |
| | 만기보유채권 | | |
| | 매도가능채권 | FVOCI<br>(재순환) | FVOCI(채권)－재순환 |
| | 매도가능주식 | | FVPL(주식)*<br>* FVOCI 선택가능. 단 재순환 금지 |
| | 당기손익인식금융자산 | FVPL | FVPL－공정가치선택권(FVO) 포함 |
| | 공정가치선택권 | | |
| 금융부채 | 당기손익인식금융부채 | FVPL | FVPL－공정가치선택권(FVO)* 포함<br>* 자기신용위험 → OCI 처리후 재순환 금지 |
| | 공정가치선택권 | | |
| | 기타 | AC | AC |

**보충설명** 금융상품의 분류 및 측정 비교(IAS39 VS IFRS9)

❑ IAS 39

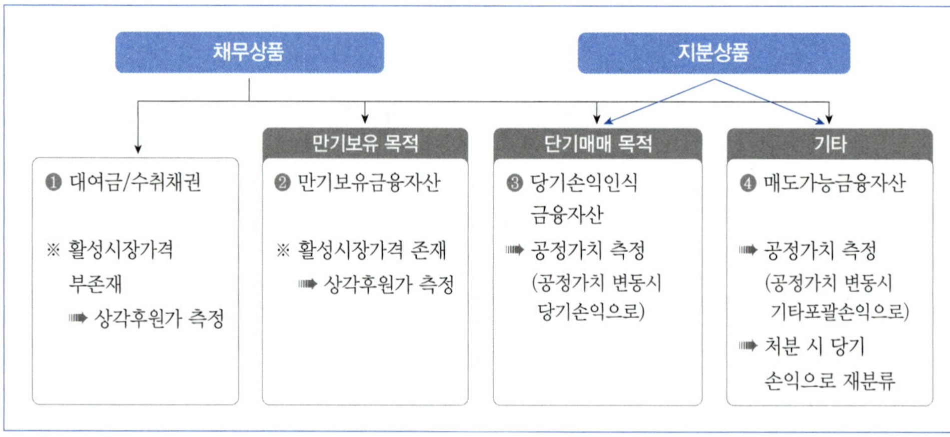


❑ IFRS 9

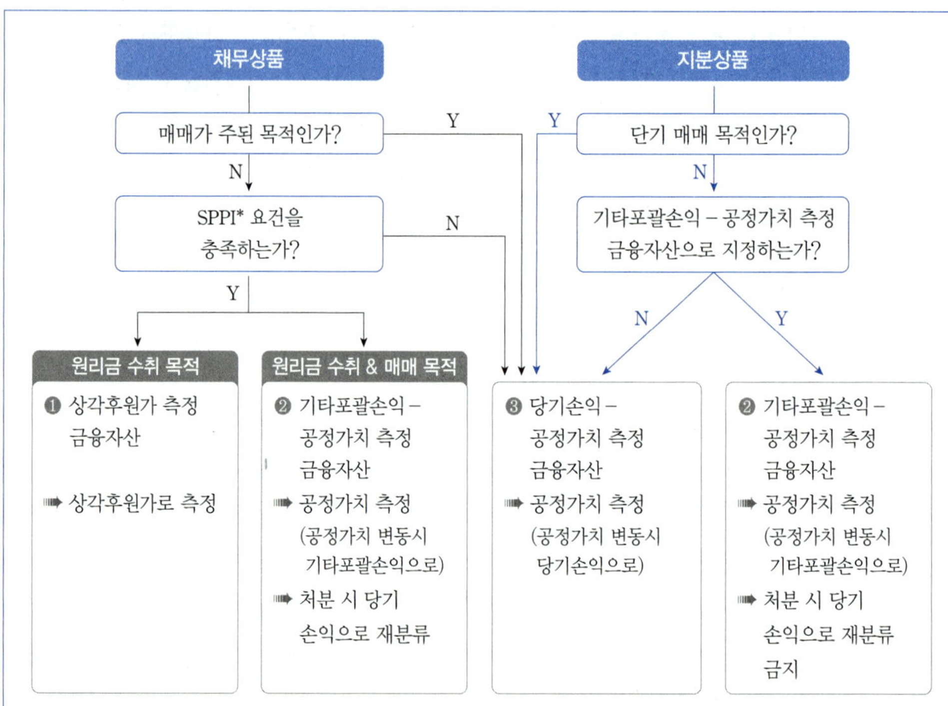


* SPPI(Contractual cash flows that are solely payments of principal and interest of the principal amount outstanding) : 금융상품의 계약상 현금흐름이 원금과 이자로만 구성

참고로 국내 생명보험회사의 기업회계기준서 제1109호가 적용된 2023년 재무상태표를 기업회계기준서 제1039호가 적용된 2022년 재무상태표와 비교해보면, 운용자산 비중에서 FVPL자산은 2%에서 15%로 7배 이상 증가하고 FVOCI자산은 절반 이상의 비중을 차지한 반면 AC자산은 39%에서 5%로 대폭 감소한 것을 알 수 있다. FVPL자산의 비중이 늘어난 이유는 수익증권 형태로 간접적으로 투자를 한 운용자산이 성과를 기초로 한 현금흐름의 특성으로 인해 SPPI 요건을 미충족함에 따라 FVPL자산으로 분류되었기 때문이다. 그리고 AC자산의 비중이 감소한 이유는 보험회사들이 현행금리로 보험계약부채가 공정가치평가되는 기업회계기준서 제1117호 도입에 따라 회계상 자본 변동성을 줄이기 위해 만기보유채권 대부분을 FVOCI자산으로 분류하였기 때문이다.



**보충설명** 2023년 1분기 운용자산 금액과 비중(생명보험회사)

(단위 : 조원)

| 구분 | 현예금 | FVPL | FVOCI | AC | 관계종속기업 | 대출채권 | 부동산 | 운용자산 총계 |
|---|---|---|---|---|---|---|---|---|
| 2022년 말 | 16.8<br>(2%) | 15.6<br>(2%) | 229.1<br>(31%) | 286.9<br>(39%) | 19.2<br>(3%) | 157.5<br>(21%) | 11.6<br>(2%) | 736.5<br>(100%) |
| 2023년 1분기 | 11.0<br>(1%) | 113.0<br>(15%) | 421.1<br>(57%) | 34.6<br>(5%) | 19.7<br>(3%) | 125.7<br>(17%) | 11.6<br>(2%) | 736.6<br>(100%) |

[자료 : 금융통계월보]

* 2022년말은 기업회계기준서 제1039호 기준이며, 2023년 1분기는 기업회계기준서 제1109호 기준임

## (1) 금융자산의 분류절차

금융자산의 분류의 경우 채무상품, 파생상품, 지분상품에 따라 분류절차가 상이하며 여기서 채무상품과 지분상품의 분류는 기업회계기준서 제1032호(금융상품 : 표시)에 따라 판단하여야 한다.

금융상품 기업회계기준서에서 규정하고 있는 금융자산의 분류에 대한 순서도는 다음과 같다.

[도표 4] 금융자산의 분류 순서도

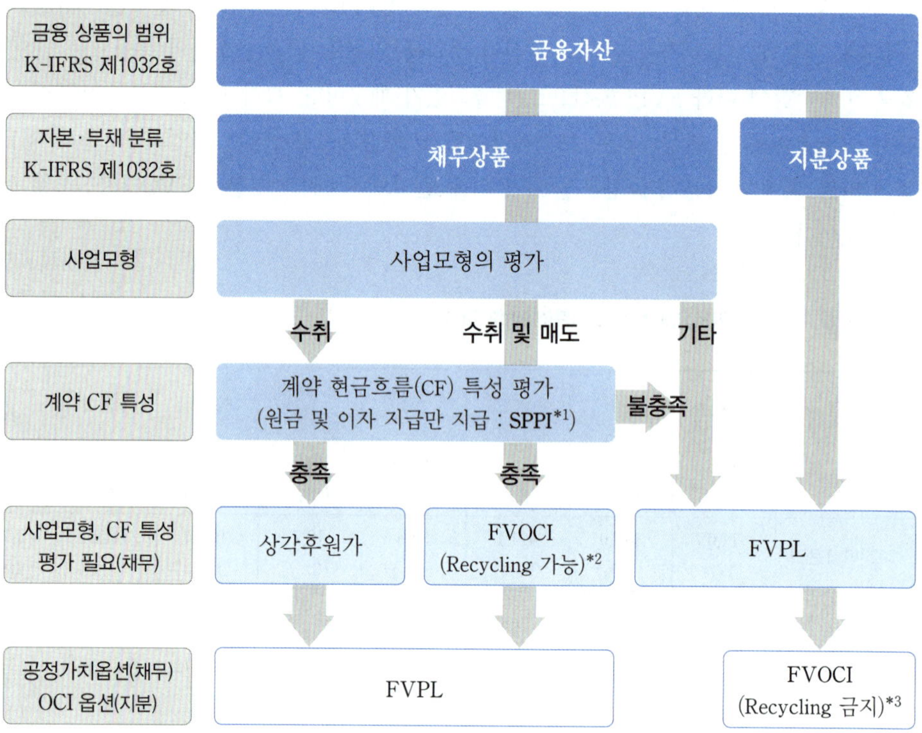


*1 SPPI : Solely Payments of Principal and Interest on the Principal amount outstanding

*2 Recycling 가능 : 처분시 처분손익이 당기손익으로 반영됨을 의미

*3 Recycling 금지 : 처분시 처분손익이 당기손익으로 반영되지 않음을 의미

사업모형 판단과 관련한 기준서의 주요 내용은 다음과 같다.

| 구분 | 내용 | 비고 |
|---|---|---|
| 사업모형의 의미 | 사업모형은 현금흐름을 창출하기 위해 금융자산을 관리하는 방식을 의미함. 사업모형은 개별 상품에 대한 경영진의 의도와는 무관함 | K-IFRS 제1109호<br>B4.1.2<br>B4.1.2A |

| 사업모형의 종류 | • 수취 모형 : 계약상 현금흐름을 수취하기 위해 자산을 보유하는 것이 목적인 사업모형<br>• 수취 및 매도 모형 : 계약상 현금흐름의 수취와 금융자산의 매도 둘 다를 통해 목적을 이루는 사업모형<br>• 기타 모형 : 금융자산을 계약상 현금흐름 수취목 적의 사업모형이나 계약상 현금흐름 수취와 매도 둘 다가 목적인 사업모형에 해당하지 않은 사업모형 | K-IFRS 제1109호<br>B4.1.2C<br>B4.1.4A<br>B4.1.5 |
|---|---|---|
| 사실에 근거한 판단 | 금융자산 관리를 위한 사업모형은 단순한 주장이 아닌 사실에 근거해야 함. 이러한 사실은 대체로 사업모형의 목적을 이루기 위해 수행하는 활동을 통해 관찰할 수 있음 | K-IFRS 제1109호<br>B.4.1.2B |
| 관리방식을 반영한 판단 | 사업모형은 특정 사업목적을 달성하기 위해 금융자산의 집합이 함께 관리되는 방식을 반영하는 수준에서 결정함. 사업모형은 개별 상품에 대한 경영진의 의도와는 무관함. 따라서 이 조건은 금융상품별 분류접근법이 아니며 더 높은 수준으로 통합하여 결정해야 함 | K-IFRS 제1109호<br>B.4.1.2B |
| 사업모형의 판단근거 | 사업모형을 평가할 때는 판단이 필요하며 평가일에 이용할 수 있는 모든 관련 증거를 고려해야 함. 관련 증거는 다음 사항을 포함하며, 열거한 사항에만 한정되는 것은 아님<br>① 금융자산의 성과를 평가하고 그 평가내용을 주요 경영진에게 보고하는 방식<br>② 성과에 영향을 미치는 위험과 그 위험을 관리하는 방식<br>③ 그 사업의 경영진에 대한 보상방식<br>④ 과거기간 매도의 빈도, 금액, 시기, 이유, 미래의 매도활동에 대한 예상 | K-IFRS 제1109호<br>B4.1.2B<br>B4.1.2C |

### (2) 채무상품의 분류

채무상품은 다음 두 가지 사항 모두에 근거하여 상각후원가 측정 금융자산, 기타포괄손익-공정가치 측정 금융자산, 당기손익-공정가치 측정 금융자산으로 분류한다.

① 금융자산의 관리를 위한 사업모형

② 금융자산의 계약상 현금흐름 특성

#### 1) 상각후원가 측정 금융자산(계약상 현금흐름 수취모형의 채무상품)

다음 두 가지 조건을 모두 충족한다면 금융자산(채무상품)을 상각후원가로 측정한다.

> ① 계약상 현금흐름을 수취하기 위해 보유하는 것이 목적인 사업모형 하에서 금융자산을 보유한다.
> ② 금융자산의 계약 조건에 따라 특정일에 원금과 원금잔액에 대한 이자 지급만으로 구성되어 있는 현금흐름이 발생한다.

위 조건 ②에서의 원금은 최초 인식시점의 금융자산의 공정가치이며, 이자는 화폐의 시간가치에 대한 대가, 특정 기간에 원금잔액과 관련된 신용위험에 대한 대가, 그 밖의 기본적인 대여위험과 원가에 대한 대가뿐만 아니라 이윤으로 구성된다.

#### 2) 기타포괄손익-공정가치 측정 금융자산(계약상 현금흐름 수취 및 매도 모형의 채무상품)

다음 두 가지 조건을 모두 충족한다면 금융자산(채무상품)을 기타포괄손익-공정가치로 측정한다.

> ① 계약상 현금흐름의 수취와 금융자산의 매도 둘 다를 통해 목적을 이루는 사업모형 하에서 금융자산을 보유한다.
> ② 금융자산의 계약 조건에 따라 특정일에 원리금 지급만으로 구성되어 있는 현금흐름이 발생한다.

#### 3) 당기손익-공정가치 측정 금융자산(그 밖의 기타 모형의 채무상품)

금융자산(채무상품)에 대해 상각후원가로 측정하거나 기타포괄손익-공정가치로 측정하는 경우가 아니라면, 당기손익-공정가치로 측정한다.

### (3) 금융자산의 관리를 위한 사업모형에 대한 이해

공정가치 측정항목으로 지정할 수 있는 선택권을 적용하는 경우를 제외하고는, 금융자산의 관리를 위한 사업모형에 근거하여 금융자산을 분류하도록 요구하고 있다. 기업은 해당 금융자산이 수취 모형 또는 수취 및 매도 모형의 조건을 충족하는지를 주요 경영진이 결정한 사업모형에 근거하여 평가한다.

사업모형은 특정 사업 목적을 이루기 위해 금융자산의 집합을 함께 관리하는 방식을 반영하는 수준에서 결정한다. 사업모형은 개별 상품에 대한 경영진의 의도와는 무관하다. 따라서 이 조건은 금융상품별 분류접근법이 아니며 더 높은 수준으로 통합하여 결정해야 한다.

그러나 하나의 기업은 금융상품을 관리하는 둘 이상의 사업모형을 가질 수 있다. 따라서 분류가 보고실체 수준에서 결정될 필요는 없다. 예를 들어 계약상 현금흐름을 얻기 위해 관리하는 투자 포트폴리오와 공정가치 변동을 실현하기 위해 거래할 목적으로 관리하는 또 다른 투자 포트폴리오를 보유하고 있을 수 있다.

이와 비슷하게 일부 상황에서는 금융자산을 관리하는 수준을 반영하기 위하여 금융자산의 포트폴리오를 하위 포트폴리오로 세분화하는 것이 적절할 수도 있다. 예를 들면 부동산담보대출 포트폴리오를 창출하거나 매입하여 일부 대출은 계약상 현금흐름의 수취 목적으로 관리하고 나머지 대출은 매도 목적으로 관리하는 경우가 이에 해당될 수 있다.



사업모형은 현금흐름을 창출하기 위해 금융자산을 관리하는 방식을 의미한다. 즉, 사업모형에 따라 현금흐름의 원천이 금융자산의 계약상 현금흐름의 수취인지, 매도인지 또는 둘 다 인지가 결정된다. 따라서 사업모형은 '최악의 상황' 시나리오 또는 '위기상황' 시나리오 같이, 발생할 것이라고 합리적으로 예상하지 아니하는 시나리오에 근거하여 평가하지 아니한다.

현금흐름이 사업모형을 평가했던 시점의 예상과 다르게 실현되더라도, 사업모형을 평가할 때 이용할 수 있었던 모든 관련 정보를 고려하였다면 재무제표에 과거기간의 오류가 있는 것은 아니며, 그 사업모형에서 보유하고 있는 나머지 금융자산의 분류에 영향을 미치지 아니한다. 그러나 새로 창출하거나 새로 매입하는 금융자산에 대해 사업모형을 평가할 때는 과거에 현금흐름이 실현된 방식에 대한 정보를 관련되는 그 밖의 모든 정보와 함께 고려해야 한다.

금융자산 관리를 위한 사업모형은 단순한 주장이 아닌 사실에 근거해야 한다. 이러한 사실은 대체로 사업모형의 목적을 이루기 위해 수행하는 활동을 통해 관찰할 수 있다. 금융자산을 관리하는 사업모형을 평가할 때는 판단이 필요하며 이러한 평가는 단일 요소나 단일 활동에 좌우되지 않는다. 그 대신에 평가일에 이용할 수 있는 모든 관련 증거를 고려해야 한다. 관련 증거는 다음 사항을 포함하며, 열거한 사항에만 한정되는 것은 아니다.

① 사업모형과 그 사업모형에서 보유하는 금융자산의 성과를 평가하고 그 평가내용을 주요 경영진에게 보고하는 방식
② 사업모형의 성과에 영향을 미치는 위험과 그 위험을 관리하는 방식
③ 그 사업의 경영진에 대한 보상방식(예 관리하는 자산의 공정가치에 기초하여 보상하는지 아니면 수취하는 계약상 현금흐름에 기초하여 보상하는지)

[도표 5] 사업모형의 종류

| 구분 | 수취 | 수취 및 매도 | 기타 |
|---|---|---|---|
| 개념 | 금융자산의 계약상 현금흐름 수취가 목적임<br>• 매도가 사업목적 달성에 필수적이 아니라 부수적<br>• 모든 금융상품을 만기까지 보유할 필요는 없음 | 계약상 현금흐름 수취와 금융자산의 매도가 해당 사업의 목적을 달성하는데 필수적임 | 좌측 두가지 사업모형에 해당하지 않는 사업모형<br>• 계약상 현금흐름 수취가 사업목적 달성에 필수적이 아니라 부수적임 |
| 매매빈도 | 빈번하지 않거나, 개별적/집합적으로 규모가 유의적이지 않음 | 현금흐름 수취 목적 사업모형에 비해 빈번하고, 개별적/집합적으로 유의적인 규모임 | 활발한 매매거래 발생 |
| 매매 및 보유 사유 | • 예측하지 못한 자금조달 수요 또는 신용의 질 악화로 인한 매매<br>• 유동성 필요충족을 위한 유의적이지만, 빈번하지 않은 매매<br>• 금융자산의 만기구성 유지를 위해 빈번하지만, 유의적이지 않은 매매 | • 자금조달 및 금융자산 수익 극대화 목적을 위해 금융자산을 보유 또는 매매<br>• 유동성 필요 충족을 위해 보유<br>• 금융자산의 만기구성 유지를 위해 보유 | • 투자포트폴리오를 공정가치기준으로 관리하고, 성과 평가에 반영하기 위해 매매<br>• 금융자산의 매매를 통한 현금흐름 극대화 목적의 금융자산 보유 |

### 1) 계약상 현금흐름 수취를 위한 자산 보유목적인 사업모형의 고려사항

계약상 현금흐름을 수취하기 위해 자산을 보유하는 것이 목적인 사업모형에서 보유되는 금융자산은 해당 금융상품의 존속기간에 걸쳐 계약상 지급액을 수취하여 현금흐름을 실현하도록 관리한다.

즉, 금융자산 포트폴리오의 자산을 보유하기도 하고 매도하기도 하면서 금융자산 포트폴리오의 전반적인 수익을 관리하는 것이 아니라 특정 계약상 현금흐름을 수취하기 위해 금융자산 포트폴리오의 자산을 관리한다. 금융자산의 현금흐름이 계약상 현금흐름의 수취를 통해 실현되는지를 판단할 때 과거기간 매도의 빈도, 금액, 시기, 이유, 미래의 매도활동에 대한 예상을 고려할 필요가 있다.

그러나 매도 자체가 사업모형을 결정하지는 아니하므로 이를 단독으로 고려해서는 안 된다. 그 대신에 매도에 대한 과거 정보와 미래 예상은 금융자산을 관리하는 기업의 공식적인 목적이 어떻게 성취되는지 그리고 구체적으로 현금흐름이 어떻게 실현되는지와 관련된 증거를 제공한다. 과거 매도의 이유와 상황을 현재 상황과 비교하여 과거 매도의 정보를 고려해야 한다.

사업모형의 목적이 계약상 현금흐름을 수취하기 위해 금융자산을 보유하는 것이더라도 그러한 모든 금융상품을 만기까지 보유할 필요는 없다. 따라서 금융자산의 매도가 일어나거나 미래에 일어날 것으로 예상되는 경우에도 사업모형은 계약상 현금흐름을 수취하기 위해 금융자산을 보유하는 것일 수 있다.



금융자산의 신용위험이 증가하여 해당 금융자산을 매도하더라도 계약상 현금흐름을 수취하기 위해 자산을 보유하는 것이 목적인 사업모형일 수 있다. 자산의 신용위험이 증가했는지를 판단하기 위해서는 미래전망 정보를 포함하여 합리적이고 뒷받침될 수 있는 정보를 고려한다.

매도의 빈도와 금액에 상관없이 신용위험의 증가로 인해 매도한다고 해서, 계약상 현금흐름을 수취하기 위해 금융자산을 보유하는 것이 목적인 사업모형과 상충되는 것이 아니다. 이는 금융자산의 신용의 질이 계약상 현금흐름을 수취할 수 있는 능력과 관련되기 때문이다.

신용악화로 인한 잠재적인 신용손실을 최소화하는 것이 목적인 신용위험관리활동은 이러한 사업모형에 필수적이다. 신용위험의 증가로 인한 매도의 예로서, 문서화한 투자방침에서 정한 신용 기준을 더는 충족하지 못하게 되어 금융자산을 매도하는 경우를 들 수 있다. 그러나 이러한 방침이 없는 경우에는 다른 방법으로 신용위험의 증가로 인한 매도임을 제시할 수도 있다.

자산의 신용위험증가로 인한 것이 아니라 신용집중위험을 관리하기 위한 매도와 같이 그 밖의 이유로 인한 매도도 계약상 현금흐름을 수취하기 위해 금융자산을 보유하는 것이 목적인 사업모형과 일관될 수 있다.

특히, 매도 금액이 유의적이더라도 이러한 매도가 빈번하지 않거나 매도가 빈번하더라도 개별적으로 또는 집합적으로 매도 금액이 유의적이지 않다면 계약상 현금흐름을 수취하기 위해 금융자산을 보유하는 것이 목적인 사업모형과 일관될 수 있다.

하나의 포트폴리오에서 드물지 않게 매도가 일어나고 매도 금액이 개별적으로 또는 집합적으로 유의적인 경우에는 해당 매도가 계약상 현금흐름을 수취하는 목적과 일관되는지 그리고 어떻게 일관되는지를 평가할 필요가 있다. 제3자가 금융자산을 매도하도록 강제하는지 또는 그 활동이 기업의 재량에 따른 것인지는 이러한 평가와 관련이 없다.

특정 시기에 매도 빈도나 매도 금액이 증가한 이유를 설명하고 그러한 매도를 사업모형의 변경으로 반영해야 하는 것이 아님을 제시할 수 있다면 해당 매도가 반드시 계약상 현금흐름을 수취하기 위해 금융자산을 보유하는 목적과 상충되는 것은 아니다.

또 금융자산의 만기가 가까운 시점에 매도하고 매도로 수취하는 대가가 남은 계약상 현금흐름의 수취액과 거의 같다면 해당 매도는 계약상 현금흐름을 수취하기 위해 금융자산을 보유하는 목적과 일관될 수 있다.

#### 2) 계약상 현금흐름 수취와 금융자산 매도 둘 다 목적을 이루는 사업모형의 고려사항

계약상 현금흐름의 수취와 금융자산의 매도 둘 다를 통해 목적을 이루는 사업모형에서 금융자산을 보유할 수 있다. 이러한 형태의 사업모형에서 주요 경영진은 계약상 현금흐름의 수취와 금융자산의 매도 둘 다가 사업모형의 목적을 이루는 데에 필수적이라고 결정한다. 다양한 목적이 이러한 형태의 사업모형과 일관될 수 있다.

예를 들면 사업모형의 목적이 매일 유동성 수요를 관리하거나, 특정 이자수익률 수준을 유지하거나, 금융자산을 조달하는 부채의 듀레이션에 해당 금융자산의 듀레이션을 맞추는 것일 수 있다. 이러한 목적을 이루기 위해 금융자산의 계약상 현금흐름을 수취하기도 하고 매도하기도 한다.

계약상 현금흐름을 수취하기 위해 금융자산을 보유하는 것이 목적인 사업모형과 비교하면, 이러한 사업모형에서는 대체로 더 빈번하게 더 많은 금액을 매도할 것이다. 이 사업모형의 목적을 이루기 위해서는 금융자산의 매도가 부수적이 아니라 필수적이기 때문이다.

그러나 계약상 현금흐름 수취와 금융자산의 매도 둘 다가 사업모형의 목적을 이루는 데에 필수적이기 때문에 이러한 사업모형에서 일어나야만 하는 매도의 빈도나 금액에 대한 기준은 없다.

#### 3) 그 밖의 사업모형의 고려사항

금융자산을 계약상 현금흐름 수취목적의 사업모형이나 계약상 현금흐름 수취와 매도 둘 다가 목적인 사업모형에서 보유하지 않는 경우에는 해당 금융자산은 당기손익－공정가치로 측정한다.

당기손익－공정가치로 측정하게 되는 사업모형의 일례는 자산의 매도를 통해 현금흐름을 실현할 목적으로 금융자산을 관리하는 것이다. 해당 자산의 공정가치에 기초하여 의사결정하고 해당 자산의 공정가치를 실현하기 위해 관리한다.

이러한 경우에는 기업의 목적에 따라 일반적으로 적극적으로 매입하고 매도하게 된다. 금융자산을 보유하는 동안에 계약상 현금흐름을 수취하더라도 그러한 사업모형의 목적은 계약상 현금흐름의 수취와 금융자산의 매도 둘 다를 통해 이뤄지는 것은 아니다. 이는 계약상 현금흐름의 수취가 사업모형의 목적을 이루는 데에 필수적이 아니라 부수적이기 때문이다.

공정가치 기준으로 관리하고 그 성과를 평가하는 금융자산의 포트폴리오는 계약상 현금흐름을 수취하기 위해 보유하는 것이 아니며 계약상 현금흐름의 수취와 금융자산의 매도 둘 다를 위해 보유하는 것도 아니다. 기업은 공정가치 정보에 우선적으로 중점을 두고 금융자산의 성과를 평가하고 의사결정을 하는 데 공정가치 정보를 이용한다.

또 단기매매의 정의를 충족하는 금융자산 포트폴리오는 계약상 현금흐름을 수취하기 위해 보유하는 것이 아니며 계약상 현금흐름의 수취와 금융자산의 매도 둘 다를 위해 보유하는 것도 아니다. 이러한 금융자산 포트폴리오는 계약상 현금흐름의 수취가 사업모형의 목적을 이루는 데에 부수적일 뿐이다. 따라서 이러한 금융자산 포트폴리오는 당기손익-공정가치로 측정해야 한다.



### (4) 원리금 지급만으로 구성되어 있는 계약상 현금흐름 이해

공정가치 측정항목으로 지정할 수 있는 선택권을 적용하는 경우가 아니라면 계약상 현금흐름을 수취하기 위해 자산을 보유하는 것이 목적인 사업모형에서 또는 계약상 현금흐름의 수취와 금융자산의 매도 둘 다를 위해 자산을 보유하는 것이 목적인 사업모형에서 금융자산을 보유하는 경우에는 금융자산의 계약상 현금흐름의 특성에 기초하여 금융자산을 분류한다. 이를 위해 해당 금융자산의 계약상 현금흐름이 원리금 지급만으로 구성되어 있는지를 판단하여야 한다.

원리금 지급만으로 구성되는 계약상 현금흐름은 기본대여계약과 일관된다. 기본대여계약에서 화폐의 시간가치와 신용위험에 대한 대가는 일반적으로 이자의 가장 유의적인 요소이다. 그러나 그러한 기본대여계약에서 이자는 특정기간에 금융자산을 보유하는 것과 관련된 그 밖의 기본대여계약의 위험(예 유동성 위험)과 원가(예 관리 원가)를 포함할 수도 있다.

또 이자는 기본대여계약과 일관되는 이윤을 포함할 수 있다. 극단적인 경제상황에서는, 예를 들어 금융자산의 보유자가 명시적으로나 암묵적으로 특정기간에 금전의 예치에 대해 대가를 지급한다면 이자가 음(-)이 될 수 있다.

한편, 레버리지(leverage)는 일부 금융자산의 계약상 현금흐름 특성이다. 레버리지는 계약상 현금흐름의 변동성을 높이므로 이러한 계약상 현금흐름은 이자의 경제적 특성을 가지고 있지 않다. 독립된 옵션, 선도계약, 스왑계약은 레버리지를 포함하고 있는 금융자산의 예이다. 따라서 그러한 계약은 계약상 특정일에 원리금 지급만으로 구성되어야 하는 조건을 충족하지 않으며 후속적으로 상각후원가나 기타포괄손익-공정가치로 측정할 수 없다.

또한, 주식가격이나 일반상품(commodity)가격의 변동에 대한 익스포저와 같이 기본대여계약과 관련 없는 계약상 현금흐름의 위험이나 변동성에 노출시키는 계약조건은 원리금 지급만으로 구성되는 계약상 현금흐름이 생기지 아니한다.

[도표 6] 원리금 지급만으로 구성되어 있는 계약상 현금흐름 여부 판단 절차(SPPI Test)

| 단계 | 목적 | 근거 |
|---|---|---|
| 1. 정형화된 현금흐름 여부 | 원리금 외의 요소가 존재할 가능성이 높은 금융상품을 판단<br>➡ 비정형화된 현금흐름이 있는 금융자산의 경우에는 추가 테스트 수행 | B4.1.7A |
| 2. 원금 및 이자 외의 요소 검토 | 원리금 외의 요소가 존재하는지 검토 | |
| | 1) 전환/신주인수권/교환사채 | B4.1.14<br>B4.1.7A |
| | 2) 원금과 이자가 특정 자산 또는 사업성과에 연동되는 경우 | B4.1.16<br>B4.1.17 |
| | 3) 원금의 표시통화와 다른 통화로 이자가 지급되는 경우 | B4.1.8 |
| | 4) 역변동금리 금융상품 | B4.1.14 |
| | 5) 이자가 주가지수, 환율, 우발사건(채무자의 채무불이행 제외) 등 기타변수와 연계 | B4.1.10<br>B4.1.13 |
| 3. 금리 구조 검토 | • 이자에 화폐의 시간가치, 신용위험, 기본적인 대여 위험, 기타 이윤 외의 요소가 있는지 검토<br>• 계약상 현금흐름의 시기나 금액을 변경시키는 계약조건이 존재하는지 검토 | |
| | 1) 고정금리 상품 | B4.1.11 |
| | 2) 일반적인 이자율 재설정 변동금리 상품 | B4.1.9B*1 |
| | 3) 경상적 중도상환/만기연장옵션 존재 금리 상품 | B4.1.10<br>B4.1.11(2),(3)<br>B4.1.12(2),(3) |
| | 4) 발행된 통화의 인플레이션지수와 연계되어 있는 금융상품 | B4.1.13 |
| | 5) 일반적인 Step-up 금리 상품 | N/A*2 |

*1 Benchmark Test 필요, 그 차이가 유의적이지 않은 경우 1109호 이자 정의 충족

*2 신용위험 또는 화폐 시간가치 변동에 의한 재조정으로 판단시 1109호 이자 정의 충족

### 1) 화폐의 시간가치에 대한 대가

화폐의 시간가치는 오직 시간 경과의 대가를 나타내는 이자의 요소이다. 즉, 화폐의 시간가치 요소는 금융자산의 보유와 관련된 그 밖의 위험이나 원가에 대한 대가가 아니다.

그러나 일부 경우에 화폐의 시간가치 요소는 변형될 수도 있다. 예를 들어 금융자산의 이자율이 정기적으로 재설정되지만 재설정의 빈도가 이자율의 기간과 일치하지 않는 경우 또는 금융자

산의 이자율이 정기적으로 특정한 장단기 이자율의 평균으로 재설정되는 경우를 들 수 있다.

이러한 경우에는 계약상 현금흐름이 원리금 지급만을 나타내는지를 판단하기 위해 그 변경을 평가해야 한다. 변형된 화폐의 시간가치 요소를 평가하는 목적은 계약상 현금흐름이 화폐의 시간가치 요소가 변형되지 아니하였다면 생겼을 현금흐름과 얼마나 다른지를 판단하는 것이다.

변형된 화폐의 시간가치 요소 때문에 계약상 현금흐름이 기준 현금흐름과 유의적으로 다를 수 있다면 해당 금융자산은 계약상 특정일에 원리금 지급만으로 구성되어야 하는 조건을 충족하지 아니한다.



이러한 판단을 하기 위해서는 변형된 화폐의 시간가치 요소의 영향을 매 보고기간에 그리고 해당 금융자산의 존속기간에 걸쳐 누적적으로 고려해야 한다. 변형된 화폐의 시간가치 요소를 평가할 때 미래의 계약상 현금흐름에 영향을 미치는 요소를 고려해야 한다.

계약상 현금흐름이 기준 현금흐름과 유의적으로 다를 수 있다고 결론내리면 해당 금융자산은 계약상 특정일에 원리금 지급만으로 구성되어야 하는 조건을 충족하지 못하고 이에 따라 상각후원가나 기타포괄손익–공정가치로 측정할 수 없다.

일부 국가에서는, 정부나 감독당국이 이자율을 정한다. 예를 들어 이자율의 정부규제가 광범위한 거시경제 정책의 일부일 수 있거나 경제의 특정부문에 투자를 촉진하기 위함일 수 있다. 이러한 경우 중 일부는, 화폐의 시간가치 요소의 목적이 오직 시간 경과의 대가를 나타내는 것이 아니다.

그러나 계약상 특정일에 원리금 지급만으로 구성되어야 하는 조건을 적용할 때에는 규제이자율이 시간경과에 대한 대가와 대체로 일관되고 기본대여계약과 상충되는 계약상 현금흐름의 위험이나 변동성에 노출시키지 않는다면, 규제이자율을 화폐의 시간가치 요소에 대한 대용치로 본다. 이에 따라 상각후원가나 기타포괄손익–공정가치로 측정할 수 있다.

### 2) 계약상 현금흐름의 시기나 금액을 변경시키는 계약조건

금융자산이 계약상 현금흐름의 시기나 금액을 변경시키는 계약조건을 포함하고 있다면 예를 들어 해당 자산을 만기 전에 중도상환하거나 만기를 연장할 수 있다면, 그 계약조건 때문에 해당 금융상품의 존속기간에 걸쳐 생길 수 있는 계약상 현금흐름이 원리금 지급만으로 구성되는지를 판단해야 한다.

이러한 결정을 할 때, 계약상 현금흐름의 변경 전과 변경 후에 생길 수 있는 계약상 현금흐름 양쪽을 평가해야 한다. 계약상 현금흐름의 시기와 금액을 변경시키는 우발사건의 특성에 대한 평가가 필요할 수도 있다. 계약상 현금흐름이 원리금 지급만을 나타내는지를 평가할 때 우발사건 특성은 그 자체로는 결정적 요소는 아니지만, 지표일 수는 있다.

예를 들어 채무자가 특정 횟수를 지급하지 못한 경우에 높은 이자율로 재설정되는 이자율을 지닌 금융상품을 특정 주가지수가 특정 수준에 도달하게 되면 높은 이자율로 재설정되는 금융상품과 비교해 보자. 금융상품의 존속기간에 계약상 현금흐름이 원리금 지급만으로 구성될 가능성은, 지급하지 못한 것과 신용위험의 증가 간의 관계 때문에 전자의 경우가 더 높다.

계약상 현금흐름의 시기나 금액을 변경시키는 계약조건이 포함되어 있으나 다음은 원리금 지급만으로 구성되는 계약상 현금흐름을 나타내는 계약조건의 사례이다.

① 화폐의 시간가치, 특정 기간에 원금잔액과 관련된 신용위험, 그 밖의 기본적인 대여 위험과 원가에 대한 대가 및 이윤으로 구성되는 변동이자율

② 발행자(채무자)가 채무상품을 중도상환하거나 보유자(채권자)가 만기 이전에 채무상품을 발행자에게 환매할 수 있게 허용하고, 중도상환금액이 미지급된 원리금을 실질적으로 나타내며, 이 중도상환금액에는 계약의 조기 청산에 대한 합리적인 보상이 포함될 수 있는 계약조건

③ 발행자나 보유자가 채무상품의 계약기간을 연장할 수 있도록 허용하며(연장옵션), 이러한 연장옵션의 조건 때문에 연장된 기간의 계약상 현금흐름에는 원리금 지급만 존재하고, 이 금액에는 계약의 연장에 대한 합리적인 추가 보상이 포함될 수 있는 계약조건

한편, 계약상 현금흐름 특성이 금융자산의 계약상 현금흐름에 미치는 영향이 아주 미미한 경우에는 그러한 계약상 현금흐름 특성은 금융자산의 분류에 영향을 미치지 아니한다. 이러한 결정을 하기 위해서는 매 보고기간에 그리고 해당 금융자산의 존속기간에 걸쳐 누적적으로 계약상 현금흐름에 미치는 가능한 영향을 고려해야 한다.

또 계약상 현금흐름 특성이 아주 미미한 정도를 초과하여 영향을 미치지만 계약상 현금흐름의 특성이 실질적으로 유효하지 않은 경우에는 그러한 특성이 금융자산의 분류에 영향을 미치지 아니한다. 극히 드물고 예외적이며 가능성이 매우 낮은 사건이 일어나는 경우에만 그러한 현금흐름의 특성이 금융상품의 계약상 현금흐름에 영향을 미친다면 해당 특성은 실질적으로 유효하지 않다.

추가하여, 거의 모든 대여 거래에서 채권자의 금융상품은 그 채무자의 다른 채권자들의 금융상품과 비교하여 우선순위가 정해진다. 채무자의 지급불이행이 계약 위반이며 채무자가 파산하는 경우에도 채권자가 미지급된 원리금에 대한 계약상 권리를 가지고 있는 경우에는 해당 금융상품이 다른 금융상품보다 후순위이더라도 원리금을 지급하는 계약상 현금흐름을 포함할 수 있다.

**보충설명** 계약상 연계된 금융상품

- 일부 거래 유형에서, 계약상 연계된 복수의 금융상품[트랑슈(tranche)]을 이용하여 금융자산의 보유자들에게 지급에 대한 우선순위를 정하여 신용위험을 집중시키는 경우가 있다.
- 각 트랑슈에는 후순위 등급이 있어서 발행자가 창출하는 현금흐름은 이 순서에 따라 트랑슈에 배분된다. 그러한 상황에서 특정 트랑슈의 보유자는, 발행자가 더 상위의 트랑슈에 충당할 충분한 현금흐름을 창출한 경우에만 원리금의 지급에 대해 권리를 갖는다.
- 그러한 거래에서, 특정 트랑슈는 다음의 조건을 모두 충족하는 경우에만 현금흐름이 원리금 지급의 특성을 나타낸다.

① 검토되는 트랑슈의 계약상 조건에 따라 원리금 지급만으로 구성된 현금흐름이 생긴다.
② 기초 금융상품 집합이 원리금 지급만으로 구성된 계약상 현금흐름을 갖는 금융상품 등으로 구성되어야 한다.
③ 트랑슈에 내재된 기초 금융상품 집합에 대한 신용위험 익스포저가 기초 금융상품 집합의 신용위험 익스포저보다 같거나 작다.

02

## 사례 1 중도상환특성을 가진 액면 발행 채권의 SPPI Test

한국회계기준원 금융상품 기준서 정착지원 TF 논의내용(5차, 6차 및 8차)

### 배경 및 질의

- 중도상환 가능한 액면발행 채권의 경우 최초 발행시점의 중도상환특성(콜옵션)의 공정가치 크기를 SPPI 테스트 시 항상 고려해야 하는지에 대해 견해 차이가 존재하여 정착지원 TF에서 3번에 거쳐 논의가 이루어졌음

(**견해** 1) 중도상환특성의 공정가치가 경미한지 여부는 계약상 액면금액을 할증(할인)하여 매입한 상황에서만 고려하며, 질의와 같이 액면 발행한 경우에는 중도상환금액이 미지급된 원리금을 실질적으로 나타내며, 이 중도상환금액에 계약의 조기 청산에 대한 합리적인 보상이 포함되어 있으면 SPPI 기준을 충족함

(**견해** 2) 기본대여계약의 특성상 중도상환특성의 공정가치는 항상 경미해야 하며, SPPI 기준을 충족하기 위해서는 채권의 최초 발행시점에 중도상환특성의 공정가치가 경미한지 여부를 검토하여야 함

### SPPI 기준 총족 여부 논의대상 채권의 주요 정보

| 구분 | 내용 |
|---|---|
| 종목 종류 | 산업금융채권(산금채) |
| 발행일 | 2016－03－01 |
| 만기일 | 2031－03－01 |

| 이자지급유형 | 단리 |
|---|---|
| 이자계산주기(월) | 12 |
| 표면금리 | 2.54% |
| 할인율(%) | 0(액면발행) |
| 중도상환옵션 | 발행일로부터 1년 경과 후 매 1년 시점마다 중도상환 가능 |
| 중도상환금액 | 액면금액과 미지급이자 |
| 이자지급 선/후급 | 만기 또는 상환시 |
| 보증형태 | 무보증 |
| 신용등급 | AAA |

### 논의 내용

- 기업회계기준서 제1109호에서는 '계약상 현금흐름의 시기나 금액을 변경시키는 계약조건'이 포함된 금융자산에 대한 SPPI를 규정하고 있음. 이러한 계약조건 중 하나는 발행자(채무자)가 채무상품을 중도상환하거나 보유자(채권자)가 만기 이전에 채무상품을 발행자에게 환매할 수 있게 허용하는 중도상환옵션임

- 기준서는 중도상환옵션을 가진 채권이더라도 중도상환금액이 미지급된 원리금을 실질적으로 나타내며, 이 중도상환금액에 계약의 조기 청산에 대한 합리적인 보상이 포함된다면 원리금 지급만으로 구성되는 계약상 현금흐름을 나타내는 계약조건이라고 규정함(문단 B4.1.11)

- 하지만 기준서는 중도상환옵션을 가진 채권을 할증하거나 할인해서 매입 또는 발행한 경우에는 중도상환금액이 미지급된 원리금을 실질적으로 나타내며, 이 중도상환금액에 계약의 조기 청산에 대한 합리적인 보상이 포함된다고 하더라도, 금융자산의 최초 인식시점에 중도상환특성의 공정가치가 경미하다는 요건을 추가로 만족하여야 SPPI 기준을 충족하는 것으로 규정함(문단 B4.1.12)

- TF 위원들은 기준서 체계상 논의 대상인 액면 취득(통상 채권을 액면 매입한 경우는 매우 전형적인 채권매입에 해당)한 중도상환 가능한 채권의 경우, 최초 인식시점에 중도상환특성(콜옵션)의 공정가치 크기를 고려할 필요가 없으며, 중도상환금액이 미지급된 원리금을 실질적으로 나타내며, 이 중도상환금액에 계약의 조기 청산에 대한 합리적인 보상이 포함되어 있다면 SPPI 기준을 충족하는 것으로 판단함

- 또한 TF 위원들은 합리적 의사결정이 가능한 거래당사자간의 정상계약에서 발생한 조기상환수수료(페널티)는 통상적으로 합리적 보상일 가능성이 높다고 보았음. 논의 대상 채권은 발행자가 중도 상환할 경우 중도상환시점에 투자자에게 한번에 이자를 지급하는데, 이는 페널티 성격으로 복리로 계산된 금액과 단리로 계산된 금액과의 차액을 더 보상해 주는 것으로 합리적 보상의 범주에 해당함

• 다만 TF 위원들은 금융자산의 장부금액과 상환금액의 차이가 너무나 커서 그 자체가 합리적인 보상이 아니라고 판단된다면 SPPI 기준을 미충족할 가능성도 배제할 수 없다고 판단함



### (5) 지분상품의 분류

지분상품은 계약특성상 상각후원가 측정 금융자산으로 분류될 수 없고 기타포괄손익-공정가치 측정 금융자산, 당기손익-공정가치 측정 금융자산만으로 분류 가능하다.

#### 1) 당기손익-공정가치 측정 금융자산(지분상품)

지분상품이 최초 인식시점에 단기매매 정의[1]를 충족하는 경우 또는 지분상품에 대해 기타포괄손익-공정가치 측정 금융자산으로 지정하지 않는 경우 모두 당기손익-공정가치 측정하여야 한다.

여기서 단기매매의 정의를 충족하는 경우라 함은 금융자산 포트폴리오가 계약상 현금흐름을 수취하기 위해 보유하는 것이 아니며 계약상 현금흐름의 수취와 금융자산의 매도 둘 다를 위해 보유하는 것도 아닌 경우로서 이러한 금융자산 포트폴리오는 계약상 현금흐름의 수취가 사업모형의 목적을 이루는 데에 부수적일 뿐이다. 따라서 이러한 금융자산 포트폴리오는 당기손익-공정가치로 측정해야 한다.

#### 2) 기타포괄손익-공정가치 측정 금융자산(지분상품)

당기손익-공정가치 측정되는 지분상품 투자에 대하여는 후속적인 공정가치 변동을 기타포괄손익으로 표시하도록 최초 인식시점에 선택할 수 있다. 다만 한번 선택하면 이를 취소할 수는 없다.

그러나 최초 인식시점에 단기매매 정의를 충족하는 지분상품에 대해서는 기타포괄손익-공정가치로 측정할 수 없고 당기손익-공정가치로 측정하여야 한다.

### (6) 금융자산을 당기손익-공정가치 측정 항목으로 지정할 수 있는 선택권

서로 다른 기준에 따라 자산이나 부채를 측정하거나 그에 따른 손익을 인식하는 경우에 측정이나 인식의 불일치('회계불일치'라 말하기도 한다)가 발생할 수 있다. 위의 금융자산 분류기준에도 불구하고 금융자산을 당기손익-공정가치 측정 항목으로 지정한다면 이와 같은 불일치를 제거하거나 유

1) 단기매매는 일반적으로 매입과 매도가 적극적이고 빈번하게 이루어지는 것을 말하며, 단기매매금융상품은 일반적으로 단기간의 매매차익을 얻기 위하여 취득한 금융상품을 말한다.

의적으로 줄이는 경우에는 최초 인식시점에 해당 금융자산을 당기손익－공정가치 측정 항목으로 지정할 수 있다. 다만 한번 지정하면 이를 취소할 수 없다.

## 2. 금융부채의 분류

금융부채는 상각후원가 측정 금융부채, 당기손익－공정가치 측정 금융부채로 분류한다.

### (1) 상각후원가 측정 금융부채

상각후원가 측정 금융부채는 당기손익－공정가치 측정 금융부채를 제외한 금융부채를 말하며 보험회사의 경우 차입금, 일반사채 등이 있다.

### (2) 당기손익 - 공정가치 측정 금융부채

당기손익－공정가치 측정 금융부채는 단기간 내에 시세차익 등을 목적으로 보유하는 항목을 말하여 다음과 같이 구성된다.

① 당기손익－공정가치 측정 금융부채로 파생상품부채를 포함

② 금융자산의 양도가 제거 조건을 충족하지 못하거나 지속적 관여 접근법이 적용되는 경우에 생기는 금융부채

③ 금융보증계약

④ 시장이자율보다 낮은 이자율로 대출하기로 한 약정

⑤ 사업결합에서 취득자가 인식하는 조건부 대가. 이러한 조건부 대가는 후속적으로 당기손익－공정가치로 측정한다.

### (3) 금융부채를 당기손익 - 공정가치 측정 항목으로 지정할 수 있는 선택권

금융부채를 당기손익－공정가치 측정 항목으로 지정하는 것이 다음 중 하나 이상을 충족하여 정보를 더 목적 적합하게 하는 경우에는 금융부채를 최초 인식시점에 당기손익－공정가치 측정 항목으로 지정할 수 있다. 다만 한번 지정하면 이를 취소할 수 없다.

① 당기손익－공정가치 측정 항목으로 지정하면, 서로 다른 기준에 따라 자산이나 부채를 측정하거나 그에 따른 손익을 인식하여 생길 수 있는 인식이나 측정의 불일치('회계불일치')를 제거하거나 유의적으로 줄인다.

② 문서화된 위험관리전략이나 투자전략에 따라, 금융상품 집합을 공정가치 기준으로 관리하고 그 성과를 평가하며 그 정보를 이사회, 대표이사 등 주요 경영진에게 그러한 공정가치 기준에 근거하여 내부적으로 제공한다.



### 1) 당기손익-공정가치 측정 금융자산(금융부채)으로 지정하는 선택권

당기손익-공정가치 측정 항목으로 지정하는 것이 회계불일치를 제거하는 등 더 목적적합한 정보를 제공하는 것이라면 금융자산, 금융부채, 금융상품집합을 당기손익-공정가치 측정 항목으로 지정할 수 있다.

금융자산이나 금융부채를 당기손익-공정가치 측정 항목으로 지정하는 것은 회계정책의 선택과 비슷하다. 그러나 회계정책의 선택과는 달리 비슷한 모든 거래에 같은 회계처리를 반드시 적용하여야 하는 것은 아니다.

당기손익-공정가치 측정 항목으로 지정하면, 그 회계정책의 선택으로 인해 거래, 그 밖의 사건과 상황이 재무상태, 재무성과, 현금흐름에 미치는 영향에 대하여 신뢰성 있고 더 목적적합한 정보를 제공하는 재무제표를 작성할 수 있어야 한다.

### 2) 지정을 함으로써 회계불일치를 제거하거나 유의적으로 줄일 수 있는 경우

금융자산이나 금융부채의 측정방법과 인식된 가치변동의 분류방법은 해당 항목의 분류와 위험회피관계 지정 여부에 따라 결정된다.

그 결과, 당기손익-공정가치 측정 항목으로 지정하지 않는다면 금융자산은 후속적으로 당기손익-공정가치로 측정하고, 이 자산과 관련되어 있다고 여기는 금융부채는 후속적으로 상각후원가로 측정하는 경우에 인식과 측정의 불일치가 나타날 수 있다.

이 경우 해당 금융자산과 금융부채를 모두 당기손익-공정가치 측정 항목으로 분류하면, 재무제표가 더 목적적합한 정보를 제공할 것이라는 판단을 할 수 있다.

이러한 조건을 충족할 수 있는 예는 다음과 같다. 모든 경우에 회계불일치 제거 등의 조건이 충족되어야만 금융자산이나 금융부채를 당기손익-공정가치 측정 항목으로 지정할 수 있다.

① 현행 정보를 반영하여 측정하는 보험계약상 부채가 있으며, 이와 관련하여 당기손익-공정가치 측정 항목으로 지정하지 않으면 기타포괄손익-공정가치로 측정하거나 상각후원가로 측정하는 금융자산을 보유하는 경우

② 공정가치가 반대로 움직여서 서로 상쇄되는 경향이 있는 위험을 공유하는 금융상품집합을 보유하고 있지만, 이러한 금융상품 중 일부에 대해서만 그 공정가치 변동을 당기손익으로 인식하는 경우

위 사례에서와 같이 최초 인식시점에 금융자산과 금융부채를 당기손익–공정가치 측정 항목으로 지정하면, 인식과 측정의 불일치를 제거하거나 유의적으로 줄이며 더 목적적합한 정보를 제공할 수 있다.

불일치를 가져오는 금융자산과 금융부채 중 일부만을 당기손익–공정가치 측정항목으로 지정하는 것이 불일치를 제거하거나 유의적으로 줄이지 않아서 더 목적적합한 정보를 제공하게 되지 않는다면, 그러한 일부만의 지정은 인정될 수 없다.

그러나 비슷한 금융자산 집합이나 비슷한 금융부채 집합의 일부만을 지정하는 것이 불일치를 유의적으로 줄일 수 있는 경우에는 해당 금융자산이나 금융부채의 일부만을 당기손익–공정가치 측정 항목으로 지정할 수 있다.

#### 3) 금융상품집합을 공정가치 기준으로 관리하고 그 성과를 평가하는 경우

금융부채집합 또는 금융자산과 금융부채의 집합을 관리하고 평가하는 방법에 따라 이를 공정가치로 측정하고 당기손익으로 인식하는 것이 좀 더 목적적합한 정보를 제공하는 것일 수 있다. 이때 중요한 것은 금융상품의 특성이 아니라 관리방법과 성과평가방법이다.

예를 들면 하나 이상의 위험을 공유하는 금융자산과 금융부채를 가지고 있으며, 이러한 위험을 문서화된 자산부채관리방침에 따라 공정가치 기준으로 관리하고 평가한다면 금융부채를 당기손익–공정가치 측정 항목으로 지정하기 위해 이러한 조건을 사용할 수 있다.

기업의 전략을 광범위하게 문서화할 필요는 없으나, 문서화된 위험관리 및 투자전략을 준수하고 있다는 것을 충분히 제시할 수 있어야 한다. 이러한 문서화를 각 항목별로 반드시 하여야 하는 것은 아니며, 포트폴리오별로 할 수도 있다.

## 3. 내재파생상품

내재파생상품은 파생상품이 아닌 주계약을 포함하는 복합상품의 구성요소로, 복합상품의 현금흐름 중 일부를 독립적인 파생상품의 경우와 비슷하게 변동시키는 효과를 가져온다.

내재파생상품은 내재파생상품이 포함되지 않았을 경우의 계약에 따른 현금흐름의 전부나 일부를 특정된 이자율, 금융상품가격, 일반상품가격, 환율, 가격 또는 비율의 지수, 신용등급이나 신용지수 또는 그 밖의 변수에 따라 변동시킨다.

이때 해당 변수가 비금융변수인 경우는 계약의 당사자에게 특정되지 않아야 한다. 특정 금융상품에 부가되어 있더라도, 계약상 해당 금융상품과는 독립적으로 양도할 수 있거나 해당 금융상품과는 다른 거래상대방이 있는 파생상품은 내재파생상품이 아니며, 별도의 금융상품이다.



### (1) 금융자산이 주계약인 복합계약

복합계약이 금융자산을 주계약으로 포함하는 경우에는 해당 복합계약 전체에 금융자산의 분류기준을 적용한다.

주계약에 만기가 표시되어 있거나 예정되어 있지 않고, 주계약이 순자산에 대한 잔여지분을 나타낸다면, 그 주계약의 경제적 특성과 위험은 지분상품의 경제적 특성과 위험이 되며, 내재파생상품이 주계약과 밀접하게 관련되어 있는 것으로 보기 위해서는 그 내재파생상품이 같은 기업에 관련된 지분특성을 보유하여야 한다.

한편, 주계약이 지분상품은 아니지만 금융상품의 정의를 충족한다면, 그 주계약의 경제적 특성과 위험은 채무상품의 경제적 특성과 위험이 된다.

### (2) 그 밖의 복합계약

복합계약이 금융자산이 아닌 주계약을 포함하는 경우에는 다음을 모두 충족하는 경우에만 내재파생상품을 주계약과 분리하여 파생상품으로 회계처리하며 주계약은 적절한 기준서에 따라 회계처리한다.

① 내재파생상품의 경제적 특성 · 위험이 주계약의 경제적 특성 · 위험과 밀접하게 관련되어 있지 않다.

② 내재파생상품과 조건이 같은 별도의 금융상품이 파생상품의 정의를 충족한다.

③ 복합계약의 공정가치 변동을 당기손익으로 인식하지 않는다(당기손익-공정가치 측정 금융부채에 내재된 파생상품은 분리하지 아니한다).

여기서 분리대상 내재파생상품은 최초 인식시점과 그 이후 기간에 당기손익-공정가치로 측정한다.

한편, 계약조건에 기초하여 내재파생상품의 공정가치를 신뢰성 있게 산정할 수 없는 경우에는 복합상품의 공정가치와 주계약의 공정가치의 차이를 내재파생상품의 공정가치로 산정하여야 하나 이 방법으로도 내재파생상품의 공정가치를 산정할 수 없는 경우에는 복합계약을 당기손익-공정가치 측정 항목으로 지정한다.

또한 주계약과 분리하여야 하는 내재파생상품을 취득시점이나 그 후의 재무보고일에 주계약과 분리하여 측정할 수 없는 경우에는 복합계약 전체를 당기손익-공정가치 측정 항목으로 지정한다.

기업은 최초로 계약당사자가 되는 시점에 내재파생상품을 주계약과 분리하여 파생상품으로 회계처리해야 할지 판단한다. 계약조건이 변경되어 계약상 필요한 현금흐름이 유의적으로 수정되어 재검토해야 하는 경우가 아니라면 후속적인 재검토는 금지된다. 현금흐름이 유의적으로 수정되었는지는 다음 모두를 고려하여 내재파생상품의 재평가를 판단한다.

① 내재파생상품, 주계약 또는 둘 다의 미래예상현금흐름이 변동된 정도
② 이전에 예상되었던 계약상 현금흐름에 비추어볼 때 현금흐름의 변동이 유의적인지

### (3) 그 밖의 복합계약을 당기손익 - 공정가치 측정 항목으로 지정할 수 있는 선택권

계약이 하나 이상의 내재파생상품을 포함하고 주계약이 금융자산이 아닌 경우에는 복합계약 전체를 당기손익-공정가치 측정 항목으로 지정할 수 있다. 다만, 다음의 경우는 제외한다.

① 내재파생상품으로 인해 복합계약의 현금흐름이 유의적으로 변경되지 않는 경우
② 비슷한 복합상품을 고려할 때, 내재파생상품의 분리가 금지된 것을 별도로 상세하게 분석하지 않아도 명백하게 알 수 있는 경우. 이러한 내재파생상품의 예로는 옵션의 보유자인 차입자가 상각후원가에 가까운 금액으로 대출채권을 중도 상환할 수 있는 대출채권에 내재된 중도 상환 옵션이 있다.

금융자산이 아닌 주계약과 하나 이상의 내재파생상품을 포함하는 복합계약의 거래당사자가 되는 경우에는 이러한 내재파생상품을 식별하고 주계약에서 분리해야 하는지를 판단하며 분리대상 내재파생상품은 최초 인식시점과 그 이후 기간에 공정가치로 측정한다.

위와 같이 주계약과 분리하여 내재파생상품을 회계처리하는 것은 전체 상품을 공정가치로 측정하여 당기손익으로 인식하는 것보다 더 복잡하거나 신뢰성이 더 낮은 측정치를 이끌어낼 수 있다. 따라서 기준서는 그러한 복합계약 전체를 당기손익-공정가치로 측정하도록 지정하는 것을 허용한다.

이러한 지정은 주계약과 분리해야 하는 내재파생상품이나 분리할 수 없는 내재파생상품 모두에 적용할 수 있다. 그러나 내재파생상품으로 인해 복합계약의 현금흐름이 유의적으로 변경되지 않는 경우 또는 내재파생상품 등에는 당기손익－공정가치로 측정하도록 지정하는 것이 복잡성을 줄이거나 신뢰성을 높이는 것이 아닌 경우에는 복합계약을 당기손익인식금융상품으로 지정할 수 없다.



## 4. 재분류

금융자산의 재분류는 금융자산을 관리하는 사업모형을 변경하는 경우에만, 영향 받는 모든 금융자산을 재분류하나, 계약상 현금흐름의 특성이 변경되는 경우에는 금융자산을 재분류하지 아니한다. 한편 금융부채의 경우 재분류하지 아니한다.

한편, 금융자산을 재분류하는 경우에 그 재분류를 재분류일부터 전진적으로 적용한다. 여기서의 재분류일은 금융자산의 재분류를 초래하는 사업모형의 변경 후 첫 번째 보고기간의 첫 번째 날을 말하여 재분류 전에 인식한 손익(손상차손(환입) 포함)이나 이자는 다시 작성하지 않는다.

### (1) 사업모형 변경

금융자산을 관리하는 사업모형을 변경하는 경우에는 금융자산을 재분류해야 한다. 사업모형의 변경은 매우 드물 것으로 예상하며, 외부나 내부의 변화에 따라 기업의 고위 경영진이 결정해야 하고 기업의 영업에 유의적이고 외부 당사자에게 제시할 수 있어야 한다.

따라서 사업모형의 변경은 사업계열의 취득, 처분, 종결과 같이 영업에 유의적인 활동을 시작하거나 중단하는 경우에만 생길 것이다. 사업모형 변경의 예는 다음과 같다.

① 단기 매도를 목적으로 상업 대여금의 포트폴리오를 보유하고 있는 기업이 있다. 기업은 상업 대여금을 관리하면서 계약상 현금흐름을 수취하기 위해 그러한 대여금을 보유하는 사업모형을 갖고 있는 회사를 취득한다. 상업 대여금의 포트폴리오는 더는 매도가 목적이 아니며, 이제는 취득한 상업 대여금과 함께 관리하는 동시에 계약상 현금흐름을 수취하기 위해 그 포트폴리오 전체를 보유한다.

② 금융서비스회사가 소매부동산담보부대여업을 중단하기로 결정했다. 회사는 더 이상 새로운 사업을 수용하지 않고 부동산담보대출 포트폴리오를 매도하기 위해 활발히 마케팅활동을 수행한다.

한편, 사업모형의 목적 변경은 재분류일 이전에 유효해야 한다. 예를 들면 금융서비스회사가

2월 15일에 소매부동산담보부대여업을 중단하기로 결정하고 이에 따라 4월 1일(다음 보고기간의 첫 번째 날)에 영향을 받는 모든 금융자산을 재분류해야 한다면, 2월 15일 후에 소매부동산담보부대여업 관련 새로운 고객과 거래하거나 종전 사업모형과 일관된 기타 활동에 관여해서는 안 된다.

다음의 경우에는 사업모형의 변경이 아니다.

① 특정 금융자산과 관련된 의도의 변경(시장상황이 유의적으로 변경되는 경우도 포함)
② 금융자산에 대한 특정 시장의 일시적 소멸
③ 기업 내 서로 다른 사업모형을 갖고 있는 부문 간 금융자산의 이전

### (2) 금융자산의 재분류 유형

[도표 7] 금융자산의 재분류 유형 요약

| 기존분류 | 재분류 | 재분류일 회계처리 |
|---|---|---|
| AC | FVPL | 공정가치로 측정하되 차액을 당기손익으로 인식 |
| | FVOCI | 공정가치로 측정하되 차액을 기타포괄손익으로 인식 |
| FVPL | AC | 공정가치가 새로운 장부가액이 되며 동 공정가치에 기초하여 유효이자율을 결정 |
| | FVOCI | 동일한 공정가치가 장부가액이 되며 동 공정가치에 기초하여 유효이자율을 결정 |
| FVOCI | AC | 공정가치가 새로운 장부가액이 되며 기타포괄손익누계액은 제거하여 동 공정가치에서 조정 |
| | FVPL | 동일한 공정가치가 장부가액이 되며 기타포괄손익누계액은 자본에서 당기손익으로 재분류 |

#### 1) AC에서 다른 측정범주로 재분류

금융자산을 상각후원가 측정 범주에서 당기손익-공정가치 측정 범주로 재분류하는 경우에 재분류일의 공정가치로 측정한다. 금융자산의 재분류 전 상각후원가와 공정가치의 차이에 따른 손익은 당기손익으로 인식한다.

금융자산을 상각후원가 측정 범주에서 기타포괄손익-공정가치 측정 범주로 재분류하는 경우에 재분류일의 공정가치로 측정한다. 금융자산의 재분류 전 상각후원가와 공정가치의 차이에 따른 손익은 기타포괄손익으로 인식한다. 유효이자율과 기대신용손실 측정치는 재분류로 인해 조정되지 않는다.

즉 이자수익의 인식은 변경하지 않으며 계속 같은 유효이자율을 사용하며 또한 같은 손상 방식을 적용하므로 기대신용손실의 측정도 변경하지 아니한다. 다만, 손실충당금을 제거(즉 총장부금액에 대한 조정으로 더 이상 인식하지 아니함)하는 대신에 같은 금액의 누적손상금액을 기타포괄손익으로 인식하고 재분류일부터 공시한다.



### 2) FVPL에서 다른 측정범주로 재분류

금융자산을 당기손익-공정가치 측정 범주에서 상각후원가 측정 범주로 재분류하는 경우에 재분류일의 공정가치가 새로운 총장부금액이 되며 당기손익-공정가치 측정 범주에서 다른 측정 범주로 재분류하는 경우의 유효이자율은 재분류일의 금융자산 공정가치에 기초하여 산정한다.

금융자산을 당기손익-공정가치 측정 범주에서 기타포괄손익-공정가치 측정 범주로 재분류하는 경우에 계속 공정가치로 측정하며 당기손익-공정가치 측정 범주에서 다른 측정 범주로 재분류하는 경우의 유효이자율은 재분류일의 금융자산 공정가치에 기초하여 산정한다.

### 3) FVOCI에서 다른 측정범주로 재분류

금융자산을 기타포괄손익-공정가치 측정 범주에서 상각후원가 측정 범주로 재분류하는 경우에 재분류일의 공정가치로 측정한다. 그러나 재분류 전에 인식한 기타포괄손익누계액은 자본에서 제거하고 재분류일의 금융자산의 공정가치에서 조정한다.

따라서 최초 인식시점부터 상각후원가로 측정했었던 것처럼 재분류일에 금융자산을 측정한다. 이러한 조정은 기타포괄손익에 영향을 미치지만 당기손익에는 영향을 미치지 아니하므로 재분류조정에 해당하지 아니한다. 한편, 재분류에 따라 유효이자율과 기대신용손실 측정치는 조정하지 않는다. 다만, 손실충당금에 대해서는 재분류일로부터 금융자산의 총장부가액에 대한 조정으로 인식한다.

금융자산을 기타포괄손익-공정가치 측정 범주에서 당기손익-공정가치 측정 범주로 재분류하는 경우에 계속 공정가치로 측정한다. 재분류 전에 인식한 기타포괄손익누계액은 재분류일에 재분류조정으로 자본에서 당기손익으로 재분류한다.

### 사례 2 금융자산의 재분류[2)]

㈜한라보험은 채권포트폴리오를 공정가치인 500,000원에 매입한 후 채권을 관리하는 사업모형을 변경하기로 하였으며 재분류일에 채권포트폴리오의 공정가치는 490,000원이다.

재분류일 전에 해당 포트폴리오를 상각후원가나 기타포괄손익-공정가치로 측정하였다면 재분류일 현재 인식한 손실충당금은 6,000원일 것이며(최초 인식 후에 신용위험의 유의적 증가를 반영하여 전체기간 기대신용손실로 측정한다). 재분류일에 12개월 기대신용손실은 4,000원이다. 한편, 사례의 단순화를 위해 이자수익을 인식하는 분개는 생략한다.

#### 시나리오 1 : 상각후원가 측정 범주에서 당기손익-공정가치 측정 범주로 재분류

㈜한라보험은 채권포트폴리오 매입시점에 상각후원가 측정 범주로 처리하고 재분류일 전에 손상차손을 인식한다.

| 재분류일 전 회계처리 | 차변 | 대변 |
|---|---|---|
| 채권(상각후원가 측정 자산) | 500,000원 | |
| 현금 | | 500,000원 |
| 손상차손(당기손익) | 6,000원 | |
| 손실충당금 | | 6,000원 |

㈜한라보험은 재분류일에 채권포트폴리오를 공정가치로 측정한다. 채권포트폴리오의 재분류 전 상각후원가와 공정가치의 차이에 따른 손익은 재분류일에 당기손익으로 인식한다.

| 재분류일 회계처리 | 차변 | 대변 |
|---|---|---|
| 채권(당기손익-공정가치 측정 자산) | 490,000원 | |
| 채권(상각후원가 측정 자산) | | 500,000원 |
| 손실충당금 | 6,000원 | |
| 재분류손실(당기손익) | 4,000원 | |

#### 시나리오 2 : 상각후원가 측정 범주에서 기타포괄손익-공정가치 측정 범주로 재분류

재분류일에 채권포트폴리오를 공정가치로 측정한다. 채권포트폴리오의 재분류 전 상각후원가와 공정가치의 차이에 따른 손익은 재분류일에 기타포괄손익으로 인식한다. 재분류하더라도 유효이자율과 기대신용손실의 측정은 조정하지 아니한다. 재분류일부터 손실충당금을 채권의 총 장부금액에 대한 조정으로 인식하는 것을 중단하는 대신 누적손상금액으로 인식하고 공시한다.

2) 본 사례는 기업회계기준서 제1109호 '금융상품' 사례 15를 참고

| 재분류일 회계처리 | 차변 | 대변 |
|---|---|---|
| 채권(기타포괄손익-공정가치 측정 자산) | 490,000원 | |
| 채권(상각후원가 측정 자산) | | 500,000원 |
| 손실충당금 | 6,000원 | |
| 기타포괄손익* | 4,000원 | |

* 사례의 단순화를 위해 손상과 관련된 금액을 구분하여 나타내지 않는다. 손상과 관련된 금액을 구분하였다면 위의 분개(차변 4,000원)는 다음의 둘로 나눌 수 있다.

(차변) 기타포괄손익 10,000원(공정가치 변동) / (대변) 기타포괄손익 6,000원(누적손상금액)



### 시나리오 3 : 당기손익-공정가치 측정 범주에서 상각후원가 측정 범주로 재분류

㈜한라보험은 채권포트폴리오 매입시점에 당기손익-공정가치 측정 범주로 처리하고 재분류일 전에 평가손실(당기손익)을 인식한다.

| 재분류일 전 회계처리 | 차변 | 대변 |
|---|---|---|
| 채권(당기손익-공정가치 측정 자산) | 500,000원 | |
| 현금 | | 500,000원 |
| 채권평가손실(당기손익) | 10,000원 | |
| 채권(당기손익-공정가치 측정 자산) | | 10,000원 |

재분류일에 채권포트폴리오의 공정가치가 새로운 총 장부금액이 되며 이에 기초하여 유효이자율을 산정한다. 재분류일부터 채권에 손상 요구사항을 적용한다. 기대신용손실을 인식할 때 재분류일의 채권포트폴리오 신용위험이 미래의 신용위험 변동과 비교대상이 되는 신용위험이 된다.

| 재분류일 회계처리 | 차변 | 대변 |
|---|---|---|
| 채권(상각후원가 측정 자산) | 490,000원 | |
| 채권(당기손익-공정가치 측정 자산) | | 490,000원 |
| 손상차손(당기손익) | 4,000원 | |
| 손실충당금 | | 4,000원 |

### 시나리오 4 : 당기손익-공정가치 측정 범주에서 기타포괄손익-공정가치 측정 범주로 재분류

㈜한라보험은 재분류일에 채권포트폴리오를 계속 공정가치로 측정한다. 그러나 유효이자율을 적용할 때 재분류일의 채권의 공정가치가 새로운 총 장부금액이 되며 이에 기초하여 유효이자율을 산정한다. 재분류일부터 손상 요구사항을 적용한다. 기대신용손실을 인식할 때 재분류일의 채권포트폴리오 신용위험이 미래의 신용위험의 변동과 비교대상이 되는 신용위험이 된다.

| 재분류일 회계처리 | 차변 | 대변 |
|---|---|---|
| 채권(기타포괄손익-공정가치 측정 자산) | 490,000원 | |
| 채권(당기손익-공정가치 측정 자산) | | 490,000원 |
| 손상차손(당기손익) | 4,000원 | |
| 기타포괄손익 | | 4,000원 |

### 시나리오 5 : 기타포괄손익-공정가치 측정 범주에서 상각후원가 측정 범주로 재분류

㈜한라보험은 채권포트폴리오 매입시점에 기타포괄손익-공정가치 측정 범주로 처리하고 재분류일 전에 평가손실(기타포괄손익)과 누적손상금액(기타포괄손익)을 인식한다.

| 재분류일 전 회계처리 | 차변 | 대변 |
|---|---|---|
| 채권(기타포괄손익-공정가치 측정 자산) | 500,000원 | |
| 현금 | | 500,000원 |
| 채권평가손실(기타포괄손익) | 10,000원 | |
| 채권(기타포괄손익-공정가치 측정 자산) | | 10,000원 |
| 손상차손(당기손익) | 6,000원 | |
| 누적손상금액(기타포괄손익) | | 6,000원 |

재분류일에 채권포트폴리오를 공정가치로 재분류한다. 그러나 재분류 전에 기타포괄손익에 인식한 누적손익은 재분류일에 자본에서 제거하고 채권포트폴리오의 공정가치에서 조정한다. 결과적으로 재분류일에 채권포트폴리오를 항상 상각후원가로 측정했었던 것처럼 측정한다. 재분류하더라도 유효이자율과 기대신용손실의 측정은 조정하지 아니한다. 채권 신용위험의 변동을 평가할 때 최초 인식시점의 신용위험을 계속 사용한다. 재분류일부터 상각후원가 금액을 반영하기 위해 손실충당금을 채권의 총 장부금액에 대한 조정으로 인식한다.

| 재분류일 회계처리 | 차변 | 대변 |
|---|---|---|
| 채권(상각후원가 측정 자산) | 490,000원 | |
| 채권(기타포괄손익-공정가치 측정 자산) | | 490,000원 |
| 채권(상각후원가 측정 자산) | 10,000원 | |
| 채권평가손실(기타포괄손익) | | 10,000원 |
| 누적손상금액(기타포괄손익) | 6,000원 | |
| 손실충당금 | | 6,000원 |

### 시나리오 6 : 기타포괄손익-공정가치 측정 범주에서 당기손익-공정가치 측정 범주로 재분류

재분류일에 채권포트폴리오를 계속 공정가치로 측정한다. 그러나 재분류 전에 기타포괄손익에 인식한 누적손익은 재분류 조정으로 자본에서 당기손익으로 재분류한다.

| 재분류일 회계처리 | 차변 | 대변 |
|---|---|---|
| 채권(당기손익-공정가치 측정 자산) | 490,000원 | |
| 채권(기타포괄손익-공정가치 측정 자산) | | 490,000원 |
| 재분류손실(당기손익) | 4,000원 | |
| 기타포괄손익* | | 4,000원 |

* 재분류일에 기타포괄손익의 누적손실은 4,000원으로 해당 금액은 공정가치 변동 10,000원에서 동 자산을 기타포괄손익-공정가치로 측정했을 때 손실충당금 인식액 6,000원을 차감한 금액으로 구성된다.

# 제3절
# 금융상품의 측정, 손상 및 손익

## 1. 금융자산 및 금융부채의 최초 측정

최초 인식시점에 금융자산이나 금융부채를 공정가치로 측정하며, 당기손익-공정가치 측정 금융자산 또는 당기손익-공정가치 측정 금융부채가 아닌 경우에 해당 금융자산의 취득이나 해당 금융부채의 발행과 직접 관련되는 거래원가는 공정가치에 가감한다.

거래원가는 금융자산이나 금융부채의 취득, 발행, 처분과 직접 관련된 증분원가로서 그 금융상품의 취득, 발행, 처분이 없었다면 생기지 않았을 원가를 말하며 거래원가에는 대리인(판매대리인 역할을 하는 종업원을 포함), 고문, 중개인, 판매자에게 지급하는 수수료와 중개수수료, 감독기구와 증권거래소의 부과금과 양도세 등이 포함되나, 채무할증액, 채무할인액, 금융원가, 내부 관리원가, 내부 보유원가는 포함되지 아니한다.

한편, 최초 인식시점에 금융상품의 공정가치는 일반적으로 거래가격이다. 예를 들면 이자를 지급하지 아니하는 장기대여금이나 장기수취채권의 공정가치는 비슷한 신용등급을 가진 비슷한 금융상품의 시장이자율로 할인한 미래 모든 현금수취액의 현재가치로 측정할 수 있다.

한편, 최초 인식시점에 금융상품 공정가치의 최선의 증거는 거래가격이나, 최초 인식시점에 금융자산이나 금융부채의 공정가치가 거래가격과 다르다고 결정한다면, 금융상품을 그 날짜에 다음과 같이 회계처리한다.

① 공정가치가 같은 자산이나 부채에 대한 활성시장의 공시가격에 따라 입증되거나 관측 가능한 시장의 자료만을 사용하는 평가기법에 기초한다면, 자산이나 부채에 대해 공정가치로 측정하여 회계처리하며 최초 인식시점에 공정가치와 거래가격 간의 차이는 손익으로 인식한다.

② 그 밖의 모든 경우에는 최초 인식시점의 공정가치와 거래가격 간의 차이를 이연하기 위해 공정가치에서 그러한 차이를 조정하여 회계처리하며 최초 인식 후에는 시장참여자가 자산이나 부채의 가격을 결정하는 데에 고려하는 요소의 변동에서 생기는 정도까지만 이연된 차이를 손익으로 인식한다.

다만, 최초 인식시점에 매출채권이 유의적인 금융요소를 포함하지 않는 경우에는 공정가치가 아닌 거래가격으로 측정한다.



## 2. 금융자산 및 금융부채의 후속 측정

### (1) 금융자산의 후속 측정

최초 인식 후에는 금융자산을 상각후원가 측정 금융자산, 기타포괄손익-공정가치 측정 금융자산, 당기손익-공정가치 측정 금융자산 중 하나로 측정한다.

**사례 3** FVOCI 자산의 최초 측정과 후속 측정시 거래원가 회계처리 사례

㈜소백보험은 금융자산을 100원과 매입수수료 2원을 합한 금액으로 취득하였다. 자산은 최초에 102원으로 인식한다. 다음 보고기간종료일은 1일 후인데, 그 시점의 자산의 시장공시가격은 100원이다. 자산이 처분된다면, 3원의 수수료가 지급될 것이다.

보고기간종료일 현재, 자산은 처분할 때 예상되는 수수료를 고려하지 아니한 100원으로 측정하고, 손실 2원은 기타포괄손익으로 인식하며 동 금융자산을 기타포괄손익-공정가치로 측정한다면 거래원가는 유효이자율법에 따라 상각하여 당기손익으로 인식한다.

한편, 상각후원가로 측정하는 금융자산과 기타포괄손익-공정가치로 측정하는 금융자산(지분상품 제외)에는 손상 관련 기준을 적용한다.

### (2) 지분상품에 대한 투자와 해당 투자에 대한 계약

지분상품에 대한 모든 투자와 해당 지분상품에 대한 모든 계약은 공정가치로 측정해야 한다. 그러나 제한된 상황에서 원가는 공정가치의 적절한 추정치가 될 수 있다.

공정가치를 결정하기 위해 이용할 수 있는 더 최근의 정보가 불충분하거나, 가능한 공정가치 측정치의 범위가 넓고 그 범위에서 원가가 공정가치의 최선의 추정치를 나타낸다면 그러한 경

우에 해당할 수 있다.

이와 같이 제한적으로 원가가 공정가치를 나타낼 수도 있는 상황이 일부 있으나, 공시가격이 있는 지분상품의 투자의 경우 원가는 공정가치의 최선의 추정치가 절대 아니며 금융기관과 투자펀드와 같은 특정 기업이 보유하는 지분투자에는 적용되지 않을 것이라고 본다.

기업은 최초 인식 후에 피투자자의 성과와 영업에 관해 이용할 수 있는 모든 정보를 이용하여야 하며. 다음과 같은 변동이 있는 경우에는 원가가 공정가치를 잘 나타내는 것이 아닐 수 있으므로 공정가치를 측정해야 할 것이다.

① 예산, 계획, 주요 일정과 비교해 볼 때 피투자자의 성과에 유의적인 변동이 있는 경우
② 피투자자가 이룰 제품의 기술적 수준에 대한 예상이 변동한 경우
③ 피투자자의 지분이나 제품 또는 잠재 제품에 대한 시장에 유의적인 변동이 있는 경우
④ 국제 경제나 피투자자의 경제적 영업 환경에 유의적인 변동이 있는 경우
⑤ 비교 가능한 기업성과나 전반적인 시장에 내재가치평가에 유의적인 변동이 있는 경우
⑥ 피투자자에게 부정, 분쟁, 소송, 경영진이나 전략변화와 같은 내부문제가 있는 경우
⑦ 피투자의 지분과 관련하여 제3자 간 지분상품의 이전이나 피투자자가 외부와의 거래에 따른 증거가 있는 경우

한편, 당기손익-공정가치로 측정하는 금융자산이나 기타포괄손익-공정가치로 측정하는 모든 지분상품에 대해서는 손상 관련 기준을 적용하지 아니한다.

### (3) 금융부채의 후속 측정

최초 인식 후에는 금융부채를 상각후원가 측정 금융부채, 당기손익-공정가치 측정 금융부채 중 하나로 측정한다.

## 3. 상각후원가 측정

### (1) 유효이자율법

유효이자율은 금융자산이나 금융부채의 기대존속기간에 추정 미래현금지급액이나 수취액의 현재가치를 금융자산의 총 장부금액이나 금융부채의 상각후원가와 정확히 일치시키는 이자율로 유효이자율을 계산할 때 해당 금융상품의 모든 계약조건(예 중도상환옵션, 연장옵션, 콜옵션, 이와 비슷한 옵션)을 고

려하여 기대현금흐름을 추정한다.

이때 기대신용손실은 고려하지 아니한다. 유효이자율의 주요 구성요소에 해당하는 계약 당사자 간 지급하거나 수취하는 수수료와 포인트, 거래원가, 그 밖의 모든 할증액과 할인액을 반영하여 유효이자율을 계산한다. 비슷한 금융상품 집합의 현금흐름과 기대존속기간은 신뢰성 있게 추정할 수 있다고 본다.



그러나 금융상품에 대한 현금흐름이나 기대존속기간을 신뢰성 있게 추정할 수 없는 드문 경우에는 전체 계약기간의 계약상 현금흐름을 사용하여 유효이자율을 구한다.

유효이자율법은 금융자산이나 금융부채의 상각후원가를 계산하고 관련 기간에 이자수익이나 이자비용을 당기손익으로 인식하고 배분하는 방법으로 이자수익은 금융자산의 총 장부금액에 유효이자율을 적용하는 유효이자율법으로 계산한다. 다만 다음의 경우는 제외한다.

① 최초 발생시점이나 매입할 때 신용이 손상되어 있는 금융자산의 경우에는 최초 인식시점부터 상각후원가에 신용조정 유효이자율을 적용한다.

② 취득시 신용이 손상되어 있는 금융자산은 아니지만 후속적으로 신용이 손상된 금융자산의 경우에는 후속 보고기간에 상각후원가에 유효이자율을 적용한다.

한편, 보고기간에 금융자산의 상각후원가에 유효이자율법을 적용하여 이자수익을 계산하는 경우 해당 금융자산의 신용위험이 개선되어 더는 신용이 손상된 것으로 볼 수 없고, 그 개선이 상각후원가에 유효이자율법을 적용한 이후에 발생한 사건과 객관적으로 관련된다면(예: 차입자의 신용등급 개선) 후속 보고기간에 총 장부금액에 유효이자율을 적용하여 이자수익을 계산한다.

### (2) 제각

금융자산의 전체나 일부의 회수를 합리적으로 예상할 수 없는 경우에는 해당 금융자산의 총 장부금액을 직접 줄인다. 제각은 금융자산을 제거하는 사건으로 본다.

금융자산의 제각은 금융자산의 전체나 일부와 관련될 수 있다. 예를 들면 기업이 금융자산의 담보권을 행사할 계획이며 담보물을 통해 금융자산의 30%만 회수할 것으로 예상한다. 이 경우에는 금융자산에서 이 이상 현금흐름을 회수할 것이라고 합리적으로 전망할 수 없다면 해당 금융자산의 나머지 70%는 제각해야 한다.

## 4. 금융상품의 손상

금융상품 중 상각후원가 측정 금융자산 및 기타포괄손익-공정가치 측정 채무상품, 리스채권, 계약자산, 금융보증계약, 대출약정 등에 손상규정을 적용하며 지분상품, 당기손익-공정가치 측정 금융자산에는 손상규정을 적용하지 아니한다.

[도표 8] 금융상품의 손상기준 요약 비교(IAS 39 VS IFRS 9)

| IAS 39 | IFRS 9 |
|---|---|
| • 발생손실모형 : 손실발생의 객관적 증거가 있는 경우에만 손상 인식 | • 기대신용손실모형 : 향후 발생할 것으로 예상되는 신용손실에 대해 손상 인식 |
| • 손상대상 : 대여금 및 수취채권, 만기보유금융자산, 매도가능금융자산(채무상품/지분상품), 리스채권 | • 손상대상 : 상각후원가 측정 금융자산, 기타포괄손익-공정가치 측정 채무상품, 리스채권, 계약자산, 금융보증계약, 대출약정 |
| • 신용위험의 유의적 증가 판단 : 명시적 규정 없음 | • 신용위험의 유의적 증가 판단 : 최초 인식 후에 금융상품의 신용위험이 유의적으로 증가하였는지를 매 보고기간 말에 평가 |

### (1) 기대신용손실의 인식

기대신용손실이란 개별 채무불이행 발생 위험으로 가중평균한 신용손실을 말하며 신용손실은 계약에 따라 지급받기로 한 모든 계약상 현금흐름과 수취할 것으로 예상하는 모든 계약상 현금흐름의 차이(모든 현금 부족액)를 최초 유효이자율(또는 취득시 신용이 손상되어 있는 금융자산은 신용 조정 유효이자율)로 할인한 금액을 이른다.

유효이자율을 계산할 때 해당 금융상품의 기대존속기간에 걸친 모든 계약조건(예 중도상환옵션, 연장옵션, 콜옵션, 이와 비슷한 옵션)을 고려하여 현금흐름을 추정한다. 담보물의 처분에 따른 현금흐름이나 계약조건에 포함된 그 밖의 신용보강도 현금흐름을 고려할 때 포함한다. 금융상품의 기대존속기간은 신뢰성 있게 추정할 수 있다고 본다.

그러나 금융상품의 기대존속기간을 신뢰성 있게 추정할 수 없는 드문 경우에는 해당 금융상품의 남은 계약기간을 사용한다.

#### 1) 일반적인 접근법

손상 요구사항의 목적은 최초 인식 후에 신용위험이 유의적으로 증가한 모든 금융상품에 대해 미래전망 정보를 포함하는 합리적이고 뒷받침될 수 있는 모든 정보를 고려하여, 개별평가나 집합평가로 전체기간 기대신용손실을 인식하는 것이다.

상각후원가로 측정하는 금융자산과 기타포괄손익－공정가치로 측정하는 금융자산(지분상품 제외), 리스채권, 계약자산, 손상 요구사항을 적용하는 대출약정, 금융보증계약의 기대신용손실을 손실충당금으로 인식한다.

기타포괄손익－공정가치 측정 금융자산(지분상품 제외)의 경우 손실충당금을 인식하고 측정하는 데 손상 요구사항을 적용한다. 그러나 해당 손실충당금은 기타포괄손익에서 인식하고 재무상태표에서 금융자산의 장부금액을 줄이지 아니한다.



취득시 신용이 손상된 금융자산과 매출채권, 계약자산 및 리스채권에 대한 간편법을 적용하는 경우를 제외하고, 최초 인식 후에 금융상품의 신용위험이 유의적으로 증가하지 아니한 경우에는 보고기간 말에 12개월 기대신용손실에 해당하는 금액으로 손실충당금을 측정하나, 최초 인식 후에 금융상품의 신용위험이 유의적으로 증가한 경우에는 매 보고기간 말에 전체기간 기대신용손실에 해당하는 금액으로 손실충당금을 측정한다.

한편, 전기에 전체기간 기대신용손실에 해당하는 금액으로 금융상품에 대한 손실충당금을 측정하였으나 당기에 더는 신용위험이 유의적으로 증가한 경우에 해당하지 않는다고 판단하는 경우에는 당기 말에 12개월 기대신용손실에 해당하는 금액으로 손실충당금을 측정한다.

회사는 보고기간 말에 손실충당금을 조정하기 위한 기대신용손실액(또는 환입액)을 손상차손(환입)으로 당기손익에 인식한다.

[도표 9] 금융상품의 손상인식 및 이자수익 인식 요약

| 구분 | | 손실충당금 | 이자수익 |
|---|---|---|---|
| Stage ① | 보고일 현재 신용위험이 낮은 경우 | 향후 12개월 기대신용손실 | 총액기준<br>(총장부가액×최초 유효이자율) |
| Stage ② | 신용위험이 유의적으로 증가 | 대출 전체기간 기대신용손실 | 총액기준<br>(총장부가액×최초 유효이자율) |
| Stage ③ | 신용손상 발생 | | 순액기준<br>[상각후원가(＝최초인식액－손실충당금)<br>×최초 유효이자율] |

2) 신용위험의 유의적인 증가에 대한 판단

최초 인식 후에 금융상품의 신용위험이 유의적으로 증가하였는지를 매 보고기간 말에 평가한다. 신용위험의 유의적인 증가를 평가할 때 기대신용손실액의 변동이 아니라 금융상품의 기대손

속기간에 걸친 채무불이행 발생 위험의 변동을 사용한다.

이러한 평가를 위해, 보고기간 말의 금융상품에 대한 채무불이행 발생 위험을 최초 인식일의 채무불이행 발생 위험과 비교하고 최초 인식 후에 신용위험의 유의적인 증가를 나타내는 정보로서 과도한 원가나 노력 없이 이용할 수 있고 합리적이고 뒷받침될 수 있는 정보를 고려한다.

보고기간 말에 금융상품의 신용위험이 낮다고 판단된다면 최초 인식 후에 해당 금융상품의 신용위험이 유의적으로 증가하지 않았다고 볼 수 있다.

금융상품의 채무불이행 발생 위험이 낮고, 단기적으로 차입자가 계약상 현금흐름 지급의무를 이행할 수 있는 강한 능력을 갖고 있으며, 장기적으로는 경제 환경과 사업 환경의 불리한 변화 때문에 차입자가 계약상 현금흐름 지급의무를 이행할 수 있는 능력이 약해질 수도 있으나 반드시 약해지지 않는 경우에 신용위험이 낮은 것으로 본다.

금융상품의 신용위험이 낮은지를 판단하기 위해 낮은 신용위험에 대한 국제적 통념과 일관되고 평가대상 금융상품의 위험과 형태를 고려한 기업 내부 신용위험등급이나 그 밖의 방식을 사용할 수 있다. '투자등급'에 해당하는 외부등급은 금융상품의 신용위험이 낮은 것으로 볼 수 있는 예이다. 그러나 금융상품의 신용위험이 낮다고 판단하기 위해 반드시 외부평가를 받아야 하는 것은 아니다. 그렇지만 금융상품의 모든 계약조건을 고려한 시장참여자들의 관점에서 해당 금융상품의 신용위험이 낮다고 판단되어야 한다.

단순히 이전 보고기간에 금융상품의 신용위험이 낮다고 보았으나 보고기간 말에 신용위험이 낮다고 보지 않는다고 해서 전체기간 기대신용손실을 인식하는 것은 아니다. 이러한 경우에 최초 인식 후에 신용위험이 유의적으로 증가하였는지를 살펴보고 전체기간 기대신용손실을 인식해야 하는지를 판단해야 한다.

최초 인식 후에 신용위험이 유의적으로 증가하였는지를 판단할 때 합리적이고 뒷받침될 수 있는 미래전망 정보를 과도한 원가나 노력 없이 이용할 수 있다면 연체 정보에만 의존해서는 안 된다.

그러나 연체상태보다 더 미래 전망적인 정보를 이용하기 위해 과도한 원가나 노력이 필요한 경우에는 연체정보를 사용하여 최초 인식 후에 신용위험이 유의적으로 증가하였는지를 판단할 수 있다.

신용위험의 유의적인 증가를 평가하는 방식과는 상관없이, 계약상 지급의 연체일수가 30일을 초과하는 경우에는 최초 인식 후에 금융상품의 신용위험이 유의적으로 증가했다는 반증 가능한 간주규정을 적용할 수 있다.

다만, 계약상 지급의 연체일수가 30일을 초과하였더라도 최초 인식 후에 신용위험이 유의적으로 증가하지 아니하였다는 것을 제시하는 합리적이고 뒷받침될 수 있는 정보를 갖고 있고, 해당 정보를 과도한 원가나 노력 없이 이용할 수 있다면 그 간주규정을 반증할 수 있다. 계약상 지급의 연체일수가 30일을 초과하지 않았다면 신용위험이 유의적으로 증가하였는지를 판단할 때 이 간주규정을 적용하지 않는다.



신용위험분석은 다원적 분석이며 총체적 분석이다. 특정 요인이 적절한지와 다른 요인에 비해 특정 요인에 가중치를 달리해야 하는지는 지역적 위치뿐만 아니라 금융상품의 형태와 특성, 차입자에 따라 달라진다. 평가하는 특정 금융상품과 관련되고 과도한 원가나 노력 없이 이용할 수 있는 합리적이고 뒷받침될 수 있는 정보를 고려해야 한다. 그러나 일부 요인이나 지표는 개별 금융상품 수준에서 식별하지 못할 수 있다. 이러한 경우에 전체기간 기대신용손실을 인식하기 위해 금융상품의 적절한 포트폴리오, 포트폴리오의 집합 또는 포트폴리오의 일부 수준에서 평가해야 한다.

다음은 신용위험의 변동을 평가할 때 적절할 수 있는 정보의 예시이며, 이에 한정되는 것은 아니다.

① 신용위험의 변동에 따른 신용위험의 내부 가격지표의 유의적인 변동
② 금융상품의 신용위험이 변동하여 보고기간 말에 해당 금융상품을 새로 창출하거나 발행한다면, 기존 금융상품과 유의적으로 다를 이자율이나 조건의 그 밖의 변동
③ 기대존속기간이 같은 특정 금융상품이나 비슷한 금융상품의 신용위험에 대한 외부 시장지표의 유의적인 변동
④ 금융자산 외부 신용등급의 실제 또는 예상되는 유의적인 변동
⑤ 차입자 내부 신용등급의 실제 또는 예상되는 강등이나 신용위험의 평가에 내부적으로 사용되는 행동평점의 감소
⑥ 현재에 존재하거나 미래에 예측되는 사업적, 재무적, 경제적 상황의 불리한 변동으로서 차입자가 채무를 지급할 수 있는 능력에 유의적인 변동을 일으킬 것으로 예상되는 변동
⑦ 차입자의 영업성과의 실제 또는 예상되는 유의적 변동
⑧ 같은 차입자의 그 밖의 금융상품에 대한 신용위험의 유의적인 증가
⑨ 차입자의 규제상 · 경제적 · 기술적 환경의 실제 또는 예상되는 유의적인 불리한 변동으로서 차입자가 채무를 지급할 수 있는 능력에 유의적인 변동을 일으키는 변동
⑩ 채무에 대한 담보가치의 유의적인 변동, 제삼자의 보증이나 신용보강의 질의 유의적인 변동으로서 차입자가 지급하기로 한 계약상 금액을 지급할 경제적 유인을 줄이거나 채무불이행 발생 확률에 영향을 미칠 수 있는 변동

⑪ 주주(또는 개별 기업의 지배기업)가 자본이나 현금을 투입하여 채무불이행을 방지할 유인과 그러한 재무적 능력이 있다면, 그 제공하는 보증의 질의 유의적인 변동
⑫ 지배기업이나 그 밖의 계열기업의 재무적 지원의 감소나 신용보강의 질의 실제 또는 예상되는 유의적인 변동으로서 차입자가 지급하기로 한 계약상 금액을 지급할 경제적 유인을 줄일 것으로 예상되는 변동
⑬ 대여금 약정의 예상변동
⑭ 집단 내 차입자의 지급 상황 변동을 포함한 차입자의 예상 성과와 행동의 유의적인 변동
⑮ 금융상품에 대한 신용관리방식의 변경
⑯ 연체 정보

### 3) 취득시 신용이 손상되어 있는 금융자산

취득시 신용이 손상되어 있는 금융자산은 보고기간 말에 최초 인식 이후 전체기간 기대신용손실의 누적변동분만을 손실충당금으로 인식한다.

매 보고기간 말에 전체기간 기대신용손실의 변동액을 손상차손(환입)으로 당기손익에 인식한다. 전체기간 기대신용손실이 최초 인식시점의 추정현금흐름에 포함되었던 기대신용손실액보다 작다 하더라도 전체기간 기대신용손실의 유리한 변동을 손상환입으로 인식한다.

### 4) 매출채권, 계약자산, 리스채권에 대한 간편법

다음 항목은 항상 전체기간 기대신용손실에 해당하는 금액으로 손실충당금을 측정한다.

① 다음 중 하나를 충족하는, 기업회계기준서 제1115호(고객과의 계약에서 생기는 수익)의 적용범위에 포함되는 거래에서 생기는 매출채권이나 계약자산
　㈎ 유의적인 금융요소를 포함하고 있지 않은 경우
　㈏ 기업회계기준서 제1115호에 따라 유의적인 금융요소가 있으나, 전체기간 기대신용손실에 해당하는 금액으로 손실충당금을 측정하는 것을 회계정책으로 선택한 경우. 해당 회계정책은 모든 해당 매출채권이나 계약자산에 적용해야 하지만 매출채권과 계약자산에 각각 구분하여 적용할 수 있다.

② 기업회계기준서 제1116호(리스)의 적용범위에 포함되는 거래에서 생기는 리스채권으로서, 전체기간 기대신용손실에 해당하는 금액으로 손실충당금을 측정하는 것을 회계정책으로 선택한 경우. 해당 회계정책은 모든 리스채권에 적용해야 하지만 금융리스채권과 운용리스채권에 각각 구분하여 적용할 수 있다.

[도표 10] 매출채권, 계약자산, 리스채권에 대한 간편법 적용현황

| | |
|---|---|
| 유의적 금융요소 없는 매출채권이나 계약자산 | • 간편법 : 전체기간 기대신용손실 측정 |
| 유의적 금융요소 있는 매출채권이나 계약자산 및 리스채권 | • 간편법 또는 일반모형을 회계정책으로 선택 가능<br>– 간편법 : 전체기간 기대신용손실 측정<br>– 일반모형 : 신용위험 고려하여 12개월 기대신용손실 또는 전체기간 기대신용손실 측정 |

02

[도표 11] 금융자산의 손상과 이자수익 인식의 순서도

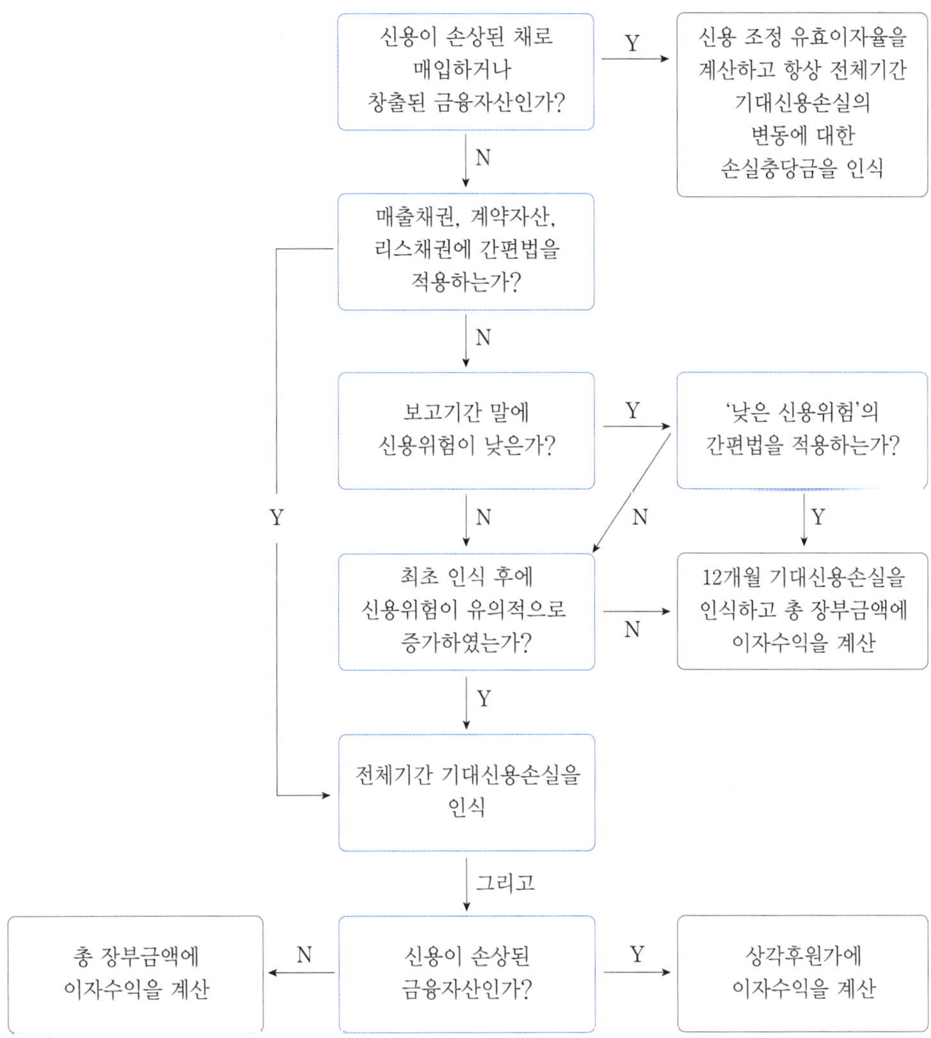

### (2) 기대신용손실의 측정

기대신용손실은 금융상품의 기대존속기간에 걸친 신용손실(모든 현금 부족액의 현재가치)의 확률가중추정치이다. 현금 부족액은 계약상 수취하기로 한 현금흐름과 수취할 것으로 기대하는 현금흐름의 차이다. 기대신용손실은 지급액과 지급시기를 고려하기 때문에, 전부 지급받을 것으로 예상하더라도 그 예상시기가 계약상 지급 시점보다 늦다면 신용손실이 발생한다.

#### 1) 기대신용손실의 측정 구분

금융자산의 신용손실은 ① 계약상 수취하기로 한 현금흐름과 ② 수취할 것으로 예상하는 현금흐름간 차이의 현재가치이다.

미사용 대출한도약정의 신용손실은 ① 대출약정의 보유자가 실제로 대출하는 경우에 기업이 지급할 계약상 현금흐름과 ② 실제로 대출하는 경우에 기업이 수취할 것으로 예상하는 현금흐름의 차이의 현재가치이다.

대출약정에 대한 기대신용손실의 추정은 해당 약정이 실제 대출로 이어질 것이라는 예상과 일관되어야 한다. 즉 12개월 기대신용손실을 추정하는 경우에는 보고기간 말 후 12개월 내 대출이 이루어질 것으로 예상하는 대출약정 부분을 고려해야 하고, 전체기간 기대신용손실을 추정하는 경우에는 해당 약정의 기대존속기간에 걸쳐 대출이 이루어질 것으로 예상하는 대출약정 부분을 고려해야 한다.

금융보증계약과 관련하여, 보증대상 금융상품의 계약조건에 따라 채무자의 채무불이행 사건에 대해서만 지급해야 한다. 따라서 현금 부족액은 발생한 신용손실에 대해 피보증인에게 변제할 것으로 예상하는 금액에서 피보증인, 채무자, 그 밖의 제삼자에게서 수취할 것으로 예상하는 금액을 차감한 것이다. 금융자산 전체를 보증한 경우에 금융보증계약의 현금 부족액 추정은 보증대상 자산의 현금흐름 부족분의 추정과 일관될 것이다.

한편, 보고기간 말에 신용이 손상된 금융자산(취득시 신용이 손상되어 있는 금융자산은 제외)의 기대신용손실은 ① 해당 자산의 총 장부금액과 ② 추정미래현금흐름을 최초 유효이자율로 할인한 현재가치의 차이로 측정한다. 조정금액은 손상차손(환입)으로 당기손익에 인식한다.

[도표 12] 금융상품의 기대신용손실 측정 구분 요약

| 구분 | 기대신용손실 측정 |
|---|---|
| 금융자산 | (계약상 수취하기로 한 현금흐름 – 수취 예상현금흐름)의 현재가치 |
| 미사용 대출한도약정 | (실제 대출시 지급할 계약상 현금흐름 – 실제 대출시 수취 예상현금흐름)의 현재가치 |

| 금융보증계약 | 발생한 신용손실에 대해 피보증인에게 변제 예상금액 – 피보증인, 채무자, 그 밖의 제삼자에게서 수취 예상금액 |
|---|---|
| 신용손상 금융자산 | 총 장부금액 – 추정미래현금흐름을 최초 유효이자율로 할인한 현재가치 |



2) 기대신용손실의 측정시 고려사항

금융상품의 기대신용손실은 다음 사항을 반영하도록 측정한다.

① 일정 범위의 발생 가능한 결과를 평가하여 산정한 금액으로서 편의가 없고 확률로 가중한 금액
② 화폐의 시간가치
③ 보고기간 말에 과거사건, 현재 상황과 미래 경제적 상황의 예측에 대한 정보로서 합리적이고 뒷받침될 수 있으며 과도한 원가나 노력 없이 이용할 수 있는 정보

기대신용손실을 측정할 때 가능한 시나리오를 모두 고려할 필요는 없다. 그러나 신용손실의 발생 가능성이 매우 낮더라도 신용손실이 발생할 가능성과 발생하지 아니할 가능성을 반영하여 신용손실이 발생할 위험이나 확률을 고려한다.

기대신용손실을 측정할 때 고려하는 가장 긴 기간은 신용위험에 노출되는 최장 계약기간(연장옵션 포함)이며, 이 보다 더 긴 기간이 사업관행과 일관된다고 하더라도 최장 계약기간을 넘어설 수 없다.

기대신용손실은 최초 인식시점에 산정한 유효이자율이나 이에 근사한 이자율로 보고기간 말을 기준으로 할인하며, 예상되는 채무불이행 발생일이나 그 밖의 날짜를 기준으로 할인하지 않는다. 다만 취득시 신용이 손상되어 있는 금융자산에 대한 기대신용손실은 최초 인식시점에 산정한 신용조정 유효이자율로 할인한다.

합리적이고 뒷받침될 수 있는 정보는 보고기간 말에 과도한 원가나 노력 없이 합리적으로 이용할 수 있는 정보이며 과거사건, 현재 상황, 미래 경제상황 예측의 정보를 포함한다. 재무보고 목적으로 이용할 수 있는 정보는 과도한 원가나 노력 없이 이용할 수 있어야 한다고 본다.

금융상품의 전체 기대존속기간에 걸쳐 미래 상황을 예측할 필요는 없다. 기대신용손실을 추정하는 데 필요한 판단의 정도는 상세한 정보의 이용 가능성에 따라 달라진다. 예측 기간이 길어질수록 상세한 정보의 이용 가능성은 줄어들고 기대신용손실을 추정하는 데 필요한 판단의 정도는 증가한다. 기대신용손실을 추정할 때 상당히 먼 미래의 기간을 상세히 추정할 필요는 없다. 상당히 먼 미래의 기간에 대해서는 이용 가능하고 상세한 정보를 확장하여 추정할 수 있다.

관련 정보를 빠짐없이 모두 조사할 필요는 없으나 예상 중도상환의 영향과 같이 기대신용손실의 추정에 관련성이 있고 과도한 원가나 노력 없이 이용할 수 있는 합리적이고 뒷받침될 수 있는 모든 정보를 고려해야 한다. 이용하는 정보에는 차입자 특유의 요인, 일반적인 경제 환경, 보고기간 말에 현재 상황에 대한 평가뿐만 아니라 미래에 상황이 어떻게 변동할 것인지에 대한 평가가 포함된다.

기업 특유의 내부 자료, 외부 자료와 같이 다양한 자료 원천을 사용할 수 있다. 가능한 자료 원천으로서 내부적인 과거 신용손실 경험, 내부 등급, 다른 기업의 신용손실 경험, 외부 등급, 보고서, 통계치를 들 수 있다. 기업 특유의 자료 원천이 없거나 충분하지 않은 경우에는 비교 가능한 금융상품에 대한 비슷한 기업들의 경험을 사용할 수 있다.

과거 정보는 기대신용손실을 측정하는 데 중요한 기점이나 기초이다. 그러나 신용손실 경험 같은 과거 자료의 기초가 된 기간에 영향을 미치지 아니하였던 현재 상황과 미래 상황에 대한 예측이 미치는 영향을 그 과거 자료에 반영하고, 미래 계약상 현금흐름과 관련이 없는 과거의 상황이 미치는 영향을 제거하기 위해 현행의 관측 가능한 자료에 기초하여 조정한다.

일부의 경우에 과거 정보의 특성과 산출 시기에 따라 다를 수 있지만, 보고기간 말의 상황과 고려대상 금융상품의 특성에 비추어 봤을 때 조정하지 아니한 과거 정보가 합리적이고 뒷받침될 수 있는 최선의 정보일 수 있다.

기대신용손실 변동의 추정은 실업률, 부동산 가격, 일반상품 가격, 지급 상태, 금융상품이나 금융상품 집합의 신용손실을 나타내는 그 밖에 요인의 변동과 그러한 변동의 크기와 같은 시계열로 관측 가능한 자료의 변동을 반영하여야 하며 방향성 측면에서 일관되어야 한다. 기업은 신용손실 경험에 대한 추정치와 실제치의 차이를 줄이기 위해 기대신용손실의 추정에 사용한 방식과 가정을 정기적으로 검토한다.

기대신용손실의 추정에 과거 신용손실 경험을 사용할 때 과거 신용손실률 정보를 과거 신용손실률이 관측되었던 집합과 일관된 방식으로 정의한 집합에 적용하는 것이 중요하다. 따라서 이러한 방식은 금융자산의 개별 집합이 비슷한 위험특성을 지닌 금융자산 집합의 과거 신용손실 경험정보와 현재 상황을 반영하는 관측 가능한 관련 자료와 연계될 수 있게 할 것이다.

기대신용손실은 신용손실에 대한 기업 자체의 예상을 반영한다. 그러나 기대신용손실의 추정을 위해 과도한 원가나 노력 없이 이용할 수 있는 합리적이고 뒷받침될 수 있는 모든 정보를 고려할 때 특정 금융상품이나 비슷한 금융상품의 신용위험에 대한 관측 가능한 시장 정보도 고려해야 한다.

기대신용손실을 측정하기 위해 기대 현금 부족액을 추정할 때 계약조건의 일부이지만 별도로 인식하지 않는 담보나 그 밖의 신용보강에서 기대되는 현금흐름을 반영해야 한다. 담보권 행사가 확실한지 아닌지와 관계없이, 담보부 금융상품의 기대 현금 부족액의 추정은 담보물에 대한 담보권 행사로 기대되는 현금흐름에서 담보물을 획득하고 처분하는 데 소요되는 원가를 차감한 금액과 시기를 반영한다.

따라서 계약상 만기를 초과한 기간에 담보물의 실현으로 기대되는 현금흐름을 이러한 분석에 포함해야 한다. 금융상품 기준서나 다른 기준서에서의 자산 관련 인식기준을 충족하는 경우가 아니라면, 담보권 행사로 받은 담보물은 담보부 금융상품과 구분되는 별도의 자산으로 인식하지 않는다.



### (3) 집합평가와 개별평가

최초 인식 후 신용위험이 유의적으로 증가한 경우에 전체기간 기대신용손실을 인식하게 되는데 그 목적을 충족시키기 위해서는, 예를 들면 금융상품의 집합 또는 하위집합의 신용위험이 유의적으로 증가하였는지를 나타내는 정보를 고려하여 집합기준으로 신용위험의 유의적인 증가를 평가해야 할 필요가 있다. 이는 개별 금융상품 수준에서는 신용위험의 유의적인 증가에 대한 증거가 아직 없더라도 집합적으로 신용위험이 유의적으로 증가할 때 전체기간 기대신용손실을 인식하는 목적을 충족시키기 위한 것이다.

전체기간 기대신용손실은 일반적으로 금융상품이 연체되기 전에 인식될 것이다. 신용위험은 일반적으로 금융상품이 연체되기 전이나 그 밖의 후행하는 차입자 특유의 요인(예 계약조건의 변경이나 재조정)이 관측되기 전에 유의적으로 증가한다. 따라서 연체 정보보다 미래 전망적이고 합리적이며 뒷받침될 수 있는 정보를 과도한 원가나 노력 없이 이용할 수 있을 때 그러한 정보를 사용하여 신용위험의 변동을 평가해야 한다.

그러나 금융상품의 특성과 금융상품의 특정 집합에 대해 이용할 수 있는 신용위험 정보에 따라서는 금융상품이 연체되기 전에는 개별 금융상품에 대한 신용위험의 유의적인 증가를 식별하지 못할 수도 있다.

소매대여금과 같은 금융상품이 이에 해당할 수 있는데, 그러한 금융상품의 경우 고객이 계약조건을 위반하기 전까지는 일상적으로 얻거나 관찰할 수 있는 개별 상품의 갱신된 신용위험 정보가 없거나 거의 없다. 개별 금융상품이 연체되기 전에는 신용위험의 변동을 알아챌 수 없는 경우에는 개별 금융상품 수준의 신용정보에만 기초한 손실충당금은 최초 인식 후에 신용위험의 변동을 충실하게 나타내지 못할 것이다.

일부 상황에서는, 개별 금융상품의 전체기간 기대신용손실을 측정하기 위해 필요한 과도한 원가나 노력 없이 이용할 수 있는 합리적이고 뒷받침될 수 있는 정보가 없을 수 있다. 이 경우에 전체기간 기대신용손실은 포괄적인 신용위험 정보를 고려하는 집합기준으로 인식한다.

개별 금융상품 수준에서 최초 인식 후에 신용위험이 유의적으로 증가하였을 때 전체기간 기대신용손실을 인식하는 것과 비슷한 결과를 도출하기 위해, 이러한 포괄적인 신용위험 정보는 연체 정보뿐만 아니라 미래전망적인 거시경제 정보를 포함하여 모든 목적 적합한 신용정보를 포함해야 한다.

집합기준으로 신용위험이 유의적으로 증가하였는지를 판단하고 손실충당금을 인식할 때, 신용위험의 유의적인 증가를 적시에 식별할 수 있도록 분석하기 위해 공통의 신용위험 특성에 기초하여 금융상품을 묶을 수 있다. 위험 특성이 서로 다른 금융상품을 묶어서 이러한 정보를 이해하기 어렵게 해서는 안 된다.

공통의 신용위험 특성은 ① 상품의 형태, ② 신용위험 등급, ③ 담보의 형태, ④ 최초 인식일, ⑤ 만기까지 남은 기간, ⑥ 산업, ⑦ 차입자의 지역적 위치, ⑧ 담보가 채무불이행 발생확률에 영향을 미치는 경우에 금융자산 대비 담보의 가치를 포함하며, 이에 한정되는 것은 아니다.

최초 인식 후에 신용위험이 유의적으로 증가한 모든 금융상품에 대하여 전체기간 기대신용손실을 인식한다. 이러한 목적을 충족하기 위해, 최초 인식 후에 신용위험이 유의적으로 증가한 것으로 판단되는 금융자산들을 공통의 신용위험 특성에 기초하여 묶을 수 없는 경우에는 해당 금융자산들 중 신용위험이 유의적으로 증가한 것으로 보이는 일부에 대해서만 전체기간 기대신용손실을 인식해야 한다.

집합기준으로 신용위험이 변동되었는지를 평가하기 위한 금융상품 묶음은 시간이 지나면서 금융상품 집합이나 개별 금융상품에 대한 새로운 정보를 이용할 수 있게 됨에 따라 변동할 수 있다.

## 5. 금융상품의 손익

공정가치로 측정하는 금융자산이나 금융부채의 손익은 다음의 경우를 제외하고는 당기손익으로 인식한다.

① 위험회피관계가 적용되는 경우
② 지분상품에 대한 투자로서 투자의 손익을 기타포괄손익으로 표시하도록 선택한 경우
③ 당기손익-공정가치 측정 항목으로 지정한 금융부채로서 부채의 신용위험 변동 효과를 기타포괄손익으로 표시하는 경우
④ 기타포괄손익-공정가치로 측정하는 금융자산(지분상품 제외)으로서 손상차손(환입)과 외환손익을 제외한 일부 공정가치의 변동을 기타포괄손익으로 인식해야 하는 경우



### (1) 금융상품의 환산손익

화폐성 항목이며 외화로 표시하는 금융자산은 기업회계기준서 제1021호(환율변동효과)를 적용함에 따라 화폐성 자산과 부채의 모든 외환손익은 당기손익으로 인식해야 한다. 다만 현금흐름위험회피, 순투자의 위험회피, 공정가치의 변동을 기타포괄손익에 표시하도록 선택한 지분상품에 대한 공정가치위험회피에서 위험회피수단으로 지정된 화폐성 항목은 예외이다.

외환손익을 인식할 때, 기타포괄손익-공정가치 측정 금융자산(지분상품 제외)은 화폐성 항목으로 본다. 따라서 이러한 금융자산은 외화 기준의 상각후원가로 측정하는 자산으로 보며 상각후원가에 대한 외환차이는 당기손익으로 인식한다.

한편, 지분상품에 대한 특정 투자의 공정가치 후속변동을 기타포괄손익으로 표시하는 취소불가능한 선택을 할 수 있으며 그러한 투자는 화폐성 항목이 아니므로 기타포괄손익으로 표시한 손익에는 관련되는 외화요소를 포함한다.

[도표 13] 외화금융자산 및 외화금융부채의 환산

| 구분 | | 적용환율 | 외화환산손익 인식 |
|---|---|---|---|
| 화폐성 항목(채무상품*) | | 결산일 환율 | • 당기손익으로 처리 |
| 비화폐성 항목 (지분상품) | 원가측정 | 최초 거래일 환율 | • 외화환산손익 없음 |
| | 공정가치 측정 | 결산일 환율 | • 공정가치 평가손익을 기타포괄손익으로 처리하는 경우 외화환산손익도 기타포괄손익으로 처리<br>• 공정가치 평가손익을 당기손익으로 처리하는 경우 외화환산손익도 당기손익으로 처리 |

* 기타포괄손익-공정가치 측정 금융자산(채무상품)은 화폐성 항목이므로 외화 기준의 상각후원가로 측정하는 자산으로 보며 상각후원가에 대한 외환차이는 당기손익으로 처리하며 기타 공정가치 변동에서 발생한 차이는 기타포괄손익으로 처리한다.

### (2) 지분상품의 손익

지분상품의 배당은 배당을 받을 권리가 확정되었고, 배당과 관련된 경제적 효익의 유입가능성이 높고, 배당액을 신뢰성 있게 측정할 수 있는 조건을 모두 충족한 경우에만 당기손익으로 인식한다.

지분상품에 대한 투자로서 단기매매항목이 아니고 사업결합에서 취득자가 인식하는 조건부대가가 아닌 지분상품에 대한 투자의 후속적인 공정가치 변동을 기타포괄손익으로 표시할 수 있다. 이러한 선택은 최초 인식시점에만 가능하며 이후에 취소할 수 없다.

단기매매가 아닌 지분상품에 대한 투자의 공정가치 변동을 기타포괄손익으로 표시하는 취소불가능한 선택을 할 수 있다. 이러한 선택은 상품별(주식별)로 하게 된다. 기타포괄손익으로 표시하는 금액은 후속적으로 당기손익으로 이전되지 않는다. 그러나 자본 내에서 누적손익을 이전할 수는 있다. 그러한 투자에서의 배당금이 명확하게 투자원가의 회수를 나타내지 않는다면 그러한 배당금은 당기손익으로 인식한다.

### (3) 상각후원가 측정 금융자산의 손익

상각후원가로 측정하는 금융자산으로서 위험회피관계의 적용 대상이 아닌 금융자산의 손익은, 해당 금융자산을 제거할 때, 당기손익–공정가치 측정 범주로 재분류할 때, 상각과정을 통해 또는 손상차손(환입)의 인식을 위해 당기손익으로 인식한다.

상각후원가로 측정하는 금융부채로서 위험회피관계의 적용 대상이 아닌 금융부채의 손익은, 해당 금융부채를 제거할 때와 상각과정을 통해 당기손익으로 인식한다.

### (4) 매매일과 결제일 사이의 금융자산 공정가치 변동에 대한 손익

결제일 회계처리방법을 적용하여 금융자산을 인식한다면, 상각후원가로 측정하는 자산의 매매일과 결제일 사이의 기간 중의 공정가치 변동은 인식하지 아니한다. 그러나 공정가치로 측정하는 자산의 해당 공정가치 변동은 적절하게 당기손익이나 기타포괄손익으로 인식한다. 그러나 손상 요구사항을 적용할 때에는 매매일을 최초 인식일로 본다.

### (5) 당기손익 - 공정가치 측정 항목으로 지정한 금융부채의 손익

당기손익–공정가치 측정 항목으로 지정한 금융부채의 손익은 다음과 같이 표시한다.

① 금융부채의 신용위험 변동에 따른 금융부채의 공정가치 변동은 기타포괄손익으로 표시한다. 다만 부채의 신용위험 변동효과의 회계처리가 당기손익의 회계불일치를 일으키거나 확대하는 경우에는 기타포괄손익이 아닌 당기손익으로 표시한다.
② 해당 부채의 나머지 공정가치 변동은 당기손익으로 표시한다.



금융부채의 신용위험[1] 변동에 따른 공정가치 변동을 기타포괄손익으로 표시하는 금액은 후속적으로 당기손익으로 이전하지 않는다. 그러나 자본 내에서 누적 손익을 이전할 수는 있다.

한편, 당기손익–공정가치 측정 항목으로 지정한 대출약정과 금융보증계약의 모든 손익은 당기손익으로 표시한다.

### (6) 기타포괄손익 - 공정가치 측정 금융자산(지분상품 제외)의 손익

손상차손(환입)과 외환손익을 제외하고는, 기타포괄손익–공정가치 측정 금융자산(지분상품 제외)의 손익은 해당 금융자산을 제거하거나 재분류할 때까지 기타포괄손익으로 인식한다. 금융자산을 제거할 때에는 인식한 기타포괄손익누계액을 재분류조정으로 자본에서 당기손익으로 재분류한다.

금융자산을 기타포괄손익–공정가치 측정 범주에서 다른 측정 범주로 재분류하는 경우에는 재분류 전에 인식한 기타포괄손익누계액은 금융자산의 재분류기준에 따라 회계처리하며 유효이자율법을 사용하여 계산한 이자는 당기손익으로 인식한다.

---

1) 기업회계기준서 제1107호(금융상품 : 공시)에서는 신용위험을 '금융상품의 당사자 중 어느 한 편이 의무를 이행하지 않아 상대방에게 재무손실을 입힐 위험'으로 정의한다. 즉 발행자가 특정 부채에 대해 의무를 이행하지 못할 위험과 관련된다.

### 사례 4 기타포괄손익-공정가치 측정 금융자산(채무상품)의 손상인식 등 손익처리[2)]

㈜무등보험은 20×1년 12월 15일에 공정가치가 1,000원인 채무상품을 매입하고 기타포괄손익-공정가치(FVOCI) 금융자산으로 측정한다. 해당 채무상품의 이자율은 10년의 계약기간에 5%이며 유효이자율도 5%이다. 취득시 신용이 손상되어 있는 금융자산으로 보지 아니한다.

#### (1) 최초 금융자산(채무상품) 취득시 회계처리

| 차) FVOCI 금융자산(채무상품) | 1,000 | 대) 현금 | 1,000 |
|---|---|---|---|

㈜무등보험의 회계연도 결산일인 20×1년 12월 31일 시장이자율의 변동에 따라 해당 채무상품의 공정가치가 950원으로 하락하였으며, 최초 인식 후에 신용위험이 유의적으로 증가하지 않았다고 판단하고 12개월 기대신용손실에 해당하는 금액인 30원으로 기대신용손실을 측정한다. 사례의 단순화를 위해 이자수익 수취의 분개는 생략한다.

#### (2) 결산일의 공정가치 평가와 손상 관련 회계처리

채무상품의 12개월 기대신용손실과 그 밖의 공정가치 변동을 인식한다.

| 차) 손상차손(PL) | 30 | 대) FVOCI 금융자산(채무상품) | 50 |
|---|---|---|---|
| FVOCI 금융자산평가손실(OCI) | 20 | | |

* 보고기간 말에 기타포괄손익에 인식된 누적손실은 20이다. 해당 금액(20원)은 총 공정가치의 변동 50원(= 1,000원 − 950원)에서 이미 인식한 12개월 기대신용손실을 나타내는 누적손상금액의 변동(30원)을 차감하여 계산된다.

㈜무등보험은 20×2년 1월 1일에 해당 채무상품을 그 시점의 공정가치인 950원에 처분하기로 결정한다.

#### (3) 금융자산(채무상품) 매도시 회계처리

| 차) 현금 | 950 | 대) FVOCI 금융자산(채무상품) | 950 |
|---|---|---|---|
| FVOCI 금융자산처분손실(PL) | 20 | FVOCI 금융자산평가손실(OCI) | 20 |

* FVOCI 금융자산을 제거하고 기타포괄손익누계액을 당기손익으로 재분류한다.

---

2) 본 사례는 기업회계기준서 제1109호 '금융상품' 사례 13를 참고

제3장

# 보험계약 회계기준서(IFRS 17) 이해

# 제1절 보험계약의 정의, 통합·인식 및 최초측정



## 1. 보험계약 기준서의 적용 및 정의

### (1) 보험계약 기준서의 적용

보험계약 기준서를 적용할 때, 권리와 의무가 계약으로 생기든 법 또는 규정으로 생기든 실질적인 권리와 의무를 고려한다. 계약은 둘 이상의 당사자 간에 강제할 수 있는 권리와 의무를 창출하는 약정으로 보험회사는 다음 계약에 보험계약 기준서를 적용한다.

① 기업이 발행한 보험계약과 재보험계약

② 출재보험계약

③ 보험계약을 발행한 기업이 발행한 재량적 참가특성이 있는 투자계약

한편 보험회사는 다음 계약에 대해서는 보험계약 기준서 또는 다른 기준서를 선택하여 적용할 수 있다. 이때, 한번 선택한 방법은 계속 적용하여야 하며, 변경할 수 없다.

[도표 1] 다른 기준서 선택 적용이 가능한 보험계약

| 구분 | 정의 | 보험계약 외 선택가능한 기준서 | 선택 단위 |
|---|---|---|---|
| 금융보증계약 | 채무상품의 최초 계약조건이나 변경된 계약조건에 따라 지급기일에 특정 채무자가 지급하지 못해 보유자가 입은 손실을 보상하기 위해 발행자가 특정 금액을 지급하여야 하는 계약 | 기업회계기준서 제1109호 금융상품 | 각 금융보증계약 |

| | | | |
|---|---|---|---|
| 고정수수료 서비스계약 | 다음의 특정조건을 모두 충족하는 고정수수료 서비스 계약<br>① 보험회사는 고객과 계약가격을 정할 때 개별 고객과 관련된 위험에 대한 평가를 반영하지 않음<br>② 계약에 따라 고객에게 현금을 지급하기 보다는 서비스를 제공함으로써 보상<br>③ 계약에 따라 이전되는 보험위험은 주로 서비스의 원가에 대한 불확실성에서 발생하기보다는 고객의 서비스 사용에서 발생 | 기업회계기준서 제1115호 고객과의 계약에서 생기는 수익 | 각 고정수수료 서비스 계약 |
| 사망 시 상환을 면제하는 대출계약 | 사망 시 상환을 면제하는 대출계약으로 보험사건(사망)에 대한 보상은 보험사건이 발생하지 않는다면 계약에 따라 발생할 보험계약자의 의무를 결제해야 하는 금액으로 한정 | 기업회계기준서 제1109호 금융상품 | 각 포트폴리오 |

**보충설명** **재량적 참가특성이 있는 투자계약에 대한 이해**

- 보험계약을 발행한 기업이 보험계약의 정의를 충족하지는 못한 재량적 참가특성이 있는 투자계약을 발행했을 때 다음과 같은 고려요소를 감안하여 금융상품이 아니라 보험계약으로 처리한다.

> ① 재량적 참가특성이 있는 투자계약과 기초항목의 수익에 명시적으로 연계되어 있는 보험계약은 때때로 동일한 기초자산 풀에 연계되어 있다. 재량적 참가특성이 있는 투자계약들은 보험계약의 성과를 공유하기도 한다. 두 유형의 계약 모두에 같은 회계처리를 사용한다면 기업 내의 비교가능성이 제고되기 때문에 재무제표이용자를 위한 보다 유용한 정보를 산출하게 될 것이다.
>
> ② 이러한 두 가지 유형의 계약은 종종 계약기간이 길고 반복적인 보험료가 있으며 인수 현금흐름이 큰 특성이 있는데 이러한 특성은 대부분의 다른 금융상품보다 보험계약에서 더 일반적이다.
>
> ③ 이 계약들을 다른 회계처리를 하는 구성요소로 분리하는 것이 어려울 것이며 분리를 요구하는 경우 구성요소간 상호의존성이 무시되는 등의 문제가 발생할 것이다.

- 보험계약을 발행하지 않은 기업의 경우 재량적 참가특성이 있는 투자계약에 대해서도 보험계약 기준서 적용이 요구되지 않는다.

## (2) 보험계약의 용어 정의

① 보험계약 : 계약당사자 일방(계약발행자)이 특정한 미래의 불확실한 사건(보험사건)으로 계약상 대방(보험계약자)에게 불리한 영향이 발생한 경우에 보험계약자에게 보상하기로 약정함으로써 보험계약자로부터 유의적 보험위험을 인수하는 계약

② 보험위험 : 계약의 보유자로부터 계약발행자에게 이전되는 위험으로서 금융위험 이외의 위험

③ 보험사건 : 보험계약에 의해 보장되고 보험위험을 발생시키는 불확실한 미래사건

④ 보험계약자 : 보험사건이 발생하는 경우 보험계약에 따라 보상을 받을 권리가 있는 당사자

⑤ 재보험계약 : 다른 기업이 발행한 하나 이상의 보험계약(원수계약)에서 생기는 보험금에 대해 그 기업을 보상하기 위해 기업(재보험회사)이 발행한 보험계약

⑥ 보험계약서비스 : 보험계약의 보험계약자에게 제공하는 다음의 서비스

- 보험사건에 대한 보장(보험보장)
- 직접참가특성이 없는 보험계약의 경우, 해당된다면, 보험계약자를 위한 투자수익의 창출(투자수익서비스)
- 직접참가특성이 있는 보험계약의 경우, 보험계약자를 대신하는 기초항목의 관리(투자관련서비스)

⑦ 보장기간 : 보험계약서비스가 제공되는 기간. 이 기간은 보험계약의 경계 내에 있는 모든 보험료와 관련된 보험계약서비스를 포함함

⑧ 직접참가특성이 있는 보험계약 : 최초 인식시점에 다음의 조건을 모두 충족하는 보험계약

- 계약 조건에 보험계약자가 명확하게 식별된 기초항목 집단(Pool)의 일정 몫에 참여한다는 것이 명시되어 있다.
- 보험회사는 보험계약자에게 기초항목에서 발생하는 공정가치 이익 중 상당한 몫에 해당하는 금액을 지급할 것으로 예상한다.
- 보험회사는 보험계약자에게 지급될 금액의 변동분 중 상당한 비율이 기초항목의 공정가치 변동에 따라 달라질 것으로 예상한다.

⑨ 직접참가특성이 없는 보험계약 : 직접참가특성이 있는 보험계약이 아닌 보험계약

⑩ 재량적 참가특성이 있는 투자계약 : 특정 투자자에게 계약발행자의 재량에 따르지 않는 금액 외에 다음의 금액을 추가로 수취할 수 있도록 계약상 권리를 제공하는 금융상품

- 계약상 총 급부금 중 유의적인 부분을 차지할 것으로 예상된다.
- 지급 시기와 금액은 계약상 발행자의 재량이다.
- 계약상 다음 중 하나 이상에 근거한다.
  - ㈎ 특정 계약집단 또는 특정 계약형태에서 발생한 성과
  - ㈏ 발행자가 보유하고 있는 특정 자산 집단에서 발생한 실현 또는 미실현 투자수익
  - ㈐ 계약을 발행한 기업 또는 펀드의 당기손익

⑪ 투자요소 : 보험사건의 발생여부에 관계없이 모든 상황에서 보험계약에 따라 기업이 보험계약자에게 상환해야 하는 금액

⑫ 보험계약 포트폴리오 : 유사한 위험을 가지고 있고 함께 관리되는 보험계약

⑬ 보험계약집합 : 보험계약 포트폴리오를 최초 인식시점에 최소한 다음과 같은 계약이 있다면 그러한 계약으로 나눔에 따라 생기는 보험계약 세트로, 1년 이내의 기간에 발행된 계약으로 구성

- 손실을 부담하는 계약집합
- 후속적으로 손실을 부담하게 될 유의적인 가능성이 없는 계약집합
- 위 두 계약집합이 아닌 집합

⑭ 보험취득 현금흐름 : 보험계약집합이 속해 있는 보험계약 포트폴리오에 직접 귀속되는 보험계약집합의 판매, 인수심사 및 개시 관련 원가에서 생기는 현금흐름. 그러한 현금흐름에는 포트폴리오 내의 개별 계약이나 보험계약집합에 직접 귀속되지 않는 현금흐름도 포함됨

⑮ 이행현금흐름 : 보험계약을 이행함에 따라 발생할 미래 현금유출액의 현재가치에서 미래현금유입액의 현재가치를 차감한 것에 대한 명시적이고 중립적인 확률가중추정치(즉, 기대가치)로서 비금융위험에 대한 위험조정을 포함함

⑯ 경험조정 : 다음과 같은 예상과 실제의 차이

- 보험료 수취(그리고 보험취득 현금흐름, 보험료 세금과 같은 모든 관련 현금흐름)와 관련하여, 해당 기간에 예상되는 금액에 대한 해당 기간 초의 추정치와 해당 기간의 실제 현금흐름
- 보험서비스비용(보험 취득 비용은 제외)과 관련하여 해당 기간에 발생할 것으로 예상되는 금액에 대한 해당 기간 초의 추정치와 해당 기간에 실제 발생한 금액

⑰ 발생사고부채 : 다음과 같은 기업의 의무

- 이미 발생한 보험사건에 대해 조사하고 정당한 보험금과 기타 발생한 보험 비용을 지급할 의무. 이러한 사건에는 발생하였으나 해당 보험금은 아직 보고되지 아니한 사건도 포함된다.
- 위에 포함되지 않은 것으로, 다음에 관련하여 지급할 의무
  ㈎ 이미 제공된 보험계약서비스
  ㈏ 보험계약서비스 제공과 관련이 없고 잔여보장부채에 포함되지 않는 투자요소 또는 그 밖의 금액

⑱ 잔여보장부채 : 다음과 같은 기업의 의무

- 아직 발생하지 않은 보험사건에 대하여 현재의 보험계약에 따라 조사하고 타당한 보험금을 지급할 의무(즉, 보험보장 중 만료되지 않은 부분과 관련이 있는 의무)
- 위에 포함되지 않은 현재의 보험계약으로, 다음과 관련하여 지급할 의무
  ㈎ 아직 제공되지 않은 보험계약서비스(즉, 보험계약서비스의 미래제공 관련 의무)
  ㈏ 보험계약서비스 제공과 관련이 없고 발생사고부채로 이전된 적이 없는 투자요소 또는 그 밖의 금액

⑲ 보험계약마진 : 보험계약집합에 대한 자산 또는 부채 장부금액의 구성요소로서, 집합 내 보험계약에 따라 보험계약서비스를 제공하면서 인식하게 될 미실현이익을 나타냄

⑳ 비금융위험에 대한 위험조정 : 보험계약을 이행할 때 비금융위험에서 생기는 현금흐름의 금액과 시기에 대한 불확실성을 부담하는 것에 대해 요구하는 보상

㉑ 금융위험 : 하나 이상의 특정변수의 미래 발생 가능한 변동으로 인한 위험. 기초변수는 이자율, 금융상품가격, 일반상품가격, 환율, 가격 또는 비율의 지수, 신용등급 또는 신용지수나 그 밖의 변수를 말함

㉒ 기초항목 : 보험계약자에게 지급할 금액 중 일부를 결정하는 항목. 기초항목은 예를 들면, 참조자산 포트폴리오, 기업의 순자산 또는 기업의 순자산 중 특정한 일부 집합 등 어떤 항목으로든 구성 가능함



### 1) 불확실한 미래사건

불확실성 또는 위험은 보험계약의 본질이다. 그러므로 보험계약의 개시 시점에 ① 보험사건의 발생 가능성, ② 보험사건의 발생 시기, ③ 보험사건이 발생할 경우 기업이 지급할 금액 중 하나 이상은 불확실하다.

### 2) 현물지급

일부 보험계약은 보험금을 현물로 지급하도록 요구하거나 허용한다. 그러한 경우에, 보험회사는 보험사건에 대해 보험계약자에게 보상할 의무를 이행하기 위해 보험계약자에게 재화나 서비스를 제공한다.

### 3) 보험위험과 그 밖의 위험의 구별

보험계약의 정의에 따르면, 한 계약당사자가 다른 계약당사자로부터 유의적인 보험위험을 인수하여야 한다. 이때, 보험위험은 '계약보유자로부터 계약발행자에게 이전되는 위험으로서 금융위험 이외의 위험'을 말한다. 유의적인 보험위험 없이 계약발행자를 금융위험에 노출시키는 계약은 보험계약이 아니다.

일부 계약에서 계약발행자가 유의적 보험위험과 함께 금융위험에 노출되는 경우가 있다. 예를 들면, 많은 생명보험계약은 보험계약자에게 최저수익률을 보장(금융위험 발생)하는 동시에 보험계약자의 적립금을 유의적으로 초과할 수도 있는 사망급부금을 약정(사망위험 형태의 보험위험 발생)한다. 이러한 계약은 보험계약이다.

한편 실효 또는 유지 위험(즉, 발행자가 계약의 가격을 결정할 때 예상한 것보다 더 일찍 또는 더 늦게 보험계약자가 계약을 취소할 위험)은 보험계약자에 대한 보험금 지급의 변동성이 보험계약자에게 불리한 영향을 미치는 불확실한 미래 사건에 달려있지 않으므로 보험위험이 아니다.

마찬가지로 비용위험(즉, 보험사건과 관련된 원가가 아니라 계약에 따른 서비스 제공과 관련된 관리원가가 예상과 달리 증가할 위험)은 예상치 못한 비용의 증가가 보험계약자에게 불리한 영향을 미치지 않기 때문에 보험위험이 아니다.

결과적으로 기업을 유의적 보험위험에 노출시키지 않는다면 실효위험, 유지위험 또는 비용위험에만 노출시키는 계약은 보험계약이 아니다.

### 4) 유의적 보험위험

유의적인 보험위험을 이전하는 계약만이 보험계약이며 보험회사는 각 계약별로 보험위험의 유의성을 평가한다. 이는 기업이 계약들을 포트폴리오로 관리하더라도 계약상 권리와 의무는 개별 계약들에서 발생하므로 개별 계약과 관련하여 보험위험의 유의성을 정의하고 판단한다.

한편 상업적 실질이 결여된 시나리오(즉, 거래의 경제적 측면에서 식별할 수 있는 영향을 미치지 않음)를 제외하고, 어떠한 하나의 시나리오에서라도 보험사건으로 인해 계약발행자가 유의적인 부가금[1]을 지급하여야 할 때에만 보험위험은 유의적이다.

만약 보험사건이 상업적 실질이 있는 어떠한 시나리오에서 유의적인 부가금을 지급하는 것을 의미한다면, 보험사건의 발생가능성이 매우 낮거나 예상되는(즉, 확률로 가중평균된) 불확정 현금흐름의 현재가치가 나머지 보험계약상 현금흐름의 현재가치에서 차지하는 비중이 낮더라도 유의적인 보험위험 이전조건은 충족될 수 있다.

보험회사는 지급될 수 있는 추가적인 급부금이 있는 유의적인 시나리오가 있는지를 평가할 때 화폐의 시간가치를 고려하여야 하며, 만약 기업이 현재가치 기준으로 손실을 부담할 수 있는 상업적 실질이 있는 시나리오가 없다면 그 계약은 유의적인 보험위험을 이전하지 않아 보험계약의 정의를 충족하지 못한다.

보험계약 기준서에서는 계약이 보험계약의 정의를 충족하는지를 해당 계약의 듀레이션에 걸쳐 지속적으로 관찰하는 것은 기업에게 큰 부담이 될 것이라고 보아 계약의 개시시점에 계약이 보험계약인지를 한번만 판단하는 방식을 채택하고 있다. 다만, 계약의 조건이 변경된 경우는 예외로 하고 있다.

보험계약 기준서에서는 유의적인 보험위험을 판단하는 정량적인 지침을 제공하고 있지 않으나 보험업감독업무시행세칙은 부가급부금의 비율이 10% 이상일 것을 요구하고 있다.

---

1) 보험사건이 발생하지 않더라도 지급하여야 하는 금액을 초과하는 부분(보험사건 발생시 지급금 – 보험사건 미발생시 지급금)의 현재가치

### (3) 보험계약과 보험계약이 아닌 계약 예시

| 구분 | 예시 |
|---|---|
| 보험계약 | ① 도난 또는 손상에 대한 보험<br>② 생산물배상책임, 전문직배상책임, 민사책임 또는 소송비용에 대한 보험<br>③ 생명보험 및 선납장례보험<br>④ 생존조건연금 및 퇴직연금. 즉, 연금수령자나 퇴직연금자의 생존이라는 불확실한 미래 사건에 대해 보상하는 계약<br>⑤ 장애 및 의료비용에 대한 보험<br>⑥ 채무보증, 신원보증, 이행보증 및 입찰보증<br>⑦ 제품보증. 제조업자나 판매업자 또는 소매업자가 판매한 재화에 대하여 다른 당사자가 발행한 제품보증<br>⑧ 권원보험(보험계약이 발행될 당시 발견되지 않은 토지나 건물 소유권의 결함이 발견될 경우 이에 대해 보상하는 보험)<br>⑨ 여행자보험<br>⑩ 계약당사자에게 특정되는 기후, 지질 또는 다른 물리적 변수의 변동에 기초하여 지급하여야 하는 계약 등 |
| 비보험계약 | ① 보험계약의 법률적 형식을 취하고 있으나 계약발행자에게 유의적 보험위험을 이전시키지 않는 투자계약<br>② 보험의 법적 형식을 취하나, 보험손실의 직접적인 결과로서 보험계약자가 계약발행자에게 미래 지급하는 금액을 조정하는 취소불가능하고 강제 가능한 구조를 통해 모든 유의적 보험위험을 보험계약자에게 전가하는 계약(예 일부 금융재보험계약)<br>③ 자가보험. 예로 기업이 지배기업, 종속기업 또는 연결실체 내 다른 종속기업에게 보험계약을 발행하는 경우, 다른 상대방과의 계약이 존재하지 않으므로 연결재무제표상 보험계약이 존재하지 않으나 발행자 또는 보유자의 개별재무제표나 별도재무제표에서는 보험계약이 존재<br>④ 특정 불확실한 미래사건이 발생하면 급부금을 요구하지만, 급부금 지급의 계약상 전제조건으로 그 사건이 보험계약자에게 불리한 영향을 미칠 것을 요구하지 않는 계약(예 도박계약)<br>⑤ 일방의 당사자를 보험위험이 아닌 금융위험에 노출시키는 파생상품<br>⑥ 채무자의 채무불이행으로 계약자가 손실을 입지 않더라도 급부금의 지급을 요구하는 신용 관련 보증<br>⑦ 계약당사자에게 특정되지 않는 기후, 지질 또는 기타 물리적 변수에 따라 급부금을 지급하여야 하는 계약 등 |

03

## 2. 보험계약의 분리와 통합

보험계약에 포함된 내재파생상품 및 명백히 구분되는 투자요소 등은 보험계약과 분리하여야 하며, 기업이 발행한 개별 보험계약에 대해 보험계약 인식시점에 집합으로 통합하여 보험계약 기준서의 인식과 측정 관련 기준을 적용하여야 한다.

### (1) 보험계약의 분리

보험계약이 별도의 계약이라면 다른 기준서의 적용범위에 해당하는 하나 이상의 구성요소를 포함할 수 있다. 예를 들어, 보험계약에는 투자요소 또는 보험계약서비스 이외의 서비스요소(혹은 둘 다)가 포함될 수 있다.

#### 1) 내재파생상품

보험회사는 기업회계기준서 제1109호(금융상품)를 적용하여 분리할 내재파생상품이 있는지와 있다면 해당 파생상품을 어떻게 회계처리할 것인지를 결정하여야 한다. 내재파생상품이 주계약인 보험계약과 밀접하게 관련이 있다면 해당 내재파생상품을 분리하여 얻는 효익은 원가보다 크지 않으므로 해당 보험계약 전체에 대하여 기업회계기준서 제1117호를 적용한다.

#### 2) 투자요소

투자요소가 명백히 구분되는 경우에만 투자요소를 주계약인 보험계약에서 분리하여 기업회계기준서 제1109호(금융상품)를 적용하여 회계처리한다. 이때, 투자요소가 명백히 구분되는 경우는 보험계약의 현금흐름이 투자요소의 현금흐름과 상호관련성이 높지 않은 경우로서 이러한 투자요소는 분리하여 금융상품 기준서가 적용된다.

한편, 보험계약과 상호관련성이 높은 현금흐름을 가지는 투자요소에 대해서는 분리하지 않고 보험계약 전체에 대해 회계처리하되, 보험수익 및 보험서비스비용에서 동 투자요소를 제외한다.

투자요소와 보험요소가 밀접하게 상호 연관되어 있는 경우는 다음 ① 또는 ②를 충족하는 경우를 말한다.

① 다른 요소를 고려하지 않고 한 요소를 측정할 수 없는 경우

② 다른 요소가 없다면 한 요소로부터 보험계약자가 급부를 얻을 수 없는 경우로 예로 한 요소의 실효나 만료가 다른 요소의 실효나 만료를 야기하는 경우

#### 3) 보험계약서비스 이외의 서비스요소

보험회사는 내재파생상품 및 명백히 구분되는 투자요소와 관련된 현금흐름을 분리한 후, 보험계약자에게 명백히 구분되는 재화나 보험계약서비스 이외의 서비스를 보험계약자에게 이전하겠다는 약정은 주계약인 보험계약에서 분리하여, 기업회계기준서 제1115호(고객과의 계약에서 생기는 수익)를 적용한다.

#### 4) 보험계약요소

보험회사는 보험계약에서 내재파생상품 및 투자요소와 보험계약서비스 이외의 서비스요소를 분리한 후 주계약인 보험계약의 나머지 모든 구성요소에 보험계약 기준서를 적용한다.



[도표 2] 보험계약의 분리절차

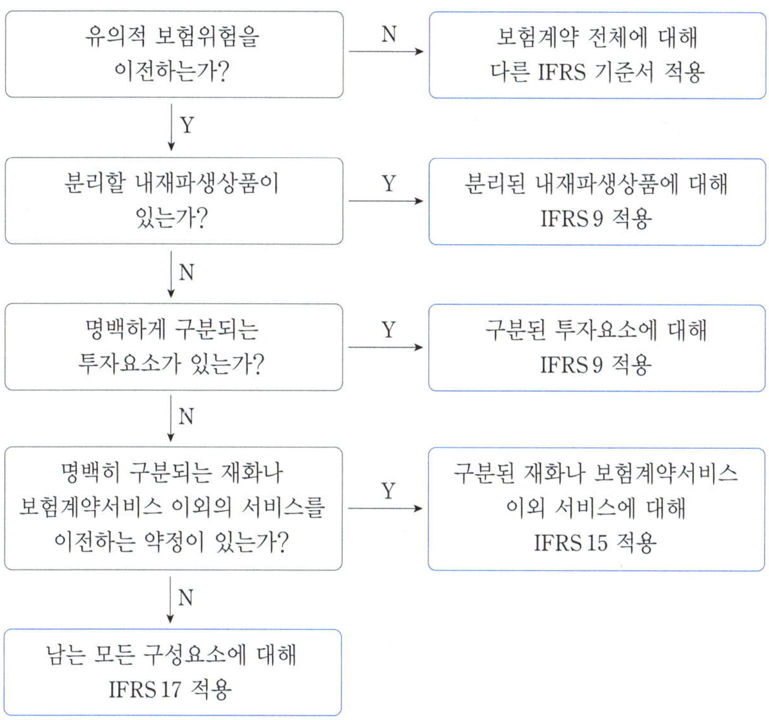


### (2) 보험계약의 통합

보험회사는 보험계약의 포트폴리오를 식별한다. 이때, 포트폴리오는 유사한 위험에 노출되어 있고 함께 관리되는 계약으로 구성된다.

보험상품 계열내의 계약은 유사한 위험을 가질 것으로 예상되기 때문에 함께 관리된다면 같은 포트폴리오에 포함될 것으로 예상된다. 다른 보험상품 계열(예 정기생명보험 대비 일시납 고정연금)내에 있는 계약은 유사한 위험을 가질 것으로 예상되지 않기 때문에 다른 포트폴리오에 포함될 것으로 예상된다.

보험계약마진의 장부금액 조정분 중 일부는 손실인지 이익인지에 따라 서로 다르게 처리되고, 추정치의 변동이 미래 서비스와 관련되는지 현재 및 과거 서비스와 관련되는지에 따라 서로 다르게 처리된다. 이와 같이 다르게 처리된다는 것은, 보험계약집합의 측정치 내에서 서로 상쇄되는 금액은 계약이 개별적으로 측정되었다면 다르게 처리되었을 것(따라서 서로 상쇄되지 않음)이기 때문에 회계처리의 결과는 조정이 이루어지는 통합수준에 따라 달라진다는 것의 의미한다.

또한 집합 기준에 따라 계약을 측정한다는 것은 평균 보장기간보다 짧은 보장기간을 갖는 계약과 관련된 보험계약마진이 그 계약의 짧은 보장기간에 걸쳐 당기손익으로 모두 인식되지는 않는다는 것을 의미한다.

### 1) 보험계약 포트폴리오의 최소 구분

발행한 보험계약의 포트폴리오는 최소한 다음과 같이 구분한다. 다만 해당되는 집합(a group of contracts)이 없는 경우는 제외한다.

① 최초 인식시점에 손실을 부담하는 계약집합

② 최초 인식시점에 후속적으로 손실을 부담하게 될 유의적인 가능성이 없는 계약집합

③ 포트폴리오에 남아있는 계약집합

보험회사는 위에서 기술된 집합을 세분화할 수 있다. 기업의 내부정보가 수익성의 상이한 수준 또는 최초 인식 후 손실부담계약이 될 상이한 가능성을 구분하는 정보를 제공한다면, 최초 인식시점에 손실부담계약이 아닌 집합을 더 세분할 수 있다.

또한 기업 내부보고가 계약이 손실을 부담하는 정도에 대해 보다 세밀한 수준으로 정보를 제공한다면, 최초 인식시점에 손실부담계약 집합을 복수의 집합으로 세분할 수 있다.

그러나 시간의 경과에 따른 수익성의 변화가 발생하므로 수익성 추세를 재무제표에 적시에 반영하기 위해 같은 집합 내에 발행시점 차이가 1년을 초과하는 계약은 포함하지 않는다.

이와 같이 최초 인식시점에 계약의 집합을 정하고 결정한 계약집합에 기업회계기준서 제1117호의 인식 및 측정 요구사항을 적용하며 후속적으로는 집합의 구성을 재평가하지 않는다.

한편, 집합이나 포트폴리오보다 더 높은 통합 수준에서 추정한 이행현금흐름을 계약집합에 배분함으로써 적절한 이행현금흐름을 측정할 수 있다면 집합이나 포트폴리오보다 더 높은 통합 수준에서 이행현금흐름을 추정할 수 있다.

**보충설명** 보험계약 포트폴리오와 보험계약집합의 이해

❑ **보험계약 포트폴리오**

- 유사한 위험에 노출되어 있고 함께 관리되는 계약으로 구성[보험상품 종류별 : 종신(사망), 연금, 건강보험 등]

❑ **보험계약집합**

- 보험계약의 재무보고 목적의 인식과 측정을 위한 회계단위 집합으로 포트폴리오를 손실부담계약, 손실부담의 유의적 가능성이 없는 계약, 그 이외 계약을 최소집합으로 구분하되 같은 집합내 발행시점 차이는 1년 이내로 구성

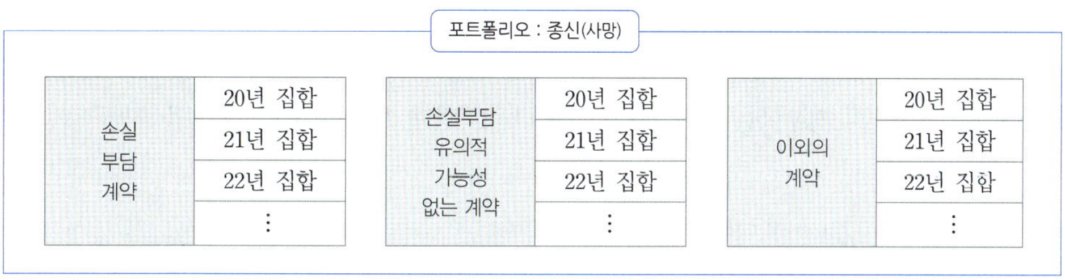


## 2) 보험계약집합 결정시 고려사항

보험계약 포트폴리오의 최소 구분시 계약 세트(a set of contracts)가 같은 집합에 모두 포함될 것이라고 결론을 내리는데 합리적이고 뒷받침될 수 있는 정보를 가지고 있다면, 계약이 손실부담계약인지를 결정하기 위해 계약 세트를 기준으로 측정할 수 있으며 계약이 후속적으로 손실을 부담하게 될 유의적인 가능성이 없는지를 결정하기 위해 계약 세트로 평가할 수 있다.

계약 세트가 같은 집합에 모두 포함될 것이라고 결론 내리는 데 합리적이고 뒷받침될 수 있는 정보를 가지고 있지 않다면, 개별 계약을 검토하여 해당 계약이 어떤 집합에 포함될지를 결정한다.

**보충설명** 포트폴리오에 관하여 기업의 판단에 미치는 사항

- 보험계약 포트폴리오 구분안에서 보험계약집합의 구분
- 보험금융수익비용에 대하여 모두 당기손익으로 인식할지 또는 그 중 일부를 기타포괄손익으로 인식할지에 대한 회계정책을 포트폴리오별로 선택
- 계약의 경계 결정에 위험의 재평가능력의 판단을 위한 수준으로 포트폴리오를 이용
- 이행현금흐름 측정에 포트폴리오 수준에서 직접 직접귀속되는 사업비 결정

#### 3) 보험료배분접근법 적용 보험계약의 통합

보험료배분접근법을 적용하는 발행한 보험계약에 대해, 포트폴리오에 포함되는 계약은 최초 인식시점에 손실부담계약이 아니라고 가정한다.

다만, 사실과 상황이 이와 다르게 나타난다면 그렇게 가정하지 않는다. 해당될 수 있는 사실과 상황의 변경 가능성을 평가하여 최초 인식시점에 손실부담계약이 아닌 계약이 후속적으로 손실부담계약이 될 유의적인 가능성이 없는지 평가한다.

## 3. 보험계약집합의 인식

### (1) 보험계약집합의 최초인식 기준

보험회사는 다음 중 가장 이른 시점에 발행한 보험계약집합을 인식한다. 다만, 계약상 지급해야 하는 날이 없는 경우에는 보험계약자로부터 첫 번째 보험료를 받은 날을 지급해야 하는 날로 간주한다.

① 계약집합의 보장기간이 시작될 때
② 집합 내의 보험계약자가 첫 번째 보험료를 지급해야 할 때
③ 손실부담계약집합의 경우, 집합이 손실부담계약집합이 되는 때

다만, 사실과 상황이 손실부담계약집합이 존재한다는 것을 나타내는 경우 위 ①과 ②에서 정하는 날짜 중 더 이른 날 전에 어느 계약이 손실부담계약인지 결정해야 한다.

### (2) 최초 인식시점의 할인율 및 보장단위

보고기간에 보험계약집합을 인식할 때에는 최초 인식기준 세 가지 요건 중 하나를 개별적으로 충족하는 계약만 포함하며 최초 인식시점의 할인율과 해당 보고기간에 제공된 보장 단위에 대해 추정한다.

#### 1) 최초 인식시점의 할인율

계약집합에 대한 최초 인식시점의 할인율을 결정하기 위해 계약집합 내 계약이 발행된 기간의 가중평균할인율을 사용할 수 있으나, 같은 집합 내에 발행시점이 차이가 1년을 초과할 수는 없으므로 가중평균할인율을 산출하기 위한 기간도 1년을 초과할 수 없다.

한편, 발행시점의 차이가 1년을 초과하지 않는 범위내에서 보고기간말 후 집합에 계약을 더 포함할 수 있다. 즉 그 보고기간에 계약을 최초 인식기준 중 하나를 충족하는 집합에 추가할 수 있다는 것이다.

신규 계약이 집합에 추가될 때 최초 인식시점의 할인율 결정에 변동이 있을 수 있고 신규 계약이 집합에 추가되는 보고기간의 초부터 조정된 할인율을 적용한다.

### (3) 보험취득 현금흐름

보험취득 현금흐름이란 보험계약집합이 속해 있는 보험계약 포트폴리오에 직접 귀속되는 보험계약집합의 판매, 인수심사 및 개시 관련 원가에서 생기는 현금흐름으로 그러한 현금흐름에는 포트폴리오 내의 개별 계약이나 보험계약집합에 직접 귀속되지 않는 현금흐름도 포함된다.

#### 1) 보험계약집합 인식 전에 지급한 보험취득 현금흐름

보험회사는 보험계약집합을 인식하기 전에 지급한 보험취득 현금흐름을 자산으로 인식한다. 이러한 자산은 보험계약집합을 인식할 때, 체계적이고 합리적인 방법을 사용하여 각각의 관련 보험계약집합에 배분한다.

다만 최초 인식시점에 집합 내 각 계약의 보장기간이 1년을 초과하지 않는다면 보험취득 현금흐름을 발생시 비용으로 인식할 수 있다.

#### 2) 보험취득 현금흐름의 배분

보험취득 현금흐름을 체계적이고 합리적인 방법을 사용하여 다음과 구분하여 배분한다.

① 보험계약집합에 직접 귀속되는 보험취득 현금흐름. 이를 다음 항목들에 배분한다.
(가) 해당 집합
(나) 해당 집합에 포함된 보험계약의 갱신으로 발생할 것으로 기대되는 보험계약을 포함하게 될 집합

② 위 ① 이외의 보험계약 포트폴리오에 직접 귀속되는 보험취득 현금흐름. 이를 그 포트폴리오 내의 계약집합에 배분한다.

한편, 보장기간이 단기(예 1년)인 보험계약을 발행하는 기업들이 그 계약에 부과할 보험료에 비해 판매대리인에게 많은 선지급 비용(예 판매대리인에 대한 수수료)을 지급할 수도 있고 이와 같은 수수료 등 선지급된 비용은 기업이 최초 발행한 계약과 기대되는 갱신을 통해 회수할 것으로 기대하는 자산으로서 보험취득 현금흐름을 기대되는 갱신 계약(기대되는 갱신)에도 배분하여야 한다.

### 3) 보험취득 현금흐름의 제거

보험회사는 관련 보험계약집합의 측정에 보험취득 현금흐름이 포함될 때, 보험취득 현금흐름 자산을 제거하여야 한다.

### 4) 보험취득 현금흐름의 손상

사실과 상황이 보험취득 현금흐름 자산이 손상되었을 수 있다는 것을 나타낸다면, 매 보고기간 말에 보험취득 현금흐름 자산의 회수가능성을 평가한다. 손상차손을 식별한다면, 보험취득 현금흐름자산의 장부금액을 조정하고, 손상차손을 당기손익으로 인식한다.

손상차손을 당기손익으로 인식할 경우 관련 보험계약집합에 대한 예상 순현금흐름유입액을 초과하지 않도록 보험취득 현금흐름 자산의 장부금액을 감소시킨다.

손상 조건이 더 이상 존재하지 않거나 개선된 정도까지, 이전에 인식한 손상차손의 일부 또는 전부를 환입하여 당기손익으로 인식하고, 그 자산의 장부금액을 증가시킨다.

### 5) 보험취득 현금흐름의 수익인식

보험취득 현금흐름과 관련한 보험수익은 이러한 현금흐름을 회수하는 것과 관련이 있는 보험료 부분을 시간의 경과에 따른 체계적인 방법으로 각 보고기간에 배분하여 산정한다. 이와 동일한 금액을 보험서비스비용으로 인식한다.

즉 보험취득 현금흐름을 비용으로 인식하고 보험취득 현금흐름을 회수하기 위한 보험료 부분에 해당하는 금액을 수익 금액으로 인식하여야 한다.

보험회사는 보장기간이 시작되는 시점에 계약상 보험계약자에 대한 어떠한 의무도 이행하지 않았으므로, 보장기간이 시작되는 시점에 보험수익을 인식하지 않고 계약상 수행의무를 이행할 때 고객으로부터 수취한 대가를 수익으로 인식해야 한다.

이에 따라 보험취득 현금흐름과 관련된 보험료는 보험취득 현금흐름이 발생할 때 수익으로 인식하지 않고 별도로 식별하여 보장기간에 걸쳐 인식하며 동일한 기간 동안 보험취득 현금흐름을 비용으로 인식한다.

# 4. 보험계약의 최초 측정

보험계약의 최초 측정시 보험계약별로 일반모형, 보험료배분접근법 및 변동수수료접근법으로 구분하여 적용된다.

## (1) 보험계약 측정모형 구분

보험계약집합의 형태에 따라 다음의 세 가지 모형을 적용한다.

① 일반모형 (General Model or Building Block Approach)

② 보험료배분접근법(Premium Allocation Approach) : 단기보험계약의 잔여보장부채를 측정하는 단순한 모형 (선택 가능토록 허용)

③ 변동수수료접근법(Variable Fee Approach) : 직접참가특성이 있는 보험계약에 적용하는 모형 (다만, 재보험계약의 측정에는 사용될 수 없음)

[ 도표 3 ] 보험계약 측정모형 결정 프로세스

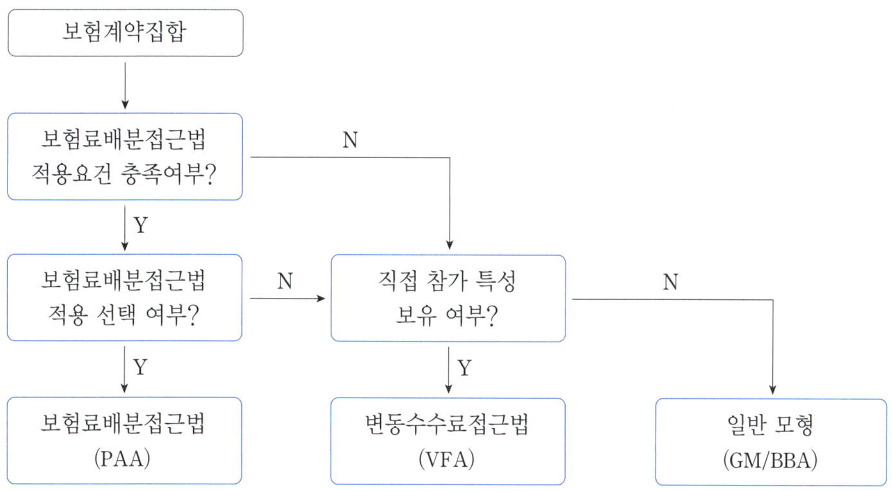

### (2) 최초 인식시점의 측정

최초 인식시점에 보험계약집합은 이행현금흐름과 보험계약마진의 합계로 측정되며 이행현금흐름을 측정하는 경우 기업의 불이행위험[2)]을 이행현금흐름에 반영하지 않는다.

① 이행현금흐름

(가) 미래현금흐름에 대한 추정치

(나) 미래현금흐름과 관련된 금융위험과 화폐의 시간가치를 반영하기 위한 조정

(다) 비금융위험에 대한 위험조정

② 보험계약마진

최초 인식시점에 보험계약마진은 보험계약집합에 대해 청구된 대가가 계약집합을 인식하기 전에 발생한 보험취득 현금흐름과 계약집합을 이행하는 데 예상되는 위험이 조정된 현금유출액의 기대 현재가치를 초과하는 금액을 반영한다.

이는 집합의 보장기간에 걸쳐 집합 내 계약이 약정한 서비스를 제공함에 따라 얻을 것으로 기대하는 이익을 나타내므로 기업이 그 초과분을 최초 인식시점에 이익으로 인식하는 것을 허용하지 않으며 대신에 기업이 보장기간에 걸쳐 서비스를 제공할 의무를 이행할 때 그 이익을 인식하도록 한다.

그러나 최초 인식시점에 계약 집합이 손실부담계약이라면 보험계약마진은 인식되지 않는다.

**[도표 4] 보험부채 측정(일반모형 : 4 Building Block Approach)**

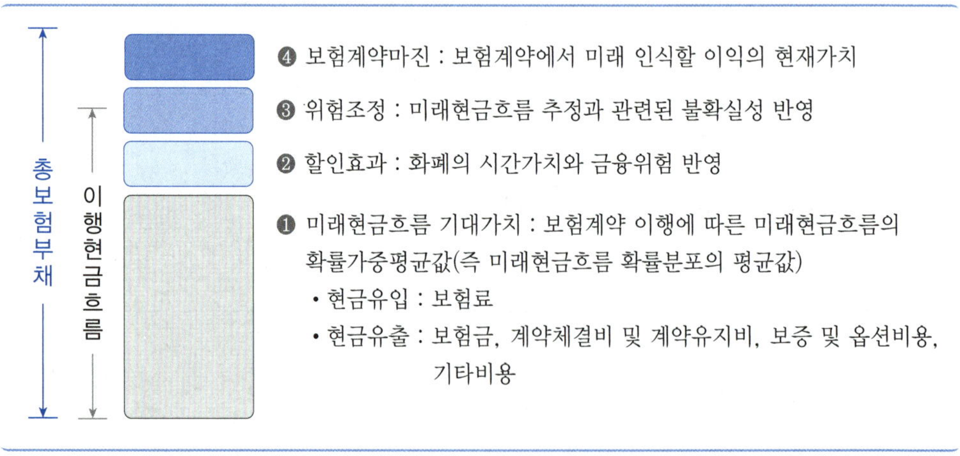


---

2) 기업회계기준서 제1113호 '공정가치 측정'에 의하면 기업이 의무를 이행하지 않을 위험으로 기업 자신의 신용위험을 포함하지만 이것만으로 한정되는 것은 아니다.

### (3) 미래현금흐름 추정

보험계약집합 내 각 계약의 경계 내에 있는 모든 미래현금흐름을 보험계약집합의 측정에 포함한다. 다만 보험계약집합보다 더 높은 통합 수준에서 미래현금흐름을 추정한 다음, 이렇게 추정한 이행현금흐름을 개별 계약집합에 배분할 수 있다.

#### 1) 미래현금흐름 추정치

미래현금흐름 추정치는 다음과 같이 산출한다.

① 모든 정보의 중립적 포함을 통한 확률가중평균 추정 : 미래현금흐름의 금액, 시기 및 불확실성에 관하여 과도한 원가나 노력 없이 이용할 수 있는 합리적이고 뒷받침될 수 있는 모든 정보를 중립적으로 포함한다. 이를 위하여 가능한 결과값의 전체 범위에 대한 기댓값(즉, 확률가중평균)을 추정한다.

② 관측가능한 시장가격과 일관된 기업의 관점 반영 : 관련 시장 변수에 대한 추정치가 그러한 변수에 대한 관측가능한 시장가격과 일관된다면 기업의 관점을 반영한다.

③ 현행추정치 : 미래에 대한 측정시점의 가정을 포함하여 그 시점에 존재하는 상황을 반영한다.

④ 명시적 추정 : 다른 추정치와 별도로 비금융위험에 대한 조정을 추정한다. 또한 가장 적절한 측정 기법에서 현금흐름에 화폐의 시간가치 및 금융위험에 대한 조정을 포함하지 않는다면 화폐의 시간가치와 금융위험에 대한 조정을 별도로 추정한다.

#### 2) 계약의 경계

미래현금흐름 추정치에는 보유계약의 경계 내 모든 현금흐름을 포함해야 하며, 그 밖의 현금흐름은 제외한다.

많은 보험계약에는 보험계약자가 자신이 받을 금액의 크기, 시기, 성격 또는 불확실성을 변동시키는 행동을 할 수 있도록 하는 특징이 있다.

그러한 특성은 갱신옵션, 해약옵션, 전환옵션, 여전히 계약상 급부를 받으며 보험료 납입을 중단하는 옵션 등을 포함한다. 일례로 보험계약의 발행자가 계약에 따라 그 계약을 갱신하는 경우, 갱신된 계약에서 발생하는 보험료 및 이와 관련된 현금흐름이 원래 계약의 경계 내에 있는지를 평가한다.

계약의 경계를 평가할 때, 보험계약자에게 보험료를 납부하도록 강제할 수 있거나 보험계약자에게 보험계약서비스를 제공해야 할 실질적인 의무가 보고기간 동안 존재하는 실질적인 권리와 의무로부터 발생한다면 그 현금흐름은 보험계약의 경계 내에 있다.

보험계약서비스를 제공할 실질적인 의무는 다음 중 어느 하나의 경우에 종료된다.

① 기업에게 특정 보험계약자의 위험을 재평가할 실제 능력이 있어서, 그 결과 그러한 위험을 모두 반영한 가격이나 급부의 수준을 정할 수 있다.

② 다음 ㈎와 ㈏의 조건을 모두 충족한다.

㈎ 기업에게 보험계약이 포함된 보험계약 포트폴리오의 위험을 재평가할 실제능력이 있어서, 그 결과 포트폴리오의 위험을 모두 반영한 가격이나 급부금의 수준을 정할 수 있다.

㈏ 위험을 재평가하는 시점까지 보험료의 가격을 산정할 때 재평가일 이후의 기간과 관련된 위험은 고려하지 않는다.

보험계약의 경계를 벗어난 예상 보험료 또는 예상 보험금과 관련된 금액은 부채 또는 자산으로 인식하지 않는다. 이러한 금액은 미래의 보험계약과 관련이 있다.

**보충설명** 주보험에 부가된 특약보험의 계약의 경계 판단

2018년 2월 IASB의 TRG 회의[3]에서는 하나의 보험계약에서 보험요소(특약보험)를 분리하여 회계처리할 수 있는지를 논의하였고, 분리 요건을 충족하지 않는 경우 계약의 경계 판단도 하나의 보험계약을 기준으로 해야 한다는 결론을 내렸음(즉, 주보험과 특약보험의 계약의 경계가 다를 수 없음)

- 기업회계기준서 제1117호는 모든 보험요소(특약보험)를 포함한 하나의 보험계약을 회계의 최소단위로 적용함. 이 때 하나의 법률적 계약을 단일 계약의 기준으로 정의하는 것이 계약의 실질을 회계처리에 반영할 수 있을 것임
- 법적인 단일 보험계약의 보험요소를 분리함으로써 계약이라는 회계단위의 가정을 무시하기 위해서는 다음의 사항들을 고려하여 모든 사실과 상황에 대한 유의적인 판단과 신중한 고려를 포함하여야 함
  - 서로 다른 보장 위험별 상호 의존성이 있는지
  - 각 보험요소들의 해약이 함께 이루어지는지
  - 각 보험요소들이 위험집합으로서 별도로 관리되는지
  - 각 보험요소들이 독립적으로 가격이 책정되고 판매가 별도로 이루어질 수 있는지
- '일년 단위(갱신) 건강보장특약'이 부가된 '생명보험계약'의 경우 다음과 같은 특성을 고려하였을 때 경제적 실질이 단일계약을 나타낸다고 볼 수 있음. 따라서 계약의 경계안에 있는 현금흐름은 건강보장특약과 관련한 갱신일 이후의 현금흐름을 포함하여야 함(즉, 갱신형 특약보험의 현금흐름만기는 주보험과 동일)
  - 갱신가능한 건강보장특약은 별도로 판매되지 않음
  - 주보험 해지시 갱신가능한 건강보장특약도 동시에 같이 계약 취소됨
  - 보험계약자 대부분은 갱신가능한 건강보장특약을 주보험 만기까지 유지함

3) IASB Staff Paper AP01 Separation of insurance components of a single insurance contract, 2018년 2월 TRG

### 3) 계약의 경계 내의 이행현금흐름 구분

보험계약을 이행함에 따라 발생할 현금흐름은 계약 이행과 직접적으로 관련이 있는 현금흐름과 계약 이행과 관련이 없어 이행현금흐름에 포함되지 않는 현금흐름으로 구분된다.

보험계약집합의 측정치에는 집합 내 계약에서 기대되는 모든 현금흐름이 포함된다. 따라서 기업이 의무를 이행함에 따라 발생할 미래현금흐름을 식별하기 위해서는 장래 보험료와 그에 따른 급부금 및 보험금이 기존 보험계약과 장래 보험계약 중 어디에서 발생했는지를 구분하는 계약의 경계를 둘 필요가 있다.

기존 보험계약의 경우 장래 보험료와 그에 따른 급부금 및 보험금은 보험계약집합을 측정할 때 포함되는 반면 장래 보험계약의 경우 장래 보험료와 그에 따른 급부금 및 보험금은 현행 보험계약집합을 측정할 때 포함되지 않는다.

이행현금흐름에 포함되는 투자관리비에는 보험보장 급부를 증대시키는 투자활동을 위한 비용, 직접참가특성이 없는 계약에 대한 투자수익서비스 제공을 위한 비용 및 직접참가특성이 있는 계약에 대한 투자관련서비스 제공을 위한 비용을 포함된다.

[도표 5] 이행현금흐름 구분

| 이행현금흐름 포함 | 이행현금흐름 불포함 |
|---|---|
| ① 보험계약자로부터의 수령한 보험료<br>② 보험계약자에게 지급하는 금액 등<br>③ 보험계약자에게 지급하는 금액으로 기초항목의 성과에 따라 변동되는 금액<br>④ 파생상품(내재된 옵션 및 보증)으로 인하여 보험계약자에게 지급하는 금액<br>⑤ 보험계약이 속한 포트폴리오에 귀속시킬 수 있는 보험취득 현금흐름의 배분<br>⑥ 보험금처리원가(보유계약 사고의 조사, 처리 및 해결 관련 비용으로 법률 수수료, 손해사정 수수료, 사고조사 및 보험금 지급 관련 내부원가 포함)<br>⑦ 보험료 청구 및 보험계약 변경처리원가 등 보험계약의 유지관리원가<br>⑧ 보험계약에 귀속시킬 수 있는 거래 관련 세금 및 분담금 | ① 투자수익<br>② 출재보험계약에서 발생하는 현금흐름(지급액 또는 수령액)(출재보험계약은 별도로 인식·측정·표시)<br>③ 미래 보험계약에서 발생할 수 있는 현금흐름<br>④ 상품개발비, 교육훈련비와 같이 그 계약을 포함하는 보험계약 포트폴리오에 직접 귀속시킬 수 없는 원가와 관련된 현금흐름<br>⑤ 보험계약을 이행하는 데 사용되었으나 비정상적으로 낭비된 인력이나 그 밖의 자원에서 발생하는 현금흐름<br>⑥ 법인세 지급액 및 환급액 중 수탁자의 자격으로 보험회사가 수수하지 않거나 계약 조건에 따라 보험계약자에게 특정하여 청구하지 않는 부분 |

| | |
|---|---|
| ⑨ 보유계약에서 보장하는 미래 보험금에 대한 구상으로 발생하는 잠재적 현금유입액과 과거 보험금에 대한 구상으로 발생하는 잠재적 현금유입액<br>⑩ 보험계약을 이행하는 데 직접 귀속시킬 수 있는 고정간접비 또는 변동간접비(회계, 인사, 정보기술, 건물 감가상각, 임차, 유지관리 관련 원가 등)의 배분액<br>⑪ 보험계약자를 위한 보험보장의 급부를 증대시키기 위해 투자활동을 수행한다면 그 투자활동의 수행에서 발생하는 비용 등 | ⑦ 보고기업 내의 다른 구성요소(예 계약자펀드와 주주펀드) 간의 현금흐름<br>⑧ 보험계약에서 분리되어 해당될 수 있는 다른 기준서를 사용하여 회계처리되는 요소에서 발생하는 현금흐름 등 |

### (4) 미래현금흐름 할인

금융위험이 현금흐름의 추정치에 포함되어 있지 않다면 현금흐름과 관련된 화폐의 시간 가치와 금융위험이 반영되도록 미래현금흐름의 추정치를 조정한다.

보험계약집합 내 각 계약의 경계 내에 있는 미래현금흐름의 추정치에 적용되는 할인율은 다음과 같다.

① 화폐의 시간가치, 보험계약의 현금흐름의 특성 및 유동성 특성을 반영한다.
② 예를 들면, 시기, 통화 및 유동성 측면에서 보험계약의 현금흐름의 특성과 일관되는 현금흐름의 특성을 가진 금융상품에 대한 관측가능한 현행 시장가격이 있다면 그러한 시장가격과 일관된다.
③ 그러한 관측가능한 시장가격에는 영향을 미치지만 보험계약의 미래현금흐름에는 영향을 미치지 않는 요인의 효과는 제외한다.

다음 산식과 같이 보험부채의 이행가치를 산출하기 위해 각 시점의 현금흐름유출액에서 현금흐름유입액을 차감하여 각 시점의 할인율을 이용하여 현재가치를 산출한다.

$$\text{이행가치}_{\text{(Full fillment value)}} = \sum_{t=0}^{T} \frac{(\text{현금흐름유출액}_t - \text{현금흐름유입액}_t)}{(1+r_t)^t}$$

#### 1) 할인율의 특성

할인율에는 화폐의 시간가치, 보험계약의 현금흐름의 특성 및 유동성 특성에서 발생하는 요소처럼 관련 요소만을 포함해야 한다. 이러한 할인율은 시장에서 직접 관측되지 않을 수 있다.

따라서 특성이 같은 상품의 관측 가능한 시장이자율을 이용할 수 없거나 비슷한 상품의 관측 가능한 시장이자율을 이용할 수 있지만 보험계약에서 상품을 구분하는 요소를 별도로 식별하지 않는 경우에 보험회사는 적정한 할인율을 추정한다.

한편 기초항목의 성과에 연동되지 않는 보험계약의 현금흐름에 대한 할인율은 보유자가 신용위험에 전혀 또는 거의 노출되지 않는 금융상품에 대한 적절한 통화로 표시된 수익률 곡선을 반영하고, 보험계약집합의 유동성 특성을 반영하여 조정한다.

이러한 조정으로 보험계약집합의 유동성 특성과 수익률 곡선을 결정하기 위해 사용한 자산의 유동성 특성간의 차이를 반영한다. 수익률 곡선은 보유자가 유의적인 원가를 들이지 않고 언제든 쉽게 일반적으로 매각할 수 있는 활성시장에서 거래되는 자산을 반영한다.



### 2) 할인율 산출방법

상향식 접근법은 보험회사는 기초항목의 성과에 연동되지 않는 보험계약 현금흐름의 경우 시장에서 관측되는 할인율이 적용되는 금융상품의 유동성 특성과 보험계약의 유동성 특성 간 차이를 무위험 수익률곡선에 반영하여 조정함으로써 할인율을 결정할 수 있다.

하향식 접근법은 보험회사는 참조 자산 포트폴리오의 공정가치 측정에 내재된 현행 시장수익률을 반영한 수익률 곡선에 근거하여 보험계약에 대한 적정한 할인율을 결정할 수 있다. 보험회사는 그 수익률 곡선에서 보험계약과 관련이 없는 요소를 제거하여 조정하여야 하지만, 보험계약과 참조포트폴리오의 유동성 특성 차이를 그 수익률 곡선에서 조정할 필요는 없다.

[ 도표 6 ] 할인율 산출방법 비교

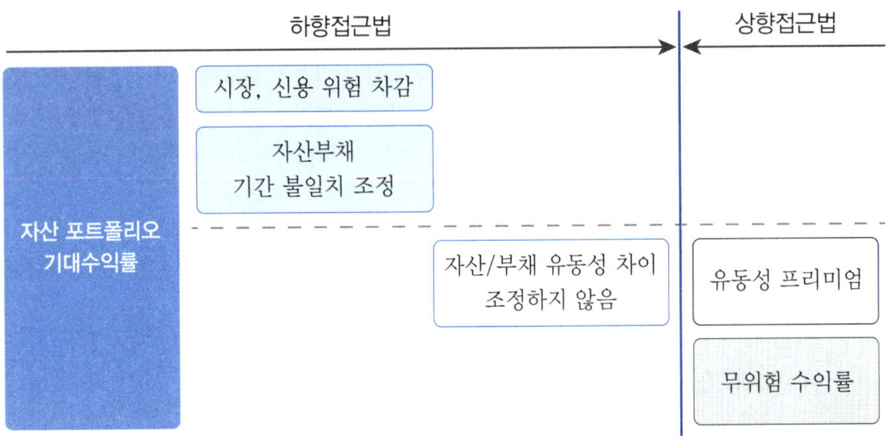

원칙적으로, 참조포트폴리오 내 자산의 수익에 연동되지 않는 보험계약의 현금흐름의 경우, 현금흐름의 금액과 시기의 불확실성이 전혀 없는 비유동성 무위험 수익률 곡선은 단일해야 한다. 그러나 실무적으로 하향식접근법과 상향식접근법은 같은 통화라 하더라도 각각 다른 수익률 곡선을 산출할 수도 있다.

이는 각 접근법에 따라 조정사항을 추정하는 데에 내재적 한계가 있고, 하향식 접근법에서 서로 다른 유동성 특성이 조정되지 않을 가능성이 있기 때문이다. 기업이 선택한 접근법에 따른 할인율과 다른 접근법으로 결정될 할인율 간의 차이를 대사할 필요는 없다.

### 3) 할인율 구분적용

기업회계기준서 제1117호를 적용할 때 할인율을 구분하여 적용한다.

| 구분 | 적용 할인율 |
|---|---|
| 이행현금흐름 측정 | 현행할인율 |
| 직접참가특성 없는 보험계약의 보험계약마진에 부리이자 측정 | 기초항목 성과에 연동되지 않는 명목현금흐름에 대해 최초 인식시점에 결정된 할인율 |
| 직접참가특성 없는 보험계약의 보험계약마진 변동 측정 | 최초 인식시점에 결정된 할인율 |
| 유의적 금융요소가 있고 보험료배분접근법 적용시 잔여보장부채 측정 | 최초 인식시점에 결정된 할인율 |
| 보험금융수익(비용)을 당기손익과 기타포괄손익 구분시 당기손익 인식 | ① 금융위험과 관련된 가정의 변동이 보험계약자에 대한 지급액에 상당한 영향을 미치지 않는 보험계약집합의 경우 기초항목의 성과에 연동되지 않는 명목현금흐름에 대해 최초 인식시점에 결정된 할인율<br>② 금융위험과 관련된 가정의 변경이 보험계약자에 대한 지급액에 상당한 영향을 미치는 보험계약집합의 경우 계약집합의 잔여만기 동안 남아있는 수정된 기대금융수익(비용)을 단일률로 배분하는 할인율<br>③ 보험료배분접근법을 적용하는 계약집합(발생사고부채)의 경우 기초항목의 성과에 연동되지 않는 명목현금흐름에 대해 보험금 발생일에 결정된 할인율 |

계약집합에 대한 최초인식시점의 할인율 결정을 위해 계약집합내 계약이 발행된 기간의 가중평균할인율을 사용할 수 있으나, 보험계약 통합수준과 같이 1년을 초과할 수는 없다.

### (5) 비금융위험에 대한 위험조정

위험조정은 비금융위험에서 생기는 현금흐름의 금액과 시기에 대한 불확실성을 부담하는 것에 대하여 기업이 요구하는 보상을 반영하도록 미래현금흐름의 현재가치 추정치를 조정하여 산출한다.

비금융위험에 대한 위험조정은 기업이 요구하는 대가의 금액으로 측정하는 것이지 시장참여자에 대한 부채이전을 반영하는 현행유출가치 또는 공정가치를 측정하는 것이 아니다.

비금융위험에 대한 위험조정의 목적은 금융위험에서 발생하는 불확실성 이외에 보험계약에서 발생하는 현금흐름의 불확실성 효과를 측정하는 것이다. 결과적으로, 비금융위험에 대한 위험조정은 보험계약과 관련된 모든 비금융위험을 반영하여야 한다. 일반적인 운영위험과 같이 보험계약에서 발생하지 않는 위험은 반영하지 않는다.



#### 1) 위험조정 대상

비금융위험에 대한 위험조정은 금융위험보다는 보험계약에서 발생하는 위험과 관련이 있다. 금융위험은 미래현금흐름 추정치나 현금흐름 조정에 사용되는 할인율에 반영된다.

비금융위험에 대한 위험조정의 대상이 되는 위험은 보험위험과 그 밖의 비금융위험(예 해약위험, 비용위험)이다.

여기서 해약위험은 기업이 보험계약의 가격을 결정할 때 예상한 것보다 더 일찍 또는 더 늦게 보험계약자가 계약을 취소할 위험이며 비용위험은 보험사건과 관련된 원가가 아니라 계약에 따른 서비스 제공과 관련된 관리원가가 예상과 달리 증가할 위험을 말한다.

#### 2) 위험조정의 측정개념

보험계약의 비금융위험에 대한 위험조정은 다음 ①과 ②를 무차별하도록 기업이 요구할 보상으로 측정한다.

① 비금융위험에서 발생하는 가능한 결과의 범위를 지닌 부채의 이행
② 보험계약과 기대현재가치가 동일한 고정현금흐름을 발생시키는 부채의 이행

예로, 비금융위험에 대한 위험조정은, 비금융위험 때문에 가능한 결과가 90원과 110원이 될 확률이 각각 50%인 부채의 이행과 100원으로 고정된 부채의 이행을 무차별하도록 기업이 요구할 보상으로 측정한다. 그 결과, 비금융위험에 대한 위험조정은 비금융위험에서 발생하는 현금

흐름의 금액과 시기의 불확실성에 대하여 기업이 부과한 금액에 대한 정보를 재무제표이용자에게 전달한다.

### 3) 위험조정의 명시적 측정

비금융위험에 대한 위험조정은 명시적인 방법으로 측정에 포함되어야 한다. 비금융위험에 대한 위험조정은 개념상 미래현금흐름의 추정치 및 이러한 현금흐름을 조정하는 할인율과는 별도로 구분된다.

예를 들면, 미래현금흐름 추정치 또는 할인율을 산정할 때 비금융위험에 대한 위험조정을 암묵적으로 포함하여 비금융위험에 위험조정을 중복 계산해서는 안 된다.

### 4) 위험조정의 특성

비금융위험에 대한 위험조정을 산정하기 위하여 사용되는 추정기법을 특정하지 않는다. 그러나 비금융위험을 감수하기 위해 기업이 요구하는 보상을 반영하기 위하여 비금융위험에 대한 위험조정은 다음의 특성을 갖추어야 한다.

① 낮은 빈도와 높은 심도를 가진 위험은 높은 빈도와 낮은 심도를 가진 위험보다 비금융위험에 대한 위험조정이 더 클 것이다.

② 위험은 비슷하지만, 만기가 긴 계약이 만기가 짧은 계약보다 비금융위험에 대한 위험조정이 더 클 것이다.

③ 더 넓은 확률분포를 가진 위험은 좁은 분포를 가진 위험보다 비금융위험에 대한 위험조정이 더 클 것이다.

④ 현행 추정치와 그 추세에 대해 알려진 바가 적을수록 비금융위험에 대한 위험조정은 더 클 것이다.

⑤ 최근에 생겨난 경험에서 현금흐름의 금액과 시기에 대한 불확실성이 감소(증가)한다면 비금융위험에 대한 위험조정은 감소(증가)할 것이다.

### 5) 위험조정의 추정기법 및 공시

비금융위험에 대한 위험조정을 위한 적절한 추정기법을 결정할 때, 판단을 적용한다. 이러한 판단을 적용할 때, 재무제표이용자가 다른 기업의 성과와 기업의 성과를 비교할 수 있도록 해당 기법이 간결하고 유용한 공시를 제공하는지도 고려하여야 한다.

비금융위험에 대한 위험조정은 시장참여자의 인식보다는 기업의 위험회피 정도에 대한 기업

자신의 인식에 의존함에 따라 기업들이 유사한 보험계약집합의 비금융위험에 대한 위험조정을 다르게 산정하게 될 수 있다.

이에 위험회피에 대한 기업 특유의 평가가 기업별로 어떻게 다를 수 있는지 재무제표이용자가 이해할 수 있도록, 기업에게 비금융위험에 대한 위험조정에 상응하는 신뢰수준을 공시하여야 한다.

즉 보험회사는 비금융위험에 대한 위험조정을 산정하기 위해 신뢰수준기법 이외의 다른 기법을 사용하는 경우 사용된 기법과 그 기법의 결과에 상응하는 신뢰수준을 공시하여야 한다.



**보충설명** 위험조정의 실무 측정기법

- 신뢰수준기법(VaR, Value at Risk) : 실제 결과가 특정 구간 내에 있을 확률을 표현하는 방법으로 보험계약 현금흐름의 불확실성을 일정 신뢰수준에서 감수하기 위한 추가비용으로 측정하여 이행가치 산출
  예 RA = VaR 75% − 평균(현금흐름 최선추정)
- CTE기법(Conditional tail expectation) : 특정구간을 초과하는 값들의 평균으로 VaR에 비해 극단적인 손실값 반영이 가능한 방법
  예 RA = CTE 75% − 평균(현금흐름 최선추정)
- 자본비용기법(Cost of capital) : 보험계약 이행을 위해 보험회사는 충분한 자본을 유지하여야 하며, 이때 자본을 유지하는데 필요한 대가(기회비용 즉 자본비용)를 위험조정으로 측정하여 이전가치 산출
  예 RA = 요구자본 × 자본비용의 전기간 합계(현가) = [VaR 99.5% − 평균(현금흐름 최선추정)]×6%

### 6) 보험계약마진

보험계약마진은 보험계약집합에 대한 자산 또는 부채의 구성요소로서, 미래에 보험계약서비스를 제공함에 따라 인식하게 될 미실현이익을 나타낸다. 보험계약마진은 보험계약의 집합을 최초로 인식할 때 측정한다.

**사례 1** 보험계약마진의 최초측정(이익계약 및 손실계약 비교)

**보험계약마진의 최초측정**

| 보험계약마진 = [기대 미래현금유입액 현재가치 − 기대 미래현금유출액 현재가치 − 위험조정] |
|---|

위의 식에서 산출된 보험계약마진이 “0”보다 클 경우에만 부채로 인식되며 “0”보다 작을 경우는 즉시 당기손실로 인식한다.

### 보험계약마진의 사례(이익계약 vs 손실계약)

기대현금유출액의 현재가치가 ₩4,000이며 비금융위험에 대한 위험조정이 ₩1,000으로 가정하여 보험료(기대 미래현금유입액의 현재가치)가 ₩6,000인 경우와 ₩3,000인 경우 보험계약마진을 산출하여 보면,

- 보험료가 ₩6,000인 경우 : 보험계약마진 = ₩1,000(₩6,000 − ₩4,000 − ₩1,000)

| | | | | | | |
|---|---|---|---|---|---|---|
| (분개) | 차) 현금 | 6,000 | / | 대) | 잔여보장부채(BEL) | 6,000 |
| | 차) 잔여보장부채(BEL) | 2,000 | / | 대) | 위험조정(RA) | 1,000 |
| | | | | | 보험계약마진(CSM) | 1,000 |

- 보험료가 ₩3,000인 경우 : 보험계약마진 = 0,
  손실부담계약으로 최초측정시 당기손실 인식 = ₩2,000(₩3,000 − ₩4,000 − ₩1,000)

| | | | | | | |
|---|---|---|---|---|---|---|
| (분개) | 차) 현금 | 3,000 | / | 대) | 잔여보장부채(BEL) | 3,000 |
| | 차) 손실부담계약 비용 | 2,000 | / | 대) | 잔여보장부채(BEL) | 1,000 |
| | | | | | 위험조정(RA) | 1,000 |

이익계약

| 차변 | 대변 |
|---|---|
| | CSM 1,000 |
| | RA 1,000 |
| 보험료 6,000 | BEL 4,000 |

손실계약

| 차변 | 대변 |
|---|---|
| 손실 2,000 | RA 1,000 |
| 보험료 3,000 | BEL 4,000 |

보험계약마진의 최초측정 장부금액에서 미래 이행현금흐름에 대한 추정의 변동, 보험금융수익(비용) 및 외환차이를 조정한 후 보고기간 말 보험계약마진 장부금액을 확정한 후 당기 및 미래기간에 걸쳐 배분되며, 당기에 관련된 금액을 당기손익으로 인식한다.

미래 이행현금흐름에 대한 추정의 변동은 손실부담 보험계약집합의 경우를 제외하고는 보험부채의 총 장부금액의 변동 없이, 보험계약부채의 요소(BEL, RA 및 CSM)간의 이전을 초래한다.

**사례 2** 화폐의 시간가치가 없는 경우 보험계약의 회계처리사례 이해

보험료 매년 500(위험 100, 저축 300, 부가 100), 2년납, 보험기간 4년 보험상품으로 단순화를 위해 예상과 실제간 차이가 없고 위험조정 및 화폐시간가치도 없다고 가정한다.

보험상품 판매에 따른 현금흐름 현황

| 구분 | 합계 | 1Y 초 | 2Y 초 | 3Y 초 | 4Y 초 | 4Y 말 |
|---|---|---|---|---|---|---|
| **현금흐름 유입** | **1,000** | **500** | **500** | | | |
| 보험료 | 1,000 | 500 | 500 | | | |
| **현금흐름 유출** | **880** | **140** | **30** | **50** | **60** | **600** |
| 사고보험금 | 120 | 10 | 20 | 40 | 50 | |
| 설계사 수당 | 100 | 100 | | | | |
| 광고비 | 20 | 20 | | | | |
| 유지비 | 40 | 10 | 10 | 10 | 10 | |
| 만기환급금 | 600 | | | | | 600 |
| **순현금흐름** | **120** | **360** | **470** | **△50** | **△60** | **△600** |
| 장래이익 현가(CSM*) | **140** | | | | | |

* 간접사업비인 광고비(20)를 현금유출 보지 않고 장래이익인 CSM을 산출하는 바 최초 CSM은 140 (120+20), CSM : CF유입 − 유출(1,000 − 120 − 140 − 600) = 140, 즉 1,000 = 수입보험료, 120 = 사고보험금, 140 = 사업비(간접제외), 600 = 만기환급금

IFRS 17 보험부채 변동현황

| 구분 | BEL | CSM | 보험부채 | 구분 | BEL | CSM | 보험부채 |
|---|---|---|---|---|---|---|---|
| 최초인식 | **△140** | **140** | **0** | 2기말 | **710** | **70** | **780** |
| 현금유입 | 500 | | 500 | 현금유입 | | | |
| 현금유출 | △120 | | △120 | 현금유출 | △50 | | △50 |
| CSM 상각 | | △35 | △35 | CSM 상각 | | △35 | △35 |
| 1기말 | **240** | **105** | **345** | 3기말 | **660** | **35** | **695** |
| 현금유입 | 500 | | 500 | 현금유입 | | | |
| 현금유출 | △30 | | △30 | 현금유출 | △60 | | △60 |
| CSM 상각 | | △35 | △35 | CSM 상각 | | △35 | △35 |
| | | | | 만기환급금 | △600 | | △600 |
| 2기말 | **710** | **70** | **780** | 4기말 | **0** | **0** | **0** |

03

**IFRS 17 손익계산서**

| P/L | 1Y | 2Y | 3Y | 4Y |
|---|---|---|---|---|
| 보험수익(400 = 위험 + 부가*3) | 80 | 90 | 110 | 120 |
| (예상보험금) | 10 | 20 | 40 | 50 |
| (예상직접비) | 35 | 35 | 35 | 35 |
| (RA 변동) | – | – | – | – |
| (CSM 상각)*2 | 35 | 35 | 35 | 35 |
| 보험비용 | 65 | 55 | 75 | 85 |
| (실제보험금) | 10 | 20 | 40 | 50 |
| (실제직접비) | 35 | 35 | 35 | 35 |
| – 신계약비*1 | 25 | 25 | 25 | 25 |
| – 유지비 | 10 | 10 | 10 | 10 |
| (간접사업비= 여기서 광고비) | 20 | – | – | – |
| 보험손익(120) | 15 | 35 | 35 | 35 |

*1 향후 직접신계약비 : 설계사수당은 직접, 광고비는 간접으로 처리, 직접수당 100을 계약기간에 걸쳐 배분 (100÷4 = 25)

*2 CSM은 보험기간 동안 보험서비스가 일정하게 제공된다고 가정하여 35 = (140/4)만큼 매년 수익으로 인식

*3 4년간 총 보험수익의 합계는 400은 1차년 및 2차년의 수입보험료 총 1,000 중 저축부분 600을 제외한 금액으로 산출

**IFRS 17의 회계처리(분개) 및 재무상태표**

| | 분개 | 차변 | | 대변 | |
|---|---|---|---|---|---|
| 1기 | 최초인식 | 잔여보장부채(BEL) | 140 | 잔여보장부채(CSM) | 140 |
| | 보험료수취 | 현금 | 500 | 잔여보장부채(BEL) | 500 |
| | 신계약비 등 발생 | 잔여보장부채(BEL) | 100 | 현금 | 120 |
| | | 간접사업비 | 20 | | |
| | 보험사고 발생 | 보험서비스비용 | 10 | 발생사고부채(BEL) | 10 |
| | | 발생사고부채(BEL) | 10 | 현금 | 10 |
| | 유지비 발생 | 보험서비스비용 | 10 | 현금 | 10 |
| | 보험금 등 수익 | 잔여보장부채(BEL) | 20 | 보험수익 | 20 |
| | CSM 상각 | 잔여보장부채(CSM) | 35 | 상각(수익) | 35 |
| | 신계약비 배분 | 보험서비스비용 | 25 | 보험수익 | 25 |

재무상태표

| 자산 | 부채/자본 |
|---|---|
| 현금 360 | BEL 240<br>CSM 105 |
| | 잉여 15 |

* BEL 240 = cash flow out (600 + 110 + 30) – cash flow in (500)

<table>
<tr><th></th><th>분개</th><th colspan="2">차변</th><th colspan="2">대변</th><th>재무상태표</th></tr>
<tr><td rowspan="7">2기</td><td>보험료수취</td><td>현금</td><td>500</td><td>잔여보장부채(BEL)</td><td>500</td><td rowspan="7">자산: 현금 830<br>부채/자본: BEL 710, CSM 70, 잉여 50<br>* BEL 710 = cash flow out (600 + 90 + 20) − cash flow in (0)</td></tr>
<tr><td rowspan="2">보험사고 발생</td><td>보험서비스비용</td><td>20</td><td>발생사고부채(BEL)</td><td>20</td></tr>
<tr><td>발생사고부채(BEL)</td><td>20</td><td>현금</td><td>20</td></tr>
<tr><td>유지비 발생</td><td>보험서비스비용</td><td>10</td><td>현금</td><td>10</td></tr>
<tr><td>보험금 등 수익</td><td>잔여보장부채(BEL)</td><td>30</td><td>보험수익</td><td>30</td></tr>
<tr><td>CSM 상각</td><td>잔여보장부채(CSM)</td><td>35</td><td>상각(수익)</td><td>35</td></tr>
<tr><td>신계약비 배분</td><td>보험서비스비용</td><td>25</td><td>보험수익</td><td>25</td></tr>
</table>

<table>
<tr><th></th><th>분개</th><th colspan="2">차변</th><th colspan="2">대변</th><th>재무상태표</th></tr>
<tr><td rowspan="6">3기</td><td rowspan="2">보험사고 발생</td><td>보험서비스비용</td><td>40</td><td>발생사고부채(BEL)</td><td>40</td><td rowspan="6">자산: 현금 780<br>부채/자본: BEL 660, CSM 35, 잉여 85<br>* BEL 660 = cash flow out (600 + 50 + 10) − cash flow in (0)</td></tr>
<tr><td>발생사고부채(BEL)</td><td>40</td><td>현금</td><td>40</td></tr>
<tr><td>유지비 발생</td><td>보험서비스비용</td><td>10</td><td>현금</td><td>10</td></tr>
<tr><td>보험금 등 수익</td><td>잔여보장부채(BEL)</td><td>50</td><td>보험수익</td><td>50</td></tr>
<tr><td>CSM 상각</td><td>잔여보장부채(CSM)</td><td>35</td><td>상각(수익)</td><td>35</td></tr>
<tr><td>신계약비 배분</td><td>보험서비스비용</td><td>25</td><td>보험수익</td><td>25</td></tr>
</table>

<table>
<tr><th></th><th>분개</th><th colspan="2">차변</th><th colspan="2">대변</th><th>재무상태표</th></tr>
<tr><td rowspan="7">4기</td><td rowspan="2">보험사고 발생</td><td>보험서비스비용</td><td>50</td><td>발생사고부채(BEL)</td><td>50</td><td rowspan="7">자산: 현금 120<br>부채/자본: BEL −, CSM −, 잉여 120</td></tr>
<tr><td>발생사고부채(BEL)</td><td>50</td><td>현금</td><td>50</td></tr>
<tr><td>유지비 발생</td><td>보험서비스비용</td><td>10</td><td>현금</td><td>10</td></tr>
<tr><td>만기보험금</td><td>잔여보장부채</td><td>600</td><td>현금</td><td>600</td></tr>
<tr><td>보험금 등 수익</td><td>잔여보장부채(BEL)</td><td>60</td><td>보험수익</td><td>60</td></tr>
<tr><td>CSM 상각</td><td>잔여보장부채(CSM)</td><td>35</td><td>상각(수익)</td><td>35</td></tr>
<tr><td>신계약비 배분</td><td>보험서비스비용</td><td>25</td><td>보험수익</td><td>25</td></tr>
</table>

# 제2절
# 보험계약의 후속 측정 및 표시

## 1. 보험계약의 후속 측정

### (1) 보험부채의 후속 측정 구분

잔여보장부채는 아직 발생하지 않은 보험사건에 대해 현재의 보험계약에 따라 조사하고 타당한 보험금을 지급할 의무로 즉, 보험보장 중 만료되지 않은 부분과 관련이 있는 의무이다.

반면, 발생사고부채는 이미 발생한 보험사건에 대하여 조사하고 정당한 보험금과 기타 발생한 보험비용을 지급할 의무이며 보험사건은 발생하였으나 해당 보험금은 아직 보고되지 않은 사건도 포함된다.

매 보고기간말 보험계약부채는 잔여보장부채와 발생사고부채의 합계액으로 다음 표와 같이 구성된다.

[도표 7] 보험부채 구성

<table>
<tr><th colspan="3">잔여보상부채</th><th colspan="3">발생사고부채</th></tr>
<tr><td rowspan="3">이행<br>현금<br>흐름</td><td>확률가중 기대현금흐름</td><td rowspan="3">(BEL)</td><td rowspan="3">이행<br>현금<br>흐름</td><td>확률가중 기대현금흐름</td><td rowspan="2">(BEL)</td></tr>
<tr><td>할인효과</td><td>할인효과</td></tr>
<tr><td>위험조정(RA)</td><td colspan="2">위험조정(RA)</td></tr>
<tr><td colspan="3">보험계약마진(CSM)</td><td colspan="3">해당 없음</td></tr>
</table>

**보충설명** IFRS 17 보험부채와 측정모형 이해

❑ 잔여보장부채는 보험계약의 형태 등에 따라 일반모형, 변동수수료접근법, 보험료배분접근법 중 하나의 모형을 적용하나 발생사고부채는 일반모형을 적용

| 보험부채 | 측정모형 |
|---|---|
| 잔여보장부채 | 일반모형 or 변동수수료접근법 or 보험료배분접근법 |
| 발생사고부채 | 일반모형 |

❑ 잔여보장부채 평가에 적용되는 일반모형, 변동수수료접근법 및 보험료배분접근법은 보장기간, 계약자의 참가특성 등에 따라 구분하여 적용

03

| | |
|---|---|
| 일반모형 | • 정기보험, 종신보험, 연금보험 등 생명보험계약이나 장기손해보험계약의 잔여보장부채를 측정하는 방법<br>• 잔여보장부채는 최선추정부채(BEL), 위험조정(RA) 및 보험계약마진(CSM)으로 구성 |
| 변동수수료 접근법 | • 변액종신보험 등 직접참가특성이 있는 보험계약의 잔여보장부채를 측정하는 방법(재보험계약의 경우 적용 불가)<br>• 잔여보장부채는 최선추정부채(BEL), 위험조정(RA) 및 보험계약마진(CSM)으로 구성 |
| 보험료배분 접근법 | • 자동차보험, 화재보험 등 보장기간이 1년 이하인 단기보험계약의 잔여보장부채를 측정하는 단순화된 방법<br>• 최초 잔여보장부채는 보험료수입에서 보험취득현금흐름 차감하여 측정하되 보험취득현금흐름을 비용으로 인식하기로 선택한 경우는 제외 |

### 1) 잔여보장부채 후속 측정

잔여보장부채 장부금액의 다음 변동분을 수익과 비용으로 인식한다.

① 보험수익 : 해당 기간의 서비스의 제공에 따른 잔여보장부채의 감소분

② 보험서비스비용 : 손실부담계약집합의 손실과 손실의 환입

③ 보험금융수익(비용) : 화폐의 시간가치 효과와 금융위험 효과

### 2) 발생사고부채 후속 측정

발생사고부채 장부금액의 다음 변동분을 수익과 비용으로 인식한다.

① 보험서비스비용 : 해당 기간에 발생한 보험금과 비용으로 인한 부채의 증가분(투자요소는 제외)

② 보험서비스비용 : 발생한 보험금 및 비용과 관련된 이행현금흐름의 후속 변동분

③ 보험금융수익(비용) : 화폐의 시간가치 효과와 금융위험 효과

### (2) 보험계약마진의 후속 측정

보고기간말의 보험계약마진은 보험계약집합 내 계약이 제공할 미래 서비스와 관련이 있기 때문에 아직 당기손익으로 인식하지 않은 보험계약집합의 이익을 나타낸다.

최초 인식 후, 기업회계기준서 제1117호에서는 보험계약집합에 대한 보험계약마진의 특정 변동분의 인식을 요구하며 이러한 변동은 계약에 따라 서비스를 제공함으로써 얻게 될 미래이익의 변동을 반영한다.

보험계약마진의 후속 측정 시 직접참가특성이 없는 보험계약은 재무적 가정 변동에 따라 측정치를 업데이트하며 직접참가특성이 있는 보험계약은 기초항목의 공정가치의 변동에 따라 측정치를 업데이트하는 차이가 있고 보험계약마진 측면에서 다음과 같이 구분된다.

[도표 8] 보험계약마진의 후속 측정 차이

| 직접참가특성 없는 보험계약 | 직접참가특성 있는 보험계약 |
|---|---|
| ① 집합에 추가되는 새로운 계약효과 | ① 집합에 추가되는 새로운 계약효과 |
| ② 보험계약마진의 화폐시간가치 효과 | ② 기초항목에 대한 기업의 몫의 변동 |
| ③ 미래서비스 관련 이행현금흐름의 변동 | ③ 미래서비스 관련 이행현금흐름의 변동 |
| ④ 보험계약마진에 대한 환율변동 효과 | ④ 보험계약마진에 대한 환율변동 효과 |
| ⑤ 서비스 제공으로 해당기간에 얻은 이익 | ⑤ 서비스 제공으로 해당기간에 얻은 이익 |

#### 1) 직접참가특성이 없는 보험계약의 보험계약마진 조정

직접참가특성이 없는 보험계약의 경우, 보고기간말 계약집합의 보험계약마진 장부금액은 보고기간초의 장부금액에서 다음을 조정한 금액이다.

① 집합에 추가되는 새로운 계약의 효과

② 보고기간에 보험계약마진의 장부금액에 부리되는 이자(최초 인식시점에 결정된 할인율로 부리)

③ 미래 서비스와 관련된 이행현금흐름의 변동분. 다만 다음을 제외한다.

(가) 보험계약마진의 장부금액을 초과하여 손실을 발생시키는 이행현금흐름의 증가분
(나) 잔여보장부채의 손실요소에 배분되는 이행현금흐름의 감소분

④ 보험계약마진에 미친 모든 외환차이의 영향

⑤ 해당 기간에 보험계약서비스를 이전함에 따라 보험수익으로 인식되는 금액

보험계약마진의 일부 변동은 잔여보장부채에 대한 이행현금흐름의 변동과 상쇄되어, 잔여보장부채에 대한 총장부금액은 변동되지 않는다.

한편, 보험계약마진의 변동이 잔여보장부채의 이행현금흐름의 변동을 상쇄하지 않는 경우에는 그 만큼을 보험수익과 보험서비스비용으로 인식한다.

① 미래 서비스와 관련된 이행현금흐름의 변동분

직접참가특성이 없는 보험계약의 경우, 미래 서비스와 관련된 이행현금흐름의 변동을 보험계약집합의 보험계약마진에서 조정한다. 이러한 변동은 다음으로 구성된다.

(가) 미래 서비스와 관련하여 해당 기간에 수취한 보험료 및 관련 현금흐름(예 보험취득 현금흐름)에서 발생한 경험조정

(나) 잔여보장부채의 미래현금흐름 현재가치 추정치의 변동

(다) 해당 기간에 지급될 것으로 예상된 투자요소와 실제 투자요소와의 차이

(라) 미래 서비스와 관련된 비금융위험에 대한 위험조정의 변동

또한, 직접 참가특성이 없는 일부 보험계약의 조건에 따르면, 기업에게 보험계약자에게 지급할 현금흐름에 대한 재량이 부여되어 있다. 재량 현금흐름의 변동은 미래서비스와 관련된 것으로 간주하고, 이에 따라 보험계약마진을 조정한다.

② 미래 서비스와 관련 없는 이행현금흐름의 변동분

직접참가특성이 없는 보험계약의 경우 이행현금흐름의 다음 변동은 미래 서비스와 관련이 없기 때문에 보험계약마진에서 조정하지 않는다.

(가) 화폐의 시간가치 및 그 변동의 효과와 금융위험 및 그 변동의 효과

(나) 발생사고부채의 이행현금흐름 추정치의 변동

### (3) 보험계약마진의 당기손익 인식

보험계약집합의 보험계약마진 금액은 해당 기간에 보험계약집합에서 제공한 보험계약서비스를 반영하여 그 기간에 당기손익으로 인식한다. 해당 금액은 다음과 같이 산정된다.

① 집합 내의 보장단위를 식별한다. 집합 내의 보장단위의 수는 집합 내의 계약에서 제공되는 보험계약서비스의 수량이며, 각 계약별로 계약에 따라 제공되는 급부의 수량 및 기대되는 보장기간을 고려하여 산정된다.

② 보고기간 말에 보험계약마진을 당기에 제공된 보장단위와 미래에 제공될 것으로 기대되는 보장단위 각각에 동일하게 배분한다.

③ 당기에 제공된 보장단위에 배분된 금액을 당기손익으로 인식한다.

03

기업이 보험계약서비스를 사건이 발생한 경우에만 제공하는 것이 아니라, 전체 보장기간에 걸쳐 제공하므로 보험계약마진을 계약에 따라 보장이 제공되는 패턴을 반영하여 보장기간에 걸쳐서 수익을 인식한다.

한편 보험회사는 목적적합한 정보제공을 위해 보고기간말 가장 최근의 추정으로 조정된 보험계약마진 금액에 대해 계약 집합에 의해 제공되는 급부의 양과 기대되는 듀레이션을 반영하는 보장단위에 기초하여 당기에 제공된 보장과 미래에 예상되는 잔여 보장에 배분한다.

### 1) 투자수익서비스와 투자관련서비스에 귀속되는 보험계약마진

기업회계기준서 제1117호에서의 '보험계약서비스'는 보험보장뿐만 아니라 투자수익서비스와 투자관련서비스가 포함되는 것으로 정의한다.

이에 따라 보험보장뿐만 아니라 있다면 투자수익서비스에 대한 급부의 규모와 예상 기간을 고려하여 직접참가특성이 없는 보험계약의 보장단위를 식별해야 한다.

또한 보험보장과 투자관련서비스 모두의 급부 규모와 예상기간을 고려하여 직접참가특성이 있는 보험계약의 보장단위를 식별해야 한다.

투자활동원가에 대해서도 다음 중 하나의 활동을 수행한다면 보험계약집합의 이행현금흐름에 포함해야한다.

① 보험계약자를 위한 보험보장의 급부를 증대시킨다.
② 직접참가특성이 없는 보험계약의 계약자에게 투자수익서비스를 제공한다.
③ 직접참가특성이 있는 보험계약의 계약자에게 투자관련서비스를 제공한다.

보험계약집합에서 제공한 보험계약서비스를 반영하여 보험계약마진의 당기손익을 인식할 때, 투자수익서비스나 투자관련서비스의 기간은 해당 서비스와 관련하여 현행 보험계약자에게 지급할 모든 금액이 지급되는 시점에 또는 그 이전에 종료된다.

여기서의 투자수익서비스는 직접참가특성이 없는 보험계약의 경우, 보험계약자를 위한 투자수익의 창출을 이르며, 투자관련서비스는 직접참가특성이 있는 보험계약의 경우, 보험계약자를 대신하는 기초항목의 관리를 말한다.

## 2. 보험계약의 표시 : 보험서비스결과

### (1) 재무상태표의 표시

재무상태표에 다음의 장부금액을 별도로 표시한다.

| | |
|---|---|
| ① 자산인 발행 보험계약 포트폴리오 | ② 부채인 발행 보험계약 포트폴리오 |
| ③ 자산인 출재보험계약 포트폴리오 | ④ 부채인 출재보험계약 포트폴리오 |



보험계약집합을 측정하고 인식하는 요구사항과 일관되기 위해서는 자산인 보험계약집합과 부채인 보험계약집합의 장부금액을 별도로 표시하여야 하나, 기업의 운영상의 부담과 정보의 유용성 등을 고려하여 보험계약집합수준이 아닌 포트폴리오 수준으로 자산인 보험계약 포트폴리오와 부채인 보험계약 포트폴리오로서 표시하고 있다.

또한, 발행한 보험계약집합과 출재보험계약집합의 경우 계약이 재무상태표에서 별도로 표시되어야 할 만큼 충분히 구별되므로 정보의 유용성 등을 고려하여 별도로 표시한다.

보험취득 현금흐름자산은 발행한 관련 보험계약 포트폴리오의 장부금액에 포함하고, 출재보험계약 포트폴리오와 관련이 있는 현금흐름에 대한 자산 또는 부채는 출재보험계약 포트폴리오의 장부금액에 포함한다.

### (2) 포괄손익계산서의 표시

잔여보장부채 및 발생사고부채의 장부가액 변동분에 대해 포괄손익계산서에 수익과 비용으로 인식한 금액을 다음과 같이 세분한다.

① 보험수익과 보험서비스비용으로 구성된 보험서비스결과
② 보험금융수익 및 보험금융비용

비금융위험에 대한 위험조정의 변동분을 보험서비스결과와 보험금융수익(비용)으로 세분할 필요는 없다. 세분하지 않을 경우에는 비금융위험에 대한 위험조정의 전체 변동분을 보험서비스결과의 일부로 포함한다.

### (3) 보험서비스결과

발행한 보험계약집합에서 생기는 보험수익은 당기손익으로 표시한다. 보험수익은 보험계약집합에서 발생하는 서비스를 제공하고 그러한 서비스에 대한 교환으로 받을 것으로 기대하는 대가를 반영하는 금액을 나타낸다.

발행한 보험계약집합에서 생기는 보험서비스비용은 당기손익으로 표시한다. 보험서비스비용은 발생한 보험금(투자요소의 상환 제외) 및 발생한 기타 보험서비스비용과 보험취득현금흐름의 상각, 과거서비스변동(발생사고부채 관련 이행현금흐름의 변동) 및 미래서비스변동(손실부담계약집합의 손실 및 그 손실의 환입)으로 구성된다.

당기손익으로 표시되는 보험수익과 보험서비스비용에 투자요소는 포함하지 않아야 하며 여기서의 투자요소는 보장사건의 발생과 무관하게 기업이 보험계약에 따라 모든 상황에서 보험계약자에게 상환해야 할 금액을 이른다.

### 1) 보험수익의 인식

보험계약집합의 총 보험수익은 계약에 대한 대가, 즉 기업이 지급받는 보험료에 금융효과를 조정한 후 모든 투자요소를 제외한 금액을 보험수익으로 인식한다.

해당 기간에 인식한 보험수익은 약정된 서비스를 이전하고 그러한 서비스에 대한 교환으로 받을 것으로 기대하는 대가를 반영하는 금액을 나타내야 한다. 보험계약집합의 총 대가는 다음의 금액을 포괄한다.

① 서비스 제공과 관련된 금액으로 ㈎ 보험서비스비용(잔여보장부채의 손실요소에 배분된 금액 제외), ㈏ 비금융위험에 대한 위험조정(잔여보장부채의 손실요소에 배분된 금액 제외) 및 ㈐ 보험계약마진으로 구성된다.
② 보험취득 현금흐름과 관련된 금액

기업회계기준서 제1115호(고객과의 계약에서 생기는 수익)에 따르면, 기업이 서비스를 제공한 때, 그러한 서비스의 수행의무를 제거하고 수익을 인식한다. 이와 일관되게 기업회계기준서 제1117호를 적용하여 보험회사가 보험서비스를 해당 기간에 제공한 때, 제공되는 서비스에 대한 잔여보장부채를 감소시키고 보험수익을 인식한다.

### 2) 보험수익의 측정방법 ① : 잔여보장부채 감소 분석법

잔여보장부채로 보고하는 금액이 서비스를 제공할 의무에 대한 가치를 나타낸다. 따라서 잔여보장부채의 감소가 기간 중 이행된 서비스를 제공하는 수행의무의 가치를 합리적으로 표시한 것이다.

이러한 잔여보장부채의 감소에는 해당 기간에 제공된 서비스를 반영하기 위한 보험계약마진의 배분이 포함되며 보험계약마진의 배분에는 제공된 급부금의 규모와 집합 내의 계약들의 듀레이션이 반영된다.

해당 기간의 수익을 나타내는 잔여보장부채의 다른 변동은 현행 가정들을 사용해 측정함에 따라 수익을 나타내는 잔여보장부채의 총 변동은 기업이 얻을 권리가 있는 보험수익 금액을 충실히 나타낸다.

다만, 보험수익을 발생시키는 잔여보장부채의 감소는 기업이 수취하는 대가에 따라 보장될 것으로 기대되는 서비스와 관련 없는 다음과 같은 부채의 변동은 제외한다.



① 해당 기간에 제공되는 서비스와 관련이 없는 다음의 변동
  ㈎ 수취한 보험료로 인한 현금유입에서 생기는 변동
  ㈏ 해당 기간에 투자요소와 관련된 변동 및 보험계약자에 대한 대출금에서의 현금흐름으로 인한 변동
  ㈐ 제삼자를 대신하여 수취한 거래 기반 세금
  ㈑ 보험금융수익(비용)
  ㈒ 보험취득 현금흐름
  ㈓ 제삼자 이전으로 인한 부채의 제거
② 잔여보장부채의 손실요소의 증감과 같이 서비스와 관련된 변동이지만 기업이 대가를 기대하지 않는 경우

### 3) 보험수익의 측정방법 ② : 예상현금흐름 분석법

보험수익은 기업이 대가를 수취할 것으로 기대하는 서비스와 관련된 해당기간의 잔여보장부채의 총 변동으로 다음과 같이 분석될 수 있다.

① 해당기간에 발생한 보험서비스비용(기초시점에 예상했던 금액으로 측정)의 변동. 다만, 다음을 제외한다.
  ㈎ 잔여보장부채의 손실요소에 배분한 금액
  ㈏ 투자요소의 상환액
  ㈐ 제삼자를 대신하여 징수한 거래 관련 세금
  ㈑ 보험취득 비용
  ㈒ 비금융위험에 대한 위험조정 관련 금액
② 비금융위험에 대한 위험조정의 변동. 다만, 다음을 제외한다.
  ㈎ 보험금융수익(비용)에 포함된 변동

(나) 미래 서비스와 관련되어 보험계약마진에서 조정한 변동
(다) 잔여보장부채의 손실요소에 배분한 금액

③ 해당 기간의 당기손익으로 인식한 보험계약마진 금액

④ 보험료 수취에 대한 경험조정으로서 미래 서비스와 관련되지 않은 경험조정

## 3. 보험계약의 표시 : 보험금융수익 및 비용

### (1) 보험금융수익 및 비용의 인식

보험금융수익(비용)은 다음에서 발생하는 보험계약집합 장부금액의 변동으로 이루어져 있다.

① 화폐의 시간가치 및 그 변동 효과

② 금융위험 및 그 변동 효과

③ 직접참가특성이 있는 보험계약집합의 경우, 보험계약마진에서 조정되어야 하는 변동은 제외한다. 다만, 손실부담계약의 손실과 손실환입의 경우에는 보험계약마진에서 조정하지 아니하고 그 효과는 보험서비스비용에 포함한다.

### (2) 일반모형의 보험금융수익(비용) 인식

보험계약집합에 대해 일반모형을 적용하는 경우 다음 중에서 회계정책을 선택한다.

① 해당 기간의 보험금융수익(비용)을 당기손익에 포함한다.

② 예상되는 총보험금융수익(비용)을 계약집합의 듀레이션에 걸쳐 체계적으로 배분하여 산정한 금액을 당기손익에 포함하기 위해, 해당 기간의 보험금융수익(비용)을 세분한다.

위 일반모형에서 해당 기간의 보험금융수익을 세분하는 회계정책을 적용하는 경우 보험계약집합의 듀레이션에 걸쳐 총 기대금융수익(비용)을 체계적으로 배분하여 산정한 금액을 당기손익에 포함한다.

이와 관련하여 체계적인 배분이란 집합의 듀레이션에 걸쳐 보험계약집합의 총 기대금융수익(비용)을 배분하는 것이며, 계약집합의 듀레이션에 걸쳐 기타포괄이익으로 인식되는 금액의 총합은 영(0)이다.

어느 일자 기준으로도 기타포괄이익으로 인식된 누적금액은 계약집합의 장부금액과 체계적 배분을 적용했을 때 측정되었을 계약집합의 금액의 차이이다.

금융위험과 관련된 가정 변동이 계약자에게 지급되는 금액에 상당한 영향을 미치지 않는 보험계약집합(예 금리확정형 보험계약)의 경우, 체계적인 배분은 최초인식시점에 결정된 할인율을 사용한다.

금융위험과 관련된 가정 변동이 보험계약자에게 지급되는 금액에 상당한 영향을 미치는 보험계약집합(예 금리연동형 보험계약)의 경우, 다음과 같이 체계적으로 배분한다.

① 미래현금흐름의 추정치에서 발생한 금융손익의 체계적인 배분은 다음 중 하나의 방법에 따라 결정될 수 있다.
   (가) 계약집합의 잔여 듀레이션에 걸쳐 수정된 잔여 기대금융수익(비용)을 단일률을 사용하여 배분한다. (유효수익률법 적용)
   (나) 보험계약자에게 지급해야 하는 금액을 결정하기 위해 부리이율을 사용하는 계약의 경우, 당기에 부리되는 금액과 미래 기간에 부리될 것으로 기대되는 금액에 기초하여 배분한다. (예상부리이율법 적용)

② 만약 비금융위험에 대한 위험조정에서 발생하는 금융수익(비용)을 그 밖의 변동에서 별도로 구분한다면, 비금융위험에 대한 위험조정에서 발생하는 금융수익(비용)의 체계적인 배분은 미래현금흐름에서 발생한 금융수익(비용)을 배분할 때 사용하는 방식과 일관된 방식으로 결정한다.

③ 보험계약마진에서 발생하는 금융수익(비용)의 체계적인 배분은 다음과 같이 결정한다.
   (가) 직접참가특성이 없는 보험계약의 경우, 계약집합의 최초인식시점에 결정된 할인율을 사용한다.
   (나) 직접참가특성이 있는 보험계약의 경우, 미래현금흐름에서 발생하는 금융수익(비용)을 배분할 때 사용하는 방식과 일관된 방법으로 배분한다.

한편 기업이 보험료배분접근법을 적용할 경우, 발생사고부채를 할인해야 하거나 할인하는 것을 선택할 수 있다. 그러한 경우, 보험금융수익(비용)을 당기손익 또는 기타포괄손익으로 구분하는 회계정책을 선택할 수 있다. 이러한 선택을 하는 경우, 보험금 발생일에 결정된 할인율을 사용하여 당기손익으로 인식할 보험금융수익(비용)을 결정한다.

### (3) 변동수수료접근법의 보험금융수익(비용) 인식

기업이 기초항목을 보유하고 있는 직접참가특성이 있는 보험계약에 대한 변동수수료접근법을 적용하는 경우 다음 중에서 회계정책을 선택한다.

① 해당 기간의 보험금융수익(비용)을 당기손익에 포함한다.

② 당기손익에 포함된 보유하고 있는 기초항목에 대한 수익(비용)과의 회계상 불일치를 제거하는 금액을 당기손익에 포함하기 위해, 해당 기간의 보험금융수익(비용)을 세분한다.

기업이 직접참가특성이 있는 보험계약을 위해 선택적으로 또는 강제적으로 기초항목을 보유하여 보험금융수익(비용)을 당기손익 또는 기타포괄손익으로 구분하는 회계정책을 선택하는 경우, 기초항목에 대해 당기손익에 포함한 수익(비용)과 정확히 대응되는 수익(비용)을 당기손익에 포함하고, 그 결과 각각 별도로 표시된 두 손익항목의 순액은 영(0)이 된다.

이와 같이 보유하고 있는 자산과 경제적 불일치가 없을 수 있는 보험계약에 대해서는 당기장부수익률법(current period book yield)을 사용하여 보험계약과 자산 사이의 회계불일치를 제거할 수 있다.

당기장부수익률법은 보험계약을 뒷받침하는 것으로 간주되는 자산의 장부금액의 변동을 해당 기간의 당기손익으로 인식하는 방법으로 보유하고 있는 자산과 경제적 불일치가 없을 수 있는 보험계약집합(기업회계기준서 제1117호의 정의를 충족하는 직접참가특성이 있는 보험계약집합으로서 기업이 기초항목을 보유하는 경우)에 대해서만 이 방법이 적용된다.

### (4) 보험금융수익(비용)의 회계정책 선택

일반모형과 변동수수료접근법에서 해당 기간의 보험금융수익(비용)을 세분하는 회계정책을 선택하는 경우, 기준에 따라 측정한 보험금융수익(비용)과 해당 기간의 총보험금융수익(비용)과의 차이를 기타포괄손익에 포함한다.

해당 기간의 보험금융수익(비용)을 당기손익과 기타포괄손익으로 구분할지에 대한 회계정책을 선택하는 경우 이와 같이 선택된 회계정책을 보험계약 포트폴리오에 적용한다.

보험회사는 각 포트폴리오에 대하여 보험금융수익(비용)을 어떻게 표시 할 것인지에 관한 회계정책을 선택해야 하며, 보험계약의 포트폴리오에 대한 그러한 수익(비용)은 모두 당기손익에 포함하거나 당기손익과 기타포괄손익으로 세분한다.

만약 세분한다면, 앞서 살펴본 바와 같이 당기손익 금액은 포트폴리오 내 보험계약집합의 듀레이션에 걸쳐 총기대금융수익(비용)의 체계적인 배분에 기초한다.

다시 정리하면, 보험계약 포트폴리오에 대한 적절한 회계정책을 평가할 경우 각 포트폴리오별로 기업이 보유한 자산과 그 자산의 회계처리방법을 고려하여야 한다.

이를 통해서 보험계약을 뒷받침하는 자산(기타포괄손익-공정가치 측정 금융자산, 당기손익-공정가치 측정 금융자산)에 대응하여 보험계약 포트폴리오별 적절한 전략적 회계정책 선택으로 보험회사는 회계불일치를 줄일 수 있다.

### (5) 보험금융수익(비용)의 회계정책 선택 후속처리

보험계약집합을 이전하거나 보험계약을 제거하는 경우 다음과 같이 처리한다.

① 일반모형 적용기준에서 보험금융수익(비용)을 당기손익 및 기타포괄손익으로 세분하는 회계정책을 선택하여 종전에 기타포괄손익으로 인식하였던 집합(또는 계약)의 잔여금액은 재분류조정으로 당기손익으로 재분류한다.

② 변동수수료접근법 적용기준에서 보험금융수익(비용)을 당기손익 및 기타포괄손익으로 세분하는 회계정책을 선택하여 종전에 기타포괄손익으로 인식하였던 집합(또는 계약)의 잔여금액은 재분류조정으로 당기손익으로 재분류하지 않는다.



질의회신 K-IFRS 금융감독원 : 보험계약 소멸시 기타포괄손익 잔여금액 회계처리

❍ 배경 및 질의

- 국제회계기준해석위원회는 금융자산을 IAS7 '현금흐름표'에 따라 현금성자산으로 분류하는 기준에 대해 요청서를 받았다. 더 구체적으로 설명하면, 제출자는 재무상태표일부터 만기일까지의 남은 기간에 근거하여 투자자산을 현금성자산으로 분류하는 것이 더 일관성 있는 결과를 가져올 것이라고 생각한다. 현재는 투자자산의 취득일부터 만기일까지에 초점이 맞추어져 있다.
- 국내 보험회사는 금리연동형 보험계약의 총보험금융손익을 계약집합의 듀레이션에 걸쳐 체계적으로 배분 후 당기손익(PL) 및 기타포괄손익(OCI)으로 구분 인식한다.
- 이 경우 매기간 이행현금흐름 변동은 현행할인율로 측정되나, 보험계약마진은 최초 인식시 할인율이 적용되면서 이행현금흐름 변동과 보험계약마진 조정 간 차이는 체계적 배분을 거쳐 기타포괄손익(AOCI)으로 누적된다.
- 보험계약상 의무 만료, 이행 또는 취소된 경우 계약의 소멸로 보고, 계약 집합 내 보험계약을 제거하는데, 보험계약 기준서에서는 보험계약 소멸로 함께 제거되는 기타포괄손익 잔여금액(AOCI) 관련 명시적 언급이 없어 국내 보험사 간 회계처리가 혼재되어 있기에 이에 대한 회계처리 질의가 금융감독원에 접수되었다.

  (갑설) 전액 당기 손익 인식

  (을설) 계약집합 듀레이션에 걸쳐 손익 인식

  (병설) 갑설 · 을설 모두 가능

○ 회신

- 금융감독원은 계약 소멸 사유로 계약 집합 내에서 보험계약을 제거하는 경우, 보험계약집합을 이전하는 등 보험계약 기준서에서 별도로 정한 경우를 제외하고는, 기타포괄손익 잔여금액은 당기손익으로 재분류가 불가능 하며, 계약 집합의 듀레이션에 걸쳐 체계적 배분 과정을 통해서만 소멸되는 것으로 해석하였다.
- 또한 체계적 배분을 통한 기타포괄손익 누적 금액이 집합 기준으로 측정되는 회계처리와 일관되게 보험계약 소멸로 기타포괄손익 잔여금액이 제거되는 단위도 개별 계약이 아닌 집합 기준으로 보는 것이 타당하다고 판단하였기에 을설이 타당한 것으로 회신하였다.

### (6) 중간재무제표 작성시 회계추정의 변경

기업회계기준서 제1034호(중간재무보고)에 따라 중간재무제표를 작성하는 경우, 후속 중간재무제표와 연차 보고기간에 기업회계기준서 제1117호를 적용할 때 이전 중간재무제표에서 측정한 회계추정의 회계처리를 변경할 것인지를 회계정책으로 선택할 수 있다.

이러한 회계정책의 선택은 발행한 모든 보험계약집합과 모든 출재보험계약집합에 적용한다. 즉 동 회계정책의 선택은 보고기업 수준에서 결정하여야 한다.

**보충설명** 보험회사 재무제표 표시

❑ 기업회계기준서 제1117호 보험계약 및 기업회계기준서 제1109호 금융상품 등을 중심으로 다음과 같이 재무상태표와 포괄손익계산서가 구성된다.

보험회사의 재무상태표 (요약)

| 자산 | ××× | 부채 | ××× |
|---|---|---|---|
| 1. 현금및예치금 | ×× | 1. 보험계약부채 | ×× |
| 2. 당기손익－공정가치측정유가증권 | ×× | 2. 재보험계약부채 | ×× |
| 3. 기타포괄손익－공정가치측정유가증권 | ×× | 3. 투자계약부채 | ×× |
| 4. 상각후원가측정유가증권 | ×× | 4. 기타부채 | ×× |
| 5. 관계 · 종속기업투자주식 | ×× | 자본 | ××× |
| 6. 대출채권 | ×× | 1. 자본금 | ×× |
| 7. 부동산 | ×× | 2. 자본잉여금 | ×× |
| 8. 보험계약자산 | ×× | 3. 신종자본증권 | ×× |
| 9. 재보험계약자산 | ×× | 4. 이익잉여금 | ×× |
| 10. 유형자산 | ×× | 5. 자본조정 | ×× |
| 11. 무형자산 | ×× | 6. 기타포괄손익누계액 | ×× |
| 12. 기타자산 | ×× | | |

보험회사의 포괄손익계산서 (요약)

| | | | |
|---|---|---|---|
| 1. 보험수익 | ××× | 6. 투자수익 | ××× |
| –예상보험금 | ×× | –보험금융수익 | ×× |
| –예상계약유지비 | ×× | –이자수익 등 | ×× |
| –보험취득현금흐름상각 | ×× | 7. 투자비용 | ××× |
| –위험조정변동 | ×× | –보험금융비용 | ×× |
| –보험계약마진상각 | ×× | –이자수익 등 | ×× |
| 2. 보험서비스비용 | ××× | 8. 금융투자결과 | ××× |
| –발생보험금 | ×× | 9. 영업외손익 | ×× |
| –발생계약유지비 | ×× | 10. 법인세비용차감전순이익 | ××× |
| –손실부담계약비용(환입) | ×× | 11. 법인세비용 | ×× |
| –보험취득현금흐름상각 | ×× | 12. 당기순이익 | ××× |
| 3. 재보험수익 | ×× | 13. 기타포괄손익 | ×× |
| 4. 재보험서비스비용 | ×× | 14. 총포괄손익 | ××× |
| 5. 보험서비스결과 | ××× | | |

**사례 3** 화폐의 시간가치가 있는 경우 보험계약의 회계처리사례 이해

보험료 매년 500[위험 100, 저축 300(예정 8%), 부가 100], 2년납, 보험기간 4년 보험상품으로 예상·실제간 차이가 없고 위험조정은 없으나 시장금리 하락(10%→5%)으로 가정한다.

보험상품 판매에 따른 현금흐름 현황

| 구분 | 합계 | 1Y 초 | 2Y 초 | 3Y 초 | 4Y 초 | 4Y 말 |
|---|---|---|---|---|---|---|
| 시장금리(할인율) | | 10% | 10% | 5% | 5% | |
| **현금흐름 유입** | **1,000** | **500** | **500** | | | |
| 보험료 | 1,000 | 500 | 500 | | | |
| **현금흐름 유출** | **1,066** | **140** | **30** | **50** | **60** | **786** |
| 사고보험금 | 120 | 10 | 20 | 40 | 50 | |
| 설계사 수당 | 100 | 100 | | | | |
| 광고비 | 20 | 20 | | | | |
| 유지비 | 40 | 10 | 10 | 10 | 10 | |
| 만기환급금 | 786 | | | | | 786 |
| 순현금흐름 | △66 | 360 | 470 | △50 | △60 | △786 |
| **순현금흐름 현가** | **164** | **360** | **427** | **△41** | **△45** | **△537** |

| 장래이익 현가(CSM*1) | 184 | | | | |
|---|---|---|---|---|---|
| 현금(투자재원) | | 360 | 866 | 903 | 888 | |
| 투자이익*2 | | | 36 | 87 | 45 | 44 |

*1 간접사업비인 광고비(20)를 현금유출로 보지 않고 CSM을 산출하므로 184(164 + 20)가 CSM

*2 순현금흐름을 기준으로 시장금리에 의해 투자이익(재투자 가정 포함)이 발생한다고 가정
1기 투자이익 : 투자재원(360) × 시장금리(0.1) = 36
2기 투자이익 : 투자재원(360 + 36 − 30 + 500 = 866) × 0.1 = 87
3기 투자이익 : 투자재원(866 + 87 − 50 = 903) × 시장금리(0.05) = 45
4기 투자이익 : 투자재원(903 + 45 − 60 = 888) × 0.05 = 44

IFRS 17 보험부채 변동현황

| 구분 | BEL | CSM | 보험부채 | 구분 | BEL | CSM | 보험부채 |
|---|---|---|---|---|---|---|---|
| 최초인식 | △184 | 184 | 0 | 2기말 | 755 | 110 | 865 |
| 현금유입 | 500 | | 500 | 현금유입 | | | |
| 현금유출 | 120 | | 120 | 현금유출 | 50 | | 50 |
| 이자비용 | 20*1 | 18 | 38 | 이자비용 | 70 | 11 | 81 |
| CSM 상각 | | 51*2 | 51 | CSM 상각 | | 61 | 61 |
| | | | | 할인율 변동 | 34*3 | | 34 |
| 1기말 | 216 | 151 | 367 | 3기말 | 809 | 60 | 869 |
| 현금유입 | 500 | | 500 | 현금유입 | | | |
| 현금유출 | 30 | | 30 | 현금유출 | 60 | | 60 |
| 이자비용 | 69 | 15 | 84 | 이자비용 | 71 | 6 | 77 |
| | | | | 할인율 변동 | △34 | | −34 |
| CSM 상각 | | 56 | 56 | CSM 상각 | | 66 | 66 |
| | | | | 만기환급금 | 786 | | 786 |
| 2기말 | 755 | 110 | 865 | 4기말 | 0 | 0 | 0 |

*1 이자비용은 최초인식금액 + 현금유입금액 − 현금유출금액을 가감하여 최초할인율을 이용하여 산출,
20 = (500 − 120 − 184) × 0.1

*2 CSM 상각은 최초인식금액에 이자비용을 가산하여 보험서비스 제공수준에 따라 상각, 51 = (184 + 18)/4

*3 할인율 변동은 시장금리가 10%에서 5%로 변경을 3기말에 OCI에 반영
[34 = 809(= 786/1.05 + 60) − 775(= 755 − 50 + 70)]

IFRS 17 손익계산서

| P/I | 1Y | 2Y | 3Y | 4Y | 1~4Y |
|---|---|---|---|---|---|
| 보험수익 | 96 | 111 | 136 | 151 | 494 |
| (예상보험금) | 10 | 20 | 40 | 50 | |
| (예상직접비) | 35 | 35 | 35 | 35 | |
| (CSM 상각) | 51 | 56 | 61 | 66 | |
| 보험비용 | 65 | 55 | 75 | 85 | 280 |
| (실제보험금) | 10 | 20 | 40 | 50 | |
| (실제직접비) | 35 | 35 | 35 | 35 | |
| – 신계약비 | 25 | 25 | 25 | 25 | |
| – 유지비 | 10 | 10 | 10 | 10 | |
| (간접사업비) | 20 | – | – | – | |
| 보험이익 | 31 | 56 | 61 | 66 | 214 |
| 이자비용 | 38 | 84 | 81 | 77 | |
| 투자이익 | 36 | 87 | 45 | 44 | |
| 투자이익 | △2 | 3 | △36 | △33 | △68 |
| 영업손익 | 29 | 59 | 25 | 33 | 146 |

IFRS 17의 회계처리(분개) 및 재무상태표

| | 분개 | 차변 | | 대변 | |
|---|---|---|---|---|---|
| 1기 | 최초인식 | 잔여보장부채(BEL) | 184 | 잔여보장부채(CSM) | 184 |
| | 보험료수취 | 현금 | 500 | 잔여보장부채(BEL) | 500 |
| | 신계약비 등 발생 | 잔여보장부채(BEL) | 100 | 현금 | 120 |
| | | 간접사업비 | 20 | | |
| | 보험사고 발생 | 보험서비스비용 | 10 | 발생사고부채(BEL) | 10 |
| | | 발생사고부채(BEL) | 10 | 현금 | 10 |
| | 유지비 발생 | 보험서비스비용 | 10 | 현금 | 10 |
| | 보험금 등 수익 | 잔여보장부채(BEL) | 20 | 보험수익 | 20 |
| | 보험금융비용 인식 | 보험금융비용 | 38 | 잔여보장부채(BEL) | 20 |
| | | | | 잔여보장부채(CSM) | 18 |
| | CSM 상각 | 잔여보장부채(CSM) | 51 | 상각(수익) | 51 |
| | 신계약비 배분 | 보험서비스비용 | 25 | 보험수익 | 25 |
| | 투자이익 | 현금 | 36 | 투자이익 | 36 |

재무상태표

| 자산 | 부채/자본 |
|---|---|
| 현금 396 | BEL 216<br>CSM 151 |
| | 잉여 29 |

| 기 | 분개 | 차변 | | 대변 | |
|---|---|---|---|---|---|
| 2기 | 보험료수취 | 현금 | 500 | 잔여보장부채(BEL) | 500 |
| | 보험사고 발생 | 보험서비스비용 | 20 | 발생사고부채(BEL) | 20 |
| | | 발생사고부채(BEL) | 20 | 현금 | 20 |
| | 유지비 발생 | 보험서비스비용 | 10 | 현금 | 10 |
| | 보험금 등 수익 | 잔여보장부채(BEL) | 30 | 보험수익 | 30 |
| | 보험금융비용 인식 | 보험금융비용 | 84 | 잔여보장부채(BEL) | 69 |
| | | | | 잔여보장부채(CSM) | 15 |
| | CSM 상각 | 잔여보장부채(CSM) | 56 | 상각(수익) | 56 |
| | 신계약비 배분 | 보험서비스비용 | 25 | 보험수익 | 25 |
| | 투자이익 | 현금 | 87 | 투자이익 | 87 |

재무상태표

| 자산 | 부채/자본 |
|---|---|
| 현금 953 | BEL 755 |
| | CSM 110 |
| | 잉여 88 |

| 기 | 분개 | 차변 | | 대변 | |
|---|---|---|---|---|---|
| 3기 | 보험사고 발생 | 보험서비스비용 | 40 | 발생사고부채(BEL) | 40 |
| | | 발생사고부채(BEL) | 40 | 현금 | 40 |
| | 유지비 발생 | 보험서비스비용 | 10 | 현금 | 10 |
| | 보험금 등 수익 | 잔여보장부채(BEL) | 50 | 보험수익 | 50 |
| | 보험금융비용 인식 | 보험금융비용 | 81 | 잔여보장부채(BEL) | 104 |
| | | 보험금융비용(OCI) | 34 | 잔여보장부채(CSM) | 11 |
| | CSM 상각 | 잔여보장부채(CSM) | 61 | 상각(수익) | 61 |
| | 신계약비 배분 | 보험서비스비용 | 25 | 보험수익 | 25 |
| | 투자이익 | 현금 | 45 | 투자이익 | 45 |

재무상태표

| 자산 | 부채/자본 |
|---|---|
| 현금 948 | BEL 809 |
| | CSM 60 |
| | 잉여 113 |
| | OCI △34 |

<table>
<tr><th colspan="2">분개</th><th colspan="2">차변</th><th colspan="2">대변</th></tr>
<tr><td rowspan="11">4<br>기</td><td rowspan="2">보험사고 발생</td><td>보험서비스비용</td><td>50</td><td>발생사고부채(BEL)</td><td>50</td></tr>
<tr><td>발생사고부채(BEL)</td><td>50</td><td>현금</td><td>50</td></tr>
<tr><td>유지비 발생</td><td>보험서비스비용</td><td>10</td><td>현금</td><td>10</td></tr>
<tr><td>만기보험금</td><td>잔여보장부채</td><td>786</td><td>현금</td><td>786</td></tr>
<tr><td>보험금 등 수익</td><td>잔여보장부채(BEL)</td><td>60</td><td>보험수익</td><td>60</td></tr>
<tr><td rowspan="3">보험금융비용<br>인식</td><td>잔여보장부채(BEL)</td><td>34</td><td>보험금융비용(OCI)</td><td>34</td></tr>
<tr><td>보험금융비용</td><td>77</td><td>잔여보장부채(BEL)</td><td>71</td></tr>
<tr><td></td><td></td><td>잔여보장부채(CSM)</td><td>6</td></tr>
<tr><td>CSM 상각</td><td>잔여보장부채(CSM)</td><td>66</td><td>상각(수익)</td><td>66</td></tr>
<tr><td>신계약비 배분</td><td>보험서비스비용</td><td>25</td><td>보험수익</td><td>25</td></tr>
<tr><td>투자이익</td><td>현금</td><td>44</td><td>투자이익</td><td>44</td></tr>
</table>

재무상태표

| 자산 | | 부채/자본 | |
|---|---|---|---|
| 현금 | 146 | BEL | – |
| | | CSM | – |
| | | 잉여 | 146 |

# 제3절 그 외의 보험계약

## 1. 손실부담계약

### (1) 최초 인식시점의 손실부담계약

보험계약에 배분된 이행현금흐름, 이전에 인식한 보험취득 현금흐름 및 최초 인식시점에 계약에서 생기는 현금흐름의 총계가 순유출인 경우 최초 인식시점에 그 보험계약은 손실부담계약이다.

발생한 보험계약의 포트폴리오는 최소한 최초 인식시점에 손실을 부담하는 계약과 손실부담계약이 아닌 계약을 구분하여 분류한다.

한편, 계약 세트(a set of contracts)가 같은 집합에 모두 포함될 것이라고 결론을 내리는데 합리적이고 뒷받침될 수 있는 정보를 가지고 있다면 개별 계약이 아닌 계약 세트를 측정하여 손실부담계약집합을 식별할 수 있다.

손실부담계약집합의 순유출에 대해서는 손실을 당기손익으로 인식한다. 그 결과 그 집합에 대한 부채의 장부금액은 이행현금흐름과 영(0)의 보험계약마진으로 구성된다.

### (2) 후속 측정시점의 손실부담계약

다음 금액이 보험계약마진의 장부금액을 초과하는 경우 보험계약집합은 후속 측정시 손실을 부담하는(또는 손실을 더 부담하는) 계약이 되며 초과분만큼의 손실을 당기손익으로 인식한다.

① 미래현금흐름과 비금융위험에 대한 위험조정 추정치의 변동으로부터 발생하여 집합에 배분된 이행현금흐름의 미래 서비스와 관련된 불리한 변동

② 직접참가특성이 있는 보험계약집합의 경우 기초항목의 공정가치 중 기업의 몫에 해당하는 금액의 감소

### (3) 손실부담계약 손실요소의 확정 및 배분

손실부담계약집합의 잔여보장부채에서 손실요소를 정한다(또는 증가시킨다). 손실요소는 최초 인식 시점 또는 후속 측정시 손실로 인식되는 부분을 나타낸다. 손실요소는 손실부담계약집합에 대한 손실의 환입으로 당기손익에 표시되는 금액을 결정하며 결과적으로 보험수익의 결정에서 제외된다.



한편 보험회사가 보험수익을 결정할 때 손실부담계약집합의 손실을 제외하여야 한다. 이를 제외하지 아니하면 보험수익은 과대 계상될 것이다. 따라서 잔여보장부채의 손실요소를 추적하는 것이 필요하다.

손실부담 보험계약집합에 대한 손실을 인식한 후 다음과 같이 처리한다.

① 잔여보장부채 이행현금흐름의 후속적 변동분을 체계적인 방식으로 (가) 잔여보장부채의 손실요소와 (나) 손실요소를 제외한 잔여보장부채로 배분한다.

② (가) 미래현금흐름과 비금융위험에 대한 위험조정 추정치의 변동으로부터 발생하여 집합에 배분된 이행현금흐름의 미래서비스와 관련된 후속적인 감소분과 (나) 기초항목 공정가치 중 기업의 몫에 해당하는 금액의 후속적인 증가는 손실요소가 영(0)으로 줄어들 때까지 손실요소에만 배분한다.

③ 손실요소에 배분된 금액보다 이행현금흐름의 후속적인 감소가 크거나 기초항목의 공정가치 중 기업의 몫의 후속적인 증가가 큰 경우 그 초과분에 대해서만 보험계약마진을 조정한다.

④ 손실의 체계적 배분으로 손실요소에 배분된 총금액은 계약집합의 보장기간말까지 영(0)이 된다.

잔여보장부채의 이행현금흐름의 후속적 변동분은 발생한 보험서비스비용으로 인해 잔여보장부채에서 감소되는 보험금과 비용에 대한 미래현금흐름의 현재가치 추정치, 위험의 감소로 당기손익으로 인식되는 비금융위험에 대한 위험조정의 변동분 및 보험금융수익(비용)을 말한다.

## 2. 단기보험계약 : 보험료배분접근법

### (1) 보험료배분접근법 적용대상

보험계약집합의 개시시점에 보험료배분접근법을 사용하여 측정한 잔여보장부채가 일반모형이나 변동수수료접근법을 사용하여 측정한 잔여보장부채와 중요한 차이가 없을 것으로 합리적으로 기대하거나 집합 내 각 계약의 보장기간이 1년 이하인 경우에는 보험료배분접근법을 적용할 수 있다.

다만, 보험계약집합의 개시시점에, 보험금이 발생하기 이전 기간에 잔여보장부채의 측정에 영향을 미칠 이행현금흐름의 유의적인 변동이 있을 것으로 예상되는 경우에는 보험료배분접근법을 사용하여 측정한 잔여보장부채가 일반모형이나 변동수수료접근법을 사용하여 측정한 잔여보장부채와 중요한 차이가 없을 것으로 합리적으로 기대하는 조건을 충족하지 못한다. 예를 들어, 이행현금흐름의 변동성은 다음에 따라 증가한다.

> ① 계약에 내재된 파생상품과 관련이 있는 미래현금흐름의 정도
> ② 계약집합의 보장기간

보험료배분접근법은 일반적인 요구사항(일반모형 및 변동수수료접근법)을 간소화한 모형이다. 간소화된 적용을 위해, 집합 내 각 계약의 보장기간이 1년 이하이면, 보험회사는 추가적인 조사 없이, 보험료배분접근법이 기업회계기준서 제1117호의 일반적인 요구사항에 대해 타당한 근사치를 제공한다고 가정하는 것이다.

**보충설명** 일반모형의 변형된 접근법

| 일반모형 | 일반모형의 변형 | | | 간편법 |
|---|---|---|---|---|
| 빌딩블럭접근법<br>(BBA) | 변동수수료<br>접근법(VFA)<br>(직접참가특성 계약) | 재보험계약<br>(출재보험계약)<br>(수재보험계약) | 재량적<br>참가특성이<br>있는 투자계약 | 보험료배분접근법(PAA)<br>보험기간 ≤ 1년<br>또는 합리적 근사치 |

### (2) 보험료배분접근법의 최초 인식시점 잔여보장부채 측정

최초 인식시점에 부채의 장부금액은 다음 ①에 ②를 차감하고 ③을 가감하여 산정한다.

① 최초 인식시점에 수취한 보험료(있는 경우에만 적용)
② 최초 인식시점의 보험취득 현금흐름(보험취득 현금흐름 지급액을 비용으로 인식하기로 선택한 경우는 제외)
③ 보험취득 현금흐름 자산을 최초 인식시점에 제거하여 생기는 금액과 계약집합과 관련된 현금흐름에 대해 종전에 인식한 자산 또는 부채를 최초 인식시점에 제거하여 생기는 금액



### (3) 보험료배분접근법의 후속 측정시점의 잔여보장부채 측정

각 후속 보고기간말 부채 장부금액은 보고기간 초 장부금액에서 다음 ①, ③, ④를 가산하고, ②, ⑤, ⑥을 차감하여 산정한다.

① 해당 기간에 수취한 보험료
② 보험취득 현금흐름(보험취득 현금흐름 지급액을 비용으로 인식하기로 선택한 경우는 제외)
③ 보고기간에 비용으로 인식한 보험취득 현금흐름의 상각과 관련된 금액(보험취득 현금흐름 지급액을 비용으로 인식하기로 선택한 경우는 제외)
④ 금융요소의 조정분
⑤ 해당 기간에 제공한 서비스에 대하여 보험수익으로 인식한 금액
⑥ 지급되거나 발생사고부채로 이전된 투자요소

한편, 집합 내 보험계약이 유의적인 금융요소를 가지고 있다면, 최초 인식시점에 결정된 할인율을 사용하여 화폐의 시간가치와 금융위험의 효과를 반영하도록 잔여보장부채의 장부금액을 조정한다.

다만, 최초 인식시점에, 서비스의 각 부분을 제공하는 시점과 관련 보험료 납입기일 사이의 기간이 1년 이하일 것으로 예상한다면 화폐의 시간가치와 금융위험의 효과를 반영하기 위해 잔여보장부채의 장부금액을 조정할 필요는 없다.

**보충설명** 일반모형과 간편법(보험료배분접근법)의 보험계약부채 측정

- 보험계약부채 중 잔여보장부채 측정에 대해서만 간편법 적용이 가능하며 발생사고부채의 경우 간편법이 없으며 일반모형과 동일한 기준에 의해 측정

| 구분 | 일반모형 | 간편법 |
|---|---|---|
| 잔여보장부채 | 보험계약마진 | 보험료배분접근법 |
| | 위험조정 | |
| | 할인 | |
| | 미래현금흐름 | |
| 발생사고부채 | 위험조정 | 위험조정 |
| | 할인 | 할인 |
| | 미래현금흐름 | 미래현금흐름 |

### (4) 보험료배분접근법의 손실부담계약 처리

보장기간 중 어느 때라도 사실과 상황이 보험계약집합이 손실부담계약이라는 것을 나타낸다면, 잔여보장부채의 장부금액과 집합의 잔여보장과 관련된 이행현금흐름의 차이를 산정한다.

집합의 잔여보장과 관련된 이행현금흐름이 잔여보장부채의 장부금액 초과한다면 손실을 당기손익으로 인식하고 잔여보장부채를 증가시킨다.

### (5) 보험료배분접근법 적용 시 보험수익 인식

보험료배분접근법을 적용할 경우, 해당 기간의 보험수익은 그 기간에 배분된 예상 보험료 수취액(투자요소를 제외하고, 유의적인 금융요소를 보유하는 경우 화폐의 시간가치와 금융위험의 효과를 반영하기 위해 조정함)이며 다음과 같이 예상 보험료 수취액을 매 보험계약서비스 기간에 배분한다.

① 시간의 경과 기준
② 다만, 보장기간에 위험이 해제될 것으로 기대되는 양상이 시간의 경과와 유의적으로 다른 경우에는, 보험서비스비용이 발생될 것으로 기대되는 시기 기준

보험료배분접근법을 적용하는 보험계약집합과 관련하여 사실과 상황이 변했다면 필요한 경우 위의 시간 경과기준 또는 보험서비스비용의 발생예상 시기기준으로 배분기준을 변경하여야 한다.

### (6) 보험료배분접근법 적용 관련 예외사항

간소화를 위해 개발된 보험료배분접근법이 기업에게 높은 비용과 운영상 복잡성을 유발하여 부담을 주지 않아야 하므로 다음과 같은 예외사항을 허용하고 있다.

① 보험료배분접근법을 적용할 때 최초 인식시점에 집합 내 각 계약의 보장기간이 1년을 초과하지 않는다면 보험취득 현금흐름은 발생시 비용으로 인식할 수 있다.

② 보험계약집합에 대한 발생사고부채에 대해서는 일반모형이나 변동수수료접근법을 적용하여 발생한 보험금과 관련된 이행현금흐름으로 측정하나, 그러한 현금흐름이 보험금이 발생한 날로부터 1년 이내에 지급되거나 수령될 것으로 예상되는 경우에는 미래현금흐름을 화폐의 시간가치와 금융위험 효과에 대해 조정할 필요는 없다.

③ 보험회사가 보험계약집합을 최초로 인식하였을 때가 아니라 발생사고부채를 최초로 인식하였을 때 적용되는 이자율을 사용하여 발생사고부채에 대한 이자비용을 측정토록 요구한다.

03

## 3. 성과배분 보험계약 : 변동수수료접근법

### (1) 직접참가특성이 있는 보험계약의 적용대상

직접참가특성이 있는 보험계약은 실질적으로 투자 관련 서비스 계약인 보험계약이며, 이 계약에 따라 보험회사는 기초항목에 근거한 투자수익을 약정한다. 직접참가특성이 있는 보험계약은 다음의 조건을 모두 충족하는 보험계약으로 정의된다.

① 계약 조건에 보험계약자가 명확하게 식별된 기초항목 집단(pool)의 일정 몫에 참여한다는 것이 명시되어 있다.

② 보험회사는 보험계약자에게 기초항목에서 발생하는 공정가치 이익 중 상당한 몫에 해당하는 금액을 지급할 것으로 예상한다.

③ 보험계약자에게 지급될 금액의 변동분 중 상당한 비율이 기초항목의 공정가치 변동에 따라 변동될 것으로 예상한다.

계약 개시 시점에 보험회사의 기대에 따라 위의 모든 조건이 충족되는지를 평가해야 하며, 계약이 변경되지 않는다면, 후속적으로 해당 조건을 다시 평가하지 않는다.

직접참가특성이 있는 보험계약은 반드시 보험계약자에 대한 의무가 다음 항목의 순액인 계약이다. 즉 특정 기초자산의 가치와 동일한 금액에서 서비스의 변동수수료를 차감한 금액을 보험계약자에게 지급하는 의무가 발생하는 계약이다.

① 기초항목의 공정가치와 동일한 금액을 보험계약자에게 지급할 의무

② 보험계약에 따라 제공되는 미래 서비스에 대한 대가로서 위 ①에서 차감하게 될 변동수수료. 이는 다음 ㈎에서 ㈏를 차감하여 산정된다.

㈎ 기초항목의 공정가치 중 기업의 몫에 해당하는 금액

㈏ 기초항목의 성과에 따라 변동하지 않는 이행현금흐름

기업회계기준서 제1117호에서는 발행한 재보험계약과 출재보험계약의 경우 기업과 재보험자 간 기초항목의 이익을 공유하지 않는 등 직접참가특성이 있는 보험계약일 수 없다고 규정하고 있다.

변동수수료접근법은 실질적으로 투자관련서비스 계약인 보험계약을 발행하는 보험회사가 자산관리계약을 발행하는 기업과 유사하게 회계처리가 가능한 방법이며 재보험계약은 실질적으로 투자관련서비스 계약이 아니다.

**보충설명** 변동수수료접근법 적용 이해

**❑ 일반모형과 변동수수료접근법의 기업이익 결정구조 차이**

- 일반모형은 기업의 자원을 활용하여 계약을 이행하고 이행결과로부터 수익을 창출하며 변동수수료접근법은 기업의 자원을 활용하여 계약을 이행함에 따른 잉여금에 대한 기업의 몫으로부터 수익을 창출

**❑ 변동수수료의 개념 이해**

- 잉여금에 대한 기업의 몫은 기업이 부과하는 수수료의 특성을 가지며 동 수수료는 잉여금의 변동에 따라 유사하게 변동되며 이에 계약이행에 따른 잉여금 중 계약에 따른 수수료의 누적액을 제외한 잔여액은 계약자의 몫으로 구분

### (2) 직접참가특성이 있는 보험계약의 충족조건의 특성

직접참가특성이 있는 보험계약의 조건 ①에서 일정 몫을 언급하고 있으나, 보험계약자에게 지급되는 금액을 변동시키는 보험회사의 재량권이 없어야 하는 것은 아니나, 기초항목과의 연계는 강제할 수 있어야 한다.

직접참가특성이 있는 보험계약의 조건 ①에서 언급한 기초항목 집단은 계약에 의해 명확히 식별되는 한, 자산의 참조포트폴리오, 보험회사의 순자산 또는 보험회사 순자산의 특정 하위 집합 등과 같이 어떤 항목으로도 구성될 수 있다. 보험회사가 특정 기초항목 집단을 보유할 필요는 없다. 그러나 다음의 경우에는 명확히 식별되는 기초항목 집단이 존재하지 않는다.

① 기업이 기업의 의무에 해당하는 금액을 결정하는 기초항목을 소급적으로 변경할 수 있는 경우

② 기업 전체 또는 기업이 보유한 자산의 하위집합의 성과와 기대를 일반적으로 반영한 이익을 보험계약자에게 제공할 수 있더라도, 식별되는 기초항목이 없는 경우. 이러한 이익의 예로 관련된 기간 말에 설정되는 부리이율 또는 배당 지급을 들 수 있다. 이 경우, 보험계약자에 대한 의무는 기업이 설정한 부리이율이나 배당금을 반영하는 것이지 식별된 기초항목을 반영한 것은 아니다.



직접참가특성이 있는 보험계약의 조건 ②에 따르면, 기초항목의 공정가치 수익의 상당한 몫을 보험계약자에게 지급할 것이 예상되어야 하고, 직접참가특성이 있는 보험계약의 조건 ③에 따르면, 보험계약자에게 지급될 금액의 변동분 중 상당한 비율이 기초항목의 공정가치 변동에 따라 변동될 것이 예상되어야 한다.

여기서, 보험회사는 직접참가특성이 있는 보험계약이 투자 관련 서비스를 제공하고 그 서비스에 대한 보상으로 기초항목을 참조하여 산정된 수수료를 받는 계약이라는 목적에 비추어, 위 조건 ② 및 조건 ③의 '상당한'이라는 용어를 해석하여야 한다.

또한, 위 조건 ② 및 조건 ③의 금액의 변동성을 보험계약의 듀레이션에 걸쳐서 최선 또는 최악의 결과에 근거하는 것이 아니라 확률가중평균에 근거한 현재가치로 평가하여야 한다.

### (3) 직접참가특성이 있는 보험계약의 보험계약마진 조정

직접참가특성이 있는 보험계약의 경우, 보고기간말 계약집합의 보험계약마진의 장부금액은 보고기간초의 장부금액에서 다음의 금액을 조정한 금액이다. 이러한 조정금액을 별도로 식별할 필요는 없으며 일부 또는 모든 조정을 통합한 금액으로 산정할 수 있다.

① 집합에 추가되는 새로운 계약의 효과

② 기초항목의 공정가치에 대한 기업 몫에 해당하는 금액의 변동. 다만 다음의 경우를 제외한다.

(가) 위험경감에 관한 사항을 적용하는 경우

(나) 기초항목의 공정가치 중 기업의 몫에 해당하는 금액의 감소가 보험계약마진의 장부금액을 초과하여 손실을 발생시키는 경우

(다) 기초항목의 공정가치 중 기업의 몫에 해당하는 금액의 증가에 따라 (나)의 금액을 환입하는 경우

③ 미래 서비스와 관련된 이행현금흐름의 변동분. 다만 다음의 경우를 제외한다.

(가) 위험경감에 관한 사항을 적용하는 경우

(나) 이행현금흐름의 증가가 보험계약마진의 장부금액을 초과하여 손실을 발생시키는 경우

(다) 이행현금흐름의 감소를 잔여보장부채의 손실요소에 배분하는 경우

④ 보험계약마진에 미친 모든 외환차이의 영향

⑤ 해당 기간에 보험계약서비스를 이전함에 따라 보험수익으로 인식되는 금액

직접참가특성이 있는 보험계약의 경우 보험계약마진은 수수료의 변동 특성을 반영하여 조정되는데 기초항목 공정가치에 대한 기업의 몫에 해당하는 금액의 변동은 미래 서비스와 관련이 있어 보험계약마진을 조정한다.

그러나 기초항목의 공정가치와 동일한 금액을 보험계약자에게 지급하는 의무의 변동은 미래 서비스와 관련이 없어 보험계약마진을 조정하지 않는다.

### (4) 직접참가특성이 있는 보험계약의 미래 이행현금흐름의 변동

직접참가특성이 있는 보험계약에서의 미래 서비스와 관련된 이행현금흐름의 변동분은 기초항목의 성과에 따라 변동하지 않는 이행현금흐름의 변동으로 다음과 같이 구성된다.

① 직접참가특성이 없는 보험계약과 일관되게, 미래 서비스와 관련하여 해당 기간에 수취한 보험료 및 관련 현금흐름(예 보험취득 현금흐름)에서 발생한 경험조정, 잔여보장부채의 미래현금흐름 현재가치 추정치 변동, 해당기간에 지급될 것으로 예상된 투자요소와 실제 투자요소와 차이, 미래 서비스와 관련된 비금융위험에 대한 위험조정 변동은 보험계약마진을 조정하되 모든 조정은 현행 할인율을 사용하여 측정한다.

② 기초항목에서 발생하지 않는 화폐의 시간가치 효과 및 금융위험 효과의 변동(예 금융보증 효과)은 미래 서비스와 관련이 있어 보험계약마진을 조정한다.

### (5) 위험경감

보험회사가 금융위험을 경감하기 위한 위험관리 목적 및 전략을 사전에 문서화하는 경우 화폐 시간가치와 금융위험이 다음에 미치는 효과의 변동의 일부 또는 전부를 반영하기 위해 보험계약마진의 변동을 인식하지 않는 것을 선택할 수 있다.

① 파생상품 또는 출재보험계약을 사용하여 금융위험이 기초항목 중 기업의 몫에 해당하는 금액에 미친 효과를 경감하는 경우, 기초항목 중 기업의 몫에 해당 하는 금액
② 파생상품, 당기손익-공정가치로 측정하는 비파생금융상품 또는 출재보험계약을 사용하여 기초항목에서 발생하지 않는 화폐의 시간가치 효과 및 금융위험 효과의 변동(예 금융보증 효과) 관련 이행현금흐름에 금융위험이 미치는 효과를 경감하는 경우 동 이행현금흐름

다만, 금융위험 경감을 적용하기 위해서, 보험계약과 파생상품, 당기손익-공정가치로 측정하는 비파생금융상품 또는 출재보험계약 간에 경제적 상쇄효과가 존재하고 신용위험이 경제적 상쇄효과보다 지배적이지 않아야 한다.



보험회사가 파생상품이나 당기손익-공정가치로 측정하는 비파생금융상품을 사용하여 금융위험의 효과를 경감하는 경우에는 해당 기간의 보험금융수익(비용)을 당기손익에 포함하며 보험회사가 출재보험계약을 사용하여 금융위험의 효과를 경감하는 경우에는 출재보험계약에 적용하는 것과 동일한 회계정책으로 하여 보험금융수익(비용)의 표시에 적용한다.

### (6) 보험계약 특성에 따른 보험부채 측정모형 비교

보험계약집합의 형태에 따라 다음의 두 가지 모형으로 구분된다.

① 직접참가특성 없는 보험계약 : 일반모형(General Model or Building Block Approach)
② 직접참가특성 있는 보험계약 : 변동수수료접근법(Variable Fee Approach)

일반모형 및 변동수수료접근법 모두 최초 인식시점에 보험계약집합의 이행현금흐름과 보험계약마진은 동일하게 측정된다.

한편, 후속 측정시점에 일반모형의 경우 금융위험 변동 등 경제적 가정 변동으로 인한 이행현금흐름의 변동은 당기손익 또는 기타포괄손익으로 회계정책을 선택할 수 있다.

그러나 변동수수료접근법의 경우 기초항목에 대한 기업의 몫이나 금융보증 효과 등은 보험계약마진에서 조정하여야 한다.

[도표 9] 보험계약 특성에 따른 회계모형 비교

| 상품구분 | 투자위험 | 회계모형 | 계리적 가정 변동 | 금융위험 변동 | 보험계약마진 이자부리 |
|---|---|---|---|---|---|
| 직접참가특성 없는 보험계약 | 보험회사 부담 | 일반모형 | 보험계약마진 조정 | 당기손익 또는 기타포괄손익 선택 | 최초 인식시 할인율 |
| 직접참가특성 있는 보험계약 | 계약자 부담 | 변동수수료 모형 | 보험계약마진 조정 | 보험계약마진 조정* | 이자부리 없음 |

* 기초항목에서 발생하는 금융위험 이외의 금융위험 변동(예 금융보증의 효과)은 보험계약마진에서 조정하되, 보험계약에 내재된 보증의 금융위험 회피를 위해 파생상품, 재보험 등을 이용(위험경감)하는 경우 내재된 보증의 가치변동을 당기손익으로 인식가능

## 4. 보험계약의 변경 및 제거

### (1) 보험계약의 변경

계약 당사자간의 약정이나 규정의 변경 등으로 보험계약 조건이 변경되며 다음 상황에 해당되는 경우, 즉 새로운 조건이 이미 있었더라면 계약의 회계처리가 유의적으로 달라졌을 정도로 기존계약의 조건이 변경되는 경우 기업회계기준서 제1117호 또는 다른 해당 기준서를 적용하여 당초의 계약을 제거하고, 변경된 계약을 새로운 계약으로 인식한다. 다만, 계약조건에 포함된 권리의 행사는 계약변경이 아니다.

① 계약 개시시점에 변경된 조건이 포함되어 있었다면 그 계약을 다음 중 하나와 같이 판단하였을 것이다.

㈎ 변경된 계약을 이 기준서의 적용범위에서 제외한다.

㈏ 주계약인 보험계약에서 다른 구성요소를 분리하고, 이에 따라 이 기준서가 적용되는 다른 보험계약이 된다.

㈐ 변경된 계약은 실질적으로 다른 계약의 경계를 가지게 된다.

㈑ 변경된 계약은 다른 계약집합에 포함된다.

② 당초 계약은 직접참가특성이 있는 보험계약의 정의를 충족하였지만, 변경된 계약은 더 이상 그 정의를 충족하지 못한다. 또는 그 반대의 경우도 동일하게 해당한다.

③ 당초 계약에 보험료배분접근법을 적용하였으나, 계약의 변경으로 더 이상 보험료배분접근법에 대한 적격 기준을 충족하지 못한다.

그러나, 계약변경이 위의 세 가지 상황 중 어느 것에도 해당되지 않는다면, 즉 계약의 회계처리가 유의적으로 변경되지 아니한 변경의 경우에는 계약변경으로 인한 현금흐름의 변동은 이행현금흐름 추정치의 변동으로 처리한다.

### (2) 보험계약의 제거

보험회사는 보험계약의 소멸 즉 보험계약에 명시된 의무가 만료, 이행 또는 취소된 경우 또는 위에서 설명한 제거요건을 충족하는 보험계약의 변경의 경우에 해당되는 경우에 보험계약을 제거한다.

보험계약이 소멸되면 더 이상 위험을 부담하지 않으며, 따라서 보험계약을 이행하기 위해 더 이상 어떠한 경제적 자원도 이전할 필요가 없다.

예를 들어, 재보험을 구입할 때는 재보험의 대상이 되는 원수보험계약이 소멸되는 경우에만 원수보험계약을 제거한다.

03

#### 1) 보험계약집합 내에서의 보험계약 제거절차

보험계약집합 내에 포함되어 있던 보험계약 소멸에 의해 보험계약이 제거되는 경우 다음과 같이 처리한다.

① 집합에서 제거된 권리 및 의무와 관련된 미래현금흐름의 현재가치와 비금융위험에 대한 위험조정을 제거하기 위해 집합에 배분된 이행현금흐름을 조정한다.

② 위 ①에 기술된 이행현금흐름의 변동이 미래 서비스와 관련된 금액만큼 집합의 보험계약마진을 조정한다.

③ 집합에서 제거된 보장단위가 반영되도록 예상 잔여 보험계약서비스의 보장단위 수를 조정하고, 조정한 보장단위의 수에 기초하여 해당 기간에 당기손익으로 인식하는 보험계약마진의 금액을 산정한다.

한편, 계약의 소멸이 아닌 제삼자에게 계약을 이전하여 보험계약을 제거하는 경우, 계약의 제거로 인한 보험계약집합의 장부금액 변동과 제삼자가 청구한 보험료의 차이를 보험계약마진에서 조정한다.

또한, 계약이 소멸이 아닌 계약변경으로 인하여 보험계약을 제거하는 경우, 계약의 제거로 인한 보험계약집합의 장부금액 변동과 계약의 변경 시점에 동일한 조건의 계약을 새로운 계약으로 체결했더라면 청구했을 보험료에서 변경과 관련하여 청구되는 추가적인 보험료를 차감한 금액의 차이를 보험계약마진에서 조정한다.

# 제4장

# 보험회사의 자산

# 제1절 자산회계 개론



## 1. 자산의 정의

자산은 과거 사건의 결과로 기업이 통제하는 현재의 경제적 자원으로 이때, 경제적 자원은 경제적 효익을 창출할 잠재력을 지닌 권리를 의미한다. 여기서 자산의 정의에 대해 권리, 경제적 효익을 창출할 잠재력 및 통제 등 세 가지 측면에서 살펴보자.

### (1) 권리

경제적 효익을 창출할 잠재력을 지닌 권리는 다음을 포함하여 다양한 형태를 갖는다.

① 다른 당사자의 의무에 해당하는 권리. 예를 들면 다음과 같다.

㈎ 현금을 수취할 권리

㈏ 재화나 용역을 제공받을 권리

㈐ 유리한 조건으로 다른 당사자와 경제적 자원을 교환할 권리. 이러한 권리에는 예를 들어 현재 유리한 조건으로 경제적 자원을 구매하는 선도계약 또는 경제적 자원을 구매하는 옵션이 포함된다.

㈑ 불확실한 특정 미래사건이 발생하면 다른 당사자가 경제적 효익을 이전하기로 한 의무로 인해 효익을 얻을 권리

② 다른 당사자의 의무에 해당하지 않는 권리. 예를 들면 다음과 같다.

㈎ 유형자산 또는 재고자산과 같은 물리적 대상에 대한 권리. 이러한 권리의 예로는 물리적 대상을 사용할 권리 또는 리스제공자산의 잔존가치에서 효익을 얻을 권리가 있다.

㈏ 지적재산 사용권

많은 권리들은 계약, 법률 또는 이와 유사한 수단에 의해 성립된다. 예를 들어, 기업은 특정 물리적 대상을 보유하거나 리스함으로써 권리를 획득할 수 있고, 채무상품이나 지분상품을 소유하거나 등록된 특허권을 소유함으로써 권리를 획득할 수 있다.

한편, 일부 재화나 용역(예 종업원이 제공한 용역)은 제공받는 즉시 소비된다. 이러한 재화나 용역으로 창출된 경제적 효익을 얻을 권리는 기업이 재화나 용역을 소비하기 전까지 일시적으로 존재한다.

기업의 모든 권리가 그 기업의 자산이 되는 것은 아니다. 권리가 기업의 자산이 되기 위해서는, 해당 권리가 그 기업을 위해서 다른 모든 당사자들이 이용가능한 경제적 효익을 초과하는 경제적 효익을 창출할 잠재력이 있고, 그 기업에 의해 통제되어야 한다.

예를 들어, 유의적인 원가를 들이지 않고 모든 당사자들이 이용가능한 권리를 보유하더라도 일반적으로 그것은 기업의 자산이 아니다. 그러한 권리의 예로는 토지 위의 도로에 대한 공공권리 또는 공공의 영역(public domain)에 속하는 노하우와 같은 공공재에 접근할 수 있는 권리가 있다.

### (2) 경제적 효익을 창출할 잠재력

경제적 자원은 경제적 효익을 창출할 잠재력을 지닌 권리이다. 잠재력이 있기 위해 권리가 경제적 효익을 창출할 것이라고 확신하거나 그 가능성이 높아야 하는 것은 아니다.

권리가 이미 존재하고, 적어도 하나의 상황에서 그 기업을 위해 다른 모든 당사자들에게 이용가능한 경제적 효익을 초과하는 경제적 효익을 창출할 수 있으면 된다.

경제적 효익을 창출할 가능성이 낮더라도 권리가 경제적자원의 정의를 충족할 수 있으므로 자산이 될 수 있다. 그럼에도 불구하고, 그러한 낮은 가능성은 자산의 인식 여부와 측정방법을 포함하여, 자산과 관련하여 제공해야 할 정보와 그 정보를 제공하는 방법에 대한 결정에 영향을 미칠 수 있다.

경제적 자원은 기업에게 예를 들어, 다음 중 하나 이상을 할 수 있는 자격이나 권한을 부여하여 경제적 효익을 창출할 수 있다.

① 계약상 현금흐름 또는 다른 경제적 자원의 수취

② 다른 당사자와 유리한 조건으로 경제적 자원을 교환

③ 예를 들어, 다음과 같은 방식으로 현금유입의 창출 또는 현금유출의 회피

(가) 경제적 자원을 재화의 생산이나 용역의 제공을 위해 개별적으로 또는 다른 경제적 자원과 함께 사용

(나) 경제적 자원을 다른 경제적 자원의 가치를 증가시키기 위해 사용
(다) 경제적 자원을 다른 당사자에게 리스 제공

④ 경제적 자원을 판매하여 현금 또는 다른 경제적 자원을 수취

⑤ 경제적 자원을 이전하여 부채를 상환

### (3) 통제

통제는 경제적 자원을 기업에 결부시킨다. 통제의 존재 여부를 평가하는 것은 기업이 회계처리할 경제적 자원을 식별하는 데 도움이 된다.

예를 들어, 기업은 부동산 전체의 소유권에서 발생하는 권리를 통제하지 않고, 부동산 지분에 비례하여 통제할 수 있다. 그러한 경우, 기업의 자산은 통제하고 있는 부동산의 지분이며, 통제하지 않는 부동산 전체의 소유권에서 발생하는 권리는 아니다.



기업은 경제적 자원의 사용을 지시하고 그로부터 유입될 수 있는 경제적 효익을 얻을 수 있는 현재의 능력이 있다면, 그 경제적 자원을 통제한다.

통제에는 다른 당사자가 경제적 자원의 사용을 지시하고 이로부터 유입될 수 있는 경제적 효익을 얻지 못하게 하는 현재의 능력이 포함된다. 따라서 일방의 당사자가 경제적 자원을 통제하면 다른 당사자는 그 자원을 통제하지 못한다.

기업이 경제적 자원을 통제하기 위해서는 해당 자원의 미래경제적 효익이 다른 당사자가 아닌 그 기업에게 직접 또는 간접으로 유입되어야 한다. 통제의 이러한 측면은 모든 상황에서 해당 자원이 경제적 효익을 창출할 것이라고 보장할 수 있음을 의미하지는 않는다. 그 대신, 자원이 경제적 효익을 창출한다면, 기업은 직접 또는 간접으로 그 경제적 효익을 얻을 수 있음을 의미한다.

## 2. 자산의 인식

'인식'이라 함은 자산, 부채, 자본, 수익 또는 비용과 같은 재무제표 요소 중 하나의 정의를 충족하는 항목을 재무상태표 또는 재무성과표에 포함하기 위하여 포착하는 과정이다.

인식은 그러한 재무제표 중 하나에 어떤 항목을 명칭과 화폐금액으로 나타내고, 그 항목을 해당 재무제표의 하나 이상의 합계에 포함시키는 것과 관련된다. 자산 또는 자본이 재무상태표에 인식되는 금액을 '장부금액'이라고 한다.

자산의 정의를 충족하는 항목만이 재무상태표에 인식된다. 그러나 자산의 정의를 충족하는 항목이라고 할지라도 항상 인식되는 것은 아니다.

자산의 정의를 충족하는 항목을 인식하지 않는 것은 재무상태표를 완전하지 않게 하고 재무제표에서 유용한 정보를 제외할 수 있다. 반면에, 어떤 상황에서는 자산의 정의를 충족하는 일부 항목을 인식하는 것이 오히려 유용한 정보를 제공하지 않을 수 있다.

즉 자산을 인식하고 이에 따른 결과로 수익 또는 자본변동을 인식하는 것이 재무제표이용자들에게 다음과 같이 유용한 정보를 모두 제공하는 경우에만 자산을 인식한다.

① 자산에 대한 그리고 이에 따른 결과로 발생하는 수익 또는 자본변동에 대한 목적적합한 정보
② 자산 그리고 이에 따른 결과로 발생하는 수익 또는 자본변동의 충실한 표현

### (1) 목적적합성

자산, 부채, 자본, 수익과 비용에 대한 정보는 재무제표이용자들에게 목적적합하다. 그러나 특정 자산의 인식과 이에 따른 결과로 발생하는 수익, 비용 또는 자본변동을 인식하는 것이 항상 목적적합한 정보를 제공하는 것은 아닐 수 있다.

예를 들어, 다음과 같은 경우에 목적적합한 정보를 제공하지 않는다.

① 자산이 존재하는지 불확실하다.
② 자산이 존재하지만 경제적 효익의 유입가능성이 낮다.

### (2) 표현충실성

특정 자산을 인식하는 것은 목적적합한 정보를 제공할 뿐만 아니라 해당 자산 및 이에 따른 결과로 발생하는 수익, 비용 또는 자본변동에 대한 충실한 표현을 제공할 경우에 적절하다. 충실한 표현이 제공될 수 있는지는 자산과 관련된 측정불확실성의 수준 등에 의해 영향을 받을 수 있다.

## 3. 자산의 측정

자산의 측정이란 재무제표에 인식된 자산에 대해 화폐단위로 수량화하는 것을 이른다. 화폐단위로 수량화를 위해서는 측정기준을 선택해야 한다.

측정기준은 측정 대상 항목에 대해 식별된 속성(예 역사적 원가, 공정가치 또는 사용가치)이다. 자산에 측정기준을 적용하면 해당 자산의 측정치가 산출된다.

### (1) 역사적 원가

역사적 원가 측정치는 적어도 부분적으로 자산 및 관련 수익과 비용을 발생시키는 거래나 그 밖의 사건의 가격에서 도출된 정보를 사용하여 자산 및 관련 수익과 비용에 관한 화폐적 정보를 제공한다.

현행가치와 달리 역사적 원가는 자산의 손상과 관련되는 변동을 제외하고는 가치의 변동을 반영하지 않는다.

자산을 취득하거나 창출할 때의 역사적 원가는 자산의 취득 또는 창출에 발생한 원가의 가치로서, 자산을 취득 또는 창출하기 위하여 지급한 대가와 거래원가를 포함한다.

역사적 원가 측정기준을 금융자산에 적용하는 한 가지 방법은 상각후원가로 측정하는 것이다. 금융자산의 상각후원가는 최초 인식 시점에 결정된 이자율로 할인한 미래현금흐름 추정치를 반영한다.

변동금리상품의 경우, 할인율은 변동금리의 변동을 반영하기 위해 갱신된다. 금융자산의 상각후원가는 이자의 발생, 금융자산의 손상 및 수취 또는 지급과 같은 후속 변동을 반영하기 위해 시간의 경과에 따라 갱신된다.

### (2) 현행가치

현행가치 측정치는 측정일의 조건을 반영하기 위해 갱신된 정보를 사용하여 자산 및 관련 수익과 비용의 화폐적 정보를 제공한다. 이러한 갱신에 따라 자산의 현행가치는 이전 측정일 이후의 변동, 즉 현행가치에 반영되는 현금흐름과 그 밖의 요소의 추정치의 변동을 반영한다.

현행가치 측정기준은 ① 공정가치, ② 자산의 사용가치, ③ 현행원가를 포함한다.

공정가치는 측정일에 시장참여자 사이의 정상거래에서 자산을 매도할 때 받게 될 가격이며 공정가치는 기업이 접근할 수 있는 시장의 참여자 관점을 반영한다. 시장참여자가 경제적으로 최선의 행동을 한다면 자산의 가격을 결정할 때 사용할 가정과 동일한 가정을 사용하여 그 자산을 측정한다.

일부의 경우, 공정가치는 활성시장에서 관측되는 가격으로 직접 결정될 수 있다. 다른 경우에는 현금흐름기준 측정기법 등을 사용하여 간접적으로 결정된다.

다음으로 사용가치는 기업이 자산의 사용과 궁극적인 처분으로 얻을 것으로 기대하는 현금흐름 또는 그 밖의 경제적 효익의 현재가치이다.

사용가치는 직접 관측될 수 없어 일반적으로 현금흐름기준 측정기법으로 결정되며 사용가치는 시장참여자의 가정 및 관점보다는 기업 특유의 가정 및 관점을 반영한다.

마지막으로 자산의 현행원가는 측정일 현재 동등한 자산의 원가로서 측정일에 지급할 대가와 그 날에 발생할 거래원가를 포함한다.

현행원가는 역사적 원가와 마찬가지로 유입가치이다. 이는 기업이 자산을 취득하는 시장에서의 가격을 반영한다. 이런 이유로, 현행원가는 유출가치인 공정가치, 사용가치와 다르다. 그러나 현행원가는 역사적 원가와 달리 측정일의 조건을 반영한다.

[도표 1] 자산의 측정

| 구분 | | 측정기준 | 주요내용 |
|---|---|---|---|
| 역사적 원가 | | 유입가치 | • 자산손상만 반영하며 그 외 가치변동 미반영 |
| 현행가치 | 공정가치 | 유출가치 | • 시장참여자의 정상거래에서 자산매도 시 받을 가격 |
| | 사용가치(자산) | 유출가치 | • 기업특유 가정에서 자산사용 등 기대현금흐름의 현가 |
| | 이행가치(부채) | 유출가치 | • 기업특유 가정에서 부채이행 등 기대현금흐름의 현가 |
| | 현행원가 | 유입가치 | • 측정일 현재 동등한 자산의 원가(지급대가 + 거래원가) |

## 4. 공정가치 회계

공정가치는 시장에 근거한 측정치이며 기업 특유의 측정치가 아니다. 일부 자산과 부채의 경우에는 관측할 수 있는 시장 거래나 시장 정보를 구할 수 있다. 다른 자산과 부채의 경우에는 관측할 수 있는 시장 거래와 시장 정보를 구하지 못할 수 있다.

그러나 두 경우 모두 공정가치를 측정하는 목적은 측정일 현재의 시장 상황에서 시장참여자 사이에 자산을 매도하거나 부채를 이전하는 정상거래가 있는 경우의 가격(자산을 보유하거나 부채를 부담하는 시장참여자의 관점에서 측정일의 유출가격)을 추정하는 것이라는 점에서 같다.

동일한 자산이나 부채의 가격을 관측할 수 없는 경우에는 관측할 수 있는 관련된 투입변수를 최대한으로 사용하고 관측할 수 없는 투입변수를 최소한으로 사용하는 다른 가치평가기법을 사용하여 공정가치를 측정한다.

공정가치는 시장에 근거한 측정치이므로 위험에 대한 가정을 포함하여, 시장참여자가 자산이나 부채의 가격을 결정할 때 사용하게 될 가정을 사용하여 측정된다.



### (1) 공정가치 등 용어 정의

공정가치 측정 회계기준서에서 나오는 공정가치 등 관련 용어를 살펴보자.

① 공정가치 : 측정일에 시장참여자 사이의 정상거래에서 자산을 매도할 때 받거나 부채를 이전할 때 지급하게 될 가격

② 거래원가 : 자산이나 부채를 거래하는 주된 (또는 가장 유리한) 시장에서 자산을 매도하거나 부채를 이전할 때 발생하는 원가로서 자산의 처분이나 부채의 이전에 직접 귀속되는 원가이며 여기서 운송원가를 포함하지 아니한다.

③ 불이행위험 : 기업이 의무를 이행하지 않을 위험. 불이행위험은 기업 자신의 신용위험을 포함하지만 이것만으로 한정되는 것은 아니다. 부채의 공정가치에는 불이행위험을 반영하여야 한다.

④ 시장참여자 : 다음의 특성을 모두 가진 주된 (또는 가장 유리한) 시장의 매입자와 매도자

㈎ 서로 독립적이다. 그러나 특수관계자 거래가 시장 조건에 따라 이루어졌다는 증거가 있다면 그러한 거래의 가격을 공정가치 측정을 위한 투입변수로 사용할 수 있다.

㈏ 합리적인 판단력이 있다. 구할 수 있는 모든 정보(통상적이고 관습적인 실사로 얻을 수 있는 정보 포함)를 사용하여 자산이나 부채 및 거래를 합리적으로 이해한다.

㈐ 자산이나 부채에 대한 거래를 체결할 수 있다.

㈑ 자산이나 부채에 대한 거래를 체결할 의사가 있다. 즉 거래할 동기가 있으나 거래하도록 강제되거나 강요받지는 않는다.

⑤ 정상거래 : 측정일 전의 일정 기간에 해당 자산이나 부채와 관련되는 거래를 위하여 통상적이고 관습적인 마케팅활동을 할 수 있도록 시장에 노출되는 것을 가정한 거래. 즉 강제된 거래(예 강제 청산이나 재무적 어려움에 따른 매각)가 아니다.

### (2) 비금융자산에 대한 공정가치 측정 적용

비금융자산의 공정가치를 측정하는 경우에는 시장참여자 자신이 그 자산을 최고 최선으로 사용하거나 최고 최선으로 사용할 다른 시장참여자에게 그 자산을 매도함으로써 경제적 효익을 창출할 수 있는 시장참여자의 능력을 고려한다.

여기서의 최고 최선으로 사용은 비금융자산이나 비금융자산을 사용하는 자산과 부채로 구성된 집합(예 사업)의 가치를 최대화하는 시장참여자의 비금융자산 사용을 말한다.

### (3) 부채와 자기지분상품에 대한 공정가치 측정 적용

공정가치 측정일에 금융부채 또는 비금융부채나 자기지분상품(예 사업결합의 대가로 발행된 지분)이 시장참여자에게 이전되는 것으로 가정하여 공정가치를 측정한다. 부채 또는 자기지분상품의 이전에 대해 다음을 가정한다.

① 부채는 여전히 남아있으며 시장참여자인 인수자가 그 의무를 이행하여야 한다. 그 부채는 측정일에 거래상대방에게 결제되지 않으며 소멸되지도 않는다.

② 자기지분상품은 여전히 남아있으며 시장참여자인 인수자가 지분상품과 관련된 권리와 책임을 인수한다. 측정일에 지분상품은 측정일에 취소되거나 소멸되지 않는다.

#### 1) 부채와 지분상품을 다른 상대방이 자산으로 보유하는 경우

동일하거나 비슷한 부채 또는 자기지분상품을 이전하기 위한 공시가격을 구할 수는 없으나 다른 상대방이 동일한 항목을 자산으로 보유하고 있는 경우에, 부채 또는 지분상품의 공정가치는 측정일에 동일한 항목을 자산으로 보유하고 있는 시장참여자의 관점에서 측정한다. 그러한 경우, 부채와 지분상품의 공정가치는 다음과 같이 측정한다.

① 다른 상대방이 자산으로 보유하고 있는 동일한 항목에 대한 활성시장의 공시가격을 구할 수 있다면, 그 공시가격을 사용한다

② 활성시장의 공시가격을 구할 수 없다면, 다른 상대방이 자산으로 보유하고 있는 동일한 항목에 대해 비활성시장에서 공시되는 가격 등 그 밖의 관측할 수 있는 투입변수를 사용한다.

③ 위 ①과 ②의 관측할 수 있는 가격을 구할 수 없다면 다음과 같은 가치평가기법을 사용한다.

㈎ 이익접근법 (예 시장참여자가 부채 또는 지분상품을 자산으로 보유하면서 받을 것으로 예상하는 미래현금흐름을 고려하는 현재가치기법)

㈏ 시장접근법 (예 다른 상대방이 자산으로 보유하고 있는 비슷한 부채 또는 지분상품의 공시가격을 사용)

#### 2) 부채와 지분상품을 다른 상대방이 자산으로 보유하지 않는 경우

동일하거나 비슷한 부채 또는 자기지분상품을 이전하기 위한 공시가격을 구할 수 없으며 다른 상대방이 동일한 항목을 자산으로 보유하지 않는 경우에는, 부채를 부담하거나 자본에 대한 청구권을 발행한 시장참여자의 관점에서 가치평가기법을 사용하여 부채 또는 지분상품의 공정가치를 측정한다.

#### 3) 요구불 특성을 가진 금융부채

요구불 특성을 가진 금융부채(예 요구불예금)의 공정가치는 요구하면 지급하여야 하는 첫날부터 할인한 금액 이상이어야 한다.



### (4) 가치평가기법

가치평가기법을 사용하는 목적은 측정일에 현재의 시장 상황에서 시장참여자 사이에 이루어지는 자산을 매도하거나 부채를 이전하는 정상거래에서의 가격을 추정하는 것이다. 널리 사용하는 세 가지 가치평가기법은 시장접근법, 원가접근법, 이익접근법이다.

#### 1) 시장접근법

시장접근법에서는 동일하거나 비교할 수 있는(비슷한) 자산, 부채, 사업과 같은 자산과 부채의 집합에 대한 시장 거래에서 생성된 가격이나 그 밖의 목적 적합한 정보를 사용한다.

예를 들면, 시장접근법과 일관된 가치평가기법에서는 가끔 비교할 수 있는 대상들로부터 도출한 시장 배수를 사용한다. 배수는 각각 비교할 수 있는 서로 다른 배수를 포함하는 그 범위에 있을 수 있다. 그 범위에서 적절한 배수를 선택하는 경우에는 측정치에 특유한 질적 요소와 양적 요소를 고려하는 판단이 필요하다.

#### 2) 원가접근법

원가접근법(통상 현행 대체원가라고 함)은 자산의 사용 능력을 대체할 때 현재 필요한 금액을 반영한다. 시장참여자인 매도자의 관점에서 자산에 대해 받게 될 가격은 시장참여자인 매입자가 이와 비슷한 유용성이 있는 대체 자산을 취득하거나 건설하기 위한 원가(진부화를 반영하여 조정한 후의 금액)를 기준으로 한다.

이는 시장참여자인 매입자가 그 자산의 사용능력을 대체할 수 있는 자산에 대한 금액보다 더 지급하지는 않을 것이기 때문이다. 진부화는 물리적 악화, 기능적(기술적) 진부화, 경제적(외적) 진부화를 포괄하며 재무보고 목적(역사적원가의 배분)이나 세무 목적(특정 내용연수를 사용)의 감가상각보다 그 범위가 더 넓다.

여러 경우에 현행 대체원가법은 다른 자산과 함께 사용하거나 다른 자산과 부채와 함께 사용하는 유형의 자산에 대한 공정가치를 측정하는 데에 사용한다.

#### 3) 이익접근법

이익접근법은 미래 금액(예 현금흐름 이나 수익과 비용)을 하나의 현재의(할인된) 금액으로 전환한다. 이익접근법을 사용하면, 공정가치 측정치는 그러한 미래 금액에 대한 현재의 시장 기대를 반영하며 예로 현재가치기법, 옵션가격결정모형 등의 가치평가기법이 해당된다.

[도표 2] 가치평가기법 비교

| 구분 | 전제조건 |
|---|---|
| 시장접근법 | • 활성거래시장이 존재하는 경우 |
| 원가접근법 | • 활성거래시장이 없고 미래현금흐름, 할인율 등 합리적 추정이 곤란한 경우 |
| 이익접근법 | • 활성거래시장이 없으나 미래현금흐름, 할인율 등 합리적 추정이 가능한 경우 |

### (5) 공정가치 서열체계

공정가치 측정 회계기준서에서는 공정가치 측정 및 관련 공시에서 일관성과 비교 가능성을 높이기 위하여 가치평가기법에의 투입변수를 3수준으로 분류하는 공정가치 서열체계를 정한다.

공정가치 서열체계는 동일한 자산이나 부채에 대한 활성시장의 (조정하지 않은) 공시가격(수준 1 투입변수)에 가장 높은 순위를 부여하며 관측할 수 없는 투입변수(수준 3 투입변수)에 가장 낮은 순위를 부여한다.

#### 1) 수준 1 투입변수

수준 1 투입변수는 측정일에 동일한 자산이나 부채에 대한 접근 할 수 있는 활성시장의 (조정하지 않은) 공시가격이다. 활성시장의 공시가격은 공정가치의 가장 신뢰성 있는 증거를 제공한다.

많은 금융자산과 금융부채의 경우에 수준 1의 투입변수를 구할 수 있을 것이며, 어떤 경우에는 복수의 활성시장(예 서로 다른 거래소)에서 거래될 수도 있다. 따라서 수준 1의 주안점은 다음의 두 가지 사항을 모두 판단하는 데 있다.

① 자산이나 부채의 주된 시장 또는 주된 시장이 없는 경우에는 자산이나 부채의 가장 유리한 시장
② 측정일에 자산이나 부채를 그러한 시장의 가격으로 거래할 수 있는지

### 2) 수준 2 투입변수

수준 2의 투입변수는 수준 1의 공시가격 이외에 자산이나 부채에 대해 직접적으로나 간접적으로 관측할 수 있는 투입변수이다. 자산이나 부채에 특정한 (계약상) 조건이 있는 경우, 수준 2의 투입변수는 자산이나 부채의 실질적인 전체 조건에 대해 관측할 수 있어야 한다. 다음은 수준 2의 투입변수에 포함된다.

① 비슷한 자산이나 부채에 대한 활성시장의 공시가격

② 동일하거나 비슷한 자산이나 부채에 대한 비활성시장의 공시가격

③ 자산이나 부채에 대한 공시가격 외의 관측할 수 있는 투입변수. 예를 들면 다음과 같다.
  (가) 일반적으로 정기적으로 공시되는 관측할 수 있는 이자율과 수익률 곡선
  (나) 내재변동성
  (다) 신용스프레드

④ 시장에서 입증된 투입변수

### 3) 수준 3 투입변수

수준 3의 투입변수는 자산이나 부채에 대한 관측할 수 없는 투입변수이다. 관측할 수 없는 투입변수는 측정일에 자산이나 부채에 대한 시장의 활동이 거의 없는 상황에서 사용이 허용되는 것으로, 관련된 관측할 수 있는 투입변수를 구할 수 없는 경우에 공정가치를 측정하기 위해 사용한다.

그러나 공정가치를 측정하는 목적은 자산을 보유하거나 부채를 부담하는 시장참여자의 관점에서 측정일의 유출가격을 측정하는 것으로 여전히 같다. 따라서 위험에 대한 가정을 포함하여 자산이나 부채의 가격을 결정할 때 시장참여자가 사용할 가정을 관측할 수 없는 투입변수에 반영한다.

[도표 3] 공정가치 서열체계 비교

| 구분 | 신뢰성 강도 | 사례 |
|---|---|---|
| 수준 1 | 강 | • 활성시장에서 거래되는 금융상품(주식 · 채권 등) 및 상품(금, 석유, 밀 등)의 공시가격 |
| 수준 2 | 중 | • 비활성시장에서 최근 관측된 공시가격, 유사한 자산 · 부채에 대한 활성시장의 공시가격 |
| 수준 3 | 약 | • 관측가능하지 않는 내부자료를 활용하여 산출한 공정가치 |

## 5. 유형자산, 무형자산 및 자산손상 회계

유형자산 및 무형자산 회계에서 중요한 주제는 유형자산 및 무형자산의 인식, 장부금액과 감가상각액의 결정 및 손상차손의 인식 등에 관한 회계처리로서 동 주제를 살펴보자.

### (1) 유형자산, 무형자산 등 용어 정의

유형자산 및 자산손상 회계기준서에서 나오는 유형자산 등 관련 용어를 살펴보자.

① 유형자산 : 재화나 용역의 생산이나 제공, 타인에 대한 임대 또는 관리활동에 사용할 목적으로 보유하는 물리적 형태가 있는 자산으로서 한 회계기간을 초과하여 사용할 것이 예상되는 자산

② 잔존가치 : 자산이 이미 오래되어 내용연수 종료시점에 도달하였다는 가정하에 자산의 처분으로부터 현재 획득할 금액에서 추정 처분부대원가를 차감한 금액의 추정치

③ 감가상각 : 자산의 감가상각대상금액을 그 자산의 내용연수에 걸쳐 체계적으로 배분하는 것

④ 감가상각대상금액 : 자산의 원가에서 잔존가치를 뺀 금액이나 원가를 대체한 다른 금액에서 잔존가치를 뺀 금액

⑤ 내용연수 : 기업이 자산을 사용할 것으로 예상하는 기간이나 자산에서 얻을 것으로 예상하는 생산량 또는 이와 비슷한 단위 수량

⑥ 사용가치 : 자산이나 현금창출단위에서 얻을 것으로 예상되는 미래현금흐름의 현재가치

⑦ 손상차손 : 자산 또는 현금창출단위의 장부금액이 회수가능액을 초과하는 금액

⑧ 무형자산 : 물리적 실체는 없지만 식별할 수 있는 비화폐성자산

⑨ 개발 : 상업적인 생산이나 사용 전에 연구결과나 관련 지식을 새롭거나 현저히 개량된 재료, 장치, 제품, 공정, 시스템이나 용역의 생산을 위한 계획이나 설계에 적용하는 활동

⑩ 연구 : 새로운 과학적, 기술적 지식이나 이해를 얻기 위해 수행하는 독창적이고 계획적인 탐구활동

### (2) 유형자산의 인식

유형자산으로 인식되기 위해서는 다음의 인식기준을 모두 충족하여야 한다.

① 자산으로부터 발생하는 미래경제적 효익이 기업에 유입될 가능성이 높다.

② 자산의 원가를 신뢰성 있게 측정할 수 있다.

유형자산과 관련된 모든 원가는 그 발생시점에 인식원칙을 적용하여 평가한다. 이러한 원가

에는 유형자산을 매입하거나 건설할 때 최초로 드는 원가뿐만 아니라 후속적으로 증설, 부품 대체, 수선 · 유지와 관련하여 드는 원가를 포함한다.

유형자산의 원가는 유형자산의 건설, 증설, 부품 대체, 수선 · 유지에 사용되는 자산의 리스와 관련하여 드는 원가(예 사용권자산의 감가상각비)를 포함할 수 있다.

### 1) 최초 인식시점 측정

최초로 인식하는 유형자산은 원가로 측정하며 유형자산의 원가는 다음과 같이 구성된다.

① 관세 및 환급불가능한 취득 관련 세금을 가산하고 매입할인과 리베이트 등을 차감한 구입가격
② 경영진이 의도하는 방식으로 자산을 가동하는 데 필요한 장소와 상태에 이르게 하는 데 직접 관련되는 원가
③ 자산을 해체, 제거하거나 부지를 복구하는 데 소요될 것으로 최초에 추정되는 원가. 회사가 자산을 해체, 제거하거나 부지를 복구할 의무는 해당 유형자산을 취득한 시점에 또는 해당 유형자산을 특정기간 동안 재고자산 생산 이외의 목적으로 사용한 결과로서 발생한다.

유형자산의 원가는 인식시점의 현금가격상당액이다. 대금지급이 일반적인 신용기간을 초과하여 이연되는 경우, 현금가격상당액과 실제 총지급액과의 차액은 차입원가 회계기준서에 따라 자본화하지 않는 한 신용기간에 걸쳐 이자로 인식한다.

### 2) 후속시점 측정

기업은 원가모형이나 재평가모형 중 하나를 회계정책으로 선택하여 유형자산의 유형별로 동일하게 적용한다.

원가모형을 선택한 경우 기업은 최초 인식 후에 유형자산에 대해 원가에서 감가상각누계액과 손상차손누계액을 차감한 금액을 장부금액으로 한다.

한편, 최초 인식 후에 공정가치를 신뢰성 있게 측정할 수 있는 유형자산에 대해 재평가모형을 선택한 경우 재평가일의 공정가치에서 이후의 감가상각누계액과 손상차손누계액을 차감한 재평가금액을 장부금액으로 한다. 재평가는 보고기간말에 자산의 장부금액이 공정가치와 중요하게 차이가 나지 않도록 주기적으로 수행한다.

재평가의 빈도는 재평가되는 유형자산의 공정가치 변동에 따라 달라진다. 재평가된 자산의 공정가치가 장부금액과 중요하게 차이나는 경우에는 추가적인 재평가가 필요하다.

유의적이고 급격한 공정가치의 변동 때문에 매년 재평가가 필요한 유형자산이 있는 반면에

공정가치의 변동이 경미하여 빈번한 재평가가 필요하지 않은 유형자산도 있다. 즉, 매 3년이나 5년마다 재평가하는 것으로 충분한 유형자산도 있다.

특정 유형자산을 재평가할 때, 해당 자산이 포함되는 유형자산의 유형 전체를 재평가하며 유형자산별로 선택적 재평가를 하거나 서로 다른 기준일의 평가금액이 혼재된 재무보고를 하는 것을 방지하기 위하여 동일한 유형 내의 유형자산은 동시에 재평가한다.

그러나 재평가가 단기간에 수행되며 계속적으로 갱신된다면, 동일 유형에 속하는 자산을 순차적으로 재평가할 수 있다.

자산의 장부금액이 재평가로 인하여 증가 또는 감소된 경우에 다음 표와 같이 처리한다.

[도표 4] 자산 장부금액 재평가 시 처리방안

| 구분 | 내용 |
|---|---|
| 증가 | • 증가액은 기타포괄손익으로 인식하고 재평가잉여금의 과목으로 자본에 가산<br>• 동일 자산에 대하여 이전에 당기손익으로 인식한 재평가감소액이 있다면 그 금액을 한도로 재평가증가액만큼 당기손익으로 인식 |
| 감소 | • 감소액은 당기손익으로 인식<br>• 동일 자산에 대한 재평가잉여금의 잔액이 있다면 그 금액을 한도로 재평가감소액을 기타포괄손익으로 인식<br>– 재평가감소액을 기타포괄손익으로 인식하는 경우 재평가잉여금의 과목으로 자본에 누계한 금액을 감소 |

어떤 유형자산 항목과 관련하여 자본에 계상된 재평가잉여금은 그 자산이 제거될 때 이익잉여금으로 직접 대체할 수 있다. 자산이 폐기되거나 처분될 때에 재평가잉여금 전부를 이익잉여금으로 대체하는 것이 그러한 경우에 해당될 수 있다.

그러나 기업이 그 자산을 사용함에 따라 재평가잉여금의 일부를 대체할 수도 있다. 이러한 경우 재평가된 금액에 근거한 감가상각액과 최초원가에 근거한 감가상각액의 차이가 이익잉여금으로 대체되는 금액이 될 것이다. 재평가잉여금을 이익잉여금으로 대체하는 경우 그 금액은 당기손익으로 인식하지 않는다.

### (3) 유형자산의 감가상각

유형자산을 구성하는 일부의 원가가 당해 유형자산의 전체원가에 비교하여 유의적이라면, 해당 유형자산을 감가상각할 때 그 부분은 별도로 구분하여 감가상각한다.

유형자산의 원가는 그 유형자산을 구성하고 있는 유의적인 부분에 배분하여 각 부분별로 감가상각한다. 예를 들면, 항공기 동체와 엔진을 별도로 구분하여 감가상각하는 것이 적절할 수 있다.

각 기간의 감가상각액은 다른 자산의 장부금액에 포함되는 경우가 아니라면 당기손익으로 인식하며 유형자산의 감가상각대상금액은 내용연수에 걸쳐 체계적 방법으로 배분한다.

유형자산의 잔존가치와 내용연수는 적어도 매 회계연도말에 재검토한다. 재검토결과 추정치가 종전 추정치와 다르다면 그 차이는 회계정책, 회계추정의 변경 및 오류 회계기준서에 따라 회계추정의 변경으로 회계처리한다.

한편, 유형자산의 감가상각방법은 자산의 미래경제적 효익이 소비될 것으로 예상되는 형태를 반영하며 유형자산의 감가상각방법은 적어도 매 회계연도 말에 재검토한다. 자산에 내재된 미래경제적 효익의 예상되는 소비형태가 유의적으로 달라졌다면, 달라진 소비형태를 반영하기 위하여 감가상각방법을 변경한다. 그러한 변경은 회계정책, 회계추정의 변경 및 오류 회계기준서에 따라 회계추정의 변경으로 회계처리한다.

유형자산의 감가상각대상금액을 내용연수 동안 체계적으로 배부하기 위해 다양한 방법을 사용할 수 있다. 이러한 감가상각방법에는 정액법, 체감잔액법과 생산량비례법이 있으며 감가상각방법은 해당 자산에 내재되어 있는 미래경제적 효익의 예상 소비형태를 가장 잘 반영하는 방법을 선택하고, 예상 소비형태가 달라지지 않는 한 매 회계기간에 일관성 있게 적용한다.

[도표 5] 감가상각방법

| 구분 | 내용 |
|---|---|
| 정액법 | • 잔존가치가 변동하지 않는다고 가정할 때 자산의 내용연수 동안 매 기간 일정액의 감가상각액을 계상하는 방법 |
| 체감잔액법 | • 자산의 내용연수 동안 감가상각액이 매 기간 감소하는 방법 |
| 생산량비례법 | • 자산의 예상조업도 또는 예상생산량에 기초하여 감가상각액을 계상하는 방법 |

### (4) 자산의 손상

자산의 장부금액이 회수가능액을 초과할 때 자산은 손상된 것이다. 보고기간 말마다 자산손상 징후를 검토하고, 그러한 징후가 있다면 해당 자산의 회수가능액을 추정한다.

다음의 경우에는 자산손상 징후가 있는지에 관계없이 회수가능액과 장부금액을 비교하여 손상검사를 한다.

① 내용연수가 비한정인 무형자산이나 아직 사용할 수 없는 무형자산은 일 년에 한 번은 손상검사를 한다. 손상검사를 매년 같은 시기에 수행한다면 연차 회계기간 중 어느 때에라도 할 수 있다. 서로 다른 무형자산은 각기 다른 시점에 손상검사를 할 수 있다. 다만 해당 회계연도 중에 이러한 무형자산을 처음 인식한 경우에는 해당 회계연도 말 전에 손상검사를 한다.

② 사업결합으로 취득한 영업권은 일 년에 한 번은 손상검사를 한다.

자산손상 징후가 있는지를 검토할 때는 회계기간 중에 자산의 가치가 시간의 경과나 정상적인 사용에 따라 하락할 것으로 예상되는 수준보다 유의적으로 더 하락하였다는 관측 가능한 징후가 있는 등의 외부정보 원천과 자산이 진부화하거나 물리적으로 손상된 증거를 얻을 수 있는 등의 내부정보 원천을 고려한다.

### 1) 회수가능액의 측정

회수가능액은 자산의 공정가치에서 처분 부대원가를 뺀 금액과 자산의 사용가치 중 더 큰 금액으로 정의되며 자산의 사용가치 계산에는 다음 요소를 반영한다.

① 자산에서 얻을 것으로 예상되는 미래현금흐름의 추정치

② 미래현금흐름의 금액 및 시기의 가능한 변동에 대한 예상

③ 현행 시장 무위험 이자율로 표현되는 화폐의 시간가치

④ 자산에 내재한 불확실성을 보상하는 가격

⑤ 자산에서 얻을 것으로 예상되는 미래현금흐름의 가격을 결정할 때 시장참여자들이 반영하는 비유동성과 같은 그 밖의 요소들

미래현금흐름은 자산의 현재 상태를 기초로 추정한다. 미래현금흐름 추정치는 아직 확약하지 않은 미래의 구조조정 및 자산의 성능 개선 또는 향상의 사유로 생길 것으로 예상되는 현금유입이나 현금유출을 포함하지 아니한다.

### 2) 손상차손의 인식과 측정

자산의 회수가능액이 장부금액에 못 미치는 경우에 자산의 장부금액을 회수가능액으로 감액한다. 해당 감소금액은 손상차손이다.

손상차손은 곧바로 당기손익으로 인식한다. 다만 자산이 다른 회계기준서(예 유형자산 회계기준서의 재평가모형)에 따라 재평가금액을 장부금액으로 하는 경우에는 재평가자산의 손상차손은 그 다른 회계기준서에 따라 재평가감소액으로 처리한다.

#### 3) 손상차손의 환입

보고일마다 영업권을 제외한 자산에 대해 과거 기간에 인식한 손상차손이 더는 존재하지 않거나 감소되었을 수 있는 징후가 있는지를 검토한다. 징후가 있는 경우에는 해당 자산의 회수가능액을 추정한다.

영업권을 제외한 자산에 대하여 과거 기간에 인식한 손상차손은 직전 손상차손을 인식한 이후 회수가능액을 산정하기 위해 사용한 추정치가 달라진 경우에만 환입한다. 손상차손이 환입되는 경우에는 일정한 사항을 제외하고는 자산의 장부금액을 회수가능액으로 증액한다. 이때 해당 증가 금액은 손상자손 환입이다.

영업권을 제외한 자산의 손상차손 환입으로 증액된 장부금액은 과거에 손상차손을 인식하기 전 장부금액의 감가상각 또는 상각 후 남은 금액을 초과할 수 없다.



영업권을 제외한 자산의 손상차손 환입은 곧바로 당기손익으로 인식한다. 다만 영업권을 제외한 자산이 다른 회계기준서(예 유형자산 회계기준서의 재평가모형)에 따라 재평가금액을 장부금액으로 하는 경우에는 재평가자산의 손상차손 환입은 그 다른 회계기준서에 따라 재평가증가액으로 처리한다.

한편, 영업권에 인식한 손상차손은 후속 기간에 환입하지 아니한다.

### (5) 무형자산의 인식

무형자산으로 인식되기 위해서는 다음의 인식기준을 모두 충족하여야 한다.

① 자산으로부터 발생하는 미래경제적 효익이 기업에 유입될 가능성이 높다.
② 자산의 원가를 신뢰성 있게 측정할 수 있다.

미래경제적 효익이 기업에 유입될 가능성은 무형자산의 내용연수 동안의 경제적 상황에 대한 경영자의 최선의 추정치를 반영하는 합리적이고 객관적인 가정에 근거하여 평가하여야 하며 무형자산을 최초로 인식할 때에는 원가로 측정한다.

한편 개별적으로 취득하는 무형자산과 사업결합으로 취득하는 무형자산에 대해서는 미래경제적 효익의 유입가능성이 항상 충족되는 것으로 본다.

### (6) 내부적으로 창출한 영업권 및 무형자산

내부적으로 창출한 영업권은 자산으로 인식하지 아니한다. 그러나 내부적으로 창출한 무형자산이 인식기준을 충족하는지를 평가하기 위하여 무형자산의 창출과정을 연구단계와 개발단계로 구분한다.

연구 또는 내부 프로젝트의 연구단계에서 발생하는 무형자산을 인식하지 않는다. 연구 또는 내부 프로젝트의 연구단계에 대한 지출은 발생시점에 비용으로 인식한다.

내부 프로젝트의 연구단계에서는 미래경제적 효익을 창출할 무형자산이 존재한다는 것을 제시할 수 없기 때문에, 내부 프로젝트의 연구단계에서 발생한 지출은 발생시점에 비용으로 인식한다.

개발활동 또는 내부 프로젝트의 개발단계에서 발생한 무형자산의 경우 다음 사항을 모두 제시할 수 있는 경우에만 무형자산을 인식한다.

① 무형자산을 사용하거나 판매하기 위해 그 자산을 완성할 수 있는 기술적 실현가능성
② 무형자산을 완성하여 사용하거나 판매하려는 기업의 의도
③ 무형자산을 사용하거나 판매할 수 있는 기업의 능력
④ 무형자산이 미래경제적 효익을 창출하는 방법. 그 중에서도 특히 무형자산의 산출물이나 무형자산 자체를 거래하는 시장이 존재함을 제시할 수 있거나 또는 무형자산을 내부적으로 사용할 것이라면 그 유용성을 제시할 수 있다.
⑤ 무형자산의 개발을 완료하고 그것을 판매하거나 사용하는 데 필요한 기술적, 재정적 자원 등의 입수가능성
⑥ 개발과정에서 발생한 무형자산 관련 지출을 신뢰성 있게 측정할 수 있는 기업 능력

개발단계는 연구단계보다 훨씬 더 진전되어 있는 상태이기 때문에 어떤 경우에는 내부프로젝트의 개발단계에서는 무형자산을 식별할 수 있으며, 그 무형자산이 미래경제적 효익을 창출할 것임을 제시할 수 있다.

한편, 내부적으로 창출한 브랜드, 제호, 출판표제, 고객 목록과 이와 실질이 유사한 항목은 무형자산으로 인식하지 아니한다.

### (7) 무형자산 인식 후 측정

무형자산의 회계정책으로 원가모형이나 재평가모형을 선택할 수 있다. 재평가모형을 적용하여 무형자산을 회계처리하는 경우에는, 같은 유형의 기타 모든 자산도 그에 대한 활성시장이 없는 경우를 제외하고는 동일한 방법을 적용하여 회계처리한다.

원가모형의 경우 최초 인식 후에 무형자산은 원가에서 상각누계액과 손상차손누계액을 차감한 금액을 장부금액으로 한다.

재평가모형의 경우에는 최초 인식 후에 무형자산은 재평가일의 공정가치에서 이후의 상각누계액과 손상차손누계액을 차감한 재평가금액을 장부금액으로 한다. 공정가치는 활성시장을 기초로 하여 측정한다. 보고기간 말에 자산의 장부금액이 공정가치와 중요하게 차이가 나지 않도록 주기적으로 재평가를 실시한다.

재평가의 빈도는 재평가되는 무형자산의 공정가치의 변동성에 따라 달라진다. 재평가된 자산의 공정가치가 장부금액과 중요하게 차이가 나는 경우에는 추가적인 재평가가 필요하다. 유의적이고 급격한 공정가치의 변동 때문에 매년 재평가가 필요한 무형자산이 있는 반면에 공정가치의 변동이 경미하여 빈번한 재평가가 필요하지 않은 무형자산도 있다.



무형자산의 장부금액이 재평가로 인하여 증가된 경우에 그 증가액은 기타포괄손익으로 인식하고 재평가잉여금의 과목으로 자본에 가산한다. 그러나 그 증가액 중 그 자산에 대하여 이전에 당기손익으로 인식한 재평가감소에 해당하는 금액이 있다면 그 금액을 한도로 당기손익으로 인식한다.

무형자산의 장부금액이 재평가로 인하여 감소된 경우에 그 감소액은 당기손익으로 인식한다. 그러나 감소액 중 그 자산에 대한 재평가잉여금 잔액이 있다면 그 금액을 한도로 재평가잉여금의 과목으로 기타포괄손익에 인식된다. 기타포괄손익으로 인식된 감소액은 재평가잉여금의 과목으로 자본에 누적되어 있는 금액을 줄인다.

### (8) 무형자산의 내용연수

무형자산의 내용연수가 유한한지 또는 비한정인지를 평가하고, 만약 내용연수가 유한하다면 자산의 내용연수 기간이나 내용연수를 구성하는 생산량이나 이와 유사한 단위를 평가한다.

관련된 모든 요소의 분석에 근거하여, 그 자산이 순현금유입을 창출할 것으로 기대되는 기간에 대하여 예측가능한 제한이 없을 경우, 무형자산의 내용연수가 비한정인 것으로 본다.

#### 1) 내용연수가 유한한 무형자산

내용연수가 유한한 무형자산의 상각대상금액은 내용연수 동안 체계적인 방법으로 배분하여야 한다. 상각은 자산을 사용할 수 있는 때부터 시작한다. 즉 자산이 경영자가 의도하는 방식으로 운영할 수 있는 장소와 상태에 이르렀을 때부터 시작한다.

내용연수가 유한한 무형자산의 상각기간과 상각방법은 적어도 매 회계연도 말에 검토한다. 자산의 예상 내용연수가 과거의 추정치와 다르다면 상각기간을 이에 따라 변경한다.

자산이 갖는 미래경제적 효익의 예상소비형태가 변동된다면, 변동된 소비형태를 반영하기 위하여 상각방법을 변경한다. 그러한 변경은회계정책, 회계추정의 변경 및 오류 회계기준서에 따라 회계추정의 변경으로 회계처리한다.

### 2) 내용연수가 비한정인 무형자산

내용연수가 비한정인 무형자산은 상각하지 아니한다. 상각하지 않는 무형자산에 대하여 사건과 상황이 그 자산의 내용연수가 비한정이라는 평가를 계속하여 정당화하는지를 매 회계기간에 검토한다.

사건과 상황이 그러한 평가를 정당화하지 않는 경우에 비한정 내용연수를 유한 내용연수로 변경하는 것은 회계정책, 회계추정의 변경 및 오류 회계기준서에 따라 회계추정의 변경으로 회계처리한다.

# 제2절 보험회사의 자산 계정과목[1)]



보험회사의 자산계정은 크게 운용자산, 비운용자산 및 특별계정자산으로 구분된다. 운용자산에는 현금 및 예치금, 유가증권, 대출채권 및 부동산으로 구성되며 비운용자산에는 보험계약자산, 미수금, 보증금 등이 있으며 특별계정자산은 변액보험, 실적배당형 퇴직연금 관련 자산이 해당된다.

## 1. 현금 및 예치금

현금 및 예치금은 보유현금 및 유동성이 매우 높은 단기 투자자산으로서 확정된 금액의 현금으로 전환이 용이하고 가치변동의 위험이 경미한 자산을 말한다.

### (1) 현금

현금은 통화 및 통화대용증권인 타인발행당좌수표, 송금환어음, 자기앞수표, 우편환증서, 기타 통화와 즉시 교환이 가능한 증서 등을 포함한다.

현금은 자산 중 가장 유동성이 높은 자산으로 재화나 용역 구매에 사용되는 교환의 대표적인 수단이며, 현재의 부채 상환에 용이하게 사용될 수 있는 지불수단이다. 통상 회계상 현금으로는 통화와 언제든지 등가로 교환할 수 있는 통화대용증권을 포함한다.

---

1) 보험업감독업무시행세칙 제4-1조(재무제표의 서식 등)에 의거한 보험업감독업무시행세칙 [별표 4] "계정과목별 회계처리기준"을 중심으로 본 절에서 설명하고자 한다.

그러나 우표, 수입인지, 차용증서 등은 교환 및 지급의 매개로 자유롭게 사용할 수 없으므로 현금으로 분류되지 아니한다.

### (2) 예금

예금은 당좌예금, 보통예금, 정기예금, 정기적금, 해외제예금, 기타예금 등으로 구분된다.

#### 1) 당좌예금

당좌예금은 거래은행과 당좌거래계약을 체결한 후 수시로 예입하고 당좌수표를 발행하여 그 자금의 지급을 은행에 위임하는 예금을 말한다.

#### 2) 보통예금

보통예금은 예금거래의 대상금액, 기간 등에 제한이 없고 입출금이 자유로운 예금을 말한다.

#### 3) 정기예금

일정기간을 정하여 일정금액을 예치하고 만기가 도래하기 전에는 원칙적으로 현금의 환급을 요구할 수 없는 기한부예금을 말한다.

#### 4) 정기적금

정기적금은 만기 시 일정금액을 정해 놓고 일정일에 일정금액을 분할하여 금융기관에 예치하는 금액을 이른다.

#### 5) 해외제예금

해외제예금은 해외에 소재한 금융기관에 예치된 예금을 말한다.

#### 6) 기타예금

기타예금은 상기 이외의 예금으로 양도성예금증서(CD), 당좌개설보증금, 장기저축성보험료, 어음관리구좌(CMA), 외화예금, 시장금리부 수시입출금식예금(MMDA) 등을 포함한다.

### (3) 금전신탁

금전신탁은 신탁을 목적으로 기한을 정하여 예입하는 금액을 말한다.

## (4) 선물거래예치금

선물거래예치금은 선물거래 등을 보증하기 위하여 예치하는 금액을 말한다.

## (5) 기타예치금

기타예치금은 상기 이외의 예치금을 이른다.

**보충설명** 현금 및 예치금에 대한 일반회계 표시 등

**❑ 현금 및 예치금에 대한 일반회계(별도 재무제표) 표시**

- 통상 일반회계에서는 현금(통화, 통화대용증권 등), 요구불예금(당좌예금, 보통예금 등) 및 현금성자산에 대해 "현금 및 현금성자산"이라는 계정과목을 상용하여 통합하여 표시한다.

**❑ 현금 및 현금성자산에 대한 평가**

- 현금은 장부가액과 공정가치가 동일하며 현금성자산은 수시입출금이 가능한 보통예금 또는 유동성이 매우 높은 단기금융상품 등으로 장부가액을 공정가치의 대용치로 통상 사용한다.

**질의회신** IFRIC : 201305A 현금성자산의 식별

○ 배경 및 질의

- 국제회계기준해석위원회는 금융자산을 IAS7 '현금흐름표'에 따라 현금성자산으로 분류하는 기준에 대해 요청서를 받았다. 더 구체적으로 설명하면, 제출자는 재무상태표일부터 만기일까지의 남은 기간에 근거하여 투자자산을 현금성자산으로 분류하는 것이 더 일관성 있는 결과를 가져올 것이라고 생각한다. 현재는 투자자산의 취득일부터 만기일까지에 초점이 맞추어져 있다.

○ 회신

- 해석위원회는 IAS7 문단 7에 근거하여, 현금성자산으로 보유하는 금융자산은 투자나 다른 목적이 아닌 단기의 현금수요를 충족하기 위한 목적으로 보유한다는 점에 주목하였다. 또 이 문단에서는 투자자산은 취득일부터 만기일이 단기에 도래하는 경우에만 현금성자산으로 분류한다고 기술한다. 해석위원회는 IAS7 문단 7이 기업 간 현금성자산 분류의 일관성을 촉진한다고 보았고, IAS7 문단 7의 요구사항이 불명확하다고 생각하지 않았다.
- 이러한 내용에 근거하여 해석위원회는 기존 IFRS 지침을 고려하면, 해석서를 발행하거나 기준서를 개정하는 것이 필요하지 않고 실무적으로 유의적인 다양성이 생길 것으로 예상하지 않는다고 판단하였다. 따라서 해석위원회는 이 사안을 안건에 추가하지 않기로 결정하였다.

## 2. 유가증권

유가증권은 재산권을 표창하는 증권으로서 적절한 액면금액 단위로 분할되고 시장에서 거래되거나 투자의 대상이 되며, 지분증권과 채무증권을 포함한다.

### (1) 유가증권의 회계분류상 구분

유가증권은 금융상품 회계기준서에 따라 당기손익-공정가치측정유가증권, 기타포괄손익-공정가치측정유가증권, 상각후원가측정유가증권, 관계 · 종속기업투자주식 등으로 구분된다.

#### 1) 당기손익-공정가치측정유가증권

당기손익-공정가치측정유가증권은 상각후원가측정금융자산이나 기타포괄손익-공정가치측정금융자산으로 분류되지 않으며, 후속적인 공정가치의 변동을 당기손익으로 측정하는 금융자산을 말한다. 당기손익-공정가치측정유가증권에는 회계불일치를 제거하거나 유의적으로 줄이기 위한 목적 등을 위해 당기손익-공정가치측정으로 지정한 금융자산을 포함한다.

#### 2) 기타포괄손익-공정가치측정유가증권

기타포괄손익-공정가치측정 유가증권은 계약상 현금흐름의 수취와 금융자산의 매도 둘 다를 통해 목적을 이루는 사업모형 하에서 보유하며, 계약상 현금흐름이 원리금 지급으로만 구성된 금융자산 및 단기매매항목이 아니고 당기손익-공정가치로 측정되는 지분상품 중 후속적인 공정가치 변동을 기타포괄손익으로 인식하도록 최초 인식시점에 선택한 금융자산을 포함한다.

#### 3) 상각후원가측정유가증권

상각후원가측정유가증권은 계약상 현금흐름을 수취하는 것이 목적인 사업모형 하에서 보유하고 있으며, 계약상 현금흐름이 원리금만으로 구성된 금융자산으로, 최초 인식시점에 측정한 금융자산에서 상환된 원금을 차감하고, 최초 인식금액과 만기금액의 차액에 유효이자율법을 적용하여 계산한 상각누계액을 가감하고, 손실충당금을 조정하여 측정한 금액으로 평가한다.

#### 4) 관계 · 종속기업투자주식

관계 · 종속기업투자주식은 투자자가 유의적 영향력을 행사할 수 있는 기업 혹은 투자자가 지배력을 행사할 수 있는 기업에 대해 투자한 주식, 출자금 등을 포함한다.

한편 한국채택국제회계기준에 의하면 별도재무제표 작성 시 관계 · 종속 · 공동기업투자주식에 대해서는 회계정책으로 원가법, 공정가치법 또는 지분법 중 선택할 수 있으나 보험회사는 보험업 법규[2)]에 따라 별도재무제표 작성 시 원가법을 적용하여 평가하여야 한다.

### (2) 유가증권의 상품별 구분

유가증권은 주식, 출자금, 국 · 공채, 특수채, 금융채, 회사채, 수익증권, 외화표시유가증권, 기타유가증권 등으로 구분된다.

#### 1) 주식

주식은 주권 또는 신주인수권을 표시하는 증서를 이르며 한국거래소에서 거래되고 있는 주식은 상장주식으로 이외의 주식은 기타주식으로 분류한다.



#### 2) 출자금

출자금은 주식회사 이외의 법인 등에 출자한 기금으로 증권 및 채권시장 안정기금 출자금을 포함한다.

#### 3) 국 · 공채

국 · 공채는 예산회계법 및 지방재정법에 의거 국가 또는 공공단체가 발행한 채권으로 양곡증권, 국민주택채권, 외국환평형기금채권, 국고채, 도로채권, 도시철도채권, 상수도채권, 지역개발채권 등을 포함하며 중앙정부가 자금 조달을 위해 발행하는 만기가 정해진 채권을 국채로 분류하며 지방자치단체 등의 정부기관이 재정자금을 조달하기 위하여 발행하는 채권을 공채로 분류한다.

#### 4) 특수채

특수채는 특별법에 의하여 설립된 법인 또는 정부출자기관이 발행한 채권으로 통화안정증권, 토지개발채권, 한국전력채권, 중소기업진흥공단채권, 한국수자원공사채권, 한국가스공사채권, 한국통신공사채권, 예금보험기금채권, 특수은행채권 등을 포함한다.

#### 5) 금융채

금융채는 금융회사가 모집의 방법으로 발행한 채권으로 일반은행채권, 카드채권, 종금채권, 할부금융채권 등을 포함한다.

---

**2)** 보험업감독업무시행세칙 [별표 4] <부표 4> 계정과목 회계처리에 관한 사항

### 6) 회사채

회사채는 회사가 모집의 방법으로 발행한 채권으로 공모채, 사모사채(활성시장이 존재하는 경우), 전환사채, 신주인수권부사채 등이 포함되며 보증사채와 무보증사채로 구분된다.

### 7) 수익증권

수익증권은 집합투자업자, 신탁업자 등이 「자본시장과 금융투자업에 관한 법률」에 의하여 발행한 집합투자증권 및 수익증권으로 공사채형 집합투자기구 · 주식형집합투자기구 · 단기금융집합투자기구(MMF)의 집합투자증권 및 개발신탁수익증권 등이 포함된다.

### 8) 외화표시유가증권

외화표시유가증권은 외화표시 주식, 채권, 수익증권, 신용연계채권, 합성담보부채권 등을 포함한다.

### 9) 기타유가증권

상기 이외의 유가증권에 대해서는 기타유가증권으로 분류한다.

**보충설명** 유가증권에 대한 일반회계 표시

❑ **유가증권에 대한 일반회계(별도 재무제표) 표시**

- 통상 일반회계에서는 유가증권에 대해 IFRS 9(금융상품) 기준서 분류기준에 따라 재무상태표에서 당기손익 –공정가치측정금융자산, 기타포괄손익–공정가치측정금융자산, 상각후원가측정금융자산 등으로 표시하고 관계 · 종속기업에 대한 투자유가증권에 대해서는 관계 · 종속기업투자주식 등으로 표시하고 있다.

❑ **현금 및 현금성자산에 대한 평가**

- 또한 일반회계에서는 감사보고서의 재무제표에 대한 주석을 통하여 일반적으로 IFRS 9(금융상품) 기준서 분류기준(당기손익–공정가치측정금융자산 등)에 따라 지분증권과 채무증권으로 나눈 후 채무증권에 대해서는 국공채, 특수채, 금융채, 회사채 등으로 구분하여 공시하고 있다.

## 3. 대출채권

대출채권은 경제적 실질이 이자수취를 목적으로 담보를 제공받거나 신용으로 일정기간 동안 또는 동 기간 종료 시 원리금의 반환을 약정하고 자금을 대여하는 금액을 이른다.

### (1) 대출채권의 회계분류상 구분

대출채권은 금융상품 회계기준서에 따라 당기손익－공정가치측정대출채권, 기타포괄손익－공정가치측정대출채권, 상각후원가측정대출채권 등으로 구분된다.

#### 1) 당기손익－공정가치측정대출채권

당기손익－공정가치측정대출채권은 상각후원가측정대출채권이나 기타포괄손익－공정가치측정대출채권으로 분류되지 않는 대출채권 중 후속적인 공정가치의 변동을 당기손익으로 인식하는 대출채권을 말한다.

#### 2) 기타포괄손익－공정가치측정대출채권

기타포괄손익－공정가치측정대출채권은 계약상 현금흐름의 수취와 금융자산의 매도 둘 다를 통해 목적을 이루는 사업모형하에서 보유하며, 계약상 현금흐름이 원리금으로만 구성되어 있고, 당기손익－공정가치측정 항목으로 지정되지 않은 대출채권을 이른다.

#### 3) 상각후원가측정대출채권

상각후원가측정대출채권은 계약상 현금흐름을 수취하는 것이 목적인 사업모형 하에서 보유하고 있으며, 계약상 현금흐름이 원리금만으로 구성된 대출채권이다.

### (2) 대출채권의 상품별 구분

대출채권은 콜론, 유가증권담보대출금, 부동산담보대출금, 신용대출금, 어음할인대출금, 지급보증대출금, 기타대출금 등으로 구분된다.

#### 1) 콜론

콜론은 콜거래를 통한 대출채권을 말한다.

#### 2) 유가증권담보대출금

유가증권담보대출금은 국 · 공채, 특수채, 회사채, 주식 등을 담보로 하여 대여하는 대출채권을 이른다.

#### 3) 부동산담보대출금

부동산담보대출금은 건물이나 토지 등 부동산을 담보로 하여 대여하는 대출채권을 말한다.

04

### 4) 신용대출금

신용대출금은 담보없이 대여하는 대출채권을 이른다.

### 5) 어음할인대출금

어음할인대출금은 상업어음, 무역어음 등을 할인하는 방식으로 대여하는 대출채권이다.

### 6) 지급보증대출금

지급보증대출금은 정부, 지방자치단체, 금융기관 등이 보증한 보증서를 담보로 대여하는 대출채권을 말한다.

### 7) 기타대출금

기타대출금은 상기 이외의 대출채권으로 사모사채(활성시장이 존재하지 않거나 발행인으로부터 직접 취득하는 경우[3]), 발행인으로부터 직접 취득한 CP, 환매조건부채권 매수 및 보험계약 회계기준서의 적용이 배제되는 보험계약(즉 투자계약) 약관에 의거하여 대여하는 보험계약대출금액 등이 포함된다.

**보충설명** **대출채권에 대한 일반회계 표시**

❑ **대출채권에 대한 일반회계(별도 재무제표) 표시**

- 통상 일반회계에서는 대출채권에 대해 IFRS 9(금융상품) 기준서 분류기준에 따라 재무상태표에서 상각후원가측정대출채권 등으로 표시하고 있다.
- 또한 일반회계에서는 감사보고서의 재무제표에 대한 주석을 통해 일반적으로 부동산담보대출금, 신용대출금, 지급보증대출금, 기타대출금 등으로 구분하여 공시하고 있다.

## 4. 부동산

부동산은 보험회사가 장기간에 걸쳐 사업목적에 사용하기 위해 보유하는 토지, 건물, 구축물, 해외부동산, 건설중인 자산 등이 포함된다.

사업목적 부동산 중 임대수익이나 시세차익 또는 둘 다를 얻기 위하여 소유자가 보유하거나 리스이용자가 사용권자산으로 보유하고 있는 부동산에 대해서는 투자부동산으로 하여 토지, 건물, 해외부동산, 기타로 구분하여 표시한다.

---

3) 보험업감독업무시행세칙 [별표 4] <부표 4> 계정과목 회계처리에 관한 사항

### (1) 부동산 유형별 구분

부동산은 토지, 건물, 구축물, 해외부동산, 건설중인 자산, 기타부동산 등으로 구분된다.

#### 1) 토지

토지는 대지, 임야, 전답, 잡종지 등 소유토지에 대한 매입원가와 부대비용 및 개량비를 포함하여 토지구획정리비, 정지비, 배수로설치비, 토지개발부담금, 토지초과이득세 등을 토지 매입원가에 가산한다.

#### 2) 건물

건물은 건물 기본공사와 냉난방 · 조명 · 통풍 · 기타건물 부속설비의 취득가액, 부대시설비 및 자본적 지출액을 포함한다.



#### 3) 구축물

구축물은 교량 · 안벽 · 궤도 및 기타의 토목설비 또는 공작물 등 토지, 건물 등에 부착된 시설물 및 부속설비 등을 말한다.

#### 4) 해외부동산

해외부동산은 해외에서 매입한 토지, 건물 등을 이른다.

#### 5) 건설중인 자산

건설중인 자산은 사업용 유형자산의 건설을 위한 재료비, 노무비, 경비 및 당해 건설의 목적으로 충당한 도급금 또는 설비의 건설을 위하여 차입한 건설자금의 이자 등이 포함된다.

#### 6) 기타부동산

기타부동산은 상기이외의 부동산을 말한다.

### (2) 투자부동산의 인식 및 측정

투자부동산은 임대수익이나 시세차익 또는 둘 다를 얻기 위하여 소유자가 보유하거나 리스이용자가 사용권자산으로 보유하고 있는 부동산으로 투자부동산에서 생기는 미래 경제적 효익의 유입 가능성이 높고 투자부동산의 원가를 신뢰성 있게 측정할 수 있을 경우에 자산으로 인식한다.

소유 투자부동산은 최초 인식시점에 원가로 측정하며 거래원가는 최초 측정치에 포함된다. 후속 시점에서는 공정가치모형과 원가모형 중 하나를 선택하여 모든 투자부동산에 대해 적용한다. 그러나 보험회사는 보험업 법규[4]에 따라 투자부동산은 원가모형을 적용하여 평가하여야 한다.

### 1) 공정가치모형 적용

투자부동산에 대하여 공정가치모형을 선택한 경우에는 최초 인식 후 모든 투자부동산을 공정가치로 측정하며 투자부동산의 공정가치 변동으로 발생하는 손익은 발생한 기간의 당기손익에 반영한다.

기업은 투자부동산의 공정가치를 계속 신뢰성 있게 측정할 수 있다고 추정한다. 그러나 예외적인 경우에 처음으로 취득한 투자부동산의 공정가치를 계속 신뢰성 있게 측정하기가 어려울 것이라는 명백한 증거가 있을 수 있다. 이러한 경우는 비교할 수 있는 부동산의 시장이 활성화되어 있지 않고 신뢰성 있는 공정가치 측정치의 대안(예 할인현금흐름 예측에 근거)을 사용할 수 없는 경우에만 생긴다.

만일 기업이 건설중인 투자부동산의 공정가치를 신뢰성 있게 측정할 수 없지만, 건설이 완료된 시점에는 공정가치를 신뢰성 있게 측정할 수 있다고 예상하는 경우에는, 공정가치를 신뢰성 있게 측정할 수 있는 시점과 건설이 완료되는 시점 중 이른 시점까지는 건설중인 투자부동산을 원가로 측정한다.

만약 기업이 투자부동산(건설중인 투자부동산 제외)의 공정가치를 계속 신뢰성 있게 측정할 수 없다고 판단하면, 소유 투자부동산에는 유형자산 회계기준서의 원가모형을 사용하고 리스이용자가 사용권자산으로 보유하는 투자부동산에는 리스 회계기준서에 따라 원가모형을 사용하여 그 투자부동산을 측정한다.

투자부동산의 잔존가치는 영(0)으로 가정하며, 해당 투자부동산은 처분할 때까지 유형자산 회계기준서 또는 리스 회계기준서를 계속 적용한다.

한편, 투자부동산을 공정가치로 측정해 온 경우라면 비교할만한 시장의 거래가 줄어들거나 시장가격 정보를 쉽게 얻을 수 없게 되더라도, 당해 부동산을 처분할 때까지 또는 자가사용부동산으로 대체하거나 통상적인 영업과정에서 판매하기 위하여 개발을 시작하기 전까지는 계속하여 공정가치로 측정한다.

---

4) 보험업감독업무시행세칙 [별표 4] <부표4> 계정과목 회계처리에 관한 사항

#### 2) 원가모형 적용

투자부동산의 평가방법으로 원가모형을 선택한 경우에는 최초 인식 후에 모든 투자부동산에 대하여 유형자산 회계기준서에 따라 원가모형으로 측정한다.

**보충설명** 부동산에 대한 일반회계 표시

❑ **부동산에 대한 일반회계(별도 재무제표) 표시**

- 통상 일반회계에서는 부동산에 대해 IAS 16(유형자산) 및 IAS 40(투자부동산) 기준서에 따라 재무상태표에서 유형자산 및 투자부동산로 구분하여 표시하고 있다.
- 또한 일반회계에서는 감사보고서의 재무제표에 대한 주석을 통하여 유형자산에 대해 토지, 건물및구축물, 건설중인자산, 기타 등으로 구분되며, 투자부동산에 대해서도 토지, 건물및구축물, 건설중인자산, 기타 등으로 구분되어 공시되고 있다.

※ 감독회계에서는 유형자산과 투자부동산 전체를 부동산으로 표시하되 부동산 중 투자부동산에 해당하는 금액을 재무상태표에서 주기형태로 표시하고 있는 등 일반회계 분류 및 표시와 다소 차이가 존재한다.



## 5. 비운용자산

보험회사의 비운용자산은 보험계약자산, 부동산을 제외한 유형자산인 차량운반구, 비품, 임차점포시설물 등이 있으며 보험영업 이외에서 발생하는 미수금, 보증금 등의 기타자산이 있다.

**보충설명** 보험회사의 자산이 운용자산과 비운용자산으로 구분되는 이유

- 먼저 보험회사의 자산은 자산운용에 수반되는 투자위험을 누가 부담하는지에 따라 보험회사가 부담하는 일반계정자산과 보험계약자가 위험을 부담하는 특별계정자산(실적배당형 특별계정 보험상품)으로 구분된다.
- 보험회사가 투자위험을 부담하는 일반계정자산(원리금보장형 특별계정 포함)의 경우 보험료적립금 등을 토대로 투자수익을 창출하는 운용자산과 투자수익 창출과 직접 관련 없는 비운용자산으로 구분될 수 있다.
- 보험회사 자산 중 운용자산이 차지하는 비중, 투자성과 등은 보험계약자 보호, 재무건전성 감독목적에 중요하므로 감독회계에서 이를 대분류로 구분하여 표시하고 있다.

### (1) 보험계약자산

보험계약자산은 보험자가 보험계약자로부터 유의적 보험위험을 인수하는 계약으로 인해 갖게 되는 보험자의 순계약상 권리로 다음과 같이 구분된다.

| 가. 잔여보장요소 | 아직 발생하지 않은 보험사고 및 지급사유가 발생하지 않은 투자요소와 관련된 보험자의 순계약상 권리 |
|---|---|
| ① 최선추정 | 잔여보장요소인 보험계약집합내 각 계약들의 경계내에 있는 모든 미래 현금흐름의 현재가치 추정치 |
| ⑵ 위험조정 | 잔여보장요소인 보험계약집합의 비금융위험에서 생기는 현금흐름의 금액과 시기에 대한 불확실성을 감수하는 것에 대하여 보험자가 요구하는 보상 금액 |
| ③ 보험계약마진 | 보험계약집합내 보험계약에 따라 서비스를 제공하면서 인식하게 될 미실현이익 |
| ④ 보험료배분접근법 적용 | 보험료배분접근법을 적용하여 측정한 보험계약집합의 잔여보장요소 |
| 나. 발생사고요소 | 이미 발생한 보험사고 및 지급사유가 발생한 투자요소와 관련된 보험자의 순계약상 권리 |
| ① 최선추정 | 발생사고요소인 보험계약집합내 각 계약들의 경계 내에 있는 모든 미래 현금흐름의 현재가치 추정치 |
| ② 위험조정 | 발생사고요소인 보험계약집합의 비금융위험에서 생기는 현금흐름의 금액과 시기에 대한 불확실성을 부담하는 것에 대하여 보험자가 요구하는 보상 |
| 다. 사전인식 보험취득현금흐름 | 보험계약집합 인식 이전에 이와 관련하여 지급한 보험취득현금흐름 |
| (손상차손누계액) | 보험취득현금흐름자산의 장부금액이 회수가능액을 초과하여 손상차손으로 인식한 금액의 합계 |

### (2) 재보험계약자산

재보험계약자산은 보유한 재보험계약으로 인해 갖게 되는 재보험계약자의 순계약상 권리로 다음과 같이 구분된다.

| 가. 잔여보장요소 | 재보험계약에 따라 아직 발생하지 않은 보험사고 및 수령사유가 발생하지 않은 투자요소와 관련된 재보험계약자의 순계약상 권리 |
|---|---|
| ① 최선추정 | 잔여보장요소인 재보험계약집합내 각 계약들의 경계내에 있는 모든 미래 현금흐름의 현재가치 추정치 |
| ② 위험조정 | 잔여보장요소인 재보험계약집합 보유자가 재보험계약 발행자에게 이전하는 재보험계약집합에서의 비금융위험을 반영한 금액 |
| ③ 보험계약마진 | 미래에 재보험서비스를 제공받음에 따라 재보험비용으로 인식하게 될 순원가 또는 순차익 |
| ④ 보험료배분접근법 적용 | 보험료배분접근법을 사용하여 측정한 재보험계약집합의 잔여보장요소 |

| 나. 발생사고요소 | 재보험계약에 따라 이미 발생한 보험사고 및 수령사유가 발생한 투자요소와 관련된 재보험계약자의 순계약상 권리 |
|---|---|
| ① 최선추정 | 발생사고요소인 재보험계약집합내 각 계약들의 경계내에 있는 모든 미래 현금흐름의 현재가치 추정치 |
| ② 위험조정 | 발생사고요소인 재보험계약집합 보유자가 재보험계약 발행자에게 이전하는 재보험계약집합에서의 비금융위험을 반영한 금액 |

### (3) 미수금

미수금은 보험영업 이외의 거래에서 발생한 미수채권을 이른다.



### (4) 보증금

보증금은 계약이나 채무의 이행을 보증하기 위해 지급하는 금액으로 전신전화가입권, 공탁금, 예탁보증금, 전세권, 임차보증금 등을 포함한다. 여기서 공탁금은 채무이행의 의무면제 또는 채권 추심을 위하여 법원에 예치한 현금 또는 유가증권을 말하며 예탁보증금은 임차계약 이외의 계약에 의해 예치시켜놓은 금액이며, 임차보증금은 건물, 토지 및 기계 등의 임차계약에 따른 보증금을 이른다.

### (5) 미수수익

미수수익은 기간의 경과에 따라 당기에 속하는 수익 중 미수금액으로서 회수가능성의 정도에 따라 인식하여야 하며 미수수익에는 예금, 대출채권, 유가증권 등의 미수이자, 미수임대료, 미수배당금 등을 포함한다. 또한 미수수익에 대해서도 원칙적으로 차주의 채무상환능력과 연체기간, 부도여부 등을 종합적으로 고려하여 자산건전성을 분류하고 대손충당금을 적립하여야 한다.

### (6) 선급비용

선급비용은 지급이 완료되었으나, 기간 손익계산상 차기 이후에 비용화 될 금액으로 선급보험료 등이 포함된다.

### (7) 선급법인세

선급법인세는 기중에 원천징수당한 법인세나 중간예납한 법인세를 말한다.

### (8) 선급부가세

선급부가세는 부가가치세법에 의하여 환급받아야 할 매입세액을 말한다.

### (9) 선급금

선급금은 물품대금 등의 일부를 미리 지급한 금액으로 일반 목적의 선급금인 일반선급금과 부동산 매입과 관련한 선급금인 부동산매입선급금으로 구분하여 표시한다.

### (10) 가지급금

가지급금은 귀속될 과목 또는 금액이 미확정된 일시적인 지급 금액을 처리하기 위한 가계정으로 일반 목적의 가지급금인 일반가지급금과 부동산 매입과 관련한 가지급금인 부동산매입가지급금으로 구분하여 표시한다.

### (11) 가지급보험금

가지급보험금은 보험금이 미확정된 상태에서 선지급하는 일시적인 보험금 및 미정리보험금을 이른다.

### (12) 본지점계정차

본지점계정차는 본 · 지점간 거래금액의 미청산잔액을 말한다.

### (13) 차량운반구

차량운반구는 자동차 및 부속운반구 취득금액 및 자본적 지출액을 말한다.

### (14) 비품

비품은 비품의 구입금액 등에 소요된 금액과 자본적 지출액을 말한다.

### (15) 임차점포시설물

임차점포시설물은 점포임차 시 자산성이 있는 시설물 투자액을 말한다.

### (16) 기타의유형자산

기타의유형자산은 상기 이외에 속하지 않는 기타의 유형자산(수목, 서화 등)을 말한다.

### (17) 이연법인세자산

이연법인세자산은 일시적차이로 인하여 법인세법 등의 법령에 의하여 납부하여야 할 금액이 법인세비용을 초과하는 경우 그 초과하는 금액과 이월결손금 등에서 발생한 법인세 효과를 자산으로 인식한다.

### (18) 파생상품자산

파생상품자산은 기초자산의 가치 변동에 따라 가격이 결정되는 금융상품의 평가이익으로 발생한 자산으로 기초자산은 이자율, 통화, 주식, 신용, 기타 등으로 구분되며 매매목적파생상품자산과 헤지목적파생상품자산으로 구분하여 표시한다.

04

### (19) 무형자산

무형자산은 물리적 형태는 없으나, 미래에 걸쳐 기업의 수익창출에 기여할 것으로 예상되는 자산으로 영업권, 소프트웨어, 개발비, 기타의무형자산으로 구분된다.

영업권은 합병 · 영업양수 · 계약이전 등의 경우에 유상으로 취득한 권리이며, 소프트웨어는 외부로부터 소프트웨어를 구입하기 위하여 지출한 비용이며, 개발비는 신상품 또는 신기술의 개발활동과 관련하여 발생한 비용(소프트웨어 개발과 관련된 비용 포함)으로서 개별적으로 식별가능하고 미래의 경제적 효익을 기대할 수 있는 비용이며 기타의무형자산은 상기 이외의 무형자산으로서 독점적, 배타적으로 이용할 수 있는 권리를 취득하기 위한 비용으로 동 비용을 자산으로 인식한다.

한편 한국채택국제회계기준에 의하면 무형자산의 회계정책으로 원가모형이나 재평가모형을 선택할 수 있으나 보험회사는 보험업 법규[5]에 무형자산은 원가모형을 적용하여 평가하여야 한다.

### (20) 어음

어음은 발행하는 사람이 일정한 금전의 지급을 약속하거나 또는 제3자에게 그 지급을 위탁하는 유가증권으로 받을어음과 부도어음으로 구분된다.

---

5) 보험업감독업무시행세칙 [별표 4] <부표4> 계정과목 회계처리에 관한 사항

받을어음은 상거래(보험·투자영업 및 기타상거래를 말함)에서 수취한 상업어음으로 선일자수표를 포함하여 부도어음은 받을어음 중 지급기일에 거절된 어음상의 채권을 말한다.

### (21) 순확정급여자산

순확정급여자산은 사외적립자산의 공정가치가 확정급여채무의 현재가치를 초과하는 경우, 자산인식상한을 한도로 하는 초과적립액을 자산으로 인식한다.

### (22) 기타의비운용자산

기타의비운용자산은 상기 이외의 비운용자산을 말한다.

**보충설명** 자산평가모형 중 일반회계와 감독회계 비교

❑ 자산 중 부동산과 무형자산은 감독정책으로 인해 일반회계와 평가모형의 차이가 있음

• 투자부동산의 경우 감독회계는 원가모형만 적용하여 평가함

| 구분 | 최초 인식 시 | 후속 측정 시 |
|---|---|---|
| 일반회계 | 원가모형 | 공정가치 또는 원가모형 |
| 감독회계 | 원가모형 | |

• 무형자산의 경우 일반회계는 원가모형 외에 재평가모형도 가능하나 감독회계는 원가모형으로 평가함

# 제3절 보험회사의 자산 관련 법규 이해



## 1. 자산운용원칙 및 용어

### (1) 자산운용의 원칙

보험회사는 그 자산을 운용할 때 안정성 · 유동성 · 수익성 및 공익성이 확보되도록 하여야 하며 또한 보험회사는 선량한 관리자의 주의[1]로서 그 자산을 운용하여야 한다.

보험회사의 자산운용 4대 원칙을 살펴보면 먼저 안정성은 보험회사의 자산의 경우 장래에 보험금 등으로 지급되어야 할 것이 대부분이므로 무엇보다도 장래 보험금 등의 지급에 문제가 없도록 안정적으로 운영되어야 한다.

두 번째로 유동성은 보험회사의 경우 보험금 등의 지급이 일시에 집중될 상황에 대비하여 즉시 현금화 할 수 있는 자산도 일정부분 확보하고 있어야 하므로 보험회사 자산의 일부를 예금이나 국고채와 같이 유동성이 높은 자산을 보유하여야 한다.

세 번째로 수익성은 보험회사가 받는 보험료의 경우 예정이율로 미리 할인되어 있으므로 보험회사 자산은 기본적으로 예정이율 이상으로 운용되어야 한다.

마지막으로 공공성은 보험회사의 자산의 경우 다수의 일반국민 즉 보험계약자가 납입한 보험료로 형성되어 있으므로 국민생활이나 국가경제 발전에 기여할 수 있도록 공공성을 바탕으로 운용되어야 한다.

---

1) 통상 선량한 관리자의 주의의무는 선관주의 의무라고도 불리며 관리자의 직업이나 사회적 지위에 따라 거래상 일반적으로 요구되는 주의의무이다.

## (2) 자산운용 관련 주요 용어

### 1) 신용공여

"신용공여"란 대출 또는 유가증권의 매입(자금 지원적 성격인 것만 해당)이나 그 밖에 금융거래상의 신용위험이 따르는 보험회사의 직접적 · 간접적 거래로서 대출, 어음 및 채권의 매입, 그 밖에 거래 상대방의 지급불능 시 보험회사에 손실을 초래할 수 있는 거래를 이른다.

구체적으로 대출, 어음 및 채권의 매입 등의 거래를 한 것과 같은 결과를 가져올 수 있는 거래로서 그 구체적인 내용은 다음과 같다.

[도표 6] 신용공여의 범위(규정 별표 1의 2)

| 계정 | 대분류 | 소분류 |
|---|---|---|
| 일반 계정 | B/S 난내 (대출채권) | 유가증권담보대출금, 부동산담보대출금, 신용대출금, 어음할인대출금, 지급보증대출금, 기타대출금 |
| | (유가증권) | 기업어음, 대여유가증권, 사모사채 |
| | (기타) | 기타 예금 중 환매조건부채권매수, 여신성 가지급금, 보험영업 이외의 거래에서 발생한 미수금, 대주주(특수관계인을 포함) 또는 자회사에 대한 예치금 |
| | B/S 난외 | 자회사에 대한 채무보증, 원화대출약정, 외화대출약정 |

한편 금융위원회는 보험회사에 손실을 초래할 가능성이 적은 것으로 판단되는 거래, 금융시장에 미치는 영향 등 해당 거래의 상황에 비추어 신용공여의 범위에 포함시키지 아니하는 것이 타당하다고 판단되는 거래에 대해서는 신용공여의 범위에 포함시키지 아니할 수 있다.

### 2) 총자산

"총자산"이란 대차대조표에 표시된 자산에서 영업권과 변액보험계약 및 퇴직연금실적배당보험계약에 따른 특별계정 자산[2]을 제외한 것을 말한다.

보험회사의 자산운용의 방법 및 비율에 대한 규제(법 제106조 등)를 적용하기 위한 일반계정의 총자산과 특별계정의 자산은 직전 분기말 현재 금액을 기준으로 하며, 범위는 각각 다음과 같다.

---

2) 보험업법 시행령 제3조 제1항에서는 총자산의 범위에서 제외되는 특별계정을 법 제108조 제1항 제2호(퇴직연금/퇴직보험) 및 제3호(변액보험)에 따른 특별계정으로 규정하고 시행령제50조제1항의 특별계정(원리금보장형퇴직연금/퇴직보험)을 제외토록 하는바, 이는 실적배당형 성격의 퇴직연금과 변액보험만이 총자산의 범위에서 제외하기 위한 것으로 원리금보장형 퇴직연금과 퇴직보험은 총자산 범위에 포함되어야 한다.

① 일반계정(특별계정에 속하는 계정을 제외한 보험계약이 속하는 계정)의 총자산은 재무상태표에 표시된 자산에서 영업권, 퇴직연금실적배당보험계약과 변액보험계약에 의한 특별계정자산을 제외한 것을 말한다.

② 퇴직연금실적배당보험계약과 변액보험계약에 의한 특별계정의 자산은 재무상태표에 표시된 자산에서 영업권을 제외한 것을 말한다.

### 3) 자기자본

"자기자본"이란 직전 분기말 현재 납입자본금 · 자본잉여금 · 이익잉여금, 그 밖에 이에 준하는 것(자본조정은 제외)으로서 합산하여야 할 항목 및 빼야 할 항목은 다음의 기준에 따라 금융위원회가 정하여 고시한다.

① 합산하여야 할 항목 : 납입자본금, 자본잉여금 및 이익잉여금 등 보험회사의 자본 충실에 기여하거나 영업활동에서 발생하는 손실을 보전(補塡)할 수 있는 것

② 빼야 할 항목 : 영업권 등 실질적으로 자본 충실에 기여하지 아니하는 것

금융위원회가 정하는 자기자본은 보험회사의 개별재무제표를 기준으로 직전 분기말 현재 납입자본금 · 자본잉여금 · 신종자본증권(기본자본에 한함) · 이익잉여금 및 자산건전성 분류결과에 따라 '정상', '요주의' 분류자산에 대하여 적립한 대손충당금의 합계액에서 영업권을 차감한 금액으로 한다.

### 4) 동일차주

"동일차주"란 동일한 개인 또는 법인 및 이와 신용위험을 공유하는 자로서 「독점규제 및 공정거래에 관한 법률」 제2조제 11호에 따른 기업집단에 속하는 회사를 말한다.

공정거래법 제2조(정의)에 의하면 "기업집단"이라 함은 동일인이 다음의 구분에 따라 대통령령이 정하는 기준에 의하여 사실상 그 사업내용을 지배하는 회사의 집단을 말한다.

① 동일인이 회사인 경우 그 동일인과 그 동일인이 지배하는 하나 이상의 회사의 집단

② 동일인이 회사가 아닌 경우 그 동일인이 지배하는 둘 이상의 회사의 집단

### 5) 대주주

"대주주"란 「금융회사의 지배구조에 관한 법률」 제2조 제6호에 따른 주주를 말하며 지배구조법 제2조(정의)에 의하면 "대주주"란 다음의 어느 하나에 해당하는 주주를 말한다.

① 금융회사의 의결권 있는 발행주식(출자지분을 포함) 총수를 기준으로 본인 및 그와 대통령령으로 정하는 특수한 관계가 있는 자가 누구의 명의로 하든지 자기의 계산으로 소유하는 주식(그 주식과 관련된 증권예탁증권을 포함)을 합하여 그 수가 가장 많은 경우의 그 본인("최대주주")

② 다음 각 ㈎ 및 ㈏의 어느 하나에 해당하는 자("주요주주")

㈎ 누구의 명의로 하든지 자기의 계산으로 금융회사의 의결권 있는 발행주식 총수의 100분의 10 이상의 주식(그 주식과 관련된 증권예탁증권을 포함)을 소유한 자

㈏ 임원(업무집행책임자는 제외한다)의 임면(任免) 등의 방법으로 금융회사의 중요한 경영사항에 대하여 사실상의 영향력을 행사하는 주주로서 대통령령으로 정하는 자

#### 6) 자회사

"자회사"란 보험회사가 다른 회사(「민법」또는 특별법에 따른 조합을 포함)의 의결권 있는 발행주식(출자지분을 포함) 총수의 100분의 15를 초과하여 소유하는 경우의 그 다른 회사를 말한다.

## 2. 겸영 · 부수업무 회계 및 외국지점 국내자산보유

### (1) 겸영 · 부수업무 회계

보험회사가 겸영업무[3] 또는 부수업무를 하는 경우에는 그 업무에 속하는 자산 · 부채 및 수익 · 비용을 보험업과 구분하여 회계처리하여야 한다.

한편, 부수업무의 경우 직전 사업연도 매출액이 해당 보험회사 수입보험료의 1천분의 1 또는 10억원 중 많은 금액에 해당하는 금액을 초과하는 업무를 하는 경우에는 보험업과 구분하여 회계처리하여야 한다.

### (2) 외국지점 국내자산 보유

외국보험회사국내지점은 대한민국에서 체결한 보험계약에 대해 적립한 책임준비금 및 비상위험준비금에 상당하는 자산을 대한민국에서 보유하여야 하며 대한민국에서 보유하여야 하는 자산의 종류 및 범위는 다음과 같다.

---

3) 영 제16조 제1항 1.「자산유동화에 관한 법률」에 따른 유동화자산의 관리업무 3.「한국주택금융공사법」에 따른 채권유동화자산의 관리업무
영 제16조 제2항 2.「자본시장과 금융투자업에 관한 법률」 제6조제6항에 따른 투자자문업 3.「자본시장과 금융투자업에 관한 법률」 제6조제7항에 따른 투자일임업 4.「자본시장과 금융투자업에 관한 법률」 제6조제8항에 따른 신탁업

① 현금 또는 국내 금융기관에 대한 예금, 적금 및 부금

② 국내에 예탁하거나 보관된 증권

③ 국내에 있는 자에 대한 대여금, 그 밖의 채권

④ 국내에 있는 고정자산

⑤ 국내에 적립된 재보험자산

⑥ 위의 자산과 유사한 자산으로서 현금 등에 준하는 금, 외국통화, 예치금 및 증거금 및 그 외의 유동성 자산

외국보험회사의 국내지점은 매사업연도 결산결과 법에 의하여 대한민국안에서 보유하여야 할 자산이 부족하게 된 때에는 결산확정일부터 60일내에 본점으로부터 자금을 도입하는 등의 방법으로 이를 보전하여야 한다. 다만, 결산이전에도 감독원장이 필요하다고 인정하여 금융위의 의결을 거쳐 보전을 지시하는 경우 그 지시를 받은 날부터 30일내에 이를 보전하여야 한다.



또한 외국보험회사의 국내지점은 법에 의하여 대한민국안에서 보유하여야 할 자산이 부족하게 된 때 자산을 보전하거나, 보유하여야 하는 자산의 범위를 초과하는 자산을 외국환거래법 등 관련 법규에 의하여 본점에 송금한 때에는 10일 이내에 그 사실을 감독원장에게 보고하여야 한다.

## 3. 자산운용상 금지 및 제한

### (1) 금지 또는 제한되는 자산운용

보험회사는 그 자산을 다음의 어느 하나에 해당하는 방법으로 운용하여서는 아니 된다.

① 업무용 부동산이 아닌 부동산(저당권 등 담보권의 실행으로 취득하는 부동산은 제외)의 소유

② 퇴직연금 및 퇴직보험계약에 따라 설정된 특별계정을 통한 부동산의 소유

③ 상품이나 유가증권에 대한 투기를 목적으로 하는 자금의 대출

④ 직접 · 간접을 불문하고 해당 보험회사의 주식을 사도록 하기 위한 대출

⑤ 직접 · 간접을 불문하고 정치자금의 대출

⑥ 해당 보험회사의 임직원에 대한 대출(보험약관에 따른 대출 및 금융위원회가 정하는 소액대출은 제외)

⑦ 자산운용의 안정성을 크게 해칠 우려가 있는 행위

### (2) 허용되는 부동산에 대한 투자(업무용 부동산)

업무용 부동산은 법인세법 시행령에서의 "업무와 관련 없는 부동산[4]"에 해당하지 않는 부동산으로서 업무시설용 부동산과 투자사업용 부동산으로 구분된다. 즉 보험회사의 경우 부동산에 대해서는 법인세법상의 "업무와 관련 없는 부동산"이 아닌 업무시설용 부동산과 투자사업용 부동산에 대해서만 제한적으로 운용할 수 있다.

먼저 업무시설용 부동산은 영업장(연면적의 100분의 10 이상을 보험회사가 직접 사용하고 있는 것만 해당), 연수시설, 임원 또는 직원의 복리후생시설 및 이에 준하는 용도로 사용하고 있거나 사용할 토지 · 건물과 그 부대시설을 포함한다.

다만, 영업장은 원칙적으로 단일 소유권의 객체가 되는 부동산이어야 하며, 단일 건물에 구분소유되어 있는 경우에는 다음의 요건을 모두 충족하여야 한다.

① 구분소유권의 객체인 여러 개의 층이 연접해 있거나 물리적으로 하나의 부동산으로 인정할 수 있을 것

② 부동산의 소유 목적, 경제적 효용 및 거래관행에 비추어 복수 부동산 취득의 불가피성이 인정될 것

한편, 보험회사가 문화 · 예술진흥에 기여할 수 있는 사업으로서 상설전시관 사업, 공연행사장 사업 및 그 밖에 감독원장이 필요하다고 인정하는 사업[5]에 사용하는 부동산은 업무시설용 부동산으로 본다.

다음으로 보험회사가 소유할 수 있는 투자사업용 부동산은 주택사업, 부동산임대사업, 장묘사업 등 사회복지사업, 도시재개발사업, 사회기반시설사업 등 공공성 사업과 해외부동산업을 위한 토지 · 건물 및 그 부대시설을 포함한다.

### (3) 자산운용의 안정성을 크게 해칠 우려가 있는 행위

보험회사의 자산운용의 안전성을 크게 해칠 우려가 있는 행위는 금융위원회가 정하는 기준을 충족하지 못하는 외국환거래 및 파생금융거래를 이른다.

---

4) 「법인세법 시행령」 제49조 제1항 제1호에 의하면 "업무와 관련 없는 부동산"은 법인의 업무에 직접 사용하지 아니하는 부동산과 기획재정부령이 정하는 기간(유예기간) 중에 당해 법인의 업무에 직접 사용하지 아니하고 양도하는 부동산을 말한다.

5) "그 밖에 감독원장이 필요하다고 인정하는 사업"이라 함은 지역문화행사, 전국학생미술대회 협찬, 전시회 개최, 문화 · 예술관련 재단 설립 등을 말한다.

여기서의 외국환이란 「외국환거래법」에 따른 외국환 중 대외지급수단, 외화증권, 외화채권만 해당하며 파생금융거래란 「외국환거래법」에 따른 파생상품에 관한 거래로서 채무불이행, 신용등급 하락 등 계약 당사자 간의 약정된 조건에 의한 신용사건 발생 시 신용위험을 거래 당사자 한쪽에게 전가(轉嫁)하는 거래 또는 이와 유사한 거래를 포함한다.

### 1) 보험회사의 외국환거래기준

보험회사의 자산운용의 안전성을 크게 해칠 우려가 있는 외국환거래에 대해서는 해당 외국환거래를 직접 열거하는 방식으로 규정하지 않고 다음 도표와 같이 외국환 종류별로 구분하여 일정기준을 충족하는 거래를 허용하는 방식으로 규정하고 있다.

[도표 7] 외국환 종류별 허용기준(규정 별표 8)

| 종류 | 허용기준 |
|---|---|
| 1. 외화증권 | • 주식 및 출자지분<br>① 외국유가증권시장에 상장 또는 등록된 주식, 상장 또는 등록예정 주식<br>② 보험회사의 자회사 주식<br>③ 외국환거래규정에서 규정하는 역외금융회사의 주식 또는 출자지분<br>④ 외국유가증권시장에 상장 또는 등록되지 않은 주식으로서 보험회사의 사옥관리업무, 보험수리업무, 손해사정업무 등에 해당하는 업무를 주로 하는 회사의 주식<br>⑤ 사모투자전문회사의 출자지분<br>• 외화표시 수익증권<br>• 외화표시 신용파생결합증권<br>① 신용연계채권(Credit Linked Note) 및 신용연계예금(Credit Linked Deposit)은 기초자산의 신용평가등급이 신용평가기관으로부터 투자적격등급 이상을 얻은 경우. 다만 기초자산의 발행자가 비거주자인 경우 당해 기초자산에 대하여 국제적인 외국신용평가기관으로부터 우수등급(S&P 기준 A− 이상 또는 이에 준하는 타 신용평기관의 신용등급) 이상을 득한 경우에 한함<br>② 합성담보부채권(Synthetic Collateralized Debt Obligations)의 경우 신용평가등급이 신용평가기관으로부터 투자적격등급 이상을 얻은 경우. 다만 기초자산에 비거주자의 신용위험이 포함된 경우에는 당해 합성담보부채권이 국제적인 외국신용평가기관으로부터 우수등급(S&P 기준 A− 이상 및 이에 준하는 타 신용평가기관의 신용등급) 이상을 득한 경우에 한함<br>• 이외의 외화증권<br>① 거주자가 발행한 외화증권의 경우 신용평가기관에서 투자적격등급 이상을 득하거나 동 신용등급 이상의 금융기관에 의한 객관적인 보증관계가 명시된 외화증권 |

04

| | |
|---|---|
| | ② 비거주자가 발행한 외화증권의 경우 국제적인 외국신용평가기관으로부터 투자적격등급(S&P 기준 BBB− 이상 또는 이에 준하는 타 신용평가기관의 신용등급) 이상을 득한 외화증권, 투자적격 신용등급 이상의 금융기관 또는 우수등급(S&P 기준 A− 이상 또는 이에 준하는 타 신용평가기관의 신용등급) 이상의 비금융기관에 의한 객관적인 보증관계가 명시된 외화증권, 발행 소재국의 금융당국이 바젤기준(또는 준하는 해당국의 기준)에 따라 지정한 적격외부신용평가기관으로부터 투자적격등급 이상의 등급을 득한 외화증권 |
| 2. 외국부동산 | • 법상 요건을 충족하는 외국부동산거래(업무용 부동산) |
| 3. 기타 외환거래 | • 대외지급수단<br>① OECD국가통화 및 국제적인 외국신용평가기관으로부터 AA−(S&P 기준) 또는 이에 준하는 신용등급 이상인 국가의 통화<br>② 해외 자회사에 대한 출자금<br>③ 선물거래 및 그에 준하는 수단에 의해 원화 또는 ①의 통화로 환율 변동에 따른 위험이 헷지되어 있는 기타통화<br>• 외화예금, 외화예치금<br>① 금융실명거래 및 비밀보장에 관한 법률에 의한 금융기관 및 이에 준하는 외국금융기관에 대한 외화예금 또는 예치금<br>② 해외선물거래를 위한 해외선물거래소 등에 대한 증거금 또는 예치금<br>• 외화표시 자산운용 일임계약<br>• 외화대출<br>• 외화증권 대여 |

**보충설명** 신용연계채권(Credit Linked Note) 및 합성담보부채권(Synthetic Collateralized Debt Obligations) 이해

### ❑ 신용연계채권

- 신용연계채권은 증권화된 신용파생상품으로 준거자산의 신용위험을 연계한 신용파생결합증권으로서 신용부도스왑(Credit Default Swap)가 내재된 채권이라 할 수 있다.
- CLN거래에서 CLN 발행자(신용위험 보장매입자)로 신용사건 발생 시 준거자산에서 발생하는 손실을 보장받기 위해서 일반채권에 비해 고수익의 약정이자(보장수수료)를 CLN 투자자(신용위험 보장매도자)에게 지급한다.
- CLN 투자자(신용위험 보장매도자)는 발행자에게 채권대금을 지급하며 CLN 채권의 이자(보장수수료) 및 만기시 채권대금을 수령한다.

일반적인 CLN 거래구조

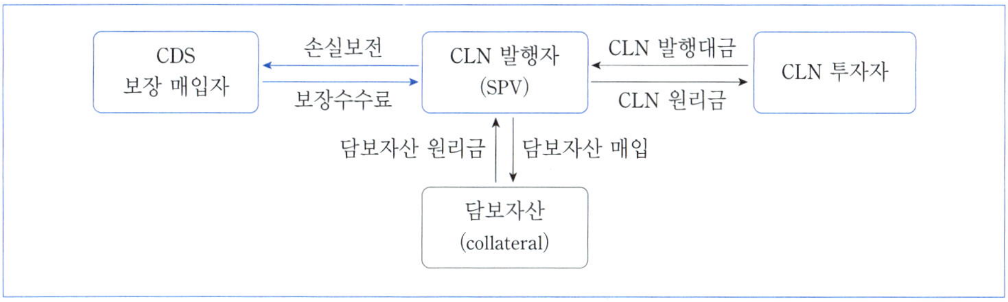


### ❑ 합성담보부채권

- 합성담보부채권은 준거자산의 신용위험을 연계한 신용파생결합증권으로 일반적인 CDO에 신용파생상품을 결합한 투자상품이다.
- SCDO거래에서 SPV는 스왑거래 상대방(보장 매입자)과 준거자산에 대한 CDS계약을 체결하여 프리미엄을 받고 준거자산에 대한 신용위험을 부담한 후 SPV는 CDO를 발행하여 위험부담 순위(선순위/중순위/지분)가 다른 투자자(보장 매도자)를 모집하여 투자대금으로 준거자산을 보유하며 투자자는 이자 및 만기시 채권대금 등을 수령한다.

일반적인 SCDO 거래구조

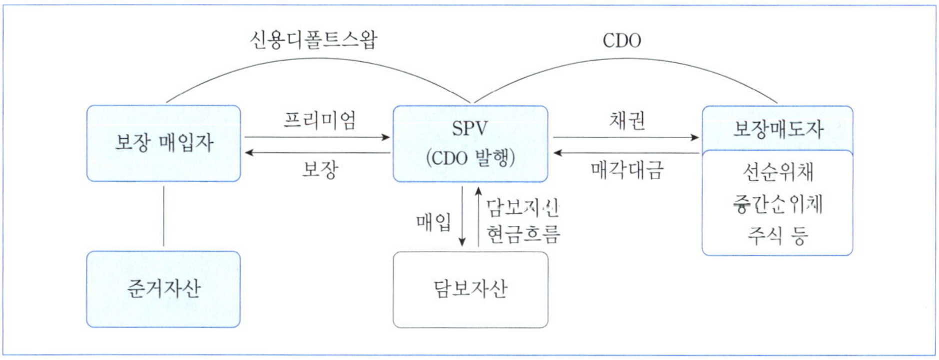


## 2) 보험회사의 파생금융 거래기준

보험회사의 자산운용의 안전성을 크게 해칠 우려가 있는 파생금융거래에 대해서는 해당 파생금융거래를 직접 열거하는 방식으로 규정하지 않고 일정기준을 충족하는 파생금융거래를 허용하는 방식으로 규정하였다.

그러나 2023년부터 IFRS 17과 K-ICS의 도입 등을 대비하여 보험회사 자산운용의 자율성을 높이고, 파생상품을 이용한 보험회사의 리스크관리를 활성화하고자 파생상품 거래에 대한 자산운용 한도규제(법 제106조제1항제10호)를 폐지함에 따라 실질적으로 파생금융거래에 대한 보험회사의 자산운용상 제약이 없어졌다.

### (4) 허용되는 임직원에 대한 소액대출

보험회사 임직원에 대하여 다음과 같은 한도내에서 대출이 허용되며 한편 책임준비금을 재원으로 대출하는 경우 대출조건은 일반고객과 동일하여야 하며, 보험회사는 임직원에 대한 대출조건, 대출취급실적 등 대출현황을 다음해 1월말까지 감독원장에게 보고하여야 한다.

① 일반자금대출 : 20백만원 이내
② 주택자금대출(일반자금대출 포함) : 50백만원 이내
③ 사고금정리대출(일반자금 및 주택자금대출 포함) : 60백만원 이내

### (5) 다른 회사에 대한 출자 제한

보험회사는 다른 회사의 의결권 있는 발행주식(출자지분을 포함) 총수의 100분의 15를 초과하는 주식을 원칙적으로 소유할 수 없으나 금융위원회의 승인, 신고 또는 보고를 받은 자회사의 주식은 소유할 수 있다. 보험회사의 자회사 소유에 대해서는 본 절 '5. 자회사의 소유'에서 구체적으로 설명하기로 한다.

### (6) 자금지원 관련 금지행위

보험회사는 다른 금융기관[6] 또는 다른 회사와 다음의 행위를 하여서는 아니 된다. 다음과 같은 자금지원 관련 금지행위를 위반하여 취득한 주식에 대하여는 의결권을 행사할 수 없다.

① 보험회사의 일반계정 및 특별계정과 관련된 자산운용한도의 제한을 피하기 위하여 다른 금융기관 또는 다른 회사의 의결권 있는 주식을 서로 교차하여 보유하거나 신용공여를 하는 행위
② 상법 및 자본시장과 금융투자업에 관한 법률에 따른 자기주식 취득의 제한을 피하기 위한 목적으로 서로 교차하여 주식을 취득하는 행위
③ 그 밖에 보험계약자의 이익을 크게 해칠 우려가 있는 행위로서 대통령령으로 정하는 행위

또한 금융위원회는 위의 자금지원 관련 금지행위를 위반하여 주식을 취득하거나 신용공여를 한 보험회사에 대하여 그 주식의 처분 또는 공여한 신용의 회수를 명하는 등 필요한 조치를 할 수 있다.

---

6) 금융산업의 구조개선에 관한 법률 제2조 제1호에 따른 금융기관을 말함

### (7) 타인을 위한 채무보증 금지

보험회사는 타인을 위하여 그 소유자산을 담보로 제공하거나 채무보증을 할 수 없다. 그러나 법령에서 정하는 바에 따라 채무보증을 할 수 있는 경우를 제한적으로 허용하고 있다.

먼저 보험회사는 신용위험을 이전하려는 자가 신용위험을 인수한 자에게 금전 등의 대가를 지급하고, 신용사건이 발생하면 신용위험을 인수한 자가 신용위험을 이전한 자에게 손실을 보전해 주기로 하는 계약에 기초한 증권 또는 예금을 매수하거나 가입할 수 있다.

구체적으로 살펴보면 앞에서 설명한 신용연계채권(Credit Linked Note), 신용연계예금(Credit Linked Deposit) 및 합성담보부채권(Synthetic Collateralized Debt Obligations) 등 신용파생결합증권에 대해서는 보험회사가 자산운용형태로서 투자가 가능하다.[7]



또한 보험회사의 자회사 중 외국에서 보험업을 경영하는 자회사에 대해서만 채무보증을 할 수 있다. 이 경우 다음의 요건을 모두 갖추어야 하며, 금융위원회는 동 요건을 갖추었는지를 확인하기 위하여 보험회사에 필요한 자료의 제출을 요청할 수 있다.

① 채무보증 한도액이 보험회사 총자산의 100분의 3 이내일 것
② 보험회사의 직전 분기 말 지급여력비율이 100분의 200 이상일 것
③ 보험금 지급 채무에 대한 채무보증일 것
④ 보험회사가 채무보증을 하려는 자회사의 의결권 있는 발행주식(출자지분을 포함) 총수의 100분의 50을 초과하여 소유할 것(외국 정부에서 최대 소유 한도를 정하는 경우 그 한도까지 소유하는 것을 말함)

## 4. 자산운용의 방법 및 비율

### (1) 자산운용의 방법 및 비율

보험회사는 일반계정(연금저축 특별계정 및 금융위 인정 특별계정 포함)에 속하는 자산과 퇴직연금 및 퇴직보험에 따른 특별계정에 속하는 자산을 운용할 때 다음의 비율을 초과할 수 없다.

다만, 퇴직연금 및 퇴직보험에 따른 특별계정의 자산으로서 자산운용의 손실이 일반계정에

---

7) 보험회사는 신용부도스왑(Credit Default Swap), 총수익스왑(Total Return Swap) 등 신용파생상품에 대한 투자가 금지되는 것으로 해석된다.

영향을 미치는 대통령령으로 정하는 자산(원리금보장형 퇴직연금 및 퇴직보험 특별계정[8])의 경우에는 일반계정에 포함[9]하여 자산운용비율을 적용한다.

한편, 매 분기말 기준 300억원 이하의 특별계정에 대하여는 일반계정에 포함하여 자산운용비율을 적용한다.

[도표 8] 보험업법의 일반 및 특별계정별 자산운용방법 및 비율

<table>
<tr><th colspan="2">구분</th><th>동일인 신용 공여</th><th>동일법인 채권·주식</th><th>동일차주 신용공여 채권·주식</th><th>거액*1 신용 공여</th><th>대주주 자회사*2 신용공여</th><th>대주주 자회사*2 채권·주식</th><th>자회사 신용 공여</th><th>부동산 소유</th><th>외화증권 외국환 등*3</th></tr>
<tr><td colspan="2">일반계정</td><td>총 자산 3%</td><td>총 자산 7%</td><td>총 자산 12%</td><td>총 자산 20%</td><td>Min [총자산 2% 자기자본 40%]</td><td>Min [총자산 3% 자기자본 60%]</td><td>자기 자본 10%</td><td>총 자산 15%*4</td><td>총 자산 50%</td></tr>
<tr><td rowspan="3">변액 보험 특별 계정*5</td><td>종신</td><td rowspan="3">각 자산 5%</td><td rowspan="3">각 자산 10%</td><td rowspan="3">각 자산 15%</td><td rowspan="3">각 자산 20%</td><td rowspan="3">각 자산 2%</td><td rowspan="3">각 자산 3%</td><td rowspan="3">각 자산 4%</td><td rowspan="3">각 자산 15%</td><td rowspan="3">각 자산 50%</td></tr>
<tr><td>연금</td></tr>
<tr><td>유니버셜</td></tr>
</table>

*1 동일한 개인 · 법인, 동일차주 또는 대주주(그의 특수관계인을 포함)에 대한 총자산의 100분의 1을 초과하는 거액 신용공여

*2 자본시장과 금융투자업에 관한 법률에 따른 집합투자기구 등[10]의 자회사를 제외

*3 외국환거래법에 따른 외국환 · 외국부동산의 소유(외화표시 보험에 대해 지급보험금과 같은 외화로 보유하는 자산의 경우에는 금융위원회가 정하는 바에 따라 책임준비금을 한도로 자산운용비율의 산정대상에 포함하지 아니함)

*4 보험회사의 일반계정과 각 특별계정의 자산운용 규제비율은 자산운용의 건전성 향상 또는 보험계약자 보호에 필요한 경우 영으로 정하는 바에 따라 그 비율의 100분의 50의 범위에서 인하할 수 있어 이에 근거하여

---

8) 법 제106조 제1항 단서에서 "대통령령으로 정하는 자산"이란 근로자퇴직급여보장법 제29조 제2항의 규정에 따른 보험계약(퇴직연금실적배당보험계약 제외) 및 법률 제10967호 근로자퇴직급여 보장법 전부개정법률 부칙 제2조 제1항 본문에 따른 퇴직보험계약 특별계정의 자산을 말한다(영§50①).

9) 퇴직연금 및 퇴직보험 특별계정 중 자산운용을 통해 손실이 발생하는 경우 이익잉여금 감소 등 일반계정에 영향을 끼치는 원리금 보장형 계약에 대해서는 손실부담주체와 계정을 일치시키고, 보험계약자 보호와 자산운용의 건전성 제고라는 자산운용비율 규제의 취지에 부합시키고자 일반계정에 포함하여 자산운용비율 규제를 적용하도록 보험업법을 개정하여 2023년부터 시행하였다.

10) 보험업의 경영과 밀접한 관련 있는 업무로서 영 제59조제3항제1호부터 제14호까지에 해당하는 업무를 수행하는 회사로서 보험회사가 해당 회사의 의결권 있는 발행주식(출자지분 포함)의 전부를 소유하는 회사, 벤처투자 촉진에 관한 법률에 따른 벤처투자회사 및 벤처투자조합, 부동산 투자회사법에 따른 부동산투자회사, 선박투자 회사법에 따른 선박투자회사, 여신전문 금융업법에 따른 신기술사업 투자조합, 영 제59조 제3항 제15호(외국에서 하는 보험업 등)에 따른 업무를 수행하는 회사, 영 제59조 제4항 제3호에 따른 업무(사회기반시설사업 등)를 수행하는 회사, 영 제59조 제2항 제1호에 따른 업무(외국에서 하는 사업 등)를 수행하는 회사

영에서 일반계정의 부동산 소유에 대해서만 자산운용비율(법상 총자산의 25%)을 총자산의 15%로 인하

*5 간접투자자산운용업법(이하 '간투법')이 제정(2003년 10월)되어 간투법 시행 후 신규로 설정되는 변액보험 특별계정은 간투법을 적용하며 간투법 시행 전에 설정된 변액보험 특별계정에 대해서는 보험업법상의 자산운용규제를 적용

보험업법상의 자산운용비율 규제시 주식 또는 채권의 소유금액은 취득원가를 기준으로 하며 산업금융채권 등의 채권[11]에 대해서는 제외하며 부동산에 대해서는 감가상각누계액을 차감한 후의 금액을 기준으로 하되, 부동산은 토지 · 건물 · 건설중인 자산 등과 이의 취득을 위해 계약보증금 · 가지급금 등의 형태로 지출되는 모든 자금을 포함한 것으로 한다.

한편 신용공여의 경우 대손충당금 차감 전 금액을 기준으로 하며 유가증권으로 분류된 기업어음도 취득원가를 기준으로 하며 보험약관대출금액은 제외한다.



**보충설명** 보험회사의 자산운용규제 방식 이해

❑ 직접 및 간접규제 방식으로 구분

- 직접 · 사전적 규제방식 : 보험회사가 투자할 수 있는 자산을 열거하고 일정한 한도를 각 부과하는 방식으로 미국, 일본 등이 채택함
- 간접 · 사후적 규제방식 : 사전적 규제 없이 자산 취득을 허용한 후 투자집중 리스크 등 지급여력제도를 통하여 자산운용을 규제하는 방식으로 EU, 호주 등이 채택함

**보충설명** 보험회사의 일반계정 자산운용비율 규제 시 특별계정 통합기준 및 적용법률

| 구분 | | 일반계정 포함여부 | |
|---|---|---|---|
| | | 포함여부 | 비율규제 적용법 |
| 생보 특별계정 | 연금저축 유배당 | ○ | 보험업법 |
| | 연금저축 무배당 | ○ | |
| | 자산연계형 | ○ | |
| | 퇴직보험 유배당 | ○ | |
| | 퇴직보험 무배당 | ○ | |
| | 원리금보장형 퇴직연금 유배당 | ○ | |
| | 원리금보장형 퇴직연금 무배당 | ○ | |
| | 달러화 외화보험 유배당 | ○ | |
| | 달러화 외화보험 무배당 | ○ | |
| | 위안화 외화보험 유배당 | ○ | |

11) 중소기업금융채권, 수출입금융채권, 한국은행통화안정증권, 예금보험기금채권, 이국한평형기금채권, 지방채, 정책금융채권, 주택저당채권담보부채권, 위에 준하는 감독원장이 인정하는 채권

| | | | |
|---|---|---|---|
| 생보 특별계정 | 위안화 외화보험 무배당 | ○ | 보험업법 |
| | 기타 외화보험 유배당 | ○ | |
| | 기타 외화보험 무배당 | ○ | |
| | 실적배당형 퇴직연금 | × | 자본시장법 |
| | 보험업법적용 변액종신 | × | 보험업법 |
| | 보험업법적용 변액연금 | × | 보험업법 |
| | 보험업법적용 변액유니버셜 | × | 보험업법 |
| | 자본시장법적용 변액보험 | × | 자본시장법 |
| 손보 특별계정 | 장기 유배당 | ○ | 보험업법 |
| | 장기 무배당 | ○ | |
| | 연금저축 유배당 | ○ | |
| | 연금저축 무배당 | ○ | |
| | 자산연계형 | ○ | |
| | 퇴직보험 유배당 | ○ | |
| | 퇴직보험 무배당 | ○ | |
| | 원리금보장형 퇴직연금 유배당 | ○ | |
| | 원리금보장형 퇴직연금 무배당 | ○ | |
| | 달러화 외화보험 유배당 | ○ | |
| | 달러화 외화보험 무배당 | ○ | |
| | 위안화 외화보험 유배당 | ○ | |
| | 위안화 외화보험 무배당 | ○ | |
| | 기타 외화보험 유배당 | ○ | |
| | 기타 외화보험 무배당 | ○ | |
| | 실적배당형 퇴직연금 | × | 자본시장법 |

### (2) 자산운용 제한에 대한 예외

보험회사 자산운용상의 제한에 대한 예외로서 ① 보험회사의 자산가격의 변동, 그 밖에 보험회사의 의사와 관계없는 사유로 자산상태가 변동된 경우, ② 보험회사에 적용되는 회계처리기준의 변경으로 보험회사의 자산 또는 자기자본 상태가 변동된 경우[12] 및 ③ 보험회사가 재무건전

12) 보험회사의 자산운용한도 초과 시 과징금 · 벌칙 · 과태료 등 제재 대상이 되는 바, 2023년부터 보험회사가 보험계약 및 금융상품 국제회계기준(IFRS 17/IFRS 9)을 적용하게 됨에 따라 보험업법을 개정하여 회계처리기준 변경에 따른 자산운용한도 초과에 대해 충분한 유예기간(3년)을 부여하였다.

성 기준을 지키기 위하여 필요한 경우 등[13] 금융위원회의 승인을 받은 경우에 대해서는 보험업법상의 자산운용 방법 및 비율 규제를 적용하지 아니한다.

위 ① 또는 ②의 사유로 자산운용비율을 초과하게 된 경우에는 해당 보험회사는 그 비율을 초과하게 된 날부터 각각 1년 또는 3년 이내에 보험업법상 자산운용규제에 적합하도록 하여야 한다. 다만, 한도를 초과하는 자산을 처분하는 것이 일반적인 경우에 비추어 해당 보험회사에 현저한 재산상의 손실이나 재무건전성의 악화를 초래할 것이 명백하다고 금융위원회가 인정하는 경우에는 그 기간을 연장할 수 있다.

여기서 위의 금융위원회가 인정하는 경우라 함은 이미 취급한 자산운용의 기한이 도래하지 아니하여 기간내 회수가 곤란하거나 시장상황 등으로 보아 해당 자산을 기간내에 처분하는 것이 보험회사의 자산건전성에 현저히 불리한 경우 등[14]을 말하며 이러한 경우 감독원장은 그 기간을 정하여 자산운용비율 한도초과 해소기간을 연장할 수 있다.



## 5. 자산건전성 분류 및 대손충당금 적립[15]

보험회사가 보유하고 있는 자산의 건전성을 분류하는 목적은 자산의 부실화 정도를 평가하여 건전성을 분류하고 적정수준의 대손충당금을 적립하고 추가담보 징구, 채권 조기회수 등 필요한 조치를 강구토록 함으로써 부실자산의 발생을 사전에 예방하는 한편, 이미 발생한 부실자산의 조기정상화를 촉진하여 보험회사의 자산운용 건전화를 도모하는 데 있다. 자산건전성 분류와 대손충당금과 관련한 구체적인 보험법규에 대해 설명한다.

---

13) 기업구조조정 촉진법에 따른 출자전환 또는 채무재조정 등 기업의 구조조정을 지원하기 위하여 필요한 경우, 그 밖에 보험계약자의 이익을 보호하기 위하여 필수적인 경우

14) 보험회사의 의사에 기인하지 않은 사유가 장기간 지속되고 당해 자산을 계속해서 운용하더라도 보험회사의 자산건전성을 저해하지는 않으나 중단할 경우에는 거래 상대방의 경영안정성이 크게 저해될 우려가 있는 경우, 그 밖에 준하는 경우로서 자산운용의 비율에 적합하지 아니하게 되는 상태가 일정기간 지속되더라도 당해 보험회사의 자산건전성이 크게 저해되지 아니하는 경우

15) 보험업법에 의거하여 보험회사는 보험금 지급능력과 경영건전성을 확보하기 위하여 자본의 적정성(지급여력비율은 100분의 100 이상), 자산의 건전성(대출채권 등 보유자산의 건전성을 정기적으로 분류하고 대손충당금을 적립) 및 경영건전성 확보(위험, 유동성 및 재보험의 관리 등)를 위한 재무건전성 기준을 지켜야 하는데 여기서는 자산의 건전성 관련 재무건전성 기준을 살펴본다.

### (1) 자산건전성 분류

보험회사는 정기적으로 차주의 채무상환능력과 금융거래내용 등을 감안하여 보유자산 등의 건전성을 "정상", "요주의", "고정", "회수의문", "추정손실"의 5단계로 분류하고, 적정한 수준의 대손충당금 및 대손준비금(이하 "대손충당금 등"이라 함)을 적립하여야 한다. 여기서의 "보유자산 등"이라 함은 다음에서 정하는 자산을 말하며 특별계정도 포함한다.

① 명칭 등 형식에 불구하고 경제적 실질이 이자수취 등을 목적으로 담보를 제공받거나 신용으로 일정기간 동안 또는 동기간 종료시 원리금의 반환을 약정하고 자금을 대여하여 발생한 채권(다만, 보험약관에 따른 대출은 제외)
② 유가증권
③ 미수금 · 미수수익 · 가지급금 및 받을어음 · 부도어음
④ 그 밖에 보험회사가 건전성 분류가 필요하다고 인정하는 자산

한편 보험회사는 자산건전성 분류 및 대손충당금 등 적립의 적정성 · 객관성 확보를 위하여 독립된 대출감사기능을 유지하는 등 필요한 내부통제체제를 구축 · 운용하여야 하며 보험회사는 자산건전성 분류 및 대손충당금 등 적립을 감독규정에서 정하는 기준을 반영하여 차주의 채무상환능력 평가기준을 포함한 자산건전성 분류 및 대손충당금 등 적립을 위한 세부기준을 정하여야 한다.

또한 보험회사는 "회수의문" 및 "추정손실"로 분류된 자산을 조기에 상각하여 자산의 건전성을 확보하여야 하며 자산건전성 분류업무와 관련하여 다음의 사항을 감독원장에게 보고하여야 한다.

| | |
|---|---|
| (1) 세부기준 제정 및 변경 | 보고사유 발생 시 지체없이 보고 |
| (2) 자산건전성 분류 및 대손충당금 등 적립 현황 | 사업연도 중 분기종료 후 1월 내<br>사업연도 말 사업연도 종료 후 2월 내 |

감독원장은 보험회사의 자산건전성 분류 및 대손충당금 적립의 적정성을 점검하고, 부적정하다고 판단되는 경우 그 시정을 요구할 수 있다.

### (2) 자산건전성 분류기준

보험회사는 정기적으로 차주의 채무상환능력과 금융거래내용 등을 감안하여 보유자산의 건전성을 "정상", "요주의", "고정", "회수의문" 및 "추정손실"의 5단계로 분류하며 분류단계별로 다음과 같이 정의한다.

[도표 9] 자산건전성 분류단계별 정의

| 분류단계 | 정의 |
|---|---|
| 정상 | • 경영내용, 재무상태 및 미래현금흐름 등을 감안할 때 채무상환능력이 양호하여 채권회수에 문제가 없는 것으로 판단되는 거래처(정상거래처) 자산 |
| 요주의 | • 경영내용, 재무상태 및 미래현금흐름 등을 감안할 때 채권회수에 즉각적인 위험이 발생하지는 않았으나 향후 채무상환능력의 저하를 초래할 수 있는 잠재적인 요인이 존재하는 것으로 판단되는 거래처(요주의거래처) 자산<br>• 1월 이상 3월 미만 연체대출금을 보유하고 있는 거래처 자산 |
| 고정 | • 경영내용, 재무상태 및 미래현금흐름 등을 감안할 때 채무상환능력의 저하를 초래할 수 있는 요인이 현재화되어 채권회수에 상당한 위험이 발생한 것으로 판단되는 거래처(고정거래처) 자산<br>• 3월이상 연체대출금을 보유하고 있는 거래처 자산 중 회수예상가액 해당부분<br>• 최종부도 발생, 청산 · 파산절차 진행 또는 폐업 등의 사유로 채권회수에 심각한 위험이 존재하는 것으로 판단되는 거래처 자산 중 회수예상가액 해당부분<br>• "회수의문거래처" 및 "추정손실거래처" 자산 중 회수예상가액 해당부분 |
| 회수의문 | • 경영내용, 재무상태 및 미래현금흐름 등을 감안할 때 채무상환능력이 현저히 악화되어 채권회수에 심각한 위험이 발생한 것으로 판단되는 거래처(회수의문거래처) 자산 중 회수예상가액 초과부분<br>• 3월 이상 12월 미만 연체대출금을 보유하고 있는 거래처 자산 중 회수예상가액 초과부분 |
| 추정손실 | • 경영내용, 재무상태 및 미래현금흐름 등을 감안할 때 채무상환능력의 심각한 악화로 회수불능이 확실하여 손실처리가 불가피한 것으로 판단되는 거래처(추정손실거래처) 자산 중 회수예상가액 초과부분<br>• 12월 이상 연체대출금을 보유하고 있는 거래처 자산 중 회수예상가액 초과부분<br>• 최종부도 발생, 청산 · 파산절차 진행 또는 폐업 등의 사유로 채권회수에 심각한 위험이 존재하는 것으로 판단되는 거래처 자산 중 회수예상가액 초과부분 |



### 1) 주요 보유자산 등에 대한 자산건전성 분류원칙 등

기업대출의 경우 보험회사는 거래기업의 채무상환능력과 연체기간, 부도여부 등을 종합적으로 고려하여 건전성을 분류하며 대출규모 또는 자산규모가 작은 거래기업에 대하여는 채무상환능력 평가를 생략하고 연체기간, 부도여부 등을 기준으로 건전성을 분류할 수 있다.

채권재조정대출[16]의 경우 재조정된 조건에 따른 미래현금흐름을 여신 재조정 직전시점의 유

16) 채권재조정대출은 채무자의 현재 또는 장래의 채무변제능력이 크게 저하된 경우에 채권자와 채무자의 합의 또는 법원의 결정 등의 방법으로 채무자의 부담완화를 공식화한 여신을 말한다.

효이자율(채권재조정시점 이전에 채권재조정에 해당하지 않는 이자율 변경약정이 있었던 경우에는 변경된 이자율)로 할인하여 현재가치를 산정한 후 현재가치분에 대하여 기업여신과 동일한 기준을 적용하여 건전성을 분류하되, 채무상환능력은 채권재조정후 해당기업의 경영내용, 재무상태 및 미래현금흐름 등을 기준으로 평가한다.

개인대출은 원칙적으로 차주의 채무상환능력과 연체기간을 종합적으로 고려하여 건전성을 분류하여야 하나, 개인대출의 특성을 감안하여 연체기간을 기준으로 건전성 분류를 할 수 있다. 특히 주거용 주택담보대출은 회수예상가액 대비 대출금액, 담보권 행사 등을 통한 신속한 채권회수조치 가능여부 등을 감안하여 필요하다고 인정되는 경우에는 총대출과 구분하여 건전성 분류를 할 수 있다.

유가증권의 경우 보험회사는 신용평가모형에 의한 발행기업의 신용등급에 따라 유가증권의 건전성을 분류한다. 발행기업에 대한 신용등급을 산출하지 않은 경우에는 국내외 신용평가기관의 최근 유가증권 신용등급에 따라 건전성을 분류할 수 있고 보증부 유가증권은 발행기업 뿐만 아니라 보증인의 채무상환능력을 평가하여 건전성을 분류할 수 있으나, 이 경우 보증인의 보증채무 이행능력, 회수가능성의 제약여부 등을 충분히 고려하여야 한다.

한편 대한민국 정부 및 지방자치단체, 정부투자기관이 보증한 유가증권은 발행기업에 대한 신용등급에 불구하고 "정상"으로 분류할 수 있다. 비거주자인 기업이 발행한 유가증권의 경우 해당기업 소재국의 국가위험을 감안하여 건전성을 분류하며, 외국정부 · 국제금융기구가 발행한 유가증권 또는 외국정부 · 국제금융기구가 보증한 유가증권의 경우 해당 외국정부 · 국제금융기구에 대한 신용평가기관의 신용등급에 따라 건전성을 분류한다.

마지막으로 보험회사는 미수금 · 미수수익 · 가지급금 및 받을어음 · 부도어음에 대하여 원칙적으로 차주의 채무상환능력과 연체기간, 부도여부 등을 종합적으로 고려하여 건전성을 분류하여야 한다. 다만, 대상채권의 특성을 감안하여 연체기간 및 부도여부 등을 기준으로 건전성을 분류할 수 있다.

### (3) 대손충당금 등 적립기준

보험회사는 결산 시(분기별 결산을 포함) 보유자산 등에 대한 대손충당금 적립액이 다음에서 정한 바에 따른 건전성분류별 산출금액에 미달하는 경우 그 차액을 대손준비금으로 적립(분기별 결산으로 대손준비금 적립이 확정되지 않은 경우 적립예정금액을 말함)한다.

① 일반대출채권, 미수금 등에 대한 건전성 분류결과에 따라 다음에서 정하는 금액

| 정상 | 요주의 | 고정 | 회수의문 | 추정손실 |
|---|---|---|---|---|
| 0.5% 이상 | 2% 이상 | 20% 이상 | 50% 이상 | 100% |

② 가계대출채권(개인생활자금 또는 주택자금 등 비영리용도의 대출과 사업자로 등록되지 아니한 개인에 대한 부업자금 대출 등을 말함)에 대하여는 다음에서 정하는 금액

| 정상 | 요주의 | 고정 | 회수의문 | 추정손실 |
|---|---|---|---|---|
| 1% 이상 | 10% 이상 | 20% 이상 | 55% 이상 | 100% |

③ 부동산프로젝트파이낸싱대출채권에 대하여는 다음에서 정하는 금액

| 정상 | 요주의 | 고정 | 회수의문 | 추정손실 |
|---|---|---|---|---|
| 0.9% 이상 | 7% 이상 | 20% 이상 | 50% 이상 | 100% |

④ 미사용약정에 대하여 다음에서 정하는 금액의 합계금액. 이 경우 감독원장이 정한 신용환산율[17]에 의해 환산된 금액을 기준으로 산정한다.

| 기업자금 미사용약정 | 일반대출채권 분류기준에 의해 산정한 금액의 합계 |
|---|---|
| 가계자금 미사용약정 | 가계대출채권 분류기준에 의해 산정한 금액의 합계 |

이 경우 보험업법 및 다른 법률에 따라 적립한 적립금을 우선 적립하여야 하며, 이익잉여금에서 보험업법 및 다른 법률에 따라 적립한 적립금을 차감한 금액을 한도로 한다.

다만, 미처리결손금이 있는 경우에는 미처리결손금이 처리된 때부터 대손준비금을 적립하며, 기존에 적립한 대손준비금이 결산일 현재 적립하여야 하는 대손준비금을 초과하는 경우에는 그 초과하는 금액을 환입할 수 있다.

---

17) 세칙 [별표 22] <표 26> 난외신용공여 신용환산율

| 신용환산율 | 항목 |
|---|---|
| 100% | • 해외 자회사에 대한 지급보증 |
| 50% | • 향후 1년 이내 캐피탈 콜 방식의 대출예정 금액(인출 예정 시점을 알 수 없는 경우 포함) |
| 20% | • 향후 1년 이후 캐피탈 콜 방식의 대출예정 금액 |
| 0% | • 보험회사가 사전통지 없이 항시 취소 가능한 약정 또는 거래상대방의 신용 악화 시 자동적으로 취소되는 약정 |
|  | • 대출약정 및 지급보증조건이 해당 시점의 신용상태에 따라 위험감소 방향으로 변경될 수 있는 약정 |

보험회사는 차주가 대한민국 정부 또는 지방자치단체인 자산과 “정상”으로 분류된 환매조건부채권매수, “정상”으로 분류된 미수수익 중 대출채권에 대한 미수수익이 아닌 자산 및 가지급금중 대출성격의 가지급금이 아닌 자산에 대하여는 대손충당금 등을 적립하지 아니할 수 있다.

또한 기업구조조정 촉진법에 따라 우선 변제권이 인정되는 “고정” · “회수의문” · “추정손실” 분류 자산에 대해서는 예상되는 손실규모를 별도로 평가하여 적립해야 할 충당금의 100분의 50 이상으로 적립할 수 있다.

#### 1) 거액손실 등 발생 시 대손충당금 등 적립기준

금융기관 검사 및 제재에 관한 규정에서 정하는 금융사고가 발생하여 보험회사의 전월말 현재 자산총액의 0.5%에 상당하는 금액을 초과하는 손실이 발생하였거나 발생이 예상되는 경우에는 감독원장은 당해 보험회사에 대하여 해당 분기말까지 손실예상액 전액을 대손충당금 등으로 적립할 것을 요구할 수 있다.

이에 따라 대손충당금 등을 적립한 후 당해 손실예상분에 대한 자산건전성 분류가 확정되는 경우에는 동 충당금 등을 환입하고 통상의 대손충당금 등 적립기준에 따라 대손충당금 등을 적립할 수 있다.

### (4) 대손상각 제도

대손상각(Write-off)이란 채권자가 보유하고 있는 채권 중 채무자의 상환능력이 없거나 회수가 불가능하다고 판단되는 채권을 손실로 처리하는 것을 이르며 손실처리된 채권은 재무상태표상의 장부가액에서 제외된다.

보험회사가 채권에 대한 대손상각 여부는 당해 보험회사 자체판단에 따른 것으로서 상각여부에 대하여 감독당국의 허가나 인가 등 절차를 요하지 않으나 보험회사는 대손인정제도와 관련하여 상각채권[18]에 대하여 법인세법상의 손비[19]로 인정받기 위해서는 대손상각 전에 감독당국의 인정절차가 필요하다.

---

18) 보험회사의 채권 중 대출금(다만 보험약관에 따른 대출은 제외한다.), 미수금, 미수수익, 가지급금, 받을어음, 부도어음으로 한한다.

19) 감독원장이 기획재정부장관과 협의하여 정한 대손처리기준에 따라 보험회사가 감독원장으로부터 대손금으로 승인받아 대손으로 계상한 금액은 법인세법 제19조의2 및 동법 시행령 제19조의2에 따라 당해 사업연도의 소득금액 계산 시 손금에 산입된다

### 1) 대손상각 인정제도

금융기관채권대손인정업무세칙에 의하면 보험회사는 보험회사의 채권이 보험업감독규정 등의 규정에 따라 "추정손실"로 분류된 때에는 조속한 시일내에 상각처리함으로써 보험회사의 건전성을 제고하여야 하며 보험회사는 상각처리한 보험회사의 채권의 회수에 필요한 조치를 다하여야 한다.

감독원장은 보험회사의 채권이 감독규정에 따라 "추정손실"로 분류된 경우 대손인정할 수 있다. 다만 보험회사의 채권 중 감독규정의 규정에 따라 "추정손실"로 분류된 1천만원 이하의 가계대출 등으로서 보험회사가 자체상각한 것은 감독원장이 대손인정한 것으로 본다.

대손인정업무 절차는 대손인정의 신청, 대손인정의 통지, 대손상각, 상각실적 보고, 회수실적 보고 등으로 다음과 같다.



① 대손인정의 신청 : 매분기말 1월전까지 감독원장에게 대손인정을 신청하여야 한다. 다만, 보험회사 등의 국외지점에서 보유하고 있는 채권과 즉시 상각이 불가피한 채권에 대한 대손인정 신청은 수시로 할 수 있다.

② 대손인정의 통지 : 감독원장은 대손인정 신청일로부터 14일 이내에 대손인정 여부를 통지하여야 한다.

③ 대손상각 : 대손인정을 통보받은 보험회사는 해당 채권에 대해 조속한 시일 내에 손실(상각)처리를 하여야 한다.

④ 상각실적 보고 : 보험회사는 상각결과를 매분기 종료 후 다음달 10일까지 감독원장에게 보고하여야 한다.

⑤ 회수실적 보고 : 보험회사는 상각처리한 후 특수채권으로 관리하고 있는 채권의 회수실적을 매분기 종료 후 다음달 10일까지 감독원장에게 보고하여야 한다.

⑥ 재무제표 표시 : 보험회사는 상각처리한 채권의 잔액을 재무상태표 난외사항에 대손상각채권으로 표시하여야 한다.

# 제5장

# 보험회사의 부채

# 제1절
# 부채회계 개론



## 1. 부채의 정의

부채는 과거사건의 결과로 기업이 경제적 자원을 이전해야 하는 현재의무로 부채가 존재하기 위해서는 다음의 세 가지 조건을 모두 충족하여야 한다.

① 기업에게 의무가 있다.
② 의무는 경제적 자원을 이전하는 것이다.
③ 의무는 과거사건의 결과로 존재하는 현재의무이다.

상기의 세 가지 측면을 구체적으로 살펴보자.

### (1) 의무

부채의 첫 번째 조건은 기업에게 의무가 있다는 것이다. 의무란 기업이 회피할 수 있는 실제 능력이 없는 책무나 책임으로서 항상 다른 당사자에게 이행해야 한다. 다른 당사자는 사람이나 또 다른 기업, 사람들 또는 기업들의 집단, 사회 전반이 될 수 있고 의무를 이행할 대상인 당사자의 신원을 알 필요는 없다.

한 당사자가 경제적 자원을 이전해야 하는 의무가 있는 경우, 다른 당사자는 그 경제적 자원을 수취할 권리가 있다. 그러나 한 당사자가 부채를 인식하고 이를 특정 금액으로 측정해야 한다는 요구사항이 다른 당사자가 자산을 인식하거나 동일한 금액으로 측정해야 한다는 것을 의미하지는 않는다.

많은 의무는 계약, 법률 또는 이와 유사한 수단에 의해 성립되는데, 이 경우 당사자가 채무자에게 법적으로 집행할 수 있다. 한편, 기업이 실무 관행, 공개한 경영방침, 특정 성명과 상충되는 방식으로 행동할 실제 능력이 없는 경우, 기업의 그러한 실무 관행, 경영방침이나 성명에서 의무가 발생할 수도 있다. 그러한 상황에서 발생하는 의무는 '의제의무'라고 불린다.

또한, 의무존재 여부가 불확실한 경우가 있다. 예를 들어, 다른 당사자가 기업의 범법행위 혐의에 대한 보상을 요구하는 경우, 그 행위의 발생여부, 기업이 그 행위의 당사자에 해당하는지 여부 또는 해당 행위에 법률이 어떻게 적용되는지 등이 불확실할 수 있다. 이러한 경우에는 법원의 판결로 그 존재의 불확실성이 해소될 때까지, 기업이 보상을 요구하는 당사자에 대한 의무가 있는지 여부, 즉, 결과적으로 부채가 존재하는지 여부가 불확실하다.

### (2) 경제적 자원의 이전

부채의 두 번째 조건은 경제적 자원을 이전하는 것이 의무라는 것이다. 이 조건을 충족하기 위해, 의무에는 기업이 경제적 자원을 다른 당사자에게 이전하도록 요구받게 될 잠재력이 있어야 한다.

그러한 잠재력이 존재하기 위해서는, 기업이 경제적 자원의 이전을 요구받을 것이 확실하거나 그 가능성이 높아야 하는 것은 아니다. 예를 들어 불확실한 특정 미래사건이 발생할 경우에만 이전이 요구될 수도 있다. 의무가 이미 존재하고, 적어도 하나의 상황에서 기업이 경제적 자원을 이전하도록 요구되기만 하면 된다.

경제적 자원의 이전가능성이 낮은 의무도 부채의 정의를 충족할 수 있다. 그러나, 낮은 이전가능성은 부채의 인식 여부와 측정방법의 결정을 포함하여, 부채와 관련하여 제공해야 할 정보와 그 정보를 제공하는 방법에 대한 결정에 영향을 미칠 수 있다.

경제적 자원을 이전해야하는 의무는 다음의 예를 포함한다.

① 현금을 지급할 의무
② 재화를 인도하거나 용역을 제공할 의무
③ 불리한 조건으로 다른 당사자와 경제적 자원을 교환할 의무. 예를 들어, 이러한 의무는 현재 불리한 조건으로 경제적 자원을 판매하는 선도계약 또는 다른 당사자가 해당 기업으로부터 경제적 자원을 구입할 수 있는 옵션을 포함한다.
④ 불확실한 특정 미래사건이 발생할 경우 경제적 자원을 이전할 의무
⑤ 기업에게 경제적 자원을 이전하도록 요구하는 금융상품을 발행할 의무

### (3) 과거사건으로 생긴 현재의무

부채의 세 번째 조건은 의무가 과거사건의 결과로 존재하는 현재의무라는 것이다. 현재의무는 다음 모두에 해당하는 경우에만 과거사건의 결과로 존재한다.

① 기업이 이미 경제적 효익을 얻었거나 조치를 취했고,

② 그 결과로 기업이 이전하지 않아도 되었을 경제적 자원을 이전해야 하거나 이전하게 될 수 있는 경우

새로운 법률이 제정되는 경우에는, 그 법률의 적용으로 경제적 효익을 얻게 되거나 조치를 취한 결과로, 기업이 이전하지 않아도 되었을 경제적 자원을 이전해야 하거나 이전하게 될 수도 있는 경우에만 현재의무가 발생한다. 법률제정 그 자체만으로는 기업에 현재의무를 부여하기에 충분하지 않다.

미래의 특정 시점까지 경제적 자원의 이전이 집행될 수 없더라도 현재의무는 존재할 수 있다. 예를 들어, 계약에서 미래의 특정 시점까지는 지급을 요구하지 않더라도, 현금을 지급해야하는 계약상 부채가 현재 존재할 수 있다.

이와 유사하게, 거래상대방이 미래의 특정 시점까지는 업무를 수행하도록 요구할 수 없더라도, 기업에게는 미래의 특정 시점에 업무를 수행해야 하는 계약상 의무가 현재 존재할 수 있다.



## 2. 부채의 인식

'인식'이라 함은 부채, 자본, 수익 또는 비용과 같은 재무제표 요소 중 하나의 정의를 충족하는 항목을 재무상태표나 경영성과표에 포함하기 위하여 포착하는 과정이다.

인식은 그러한 재무제표 중 하나에 어떤 항목을 명칭과 화폐금액으로 나타내고, 그 항목을 해당 재무제표의 하나 이상의 합계에 포함시키는 것과 관련된다. 부채 또는 자본이 재무상태표에 인식되는 금액을 '장부금액'이라고 한다.

부채의 정의를 충족하는 항목만이 재무상태표에 인식된다. 그러나 부채의 정의를 충족하는 항목이라고 할지라도 항상 인식되는 것은 아니다.

부채의 정의를 충족하는 항목을 인식하지 않는 것은 재무상태표를 완전하지 않게 하고 재무제표에서 유용한 정보가 제외될 수 있다. 반면에, 어떤 상황에서는 부채의 정의를 충족하는 일

부 항목을 인식하는 것이 오히려 유용한 정보를 제공하는 것이 아닐 수 있다.

따라서 부채를 인식하고 이에 따른 결과로 비용 또는 자본변동을 인식하는 것이 재무제표이용자들에게 다음과 같이 유용한 정보를 모두 제공하는 경우에만 부채를 인식한다.

① 부채에 대한 그리고 이에 따른 결과로 발생하는 비용 또는 자본변동에 대한 목적적합한 정보
② 부채 그리고 이에 따른 결과로 발생하는 비용 또는 자본변동의 충실한 표현

정리하면, 부채를 재무상태표에서 인식하기 위해서는 현재의무의 이행에 따라 경제적 자원의 유출가능성이 높고 해당항목의 금액을 신뢰성 있게 측정할 수 있어야 한다.

### (1) 목적적합성

부채, 자본, 수익과 비용에 대한 정보는 일반적으로 재무제표이용자들에게 목적적합하다. 그러나 특정 부채의 인식과 이에 따른 결과로 발생하는 수익, 비용 또는 자본변동을 인식하는 것이 항상 목적적합한 정보를 제공하는 것은 아닐 수 있다. 예를 들어, 다음과 같은 경우에 그러할 수 있다.

① 부채가 존재하는지 불확실하다.
② 부채가 존재하지만 경제적 효익의 유출가능성이 낮다.

### (2) 표현충실성

특정 부채를 인식하는 것은 목적적합한 정보를 제공할 뿐만 아니라 해당 부채 및 이에 따른 결과로 발생하는 수익, 비용 또는 자본변동에 대한 충실한 표현을 제공할 경우에 적절하다. 충실한 표현이 제공될 수 있는지는 부채와 관련된 측정불확실성의 수준 등에 의해 영향을 받을 수 있다.

## 3. 부채의 측정

부채의 측정이란 재무제표에 인식된 부채에 대해 화폐단위로 수량화하는 것을 이른다. 화폐단위로 수량화를 위해서는 측정기준을 선택해야 한다. 측정기준은 측정 대상 항목에 대해 식별

된 속성(예 역사적 원가, 공정가치 또는 이행가치)이다. 부채에 측정기준을 적용하면 해당 부채의 측정치가 산출된다.

### (1) 역사적 원가

역사적 원가 측정치는 적어도 부분적으로 부채 및 관련 수익과 비용을 발생시키는 거래나 그 밖의 사건의 가격에서 도출된 정보를 사용하여 부채 및 관련 수익과 비용에 관한 화폐적 정보를 제공한다.

역사적 원가는 손실부담에 따른 부채와 관련되는 변동을 제외하고는 가치의 변동을 반영하지 않으며, 부채가 발생하거나 인수할 때의 역사적 원가는 발생시키거나 인수하면서 수취한 대가에서 거래원가를 차감한 가치이다.

### (2) 현행가치

현행가치 측정치는 측정일의 조건을 반영하기 위해 갱신된 정보를 사용하여 부채 및 관련 수익과 비용의 화폐적 정보를 제공한다. 부채의 현행가치는 이전 측정일 이후의 변동, 즉 현행가치에 반영되는 현금흐름과 그 밖의 요소의 추정치의 변동을 반영한다.

현행가치 측정기준은 ① 공정가치, ② 부채의 이행가치, ③ 현행원가를 포함한다.

먼저 공정가치는 측정일에 시장참여자 사이의 정상거래에서 부채를 이전할 때 지급하게 될 가격이며 공정가치는 기업이 접근할 수 있는 시장의 참여자 관점을 반영한다. 시장참여자가 경제적으로 최선의 행동을 한다면 부채의 가격을 결정할 때 사용할 가정과 동일한 가정을 사용하여 그 부채를 측정한다.

일부의 경우, 공정가치는 활성시장에서 관측되는 가격으로 직접 결정될 수 있다. 다른 경우에는 현금흐름기준 측정기법 등을 사용하여 간접적으로 결정되기도 한다.

다음으로 이행가치는 기업이 부채를 이행할 때 이전해야 하는 현금이나 그 밖의 경제적 자원의 현재가치이다. 이러한 현금이나 그 밖의 경제적 자원의 금액은 거래상대방에게 이전되는 금액뿐만 아니라 기업이 그 부채를 이행하기 위해 다른 당사자에게 이전해야 할 것으로 기대하는 금액도 포함한다.

이행가치는 직접 관측될 수 없어 일반적으로 현금흐름기준 측정기법으로 결정되며 이행가치는 시장참여자의 가정 및 관점보다는 기업 특유의 가정 및 관점을 반영한다.

05

**보충설명** IFRS17 보험부채 측정기준

❑ IFRS17에서 보험부채는 역사적원가가 아닌 현행가치(이행가치 또는 공정가치)로 측정

| 원칙 | 예외 |
|---|---|
| 기업특유의 가정 및 관점을 반영한 이행가치로 보험부채 측정 | 전환시점의 보유계약에 대해 일정 요건을 충족하는 경우에만 시장참여자의 가정 및 관점을 반영한 공정가치로 보험부채 측정 |

마지막으로 부채의 현행원가는 측정일 현재 동등한 부채에 대해 수취할 수 있는 대가에서 그 날에 발생할 거래원가를 차감한다.

현행원가는 역사적 원가와 마찬가지로 유입가치이다. 이는 기업이 부채를 발생시킬 시장에서의 가격을 반영한다. 이런 이유로, 현행원가는 유출가치인 공정가치, 이행가치와 다르다. 그러나 현행원가는 역사적 원가와 달리 측정일의 조건을 반영한다.

## 4. 충당부채 회계

충당부채는 결제에 필요한 미래 지출의 시기 또는 금액에 불확실성이 있다는 점에서 매입채무와 미지급비용과 같은 그 밖의 부채와 구별된다. 일반적으로 모든 충당부채는 결제에 필요한 지출의 시기 또는 금액이 불확실하므로 우발적이라고 할 수 있다.

그러나 회계기준서에서는 기업이 전적으로 통제할 수 없는 하나 이상의 불확실한 미래 사건의 발생 여부로만 부채나 자산의 존재 유무를 확인할 수 있는데 이를 확인할 수 없어 재무제표에 부채나 자산으로 인식하지 않는 경우에 '우발'이라는 용어를 사용한다. 그리고 인식기준을 충족하지 못하여 부채로 인식하지 않는 경우에는 '우발부채'라는 용어를 사용한다.

한편, 충당부채는 현재의무이고 이를 이행하기 위하여 경제적 효익이 있는 자원을 유출할 가능성이 높고 해당 금액을 신뢰성 있게 추정할 수 있으므로 부채로 인식한다.

그러나 우발부채는 기업이 경제적 효익이 있는 자원을 유출할 현재의무를 가지고 있는지가 아직 확인되지 않은 잠재적 의무이거나 현재의무이지만 이를 이행하기 위하여 경제적 효익이 있는 자원을 유출할 가능성이 높지 않거나 해당 금액을 신뢰성 있게 추정할 수 없어서 부채의 인식기준을 충족하지 못하므로 부채로 인식하지 아니한다.

### (1) 충당부채 등 용어 정의

충당부채 회계기준서에서 나오는 충당부채 등 관련 용어를 살펴보자.

① 충당부채 : 지출하는 시기 또는 금액이 불확실한 부채
② 의무발생사건 : 해당 의무의 이행 외에는 현실적인 대안이 없는 법적의무나 의제의무가 생기게 하는 사건
③ 법적의무 : 명시적 또는 암묵적 조건에 따른 계약, 법률 또는 그 밖의 법적 효력 중 하나에서 생기는 의무
④ 의제의무 : 과거의 실무관행, 발표된 경영방침, 구체적이고 유효한 약속 등으로 기업이 특정 책임을 부담할 것이라고 상대방에게 표명하고 이의 결과로 기업이 해당 책임을 이행할 것이라는 정당한 기대를 상대방이 갖도록 함에 따라 생기는 의무
⑤ 우발부채 : 과거사건으로 생겼으나, 기업이 전적으로 통제할 수는 없는 하나 이상의 불확실한 미래 사건의 발생 여부로만 그 존재 유무를 확인할 수 있는 잠재적 의무 또는 과거사건으로 생겼으나, 해당 의무를 이행하기 위하여 경제적 효익이 있는 자원을 유출할 가능성이 높지 않은 경우나 해당 의무의 이행에 필요한 금액을 신뢰성 있게 측정할 수 없는 경우에 해당하여 인식하지 않는 현재의무
⑥ 우발자산 : 과거사건으로 생겼으나, 기업이 전적으로 통제할 수는 없는 하나 이상의 불확실한 미래 사건의 발생 여부로만 그 존재 유무를 확인할 수 있는 잠재적 자산
⑦ 손실부담계약 : 계약상 의무의 이행에 필요한 회피 불가능 원가가 그 계약에서 받을 것으로 예상되는 경제적 효익을 초과하는 계약

05

### (2) 충당부채의 인식

충당부채는 다음의 요건을 모두 충족하는 경우에 인식하며 동 요건을 충족하지 못할 경우에는 충당부채로 인식할 수 없다.

① 과거사건의 결과로 현재의무(법적의무나 의제의무)가 존재한다.
② 해당 의무를 이행하기 위하여 경제적 효익이 있는 자원을 유출할 가능성이 높다.
③ 해당 의무를 이행하기 위하여 필요한 금액을 신뢰성 있게 추정할 수 있다.

드물지만 현재의무가 있는지 분명하지 않은 경우가 있다. 이 경우에는 사용할 수 있는 증거를 모두 고려하여 보고기간 말에 현재의무가 존재할 가능성이 존재하지 않을 가능성보다 높으면(more likely than not) 과거사건이 현재의무를 생기게 한 것으로 본다.

[도표 1] 충당부채와 우발부채 관계

| 자원유출가능성 \ 금액추정가능성 | 신뢰성 있게 추정가능 | 추정불가능 |
|---|---|---|
| 높음(확률 50% 초과) | 충당부채로 인식 | 우발부채로 주석공시 |
| 희박하지 않음 | 우발부채로 주석공시 | |
| 희박함 | 공시하지 않음 | 공시하지 않음 |

### (3) 충당부채의 측정

충당부채로 인식하는 금액은 현재의무를 보고기간 말에 이행하기 위하여 필요한 지출에 대한 최선의 추정치이어야 하며 충당부채에 대한 최선의 추정치를 구할 때에는 관련된 사건과 상황에 따르는 불가피한 위험과 불확실성을 고려한다.

화폐의 시간가치 영향이 중요한 경우에 충당부채는 의무를 이행하기 위하여 예상되는 지출액의 현재가치로 평가하며 할인율은 부채의 특유한 위험과 화폐의 시간가치에 대한 현행 시장의 평가를 반영한 세전 이율이다.

현재의무 이행을 위해 필요한 지출금액에 영향을 미치는 미래 사건이 일어날 것이라는 충분하고 객관적인 증거가 있는 경우에는 그러한 미래 사건을 감안하여 충당부채 금액을 추정하여야 하나, 예상되는 자산 처분이익은 충당부채를 측정하는 데 고려하지 아니한다.

### (4) 충당부채의 변제 및 변동

충당부채를 결제하기 위하여 필요한 지출액의 일부나 전부를 제삼자가 변제할 것으로 예상되는 경우에는 기업이 의무를 이행한다면 변제를 받을 것이 거의 확실하게 되는 때에만 변제금액을 인식하고 별도의 자산으로 회계처리한다. 다만 자산으로 인식하는 금액은 관련 충당부채 금액을 초과할 수 없다.

한편, 충당부채와 관련하여 포괄손익계산서에 인식된 비용은 제삼자의 변제와 관련하여 인식한 금액과 상계하여 표시할 수 있다.

보고기간 말마다 충당부채의 잔액을 검토하고, 보고기간 말 현재 최선의 추정치를 반영하여 조정한다. 의무의 이행을 위하여 경제적 효익이 있는 자원을 유출할 가능성이 높지 않게 된 경우에는 관련 충당부채를 환입한다.

### (5) 인식기준과 측정기준의 적용

미래의 예상 영업손실은 충당부채로 인식하지 아니하며 손실부담계약을 체결하고 있는 경우에는 관련된 현재의무를 충당부채로 인식하고 측정한다.

한편, 구조조정에 대한 의제의무는 다음의 요건을 모두 충족하는 경우에 발생하며 기업이 매각의 이행을 확약하기 전까지, 즉 구속력 있는 매각계약을 체결할 때까지는 사업매각과 관련된 의무가 생기지 않는다.

① 기업이 구조조정에 대한 구체적인 공식 계획을 가지고 있으며, 이 계획에서 적어도 아래에 열거하는 내용을 모두 확인할 수 있어야 한다.

(가) 구조조정 대상이 되는 사업이나 사업의 일부

(나) 구조조정의 영향을 받는 주사업장 소재지

(다) 해고에 대한 보상을 받는 종업원의 근무지, 역할, 대략적인 인원수

(라) 구조조정에 필요한 지출

(마) 구조조정 계획의 실행 시기

② 기업이 구조조정 계획의 실행에 착수하였거나 구조조정의 주요 내용을 공표함으로써 구조조정의 영향을 받을 당사자가 기업이 구조조정을 실행할 것이라는 정당한 기대를 갖게 한다.

구조조정충당부채로 인식할 수 있는 지출은 구조조정에서 생기는 직접비용으로 구조조정 때문에 반드시 발생하고 기업의 계속적인 활동과 관련 없는 지출인 경우에만 충당부채로 인식할 수 있다.

05

**보충설명** 부담금 충당부채 인식범위 관련 논의 사례

❑ 과거 IASB의 해석위원회는 영업수익의 일정비율로 지출하는 특정 부담금에 대하여, 미래기간에 영업을 지속함에 따른 미래지출예상액(Levy that will be triggered by operating in that future period)이 부채 인식요건을 만족하는지 여부와 관련하여 해석서를 발행한 바 있음(기업회계기준해석서 제2121호 부담금)

- 해석위원회는 부담금부채 및 부담금충당부채(지출의 시기 또는 금액이 불확실한 경우)의 회계처리를 명확하게 하기 위해 다음의 회계논제를 다룸
  ① 부담금부채를 인식하게 하는 의무발생사건은 무엇인가?
  ② 미래기간에 영업을 계속하여야 하는 경제적 강제가 그 미래기간에 영업을 하므로 유발될 부담금을 납부해야 하는 의제의무를 발생시키는가?
  ③ 계속기업 가정은 미래기간에 영업을 하므로 유발될 부담금을 납부해야 하는 현재의무가 기업에 있다는 것을 의미하는가?
- 해석위원회는 미래기간에 발생할 의무를 부채인식대상에 포함할 경우, 다양한 종류의 미래(정기)지출이 모두 부채로 인식되는 결론에 도달할 수 있으므로 미래기간 영업을 통해 유발될 부담금에 대해서는 부채를

인식하지 않아야 한다는 결론을 내림

① 의무발생사건은 당기의(미래가 아니라) 수익 창출임

② 미래기간에 영업을 계속하는 것이 경제적으로 강제되더라도, 그 미래기간에 영업을 하므로 유발될 부담금을 납부해야 하는 의제의무는 없음

③ 계속기업 가정에 따라 재무제표를 작성하는 것이, 미래기간에 영업을 하므로 유발될 부담금을 납부해야 하는 현재의무가 있다는 것을 의미하지 않음

- 부담금부채 및 부담금충당부채의 인식범위는 결산일까지 발생한 영업수익에 대응하는 금액으로 제한되며 차년도 이후 지출이 예상되는 부담금은 부채인식대상이 아님

## 5. 종업원급여 회계

종업원급여 회계에서 중요한 주제는 종업원급여의 대가로 종업원이 제공하는 근무용역에서 생기는 경제적 효익을 기업이 소비할 때 비용인식에 관한 회계처리이다. 여기서의 종업원급여는 종업원이 제공한 근무용역의 대가 또는 종업원을 해고하는 대가로 기업이 제공하는 모든 종류의 보수를 이르며 종업원급여에 대해서 단기종업원급여, 퇴직급여, 기타장기종업원급여 및 해고급여 등 4가지 범주로 구분하여 살펴보자.

### (1) 단기종업원급여

단기종업원급여는 종업원이 관련 근무용역을 제공하는 연차 보고기간 말 후 12개월이 되기 전에 모두 결제될 것으로 예상되는 급여로서 임금, 사회보장분담금, 유급연차휴가, 유급병가, 이익분배금, 상여금, 현직 종업원을 위한 비화폐성급여(의료, 주택, 자동차, 무상이나 일부보조로 제공되는 재화 및 용역) 등을 포함한다.

단기종업원급여의 대가로 종업원이 근무용역을 제공할 때 단기종업원급여를 인식하며 지급이 예상되는 단기종업원급여를 할인하지 않은 금액으로 다음과 같이 인식한다.

① 이미 지급한 금액이 있다면 이를 차감한 후 부채(미지급비용)로 인식한다. 이미 지급한 금액이 해당 급여의 할인하지 않은 금액보다 많은 경우, 그 초과액으로 미래 지급액이 감소하거나 현금이 환급된다면 그만큼을 자산(선급비용)으로 인식한다.

② 다른 회계기준서(예 기업회계기준서 제1002호 '재고자산', 제1016호 '유형자산')에 따라 해당 급여를 자산의 원가에 포함하는 경우가 아니라면, 비용으로 인식한다.

### (2) 퇴직급여

퇴직급여는 퇴직 후에 지급하는 종업원급여로서 퇴직금(예 퇴직연금과 퇴직일시금), 그 밖의 퇴직급여(예 퇴직후생명보험, 퇴직후의료급여 등) 등을 포함하며 퇴직급여제도는 제도의 주요 규약에서 도출되는 경제적 실질에 따라 확정기여제도나 확정급여제도로 분류된다.

#### 1) 확정기여제도

확정기여제도는 기업이 별개의 실체(기금)에 고정 기여금을 납부하고, 기여금을 납부할 법적의무나 의제의무가 더는 없는 퇴직급여제도이다. 확정기여제도의 회계처리는 보고기업이 각 기간에 부담하는 채무를 해당 기간의 기여금으로 결정하기 때문에 비교적 단순하다. 따라서 채무나 비용을 측정하기 위해 보험수리적 가정을 할 필요가 없고 그 결과 보험수리적 손익이 생길 가능성도 없다.

또한 기여금 전부나 일부의 납부기일이 종업원이 관련 근무용역을 제공하는 연차 보고기간 말 후 12개월이 되기 전에 모두 결제될 것으로 예상되지 않는 경우[1]를 제외하고는 할인되지 않은 금액으로 채무를 측정한다.

종업원이 일정 기간 근무용역을 제공하면, 기업은 그 대가로 확정기여제도에 납부할 기여금을 다음과 같이 인식한다.

① 이미 납부한 기여금이 있다면 이를 차감한 후 부채(미지급비용)로 인식한다. 이미 납부한 기여금이 보고기간 말 전에 제공된 근무용역에 대해 납부할 기여금을 초과하는 경우, 그 초과 기여금 때문에 미래 지급액이 감소하거나 현금이 환급된다면 그만큼을 자산(선급비용)으로 인식한다.

② 기여금이 다른 회계기준서(예 기업회계기준서 제1002호 '재고자산', 제1016호 '유형자산')에 따라 자산의 원가에 포함되는 경우를 제외하고는, 비용으로 인식한다.

#### 2) 확정급여제도

확정급여제도는 확정기여제도 외의 모든 퇴직급여제도를 이르며 확정급여제도의 회계처리는 채무와 비용의 측정에 보험수리적 가정이 필요하고 보험수리적 손익이 생길 가능성이 있기 때문에 복잡하다. 또한 채무는 종업원이 관련 근무용역을 제공한 후 오랜 기간이 지나서야 결제될 수 있으므로 할인된 금액으로 측정한다.

---

1) 확정기여제도에 대한 기여금이 종업원의 근무용역을 제공하는 연차 보고기간 말 후 12개월이 되기 전에 모두 결제될 것으로 예상되지 않는 경우, 그 기여금은 확정급여제도의 퇴직급여채무를 할인하기 위해 사용하는 할인율 관련 기준을 적용한다.

05

퇴직급여채무를 할인하기 위해 사용하는 할인율은 보고기간 말 현재 우량회사채의 시장수익률을 참조하여 결정한다. 만약 그러한 우량회사채에 대해 거래 층이 두터운 해당 통화의 시장이 없는 경우에는 보고기간 말 현재 그 통화로 표시된 국공채의 시장수익률을 사용한다. 그러한 회사채나 국공채의 통화와 만기는 퇴직급여채무의 통화 및 예상 지급 시기와 일관성이 있어야 한다.

확정급여제도에서의 근무원가는 당기에 종업원이 근무용역을 제공하여 생긴 확정급여채무 현재가치의 증가분(당기근무원가), 제도가 개정되거나 축소됨에 따라, 종업원이 과거 기간에 제공한 근무용역에 대한 확정급여채무 현재가치가 변동하는 경우 그 변동금액(과거근무원가) 및 정산손익으로 구성된다.

확정급여제도에서의 확정급여채무의 현재가치와 당기근무원가 등을 결정하기 위해 다음과 같은 인식 · 측정기준을 적용한다.

① 확정급여채무의 현재가치와 당기근무원가를 결정하기 위해서는 예측단위적립방식[2]을 사용하며, 적용할 수 있다면 과거근무원가를 결정할 때에도 동일한 방식을 사용한다.

② 확정급여채무의 현재가치와 관련 당기근무원가를 결정할 때에는 제도에서 정하는 급여계산방식에 따라 종업원의 근무기간에 걸쳐 급여를 배분하며, 적용할 수 있다면 과거근무원가를 결정할 때에도 동일한 방식을 사용한다. 그러나 종업원의 근무기간 후반의 급여 수준이 근무기간 초반의 급여 수준보다 중요하게 높은 경우에는 정액법에 따라 급여를 배분한다.

③ 인구통계적 변수(예 종업원의 이직률과 사망률)와 재무적 변수(예 미래의 임금상승률, 의료원가변동률, 공공급여의 특정한 변동)에 관하여 편의가 없고 양립할 수 있는 보험수리적 가정을 사용한다. 재무적 가정은 채무가 결제될 회계기간에 대하여 보고기간 말 현재 시장에서 형성되는 예상치에 기초한다.

④ 순확정급여부채(자산)[3]를 결정하기 위하여 확정급여채무의 현재가치에서 사외적립자산의 공정가치를 차감한다. 사외적립자산의 조건을 충족하지 못하는 일부 보상권은 사외적립자산과 동일하게 처리하지만 확정급여채무에서 차감하지 않고 별개의 자산으로 처리한다.

⑤ 순확정급여자산의 장부가액이 퇴직급여제도에서 환급이나 미래기여금 절감의 형태로 이용할 수 있는 경제적 효익을 초과하지 않도록 제한한다.

⑥ 순확정급여부채(자산)의 변동이 생길 때 ㈎ 근무원가와 순이자를 당기손익으로 인식하며 ㈏ 재측정요소를 기타포괄손익에 인식한다. 여기서의 재측정요소는 보험수리적 손익, 순확정급여부채(자산)의 순이자에 포함된 금액을 제외한 사외적립자산의 수익 및 순확정급여부채(자산)의 순이

---

2) 확정급여측정을 위한 예측단위적립방식은 근무기간에 비례하는 발생하는 퇴직급여를 산출하는 방식으로 중요한 확정급여채무를 측정하기 위해서는 자격이 있는 보험계리인의 참여를 권장하고 있다.

3) 순확정급여부채(자산)는 과소적립액이나 자산인식상한을 한도로 하는 초과적립액으로 확정급여채무의 현재가치에서 사외적립자산의 공정가치를 차감한 금액이다.

자에 포함된 금액을 제외한 자산인식상한효과의 변동으로 구성된다. 한편, 기타포괄손익에 인식되는 순확정급여부채(자산)의 재측정요소는 후속 기간에 당기손익으로 재분류하지 아니한다. 그러나 기타포괄손익에 인식된 금액을 자본 내에서 대체할 수 있다.[4)]

**사례 1** 확정급여채무와 당기근무원가의 인식·측정 회계처리 사례 이해

예상 근무기간은 3년, 3년 근무 후 확정급여채무는 3,000원, 할인율은 5%로 가정할 경우 매 결산기의 확정급여채무와 매년도의 당기근무원가를 산출해 보자.

확정급여채무와 당기근무원가는 예측단위급여방식을 이용하여 산출한다. 이 사례에서는 예상근무기간이 3년이므로 3차년도말에 퇴직금 3,000원이 지급될 것이므로 현재가치로 할인된 근무원가에 이자비용을 가산하여 각 연도별 인식한 퇴직급여원가의 합계액이 3년도말에 지급할 퇴직금과 일치하게 된다. 정리하면 당기근무원가와 이자비용을 합한 금액이 매 년도의 퇴직급여원가가 되며 동 금액만큼 확정급여채무로 인식한다.

05

| 1차년도 | 2차년도 | 3차년도 | 확정급여채무 |
|---|---|---|---|
| 당기근무원가<br>$1,000 \div 1.05^2 = 907$ | 당기근무원가<br>$1,000 \div 1.05^1 = 953$<br>이자비용<br>$907 \times 0.05 = 45$ | 당기근무원가<br>1,000<br>이자비용<br>$1,905 \times 0.05 = 95$ | 3,000 |
| 퇴직급여원가<br>907 | 퇴직급여원가<br>$953 + 45 = 998$ | 퇴직급여원가<br>$1,000 + 95 = 1,095$ | 퇴직금<br>$907 + 998 + 1,095 = 3,000$ |

(1) 1차년도

| 차) 퇴직급여원가 | 907 | 대) 확정급여채무 | 907 |
|---|---|---|---|

(2) 2차년도

| 차) 퇴직급여원가 | 998 | 대) 확정급여채무 | 998 |
|---|---|---|---|

(3) 3차년도

| 차) 퇴직급여원가 | 1,095 | 대) 확정급여채무 | 1,095 |
|---|---|---|---|
| 확정급여채무 | 3,000 | 현금 | 3,000 |

4) 보험업감독업무시행세칙 [별표 4] <부표 4> 계정과목 회계처리에 관한 사항에 따라 확정급여부채(자산)의 재측정요소누계액은 기타포괄손익누계액으로 인식하며, 기타포괄손익누계액 중 미실현된 재측정요소 누계액은 이익잉여금으로 대체할 수 없다.

**보충설명** 확정기여제도와 확정급여제도 비교

❑ **확정기여형 퇴직연금제도(DC, Defined Contribution)**

- 확정기여형 퇴직연금제도는 매년 '사용자가 납입할 부담금'이 연간 임금총액의 1/12 이상으로 확정된 제도이다(근로자퇴직급여보장법 제2조).
- 사용자는 매년 근로자 연간 임금총액의 1/12 이상을 부담금으로 납부하고, 근로자는 자기책임하에 적립금을 운용하여 퇴직 시 연금 또는 일시금으로 수령할 수 있다.
- 근로자는 자기책임하에 적립금을 운용함에 따라 퇴직 시 지급받는 금액이 자신의 운용성과에 따라 변동된다.

❑ **확정급여형 퇴직연금제도(DB, Defined Benefit)**

- 확정급여형 퇴직연금제도는 '근로자가 퇴직 시 받을 퇴직급여'가 근무기간과 평균 임금*에 의해 확정된 제도이다(근로자퇴직급여보장법 제2조).
  * 사유발생일 이전 3개월 동안 근로자에게 지급된 임금총액을 그 기간의 일수로 나눈 금액(근로기준법 §2)
- 사용자는 매년 부담금을 금융회사에 사외 적립하여 운용하며, 근로자는 퇴직 시 사전에 확정된 퇴직급여를 연금 또는 일시금으로 수령할 수 있다.
- 퇴직연금 관련 적립금의 운용성과는 사용자에게 귀속되며, 근로자가 수령하는 퇴직 급여액에는 영향을 주지 않는다.

### (3) 기타장기종업원급여

기타장기종업원급여에는 장기근속휴가나 안식년휴가와 같은 장기유급휴가, 그 밖의 장기근속급여, 장기장애급여, 이익분배금과 상여금 및 이연된 보상 등이 포함되며, 종업원이 관련 근무용역을 제공하는 연차 보고기간 말 후 12개월이 되기 전에 모두 결제될 것으로 예상되지 않는 경우에 한정한다.

일반적으로 기타장기종업원급여를 측정할 때 나타나는 불확실성은 퇴직급여를 측정할 때 나타나는 불확실성에 비하여 크지 않다.

이에 따라 기타장기종업원급여에 대해 비교적 간략한 회계처리방법을 규정하고 있으며 동 회계처리방법에 따르면 퇴직급여에 대한 회계처리와는 달리 재측정요소에 대해서도 기타포괄손익이 아닌 당기손익으로 인식토록 규정하고 있다.

### (4) 해고급여

해고급여는 종업원을 해고하는 대가로 제공하는 종업원급여로 해고급여에 대해서는 다른 종업원급여와 구별하여 규정한다. 왜냐하면 채무가 생기는 사건은 종업원의 근무가 아니라 해고이기 때문이다. 해고급여는 종업원을 해고하는 기업의 결정이나 해고대가로 기업이 제안한 급여를 받아들인 종업원의 결정으로 생긴다.

해고급여는 정상적인 퇴사일 이전에 종업원을 해고하는 기업의 결정이나 해고에 대한 대가로 기업이 제안하는 급여를 받아들이는 종업원의 결정에 의해 생긴다. 해고급여는 기업이 해고급여의 제안을 더는 철회할 수 없을 때, 관련 구조조정 원가를 인식할 때 중 이른 날에 인식한다.

질의회신 회계기준원 : 2014-KQA007 퇴직급여 할인율 산출방식 변경

❍ 배경 및 질의

- 회사는 퇴직급여에 대한 보험수리적 평가 시, 보험수리적 가정 중 하나인 할인율의 산출방식을 다음과 같이 변경하고자 한다. 변경 전과 변경 후의 할인율 산출방식 모두 기업회계기준서 제1019호 '종업원급여' 문단 83~86에 따른 적절한 방식이라고 가정한다.

| 할인율 산출방식 변경 | |
|---|---|
| 변경 전 | 적절한 만기의 우량사채 수익률을 직선보간하여 장래기대근속년수와 동일한 만기의 채권 수익률을 산출 |
| 변경 후 | 기준시점으로부터 시점 별 퇴직급여 지급액을 예상하고, 시점 별 현물이자율을 이용하여 순현재가치를 계산함. 이와 동일한 순현재가치를 만들어내는 단일 할인율을 산출 |

- 이러한 할인율 산출방식의 변경으로 할인율이 적게는 0.1%p, 많게는 0.5%p 이상의 차이를 보이며, 이에 따라 확정급여채무가 증가하거나 감소하게 된다.
- 퇴직급여에 대한 보험수리적 평가 시 보험수리적 가정으로 사용되는 할인율 산출방식의 변경으로 인한, 확정급여채무 증감분을 어떻게 회계처리 하여야 하는지?

❍ 회신

- 질의에서 보험수리적 가정에 포함된 할인율의 산출방식이 변경된 경우, 그 효과는 기업회계기준서 제1019호 '종업원급여'에서 정하는 바에 따라 기타포괄손익*으로 인식해야 한다.

* 할인율(회계추정)을 산출하는 방식이 변경되어 할인율이 수정되는 경우, 기업회계기준서 제1008호에서 정의된 '회계추정의 변경', 기업회계기준서 제1019호에서 말하는 '보험수리적 가정의 변동'과 달리 취급할 근거는 없으므로 기업회계기준서 제1008호 문단 37에서 설명하는 바와 같이 기업회계기준서 제1019호에 따라 기타포괄손익으로 인식해야 한다.

05

# 제2절 보험회사의 부채 계정과목[1)]

보험회사의 부채계정은 크게 책임준비금, 계약자지분조정, 기타부채 및 특별계정부채로 구분된다. 책임준비금은 보험계약부채, 재보험계약부채 및 투자계약부채로 구성되며 계약자지분조정은 기타포괄손익-공정가치측정금융상품평가손익 등이 포함되며 계약자에 배분될 몫을 나타낸다. 기타부채는 미지급금, 미지급비용 등으로 구성되며 특별계정부채는 변액보험, 실적배당형 퇴직연금 관련 부채로 구성된다.

## 1. 책임준비금

보험회사의 책임준비금은 보험업법규상의 용어로서 장래에 지급할 보험금 · 환급금 및 계약자배당금의 지급을 충당하기 위해 산출한 금액으로 크게 보험계약부채, 재보험계약부채 및 투자계약부채로 구분하여 표시된다.

### (1) 보험계약부채

보험계약부채는 보험회사가 보험계약자로부터 유의적 보험위험을 인수하는 계약으로 인해 부담하는 보험회사의 순계약상 의무로 잔여보장요소, 발생사고요소 및 사전인식 보험취득현금흐름으로 다음과 같이 구분된다.

---

1) 보험업감독업무시행세칙 제4-1조(재무제표의 서식 등)에 의거한 보험업감독업무시행세칙 [별표 4] "계정과목별 회계처리기준"을 중심으로 본 절에서 설명하고자 한다.

| | |
|---|---|
| 가. 잔여보장요소 | 아직 발생하지 않은 보험사고 및 지급사유가 발생하지 않은 투자요소와 관련된 보험회사의 순계약상 의무 |
| ① 최선추정 | 잔여보장요소인 보험계약집합내 각 계약들의 경계내에 있는 모든 미래 현금흐름의 현재가치 추정치 |
| ② 위험조정 | 잔여보장요소인 보험계약집합의 비금융위험에서 생기는 현금흐름의 금액과 시기에 대한 불확실성을 감수하는 것에 대하여 보험회사가 요구하는 보상 금액 |
| ③ 보험계약마진 | 보험계약집합내 보험계약에 따라 서비스를 제공하면서 인식하게 될 미실현이익 |
| ④ 보험료배분접근법 적용 | 보험료배분접근법을 적용하여 측정한 보험계약집합의 잔여보장요소 |
| 나. 발생사고요소 | 이미 발생한 보험사고 및 지급사유가 발생한 투자요소와 관련된 보험회사의 순계약상 의무 |
| ① 최선추정 | 발생사고요소인 보험계약집합내 각 계약들의 경계 내에 있는 모든 미래 현금흐름의 현재가치 추정치 |
| ② 위험조정 | 발생사고요소인 보험계약집합의 비금융위험에서 생기는 현금흐름의 금액과 시기에 대한 불확실성을 부담하는 것에 대하여 보험회사가 요구하는 보상 |
| 다. 사전인식 보험취득현금[2] 흐름 | 보험계약집합 인식 이전에 이와 관련하여 지급한 보험취득현금흐름 |

한편 보험계약부채 측정 시 미래현금흐름 추정 시 포함되는 보험약관대출[3], 계약자배당부채[4] 및 보증부채[5]에 대해서는 감독목적 재무제표에서 정보성 항목으로 표시하며 계약자배당부채의 경우 다음과 같이 구분하여 정보성 금액으로 표시한다.

2) 보험계약집합을 인식하기 전에 지급한 보험취득 현금흐름을 자산으로 인식하며 이러한 자산의 경우 각각의 관련 보험계약집합을 인식할 때 체계적이고 합리적인 방법을 사용하여 보험계약집합에 배분하므로, 보험계약집합 인식이후에는 매 측정시점에 배분되는 보험취득 현금흐름이 고려되므로 별도의 부채 표시계정은 존재하지 않는다.

3) 기업회계기준서 제1117호가 적용되는 보험계약의 보험약관에 의거하여 대여하는 보험계약대출에서 발생하는 미래 현금흐름의 시가평가 금액

4) 유배당 보험계약의 보험계약자에게 향후 지급해야 할 의무가 있는 미래 계약자 배당액

5) 보증준비금 적립기준에서 차감한 금액으로 보증 관련 요소(보증수수료, 보증손실 등)를 포함하여 산출한 최선추정에서 보증 관련 요소를 제외하고 산출한 최선추정을 차감하여 산출한 금액 또는 보증과 직접적으로 관련된 최선추정 금액

| | |
|---|---|
| ① 계약자배당준비금 | 금융감독원장이 정하는 바에 의하여 계약자 배당에 충당할 목적으로 적립하는 금액 |
| ② 계약자이익배당준비금 | 장래에 계약자배당에 충당하기 위해 계약자배당준비금외에 추가적으로 적립하는 것으로서 법령 등에 의해 총액으로 적립하는 금액 |
| ③ 배당보험손실보전준비금 | 배당보험계약의 손실을 보전하기 위한 목적으로 적립하는 금액 |
| ④ 계약자배당안정화준비금 | 자산재평가법에 의한 재평가차액 중 계약자에게 배당을 안정적으로 실시하기 위하여 적립하는 금액 |

## (2) 재보험계약부채

재보험계약부채는 보유한 재보험계약으로 인해 부담하는 재보험계약자의 순계약상 의무이며 다음과 같이 잔여보장요소, 발생사고요소로 구분된다.

| | |
|---|---|
| 가. 잔여보장요소 | 재보험계약에 따라 아직 발생하지 않은 보험사고 및 수령사유가 발생하지 않은 투자요소와 관련된 재보험계약자의 순계약상 의무 |
| ① 최선추정 | 잔여보장요소인 재보험계약집합내 각 계약들의 경계내에 있는 모든 미래 현금흐름의 현재가치 추정치 |
| ② 위험조정 | 잔여보장요소인 재보험계약집합 보유자가 재보험계약 발행자에게 이전하는 재보험계약집합에서의 비금융위험을 반영한 금액 |
| ③ 보험계약마진 | 미래에 재보험서비스를 제공받음에 따라 재보험비용으로 인식하게 될 순원가 또는 순차익 |
| ④ 보험료배분접근법 적용 | 보험료배분접근법을 사용하여 측정한 재보험계약집합의 잔여보장요소 |
| 나. 발생사고요소 | 재보험계약에 따라 이미 발생한 보험사고 및 수령사유가 발생한 투자요소와 관련된 재보험계약자의 순계약상 의무 |
| ① 최선추정 | 발생사고요소인 재보험계약집합내 각 계약들의 경계내에 있는 모든 미래 현금흐름의 현재가치 추정치 |
| ② 위험조정 | 발생사고요소인 재보험계약집합 보유자가 재보험계약 발행자에게 이전하는 재보험계약집합에서의 비금융위험을 반영한 금액 |

## (3) 투자계약부채

투자계약부채는 보험계약의 법률적 형식을 취하고 있으나, 기업회계기준서 제1117호 보험계약의 적용을 받지 않아 투자계약으로 분류된 계약으로 인한 보험회사의 의무이다.

질의회신 회계기준원 : 2013-KQA008 은행의 휴면예금 회계처리

○ 배경 및 질의

- 은행은 휴면예금을 재무상태표에서 제거하는 회계처리를 다음과 같이 하였다.
  - 고객의 최종거래일부터 5년이 경과하면, 상법 제64조에 따라 소멸시효가 완성된 것으로 보아 예금 잔액을 예금주 정보와 함께 「휴면예금관리재단의 설립 등에 관한 법률」에 따라 휴면예금관리재단에 출연해 왔다.
  - 법인계좌 등 일부에 대해서는 재단에 출연하지 않고, 고객의 최종거래일부터 5년이 경과하면 잡이익으로 인식해 왔다.
- 그러나 대법원은 은행이 고객의 최종거래일로부터 5년이 경과하기 전의 휴면예금에 대하여 정기적으로 이자를 입금한 행위는 채무승인에 해당되어 소멸시효가 중단된다고 판결하였다.
- 이에 따르면, 고객의 최종거래일로부터 5년이 경과한 재단 출연분 중 출연 후 5년이 경과한 금액은 이자 입금 중단 이후 5년이 경과하였으므로 소멸시효가 완성된다. 그러나 출연 후 5년이 경과하지 않은 금액은 이자 입금 중단 이후 5년이 경과되지 않아서 소멸시효가 완성되지 않는다.
- 은행은 대법원 판결에 따라 은행이 소멸시효에 대한 해석을 변경 하는 것이 기업회계기준서 제1008호 '회계정책, 회계추정의 변경 및 오류' 문단 34에 따른, 추정의 근거가 되었던 상황의 변화, 새로운 정보의 획득에 해당하므로 회계추정의 변경으로 판단하였다.
- 회사가 소멸시효 완성으로 보고 처리하였다가 그 후 대법원 판결에 따라 소멸시효가 완성되지 않은 것으로 해석한 휴면예금(재단 출연분과 미출연분 모두 포함)에 대한 은행의 회계처리 방법은 무엇인가?

○ 회신

- 은행이 부담하는 계약상 의무에 따라 지급하여야 하는 금액을 부채로 인식하여야 한다. 동 부채는 과거에 예수금을 제거하지 않았을 경우, 인식하였을 금액으로 측정되어야 한다.

배경 및 질의 요약

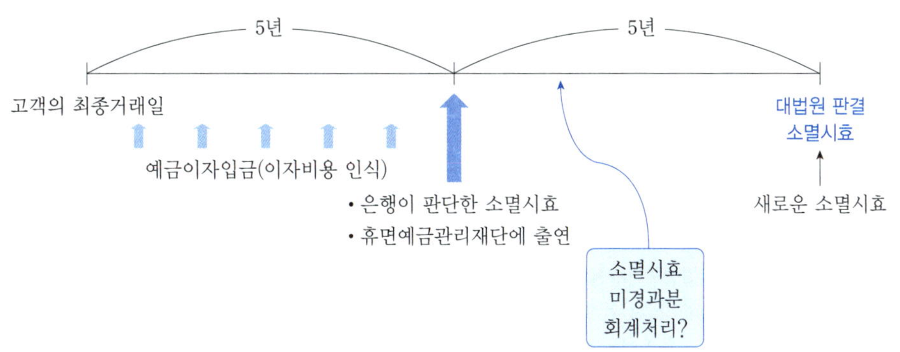


- 또한 휴면예금관리재단에 출연한 '휴면예금'과 관련하여 부채를 인식하는 경우에는 이와 동일한 금액으로 자산도 인식한다. 이자지급을 채무의 승인으로 보는 대법원 판례(귀 질의에서 인용된 것)가 나오기 전에 이

와 유사한 상황에 대해 상충되는 내용의 판례 또는 기타 유권해석이 없었다면, 기업회계기준서 제1008호 문단 41~49에 따라 회계처리*한다.

* 이자지급행위를 채무의 승인으로 판단한 최근의 대법원 판례와 상충되는 판례 또는 기타 유권해석이 없었다면, 그러한 대법원 판례는 새로운 정보의 획득이나 새로운 상황의 전개로 볼 수 없으며, 과거 재무제표의 작성과 표시를 위하여 획득하여 고려할 것으로 합리적으로 기대되는 정보가 적절하게 이용되지 못하였으므로, 은행이 재단에 출연한 예금의 소멸시효가 완성되는 시점의 변경은 전기오류의 수정으로 보아야 한다.

## 2. 계약자지분조정

보험회사의 계약자지분조정은 보험회사의 미실현평가손익에서 계약자지분에 해당하는 금액 중 부채에 반영된 미래 계약자배당을 제외한 금액으로 공익사업출연기금, 기타포괄손익-공정가치측정금융상품평가손익, 관계 · 종속기업투자주식평가손익, 재평가적립금 및 재평가잉여금으로 구분하여 표시된다.

### (1) 공익사업출연기금

공익사업출연기금은 자산재평가법에 의한 재평가차액 중 공익사업에 출연하기 위하여 적립한 금액을 말한다.

### (2) 기타포괄손익-공정가치측정금융상품평가손익

기타포괄손익-공정가치측정금융상품평가손익은 기타포괄손익-공정가치측정금융상품 평가손익 중 계약자 지분에 해당하는 금액을 말한다.

**보충설명** 기타포괄손익-공정가치측정금융상품평가손익 등[6] 계약자지분조정의 일탈회계

**❑ 계약자지분조정에 대한 일탈회계 주석사례**

- 기업회계기준서 제1117호에 따르면 배당보험계약에서 발생할 배당금에 대하여 관련 현금흐름을 추정하고 가정과 위험을 반영한 할인율을 사용하여 보험부채를 측정하도록 요구하고 있습니다.
- 동 요구사항은 기업회계기준서 제1104호에서 인정하던 기존 회계처리 관행과 달리 배당보험계약자에 대한 잠재적 의무를 목적적합하게 표시하지 못함에 따라 "개념체계"에서 정하고 있는 "재무제표 목적"과의 상충

6) 보험업감독규정 제6-10조 제4항에 따라 기타포괄손익-공정가치측정금융상품평가손익, 관계 · 종속기업투자주식평가손익 및 재평가잉여금에 일탈회계가 적용된다.

으로 인해 재무제표 이용자의 오해를 유발할 수 있는 것으로 판단하여 회사는 보험업감독업무 시행세칙 제4-1조 2(기타포괄손익-공정가치측정금융자산평가손익 등 구분계상)에서 정하는 방법으로 보험부채를 산출하였습니다.

• 위 사항 외 회사의 재무제표는 한국채택국제회계기준을 준수하여 작성되었으며, 기업회계기준서 제1117호를 적용하였을 경우 보다 당기말 부채 및 자본은 각각 ××백만원(전기말 : ××백만원, 전기초 : ×××백만원) 증가 및 감소하였습니다.

• 또한, 경영진은 상기사항을 포함한 회사의 재무제표가 당기말 및 전기말과 전기초의 재무상태 및 당기와 전기의 재무성과 및 현금흐름을 공정하게 표시하고 있는 것으로 판단하였습니다.

❑ 계약자지분조정에 대한 일탈회계 근거(기업회계기준서 제1001호)

19 극히 드문 상황으로서 한국채택국제회계기준의 요구사항을 준수하는 것이 오히려 '개념체계'에서 정하고 있는 재무제표의 목적과 상충되어 재무제표이용자의 오해를 유발할 수 있다고 경영진이 결론을 내리는 경우에는, 관련 감독체계가 이러한 요구사항으로부터의 일탈을 의무화하거나 금지하지 않는다면, 문단 20에서 정하는 방법으로 요구사항을 달리 적용한다.

20 기업이 문단 19에 따라 한국채택국제회계기준의 요구사항을 달리 적용하는 경우, 다음 모든 항목을 공시한다.

① 재무제표가 기업의 재무상태, 재무성과 및 현금흐름을 공정하게 표시하고 있다고 경영진이 결론을 내렸다는 사실

② 공정한 표시를 위해 특정 요구사항을 달리 적용하는 것을 제외하고는 한국채택국제회계기준을 준수했다는 사실

③ 기업이 달리 적용하는 해당 한국채택국제회계기준의 제목, 그 한국채택국제회계기준에서 요구하는 회계처리의 방법과 이에 대한 일탈의 내용, 그러한 회계처리가 해당 상황에서 재무제표이용자의 오해를 유발할 수 있어 '개념체계'에서 정한 재무제표의 목적과 상충되는 이유, 그리고 실제로 적용한 회계처리방법

④ 표시된 각 회계기간에 대해, 한국채택국제회계기준 요구사항으로부터의 일탈이 이를 준수하였다면 보고되었을 재무제표의 각 항목에 미치는 재무적 영향

### (3) 관계 · 종속기업투자주식평가손익

관계 · 종속기업투자주식평가손익은 관계, 종속기업 투자주식 평가손익 중 계약자 지분에 해당하는 금액을 말한다.

### (4) 재평가적립금

재평가적립금은 자산재평가법에 의하여 소유자산을 재평가한 평가액이 장부가액을 초과하는 금액에서 결손금 누적액과 재평가세를 차감한 금액 중 계약자지분 해당액을 말한다.

### (5) 재평가잉여금

재평가잉여금은 과거 기업회계기준서 제5호 및 기업회계기준서 제1016호, 제1101호 등에 의한 유형자산 재평가 및 공정가치 평가에 따라 발생한 자산의 평가금액과 장부금액의 차액 중 계약자지분에 해당하는 금액을 말한다.

**§ 관련법규**

**【계약자지분조정】**

**❑ 보험업감독규정**

제6-10조(기타포괄손익-공정가치측정금융자산평가손익 등의 구분계상) ① 공정가치로 평가하는 관계 · 종속기업투자주식 및 기타포괄손익-공정가치측정금융자산의 평가손익은 당해 자산의 취득가액과 공정가액의 차액으로 한다.

② 지분법을 적용하는 관계 · 종속기업투자주식의 평가손익은 지분법을 적용하는 관계 · 종속기업의 자본잉여금, 자본조정 및 기타포괄손익누계액 합계의 누적변동액(취득 시와 평가 시의 차액을 말한다)중 지분비율 해당금액으로 한다.

③ 유형자산의 재평가잉여금은 평가시점의 당해 유형자산의 장부금액과 재평가금액과의 차액으로 한다. 다만, 당기손익으로 반영되는 재평가잉여금은 제외한다.

④ 제1항 및 제2항에 의한 평가손익과 제3항에 의한 재평가잉여금은 당해 회계년도 배당 · 무배당보험 평균책임준비금 구성비율(제7-80조제3항의 규정에 의한 투자년도별 투자재원 구성비 방식을 적용하는 보험회사의 경우에는 투자년도별 투자재원 구성비율을 말한다)을 기준으로 계약자지분조정계정(책임준비금에 포함된 금액 제외)과 기타포괄손익누계액계정으로 구분 계상하며, 연결재무제표를 작성하는 경우에도 이를 준용한다.

⑤ 구분계상 대상 평가손익의 범위, 배당 · 무배당보험 평균책임준비금 구성비율 및 투자년도별 투자재원 구성비율 산출방식 등 제1항 내지 제4항의 시행에 필요한 세부사항은 감독원장이 정한다.

제6-15조(재평가적립금의 처리방법) ① 생명보험회사는 재평가적립금(자산 재평가법에 의한 자산재평가를 한 경우에 재평가차익에서 재평가일 1일전의 재무상태표상의 이월결손금과 재평가세액을 공제한 후의 잔액을 말한다)의 90% 이상을 계약자지분으로 처리하고 잔여액은 주주지분으로 처리한다.

② 제1항의 주주지분은 재평가일 이후 발생한 재무상태표상의 이월결손금의 보전 또는 자본전입 등에 사용할 수 있다.

③ 제1항의 계약자지분은 부채계정으로 처리하고 감독원장의 승인을 받아 다음 각 호와 같이 사용한다.

1. 계약자지분 중 2분의 1이상을 과거 계약자의 몫으로 하여 공익법인에 출연한다.
2. 계약자지분 중 제1호의 규정에 의하여 처리된 금액의 잔여액은 재평가일 1일전 현재 1년 이상 유지된 보험계약에 대하여 계약자적립액에 비례하여 계산한 금액을 당해 계약자에게 지급한다.

④ 생명보험회사는 제2항의 규정에 의한 주주지분 사용 시에 제1항의 규정에 의한 재평가적립금의 처리방법과 제3항의 규정에 의한 계약자지분의 처리에 대한 구체적인 계획을 감독원장에게 제출하여야 한다.

⑤ 제3항제1호에 의한 공익법인출연과 동항 제2호에 의한 지급은 생명보험회사가 자본전입을 시작한 회계연도부터 실시하여야 한다.

❑ 보험업감독업무시행세칙

제4-1조의2(기타포괄손익-공정가치측정금융자산평가손익 등 구분계상) ① 감독규정 제6-10조제4항에 의한 평가손익은 별표 16 손익분석기준[7]의 3. 상품별 손익 구분기준 중 투자손익 배분기준을 준용하여 자본계정운용손익의 평가손익, 계약자이익배당준비금에 해당하는 투자손익의 평가손익 및 배당·무배당보험의 평가손익으로 구분 후 자본계정운용손익, 배당보험평가손익의 100분의 10이하 및 무배당보험평가손익은 기타포괄손익누계액계정으로, 잔여 평가손익(책임준비금에 포함된 금액 제외)은 계약자지분조정계정으로 구분계상한다.

② 제1항의 경우 기타포괄손익-공정가치측정금융자산평가손실과 관계·종속기업투자주식평가손실의 합계액에서 계약자지분조정계정으로 계상되는 금액은 계약자이익배당준비금과 계약자배당안정화준비금의 합계액을 한도로 한다.



**보충설명** 보험회사의 자산재평가 회계

❑ 목적

- 보유부동산을 현실에 적합하도록 재평가하여 적정한 감가상각을 통한 기간손익의 정확을 기하고 자산의 실질가치에 의한 지급여력 개선 및 계약자 배당재원을 확보하기 위한 것으로 자산재평가법에 의한 자산재평가는 2000년 12월까지만 허용되어 추가적인 자산재평가법상의 자산재평가에 의한 회계처리는 발생하지 않고 있다.

❑ 재평가적립금의 처분

- 재평가차익은 미실현이익이기 때문에 재평가세 납부, 자본전입 및 이월결손금 보전만 가능토록 하여 자산재평가법에서 사외유출을 제한하고 있다.
- 재평가적립금의 원천이 주주의 납입자본금과 보험계약자의 보험료를 재원으로 구성되어 있어 주주와 계약자간의 배분이 중요하며, 재평가적립금은 기존자산의 장부가액을 증가시킨 미실현이익이므로 계약자배당

7) 세칙 부칙<2022.12.23.> 제5조(손익분석기준에 관한 적용례) ① 보험회사는 [별표 16]의 개정규정에도 불구하고 계약자배당준비금적립전잉여금 산출시 종전의 규정 및 종전의 한국채택국제회계기준(제 1104호 및 제 1039호)에 따른 재무상태표를 적용한다. 다만, 책임준비금적정성평가 추가적립액 및 보증준비금 증감액은 반영하지 않는다.
② 보험회사는 [별표 16]의 개정규정에도 불구하고 제4-1조의2제1항에 의한 평가손익 등의 구분계상은 종전규정([별표 16] 손익분석기준의 3. 상품별 손익 구분기준 중 투자손익 배분기준)을 적용한다.

형태로 사외유출시키는 것은 보험회사 재무건전성 유지를 곤란하게 할 수 있어 감독규정을 통해 통제하고 있는 것이다.

재평가적립금 처리 과정

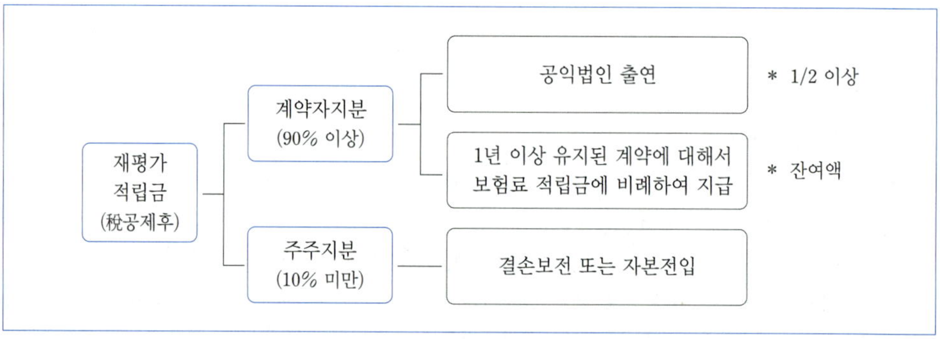


### ❑ 주주지분의 처리절차

• 주주지분은 「자본잉여금의 재평가적립금」 계정에 계상하고 재평가일 이후 발생한 대차대조표상의 이월결손금의 보전 또는 자본전입에 사용한다. 주주지분을 사용할 경우에는 감독규정 제6-15조 제4항에 의거 재평가적립금의 처리방법과 계약자지분의 처리에 대한 구체적인 계획을 감독원장에게 제출하여야 한다.

### ❑ 계약자지분의 처리절차

• 계약자지분은 부채계정으로 처리하고 감독원장의 승인을 받아 계약자지분의 1/2은 과거 계약자 몫으로 공익사업에 출연하고, 잔여액은 재평가일 1일전 현재 1년 이상 유지된 보험계약에 대해 보험료적립금에 비례하여 계산된 금액을 계약자에게 배분하되 공익사업 출연 및 재평가특별배당은 자본전입을 시작한 회계연도부터 실시한다.

계약자지분의 배분

| 구분 | 배분비율 | | 배분대상 |
|---|---|---|---|
| | '00.3.24.전 | '00.3.24.후 | |
| 재평가특별배당준비금<br>(현재 계약자) | 1/3 | 1/2 | • 재평가일 1일('99.3.31.)전 현재 2년 이상 유지된 보험계약<br>• '99.4.1.일 이후 재평가분은 재평가일 1일전 현재 1년 이상 유지된 보험계약<br>• 보험료적립금에 비례하여 만기 또는 환급시 지급 |
| 공익사업출연기금<br>(과거 계약자) | 1/3 이하 | 1/2 이상 | • 불특정다수 |
| 계약자배당안정화준비금<br>(미래 계약자) | 1/3 이상 | – | • 직전연도 수준의 계약자배당을 유지할 수 없을 때 배당재원으로 사용 |

## 3. 기타부채

보험회사의 기타부채는 보험회사의 주된 부채인 책임준비금을 제외한 보험영업 이외에서 발생하는 미지급금, 미지급비용, 차입금, 임대보증금 및 퇴직급여채무 등으로 구분된다.

### (1) 미지급금

미지급금은 보험영업 이외의 거래에서 발생한 미지급채무를 이른다.

### (2) 미지급비용

미지급비용은 당기 말 이전에 발생된 비용으로서 지급이 완료되지 아니한 금액을 말한다. 미지급비용은 기간손익 계산에 의하여 산출하며 발생주의 관점에서 기간손익 명확화를 위한 부채로서 급여, 임차료, 이자비용 등에 대하여 지급되지 아니한 금액이다.



### (3) 미지급법인세

미지급법인세는 법인세법에 의거 당기부담에 속하는 법인세 등의 미지급금액을 말한다.

### (4) 당좌차월

당좌차월은 은행 등과 미리 당좌차월계약을 체결하여 일정한 한도내에서 일시 차입한 금액으로 은행 등에 대한 보험회사의 부채로 보통 이자비용이 발생한다.

### (5) 차입금

차입금은 당좌차월 이외의 지급 또는 상환해야 할 차입금으로 콜머니, RP매도, 후순위차입, 기업어음 발행 등으로 다음과 같이 구분하여 표시한다.

| | |
|---|---|
| ① 콜머니 | 금융기관 상호간에 거래되는 단기의 차입금 |
| ② RP매도 | 일정 기간이 지난 후에 다시 매입하는 조건으로 채권을 매도하여 단기자금을 조달한 방식의 환매조건부 채권 |
| ③ 후순위차입 | 일반 차입금이 모두 상환된 뒤 변제청구권을 갖도록 약정을 맺은 차입금 |
| ④ 기업어음의 발행 | 보험회사가 자금조달을 목적으로 발행하는 어음 형식의 단기 채권 |
| ⑤ 기타 | 상기 이외의 차입금 |

### (6) 사채

사채는 보험회사가 자금을 조달하기 위하여 자기자본 이내에서 발행한 채권으로 후순위채권과 일반채권으로 구분하여 표시하며 후순위채권은 보험회사가 파산했을 때 채무 변제순위가 일반 채권보다 후순위인 채권이며 일반채권은 후순위채권을 제외한 사채이다.

### (7) 선수금

선수금은 보험영업이외의 거래에서 발생한 착수금, 계약금 등의 선수금액을 이른다.

### (8) 선수수익

선수수익은 보험영업 이외의 거래에서 발생한 수입 중 당기에 속하지 않은 차기 이후의 수익으로 선수수익은 금전으로 변제되는 부채가 아니라 계속적인 용역의 제공을 통하여 변제되는 부채이다. 일반적으로 선수수익은 선수이자(예금, 대출채권, 유가증권 등), 선수임대료, 선수수수료 등이 포함된다.

### (9) 예수금

예수금은 지급하여야 할 시점이 수입시점보다 늦은 일시적 입금으로 원천징수한 세금 등으로 원천세(갑근세, 주민세, 사업소득세, 퇴직소득세, 기타소득세, 법인세, 개인연금추징세, 보험차익원천세, 농특세, 채권이자보유기간원천세, 실명전환과징금) 및 계약에 따른 각종 보증금(임대보증금 제외) 등이 포함된다.

### (10) 미지급부가세

미지급부가세는 부가가치세법에 의하여 재화와 용역을 공급하고 거래 징수하는 부가가치세를 말한다.

### (11) 가수금

가수금은 귀속할 과목 또는 금액이 미확정된 일시적인 자금의 수입액을 처리하기 위한 임시계정을 말한다.

### (12) 가수보험료

가수보험료는 보험계약이 성립되기 전에 입금된 보험료 및 과입보험료를 이른다.

### (13) 본지점계정대

본지점계정대는 본 · 지점간 거래금액의 미청산잔액을 말한다.

### (14) 이연법인세부채

이연법인세부채는 일시적 차이로 인하여 법인세비용이 법인세법 등의 법령에 의하여 납부하여야 할 금액을 초과할 경우 그 초과금액을 부채로 인식한다.

### (15) 임대보증금

임대보증금은 건물, 토지 등의 임대계약에 의하여 임차인으로부터 받은 보증금을 말한다.

### (16) 퇴직급여채무

퇴직급여채무는 임직원이 근로를 제공하는 기간 동안 미래 퇴사 시 지급할 퇴직급여를 충당하기 위해 적립하는 부채로서 확정급여채무에서 사외적립자산을 차감하여 재무상태표에 표시한다.

확정급여채무는 종업원이 당기와 과거 기간에 근무 용역을 제공하여 생긴 채무를 결제하기 위해 필요한 예상 미래지급액의 현재가치로 사외적립자산 차감 전의 금액이며 사외적립자산은 퇴직급여채무의 지급과 관련하여 회사 외부에 적립된 자산으로 장기 종업원급여기금이 보유하고 있는 자산 및 적격보험계약으로 구성된다.

### (17) 파생상품부채

파생상품부채는 기초자산의 가치 변동에 따라 가격이 결정되는 금융상품의 평가이익으로 발생한 자산으로 기초자산은 이자율, 통화, 주식, 신용, 기타 등으로 구분되며 매매목적파생상품부채와 헤지목적파생상품부채로 구분하여 표시한다.

### (18) 신탁계정차

신탁계정차는 신탁계정의 일시 여유자금을 고유계정에 공여 · 운용하는 금액을 말한다.

### (19) 복구충당부채

복구충당부채는 점포시설물을 임차하거나 일정 기간 사용함에 따라 사용기간 종료 시 자산을 해체, 제거하거나 부지를 복구할 의무가 있는 경우 복구에 소요될 것으로 추정되는 금액의 현재

05

가치를 평가하여 충당부채로 처리한다.

### (20) 채무보증충당부채

채무보증충당부채는 상대방의 채무보증에 소요될 것으로 추정되는 금액의 현재가치를 평가하여 충당부채로 처리한다.

### (21) 요구불상환지분

요구불상환지분은 보유자의 상환 요구 시 상환이 강제되는 등, 실질적으로는 금융부채에 해당하는 지분상품으로 상환우선주와 기타로 구분된다.

여기서 상환우선주는 발행자가 보유자에게 확정되었거나 결정가능한 미래 시점에 의무적으로 상환해야 하거나, 보유자가 상환을 청구할 수 있는 권리를 보유하고 있는 우선주식을 말하여 기타는 상환우선주 이외의 요구불상환지분을 이른다.

### (22) 지급어음

지급어음은 상거래의 채무를 청산하기 위하여 발행한 어음상의 채무를 말한다.

### (23) 그밖의기타부채

그밖의기타부채는 상기 이외의 기타부채를 이른다.

# 제3절 보험회사의 부채 관련 법규 이해

## 1. 보험회사 책임준비금



책임준비금이란 보험회사가 장래의 보험금 지급, 해약금 지급 등 보험계약상 책임을 이행하기 위하여 재무상태표상에서 부채로 적립하는 금액을 이른다. 적정한 책임준비금 적립을 통해 보험회사의 재무건전성 유지 및 보험계약자 보호를 위해 보험업 법규에서는 책임준비금 적립에 대해 규제하고 있다.

### (1) 책임준비금 등의 적립

보험회사는 결산기마다 보험계약의 종류에 따라 책임준비금과 비상위험준비금을 계상하고 따로 작성한 장부에 각각 기재하여야 하며 장래에 지급할 보험금 · 환급금 및 계약자배당금의 지급에 충당하기 위해 다음의 구분[1]에 따라 산출한 금액을 책임준비금으로 계상해야 한다.

① 보험계약부채 : 다음의 구분에 따른 금액을 합한 금액

㈎ 발생사고요소 : 매 결산기 말 현재 보험계약상 지급사유가 발생한 보험금 등을 지급하기 위해 미래현금흐름에 대한 현행추정치를 적용하여 적립한 금액

㈏ 잔여보장요소 : 매 결산기 말 현재 보험계약상 보험금 등의 지급사유가 발생하지 않았으나 장래에 그 보험금 등을 지급하기 위해 미래현금흐름에 대한 현행추정치를 적용하여 적립한 금액

1) 2023년 시행되는 기업회계기준서 제1117호 보험계약(IFRS17)의 보험부채 평가기준과 일관될 수 있도록 보험업법시행령이 개정되었다.

② 투자계약부채 : 보험계약 중 「주식회사 등의 외부감사에 관한 법률」 제5조에 따른 기업회계기준서 제1117호 '보험계약'의 적용을 받지 않아 투자계약으로 분류된 보험계약에 대해 보험회사가 장래에 보험금등을 지급하기 위해 적립한 금액

③ 그 밖에 금융위원회가 정하는 방법에 따라 미래현금흐름에 대한 현행추정치를 적용하여 적립한 금액

책임준비금은 보험계약부채 · 재보험계약부채 · 투자계약부채로 구분하여 각각 적립하며 여기서 보험계약부채(재보험계약부채)는 결산시점 현재 아직 발생하지 않은 보험사고 및 지급사유가 발생하지 않은 투자요소에 대한 부채(잔여보장요소)와 발생한 보험사고 및 지급사유가 발생하였으나, 지급되지 않은 투자요소에 대한 부채(발생사고요소)로 구분하여 각각 적립한다.

다만, 보험계약부채(재보험계약부채)의 포트폴리오별로 잔여보장요소와 발생사고요소의 합계가 영(0)보다 작은 경우 보험계약자산(재보험계약자산)으로 계상하며 투자계약부채는 보험계약의 법률적 형식을 취하고 있으나, 기업회계기준서 제1117호(보험계약)의 적용을 받지 않아 투자계약으로 분류된 계약들의 평가금액으로 한다.

한편, 보험회사가 미래현금흐름에 대한 현행추정치를 적용할 때에는 과거 발생한 사건에 대한 정보와 현재 상태에 대한 정보 및 미래 상태에 대한 예측 정보로서 사업비, 해약률 및 위험률 등 합리적이고 그 근거가 충분히 있는 모든 정보를 중립적으로 반영해야 한다.

#### 1) 잔여보장요소의 적립

생명 · 손해보험 및 생명 · 손해보험 재보험의 잔여보장요소는 결산시점 현재 아직 발생하지 않은 보험사고 및 지급사유가 발생하지 않은 투자요소에 대한 부채로서 기업회계기준서에 따른 금액으로 적립하며 다음의 합계로 한다.

① 최선추정 : 확률가중평균한 미래현금흐름의 현재가치

② 위험조정 : 비금융위험에서 생기는 현금흐름의 금액과 시기에 대한 불확실성을 감수하는 대가

③ 보험계약마진 : 미래에 서비스를 제공함에 따라 인식하게 될 미실현이익

그러나 보험계약의 보장기간이 1년 이하이거나, 기업회계기준서에서 정하고 있는 보험료배분접근법을 사용하더라도 일반모형을 적용해 측정한 것과 중요한 차이가 없을 경우 보험료배분접근법을 적용하여 잔여보장요소를 산출할 수 있다.

### 2) 발생사고요소의 적립

생명 · 손해보험 및 생명 · 손해보험 재보험의 발생사고요소는 결산시점 현재 발생한 보험사고 및 지급사유가 발생하였으나 지급되지 않은 투자요소에 대한 부채로서 기업회계기준서에 따른 금액을 적립하며 다음의 합계로 한다.

① 최선추정 : 확률가중평균한 미래현금흐름의 현재가치
② 위험조정 : 비금융위험에서 생기는 현금흐름의 금액과 시기에 대한 불확실성을 감수하는 대가

한편 최선추정에 포함되는 미래현금흐름에는 보험회사에 보고되었으나 아직 지급되지 아니한 보험사고에 대한 보험금, 보험회사에 보고되지 않았으나 이미 발생한 보험사고에 대한 보험금, 보험사고를 조사 · 진행 · 해결하는데 수반하는 비용 등 사고조사비용 및 보험사고의 해결과정에서 취득하는 담보자산의 매각 또는 구상권 등 그 밖의 권리행사로 인한 회수가능액을 고려한다.



**보충설명** IFRS4 지급준비금과 IFRS17 발생사고부채 비교

❑ IFRS 4 지급준비금

- 보험감독법규에서 발생사고부채와 유사한 개념인 지급준비금에 대해 생명보험, 장기손해보험, 자동차보험 등 일반손해보험으로 구분하여 개별 · 총량추산 비교, 미보고발생손해액, 자동차 표준손해액 및 손해조사비 산출기준 등 구체적 기준(Rule-based) 규정하고 있었다.

❑ IFRS 17 발생사고부채

- 보험감독법규에서도 IFRS 17 기준을 원용하여 생명보험, 장기손해보험 및 일반손해보험으로 구분하지 않고 동일한 원칙적 기준(Principle-base)에 따라 발생사고부채의 구성요소인 최선추정과 위험조정을 산출토록 규정하고 있다.

### 3) 재보험에 대한 처리

보험회사가 다음의 요건을 모두 충족하는 재보험에 가입하는 경우로서 그 재보험을 받은 보험회사는 재보험을 받은 부분에 대해 책임준비금으로 계상해야 한다. 이 경우 재보험에 가입한 보험회사는 원보험계약 당시 계상한 책임준비금과 일관된 가정으로 산출한 금액을 별도의 자산("재보험자산"이라 함)으로 계상해야 한다.

① 보험위험의 전가가 있을 것
② 해당 재보험계약으로 인하여 재보험을 받은 회사에 손실 발생 가능성이 있을 것

재보험에 가입한 보험회사는 재보험을 받은 보험회사가 보험금 지급을 불이행하는 등 재보험

자산에 손실이 예상되는 경우에는 그 손실액을 추정하여 재보험자산에서 그 추정액을 감액해야 한다. 재보험 회계처리 등에 대해서는 "제7장 보험회사의 특수회계 분야"에서 구체적으로 설명하기로 한다.

#### 4) 비상위험준비금 계상

손해보험업을 영위하는 보험회사는 해당 사업연도의 보험료 합계액의 100분의 50(보증보험의 경우 100분의 150)의 범위에서 금융위원회가 정하여 기준에 따라 비상위험준비금을 계상하여야 한다. 비상위험준비금에 대해서는 "제6장 보험회사의 자본 및 손익"에서 구체적으로 설명하기로 한다.

### (2) 책임준비금의 적정성 검증

보험회사가 경영하는 보험종목의 특성 또는 보험회사의 총자산 규모 등을 고려하여 요건을 충족하는 보험회사[2]는 독립계리업자 또는 보험요율 산출기관으로부터 부채로 계상된 책임준비금의 적정성에 대하여 검증을 받아야 하며 책임준비금의 적정성 검증의 내용으로는 책임준비금의 규모에 관한 사항, 책임준비금의 산출기준 및 방법에 관한 사항 등을 포함한다.

#### 1) 책임준비금의 적정성 검증보고서 제출

보험회사는 책임준비금을 계상한 날이 속하는 사업연도의 종료 후 6개월 이내에 책임준비금의 적정성 검증을 받고 책임준비금 적정성 검증보고서를 감독원장에게 제출하여야 하며, 이 경우 보험회사가 같은 독립계리업자 또는 보험요율 산출기관으로부터 연속해서 책임준비금의 적정성 검증을 받을 수 있는 기간은 3개 사업연도로 한정한다.

책임준비금의 적정성 검증을 수행하는 독립계리업자 또는 보험요율 산출기관은 해당 보험회사에 대해 적정성 검증에 필요한 추가 또는 보완 자료를 요청할 수 있다.

#### 2) 책임준비금의 적정성 검증보고서 작성기준

책임준비금 적정성 검증보고서에는 다음의 사항을 기재하며 검증보고서에서의 종합의견은 제반 가정, 산출방법 등이 적정할 경우 "적정"으로, 제반 가정, 산출방법 등이 전반적으로 적정하나 부분적으로 부적정할 경우 "한정"으로, 제반 가정, 산출방법 등이 부적정할 경우 "부적정"으로 표시하여야 한다.

---

**2)** 영§63의2①에 의하면 다음의 어느 하나에 해당하는 보험회사를 말한다.
① 직전 사업연도 말의 재무상태표에 따른 자산총액이 1조원 이상인 보험회사
② 다음의 어느 하나에 해당하는 보험종목을 취급하는 보험회사
가. 생명보험 나. 연금보험 다. 자동차보험 라. 상해보험 마. 질병보험 바. 간병보험

① 검증절차

② 검증대상 업무별 담당자, 결재자, 최종결재자

③ 책임준비금 적정성 검증 내용 및 결과

④ 책임준비금의 산출 및 평가 등에 사용된 가정의 적정성 검증 내용 및 결과

⑤ 종합의견 및 근거

### (3) 배당보험계약의 회계처리 등

보험회사는 배당보험계약(해당 보험계약으로부터 발생하는 이익의 일부를 보험회사가 보험계약자에게 배당하기로 약정한 보험계약을 말함)에 대하여는 다른 보험계약인 무배당보험계약의 손익을 구분하여 회계처리하여야 한다.

보험회사는 배당보험계약의 보험계약자에게 배당을 할 수 있으며 보험계약자에 대한 배당기준은 배당보험계약자의 이익, 이익발생에 대한 기여도, 보험회사의 재무건전성 등을 고려하여 계약자지분(100분의 90 이상)과 주주지분(100분의 10 이하)을 정하되 배당보험계약 이익의 계약자지분 중 100분의 30 이내에서 배당보험계약의 손실 보전을 위한 준비금으로 적립할 수 있다.

보험회사는 해당 회계연도에 배당보험계약에서 발생한 계약자지분, 해당 회계연도 이전에 발생한 계약자지분 중 배당에 지급되지 아니하고 총액으로 적립된 금액 또는 계약자지분배당재원이 부족한 경우에는 주주지분을 재원으로 배당보험계약에 대하여 배당을 할 수 있다.

#### 1) 배당보험계약 손실발생 시 회계처리

배당보험계약에서 손실이 발생한 경우에는 손실보전을 위한 준비금을 우선 사용하여 보전하고, 손실이 남는 경우에는 남은 손실을 우선 주주지분으로 보전한 후, 주주지분으로 보전한 손실을 주주지분의 결손이나 배당보험계약의 이월결손으로 회계처리할 수 있다. 배당보험계약의 계약자지분은 계약자배당을 위한 재원과 배당보험계약의 손실을 보전하기 위한 목적 외에 다른 용도로 사용할 수 없다.

한편, 배당보험계약의 이월결손은 이월결손이 발생한 해당 사업연도 종료일부터 5년 이내에 신규로 적립되는 배당보험계약 손실보전준비금으로 보전하거나 주주지분의 결손으로 회계처리하여야 한다.

#### 2) 계약자배당 관련 준비금 적립

생명보험회사는 계약자배당 관련 준비금은 계약자배당준비금 · 계약자이익배당준비금 · 배당보험손실보전준비금으로 구분하여 각각 적립한다.

여기서 계약자배당준비금은 금리차보장준비금, 총괄배당준비금[3], 장기유지특별배당준비금, 재평가특별배당준비금으로 구분한다. 계약자이익배당준비금은 장래에 계약자배당에 충당할 목적으로 법령이나 보험약관에 의해 영업성과에 따라 총액으로 적립하는 금액을 말하며, 배당보험손실보전준비금은 배당보험계약의 손실을 보전하기 위한 목적으로 적립하는 준비금을 말한다.

### 3) 계약자배당준비금 적립전잉여금 처리[4]

생명보험회사는 매회계연도말에 책임준비금(금리차보장배당 등의 소요액은 포함하고, 직전 회계연도말 신규로 적립한 계약자배당준비금을 초과하여 발생한 계약자배당금은 제외)을 우선 적립한 후 잔여액("계약자배당준비금 적립전잉여금" 이라 함)을 유·무배당보험손익 및 자본계정운용손익으로 구분하며, 무배당보험손익 및 자본계정운용손익은 주주지분으로 처리하고, 유배당보험이익에 대한 주주지분은 100분의 10 이하로 처리한 후 잔여부분은 계약자지분으로 처리한다. 매회계연도 결산기마다 계약자배당준비금 적립전잉여금 처리내역을 선임계리사 검증의견서에 첨부하여야 한다.

여기서의 주주지분은 법인세비용의 납부재원, 결손보전 및 주주배당 등으로 사용할 수 있으며 계약자지분은 계약자배당을 위한 재원과 배당보험손실보전준비금 적립목적 외에 다른 용도로 사용하거나 적립할 수 없으며 주주배당은 당해 회계연도말 지급여력비율이 100% 이상인 경우에 정관이 정하는 바에 따라 실시할 수 있다.

한편, 연결재무제표를 작성하는 보험회사의 경우 책임준비금을 우선 적립한 후 연결손익 중 지배회사 지분 상당액(지배회사 발생손익과 종속기업 발생손익에 대한 지배회사 지분상당액의 합계액을 말함)을 계약자배당준비금 적립전잉여금으로 본다.

아울러, 회계기준 변경 등에 따라 이익잉여금에서 직접 변동되는 금액 및 기타포괄손익－공정가치측정금융자산의 처분손익을 당기손익에 반영하지 않을 경우 그 금액은 "계약자배당준비금적립전잉여금"에 가산하여 처리한다. 다만, 연결재무제표를 작성하는 보험회사의 경우 연결이익잉여금 변동금액 및 기타포괄손익－공정가치측정금융자산의 처분손익을 당기손익에 반영하지 않을 경우 그 금액을 계약자배당준비금적립전잉여금에 가산한다.[5]

---

3) 2023년 IFRS 17 시행으로 기존의 위험율차손익, 사업비차손익, 이자율차손익을 토대로 하는 배당준비금을 삭제하고 IFRS 17 손익보고 체계(보험손익, 투자손익)와 일관되게 총괄손익을 토대로 하는 배당준비금을 신설

4) 보험업감독규정 제6-13조(계약자배당준비금적립전잉여금의 처리)를 중심으로 설명하며, 계약자지분 · 주주지분의 산출 및 계약자배당의 기초자료로 활용하기 위한 손익분석기준에 대해서는 보험업감독업무시행세칙 별표 16(손익분석기준)을 참고하여야 한다.

5) 2023년 IFRS 9 시행으로 당기손익－공정가치 측정되는 지분상품 투자에 대하여는 후속적인 공정가치 변동을 기타포괄손익으로 표시하도록 최초 인식시점에 선택할 수 있으나 한 번 선택하면 이를 취소할 수는 없는 규정이 있어 지분상품의 경우 회계분류와 관계없이 처분시 손익이 계약자 배당재원에 포함되도록 규정을 개정

### 4) 배당보험손실준비금 적립

생명보험회사는 매 결산기 이후 배당보험이익 계약자지분의 100분의 30 이내에서 배당보험손실보전준비금을 적립할 수 있으며 동 배당보험손실보전준비금은 적립한 회계연도 종료일로부터 5년 내의 배당보험계약의 손실을 보전하고, 보전 후 잔액은 개별계약자에 대한 계약자배당재원으로 사용하여야 한다.

### 5) 계약자배당금 산출 및 적립

계약자배당은 총괄배당, 장기유지특별배당으로 하며, 계약자배당을 위한 준비금은 계약자배당준비금(금리차배당준비금, 총괄배당준비금, 장기유지특별배당준비금)과 계약자이익배당준비금으로 구분하며 계약자배당의 대상계약 및 배당금산출기준 등[6]은 감독원장이 정한다.

매년 계약자배당준비금 적립전잉여금 중 계약자지분으로 산출된 금액에서 배당보험손실보전준비금을 우선 적립한 후 계약자배당준비금으로 적립하고 잔여지분을 총액으로 계약자이익배당준비금으로 적립한다.

한편 생명보험회사는 계약자배당준비금적립전잉여금이 부족한 경우에도 이익이 발생한 원천을 감안하여 계약자배당준비금을 적립할 수 있다.

생명보험회사는 당해회계연도 이전에 총액으로 적립한 계약자이익배당준비금을 계약자배당준비금으로 우선 사용하여야 하며, 직전 회계연도말 신규로 적립한 계약자배당준비금 중 실제로 발생하지 아니한 계약자배당금은 당해 회계연도 이전에 총액으로 적립한 계약자이익배당준비금에 가산한다.

다만, 직전 회계연도말 신규로 적립한 계약자배당준비금을 초과하여 발생한 계약자배당금은 당해 회계연도 이전에 총액으로 적립한 계약자이익배당준비금, 당해연도 계약자배당준비금 적립전잉여금 중 구분된 계약자지분, 주주지분의 순으로 차감한다.

여기서 총액으로 적립한 계약자이익배당준비금은 당해회계연도 종료일부터 5년내에 개별계약자에 대한 계약자배당재원으로 사용하여야 한다.

---

6) 세칙 제4-2조(생명보험의 계약자배당 대상계약 및 배당금액산출) ① 1년 이상 유지되고 당해 보험년도 보험료납입이 완료된 배당보험계약에 대하여 계약자배당을 실시한다.
② 회사는 각 계약의 이익발생에 대한 기여도, 보험회사의 재무건전성 등을 감안한 계약자배당금 산출기준을 내부통제기준에 반영하여 운영한다.
③ 회사는 제2항에서 정한 계약자배당금 산출기준에 따라 계산된 금액을 계약자배당금으로 지급한다.
세칙 제4-5조(손해보험의 계약자배당 대상계약 및 배당금액 산출) 손해보험회사의 계약자배당 대상계약 및 배당금액 산출에 대해서는 제4-2조의 규정을 준용한다.

매년 계약자배당금은 보험계약별로 보험연도말에 지급하되 배당발생후 실제 지급시까지 자산운용실적 등을 고려하여 매회계연도별로 생명보험회사가 정하는 이율로 계산한 이자상당액을 가산한다. 이때, 생명보험회사가 정하는 이율은 직전 회계연도 평균공시이율과 같거나 높아야 한다.

**보충설명** 보험회사의 계약자배당 및 손익결정 프로세스

### ❏ 손익의 배분

- 보험회사의 당기 경영성과(수익－비용)를 자금의 원천 및 보험계약 특성에 따라 유배당손익·무배당손익 및 자본계정(자본금 등) 운영손익으로 구분한다.
- 유배당손익의 90% 이상은 계약자지분으로, 유배당손익 중 계약자지분 차감액(10% 이하), 무배당보험손익 및 자본계정 운용손익은 주주지분으로 배분한다.
- 2023년 IFRS 17 시행에 맞추어 보험손익은 IFRS 17 손익을 보험계약별로 귀속시키고 투자손익은 계약상 부담이자 및 기여도를 활용하여 유배당손익을 산출한다.

### ❏ 손익의 처리

- 계약자지분은 계약자배당 재원 및 배당보험계약 손실보전을 위한 준비금으로, 주주지분은 법인세의 납부, 내부유보 및 주주배당 재원 등으로 사용한다.

계약자배당 및 손익처리 프로세스

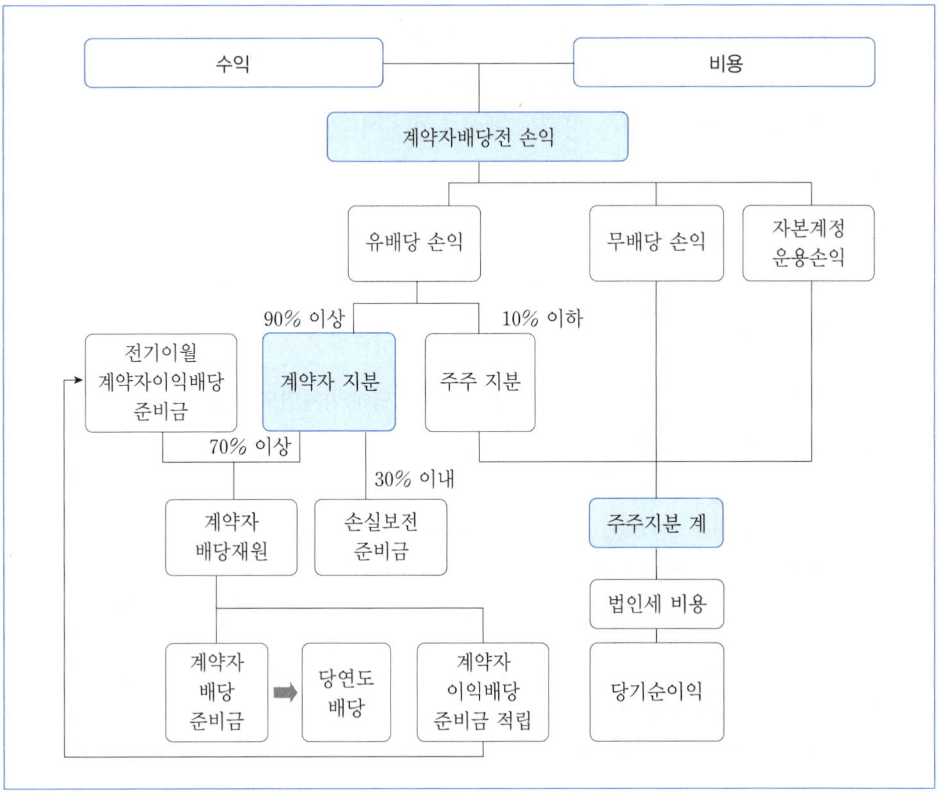

### 6) 퇴직보험계약 관련 계약자배당

1년 이상 유지된 유효한 배당퇴직보험계약(종업원 퇴직적립보험을 포함)에 대하여 이자율차배당금 및 사업비차배당금을 지급하며 이자율차배당금 및 사업비차배당금 산출기준은 보험회사가 보험계약별로 이익기여도를 반영하여 공평하고 합리적으로 정하여야 한다.

한편, 1997년 10월 1일 이후에 판매된 종업원퇴직적립보험의 경우 보험연도 중 계약이 소멸하더라도 당해 보험연도의 경과기간분에 해당하는 이자율차배당금을 지급할 수 있다.

퇴직보험계약이 모두 해지된 후에도 계약자이익배당준비금이 남아 있는 경우에는 잔여 계약자이익배당준비금의 적립에 기여한 과거계약자(민법 제77조에 의한 해산 후 청산 등으로 법인이 소멸한 경우는 제외)에 대하여 계약별로 산정된 잔여 계약자이익배당준비금 적립 기여분을 최종계약이 해지된 날부터 60일 이내에 배당금으로 지급하여야 한다.

이때, 과거계약자 기여분은 잔여 계약자이익배당준비금의 적립에 기여한 계약유지기간의 평균책임준비금 누적금액을 기준으로 산정하며 보험회사가 잔여 계약자이익배당준비금을 처리한 때에는 그 처리내역을 처리일부터 1개월 이내에 감독원장에게 제출하여야 한다.



### 7) 계약자배당 관련 손해보험회사 적용

손해보험회사의 계약자배당 관련 준비금의 적립에 대해서는 앞서 살펴본 생명보험회사의 관련 규정을 준용한다.

**보충설명** 2023년 IFRS 17 시행 후 계약자배당 개선방안 주요내용[7)]

❑ **IFRS 17 시행 후 계약자배당제도**

- IFRS 17 손익을 활용하되 보험손익은 보험계약별로 그대로 귀속하고 투자손익은 기존제도와 유사하게 배분되도록 방안을 마련함
  - (보험이익) 보험계약별로 직접 이익을 배분함
  - (투자수익) 자산적립 기여도에 부합하도록 원가방식 부채평가와 유사한 기준을 적용함(해약환급금과 유사)
  - (투자비용) 해외사례 및 기존제도와 일관되게 보험계약에 적용되는 금리를 기준으로 함(적립이율과 유사)

---

7) 보험연구원 세미나(2023.12.20.) IFRS 17과 계약자배당제도 주제발표 참고

계약자배당 산출 프로세스

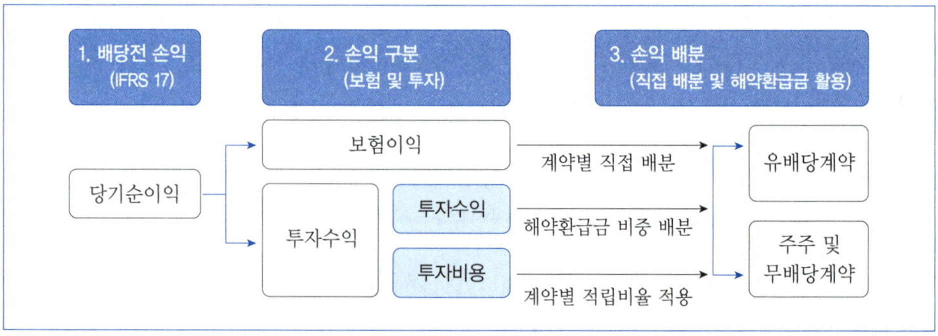


투자수익 배분 프로세스

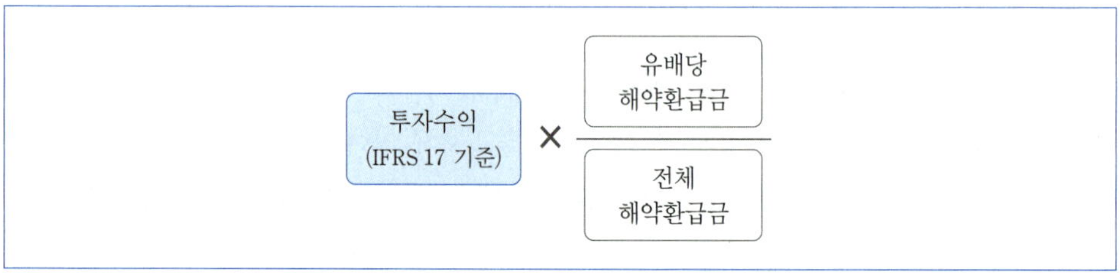


## (4) 배당보험계약 이외의 보험계약에 대한 회계처리

보험회사는 배당보험계약 이외의 보험계약에 대하여 자산의 효율적 관리와 계약자 보호를 위하여 필요한 경우에는 보험계약별로 자산 또는 손익을 구분하는 회계처리는 다음의 어느 하나에 해당하는 방식으로 하며 다음 ③ 또는 ④의 방식에 따르는 경우에는 미리 금융위원회의 승인을 받아야 한다.

① 자산을 보험계약별로 구분하지 아니하고 통합하여 운용하되, 이 경우 발생한 손익을 전체 보험계약의 평균 책임준비금에 대한 보험계약별 평균 책임준비금의 비율을 기준으로 구분하여 보험계약별로 배분하는 방식

② 자산을 보험계약별로 구분하지 아니하고 통합하여 운용하되, 이 경우 발생한 손익을 자산을 취득할 때 필요한 자금에 대한 보험계약별로 조성된 자금의 비율을 기준으로 구분하여 보험계약별로 배분하는 방식

③ 자산을 보험계약별로 구분하여 운용하되, 이 경우 발생한 손익을 보험계약별로 직접 배분하는 방식

④ 그 밖에 금융위원회가 합리적이라고 인정하는 배분 방식

### (5) 재평가적립금의 사용 특례

보험회사가 「자산재평가법」에 따른 재평가를 한 경우 그 재평가에 따른 재평가적립금[8]은 같은 법 제28조 제2항에 따른 처분[9] 이외에 금융위원회의 허가를 받아 보험계약자에 대한 배당을 위하여도 처분할 수 있다.

한편, 보험회사가 재평가적립금의 처분에 관한 허가를 받으려면 신청서에 「상법」 제447조에 따른 서류(재무제표와 그 부속명세서)를 첨부하여 정기총회 개최일 2주 전에 금융위원회에 제출하여야 한다.

## 2. 보험회사 차입

보험회사의 경우 보험계약자로부터 받는 보험료 수입을 통해 자금의 조달이 이루어지고 있으므로 보험계약자 보호 등을 위해 재무건전성 충족 목적과 적정 유동성 유지 목적을 위해서만 자금의 차입이 가능하다. 다음에서는 보험회사의 차입규제와 관련한 구체적인 보험법규에 대해서 설명한다.

### (1) 차입의 종류

보험회사는 재무건전성 기준을 충족시키기 위한 경우 또는 적정한 유동성을 유지하기 위한 경우에는 다음에 해당하는 방법으로 사채를 발행하거나 자금을 차입할 수 있다.

① 자본시장법에 따른 상각형 조건부자본증권[10]의 발행
② 자본시장법에 따른 보험회사주식 전환형 조건부자본증권[11]의 발행

---

8) 법인이 재평가를 한 경우에는 그 재평가차액에서 재평가일 1일전의 대차대조표상의 이월결손금을 공제한 잔액을 재평가적립금으로서 적립하여야 한다.

9) ① 재평가세의 납부, ② 자본에의 전입, ③ 재평가일 후 발생한 대차대조표상의 이월결손금의 보전 ④ 환율조정계정상의 금액과의 상계

10) 사채의 발행 당시 객관적이고 합리적인 기준에 따라 미리 정하는 사유가 발생하는 경우 그 사채의 상환과 이자지급 의무가 감면된다는 조건이 붙은 사채

11) 사채의 발행 당시 예정사유가 발생하는 경우 보험회사의 주식으로 전환된다는 조건이 붙은 사채

③ 상법에 따른 사채와 다른 종류의 사채로서 금융지주회사주식 전환형 조건부자본증권[12)]의 발행[13)]

④ 상법에 따른 사채의 발행

⑤ 은행법에 따른 은행으로부터의 당좌차월

⑥ 기업어음의 발행

⑦ 환매조건부채권의 매도

⑧ 후순위차입 또는 후순위채권 발행

⑨ 신종자본증권(만기의 영구성, 배당지급의 임의성, 채무변제의 후순위성 등의 특성을 갖는 자본증권을 말함)의 발행

⑩ 정부로부터의 국채인수 지원자금 차입

⑪ 본점으로부터의 차입(외국보험회사의 국내지점에 한함)

⑫ 채권의 발행

⑬ 한국은행법에 따른 한국은행으로부터의 차입

한편 조건부자본증권의 가용자본 처리 등에 대해서는 "제10장 건전성 회계 Ⅲ : 지급여력비율 및 경과조치"에서 구체적으로 설명하기로 한다.

### (2) 자금 차입의 조건 및 제한사항

보험회사의 경우 다음의 방법에 따른 사채의 발행 및 자금의 차입의 총 한도는 직전 분기 말 현재 자기자본의 범위 내로 한다.

① 자본시장법에 따른 조건부자본증권 등과 상법에 따른 사채의 발행

② 신종자본증권의 발행

③ 후순위채권 등 채권의 발행

④ 유동성 목적의 환매조건부채권 매도

그러나 보험회사가 이미 발행한 사채 및 신종자본증권을 상환하기 위해 새로 사채 및 신종자본증권을 발행하는 경우에는 상환할 사채 및 신종자본증권의 발행금액은 위의 발행한도(직전 분기

12) 사채의 발행 당시 예정사유가 발생하는 경우 주권비상장보험회사의 주식으로 전환됨과 동시에 그 전환된 주식이 상장금융지주회사(해당 사채의 발행 당시 주권비상장보험회사의 발행주식 총수를 보유한 자본시장법에 따른 주권상장법인인 금융지주회사를 말함)의 주식과 교환된다는 조건이 붙은 사채

13) 법§114의2①에 의하면 금융지주회사주식 전환형 조건부자본증권의 발행은 자본시장법에 따른 주권비상장법인인 보험회사만이 할 수 있다.

말 현재 자기가본)에 산입하지 아니한다. 이 경우 상환하기로 한 사채 및 신종자본증권은 새로 사채 및 신종자본증권을 발행한 후 1개월 이내에 상환하여야 한다.

보험회사의 채권발행은 자산 · 부채의 만기불일치 등에 의한 손실을 회피하거나 보험회사에 대한 재무건전성기준을 충족하기 위해 필요한 경우에 한하며 또한 보험회사의 기업어음 발행은 금융기관의 인수, 할인 및 중개를 통하지 않고는 이를 발행할 수 없다.

**보충설명** 조건부자본증권 개요 및 발행형태

- (개념) 부실금융기관 지정 등 미리 정해진 조건 발생 시, 자동으로 상각 또는 보통주 전환을 조건으로 발행되는 채권
- (종류) 기존 자본증권에 '조건부요건'이 부여된 것으로, 만기 · 배당구조 등에 따라 조건부 신종자본증권, 조건부 후순위채권으로 구분

<주식 및 자본증권 특성 비교>

| 구분 | 주식 | 신종자본증권 | 후순위채권 |
|---|---|---|---|
| 만기 | 영구 | 준영구(만기연장) | 5년 이상 |
| 배당 / 이자 | 배당 자율 | 배당(이자) 재량* | 이자 의무 |
| 리스크 정도 | 높음 | 중간 | 상대적으로 낮음 |

* 보험회사가 배당 시기 및 규모 결정권 보유, 부실금융기관 지정 · 적기시정조치 해당시 배당지급 정지 등 재량권 보유

⊕ 예정사유 발생시
보통주 전환 또는 상각조건 부여

⬇

조건부 자본증권(신종 · 후순위)

- (예정사유) 부실금융기관으로 지정(금산법 · 예금자보호법)되거나 증권 발행 시 사전에 정한 요건*을 충족하는 등의 사유

  * 보험회사의 경영성과 또는 재무구조 등과 관련하여 요건 지정 가능

<조건부 자본증권의 발행형태 및 예정사유 발동결과>

<table>
<tr><td rowspan="2">발행 형태</td><td>후순위채권</td><td>• 만기 5년 이상 채권<br>• 예금 및 일반채권보다 후순위</td><td rowspan="2">⬇<br>위험 증가</td></tr>
<tr><td>신종자본증권</td><td>• 영구적(만기 30년 이상 채권)<br>• 청산 시 후순위채권보다 후순위</td></tr>
<tr><td rowspan="2">발동 결과</td><td>주식전환형</td><td>• 예정사유 발생 시 조건부자본증권이 보험회사의 보통주로 전환되어 손실을 흡수</td><td rowspan="2">⬇<br>위험 증가</td></tr>
<tr><td>상각형</td><td>• 예정사유 발생 시 조건부자본증권이 상각되면서 이익잉여금으로 전환되어 손실 흡수</td></tr>
</table>

### (3) 유동성 목적의 환매조건부채권 매도

보험회사가 변액보험 등의 만기보험금, 사망보험금, 중도인출금, 해지환급금 등에 대한 최저 보증이 부가된 보험계약의 보증위험을 회피하기 위한 파생상품거래의 일일정산에 따라 발생한 손실금액을 납입하기 위하여 환매조건부채권을 매도하는 경우는 적정한 유동성을 유지하기 위한 목적으로 인정된다.

이러한 환매조건부채권의 매도액은 보험회사의 사채 발행 및 자금 차입에 대한 총 한도(직전 분기말 현재 자기자본)에 포함한다.

### (4) 후순위채무 발행

보험회사의 후순위채무는 다음의 요건을 충족하여야 하며 감독원장은 후순위채권의 세부 발행요건[14]을 정할 수 있다.

① 차입기간 또는 만기가 5년 이상일 것
② 기한이 도래하기 이전에는 상환할 수 없을 것
③ 무담보 및 후순위특약(파산 등의 사태가 발생할 경우 선순위채권자가 전액을 지급받은 후에야 후순위채권자의 지급청구권 효력이 발생함을 정한 특약)조건일 것
④ 파산 등의 사태가 발생할 경우 선순위채권자가 전액을 지급받을 때까지 후순위채권자의 상계권이 허용되지 않는 조건일 것

후순위채무를 통한 자금조달을 하고자 하는 보험회사는 후순위채무에 관한 다음 사항이 포함된 서류를 첨부하여 감독원장에게 미리 신고하여야 하며 보험회사는 후순위자금 공여자에 대한 대출 등을 통하여 후순위채무와 관련하여 직 · 간접적으로 지원할 수 없다.

① 자금조달금액
② 자금공여자
③ 자금조달금리
④ 그 밖에 감독원장이 정한 신고서(세칙 별지 제64호 : 자본조달 수단 발행 및 상환 신고서) 및 신고내용과 관련 요건이 충족됨을 증명하는 자료

14) 세칙 제5-7조의4①에 의하면 감독원장이 정하는 세부 발행요건이란 다음을 감안할 때 지급여력비율이 악화될 우려가 있는 경우를 말한다.
① 민감도 분석 결과
② 지급여력비율에 영향을 미치는 1년 이내(발행시점 기준)의 제도개선 효과

### (5) 후순위채무 상환

보험회사가 후순위채무를 상환하기 위해서는 다음 요건을 모두 충족하거나 후순위채무를 상환한 후의 지급여력비율이 150% 이상인 경우에 감독원장의 승인을 받아 당해 후순위채무를 기한이 도래하기 전에 상환할 수 있다.

① 지급여력비율이 100% 이상일 것

② 상환전까지 당해 후순위채무에 비해 유상증자 등 자본적 성격이 강한 자본조달로 상환될 후순위채무와의 대체가 명확히 입증되고 그 금액이 당해 후순위채무의 상환예정액이상일 것. 기한이 도래하기 전에 상환하고자 하는 후순위채무의 잔존만기보다 원만기가 길고 금리 등 자금조달 조건 등이 유리한 후순위채무는 자본적 성격이 강한 자본조달수단으로 본다.

③ 후순위채무 계약서상 감독원장의 사전승인 시 기한이 도래하기 전에 채무자의 임의상환이 가능하다는 조항이 명시되어 있거나 당사자간에 합의가 있을 것

④ 금융시장의 여건변화에 따라 당해 후순위채무의 금리조건이 현저히 불리하다고 인정될 것



위의 상환 요건을 모두 충족하여 후순위채무를 기한이 도래하기 전에 상환하고자 하는 보험회사는 상환 요건의 충족여부를 입증하는 자료 및 대체 자금조달계획을 첨부하여 감독원장에게 사전에 승인을 요청하여야 하며, 상환 요건을 모두 충족하여 감독원장의 승인을 받은 보험회사는 대체자금조달이 완료된 후에 당해 후순위채무를 상환하여야 한다.

### (6) 신종자본증권 발행

보험회사가 신종자본증권을 발행하고자 하는 경우 다음 요건을 충족하여야 한다.

① 비누적적 영구 우선주 또는 채권 형태일 것. 다만, 만기 30년 이상 채권으로서 보험회사가 동일한 조건으로 만기를 연장할 수 있는 권한을 보유한 경우 영구로 본다.

② 기한부후순위채무보다 후순위 특약 조건일 것

③ 발행 보험회사가 금융산업의 구조개선에 관한 법률에서 정하는 부실금융기관으로 지정된 경우 또는 감독규정에 의한 적기시정조치 또는 긴급조치를 받은 경우 동 사유가 해소될 때까지 배당의 지급이 정지되는 조건일 것

④ 배당 지급기준은 신종자본증권 발행당시에 확정되어 있어야 하고, 배당률이 보험회사의 신용상태에 따라 결정되지 않아야 하며, 배당 지급기준의 상향조정은 발행일부터 10년이 경과한 후 1회에 한하여 가능하고 그 범위는 1%포인트 또는 최초 신용가산금리(당해 신종자본증권의 배당 지급기준과 국고채, 미국재무성채권 등 시장의 지표가 되는 금리와의 차이)의 50% 이내일 것

⑤ 보험회사는 배당의 시기와 배당규모의 결정권을 가질 것

⑥ 발행 후 5년 이내에 상환되지 아니하며, 동 기간 경과 후 상환하는 경우에도 발행당시 정해진 상환권에 근거하여 상환하되 상환여부는 발행 보험회사의 판단에 의하여야 하고 신종자본증권 보유자의 의사에 의한 상환이 허용되지 아니할 것. 발행 보험회사에게 사실상 상환을 하도록 하는 부담을 부과하는 조건이 있을 경우 신종자본증권 보유자의 의사에 의한 상환권이 있는 것으로 본다.

한편, 보험회사가 자기자본조달만을 목적으로 자회사인 특수목적회사를 통하여 신종자본증권을 발행하고자 할 경우 다음의 요건을 모두 충족해야 한다.

① 당해 보험회사가 특수목적자회사의 의결권 있는 발행주식 또는 지분 총수를 소유하여야 하며, 동 특수목적자회사는 보험회사의 자기자본조달이외의 다른 업무를 영위할 수 없고, 신종자본증권의 발행에 의한 자본 조달액과 모보험회사의 지분투자액을 초과하는 자산을 소유하지 아니할 것
② 특수목적자회사는 신종자본증권 발행에 따른 납입금을 납입 즉시 전액 대출 또는 채권매입 등의 방법으로 모보험회사에 이전하되 동 대출 또는 채권 등은 신종자본증권과 실질적으로 동일한 조건이어야 하며, 기한부 채권 매입방법에 의할 경우 기한이 도래한 경우에도 신종자본증권이 상환되지 않는 한 채권액을 변제할 수 없고 동일 조건으로 기한이 연장될 것
③ 특수목적자회사를 외국에 설립하는 경우에는 신종자본증권의 모든 발행 요건이 소재국의 법률에 의해 보호될 수 있음을 모보험회사가 입증할 수 있을 것

보험회사는 신종자본증권의 매입자에 대하여 대출, 지급보증 등에 의하여 관련 자금을 직·간접적으로 지원함으로써 무배당에 대한 보상 또는 신종자본증권에 우선하는 모든 채권자에 대하여 사실상 동일하거나 우선적인 효력을 수반할 수 있는 행위를 하여서는 아니 된다.

보험회사가 시행령[15]에 따른 위험관리를 위하여 신종자본증권의 방법으로 자금을 차입하는 경우에는 제7-9조의 재무건전성 기준을 충족시키기 위한 경우에 해당하는 것으로 본다.

보험회사가 신종자본증권을 중도상환하려는 경우에는 감독원장의 승인을 받아야 하며 신종자본증권의 세부요건, 조기상환 요건, 신고절차 등 그 밖에 필요한 사항은 감독원장이 정하며 그 사항은 다음과 같다.

① 지급여력비율이 50% 이하(신종자본증권에 의한 조달분은 제외)인 보험회사는 신종자본증권을 발행할 수 없다.

---

15) 영 제65조제2항제3호 : 보험회사의 위험, 유동성 및 재보험의 관리에 관하여 금융위원회가 정하여 고시하는 기준을 충족할 것

② 그 밖에 신종자본증권의 발행 및 상환과 관련된 사항은 규정 제7-10조제3항부터 제7항(후순위 채무의 사전신고, 조기상환 요건 등)까지의 내용을 준용한다.

## 3. 부실보험회사 결정을 위한 자산 · 부채 평가

「금융산업의 구조개선에 관한 법률」에 의하면 경영상태를 실제 조사한 결과, 부채가 자산을 초과하는 보험회사이거나, 거액 금융사고 또는 부실채권 발생으로 부채가 자산을 초과하여 정상적인 경영이 어려울 것이 명백한 보험회사에 대해서는 금융위가 부실보험회사로 결정하여 부실을 예방하고 건전경영을 유도하기 위해 적기시정조치 등 보험회사의 정비절차를 이행하여야 한다.

다음에서는 부실보험회사 결정을 위한 자산 · 부채 평가 및 산정과 관련한 구체적인 보험법규에 대해서 설명한다.



### (1) 부실보험회사 평가대상

「금융산업의 구조개선에 관한 법률」 제2조제2호[16]의 규정에 의한 부실보험회사의 결정을 위한 자산 · 부채의 평가 및 산정대상이 되는 보험회사는 다음과 같다.

① 자산의 건전성이 크게 악화되어 감독원장이 채무초과상태가 발생할 우려가 있다고 판단하는 보험회사

② 지급여력비율기준에 미달되는 보험회사

16) 금산법 제2조(정의) 2. "부실금융기관"이란 다음 각 목의 어느 하나에 해당하는 금융기관을 말한다.

가. 경영상태를 실제 조사한 결과 부채가 자산을 초과하는 금융기관이나 거액의 금융사고 또는 부실채권의 발생으로 부채가 자산을 초과하여 정상적인 경영이 어려울 것이 명백한 금융기관으로서 금융위원회나 「예금자보호법」 제8조에 따른 예금보험위원회가 결정한 금융기관. 이 경우 부채와 자산의 평가 및 산정(算定)은 금융위원회가 미리 정하는 기준에 따른다.

나. 「예금자보호법」 제2조제4호에 따른 예금등 채권(이하 이 조에서 "예금등 채권"이라 한다)의 지급이나 다른 금융기관으로부터의 차입금 상환이 정지된 금융기관

다. 외부로부터의 지원이나 별도의 차입(정상적인 금융거래에서 발생하는 차입은 제외한다)이 없이는 예금등 채권의 지급이나 차입금의 상환이 어렵다고 금융위원회나 「예금자보호법」 제8조에 따른 예금보험위원회가 인정한 금융기관

③ 경영실태평가결과 감독원장이 정하는 지급여력 또는 자산건전성 평가부분[17]의 평가등급이 5등급(위험)으로 판정된 보험회사

### (2) 부실보험회사 평가기준 등

부실보험회사에 대한 자산 · 부채의 평가 및 산정은 원칙적으로 직전월말 현재 보험회사의 재무상태표(특별계정, 주기 · 주석을 포함)상 자산 · 부채의 각 계정과목을 대상으로 다음 기준에 의하며 자산 · 부채의 각 항목별 구체적인 평가 및 산정기준은 감독원장이 정한다.

① 장부가액이 실질가치를 반영하는 항목에 대해서는 동 장부가액으로 평가한다.
② 장부가액이 실질가치를 반영하지 못하는 항목에 대해서는 시가 또는 손실발생예상액을 차감한 실질가치로 조정하여 평가한다.

감독원장은 자산 · 부채의 평가 및 산정을 위하여 필요한 기초자료를 평가대상 보험회사에 요구할 수 있으며, 필요한 경우에는 평가 및 산정대상 보험회사에 임점하여 자산과 부채의 실사를 실시할 수 있다.

### (3) 자산 · 부채의 평가 및 산정기준[18]

자산 및 부채의 평가는 각 계정과목별로 계상된 금액에서 다음의 세부산정기준을 적용하여 조정한 금액을 원칙으로 하되, 재무상태표에 표시되지 않는 부외자산 및 부채에 대하여는 발생가능금액을 합리적으로 산출하여 자산 및 부채로 계상한다.

#### 1) 자산의 평가기준

자산 평가의 경우 부실보험회사 결정을 위한 기준의 특성과 같이 계속기업의 가정이 아닌 청산가정에 근거하여 자산을 보수적으로 평가하여 금융상품 회계기준서(IFRS9) 등의 평가기준(공정가치)과 큰 차이가 있다.

한편, 2023년부터 보험계약 회계기준서가 IFRS 4에서 IFRS 17로 변경됨에 따라 IFRS 4의 보험계약 관련 자산계정(약관대출, 보험미수금, 미상각신계약비)을 삭제하여 IFRS 17의 재무제표 표시기준과 일치

---

17) 보험업감독규정 제7-14조제3항의 평가부문 중 지급여력은 자본적정성 부문이며 자산건전성은 투자리스크 부문을 이른다.

18) 보험업감독업무시행세칙 [별표 9] "자산 · 부채의 평가 및 산정기준"을 중심으로 설명한다.

시켰다.

각 자산 계정과목별로 평가기준을 살펴보면 현·예금 및 예치금의 경우 대차대조표상 장부가액으로 평가하되 금전신탁 등 시가평가가 합리적인 경우 시가로 평가하며 대출채권은 재무상태표상 대손충당금 차감전 금액에서 손실예상액을 차감하여 산출한다.

여기서의 손실예상액은 "고정", "회수의문", "추정손실" 분류자산별로 규정에 의한 대손충당금 등의 최소적립비율을 적용한 금액을 이른다. 다만, 과거의 대손경험율과 현재 채권의 회수가능성 등을 감안할 때 그 손실예상율이 최소적립비율을 초과할 것이 확실시 되는 경우에는 동 손실예상율을 적용할 수 있다.

유가증권의 경우 크게 주식, 채권, 수익증권 및 기타로 구분하여 시장성 있는 유가증권은 시가, 시장성 없는 유가증권 중 주식은 순자산가액, 채권은 장부가액에서 손실예상액을 차감하여 산출한다.

부동산의 경우 토지는 공시지가, 건물·구축물 등은 세법상 과세시가표준액으로 산출하며, 보험미수금, 임차보증금 등은 재무상태표상의 대손충당금 차감전 금액에서 손실예상액을 차감하여 산출하며 선급비용, 무형자산, 이연법인세차 등은 자산에서 전액 차감하되 골프 회원권 등에 대해서는 세법상의 과세시가표준액으로 산출한다.

05

### 2) 부채의 평가기준

부채 평가의 경우에도 부실보험회사 결정을 위한 기준의 특성과 같이 계속기업의 가정이 아닌 청산가정에 근거하여 부채를 평가하여 보험계약 회계기준서(IFRS 17)의 평가기준(이행가치)과 큰 차이가 있다.

한편, 2023년부터 보험계약 회계기준서가 IFRS 4에서 IFRS 17로 변경됨에 따라 IFRS 4의 보험계약 관련 부채계정(보험료적립금, 지급준비금, 미경과보험료적립금 등)을 삭제하여 IFRS 17의 재무제표 표시기준과 일치시켰다.

각 부채 계정과목별로 평가기준을 살펴보면 책임준비금의 경우 크게 IFRS 17과 일치하도록 보험계약부채, 재보험계약부채, 투자계약부채로 구분하여 보험계약부채 및 투자계약부채는 청·파산 시를 가정하여 산출한 부채[19]로서 잔여보장요소 및 발생사고요소 등을 모두 포함하며 자산으로 계상된 보험계약자산은 차감한다. 재보험계약부채는 재보험회사에게 지급할 의무가 있는 금액으로 산출하되 재보험회사별 재보험계약자산과 상계하여 정산금액 평가한다.

---

19) 청·파산 시를 가정한 보험부채에 평가에 대해서는 실제 해약환급금이 아닌 해약식 계약자적립액으로 산출한다.

기타부채 중 퇴직급여채무는 임직원 전원이 일시퇴직할 경우 지급될 금액으로 산출하며 이연법인세부채는 부채에서 전액 차감하며 이외의 기타부채는 재무상표상의 장부가액으로 한다. 다만 우발부채의 경우 실제 발생손실액을 산출하여 부채로 산출한다.

**보충설명** 타 금융권역의 부실회사 결정을 위한 자산부채 평가기준

❑ **은행**

- (대출채권 등 건전성분류자산) 대손충당금 차감전 금액 – 손실예상액*
  - * 고정 이하 분류자산에 대해 건전성분류단계별 대손충당금 최저적립액
- (유가증권) 시장성 있는 유가증권은 시가, 시장성 없는 유가증권 중 주식은 순자산가액, 채권은 장부가액에서 손실예상액 차감
- (부동산) 토지는 공시지가, 건물은 세법상 과세시가표준액
- (퇴직급여채무) 전직원 일시퇴직 시 요지급액
- (난외계정) 지급보증 등에 대해 손실발생예상액을 산출하여 부채가산

❑ **상호저축은행**

- (대출금 등 여신성 가지급금) 대손충당금 차감전 금액 – 손실예상액*
  - * 고정 이하 분류자산에 대해 건전성분류단계별 대손충당금 최저적립액
- (유가증권) 시장성 있는 유가증권은 시가, 시장성 없는 유가증권 중 주식은 순자산가액, 채권은 장부가액에서 손실예상액 차감
- (부동산) 토지는 공시지가, 건물은 세법상 과세시가표준액
- (퇴직급여채무) 전직원 일시퇴직 시 요지급액

# 제4절
# 책임준비금 산출기준[1)]

## 1. 총칙

### (1) 목적

책임준비금 산출기준은 규정 제6-11조에서 정하는 책임준비금 산출에 필요한 세부사항을 정함을 목적으로 한다.

### (2) 적용범위

책임준비금 하위 요소인 잔여보장요소의 최선추정, 위험조정, 보험계약마진 및 보험료배분접근법적용과 발생사고요소의 최선추정, 위험조정을 대상으로 적용한다. 책임준비금 산출기준에서 정하지 않은 사항은 「주식회사의 외부감사에 관한 법률」 제5조에 따른 한국채택국제회계기준을 준용한다.

**보충설명** 일반회계(GAAP)와 감독회계(SAP) 관계 이해

❑ **IFRS 17 시행 후 새로운 감독회계 마련 필요성권**

- 기존(IFRS 17 시행 전) 감독회계는 일반회계(IFRS 4) 인정범위 내에서 건전성 확보, 계약자 보호 등 감독목적 달성을 위한 기준을 제시하였으며 IFRS 4에서는 각 국의 회계관행 등을 인정하였으나 IFRS 17에서는 각 국의 회계관행 등을 불인정하고 있다.
- 이에 IFRS 17 시행 후 새로운 감독회계는 일반회계 범위 내에서 감독회계를 마련하기 위해 보험감독법규에서 보험회사간 비교가능성 제고를 위한 최소한의 감독기준(할인율 기준 제시 등)을 일반회계 원칙을 훼손하지 않는 범위 내에서 규정하고 그 외 보험감독법규에서 규정하지 않은 사항은 일반회계를 준용하고 있다.

---

1) 보험업감독규정 제6-11조(책임준비금의 적립)에 의거한 보험업감독업무시행세칙 [별표 35] "책임준비금 산출기준"을 중심으로 본 절에서 설명하고자 한다.

05

## 2. 보험계약 분류

### (1) 보험계약 분류기준

유의적인 보험위험이 존재하는 계약은 보험계약으로 분류하며 유의적인 보험위험이 존재하지 않더라도 재량적 참가 특성이 존재하는 경우 보험계약으로 분류한다. 그 이외의 보험회사가 발행한 보험계약은 투자계약으로 분류한다. 한편 보험계약 분류기준 등에 관한 기준을 적용한 절차 및 내용을 문서화하고 매년 일관되게 적용하여야 한다.

### (2) 계약 분류 평가단위

보험계약의 분류는 특약을 포함한 개별계약 단위로 평가하는 것을 원칙으로 한다. 다만, 재보험계약에 한하여 다음의 요건을 모두 만족하는 경우 개별계약 내 보험요소를 분리할 수 있다.

① 개별계약 내 보험요소가 각각 별도로 가격 산정되어, 별도로 판매되는 경우

② 개별계약 내 보험요소의 해지가 독립적으로 이루어지는 경우

③ 개별계약 내 보험요소가 위험집합으로서 별도로 관리되는 경우

④ 개별계약 내 보험요소간의 미래 현금흐름에 상호의존성이 없는 경우

### (3) 계약 분류 평가시점

보험계약의 분류는 계약의 최초 인식시점에 평가한다.

### (4) 유의적인 보험위험의 판단

부가급부금의 비율이 10% 이상인 경우 유의적인 보험위험이 있다고 간주한다. 여기서 부가급부금의 비율은 보험사고 미발생시 지급금 대비 부가급부금의 비율을 말하며 보험계약 체결 후 보험사고 발생가능성이 있는 특정 시점, 특정 시나리오에서 나타날 수 있는 모든 부가급부금의 비율 중 가장 큰 비율을 적용하여 보험위험의 유의성을 평가한다.

한편, 부가급부금은 보험사고 발생시 지급금에서 보험사고 미발생시 지급금을 차감한 금액을 말하며 보험사고 발생시 지급금과 보험사고 미발생시 지급금은 현재가치로 환산하여 적용한다.

보험사고 발생 시 지급금은 보험사고 발생여부에 따라 지급여부가 결정되는 지급금을 말하며, 다음의 합계액으로 한다.

① 보험사고 발생 시 보험수익자가 수령하는 보험금으로써, 주계약과 특약 보험금의 합계액. 단, 손해의 심도에 따라 보험금 지급액이 결정되는 경우 지급될 수 있는 최대 금액으로 하며, 보험계약 소멸 시 적립액을 추가로 지급하는 경우 해당 적립액에서 해약공제액을 제외한 금액을 가산한다.
② 연금지급금 등 생존을 조건으로 지급되는 각종 급부

보험사고 미발생시 지급금은 보험사고 발생여부와 무관하게 지급되는 지급금을 말하며, 다음의 합계액으로 한다.

① 생사와 무관하게 지급되는 만기환급금, 중도환급금, 연금지급금
② 해약환급금

그러나, 개별계약의 특성으로 인해 부가급부금의 비율로 보험위험의 유의성을 판단하는 것이 적합하지 아니한 경우 부가급부금 비율기준이 아닌 다른 기준을 적용할 수 있다.

05

**보충설명** 보험계약 분류기준 이해

❑ **평가단위 ➟ 개별계약**

- IFRS 17에서는 보험위험의 중요성을 개별계약(Contract by Contract)단위로 평가하는데 이는 계약집합 단위로 평가 할 경우 계약간 희석효과로 인해 보험위험의 중요성이 낮아지는 결과를 방지할 목적이다.
- 이에 감독회계에서도 기존(IFRS 17 시행 전)에 허용된 대표계약을 기준으로 한 계약집합단위의 보험위험 중요성 판단규정을 삭제하여 일반회계와 일치시켰다.

❑ **부가급부금 산출 ➟ 보험사고 발생시점**

- IFRS 17에서는 보험계약 판매 이후 보험사고 발생시점에 중요한 부가급부금이 발생하면 보험계약으로 분류하며 보험사고의 발생가능성이 극히 낮은 시점도 포함하도록 하고 있어 보험계약 판매 직후 보험사고가 발생하는 경우까지도 포함한다.
- 이에 감독회계에서도 보험위험의 중요성 판단 기준을 기존의 보험기간 전체 부가급부금 합계액에서 보험사고 발생시점으로 변경하여 일반회계와 일치시켰다.

❑ **현금흐름 ➟ 현재가치 환산**

- IFRS 17에서는 보험기간 동안 보험사고 발생시 · 미발생시 지급금을 현재가치로 환산하여 부가급부금 비율을 산출한다.
- 기존(IFRS 17 시행 전) 감독회계에서는 현재가치로 환산하지 않은 명목금액을 기준으로 부가급부금을 산출하였으나 IFRS 17 시행이후에는 IFRS 17 기준과 동일하게 현재가치로 환산*하여 부가급부금을 산출하도록 하도록 개선하였다.

* 예 연금보험의 보험사고 발생 시 지급금 : (변경 前) 생존기간 연금액 명목금액의 단순합계액 ➡ (변경 後) 생존기간 연금액 현재가치의 합계액

❑ 보험위험 중요성 기준 ➡ 부가급부금비율 10%

- IFRS 17에서는 보험위험의 중요성 판단을 위한 구체적 양적기준을 제시하지 않고 있으나 감독회계에서는 보험회사 재무정보의 비교가능성을 제고하기 위해서는 보험위험 중요성 판단을 위한 양적기준이 필요할 수 있다.
- 이에 따라 기존(IFRS 17 시행 전)과 동일하게 IFRS 17 시행 후에도 보험위험 중요성 기준을 부가급부금 비율 10% 이상으로 규정하고 있다.

※ 재보험계약의 보험위험전가 평가

- 보험위험의 전가보다는 지급여력비율 등 일시적인 재무지표를 개선할 목적으로 재보험계약을 활용하는 것을 통제하고자 지급여력제도(건전성회계)에서 재보험회사기대손실(ERD)제도를 운영하여 ERD가 1% 미만인 일반보험 재보험계약 등에 대해 예수 · 예치금으로 처리토록 규정하여 IFRS 17과 부합하면서 감독목적을 달성하고 있다.

## (5) 재량적 참가 특성

감독규정 제6-13조에 따른 계약자배당제도는 재량적 참가 특성에 해당한다.

보충설명 배당보험상품과 금리연동형 공시이율 보험상품의 재량적 참가특성 비교

❑ 재량적 참가특성이 있는 투자계약

- 특정 투자자에게 계약발행자의 재량에 따르지 않는 금액 외에 다음의 금액을 추가로 수취할 수 있도록 계약상 권리를 제공하는 금융상품
  - 계약상 총 급부금 중 유의적인 부분을 차지할 것으로 예상된다.
  - 지급 시기와 금액은 계약상 발행자의 재량이다.
  - 계약상 다음 중 하나 이상에 근거한다.
    - ㈎ 특정 계약집단 또는 특정 계약형태에서 발생한 성과
    - ㈏ 발행자가 보유하고 있는 특정 자산 집단에서 발생한 실현 또는 미실현 투자수익
    - ㈐ 계약을 발행한 기업 또는 펀드의 당기손익

❑ 배당보험상품과 금리연동형 공시이율 보험상품간 비교

| 구분 | 배당보험상품 | 금리연동형 공시이율 보험상품 |
|---|---|---|
| ① 유의성 비중* | 배당보험상품에서 발생한 손익(사차, 이차, 비차)의 10% 해당액은 유의한 수준 | 국내 공시이율은 회사별로 운용자산이익률 대비 80%~90% 수준에서 결정되어 10%~20%의 재량수준은 유의한 수준 |

| ② 금액 및 시기 재량 | 배당보험계약 손익의 계약자지분 할당액 및 시기 결정은 보험회사의 재량권 존재 | 운용자산이익률, 시장금리 등을 고려하여 공시이율을 결정하므로 보험회사의 재량권 존재 |
|---|---|---|
| ③ 특정수익률 기반 | 계약자배당은 배당보험계약 손익에 대한 사후정산으로 특정수익률에 기반 | 공시이율은 향후 예상수익 등도 고려한 적립금 부리이율로 특정수익률에 기반하지 아니함 |
| 충족여부 | ➠ 재량적 참가특성 충족 | ➠ 재량적 참가특성 不충족 |

* IFRS 17의 논의과정에서 발표된 자료('12년 staff paper)에서는 재량적 참가특성 사례로써 10%~15% 수준의 재량적 수준을 언급

**보충설명** K-ICS, ICS 및 Solvency Ⅱ 의 보험계약 분류

❑ 건전성 기준에서의 보험계약 분류

• 보험회사가 판매한 보험계약에 대해 건전성 기준에서는 보험계약과 투자계약으로 구분하지 않고 보험회사가 판매한 모든 보험계약을 함께 보험부채 등을 평가한다.

• 건전성 기준에서 보험계약과 투자계약으로 구분이 필요하지 않는 이유는 K-ICS에서는 매출(수익)의 규모가 고려요소가 아니며 보험 · 투자계약 모두 동일하게 보험부채도 평가하므로 계약의 분류기준이 불필요하다.

• 이와 달리 일반회계에서는 보험계약과 투자계약의 분류를 통하여 수익(매출) 인식 및 부채 평가방법에 대한 금융상품 및 금융권역간 재무정보의 비교가능성을 확보할 수 있다.

## 3. 포트폴리오 및 보험계약집합의 구분

### (1) 원수보험의 포트폴리오 구분

원수보험 포트폴리오 구분기준은 유사한 위험을 가지고 있고 함께 관리되는 보험계약으로 한다. 여기서의 유사한 위험은 생명보험(사망, 건강, 연금·저축, 기타), 장기손해보험(상해, 질병, 재물, 연금·저축, 기타) 및 일반손해보험(국내, 해외) 등으로 구분되며, 함께 관리되는 보험계약은 생명(장기손해)보험의 경우 유배당, 무배당, 자산연계형, 변액보험으로 구분하고 일반손해보험의 경우에는 보장하는 담보별로 구분하는 것으로 원칙으로 하되 보험회사는 추가적으로 세분화된 단위로 구분할 수 있다.

[도표 2] 원수보험의 포트폴리오 구분

**생명보험**

| 유사위험 | 단일집합 |
|---|---|
| 사망 | 유배당 |
| | 무배당 |
| | 변액 |
| 건강 | 유배당 |
| | 무배당 |
| | 변액 |
| 연금 / 저축 | 유배당 |
| | 무배당 |
| | 변액 |
| | 자산연계 |
| 기타 | 유배당 |
| | 무배당 |
| | 변액 |

**장기손해보험**

| 유사위험 | 단일집합 |
|---|---|
| 상해 | 유배당 |
| | 무배당 |
| 질병 | 유배당 |
| | 무배당 |
| 재물 | 유배당 |
| | 무배당 |
| 연금 / 저축 | 유배당 |
| | 무배당 |
| | 자산연계 |
| 기타 | 유배당 |
| | 무배당 |

**일반손해보험**

| 보장담보 | |
|---|---|
| 국내 | 화재, 종합, 해상, 근재, 책임, 상해 기술, 보증 자동차, 기타 |
| 해외 | |

## (2) 재보험의 포트폴리오 구분

재보험의 포트폴리오에 대해서는 원수보험의 포트폴리오 구분에 '유배당', '무배당' 및 '변액' 포트폴리오를 제외하고 '복합' 포트폴리오를 추가하여 구분하되 보다 세분화된 단위로 구분할 수 있다.

또한 재보험의 특성으로 인하여 재보험계약에 속한 원수보험계약이 단일 포트폴리오로 구성되지 않은 경우 재보험계약이 담보하는 주요한 위험에 따라 재보험계약의 포트폴리오를 구분하며 주요한 위험에 대한 판단기준으로 재보험계약 미래현금흐름 중 재보험료의 현재가치 합계를 기준으로 해당 재보험계약이 담보하는 위험 중 50% 이상을 차지하는 담보가 있다면, 해당 담보에 따른 포트폴리오를 주요한 포트폴리오로 본다. 다만, 주요한 포트폴리오가 없는 경우, 해당 재보험계약은 복합 포트폴리오로 분류한다.

[도표 3] 재보험의 포트폴리오 구분

| 생명보험 | 장기손해보험 | 일반손해보험 |
|---|---|---|
| 유사위험 | 유사위험 | 보장담보 |
| 사망 | 상해 | 국내: 화재, 종합, 해상 / 근재, 책임, 상해 / 기술, 보증 / 자동차, 기타 |
| 건강 | 질병 | |
| 연금 / 저축 | 재물 | |
| 기타 | 연금 / 저축 | |
| 복합 | 기타 | 해외 |
| | 복합 | 복합 |



### (3) 보험계약집합의 구분

보험계약집합은 위 원수보험 및 재보험의 포트폴리오 구분 내에서 수익성이 유사한 계약으로 구성하여야 하며 같은 계약집합 내에 발행시점의 차이가 1년을 초과하는 계약은 포함시키지 않는다.

앞서 설명한 포트폴리오 구분기준 및 보험계약집합 구분을 위한 수익성의 유사성에 대한 판단기준을 보험회사는 문서화하며, 매년 일관되게 적용하여야 한다.

## 4. 잔여보장요소 회계모형의 적용

### (1) 회계모형 적용원칙

회계모형은 일반모형을 적용하는 것을 원칙으로 하되 "(3) 변동수수료접근법 적용기준"의 모든 요건을 충족할 경우 해당하는 보험계약은 변동수수료접근법을 적용해야 하며, 회계모형의 적용절차 및 내용을 문서화하여야 하며, 매년 일관되게 적용하는 것을 원칙으로 한다.

### (2) 보험료배분접근법 적용기준

"(1) 회계모형 적용원칙"에도 불구하고 보험계약이 다음 요건 중 하나를 충족할 경우 보험료배분접근법을 적용할 수 있다.

① 최초 인식시점에서 보험계약 보장기간이 1년 이하이다.

② 보험료배분접근법으로 측정된 부채와 일반모형으로 측정된 부채의 크기가 모든 경과연도별로 유사하다. 부채 유사성은 회사가 정한 기준을 일관되게 적용하여 판단한다.

**보충설명** 일반손해보험의 잔여보장요소에 대한 회계모형 선택

❑ **감독회계에서도 IFRS 17 기준을 원용하여 일반모형 또는 보험료배분접근법 선택 허용**

• 일반손해보험에 대한 보험부채(잔여보장요소) 재무정보에 대한 비교가능성이 저하될 수 있으나 결산 관련 부담 완화 및 중요성 측면을 고려하여 회계모형 선택 허용

| 장점 | 단점 |
|---|---|
| – 일반회계와 감독회계간 일치<br>– 결산 시스템 유지 부담 완화 | – 동일 상품에 다른 평가기준 적용 가능<br>– 회사간 재무정보 비교가능성 저하 |

### (3) 변동수수료접근법 적용기준

변동수수료접근법이 적용될 수 있는 변액보험계약에 대하여 상당한 몫, 상당한 비율 등에 대한 구체적인 양적기준 등을 제시하지 않는 일반회계(IFRS 17)와 달리 감독회계에서는 구체적인 조건 및 범위 등 다음 요건을 모두 충족할 경우 변동수수료접근법을 적용하도록 규정하고 있다.

① 보험계약이 실질적인 투자관련 서비스를 제공하고 있으며, 보험회사는 보험계약자에게 기초항목에 근거한 투자수익을 지급한다. 이 때 실질적인 투자관련 서비스의 제공 여부는 다음의 식에 따라 판단하며, 단일 시나리오를 적용하되 어느 한 방향의 극단적인 시나리오가 아닌 확률론적 가중평균 시나리오를 적용한다.

$$\frac{\text{확률가중평균값(기초항목연관 지급금)}}{\text{확률가중평균값(기초항목연관 지급금 + 기초항목무관 지급보험금)}} \geq \text{충분성조건*}$$

* 충분성 조건은 50%~70% 범위 내에서 회사가 적절한 수준을 설정하여 문서화

② 보험계약자는 명확하게 식별되는 기초항목 성과의 일정 몫에 참여하고, 보험회사는 투자관련 서비스를 제공하는 대가로 구분된 수수료를 보험계약자로부터 수취한다. 또한 해당 사항은 사업방법서 등의 기초서류 또는 관계법령 등에 의해 구체적으로 확정된 보험계약 조건으로 명시되어야 한다. 이때 명확하게 식별되는 기초항목이란 사업방법서 등의 기초서류 또는 관계법령 등에 의해 계약별로 기초항목이 명백히 구분되어 있음을 의미한다.

③ 보험회사는 기초항목의 공정가치 이익 중 '상당한 수준의 금액'을 계약자에게 지급하여야 한다. 이때 '상당한 수준의 금액'은 다음의 식에 따라 판단하며, 단일 시나리오를 적용하되 어느 한 방향의 극단적인 시나리오가 아닌 확률론적 가중평균 시나리오를 적용한다.

$$\frac{\text{PV(기초항목공정가치 이익 중 계약자 몫)}}{\text{PV(기초항목공정가치 이익 합계)}} \geq \text{충분성조건*}$$

* 충분성 조건은 50%~70% 범위 내에서 회사가 적절한 수준을 설정하여 문서화

④ 보험계약자에게 지급될 금액의 변동분 중 '상당한 수준의 비율' 이상이 기초항목의 공정가치 변동에 따라 변동되어야 한다. 이때 보험계약자에게 지급되는 금액은 사망보험금 등 기초항목과 무관한 지급금을 포함한 보험회사가 보험계약자에게 지급해야 할 의무가 있는 모든 금액을 의미한다. 또한, '상당한 수준의 비율'은 다음의 식에 따라 판단하되, 다음의 식 대신 기초항목의 성과와 계약자에게 지급하는 금액의 상관계수가 50%~70% 범위 내에서 회사가 설정한 수준 이상인 경우로 판단할 수 있다.

$$\frac{\text{표준편차}_B}{\text{표준편차}_A} \times \text{조정비율} \geq \text{충분성조건*1}$$

A : 1,000개 시나리오별 기초항목과 성과*2(확률가중평균 현재가치)

B : 1,000개 시나리오별 계약자 지급금(확률가중평균 현재가치)

조정비율 : "위 ①"의 산식에 따라 산출된 비율

*1 충분성 조건은 50%~70% 범위 내에서 회사가 적절한 수준을 설정하여 문서화

*2 기초항목성과 : 수수료 차감전 계약자 적립금[원금 + 이자(투자성과) + 수수료]

위 ① 요건은 변동수수료접근법 적용을 위한 기본적 요건으로 실질적으로 투자 관련 서비스를 제공하는 보험계약을 판단할 수 있도록 양적기준을 제시하고 있으며 원칙중심 기준인 IFRS 특성과 보험회사간 재무정보의 비교가능성을 고려하여 양적기주의 경우 보험계약의 투자성과에 기반하여 보험금 등을 50%~70% 범위 내에서 회사가 적절한 수준을 설정하여 일관되게 변동수수료접근법을 적용한다.

위 ③ 요건은 기초항목에서 발생하는 공정가치 이익 중 상당한 몫에 해당하는 금액을 계약자에게 지급하는 것을 충족해야 하는 기준으로 여기서 상당한 몫에 대한 양적기준을 위 ① 요건과 동일하게 50%~70% 범위 내에서 회사가 적절한 수준을 설정하여 일관되게 적용한다.

또한 위 ④ 요건은 계약자에게 지급될 금액의 변동분 중 상당한 비율이 기초항목의 공정가치 변동에 따라 지급되는 것을 충족해야 하는 기준으로 여기서의 상당한 비율에 대한 양적기준을 기초항목의 투자성과의 변동성(표준편차) 대비 계약자에게 지급되는 보험금의 변동성(표준편차) 등 이용하여 다른 양적기준과 동일하게 50%~70% 범위 내에서 회사가 적절한 수준을 설정하여 일관되게 적용한다.

한편, 변동수수료접근법 적용 여부는 포트폴리오별 또는 보다 세분화된 단위로 판단할 수 있으며 변동수수료접근법을 적용하는 변액연금 상품의 제2보험기간 도래로 기초항목을 미보유한 상태로 변경하는 경우 해당 기간의 보험금융수익(비용)을 인식하는 회계정책을 변경할 수도 있다.

**보충설명** 일반모형과 변동수수료접근법 적용 시 최초 측정 및 후속 측정 비교

❑ **최초 측정**

• 일반모형 및 변동수수료접근법 모두 최초 인식시점에 보험계약집합의 이행현금흐름과 보험계약마진은 동일하게 측정된다.

❑ **후속 측정**

• 후속 측정시점에 일반모형의 경우 금융위험 변동 등 경제적 가정 변동으로 인한 이행현금흐름의 변동은 당기손익 또는 기타포괄손익으로 회계정책을 선택할 수 있다.

• 그러나 변동수수료접근법의 경우 기초항목에 대한 기업의 몫이나 금융보증 효과 등은 보험계약마진에서 조정하여야 한다.

<보험계약 특성에 따른 회계모형 비교>

| 상품구분 | 투자위험 | 회계모형 | 계리적 가정 변동 | 금융위험 변동 | 보험계약마진 이자부리 |
|---|---|---|---|---|---|
| 직접참가특성 없는 보험계약 | 보험회사 부담 | 일반모형 | 보험계약마진 조정 | 당기손익 또는 기타 포괄손익 선택 | 최초 인식시 할인율 |
| 직접참가특성 있는 보험계약 | 계약자 부담 | 변동수수료 모형 | 보험계약마진 조정 | 보험계약마진 조정* | 이자부리 없음 |

* 기초항목에서 발생하는 금융위험 이외의 금융위험 변동(예 금융보증의 효과)은 보험계약마진에서 조정하되, 보험계약에 내재된 보증의 금융위험 회피를 위해 파생상품, 재보험 등을 이용(위험경감)하는 경우 내재된 보증의 가치 변동을 당기손익으로 인식가능하다.

## 5. 위험조정 산출기준

일반회계(IFRS 17)에서는 계리적 가정의 불확실성을 감내하기 위한 금액인 위험조정을 부채로 적립하도록 하고 있으나, 위험조정의 측정방법, 측정의 기준이 되는 불확실성 수준에 대해서는 구체적인 기준을 제시하지 않고 있다. 그러나, 감독회계에서는 보험회사간 위험조정의 비교가능성을 확보하고 위험요인 등을 적시 파악하기 위해 생명보험·장기손해보험과 일반손해보험으로 구분하여 위험조정의 최저한도를 제시하고 있다.

### (1) 생명보험 및 장기손해보험 위험조정의 산출

#### 1) 잔여보장요소의 위험조정

잔여보장요소의 위험조정은 다음 ①, ②에 의해 산출한 금액 중 큰 값으로 적용한다.

① 회사 자체의 위험회피성향을 반영한 신뢰수준 및 위험수준 등을 기준으로 산출한 값. 단 경험통계 부족, 모형의 신뢰성 부족 등의 경우 외부통계 및 모형 활용가능

② 불확실성 요인의 충격수준을 최선추정치에 반영하여 산출한 금액과 최선추정과의 차액

| 불확실성 요인*1 | | 충격수준 |
|---|---|---|
| 사망 | | 3.27% |
| 장수 | | △4.58% |
| 장해 · 질병 | 정액보상 | 3.40% |
| | 실손보상 | 2.62% |
| 장기재물 · 기타 | | 4.19% |
| 해지*2 | 수준(상승) | 9.16% |
| | 수준(하락) | 9.16% |
| 사업비 | 수준 | 2.62% |
| | 인플레이션 | 0.26%p |

*1 불확실성 요인별로 각 계리적 가정을 충격수준만큼 할증[최선추정가정×(1+충격수준)]하여 적용하되, 사업비 인플레이션 위험의 경우 계리적 가정에 충격수준만큼 합산 · 적용한다.

*2 해지위험은 해지율 가정에 해지 충격수준만큼 할증하여 산출한 위험량과 할인하여 산출한 위험량 중 큰 값을 적용한다.

잔여보장요소의 위험조정을 산출할 때 불확실성 요인간 상관관계는 다음 도표에서 제시하는 상관관계를 적용한다.

[도표 4] 잔여보장요소 위험조정 산출시 불확실성 요인간 상관관계

| 구분 | 사망 | 장수 | 장해 · 질병 | 장기재물 · 기타 | 해지 | 사업비 |
|---|---|---|---|---|---|---|
| 사망 | 1 | | | | | |
| 장수 | −0.25 | 1 | | | | |
| 장해 · 질병 | 0.25 | 0 | 1 | | | |
| 장기재물 · 기타 | 0 | 0 | 0 | 1 | | |
| 해지 | 0 | 0.25 | 0 | 0 | 1 | |
| 사업부 | 0.25 | 0.25 | 0.5 | 0.5 | 0.5 | 1 |

#### 2) 발생사고요소의 위험조정

발생사고요소의 위험조정은 회사의 자체 위험회피성향 등을 반영하여 정한 신뢰수준 및 위험수준을 적용하여 산출한 금액으로 하되, 신뢰수준은 최소 75% 이상으로 한다. 한편 발생보장요소의 위험조정을 산출할 때, 회사의 자체기준에 의한 불확실성 요인간 산출이 어려울 경우 위 [도표 4] 잔여보장요소 위험조정 산출시 불확실성 요인간 상관관계를 적용할 수 있다.

### (2) 일반손해보험 위험조정의 산출

#### 1) 잔여보장요소의 위험조정

잔여보장요소의 위험조정은 다음 ①부터 ③까지의 규정에 의해 산출한 금액 중 큰 값으로 적용한다.

① 회사 자체의 위험회피성향을 반영한 신뢰수준 및 위험수준 등을 기준으로 산출한 값. 단 경험통계 부족, 모형의 신뢰성 부족 등의 경우 외부통계 및 모형 활용가능

② 보장그룹별 충격수준을 최선추정치에 반영하여 산출한 금액과 최선추정과의 차액(보장그룹별로 손해율 가정을 충격수준만큼 할증하여 적용)

| 보장그룹 | 충격수준 |
|---|---|
| 재물 | 10.7% |
| 책임 | 4.1% |
| 일반기타 | 6.2% |
| 자동차 | 4.4% |
| 보증 | 14.9% |

③ 최선추정금액 분포의 표준편차 50%에 해당하는 금액

잔여보장요소의 위험조정을 산출할 때 불확실성 요인간 상관관계는 보장그룹(상관계수 : 0.5), 지역(상관계수 : 0.25)의 순서로 적용하며 지역의 경우 한국, 유럽 · 스위스, 미국 · 캐나다, 중국, 일본, 기타 선진국(호주, 대만, 홍콩 등), 신흥국 및 해외국가구분이 어려운 기타로 지역을 구분하여 적용한다.

#### 2) 발생사고요소의 위험조정

발생사고요소의 위험조정은 다음 ① 및 ②에 의해 산출한 금액 중 큰 값으로 적용한다.

① 회사의 자체 위험회피성향 등을 반영하여 정한 신뢰수준 및 위험수준을 적용하여 산출한 금액으로 하되, 신뢰수준은 최소 75% 이상으로 한다.

② 최선추정금액 분포의 표준편차 50%에 해당하는 금액

한편 발생보장요소의 위험조정을 산출할 때, 회사의 자체기준에 의한 불확실성 요인간 산출이 어려울 경우 일반손해보험 잔여보장요소 위험조정 산출시 불확실성 요인(보장그룹, 지역)간 상관관계를 적용할 수 있다.

### (3) 재보험 위험조정의 산출

재보험계약의 위험조정의 산출은 위에서 설명한 생명보험 및 장기손해보험 위험조정의 산출과 일반손해보험 위험조정의 산출 관련 규정을 적용한다.

### (4) 위험조정의 계약별 배분

위험조정의 계약별 배분 대상은 위에서 설명한 생명보험 및 장기손해보험 위험조정의 산출과 일반손해보험 위험조정의 산출 규정에 따른 위험조정 전체 금액으로 하며, 잔여보장요소 위험조정의 계약별 배분은 '불확실성 요인간 상관관계를 반영하기 전 계약별 위험조정액'을 기준으로 한다.



### (5) 위험조정의 수익 인식기준

위험조정 중 경과연도별 수익인식 금액은 다음 산식에 따라 계산한다. 여기서 기말 예상 보유계약은 기초 보유계약에 현행추정으로 산출한 계리적 가정만을 반영하여 산출한 예상 보유계약을 말한다.

$$\text{위험조정 수익인식}_t = \text{기시 위험조정}_{t-1} - \text{기말 예상 보유계약 위험조정}_t$$

**질의회신** IFRS 17 감독회계 및 K-ICS 금감원(2022년) : 위험조정 배분

○ 질의요약

- 세칙 별표 35에서 위험조정 산출*1 및 계약별 배분*2 방식을 제시하고 있지만, 자체 기준으로 산출한 위험조정 값이 세칙에서 제시하는 기준보다 크기 때문에 전환시점에 자체 기준으로 산출한 위험조정 값을 재무제표에 반영 예정
  - *1 회사 자체 기준으로 산출한 값과 세칙에서 제시하는 기준(충격수준과 상관관계 제시)으로 산출한 값을 비교해 큰 값으로 적용
  - *2 불확실성 요인 간 상관관계를 반영하기 전 계약별 위험조정액을 기준으로 함
- 위험조정을 자체 기준에 따라 산출할 경우, 위험조정의 배분도 회사 자체기준으로 하는 것이 가능한지 질의

○ 회신요약

- 보험업감독업무시행세칙에서 명시하고 있는 방식인 불확실성 요인 간 상관관계를 반영하기 전 계약별 위험조정액 비율을 이용하여 위험조정을 배분해야 함

## 6. 보험계약마진 수익 인식기준

보험계약마진에 대하여 경과연도별 수익인식 금액은 다음 산식에 따라 계산한다.

$$\text{보험계약마진수익인식}_t = \text{보험계약마진}_t \times \frac{\text{보험계약서비스제공량}_t}{\sum_{t=0}^{n-t} \text{기대보험계약서비스제공량}_{t+k}}$$

$(n = \text{잔여현금흐름프로젝션기간})$

위 산식에서 보험계약서비스제공량의 크기는 보험계약이 제공하는 보장서비스와 투자서비스를 함께 고려하여 정하여야 하며 금리확정형 보장성 보험의 경우에도 투자서비스가 존재하므로 경과연도별 수익인식금액 측정 시 보험계약서비스제공량의 크기는 보장서비스와 투자서비스를 함께 고려하여 정하며, 기대보험계약서비스제공량의 크기를 계산할 때 현재가치로 환산하여 적용할[2] 수 있다.

여기에서 보장서비스의 크기를 나타내는 지표는 보장 위험의 발생 빈도와 반복발생 정도(보험기간 중 동일한 유형의 보험사고에 대해 2회 이상 보장을 제공하는 보험계약)를 반영할 수 있어야 한다.

한편, 보장서비스의 크기를 나타내는 지표로 보험가입금액을 적용하는 경우 규정 [별표 15] '보험가입금액의 산정'에 따른 보험가입금액을 적용하는 등 합리적 기준을 마련하여 보장 위험의 발생 빈도와 반복발생정도를 반영할 수 있어야 한다. 다만, 회사가 기준의 합리성 및 타당성을 입증하고, 입증 결과를 문서화할 경우 다른 기준을 적용할 수 있다.

---

2) IFRS 17 기준서 BC 282에 의하여 IASB는 보고기간말 현재 남아있는 보험계약마진을 해당기간에 제공되는 보장단위와 기대잔여보장단위에 동일하게 배분하여야 한다. 이때, 동일한 배분을 결정하는 데 화폐의 시간가치를 고려해야 하는지와 보장단위의 예상 제공시기를 반영해야 하는지에 대해서는 정하지 않고 기업이 판단할 사항으로 결론지었다.

**보충설명** 투자서비스의 이해

❏ **보험계약마진의 당기손익 인식 시 투자서비스 고려**

- 2020년 6월, IASB는 투자수익서비스와 투자관련서비스에 귀속되는 보험계약마진을 수익인식시 반영할 수 있도록 IFRS 17을 개정하였다.
- 개정된 IFRS 17에서는 보험계약서비스를 보험보장뿐만 아니라 투자수익서비스와 투자관련서비스가 포함되는 것으로 정의하고 있다.
- 직접참가특성이 없는 보험계약의 경우 보험보장뿐만 아니라 있다면 투자수익서비스에 대한 급부의 규모와 예상 기간을 고려하여 보장단위를 식별해야 하며 직접참가특성이 있는 보험계약은 보험보장과 투자관련서비스 모두의 급부 규모와 예상기간을 고려하여 보장단위를 식별해야 한다.
- 앞서 설명한 투자수익서비스는 직접참가특성이 없는 보험계약의 경우 보험계약자를 위한 투자수익의 창출을 이르며, 투자관련서비스는 직접참가특성이 있는 보험계약의 경우 보험계약자를 대신하는 기초항목의 관리를 말하며, 집합 내의 보장단위의 수는 집합 내의 계약에서 제공되는 보험계약서비스의 수량을 이른다.

05

## 7. 보험계약대출 평가

일반회계(IFRS 17)에서는 보험계약대출에 대하여 상호의존적인 관계에 있는 보험계약과 분리를 허용하지 않고 보험부채 평가 시에 보험계약대출을 포함토록 규정하고 하는 등 원칙적인 기준만을 제시하고 있다.

한편 감독회계에서는 보험계약대출에 대하여 일반회계와 동일하게 보험부채의 차감항목으로 표시[3]하며 회사의 경험통계를 고려하여 보험계약대출 관련 현금흐름에 대한 합리적인 가정을 설정하도록 하고 가정의 설정 및 변경근거를 문서화하고 매년 일관되게 적용하여야 한다.

다만, 보험회사간 비교가능성 및 재무정보의 적정성 제고를 위하여 보험계약대출 관련 현금흐름에 대해 평가일 현재 보험계약대출 잔액(대출이자는 포함하지 아니함), 미래 신규대출액, 미래 대출상환액(미래 신규대출액과 미래 대출상환액은 순액 기준으로 구성 가능), 대출이자로 구분한다.

또한 미래가산이자율의 경우 보험회사의 상품별로 가산 가능한 최고한도(min[직전 3년간 평균가산이자율, 업계 평균가산이자율, 평가시점 회사 가산이자율])를 제시하며, 보험계약대출 대출 현금흐름의 할인율에 대해서는 보험부채 평가 시 적용한 할인율을 적용하도록 규정하고 있다.

---

3) 건전성 회계에서는 운영리스크 측정(직전 1년간 납입된 보험료 등과 현행추정부채에 위험계수를 곱하여 산출)의 적정성 제고를 위해 보험계약대출을 보험부채에 포함하지 않고 자산으로 계상하여 일반회계 · 감독회계와의 재무상태표 표시에 차이가 있다.

아울러, 보험회사는 예상현금흐름과 실제현금흐름 차이 분석을 통한 합리적인 가정이 재설정 될 수 있도록 보험계약대출 관련 예상현금흐름(이자수익, 신규대출, 대출상환)과 실제현금흐름의 차이를 규정에 따른 업무보고서에 포함하여 제출하여야 한다.

## 8. 공시이율 가정

공시이율은 금리연동형 보험계약상품의 적립에 적용되는 이율로, 금리연동형 보험계약상품에서 발생한 운용수익 중 계약자에게 배분되어야 할 몫을 정하는 기준이 된다.

현행 감독회계에 의하면 금리연동형 보험계약상품의 미래현금흐름에 대해 건전성회계 관련 규정과 같이 확률론적 금리시나리오를 이용하여 동일한 기준으로 산출되므로 공시이율에 대해서는 "제8장 건전성회계Ⅰ 감독기준 및 자산 · 부채평가"에서 구체적으로 설명하기로 한다.

## 9. 할인율 가정

### (1) 감독회계 및 건전성회계(K-ICS) 비교

감독회계 및 건전성회계에서 책임준비금 및 보험부채에 적용하는 할인율은 동일하게 화폐의 시간가치(time value of money)를 현행추정현금흐름에 조정하는 요소를 의미하며 화폐의 시간가치를 고려하기 위해서 수익률 곡선(yield curve)에 기반을 두어 기간별로 다른 할인율(금리기간구조)을 사용한다.

한편 감독회계 및 건전성회계에서 책임준비금 및 보험부채에 적용하는 할인율의 다음과 같은 차이만 있으므로 할인율에 대해서는 "제9장 건전성회계Ⅱ : 할인율"에서 구체적으로 설명하기로 한다.

[ 도표 5 ] 감독회계 및 건전성회계간 할인율 차이

| 구분 | 감독회계(책임준비금 평가) | 건전성회계(보험부채 평가) |
|---|---|---|
| 기본 무위험 금리기간구조 | • 관찰 가능한 시장정보를 기반하여 산출 | 좌동 |
| 조정 무위험 금리기간구조 | • 기본 무위험금리기간구조 + 유동성 프리미엄 | • 기본 무위험금리기간구조 + 변동성 조정 또는 매칭조정 |

**보충설명** 할인율 가정에 대한 일반회계, 감독회계 및 건전성회계 비교

❑ 일반회계

- IFRS 17에서는 할인율에 화폐의 시간가치, 보험계약의 현금흐름 및 유동성 특성을 반영하도록 규정하고 있으나, 구체적인 산출기준을 제시하지 않고 있다.

❑ 감독회계 및 건전성회계

- 보험회사의 재무정보 신뢰성과 보험회사간 비교가능성 제고하기 위해 할인율 산출구조(기본 무위험 금리기간구조, 유동성 프리미엄, 변동성조정, 매칭조정, 확률론적 시나리오 등)의 구체적인 산출기준을 제시하고 있다.

## 10. 가정의 산출방법

일반회계(IFRS 17)에서는 계리적 가정에 대해서는 회사 내·외부의 모든 정보의 중립적 포함을 통한 확률가중평균을 추정하되, 관측가능한 시장정보와 일관된 회사의 관점을 반영하며 보고시점에서의 현행 추정치로 산출하는 원칙적 기준만을 제시하고 있다.

한편 감독회계에서는 계리적 가정에 대하여 IFRS 17의 원칙중심 기준과 부합하도록 기존의 감독회계상 "책임준비금 적정성평가에서의 계리적 가정 산출기준"을 다음 도표와 같이 대폭 수정하였다.

[도표 6] 계리적 가정의 산출방법

<table>
<tr><th colspan="2">구분</th><th>주요내용</th></tr>
<tr><td colspan="2">가정산출원칙</td><td>• 원칙 : 현행추정하여 가정 산출<br>• 사용정보 : 회사 내·외부 정보를 사용하며, 내부정보를 우선하여 사용<br>• 경험통계기간 : 경제환경의 변화 등을 고려하여 합리적으로 설정(사업비율, 해약률, 위험률)하고 일관되게 적용</td></tr>
<tr><td rowspan="2">산출가정</td><td>① 사업비율</td><td>• 원칙 : 경험통계를 기반으로 미래 사업비정책, 보험금지급 정책의 변화 및 효율성, 물가상승률을 반영하여 결정<br>• 세부기준 : 보험취득현금흐름, 계약유지비, 손해조사비 및 투자관리비로 구분하고, 판매채널의 특성을 반영하여 구분 산출</td></tr>
<tr><td>② 해약률</td><td>• 원칙 : 경험통계를 기반으로 경과기간별 구분 산출<br>• 세부기준 : 계약자옵션, 가입연령, 납입방식, 판매 채널 등을 고려하며 무·저해지 상품구조에 따른 계약자행동가정을 합리적으로 반영하고 금리수준에 따른 다른 해약률 특성을 반영</td></tr>
</table>

| | | |
|---|---|---|
| 산출가정 | ③ 위험률 | • 원칙 : 경험통계를 기반으로 경과기간별로 구분하며, 보장하는 위험담보별로 산출<br>• 세부기준 : 사망담보, 생존담보, 일반손보 등으로 구분하고, 연령, 성별, 직업 등 세칙에서 제시하는 세부요소 등을 고려 |
| | ④ 보험료 | • 원칙 : 경험통계, 미래추세를 고려하여 보험료에 대한 합리적 가정 설정<br>• 세부기준 : 보험료 추가납입, 납입면제, 중도인출 등 반영가능 |
| | ⑤ 계약자 행동 | • 원칙 : 계약자행동 가정(실효 · 해약 등 계약자 옵션 행사에 대한 가정)은 과거 계약자행동에 기반하여 산출<br>• 세부기준 : 금융시장 상황, 고객정책 등을 반영하여 산출 |
| | ⑥ 경영자 행동 | • 원칙 : 경영자행동가정(자산투자전략, 이익금의 분배, 계약자배당 정책, 사업비정책 등)을 객관적인 방법으로 결정<br>• 세부기준 : 회사가 대외적으로 공시한 사항을 반영하고, 이행에 필요한 시간과 비용을 고려 |
| | ⑦ 손해진전 계수 | • 원칙 : 동일 사고의 후속 보험금이 발생하는 경우 사고일자로 귀속하여 보험금의 추가지급률(손해진전계수)을 산출<br>• 세부기준 : 사고일자는 개별 보험약관에서 정하는 보험금 지급의무 발생일로 하며 손해진전계수는 통계적 방법으로 산출 |
| | ⑧ 실손의료 보험 계리적 가정 | • 원칙 : 미래현금흐름을 위험담보별로 합리적 보험금 및 갱신보험료 가정 수립<br>• 보험금 가정 : 1차년 보험금은 최근 5년 이상의 경험통계 추세를 선형회귀모형으로 산출하며 이후 5년간 동 추세를 사용하며 6차년부터 수렴시전(최소 15년)까지 보험금 증가률이 선형방식으로 수렴<br>• 갱신보험료 가정 : 첫 갱신보험료는 최근 5년 이상의 위험손해율 경험통계 기반의 선형회귀모형으로 산출하며 최종 수렴시점(최소 15년 이상)의 목표손해율[(발생손해액(손해조사비 포함) + 사업비)/영업보험료]은 100% 수준에 선형으로 도달. 다만 사업비가 실손의료보험 현금흐름에 부가 또는 배분되지 않는 특약형태인 경우에는 합산비율이 아닌 위험보험료 기준 손해율[발생손해액(손해조사비 포함)/위험보험료]이 100% 수준에 선형으로 도달 |

## 11. 책임준비금 산출근거 문서화

보험회사는 책임준비금 산출과 관련하여 회사가 IFRS 17에 따라 책임준비금을 산출함에 있어 IFRS 17 기준서의 요구사항, 회사가 선택한 회계정책 및 해당 정책의 선택 근거를 상세히 기술한 회계정책서와 책임준비금 하위 각 세부 계정(최선추정, 위험조정, 보험계약마진, 보험료배분접근법)을 평가하여 산출할 때 적용한 산출 방법을 상세히 기술한 계리방법서를 문서로 작성하여 관리한다.

또한 보험회사는 책임준비금 산출과 관련하여 작성된 회계정책서와 계리방법서에 대해 동 문서의 작성자 · 검토자 · 승인자를 구분하여 운영한다.

## 보론 1 : 新제도지원 협의체 보도자료 (금감원) 주요내용

### 1. 23년 1차 협의체 (3월 9일) 논의결과

#### (1) K-ICS 上 자본증권의 가용자본 인정기준

가용자본 인정기준은 K-ICS 도입에 따라 신설된 기준으로, 과거에는 자본증권 발행시 고려되지 않았습니다. 즉 RBC에서는 별도의 인정기준 없이 신종자본증권은 기본자본으로 분류하고, 후순위채권은 보완자본으로 분류하였습니다.

➡ 보험업계가 자본증권 발행 전에 가용자본 인정기준*을 미리 인지하여 발행조건에 명확히 반영할 수 있도록 안내하였습니다.

* (기본자본 요건) 배당(이자 포함)은 상법상 배당가능이익 한도 내에서 지급하되, 배당 지급에 대한 완전한 재량권 보유할 것 등

(보완자본 요건) 신용등급이나 재무상태 등에 연계되어 부실을 가속화할 수 있는 배당 지급조건 또는 자본성을 훼손하는 조건이 없을 것 등

#### (2) 재보험계약 관련 K-ICS 신용등급 적용기준

신용평가기관은 다양한 종류의 신용등급*(ICR, FSR 등)을 부여하고 있는데, K-ICS에서는 신용리스크 측정 시 FSR등급 사용여부에 대해 구체적으로 명시하지 않아 불명확한 점이 있었습니다.

* (ICR, Issuer Credit Rating) 채무증권 발행자의 채무상환능력에 대한 평가

(FSR, Financial Strength Rating) 보험회사의 보험금지급능력에 대한 평가

➡ 해외 사례 등을 참고하여 재보험계약과 관련한 신용리스크를 측정할 때는 FSR등급을 사용할 수 있는 것으로 해석하였습니다.

#### (3) 보험계약마진(CSM) 산출을 위한 할인율 적용기준

현행 감독기준에서는 신계약 보험계약마진(CSM)*1 산출을 위한 할인율 적용시점*2 관련 기준이 부재하였습니다.

*1 보장기간 동안 보험보장을 제공함에 따라 인식하게 될 미실현이익

*2 신계약 체결시점 기준 직전월말, 직전분기말, 직전연도말 등 회사가 선택하여 사용 중

➡ 할인율 적용시점에 대해서는 3개월 이내 시점 중 회사가 선택할 수 있도록 자율권을 부여하되, 매 결산 시 일관된 기준을 적용하고, 문서화 등의 내부통제절차를 마련하도록 하였습니다.

### (4) 해약환급금준비금 산출을 위한 세부기준

보험부채 시가평가 금액이 해약환급금보다 작을 경우 부족액을 자본 내 해약환급금준비금으로 적립해야 하는데, 해약환급금준비금 산출 시 적용하는 해약환급금 산출기준이 보험회사별로 상이*하여 기준을 명확화할 필요가 있었습니다.

* 적립기준인 해약식준비금 또는 해약 시 계약자에게 지급할 해약환급금 등

➡ 해약환급금 산출 시에는 해약식준비금을 사용토록 관련기준을 명확히 해석하였습니다.



## 2. 23년 2차 협의체 (5월 31일) 논의결과

### (1) 실손의료보험의 계리적 가정 산출기준

실손의료보험에서 지속적으로 손실이 발생하고 있음에도 객관적 · 합리적 근거 없이 낙관적인 가정을 사용할 경우, 장래 이익이 발생하는 것으로 추산될 수 있다. 예로, 실손의료보험의 갱신 시 보험료가 과거 경험통계보다 크게 인상되는 것으로 가정할 경우, 손실계약이 이익계약으로 전환되어 보험계약마진(CSM)이 크게 산출될 수 있다.

➡ 갱신보험료 조정의 경우 각 사의 경험통계(예 5년 이상)를 이용하여 1차년도 위험손해율 추정하며 이후 특정기간(예 2차년도부터 15차년도까지) 동안 목표손해율*로 수렴해야 한다.

* 목표손해율은 영업보험료 대비 보험금(사업비 포함) 비율 기준 100% 수준에서 결정

### (2) 무 · 저해지 보험의 해약률 가정 산출기준

국내 무 · 저해지 보험은 판매된 지 얼마되지 않아 해약률 등 최적가정에 필요한 경험통계가 부족한 상황에서 무 · 저해지 보험 특성상 가입자가 만기까지 보유할 가능성이 높습니다. 그러나 보험료 납입기간中 해약률을 일반상품보다 높게 설정할 경우, 이익이 많이 발생하는 상품으로

분류될 수 있다.

➾ 무 · 저해지 보험의 해약률을 표준형 보험보다 낮게 적용하고, 납입완료 직전 · 후 해지유보 · 증가효과 등 상품구조에 따른 계약자 행동가정을 합리적으로 반영하여야 한다.

### (3) 고금리 상품의 해약률 가정 산출기준

고금리 상품은 계약자가 해약을 적게 하는 특성이 있음에도 저금리 계약의 해약률과 구분하지 않고 통합 산출할 경우, 고금리 계약의 해약률이 높게 적용될 수 있다. 고금리 상품은 보험회사 입장에서 손실 계약에 해당하므로 해약률이 높게 산출될 경우 보험계약마진(CSM)이 크게 측정될 우려가 존재한다.

➾ 보험계약에 적용되는 이자율이 시장금리보다 현저히 높은 고금리 계약(할인율 기준의 장기선도금리의 일정범위 내에서 결정)은 해약률 산출시 그 외 일반계약과 구분하여야 합니다.

### (4) 보험손익 인식을 위한 CSM 상각 기준

보험회사는 당기 보험계약 서비스 제공의 대가로 旣적립된 보험계약마진(CSM)을 일정 비율 상각하여 당기손익으로 인식한다. 그러나, 보험계약 서비스 제공량 산출 시 보장서비스만 포함하고, 투자서비스를 고려하지 않거나, 보험계약 서비스에 보장위험의 발생빈도와 반복발생 정도를 제대로 반영하지 않을 경우, 초기의 상각률이 높아져 당기이익이 크게 인식될 수 있다.

➾ 보험계약마진 상각 시에, 보험계약 서비스에 투자서비스를 포함하여야 합니다.

### (5) 보험손익 인식을 위한 RA 상각 기준

보험회사는 계리적 가정의 불확실성으로 인한 변동성을 위험조정(RA)으로 적립한 후, 매 결산시마다 위험조정을 재산출하여 기말 · 기시 증감액만큼 상각하여 당기이익으로 인식한다. 그러나, 기말 위험조정 산출에 사용하는 기초자료를 기시 위험조정과 달리 적용*하는 등의 방식으로 기말 위험조정을 작게 산출할 경우, 상각액이 크게 계상될 수 있다.

* 기말시점 RA산출시 최적 BEL에 최적해지율에 충격을 할증한 해지율을 사용하여 예상 보유계약이 급감

➾ 위험조정 상각 시, 기시 시점과 기말 시점의 기초자료를 동일하게 사용하여야 합니다.

## 보론 2 : 2024년 금융당국 추진 보험개혁회의 논의결과(보험부채 관련 보도자료)

### 1. 제3차 보험개혁회의(2024.9.26.) 해약환급금준비금 개선 관련 주요 논의

#### (1) 주주배당 측면

시행초기에는 보수적 자본건전성 조건을 충족하는 회사에 한해 종전과 배당가능이익이 유사하게 확보되도록 IFRS 17 안착 기간 · 자본의 사외유출 확대 등을 고려하여 한시적으로(예 5년) 보수적 자본건전성 조건을 부여한다.

조건 충족시 해약환급금준비금을 법인세율 등을 고려하여 현행 대비 일정 비율만 적립토록 하며 여기서의 일정비율은 해약환급금준비금 관련 이연법인세부채를 고려시 종전 회계기준(IFRS 4)과 유사한 배당가능이익이 산출되는 적립비율(예 80% 등)을 이른다.



#### (2) 법인세 측면

손금 인정액도 감소하여 별도의 세법 개정 없이 과소납세 이슈 해소가 가능하다. 다만 납세시기가 일부 앞당겨짐에 따라 단기 납세액이 종전 대비 증가할 소지가 있으나 납세 총량은 동일하다.

#### (3) 적용기준

시행초기 자본유출 증가에 대한 안전장치로서 K-ICS 비율을 고려하여 개선안을 점진 적용할 필요가 있어 향후 금리변동 등 대내외 여건과 IFRS17 연착륙 일정을 고려하여 한시적으로 보수적 K-ICS 비율을 설정한다.

2024년 200%를 기준으로 매년 10%p씩 하향 조정(['24년] 200% → ['25년] 190% → [···] → ['29년] 150%)하여 일반적 권고치 수준 150%에 도달하도록 순차적으로 확대한다. 다만, 향후 시장상황 변화 등 필요시 기준치를 일부 조정할 수 있는 근거를 마련한다.

## 2. 제4차 보험개혁회의(2024.11.4.) IFRS 17 주요 계리가정 가이드라인 관련 주요 논의

### (1) 무 · 저해지상품 해지율

표준형 상품과 달리 보험료 완납시 해약환급금이 계단식으로 급증하는 무 · 저해지상품의 특성을 고려하여 원칙을 마련한다.

납입 중에는 해외사례 · 산업통계에 비추어 로그－선형모형(0.1% 수렴, 이하 '원칙모형')을 원칙으로 적용하되 각 사의 경험통계 등 특수성으로 인해 他모형을 적용할 경우 엄격한 다음의 요건을 충족하여야 한다.

① 他모형 : 선형－로그모형(완납시점 수렴점 0%), 로그－로그모형(완납시점 수렴점 0.1%)에 한정

② 감사보고서, 경영공시에 원칙모형과의 차이를 상세 공시
- 他 모형에 대한 합리적인 채택 근거와 계리법인 외부검증 내용
- 원칙모형과의 CSM, 최선추정부채 차이
- 원칙모형과의 지급여력비율(K-ICS) 차이(요구자본, 가용자본)
- 원칙모형과의 당기순이익 차이 등

③ 금융감독원에 두 모형 적용시의 차이를 정기(분기별) 보고하고 금융감독원은 주기적으로 보도자료를 배포

※ 금융감독원이 원칙모형과의 차이를 점검하고, 계리법인에 대해서도 감리근거 신설하여 외부검증의 적정성을 집중점검

완납 후에는 해약환급금 계단식 발생에 대해 해지유보기간에 해당하는 해외 무 · 저해지상품의 경과기간별 해지율과 해지유보기간에 적용된 해지율의 차이를 가산토록 하는 해지증가효과를 반영하고, 해외통계를 고려하여 합리적인 최종해지율(해외통계 0.8% 또는 해외 표준형 대비 저해지상품 해지율 상대도 20% 활용)을 추정한다.

[도표 7] 무·저해지환급형 상품의 경과기간별 해지율 예시

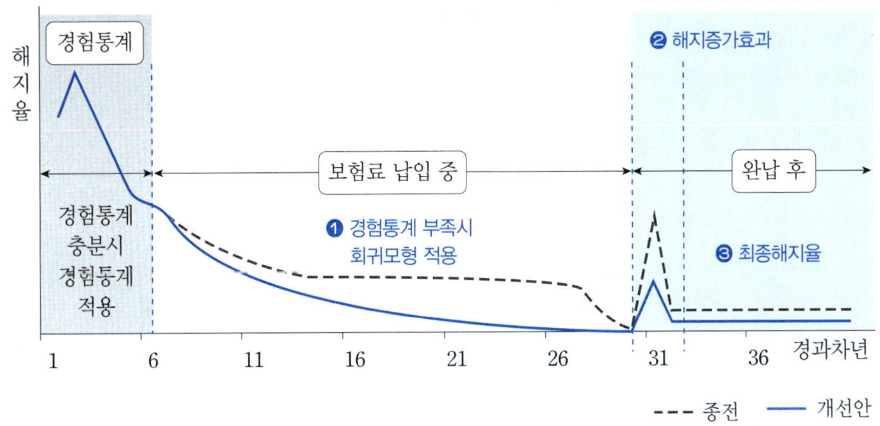




## (2) 단기납 종신보험 추가해지 상승

저해지환급형 상품 중 보너스 지급 등의 사유로 환급률이 급증하는 상품의 경우 보너스 지급 시 추가해지 상승을 반영하여야 하며 표준형 상품의 누적유지율을 활용하여 해지 수준을 역산하거나, 각 사가 30%를 하한으로 합리적인 수준을 선택하고 문서화한다.

## (3) 손해율 연령군단 구분

경험통계가 충분하고, 연령 구분에 따른 통계적 유의성이 존재하는 담보(예 상해수술 등)에 대해서는 손해율을 연령 구분하여 산출하되 담보별로 경험통계의 집적수준에 따른 산출방법을 구분한다.

먼저 자사 통계가 충분할 경우 확보된 자사 통계를 활용하여 경과기간별 · 연령군단별 손해율을 직접 산출하며 직접 산출이 어려운 경우 연령합산 손해율과 연령군단별 상대도를 활용하여 간접적으로 산출한다.

# 제6장

# 보험회사의 자본 및 손익

# 제1절
# 자본 및 손익회계 개론

## 1. 자본 개론

### (1) 자본의 정의

자본은 기업의 자산에서 모든 부채를 차감한 후의 잔여지분으로 자본청구권은 기업의 자산에서 모든 부채를 차감한 후의 잔여지분에 대한 청구권이다. 즉, 부채의 정의에 부합하지 않는 기업에 대한 청구권이다. 그러한 청구권은 계약, 법률 또는 이와 유사한 수단에 의해 성립될 수 있다.

보통주 및 우선주와 같이 서로 다른 종류의 자본청구권은 보유자에게 서로 다른 권리, 예를 들어 다음 중 일부 또는 전부를 기업으로부터 받을 권리를 부여할 수 있다.

① 배당금(기업이 적격한 보유자에게 배당금을 지불하기로 한 경우)
② 청산 시점에 전액을 청구하거나, 청산이 아닌 시점에 부분적인 금액을 청구하는 자본청구권을 이행하기 위한 대가
③ 그 밖의 자본청구권

통상적으로 자본은 소유주지분 또는 순자산이라고도 하며 대부분의 기업들이 주식회사의 형태를 취하므로 자본을 주주지분이라고도 한다.

### (2) 자본의 측정

자본의 총장부금액은 직접 측정하지 않는다. 이는 인식된 모든 자산의 장부금액에서 인식된 모든 부채의 장부금액을 차감한 금액과 동일하다.

일반목적 재무제표는 기업의 가치를 보여 주도록 설계되지 않았기 때문에 자본의 총장부금

액은 일반적으로 기업의 자본청구권에 대한 시가총액, 계속기업을 전제로 하여 기업 전체를 매각하여 조달할 수 있는 금액 및 기업의 모든 자산을 매각하고 모든 부채를 상환하여 조달할 수 있는 금액과 동일하지 않을 것이다.

총자본은 직접 측정하지 않고 잔여지분으로 측정되기 때문에 자본의 종류 및 구성요소별로 직접 측정할 수 없다.

자본의 개별항목 또는 자본의 구성요소의 장부금액은 일반적으로 양(+)의 값이지만 일부 상황에서는 음(-)의 값을 가질 수 있다. 마찬가지로 총자본은 일반적으로 양(+)의 값이지만 자산과 부채의 인식 및 측정에 따라 음(-)의 값을 가질 수 있다.

### (3) 자본의 분류

일반적으로 자본은 다음과 같이 납입자본, 이익잉여금 및 기타자본요소로 크게 분류된다.

| 구분 | 내용 |
|---|---|
| ① 납입자본 | 자본금, 주식발행초과금 등 자본잉여금 등 소유주가 불입한 자본을 말함 |
| ② 이익잉여금 | 기업의 이익창출활동에 의해 획득된 이익 중 배당금 등으로 사외로 유출되지 않고 기업내에 남아있는 이익을 말함 |
| ③ 기타자본요소 | • 기타포괄손익누계액 : 기타포괄손익－공정가치측정금융상품평가손익, 해외사업환산손익, 파생상품평가손익 등 주주와의 자본거래를 제외한 자본의 변동액을 말함<br>• 자본조정 : 자기주식, 주식할인발행차금 등 주주와의 자본거래에 해당하나 최종 납입된 자본으로 볼 수 없거나 자본의 가감 성격으로 자본금이나 자본잉여금으로 분류할 수 없는 항목을 말함 |

### (4) 납입자본(주식)의 분류

주식은 자본의 구성부분으로 주식회사의 자본은 비율적 단위로 세분화되는데 이것을 주식이라 한다. 상법상 주식회사가 정관으로 정한 경우 주식의 전부를 무액면주식으로 발행할 수 있으나 통상 대부분의 주식회사의 자본은 주식으로 분할되며 주식은 금액으로 표시되며 한편, 1주의 금액은 100원 이상 균일하여야 한다.

한편, 유용한 정보를 제공하기 위해, 자본청구권이 다른 특성을 가지고 있는 경우에는 그 자본청구권을 별도로 분류해야 할 수도 있다.

#### 1) 보통주

보통주는 여러 종류의 주식 중 표준이 되는 주식을 말한다. 보통주의 주주는 주주총회에서 임원의 선임 등 기타사항에 대해 주식의 소유비율만큼 의결권을 행사할 수 있으며 이익배당을 받을 권리를 가지고 있다.

또한 회사가 신주를 발행할 경우 신주를 우선적으로 매입할 권리인 신주인수권을 보유하고 있다.

그러나 보통주의 주주는 회사의 손실에 대해 위험을 부담하고 있어 배당이나 잔여재산분배에 확정적인 지위를 가지고 있지는 못한다.

#### 2) 우선주

우선주는 보통주에 비하여 특정한 사항에 대해 우선적인 지위를 보유하고 있는 주식으로 그 내용에 따라 이익배당우선주, 전환우선주, 상환우선주 등으로 구분될 수 있다. 우선주의 주주는 배당이나 청산 시에는 보통주 주주에 비해 우선권을 가지고 있지만 주주총회에서의 의결권을 보유하지 못하는 것이 일반적이다.

[도표 1] 우선주 구분

| 구분 | 내용 |
|---|---|
| ① 이익배당우선주 | • 보통주의 주주가 이익배당을 받기 전에 일정률의 배당을 우선적으로 받을 권리가 부여된 주식으로 이익배당우선주는 누적적 우선주주 · 비누적적 우선주, 참가적우선주 · 비참가적 우선주로 구분 |
| ② 전환우선주 | • 발행은 우선주 형태이지만 일정기간이 지난 후에는 보통주로 전환되는 주식 |
| ③ 상환우선주[1] | • 일정기간 동안 우선주의 성격을 보유하고 있으나 기간이 만료되면 우선주 발행회사가 일정한 금액으로 상환되는 주식 |

## 2. 손익 개론

### (1) 수익 및 비용의 정의

수익은 자산의 증가 또는 부채의 감소로서 자본의 증가를 가져오며, 자본청구권 보유자의 출자와 관련된 것을 제외한다.

반면, 비용은 자산의 감소 또는 부채의 증가로서 자본의 감소를 가져오며, 자본청구권 보유자

1) 기업회계기준서에 의하면 상환우선주는 자본이 아니라 금융부채로 분류하여야 하며 이에 따라 관련 배당금에 대해서도 이익의 처분이 아닌 금융비용으로 처리하여야 한다.

에 대한 분배와 관련된 것을 제외한다.

이러한 수익과 비용의 정의에 따라, 자본청구권 보유자로부터의 출자는 수익이 아니며 자본청구권 보유자에 대한 분배는 비용이 아니다.

수익과 비용은 기업의 재무성과와 관련된 재무제표 요소이다. 재무제표이용자들은 기업의 재무상태와 재무성과에 대한 정보가 필요하다. 따라서 수익과 비용은 자산과 부채의 변동으로 정의되지만, 수익과 비용에 대한 정보는 자산과 부채에 대한 정보만큼 중요하다.

### (2) 수익 및 비용의 인식

수익은 자산의 증가 또는 부채의 감소와 관련하여 미래 경제적 효익이 증가하고 신뢰성 있게 측정할 수 있는 경우에, 비용은 자산의 감소 또는 부채의 증가와 관련하여 미래 경제적 효익이 증가하고 신뢰성 있게 측정할 수 있는 경우에 포괄손익계산서에 인식한다.

재무제표에서의 장부금액 변동의 인식은 하나 이상의 다른 항목의 인식 또는 제거가 필요하기 때문에 재무제표들은 예를 들어 다음과 같이 연계하여 동시 발생한다.

① 수익의 인식은 자산의 최초 인식 또는 자산의 장부금액의 증가 및 부채의 제거 또는 부채의 장부금액의 감소와 동시에 발생한다.

② 비용의 인식은 부채의 최초 인식 또는 부채의 장부금액의 증가 및 자산의 제거 또는 자산의 장부금액의 감소와 동시에 발생한다.

[도표 2] 인식에 따라 재무제표 요소들이 연계되는 방법

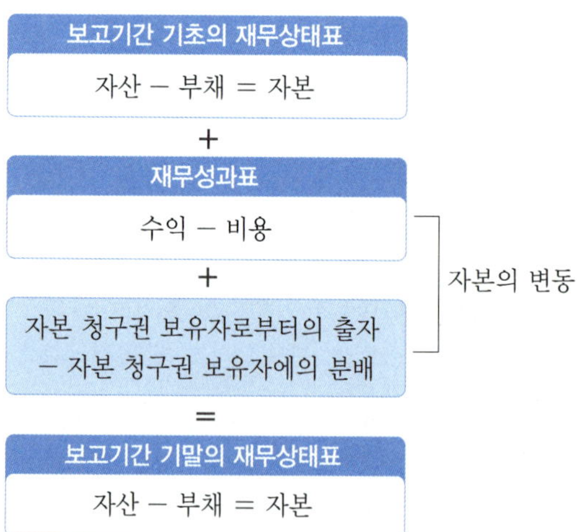

수익과 비용을 인식하는 방법으로 현금기준과 발생기준이 있으나 현행 회계에서는 발생기준이 현금기준보다 기간별로 관련된 수익과 비용을 적절하게 대응시킬 수 있어 정확한 재무정보를 제공할 수 있어 발생기준에 따라 수익과 비용을 인식하고 있다.

한편, 자산이나 부채의 최초 인식에 따라 수익과 관련 비용을 동시에 인식할 수 있다. 예를 들어, 재화의 현금판매에 따라 수익(현금과 같은 자산의 인식으로 발생)과 비용(재화의 판매와 같이 다른 자산의 제거로 발생)을 동시에 인식하게 된다. 수익과 관련 비용의 동시 인식은 수익과 관련 원가가 대응(수익·비용 대응원칙)되게 되어 기간손익을 적정하게 산출할 수 있다.

### (3) 수익 및 비용의 분류

수익은 경영활동의 결과로서 자본(순자산)을 증가시키며 크게 기업의 본원적 수익인 영업수익(매출)과 본원적 수익이 아닌 기타활동 등에 의하여 발생하는 수익인 영업외수익으로 분류할 수 있다. 또한 비용도 경영활동의 결과로서 자본(순자산)을 감소시키며 수익과 대응되게 영업비용(매출원가, 판매비 및 관리비), 영업외비용 및 법인세비용 등으로 분류할 수 있다.

이와 같이 수익과 비용에 대하여 유용한 정보를 제공하기 위해 수익이나 비용의 구성요소의 특성이 서로 다르며 이들 구성요소가 별도로 식별되는 경우 그러한 구성요소를 별도로 분류한다.



#### 1) 수익 및 비용의 표시(손익계산서)

손익계산서는 일정기간 동안 발생하는 수익과 비용을 분류·표시하여 어느 정도의 이익 또는 손실이 발생했는지를 즉 경영성과를 보여주며 당해 회계기간의 경영성과를 통하여 기업의 미래 현금흐름과 수익창출 능력 등을 예측하는데 유용한 정보를 제공한다.

이와 같이 손익계산서는 보고기간의 기업의 경과성과에 관한 정보의 주요 원천으로 해당 기간의 기업 경영성과에 대한 축약된 설명을 제공하는 당기손익의 합계도 포함한다.

많은 재무제표이용자들이 분석의 시작점으로 또는 그 기간의 재무성과의 주요 지표로 이 합계를 그들의 분석에 포함시킨다. 그럼에도 불구하고, 해당 기간의 재무성과를 이해하려면 재무제표에 포함된 그 밖의 정보의 분석뿐만 아니라 인식된 모든 수익과 비용(기타포괄손익에 포함된 수익과 비용 포함)의 분석이 필요하다.

손익계산서는 해당 기간의 기업 경영성과에 관한 정보의 주요 원천이기 때문에 모든 수익과 비용은 원칙적으로 이 재무제표에 포함된다. 그러나 자산이나 부채의 현행가치의 변동으로 인한 수익과 비용을 기타포괄손익에 포함하는 것이 그 기간의 기업 재무성과에 대한 보다 목적적합힌 정보를 제공하거나 보다 충실한 표현을 제공하는 예외적인 상황에서는 그러한 수익이나 비용을 기타포괄손익에 포함하도록 결정할 수도 있다.

원칙적으로, 한 기간에 기타포괄손익에 포함된 수익과 비용은 미래 기간에 기타포괄손익에서 당기손익으로 재분류한다. 이런 경우는 그러한 재분류가 보다 목적적합한 정보를 제공하는 손익계산서가 되거나 미래 기간의 기업 재무성과를 보다 충실하게 표현하는 결과를 가져오는 경우이다.

예로 기업이 채권을 투자하였으며 해당 채권의 공정가치가 변경될 경우 그 차이를 기타포괄손익으로 인식한 후 향후 동 채권을 매각할 시점에 채권과 관련된 손익을 당기손익으로 재분류한다.

## 3. 회계변경 및 오류수정 회계

회계변경 및 오류수정 회계에서 중요한 주제는 회계정책과 회계추정의 차이, 회계정책 및 회계추정의 변경에 대한 회계처리 및 오류수정에 대한 회계처리이다.

### (1) 회계정책

회계정책이란 기업이 재무제표를 작성 · 표시하기 위하여 적용하는 구체적인 원칙, 근거, 관습, 규칙 및 관행을 말한다.

기업은 다음 중 하나의 경우에 회계정책을 변경할 수 있다.

① 기업회계기준서에서 회계정책의 변경을 요구하는 경우
② 회계정책의 변경을 반영한 재무제표가 거래, 기타 사건 또는 상황이 재무상태, 재무성과 또는 현금흐름에 미치는 영향에 대하여 신뢰성 있고 더 목적적합한 정보를 제공하는 경우

경과규정이 있는 한국채택국제회계기준을 최초 적용하는 경우에 발생하는 회계정책의 변경은 해당 경과규정에 따라 회계처리하며 경과규정이 없는 경우에 회계정책의 변경은 소급적용하도록 한다.

회계정책변경의 소급적용은 새로운 회계정책을 처음부터 적용된 것처럼 조정하여야 하나, 회계정책변경의 영향이나 누적효과를 실무적으로 결정할 수 없는 경우에는 소급적용의 누적효과를 실무적으로 적용가능한 최초 회계기간까지 소급적용한다. 이에 따라 최초 회계기간은 당기일

수도 있으므로 이 경우에는 당기부터 전진적용하도록 한다.

### (2) 회계추정

회계추정이란 새로운 정보의 획득, 새로운 상황의 전개, 추가적인 경험의 축적 등에 따라 자산과 부채의 현재 상태를 평가하거나 자산과 부채와 관련된 예상되는 미래효익과 의무를 평가하는 것을 말한다.

사업활동에 내재된 불확실성으로 인하여 재무제표의 많은 항목이 정확히 측정될 수 없고 추정될 수밖에 없다. 추정은 최근의 이용가능하고 신뢰성 있는 정보에 기초한 판단을 수반한다. 추정이 필요할 수 있는 항목의 예는 대손, 재고자산 진부화, 금융자산이나 금융부채의 공정가치, 감가상각자산의 내용연수 또는 감가상각자산에 내재된 미래 경제적 효익의 기대소비행태 및 품질보증의무 등이 있다.

한편, 측정기준의 변경은 회계추정의 변경이 아니라 회계정책의 변경에 해당한다. 회계정책의 변경과 회계추정의 변경을 구분하는 것이 어려운 경우에는 이를 회계추정의 변경으로 본다.



회계추정의 변경효과는 그 영향이 미치는 기간에 따라 전진적으로 인식한다. 회계추정변경이 자산 및 부채에 영향을 주거나 자본의 구성요소에 관련되는 경우, 회계추정을 변경한 기간에 관련 자산, 부채 또는 자본구성요소의 장부금액을 조정하여 회계추정의 변경효과를 인식하도록 한다.

[도표 3] 회계정책 변경과 회계추정 변경의 비교

| 구분 | 회계정책 변경 | 회계추정 변경 |
|---|---|---|
| 대상 | 회계처리방법 | 회계추정 |
| 사례 | • 재고자산 평가방법 변경<br>– 선입선출법 ➠ 후입선출법<br>• 유가증권 단가산정방법 변경<br>– 이동평균법 ➠ 총평균법 | • 감각상각자산의 내용연수 변경<br><br>• 대출채권의 대손추정율 변경 |
| 적용방법 | • 소급법으로 적용하여 변경시점에서 소급효과를 반영하기 위해 전기 재무제표 등을 수정하여 재작성 | • 전진법으로 적용하여 변경시점부터 변경된 방법을 적용하여 전기 재무제표 등을 수정하지 아니함 |
| 장점 | • 비교가능성 높음 | • 신뢰성 높음 |
| 단점 | • 실무적용이 어렵고 신뢰성 낮음 | • 비교가능성 낮고 회계변경 효과 파악이 곤란 |

### (3) 전기오류의 수정

전기오류는 과거기간 동안에 재무제표를 작성할 때 신뢰할 만한 정보를 이용하지 못했거나 잘못 이용하여 발생한 재무제표에의 누락이나 왜곡표시를 말하며 이러한 오류에는 산술적 계산 오류, 회계정책의 적용 오류, 사실의 간과 또는 해석의 오류 및 부정 등의 영향을 포함한다.

중요한 전기오류가 발견된 이후 최초로 발행을 승인하는 재무제표에 전기오류를 소급하여 수정하며 오류가 발생한 과거기간의 재무제표가 비교표시되는 경우에는 그 재무정보를 재작성한다.

전기오류는 오류의 영향 혹은 오류의 누적효과를 실무적으로 결정할 수 없는 경우를 제외하고는 소급재작성에 의하여 수정한다. 오류의 영향을 실무적으로 결정할 수 없는 경우, 실무적으로 적용가능한 가장 이른 회계기간까지 소급적용하도록 한다.

참고 K-IFRS 제1117호 전환시점 및 23년 1~3분기 재무제표 소급 재작성시 재무제표 작성의무 위반에 대한 비조치의견서(2023.7.31.)

❍ 질의요지

- 보험부채 평가를 위한 기초가정 가이드라인 반영을 위하여 K-IFRS 등에 따라 '23년 중 공시한 재무제표를 소급하여 재작성하는 경우 수정사항의 성격 · 발생 원인에 따라 보험업법상 회계위반 소지가 발생하는 바, 이에 대해 일정기간 비조치를 요청

❍ 비조치의견 회신

- '23년 K-IFRS 제1117호 시행후 도입된 가이드라인*을 적용함에 있어 회사가 경영전략 및 상품구조 등을 고려하여 기존에 설정한 최적 가정을 가이드라인에 맞춰 변경하면서 회사별로 영향차이가 크게 발생한 점 등으로 과거 재무제표를 재작성하지 않을 경우

  * 보험회사의 책임준비금 산출 및 수익인식 가이드라인(감2023-41008, '23.6.20.) 등

- 당기 영업성과와 무관한 가이드라인의 적용효과가 대규모 당기손실 인식으로 나타나는 점, 과거 재무제표를 소급 재작성하는 것이 보다 재무보고 목적에 부합할 수 있다는 의견이 존재하는 점 등 재무제표 소급 재작성의 필요성이 있는 점을 감안하여 소급 재작성도 인정하되,

  ① K-IFRS 제1008호에 따른 소급 재작성시 공시사항에 추가하여 회계변경 효과의 전진 · 소급 적용 선택에 따른 재무제표 영향 차이를 재무제표 주석 및 경영공시를 통해 공시하고,

  ② 전환시점에 선택한 회계정책을 변경하지 않으며, 전환시점 공정가치법 적용대상 계약의 경우 전환시점 공정가치를 재측정하지 않고 K-IFRS 제1117호 보험부채만 가이드라인을 적용하여 재측정한 결과에 따라 CSM을 산출하여 CSM이 가이드라인 적용 전보다 증가하지 않는 것을 전제로,

- K-IFRS 제1117호 전환시점부터 '23.3분기까지의 재무제표에 한하여 보험회사가 기초가정 가이드라인을 적용하여 재무제표를 재작성한 사항에 대해 보험업법상 비조치할 예정. 단, 가이드라인 소급 적용 관련 수정사항의 발생에 고의가 있을 경우 또는 상기 전제조건을 이행하지 않은 경우에는 비조치 대상에서 제외할 예정

**질의회신** 금감원 : 2020-FSSQA34 지급준비금 산출 회수경험율 변경 시 회계처리

❍ 배경 및 질의

• 보험회사가 지급준비금 산출 시 적용해 오던 회수경험율(1년차)을 구상채권 산출시 적용하는 회수경험율(1년차~5년차)로 변경하는 경우, 타당한 회계처리(회계추정의 변경 또는 전기오류수정)는 무엇인지?

❍ 회신

• 지급준비금 산출과 관련하여 기존의 회수경험율 적용에 따른 과거 재무제표에의 왜곡표시가 존재하지 아니하였고 회수경험율 변경의 합리적 근거가 있다면 회계추정의 변경으로 처리하는 것이 적절함

# 제2절
# 보험회사의 자본 계정과목[1)]

보험회사의 자본계정은 자본금, 자본잉여금, 신종자본증권, 이익잉여금, 자본조정 및 기타포괄손익누계액으로 구분된다. 이 중 잉여금에 대해서는 통상의 회사와 달리 보험회사의 경우 보험회사의 재무건전성 확보를 통한 보험계약자 등 이해관계인의 권익을 보호하기 위해 상법상의 이익준비금뿐만 아니라 보험업법에 의한 대손준비금, 비상위험준비금, 해약환급금준비금 및 보증준비금 등의 법정적립금의 적립을 규정하고 있다.

## 1. 자본금

자본금은 발행이 완료된 보통주와 우선주의 액면 총액을 말한다. 한편 보험회사의 감독목적 재무상태표에는 회사의 정관에 규정된 발행 가능한 주식 수인 수권주식수와 회사가 발행한 주식 수인 발행주식수를 표시하고 있다.

### (1) 보통주 자본금

보통주 자본금은 회사 정관의 규정에 의하여 발행한 보통주 주수에 1주당 액면금액을 곱한 금액을 말한다.

### (2) 우선주 자본금

우선주 자본금은 회사 정관의 규정에 의하여 발행한 주식 중 보통주를 제외한 우선주 주수에

1) 보험업감독업무시행세칙 제4-1조(재무제표의 서식 등)에 의거한 보험업감독업무시행세칙 [별표 4] "계정과목별 회계처리기준"을 중심으로 본 절에서 설명하고자 한다.

1주당 액면금액을 곱한 금액에서 요구불상환지분(상환우선주) 해당액을 차감한 금액을 말한다.

## § 관련법규

【자본금 또는 기금】

❑ 보험업법

제9조(자본금 또는 기금) ① 보험회사는 300억원 이상의 자본금 또는 기금을 납입함으로써 보험업을 시작할 수 있다. 다만, 보험회사가 제4조 제1항에 따른 보험종목의 일부만을 취급하려는 경우에는 50억원 이상의 범위에서 대통령령으로 자본금 또는 기금의 액수를 다르게 정할 수 있다.

② 제1항에도 불구하고 모집수단 또는 모집상품의 종류 · 규모 등이 한정된 보험회사로서 다음 각 호의 어느 하나에 해당하는 보험회사는 다음 각 호의 구분에 따른 금액 이상의 자본금 또는 기금을 납입함으로써 보험업을 시작할 수 있다.

1. 전화 · 우편 · 컴퓨터통신 등 통신수단을 이용하여 대통령령으로 정하는 바에 따라 모집을 하는 보험회사(제2호에 따른 소액단기전문보험회사는 제외한다) : 제1항에 따른 자본금 또는 기금의 3분의 2에 상당하는 금액
2. 모집할 수 있는 보험상품의 종류, 보험기간, 보험금의 상한액, 연간 총보험료 상한액 등 대통령령으로 정하는 기준을 충족하는 소액단기전문보험회사 : 10억원 이상의 범위에서 대통령령으로 정하는 금액

③ 외국보험회사가 대한민국에서 보험업을 경영하려는 경우에는 대통령령으로 정하는 영업기금을 제1항 또는 제2항의 자본금 또는 기금으로 본다.

❑ 보험업법시행령

제12조(보험종목별 자본금 또는 기금) ① 법 제9조 제1항 단서에 따라 보험종목의 일부만을 취급하려는 보험회사가 납입하여야 하는 보험종목별 자본금 또는 기금의 액수는 다음 각 호의 구분에 따른다.

1. 생명보험 : 200억원
2. 연금보험(퇴직보험을 포함한다) : 200억원
3. 화재보험 : 100억원
4. 해상보험(항공 · 운송보험을 포함한다) : 150억원
5. 자동차보험 : 200억원
6. 보증보험 : 300억원
7. 재보험 : 300억원
8. 책임보험 : 100억원
9. 기술보험 : 50억원
10. 권리보험 : 50억원
11. 상해보험 : 100억원
12. 질병보험 : 100억원
13. 간병보험 : 100억원
14. 제1호부터 제13호까지 외의 보험종목 : 50억원

② 제1항제7호는 재보험을 전업(專業)으로 하려는 보험회사에 한정하여 적용한다. 다만, 취급하고 있는 보험종목에 대한 재보험을 하려는 경우에는 그러하지 아니하다.

③ 보험회사가 제1항 각 호의 보험종목 중 둘 이상의 보험종목을 취급하려는 경우에는 제1항 각 호의 구분에 따른 금액의 합계액을 자본금 또는 기금으로 한다. 다만, 그 합계액이 300억원 이상인 경우에는 300억원으로 한다.

제14조(외국보험회사의 영업기금) 법 제9조 제3항에 따른 외국보험회사의 영업기금은 30억원 이상으로 한다.

06

## 2. 자본잉여금

자본잉여금은 증자활동, 감자활동 및 기타자본과 관련된 거래에서 발생한 잉여금을 말한다. 자본 거래는 주주와의 주금 납입 및 환원 등의 거래를 말하며, 동 거래결과는 손익에 반영되지 아니하며 자본거래의 결과로 증가한 자본에 대해서는 자본전입이나 결손보전 이외의 목적에는 사용할 수 없다.

### (1) 주식발행초과금

주식발행초과금은 주식발행가액이 액면가액을 초과하는 경우 그 초과하는 금액을 말한다. 이때 주식발행가액은 신주발행을 위해 직접 발생한 비용 등을 차감한 후의 금액이다. 한편, 주금의 납입절차 없이 주식을 발행하는 주식배당 및 무상증자의 경우에는 주식발행초과금이 발생하지 않는다.

### (2) 감자차익

감자차익은 자본감소의 경우에 그 감소액이 주식의 소각, 주금의 반환에 소요된 금액과 결손의 보전에 충당한 금액을 초과하는 경우에 그 초과금액을 말한다.

### (3) 재평가적립금

재평가적립금은 자산재평가법에 의하여 소유자산을 재평가한 평가액이 장부가액을 초과하는 금액에서 결손금누적액과 재평가세를 차감한 금액 중 1999년 3월31일 이전에 실시한 재평가에 따른 유보액 및 1999년 4월 1일 이후 실시한 재평가에 따른 주주지분 해당액을 말한다.

한편, 자산재평가법이 2000년 12월 폐지되어 재평가적립금은 추가로 계상되지 않으며 기존의 재평가적립금은 자본전입 또는 결손금보전에 사용되기 전까지는 계속하여 자본잉여금에 계상되어야 한다.

### (4) 기타자본잉여금

기타자본잉여금은 주식발행초과금 등 상기 이외의 자본잉여금을 말하며 기타자본잉여금에는 자기주식처분이익, 합병차익, 전환권대가, 신주인수권대가 등이 포함될 수 있다.

## 3. 신종자본증권

보험회사 자본계정내의 신종자본증권은 보험회사가 자본조달을 위하여 자기자본 이내에서 발행한 신종자본증권으로 금융부채가 아닌 자본으로 인정받는 증권을 말한다.

### (1) 신종자본증권 특성

신종자본증권은 하이브리드(hybrid) 채권이라고도 하며 통상적인 채권과는 달리 원금과 이자지급 의무에 대한 회피가능성이 있는 채권으로서 회계상 채무상품과 지분상품의 특성을 모두 가지고 있는 유가증권이며, 만기가 매우 길거나 만기를 연장할 수 있는 옵션이 있어 영구채라고도 불린다.

신종자본증권은 유상증자보다 발행이 쉽고, 보험업법상 일정요건을 충족한 경우 기본자본으로 인정받을 수 있을 뿐만 아니라, 청산 시 원리금 상환부담이 없다는 장점이 있다.

### (2) 신종자본증권의 자본으로 분류

06

국제회계기준에서는 신종자본증권에 대해 법적 형식이 아닌 계약의 실질에 따라 금융부채 또는 지분상품(자본)으로 분류하도록 하고 있다.

신종자본증권의 금융부채 · 지분상품(자본) 분류는 계약조건의 실질과 기업회계기준서 제1032호 '금융상품 : 표시'의 관련 규정에 따라 계약상 상환의무를 부담하는지 여부 등을 판단하여 결정한다.

**보충설명** 부채와 자본(지분상품)의 분류 회계

❑ 부채와 자본(지분상품)의 분류 개념

- 금융상품의 발행자는 법적 형식이 아니라 계약의 실질과 금융상품의 정의에 따라 금융상품을 금융부채와 자본으로 분류한다. 기본적으로 금융상품의 거래당사자인 발행자가 금융상품의 보유자에게 현금 등 금융자산을 인도할 계약상 의무가 존재하면 금융부채로 분류하고, 지급의무가 없거나 회피할 수 있다면 자본으로 분류된다.

❑ 부채와 자본(지분상품)의 분류 회계기준

- 금융상품 발행자는 다음 조건을 모두 충족하는 금융상품만을 지분상품(자본)으로 회계처리한다.

(가) 다음의 계약상 의무를 포함하지 아니한다.
① 거래상대방에게 현금 등 금융자산을 인도하기로 하는 계약상 의무
② 발행자에게 잠재적으로 불리한 조건으로 거래상대방과 금융자산이나 금융부채를 교환하는 계약상 의무

(나) 자기지분상품으로 결제되거나 결제될 수 있는 계약으로서, 다음 중 하나에 해당[2]한다.
① 변동가능한 수량의 자기지분상품을 인도할 계약상 의무가 없는 비파생상품
② 확정 수량의 자기지분상품에 대하여 확정 금액의 현금 등 금융자산의 교환을 통해서만 결제될 파생상품

금융부채와 지분상품(자본)의 분류절차

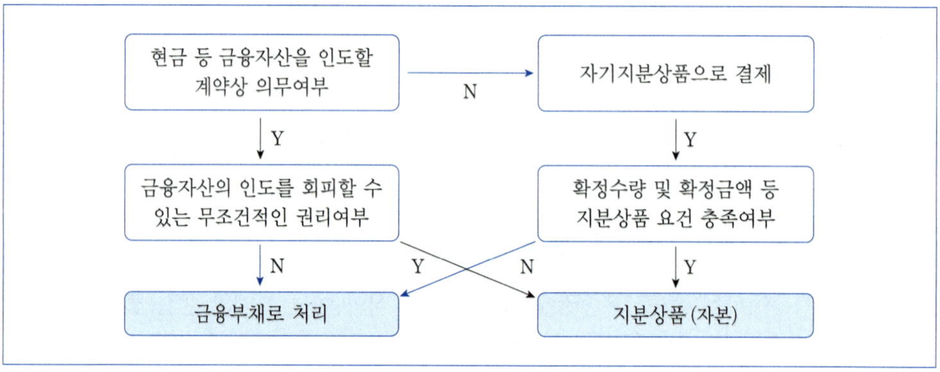


질의회신 회계기준위원회(2013.9.30.) : 신종자본증권 회계처리

❍ 배경 및 질의

• 다음의 신종자본증권의 주요 발행조건을 고려할 때, 자본인지와 부채인지를 질의?

질의대상 '신종자본증권'의 주요 발행조건

| 구분 | 주요 조건 |
|---|---|
| 만기 | • 30년 revolving (발행자 선택에 따라 매30년 revolving) |
| 발행자 중도상환 | • 발행자가 발행 5년 시점 및 이후 매 이자지급일에 중도상환가능(이하, 발행자 콜옵션) |
| 보유자 매수청구 | • 발행자가 발행 5년 경과시점에 중도상환하지 않는 경우 보유자(투자자)가 '독립된' 제3자인 SPC에게 발행증권의 매수청구 가능(이하, 투자자 풋옵션)<br>• 발행자는 SPC에게 이에 대한 대가로 주식교부청구권을 부여하고 일정한 프리미엄을 지급 |

2) 금융상품이 자기지분상품(주식)으로 결제하거나 결제할 수 있는 경우에는 자기지분의 금액의 확정가능여부에 따라 확정 가능할 경우 자본으로, 확정 불가능할 경우에는 금융부채로 분류한다. 즉, 지급할 주식수와 함께 지급할 금액이 확정 가능한 경우에만 자본으로 분류할 수 있다.

| | |
|---|---|
| 보유자 매수청구 | • 동 청구권은 보유자 풋옵션 행사에 따라 SPC가 발행증권을 매입한 시점 및 이후 매 이자지급일에 행사가능<br>• 동 청구권 행사시 발행자는 선택에 따라 원금 및 누적이자를 지급하거나 확정 수량의 주식을 교부(이에 따라 최초 발행증권은 소멸) |
| 표면금리 (Coupon Rate) | • 고정금리 : 기준금리 + 발행시점 스프레드<br>• 기준금리 reset : 발행 후 5년마다 시장금리 반영하여 조정<br>• 표면금리 step-up : 발행 5년 후에 스프레드 500bp, 7년 후에 스프레드 200bp 상향 조정(2회) |
| 이자지급 부대조건 | • 이자 지급연기 가능 (누적이자는 복리적용)<br>• 단, 보통주 배당지급 시 이자 지급연기 불가. 또한, 이자 지급 연기 시 보통주 배당지급 불가 |
| 채권자지위 | • 발행사 파산 시 기타 채권자들과 동순위 |

○ 회신

• 질의대상 '신종자본증권'은 계약조건 실질과 관련 규정에 따라 분류하되, 현금 등 금융자산을 상환할 계약상 의무를 발행자가 부담하지 않는다고 보아 자본으로 분류함

• 다만, 발행된 '신종자본증권'을 재매입할 의무가 특수목적기업(SPC)에게 있는 경우, 발행자가 SPC를 지배하는지를 SPC의 의사결정구조, 위험 · 효익의 노출정도 등에 기초하여 판단하여야 하며,

• 계약상 상환의무 유무는 발행자의 기타 채무의 불이행으로 인한 영향, 주요 발행조건이 관련 법규에 따라 유효하게 실행될 수 있는지 여부 등을 함께 고려하여야 함

06

**질의회신** 회계기준원 : 2015-KQA005 자본으로 분류한 신종자본증권 이자의 위험회피회계 적용 여부

○ 배경 및 질의

• (질의1) 자본으로 분류한 변동금리부 신종자본증권의 현금흐름 변동위험을 회피하고자 이자율스왑 계약을 체결한 경우 위험회피회계를 적용할 수 있는지?

• (질의2) 위험회피회계를 적용할 수 없더라도, 신종자본증권의 현금흐름 변동위험을 회피하기 위해 만기까지 보유하는 이자율스왑(파생상품)에 대하여 공정가치 평가를 수행해야 하는지?

○ 회신

• (질의1) 경우, 자본으로 분류되는 신종자본증권의 이자는 자본에서 직접 차감하여 당기손익에 영향을 미치지 않으므로 위험회피회계를 적용할 수 없다.

• (질의2)의 경우, 위험회피회계를 적용할 수 없는 파생상품은 당기손익-공정가치 측정 금융자산 또는 당기손익-공정가치 측정 금융부채로 분류하고 공정가치로 측정하며 공정가치의 변동에 따른 손익은 당기손익으로 인식한다.

* 금융상품의 분류결과(금융부채 또는 지분상품)에 따라 관련 이자 등이 당기손익으로 반영될지가 결정되므로 지분상품의 보유자에게 지급하는 금액은 자본에서 직접인식한다. 따라서 자본으로 분류하는 신종자본증권의 이자는 자본에서 직접 차감하며 당기손익에 반영하지 않는다. 한편 위험회피회계를 적용하기 위해서는 당기손익에 영향을 줄 수 있는 특정 위험에 노출되어 있어야 하나 자본으로 분류되는 신종자본증권의 이자는 자본에서 직접 차감하여 당기손익에 영향을 미치지 않으므로 위험회피회계를 적용할 수 없다.

**보충설명** **신종자본증권에 대한 감사보고서상 주석공시 사례**

• 당기말과 전기말 현재 신종자본증권의 내역은 다음과 같다.

(단위 : 억원)

| 구분 | 발행일 | 만기일 | 이자율 | 당기말 | 전기말 |
|---|---|---|---|---|---|
| 원화신종자본증권 | 20××.×.×. | 20××.×.×. | ×.×% | 1,000 | 1,000 |
| 외화신종자본증권 | 20××.×.×. | 20××.×.×. | ×.×% | 3,000 | 2,000 |
| 발행비용 | | | | (40) | (30) |
| 합계 | | | | 3,960 | 2,970 |

상기 신종자본증권은 발행 후 5년이 되는 시점부터 당사가 조기상환을 할 수 있으며, 발행일로부터 매 5년이 경과한 날마다 이자율이 조정되며, 만기일이 도래한 경우 당사의 선택에 따라 동일한 발행조건으로 신종자본증권의 만기를 계속하여 연장할 수 있다.

## 4. 이익잉여금

이익잉여금은 기업의 이익창출활동에 의해 획득된 이익으로서 사내에 유보된 금액을 말한다. 자본거래 이외의 거래(손익거래)로 증감한 자본은 전부 당기손익에 포함되어 이익잉여금으로 대체되어야 하나, 기업회계기준서에서 당기손익으로 처리하지 않는 사항에 대해서는 자본항목인 기타포괄손익으로 이연처리한다.

한편, 이익잉여금은 주주총회에서 이익잉여금의 처분이라는 절차를 거쳐 배당으로 주주들에게 배분되거나, 법정적립금이나 임의적립금으로 적립되어 사내에 유보된다. 법정적립금은 배당이 불가능하지만, 임의적립금은 다시 처분전의 상태로 이입되어 배당재원으로 사용할 수 있다.

### (1) 이익준비금

이익준비금은 상법의 규정에 의하여 매결산기의 금전에 의한 이익배당액의 10분의 1이상을 적립하는 금액을 말하며 상법 제458조(이익준비금)에 의하면 회사는 그 자본금의 2분의 1이 될 때까지 매 결산기 이익배당액의 10분의 1 이상을 이익준비금으로 적립하여야 한다. 다만, 주식배당의 경우에는 그러하지 아니하다.

### (2) 기타법정적립금(기업합리화적립금)

기업합리화적립금은 조세특례제한법의 규정에 의하여 세액공제, 세액면제, 감면, 또는 소득공제를 적용받는 기업이 그 공제받은 세액만큼을 의무적으로 적립하는 금액을 이른다.

조세특례제한법 제145조 등에 의하면 적립된 기업합리화적립금은 이월결손금의 보전, 자본에의 전입으로만 사용가능하며 이외로 처분하는 경우 이자상당액을 가산하여 법인세를 납부하여야 한다.

그러나 2002년 12월, 동 조문이 삭제되는 조세특례제한법의 개정으로 시행일 이후부터는 기업합리화적립금을 적립하지 않아도 되며 이미 적립한 기업합리화적립금을 이월결손금의 보전, 자본에의 전입이외의 용도로 처분하여도 이자상당액의 법인세를 추가납부하지 않아도 된다.

이에 따라 기업합리화적립금은 임의적립금으로 그 성격이 변경되어 주주총회에 결의를 통해 배당 등으로 사외유출이 가능하다.

### (3) 대손준비금

대손준비금은 감독법규상의 자산건전성 분류 대상자산의 최소적립률에 의한 대손충당금 적립액과 기업회계기준서의 대손충당금 적립액의 차액을 잉여금 중 별도 법정준비금으로 적립하여 회사 내부에 유보한 금액이다.



대손준비금 적립제도는 2011년 국제회계기준(IFRS) 도입으로 새로운 회계기준에 따른 대손충당금 적립수준이 기존의 대손충당금 적립수준에 미달하여 은행, 보험회사 등 금융회사의 손실흡수능력이 저하될 우려를 방지하기 위하여 도입된 제도[3]이다.

### (4) 임의적립금

임의적립금은 이익잉여금중 이익준비금, 대손준비금, 비상위험준비금, 해약환급금준비금, 보증준비금 등 법정적립금 이외에 정관의 규정 또는 주주총회의 의결에 따라 회사내에 적립유보된 금액을 말한다.

### (5) 처분전이익잉여금(처리전결손금)[4]

처분전이익잉여금은 회사가 주된 영업활동 등으로 벌어들인 이익에서 배당, 법정적립금 및 임의적립금으로 처분되지 않고 남아 있는 이익잉여금을 말하며 처리전결손금은 회사가 결손인

---

3) 제4장 제3절 5. 자산건전성 분류 및 대손충당금 적립을 참조

4) 현행 감독회계상 이익잉여금 내의 계정과목 표시순서에 대해 일반적인 회계 실무관행 등을 고려할 때 법정적립금, 임의적립금 다음 항목으로 처분전이익잉여금을 표시하는 것이 보다 적정할 것이다.

경우 누적된 결손금을 임의적립금, 법정적립금 등으로 보전·처리하지 않고 이월되는 금액으로 즉 결손금을 처리하기 전의 금액을 이른다.

## (6) 해약환급금준비금

### 1) 해약환급금준비금 개념

해약환급금준비금은 재무상태표일 현재 유지되고 있는 계약에 대하여 해약환급금을 지급하기 위해 책임준비금의 일정수준을 초과하여 적립한 금액을 이른다.

2023년 보험계약 국제회계기준(IFRS 17)의 시행으로 보험부채를 시가평가함에 따라 금리가 상승할 경우 시가평가된 보험부채가 보험계약 해약 시 보험계약자에게 지급할 금액(해약환급금)보다 적을 수 있고 동 차액(해약환급금 부족액)이 회계기준상 자본으로 인정되어 배당 등을 통하여 사외유출될 수 있다.

[도표 4] 금리 변동에 따른 해약환급금 및 보험부채

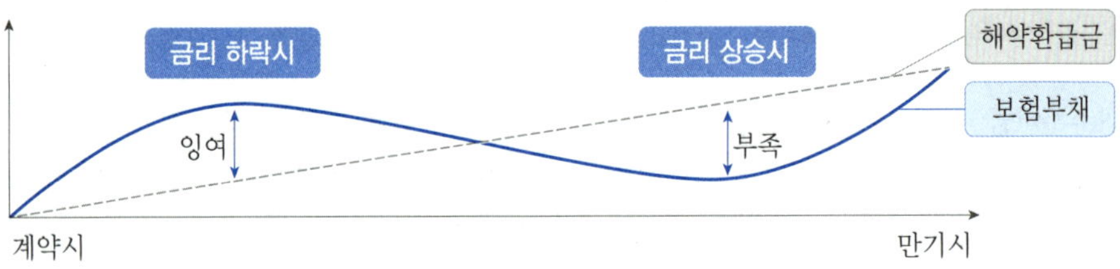


자료 : 금융위원회 보도자료 (2022.8.)

이와 같이 IFRS 17 도입으로 해약환급금 부족액이 지속적으로 배당 등을 통해 사외로 유출될 경우 향후 금리변동에 따라 보험계약자에게 지급하여야 할 금액인 해약환급금을 지급하지 못할 수 있어 해약환급금 부족액을 이익잉여금 내에서 해약환급금준비금의 의무 적립으로 보험회사의 재무건전성을 확보하여 보험계약자를 보호하는 해약환급금준비금 적립제도를 도입하게 되었다.

### 2) 해약환급금준비금 적립기준

보험회사는 보험계약 해지에 대한 위험을 고려하여 보험회사 전체단위로 해약환급금준비금을 산출하여 적립 또는 환입하며 결산일(분기별 임시결산을 포함) 현재 유지계약에 대하여 다음 ①에 따라 계산한 금액이 다음 ② 계산한 금액보다 작을 경우, 그 차액을 이익잉여금 내 해약환급금준비금으로 적립한다.

① 책임준비금(보험계약부채의 잔여보장요소 + 재보험계약부채의 잔여보장요소 + 투자계약부채 – 보험계약자산의 잔여보장요소 – 재보험계약자산의 잔여보장요소 – 투자계약 보험계약대출)과 변액보험(퇴직연금실적배당보험 포함) 특별계정의 계약자적립금의 합계액. 다만, 해당 보험계약 및 재보험계약의 공정가치 변동 중 기타포괄손익으로 인식한 미실현손익의 법인세 반영 전 금액을 가산

② 규정 제7-66조에 따른 해약환급금과 미경과보험료. 다만, 보험계약대출 실행 잔액 및 보험계약 해지 시 재보험사와 정산할 금액은 가감

그러나 보험회사에 미처리결손금이 있는 경우에는 미처리결손금이 처리된 때부터 해약환급금준비금을 적립하며, 기존에 적립한 해약환급금준비금이 결산일 현재 적립하여야 하는 해약환급금준비금을 초과하는 경우에는 그 초과하는 금액을 환입하며 재보험계약(공동재보험계약)의 경우 보험회사와 재보험사가 출재비율에 따라 해약환급금준비금을 각각 산출하여 적립 또는 환입한다.

한편, 손해보험회사의 해약환급금준비금은 장기손해보험상품을 대상으로 하며, 규정에 따른 비상위험준비금을 적립한 후에 적립한다.



**보충설명** 해약환급금준비금 적립기준에서 기타포괄손익 등을 가산하는 이유

- 보험계약의 공정가치 변동(미실현손익)에 대해 기타포괄손익 또는 당기손익으로 인식하는 회계정책을 포트폴리오별로 선택할 수 있으므로 동일한 금액으로 잉여금 처분이 가능하도록 법인세효과 반영 전 기타포괄손익을 가산함
- 즉 보험계약의 공정가치 변동(미실현손익)을 기타포괄손익으로 반영하는 경우 이익잉여금의 변동이 없으므로 당기손익으로 반영하는 경우와 차이가 발생하므로 이를 조정하기 위함

금리변동에 따른 PL법과 OCI법 적용 관련 사례

(기초미처분이익잉여금 400원, 기초책임준비금 800원, 기초해약환급금 800원)

| 구분 | 기말 부채 및 자본 | | 기말해약환급금 1,000 |
|---|---|---|---|
| ① 금리하락 & PL법 적용 | 책임준비금 | 900 | – 해약환급금준비금 = 1,000 – 900 |
| | 미처분이익잉여금<br>해약환급금준비금 | 200<br>100 | |
| ② 금리하락 & OCI법 적용 | 책임준비금 | 900 | – 해약환급금준비금 = 1,000 – (900 – 100) |
| | 미처분이익잉여금<br>해약환급금준비금<br>보험부채AOCI | 200<br>200<br>△100 | |
| ③ 금리상승 & PL법 적용 | 책임준비금 | 600 | – 해약환급금준비금 = 1,000 – 600 |
| | 미처분이익잉여금<br>해약환급금준비금<br>보험부채AOCI | 200<br>400<br>– | |

| ④ 금리상승 & OCI법 적용 | 책임준비금 | 600 | − 해약환급금준비금 = 1,000 − (600 + 200) |
|---|---|---|---|
| | 미처분이익잉여금<br>해약환급금준비금<br>보험부채AOCI | 200<br>200<br>200 | |

참고 해약환급금준비금 관련 감독당국 보도자료(2023.3.10.)

❍ **해약환급금준비금 산출을 위한 세부기준**

- 보험부채 시가평가 금액이 해약환급금보다 작을 경우 부족액을 자본 내 해약환급금준비금으로 적립해야 하는데,
- 해약환급금준비금 산출 시 적용하는 해약환급금 산출기준이 보험사별로 상이(적립기준인 해약식준비금 또는 해약 시 계약자에게 지급할 해약환급금 등)하여 기준을 명확화할 필요가 있었습니다.

➡ 해약환급금준비금 산출 시 해약식준비금을 사용토록 관련기준을 명확히 해석하였습니다.

## (7) 보증준비금

### 1) 보증준비금 개념

보증준비금은 재무상태표일 현재 유지되고 있는 계약에 대하여 보험금 등을 일정수준 이상으로 보증하기 위해 적립한 금액을 말한다. 생명보험회사의 경우 종신보험, 변액보험 등의 사망보험금 · 해약환급금 등을 일정수준으로 보장하기 위해 보험계약자에게 보증수수료를 수취하는 것에 대하여 2023년 보험계약 국제회계기준(IFRS 17) 시행 전까지는 장래 금리 · 주가 하락 등으로 보험금을 보장하지 못할 위험에 대비하여 수취된 보증수수료 등을 토대로 보증준비금을 부채항목으로 적립하였다.

질의회신 금감원 : 新제도(IFRS 17 감독회계 및 K-ICS) (2022년)

**1. 해약환급금준비금 적립기준**

❍ 질의요약

- 일반회계(GAAP) 목적 재무제표를 보험업감독규정(SAP)과 다르게 작성하여 이원화 관리할 계획으로 각각의 결산기준에 따라 상이한 보험부채 금액 산출이 가능
- 해약환급금준비금 적립액 산출 시 기준이 되는 IFRS 17 보험부채는 어떠한 회계기준을 따라야 하는지?

❍ 회신요약

- 해약환급금준비금의 정의 및 적립기준 등을 보험업감독규정에서 정하고 있는바, 보험회사가 일반회계와 감독회계를 이원화하여 운영하더라도 해약환급금준비금은 현행 법규체계상 감독회계에 따른 보험부채를 기준으로 적립하는 것이 타당

### 2. 재보험사 해약환급금준비금

○ 질의요약

• 위험보험료 출재방식의 재보험 특약에서 인식하고 있는 미경과보험료의 포함 여부를 질의. 구체적으로 재보험사도 보험료의 미경과분을 미경과보험료적립금으로 인식하고 있으나, 재보험사는 원보험계약자에 대한 해약환급금의 지급의무가 없고, 실제 지급되는 사례도 거의 없는 바, 이를 해약환급금의 성격으로 보아 해약환급금준비금을 적립해야 하는지?

○ 회신요약

• 재보험사와 원수사 간 거래에서 발생하는 재보험료에 대한 미경과보험료는 해약환급금준비금 계산과 무관하며, 공동재보험이 아닌 전통재보험 수재 시 해약환급금준비금의 적립의무는 없음

그러나 2023년 IFRS 17의 시행으로 보험부채를 시가평가함에 따라 그간 별도로 적립된 보증준비금이 새로운 기준에 따라 보험부채로 통합하여 산출되며 그 결과 상당수준의 보증준비금이 이익잉여금으로 전환될 수 있어 향후 배당 등을 통하여 사외유출될 수 있다.

이와 같이 특정시점의 계리적 · 경제적 가정 등에 따라 산출된 보험부채로 인하여 이익잉여금이 발생하여 지속적으로 배당 등을 통해 사외로 유출될 경우 향후 금리 및 주가 변동에 따라 보험계약자에게 지급하여야 할 보험금 · 환급금을 지급하지 못할 수 있다.

이를 대비하기 위해 이익잉여금 내에서 일정금액[5]을 보증준비금으로 의무적립하여 보험회사의 재무건전성 확보를 통하여 보험계약자를 보호하는 보증준비금 적립제도를 도입하게 되었다.

**보충설명** 금리연동형 종신보험(보증형)의 보증 도해

• 금리연동형 종신보험(보증형)은 보험계약의 중도해지 시 지급하는 해지환급금과 사망 시 지급하는 사망보험금을 보증하는 보험상품

– 저해지환급금보증 : 보험계약 해지 시 공시이율로 부리한 실제적립금이 보증적립금보다 적은 경우 동 차액을 보증

– 최저사망보험금보증 : 연령이 증가할수록 사망보장을 위한 비용(위험보험료)이 증가하므로, 공시이율이 계속 낮아 실제적립금이 모두 소멸되는 경우 사망보험금을 보증

5) 전환일(2022.1.1.)을 기준으로 유지계약을 대상으로 이미 적립된 보증준비금과 장래 보증수수료에 대해 예정이율 또는 평균공시이율 등으로 부리하여 보증준비금을 적립하되 최저보증을 위해 지출된 비용, 보증요소로 인해 최선추정부채에 포함된 금액 및 위험이 회피된 보험계약에 대한 보증준비금은 차감한다.

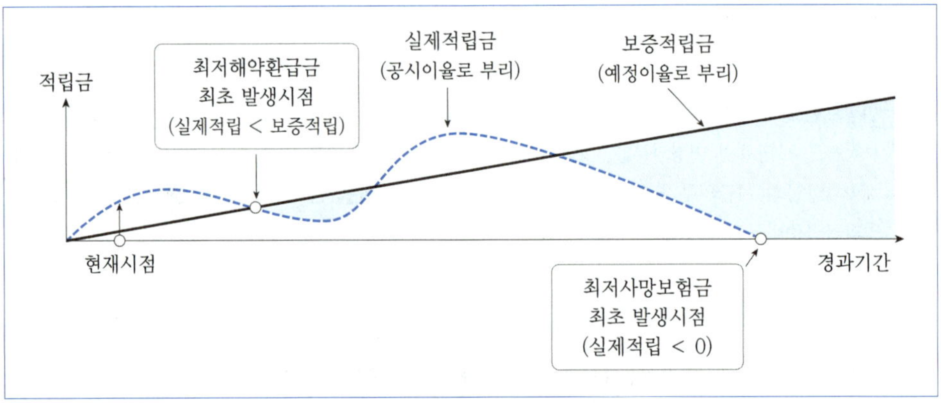


### 2) 보증준비금 적립기준

보험회사는 결산일(분기별 임시결산을 포함한다) 현재 보험금 등을 일정수준 이상으로 보증하기 위해 장래 예상되는 손실액 등을 고려하여 이익잉여금 내에 보증준비금을 적립하며 보증준비금은 규정에 따른 해약환급금준비금을 적립한 후에 적립한다.

한편 보험회사에 미처리결손금이 있는 경우에는 미처리결손금이 처리된 때부터 보증준비금을 적립하며, 기존에 적립한 보증준비금이 결산일 현재 적립하여야 하는 보증준비금을 초과하는 경우에는 그 초과하는 금액을 환입할 수 있다.

보험회사는 결산일(분기별 임시결산을 포함) 현재 유지계약에 대하여 다음 ①에 따라 계산한 금액을 적립하되, 다음 ②에 따라 계산한 금액(영(0)보다 적으면 영(0))과 다음 ③의 금액을 차감한다.

① 보증수수료를 결산일 현재까지 보험료 및 책임준비금 산출방법서에서 보험료 계산 시 적용한 이율(변액보험계약의 보증수수료는 매 사업연도별 해당시점의 평균공시이율)로 부리하여 적립한 금액. 다만, 결산일 현재 유지계약에 대한 기존에 적립한 보증준비금의 구분이 어려운 경우 직전 결산일(분기별 임시결산을 포함)의 계약자적립액에 대한 유지계약의 계약자적립액의 비율로 산출

② 보증준비금 적립 대상 계약과 관련하여 보증 관련 요소(보증수수료, 보증손실 등)를 포함하여 산출한 최선추정에서 보증 관련 요소를 제외하고 산출한 최선추정을 차감하여 산출한 금액 또는 보증과 직접적으로 관련된 최선추정. 다만, 보험계약 및 재보험계약의 평가 시 기타포괄손익으로 반영된 누적 효과를 제거

③ 보험금 등을 일정수준 이상으로 보증하기 위해 실제 발생한 손실액. 다만, 해당 보험계약으로 인해 적립된 보증준비금을 한도로 함

한편 변액보험 등의 만기보험금, 사망보험금, 중도인출금, 해약환급금 등에 대한 최저보증이 부가된 보험계약의 보증위험을 회피할 목적으로 파생금융상품을 위험회피수단으로 최초 지정하

는 시점에 위험회피 대상항목, 위험관리목적, 위험의 속성, 위험회피전략, 위험회피효과에 대한 주기적인 평가방법(최소한 분기) 등을 문서화하고 최소한 분기마다 평가한 직전 1년 동안의 위험회피효과의 수준에 따라 다음과 같이 구분하여 해당 보험계약의 보증준비금을 적립하지 아니한다.

① 위험회피 대상항목과 위험회피 수단인 파생상품의 공정가액 변동비율이 부의 관계로서 위험회피 기간 동안 90% 이상 110% 이하인 경우 : 해당 보험계약의 보증준비금

② 위험회피 대상항목과 위험회피 수단인 파생상품의 공정가액 변동비율이 부의 관계로서 위험회피 기간 동안 80% 이상 90% 미만인 경우 : 해당 보험계약의 보증준비금에 "50% + 50% × (위험회피효과 – 80%) ÷ (90% – 80%)" 비율을 곱한 금액

③ 위험회피 대상항목과 위험회피 수단인 파생상품의 공정가액 변동비율이 부의 관계로서 위험회피 기간 동안 110% 초과 125% 이하인 경우 : 해당 보험계약의 보증준비금에 "50% + 50% × (125% – 위험회피효과) ÷ (125% – 110%)" 비율을 곱한 금액

## (8) 비상위험준비금

### 1) 비상위험준비금 개념

비상위험준비금은 비상위험에 대비하기 위하여 별도로 적립한 준비금을 이르며 손해보험회사의 경우 예정위험률을 크게 초과하는 대화재, 태풍, 지진, 원자력사고 등 거대위험을 대비하기 위하여 감독법규에 따라 적립한 금액에 대하여 2011년 국제회계기준(IFRS)이 도입되기 전까지는 부채항목으로 인정을 받았다.

그러나 2011년 국제회계기준(IFRS)의 시행으로 재무제표일 현재 존재하지 않는 보험금 지급의무 즉 미래에 발생 가능한 보험사고에 대한 보험금에 대해 부채로 인식하는 것을 금지함에 따라 그간 부채로 적립된 비상위험준비금이 이익잉여금으로 전환되어 향후 배당 등을 통하여 사외유출될 수 있다.

이와 같이 예상치 못한 거대위험에 따라 지급하여야 할 보험금을 감안하지 않고 국제회계기준 도입이후 증가된 이익잉여금을 토대로 배당 등으로 사외로 유출될 경우 향후 비상위험을 대비하지 못할 수 있어 이익잉여금 내에서 일정금액을 비상위험준비금으로 의무적으로 적립하도록 하여 보험회사의 재무건전성을 확보하기 위하여 비상위험준비금 적립제도를 도입하게 되었다.

### 2) 비상위험준비금 적립기준

손해보험회사는 해당 사업연도의 보험료 합계액의 100분의 50(보증보험의 경우 100분의 150)의 범위에서 비상위험준비금을 계상하여야 한다.

먼저 비상위험준비금 적립기준을 살펴보면, 보험종목별로 적립대상보험료의 일정비율에 도달할 때까지 매분기 "보험종목별 적립대상보험료×적립기준율"에 의하여 산출된 금액의 100분의 35이상 100분의 100이하의 금액을 이익잉여금내 비상위험준비금으로 적립한다. 다만, 미처리결손금이 있는 경우에는 미처리결손금이 처리된 때부터 비상위험준비금을 적립한다.

[도표 5] 비상위험준비금 적립대상 보험종목별 적립비율

| 구분 | 화재 | 해상 | 자동차 | 보증 | 특종 | 해외수재 및 해외원보험 |
|---|---|---|---|---|---|---|
| 적립대상 보험료의 일정비율 | 50% | 50% | 40% | 150% | 50% | 50% |
| 적립기준율 | 5% | 3% | 2% | 15% | 5% | 6% |

이때, 보험종목별 적립대상보험료는 당해 사업연도를 기준으로 보험계약 회계기준서에 따른 수취한 보험료에서 지불한 보험료를 차감한 금액으로 하되, 당해 사업연도의 적립대상보험료가 직전 사업연도의 적립대상보험료보다 적은 경우 직전 사업연도의 금액을 기준으로 한다.

### 3) 비상위험준비금 환입기준

비상위험준비금 환입기준을 살펴보면, 보유기준으로 계산한 발생손해액을 예정손해액으로 나눈 비율이 다음 도표에서 정한 일정비율을 초과하고 보험영업손실 및 당기순손실이 발생하는 경우 그 초과금액을 당기순손실 이내에서 미처분이익잉여금으로 환입할 수 있다.

[도표 6] 비상위험준비금의 보험종목별 예정 대비 발생손해액 비율

| 구분 | 화재 | 해상 | 자동차 | 보증 | 특종 | 해외수재 및 해외원보험 |
|---|---|---|---|---|---|---|
| 예정대비 발생손해액의 일정비율 | 120% | 110% | 110% | 140% | 110% | 110% |

여기서의 발생손해액은 보험종목별 당해 사업연도를 기준으로 세칙 [별표 4] '계정과목별 회계처리기준'에 따른 발생보험금, 발생손해조사비 및 발생사고요소조정을 합산한 금액으로 하되, 보험료배분접근법을 적용한 계약이 아닌 경우 포괄손익계산서의 손실부담계약관련비용을 합산할 수 있다.

예정손해액[6](원수)의 경우에도 보험종목별 당해 사업연도를 기준으로 산출하며 보험료배분접근

---

6) 과거 기준의 '손해율'을 IFRS 17 도입으로 '예정손해액과 발생손해액의 차이(예실차) 비율'로 개정하였으며 과거 IFRS 4에 따른 '경과위험보험료'를 IFRS 17에 따른 '예정손해액'으로 변경하되 회계모형별 차이를 반영(일반모형 : 손

법을 적용한 계약이 아닌 경우 세칙 [별표4] '계정과목별 회계처리기준'에 따른 예상보험금, 예상손해조사비와 위험조정변동을 합한 금액으로 하며 보험료배분접근법을 적용한 계약의 경우 보험료배분접근법적용수익에 상품기초서류상의 예정위험률과 예정손해조사비율의 합을 곱한 금액으로 하되 손실요소배분액을 차감한다.

한편, 특정 보험종목의 비상위험준비금의 환입조건을 충족하나, 적립액이 환입가능금액보다 적은 경우 그 부족액의 50% 이내에서 다른 보험종목의 비상위험준비금 적립액에서 각 적립수준에 비례하여 환입할 수 있다.

## 5. 자본조정

자본조정은 자기주식, 주식할인발행차금 등 주주와의 자본거래에 해당하나 최종납입된 자본으로 볼 수 없거나 자본의 가감 성격으로 자본금이나 자본잉여금으로 분류할 수 없는 항목을 포함한다.



### (1) 주식할인발행차금

주식할인발행차금은 주식의 발행가액이 액면가액에 미달하는 경우 그 미달하는 금액을 말한다. 주식할인발행차금이 발생하는 경우 우선 주식발행초과금과 상계한 후 남는 잔액에 대하여 자본조정으로 분류하되 이익잉여금의 처분을 통해서 정리된다.

### (2) 자기주식

자기주식은 회사가 이미 발행한 자사의 주식을 주주로부터 취득하는 경우 그 취득가액을 말하며 회사가 자기주식을 재취득하는 경우 자본조정의 항목으로 자본에서 차감한다.

### (3) 기타자본조정

기타자본조정은 상기이외의 자본조정으로 대표적으로 자기주식처분손실이 포함된다. 자기주식처분손실은 자기주식 취득 후 매각처분 시 처분가액이 장부금액에 미달한 경우에 발생하는 계정이다.

---

익계산서상 당기예상보험금 + 손익계산서상 예상손해조사비 + 위험조정변동, 보험료배분접근법모형 : 손익계산서상 보험수익×상품기초서류상 예정위험률 · 손해조사비율)

자기주식처분이익이 있는 경우 자기주식처분이익으로 계상된 기타자본잉여금 계정에서 우선적으로 차감하고 나머지를 기타자본조정 계정으로 처리하며, 결손금의 처리순서에 준하여 이익잉여금의 처분으로 보전한다.

## 6. 기타포괄손익누계액

기타포괄손익누계액은 포괄손익계산서상으로 당기손익에는 제외되나, 포괄손익에는 포함되는 항목의 누적잔액을 이르며 기타포괄손익누계액에는 기타포괄손익-공정가치측정금융상품평가손익, 해외사업환산손익, 재평가잉여금 등 주주와의 자본거래를 제외한 자본의 변동액을 포함한다.

### (1) 기타포괄손익-공정가치측정금융상품평가손익

기타포괄손익-공정가치측정금융상품평가손익은 기타포괄손익-공정가치측정금융상품의 평가손익 중 자본계정에 해당하는 금액을 말하며 감독목적 재무상태표상 정보성 항목으로 지분상품에 대한 기타포괄손익-공정가치측정금융상품의 평가손익을 표시하여야 한다.

### (2) 기타포괄손익-공정가치측정채무상품손실충당금

기타포괄손익-공정가치측정채무상품손실충당금은 향후 기타포괄손익-공정가치측정채무상품에서 발생할 것으로 예상되는 기대신용손실을 인식하기 위해 기업회계기준서 제1109호 '금융상품' 기준서상의 손상기준에 따라 산출한 충당금을 말한다.

### (3) 관계 · 종속기업투자주식평가손익

관계 · 종속기업투자주식평가손익은 관계 · 종속기업투자주식의 지분법 평가 시 관계 · 종속기업의 자본항목 변동금액 중 투자회사의 자본계정에 해당하는 금액이거나 관계 · 종속기업투자주식의 공정가치로 평가하는 경우 평가손익 중 자본계정에 해당하는 금액을 말한다.

한편, 종속기업, 공동지배기업 및 관계기업 투자지분을 평가할 경우 별도재무제표를 작성[7]할 때에는 종속기업, 공동지배기업 및 관계기업 투자지분은 원가법을 적용하여야 하며 수익증권은 공정가치법을 적용하여 평가한다.

---

7) 보험업감독업무시행세칙 [별표 4] 계정과목별 회계처리기준 <부표 4> 계정과목 회계처리에 관한 사항

### (4) 보험계약자산(부채) 순금융손익

보험계약자산(부채)순금융손익은 화폐의 시간가치, 금융위험 변동효과 등으로 인해 발생한 보험금융수익(비용) 중 일부를 기타포괄손익으로 인식하는 회계정책을 선택한 경우 보험회사가 발행한 보험계약집합 공정가치 변동 중 기타포괄손익으로 인식한 금액을 말한다.

### (5) 재보험계약자산(부채) 순금융손익

재보험계약자산(부채)순금융손익은 화폐의 시간가치 및 금융위험 변동효과 등으로 인해 발생한 재보험금융수익(비용) 중 일부를 기타포괄손익으로 인식하는 회계정책을 선택한 경우, 보험회사가 보유한 재보험계약집합의 공정가치 변동 중 기타포괄손익으로 인식한 금액을 말한다.

### (6) 해외사업환산손익

해외사업환산손익은 해외지점 또는 해외사업소의 외화표시 자산 · 부채 및 손익항목을 일괄하여 원화로 환산하는 경우 그 환산차액을 말한다.



### (7) 위험회피파생상품평가손익

위험회피파생상품평가손익은 위험회피수단으로 지정된 파생상품의 평가손익 중 자본계정에 해당하는 금액을 말한다.

현금흐름 위험회피파생상품평가손익 중 위험회피에 효과적인 부분은 기타포괄손익으로 계상하되, 위험회피 대상 예상거래가 발생한 시점에 관련 자산 · 부채의 장부금액에 조정한다. 다만, 위험회피에 효과적이지 못한 부분은 당기손익에 처리하여야 한다.

한편, 공정가치의 변동을 기타포괄손익에 표시하기로 선택한 지분상품의 위험회피수단의 손익인 공정가치 위험회피파생상품평가손익의 경우에는 당기손익이 아닌 기타포괄손익으로 인식하여야 한다.

### (8) 재평가잉여금

재평가잉여금은 과거 기업회계기준서 제5호 '유형자산' 및 기업회계기준서 제1016호 '유형자산', 제1101호 '한국채택국제회계기준의 최초채택' 등에 의한 유형자산 재평가 및 공정가치 평가에 따라 발생한 자산의 평가금액과 장부금액의 차액 중 자본계정에 해당하는 금액을 말한다.

### (9) 보험수리적손익

보험수리적손익은 경험조정(이전의 보험수리적 가정과 실제 일어난 결과의 차이 효과) 및 보험수리적 가정의 변경 효과로 발생하는 확정급여채무 현재가치의 변동을 이른다.

### (10) 기타

기타는 상기 이외의 기타포괄손익누계액으로 구성한다.

# 보론 1 : IFRS 17 전환회계의 이해

본 보론에서는 IFRS 17 부록 C. 시행일과 경과규정의 주요내용을 요약 · 정리한 후 감독회계에서 규정하고 있는 IFRS 17 경과규정에 대하여 살펴본다.

## 1. IFRS 17 전환회계

### (1) 시행일

보험회사는 2023년 1월 1일 개시하는 연차 보고기간에 IFRS 17을 적용하여 조기적용시 그 사실을 공시한다. 다만 IFRS 9(금융상품) 기준서 적용하는 경우에만 조기적용 허용된다.

한편 경과규정 목적상 최초 적용일은 보험회사가 이 기준서를 최초로 적용하는 연차 보고기간의 개시일(2023.1.1.)이며 전환일은 최초 적용일 직전 연차보고기간의 기초시점(2022.1.1.)이다.



### (2) 경과규정

2022년 1월 1일 전환일 현재 보유계약(보험계약 집합 단위별)에 대해 완전소급법을 원칙으로 보험부채를 평가하되, 완전소급이 실무적으로 불가능한(impracticable) 경우 수정소급법 또는 공정가치법 중 선택하여 적용한다.

[도표 7] 보험회사의 보험계약집합별 전환회계처리방법

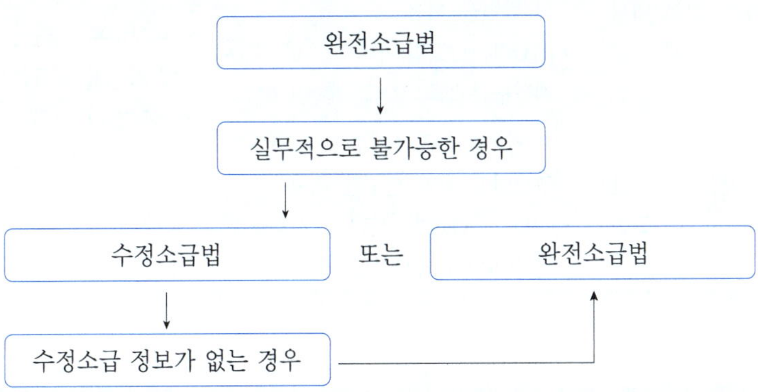

완전소급법의 경우 보험계약 판매시점부터 IFRS 17을 계속 적용한 것처럼 보유 보험계약 집합을 식별·인식·측정하며 보험계약 집합을 소급하여 평가하기 위해 보험계약집합 판매 당시의 미래현금흐름 추정치, 위험조정, 할인율 등 정보가 필요하다.

완전소급법이 실무적으로 불가능한 경우 선택할 수 있는 수정소급법은 과도한 비용이나 노력 없이 이용할 수 있는 합리적인 정보를 사용하여 완전소급법과 유사한 결과를 얻을 수 있는 방법으로 전환일을 기준으로 보험계약집합의 식별이 허용되며 현금흐름, 할인율, 위험조정을 조정·추산하여 보험부채를 평가한다.

완전소급법이 실무적으로 불가능한 경우 선택할 수 있는 다른 방법인 공정가치법은 보유계약의 보험계약마진을 보험부채의 공정가치와 이행현금흐름의 차이(CSM = 공정가치 - 이행가치)[8]로 산출할 수 있는 간편한 방법이다.

[도표 8] 수정소급법과 공정가치법 비교

| 전환규정 | | 수정소급법 | 공정가치법 |
|---|---|---|---|
| 최초인식·평가 | | • 최초인식일 또는 전환일 선택하여 인식·평가가능(C9)<br>• 계약그룹 1년 초과 허용(C10) | • 최초인식일 또는 전환일 선택하여 인식·평가가능(C21·22)<br>• 계약그룹 1년 초과 허용(C23) |
| 계약 서비스 마진 | 일반모형 | • 현금흐름, 할인율, RA, CSM : 간편한 추정법 제시(C11-15) | • 전환일에 보험계약그룹의 공정가치에서 측정된 이행가치를 차감하여 결정(C20) |
| | VFA모형 | • 기초항목 공정가치 – 이행현금흐름 ± 조정 : 잔액추정후 전환일 이전 보장 등을 고려하여 최종결정(C17) | |
| 이자 비용/ OCI (Without Participation contracts) | 1년 이상 계약그룹 | • (이자비용) Without P는 전환일의 할인율 허용<br>• (AOCI) OCI법 선택시 "0" 또는 계약구분별로 AOCI 계산(C18) | • (이자비용) Without P는 전환일의 할인율 허용(C23)<br>• (AOCI) OCI법 선택시 소급적용(가능한 경우만) 또는 0(C24) |
| | 1년 미만 계약그룹 | • (이자비용) Without P는 간편한 추정법에 의한 할인율 적용<br>• (AOCI) OCI법 선택시 계약구분별로 AOCI 계산(C19) | |

8) 공정가치는 IFRS 13에 따라 시장참여자 사이의 정상거래에서 부채를 이전할 때 지급하게 될 가격인 유출가치(Exit value)로 보험계약을 인수하는 투자자가 요구하는 거래액이며 이행가치는 기업특유 측정치로 계약이행을 위한 보험회사 자신의 판단에 의한 가치이다.

**보충설명** IFRS 13 공정가치 측정

❑ **공정가치 정의**

- 시장참여자 사이의 정상적인 거래에서 자산을 매도하면서 수취하거나 부채를 이전하면서 지급하게 되는 가격(유출가치)

❑ **공정가치 측정방법**

- 시장접근법 : 시장에서 거래된 가격정보를 사용
- 원가접근법 : 유사자산의 구입/대체 가격
- 이익접근법 : 기대미래현금흐름을 반영하여 측정

공정가치와 이행가치 비교

| 특징 | 공정가치(IFRS 13) | 이행가치(IFRS 17) |
|---|---|---|
| 정의 | 계약의 즉시 이전시 시장가격 | 계약의 이행에 따른 예상원가 |
| 보험회사 신용위험 | 포함 | 제외 |
| 현금흐름 항목 | 모든 항목 | 계약의 이행에 관련된 항목 |
| 마진의 성격 | 시장참여자가 요구하는 인수의 대가(자본비용) | 회사의 불확실성 감내수준 |



## 2. 감독회계의 IFRS 17 경과규정[9)]

### (1) 소급방법 및 소급시기

IFRS 17에 따라 소급하여 회계처리하며, 실무적으로 불가능한 경우에만 수정소급법 또는 공정가치법을 적용하여 회계처리한다.

구체적으로 전환일(2022.1.1)을 기준으로 직전 3년에서 5년 사이의 연 단위 기간으로 보험계약집합별로 소급기간을 다르게 하여 완전소급법 또는 수정소급법을 적용할 수 있고 그 이외의 기간에 발행된 보험계약집합에 대해 공정가치법을 적용하여 회계처리하는 것이 원칙이다.

다만 전환일(2022.1.1.)을 기준으로 직전 1년에서 2년 사이의 연단위 기간으로 하거나, 소급법을 적용하지 않고 전기간 공정가치법을 적용하여 회계처리하는 경우 동 회계정책 결정에 대해 최초 적용일(2023.1.1.) 전에 이사회 의결을 거친 후 공시하여야 한다.

---

9) 보험업감독업무시행세칙 [별표 4] "계정과목별 회계처리기준" <부표 4> 계정과목 회계처리에 관한 사항 중 11. IFRS 17 경과규정에 관한 사항을 중심으로 설명하고자 한다.

### (2) 공정가치법

보유계약의 보험계약마진을 보험부채의 공정가치와 이행현금흐름의 차이로 산출할 수 있는 간편한 방법인 공정가치법에 대하여 감독회계에서는 보험회사간 재무정보의 비교가능성 및 신뢰성을 확보하기 위하여 공정가치 산출방법을 구체적으로 규정하고 있다.

감독회계에서의 보험계약집합의 공정가치는 지급여력제도(K-ICS)에서 산출된 보험부채인 현행추정부채와 위험마진의 합계액을 기준으로 다음과 같은 조정사항 등을 반영한 보험부채로 명시하고 있다. 다만, IFRS 3(사업결합)기준서 적용범위에 포함되는 사업결합에서 수취하거나 지급한 대가가 있는 경우 보험계약의 공정가치로 볼 수 있다.

- 산출대상 : IFRS 17 이행현금흐름 산출대상계약과 일치*1
- 보험계약대출 : 부채 차감*2
- 위험마진 : 자본비용법 적용*3하여 현재부터 보험만기까지 필요한 요구자본인 기대요구자본에 자본비용률(5%)를 곱하여 산출
- 할인율 : 보험회사의 보험계약 불이행위험의 효과를 합리적으로 가산

*1 대상계약과 계약의 경계를 일치

*2 K-ICS에서는 자산항목으로 규정하고 있으나, IFRS 17에서는 부채의 차감항목으로 표시

*3 K-ICS에서는 위험마진 측정방법을 신뢰수준법으로 규정하고 있으나, '자본비용법 위험마진'이 IFRS 공정가치 개념에 보다 부합

[ 도표 9 ] 공정가치법에서의 보험계약마진 산출

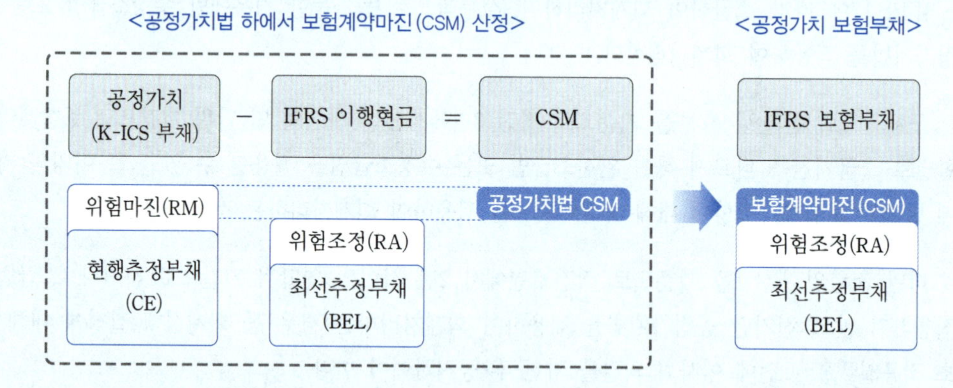

**보충설명** 전환회계 공정가치법 적용 시 보험회사의 채무불이행위험 반영에 대한 이해

❑ **기업 자신(보험회사)의 불이행위험 반영**

- IFRS 17(BC 385)에 따르면 공정가치법 적용 시 IFRS 13에 따라 결정한 보험부채의 공정가치 측정을 요구하고 있으며 IFRS 13(문단 42)에서 부채의 공정가치는 기업 자신의 불이행위험을 반드시 고려할 것을 명시하고 있다.
- 한편, IFRS 13(문단 43)은 부채의 공정가치 측정 시 신용위험(신용수준)의 영향뿐만 아니라 의무가 이행되거나 이행되지 않을 가능성에 영향을 줄 수 있는 신용보강 조건 등 모두 고려하도록 규정하고 있다.

❑ **기업 자신(보험회사)의 불이행위험 적용범위**

- 감독회계에서는 전환시점 보험부채 공정가치를 '현행추정치 + 위험마진'(K-ICS 보험부채)으로 정의하고 있으며 불이행위험을 현행추정치에만 할인율을 통해 반영토록 규정하고 있다.
- 공정가치법 적용 시 위험마진은 자본비용법으로 산출토록 하고 있으며, 자본비용률에는 무위험수익률을 초과하는 모든 수익률이 반영되므로 기업 자신의 불이행위험이 이미 포함된 것이므로 중복해서 반영할 필요는 없다고 판단하고 있다.

**보충설명** 전환회계 관련 회계정책에 대한 감사보고서상 주석공시 사례

- 기업회계기준서 제1117호 "보험계약" 경과규정에 의하면 보험회사는 전환일 이전에도 기업회계기준서 제1117호를 계속 적용한 것처럼 완전소급법을 적용하여 보험계약집합을 식별, 인식, 측정하여야 하나, 동 방법이 실무적으로 불가능한 경우 수정소급법 또는 공정가치법 중 하나의 방법을 선택하여 적용할 수 있습니다.
- 당사는 전환일(2022년1월 1일)로부터 ×년 이내에 발행된 보험계약집합(20××년에서 2021년 사이에 발행된 계약)에 대해서는 수정소급법을, 그 밖의 보험계약집합에 대해서는 공정가치법을 적용하였으며, 기존 원가기준 평가액을 현행이행가치 평가액으로 조정하였습니다.
- 한편, 수정소급법은 과도한 원가나 노력 없이 이용할 수 있는 합리적이고 뒷받침될 수있는 정보를 사용하여 완전소급법과 매우 근접한 결과를 얻기 위한 방법이며, 공정가치법은 기업회계기준서 제1113호 "공정가치 측정"에 따른 공정가치 평가액 등을 활용하여 보험계약집합을 평가하는 방법입니다. 공정가치법 적용 시 잔여보장부채에 대한 보험계약마진 등은 전환일의 보험계약집합 공정가치와 이행현금흐름의 차이로 산정합니다.

06

# 보론 2 : 보험회사의 손익 계정과목[10)]

보험회사의 손익은 크게 보험손익(보험수익-보험서비스비용+재보험수익-재보험서비스비용-기타사업비용[11)]), 투자손익(투자수익-투자비용) 및 영업외손익(영업외수익-영업외비용)으로 구분하여 표시된다. 보험손익과 투자손익의 합계액이 영업손익이 되며 영업손익과 영업외손익의 합에서 법인세비용을 차감하면 보험회사의 경영성과인 당기손익이 된다.

## 1. 보험수익

보험수익은 보험계약집합에서 발생하는 보장 및 기타 서비스를 제공하고 교환하여 받을 것으로 기대하는 대가를 반영하는 금액을 말하며 보험계약 측정모형을 기준으로 일반모형/변동수수료접근법 보험수익과 보험료배분접근법 보험수익으로 구분된다.

### (1) 일반모형/변동수수료접근법 보험수익

일반모형/변동수수료접근법 보험수익은 일반모형 또는 변동수수료접근법을 적용한 보험계약집합에서 발생하는 보장 및 기타 서비스를 제공하고 교환하여 받을 것으로 기대하는 대가를 반영하는 금액을 말한다.

#### 1) 예상보험금

예상보험금은 보험계약집합 측정 시 포함되는 현금흐름 중 당기에 발생할 것으로 예상한 보험금으로, 투자요소를 제외하고 손실요소배분액을 차감하기 전 금액을 처리하는 계정이다.

#### 2) 예상손해조사비

예상손해조사비는 보험계약집합 측정 시 포함되는 현금흐름 중 당기에 발생할 것으로 예상한 사업비로, 보험사고 손해액을 사정하여 지급하고 구상권 행사 등을 통해 보험금을 환수하는 일련의 업무처리에 소요되는 비용이며 손실요소배분액을 차감하기 전 금액을 처리하는 계정이다.

---

10) 보험업감독업무시행세칙 제4-1조(재무제표의 서식 등)에 의거한 보험업감독업무시행세칙 [별표 4] "계정과목별 회계처리기준"을 중심으로 본 절에서 설명하고자 한다.

11) 기타사업비용은 보험계약집합 측정 시 포함되지 않으며 당기손익으로 즉시 인식하는 사업비를 처리하는 계정이다.

### 3) 예상계약유지비

예상계약유지비는 보험계약집합 측정 시 포함되는 현금흐름 중 당기에 발생할 것으로 예상한 사업비로, 보험계약을 유지하고 관리하는데 소요되는 비용이며 손실요소배분액을 차감하기 전 금액을 처리하는 계정이다.

### 4) 예상투자관리비

예상투자관리비는 보험계약집합 측정 시 포함되는 현금흐름 중 당기에 발생할 것으로 예상한 사업비로 유가증권, 대출채권 및 부동산 등을 관리, 유지하는데 직접적으로 소요되는 인건비와 제경비이며, 손실요소배분액을 차감하기 전 금액을 처리하는 계정이다.

### 5) 위험조정변동

위험조정변동은 잔여보장요소의 비금융위험에 대한 위험조정 변동으로, 보험금융수익(비용)에 포함된 변동 및 미래 서비스와 관련되어 보험계약마진에서 조정한 변동을 제외한 금액(관련 손실요소배분액을 차감하기 전)을 처리하는 계정이다.

06

### 6) 보험계약마진상각

보험계약마진상각은 보험계약집합 내 보험계약에 따라 서비스를 제공하면서 보험수익으로 인식한 보험계약마진 상각액을 처리하는 계정이다.

### 7) 보험취득현금흐름상각

보험취득현금흐름상각은 보험취득현금흐름을 시간의 경과에 따라 배분하여 보험수익으로 인식한 금액으로, 손실요소배분액을 차감하기 전 금액을 처리하는 계정이다.

### 8) 손실요소배분액

손실요소 배분액은 잔여보장요소 이행현금흐름(최선추정 및 위험조정)의 후속 변동분 중 잔여보장요소의 손실요소에 배분되어 보험수익에서 제외되는 금액으로 최선추정과 위험조정 배분으로 구분하여 표시한다.

### 9) 기타보험수익

기타보험수익은 상기 이외의 보험수익으로 보험취득현금흐름에서 발생한 경험조정 중 미래서비스와 관련되지 않은 보험수익(보험취득현금흐름 경험조정), 보험료 수취와 관련하여 발생한 경험조정 중 미래서비스와 관련되지 않은 보험수익(수취보험료 경험조정) 등으로 구분하여 표시한다.

### (2) 보험료배분접근법적용수익

보험료배분접근법적용수익은 보험료배분접근법을 적용하는 보험계약집합에서 발생한 수익으로 즉, 시간경과기준 또는 보험서비스비용이 발생될 것으로 기대되는 시기 기준에 따라 해당 기간에 배분된 예상 보험료 수취액(투자요소를 제외하고 화폐의 시간가치와 금융위험 효과를 반영한 경우 이를 조정한 금액)을 처리하는 계정이다.

## 2. 보험서비스비용

보험서비스비용은 보험계약집합에서 발생하는 보장 및 기타 서비스를 제공하는데 소요되는 비용을 말하며 보험계약 측정모형을 기준으로 일반모형/변동수수료접근법 보험서비스비용과 보험료배분접근법 보험서비스비용으로 구분된다.

### (1) 일반모형/변동수수료접근법 보험서비스비용

일반모형/변동수수료접근법 보험서비스비용은 일반모형 또는 변동수수료접근법을 적용한 보험계약집합에서 발생한 보장 및 기타 서비스를 제공하는데 소요되는 비용을 말한다.

#### 1) 발생보험금

발생보험금은 보험계약집합 측정시 포함되는 현금흐름 중 당기에 실제로 발생한 보험금으로, 투자요소를 제외하고 손실요소배분액을 차감하기 전 금액을 처리하는 계정이다.

#### 2) 발생손해조사비

발생손해조사비는 보험계약집합 측정 시 포함되는 현금흐름 중 당기에 실제로 발생한 사업비로, 보험사고 손해액을 사정하여 지급하고 구상권 행사 등을 통해 보험금을 환수하는 일련의 업무처리에 소요되는 비용이며, 손실요소배분액을 차감하기 전 금액을 처리하는 계정이다.

#### 3) 발생계약유지비

발생계약유지비는 보험계약집합 측정 시 포함되는 현금흐름 중 당기에 실제로 발생한 사업비로, 보험계약을 유지하고 관리하는데 소요되는 비용이며, 손실요소배분액을 차감하기 전 금액을 처리하는 계정이다.

### 4) 발생투자관리비

발생투자관리비는 보험계약집합 측정 시 포함되는 현금흐름 중 당기에 실제로 발생한 사업비로 유가증권, 대출채권 및 부동산 등을 관리, 유지하는데 직접적으로 소요되는 인건비와 제경비이며, 손실요소배분액을 차감하기 전 금액을 처리하는 계정이다.

### 5) 손실부담계약관련비용(환입)

손실부담계약관련비용(환입)은 당기에 신규로 발생한 손실요소 및 손실요소 배분액을 제외한 손실요소의 증감분을 처리하는 계정이다.

### 6) 발생사고요소조정

발생사고요소조정은 발생사고요소 이행현금흐름(최선추정부채 및 위험조정)의 변동금액 중 과거서비스와 관련된 변동금액을 처리하는 계정으로 최선추정과 위험조정의 변동액으로 구분하여 표시한다.

### 7) 보험취득현금흐름상각

보험취득현금흐름상각은 보험취득현금흐름을 시간의 경과에 따라 배분하여 보험서비스비용으로 인식한 금액으로, 손실요소배분액을 차감하기 전 금액을 처리하는 계정이다.

06

### 8) 손실요소 배분액

손실요소 배분액은 잔여보장요소 이행현금흐름의 후속 변동분 중 잔여보장요소의 손실요소에 배분된 금액으로, 보험서비스비용에서 제외되는 금액을 처리하는 계정이다.

### 9) 기타보험서비스비용

기타보험서비스비용은 상기 이외의 보험서비스비용으로 보험취득현금흐름에서 발생한 경험조정[12] 중 미래서비스와 관련되지 않은 보험서비스비용(보험취득현금흐름경험조정), 보험취득현금흐름이 관련 보험계약집합에 대한 예상 순현금흐름유입액을 초과하여 손상차손으로 인식한 금액으로 공

---

12) 보험업감독업무시행세칙 [별표 4] <부표 4> 계정과목 회계처리에 관한 사항(10. 사업비 경험조정에 관한 사항)에 의하면 ① 사업비에서 발생한 경험조정은 일반적으로 당기 또는 과거 서비스와 관련되어 있다고 가정하는 것이 합리적이며, 예외적으로 미래 보장에 대해 수취한 보험료와 관련한 경험조정은 미래 서비스와 관련이 있다. ② 보험취득현금흐름 경험조정은 장래 수취 보험료와의 관련성 여부를 평가하여 회계처리를 이원화하여 보험취득현금흐름에서 발생한 경험조정이 미래 서비스 관련이라고 판단한 경우 이를 보험계약마진(CSM)에 반영하고, 당기 또는 과거 서비스 관련이라고 판단한 경우 당기손익으로 인식한다. ③ ②에 따라 보험취득현금흐름 경험조정을 보험계약마진에 반영하는 경우 미래 서비스 관련 판단기준을 합리적으로 마련하고 문서화하며, 매 사업년도 이를 계속 적용함을 원칙으로 한다.

정가액이 회복된 경우 당해 자산의 손상인식 이전의 장부가액을 한도로 회복한 금액(보험취득현금흐름 자산손상차손(환입)) 등으로 구분하여 표시한다.

### (2) 보험료배분접근법 보험서비스비용

보험료배분접근법 보험서비스비용은 보험료배분접근법을 적용한 보험계약집합에서 발생한 보장 및 기타 서비스를 제공하는데 소요되는 비용을 말한다.

#### 1) 발생보험금

발생보험금은 보험료배분접근법을 적용한 보험계약집합에서 당기에 실제로 발생한 보험금을 처리하는 계정이다.

#### 2) 발생손해조사비

발생손해조사비는 보험료배분접근법을 적용한 보험계약집합에서 당기에 실제로 발생한 손해조사비를 처리하는 계정이다.

#### 3) 손실부담계약관련비용(환입)

손실부담계약관련비용(환입)은 보험료배분접근법을 적용한 보험계약집합에서 손실의 발생이나 변동을 인식함에 따라 발생하는 비용을 처리하는 계정이다.

#### 4) 발생사고요소조정

발생사고요소조정은 보험료배분접근법을 적용한 보험계약집합에서 발생한 발생사고요소 이행현금흐름의 변동분을 처리하는 계정으로 최선추정과 위험조정의 변동액으로 구분하여 표시한다.

#### 5) 보험취득현금흐름 즉시인식액

보험취득현금흐름 즉시인식액은 보험계약집합에서 발생한 보험취득현금흐름을 비용으로 인식하기로 선택한 경우, 즉시 당기비용으로 인식한 금액을 처리하는 계정이다.

#### 6) 보험취득현금흐름 상각

보험취득현금흐름 상각은 보험계약집합에서 발생한 보험취득현금흐름을 시간의 경과에 따라 배분하여 보험서비스비용으로 인식한 금액을 처리하는 계정이다.

#### 7) 기타보험서비스비용

기타보험서비스비용은 보험계약집합에서 발생한 상기 이외의 기타 보험서비스비용을 처리하는 계정이다.

## 3. 투자수익

투자수익은 보험계약집합에서 발생한 금융수익과 이자수익, 배당수익, 임대료수익 등 투자활동으로 인하여 발생한 수익으로 구성된다.

### (1) 보험금융수익

보험금융수익은 보험계약집합에서 발생한 화폐의 시간가치 및 금융위험 변동효과로 인해 발생한 수익을 처리하는 계정으로 크게 보험계약보험금융수익과 재보험계약보험금융수익으로 다음과 같이 구분하여 표시한다.

[도표 10] 보험금융수익 구분

| | |
|---|---|
| ① 보험계약보험금융수익 | 발행한 보험계약집합에서 발생한 화폐의 시간가치 및 금융위험 변동효과로 인해 발생한 수익 |
| (가) 보험금융이자수익 | 보험계약집합에서 발생한 이자수익 |
| (나) 환율변동수익 | 환율의 변동으로 인해 발생하는 보험계약집합의 공정가치 변동분 및 보험계약 변제시 발생하는 외환차익 중 당기수익으로 인식하는 금액 |
| (다) 할인율변동수익 | 할인율의 변동으로 인해 발생한 보험계약집합의 공정가치 변동분 중 당기수익으로 인식하는 금액 |
| (라) 기타 | 상기 이외의 기타 보험금융수익 |
| ② 재보험계약보험금융수익 | 보유한 재보험계약집합에서 발생한 화폐의 시간가치 및 금융위험 변동효과로 인해 발생한 수익 |
| (가) 보험금융이자수익 | 재보험계약집합에서 발생한 이자수익 |
| (나) 환율변동수익 | 환율의 변동으로 인해 발생하는 재보험계약집합의 공정가치 변동분 및 재보험계약 변제시 발생하는 외환차익 중 당기수익으로 인식하는 금액 |
| (다) 할인율변동수익 | 할인율의 변동으로 인해 발생한 재보험계약집합의 공정가치 변동분 중 당기수익으로 인식하는 금액 |

| | |
|---|---|
| (라) 재보험자불이행위험변동액 | 보유한 재보험계약집합 발행자의 채무불이행위험 변동으로 인해 발생하는 금융수익 |
| (마) 기타 | 상기 이외의 기타 재보험금융수익 |

### (2) 이자수익

이자수익은 예금이자, 당기손익－공정가치측정유가증권이자, 기타포괄손익－공정가치측정유가증권이자, 상각후원가측정유가증권이자, 대출채권이자 및 기타이자수익으로 구분하여 표시한다.

### (3) 배당수익

배당수익은 당기손익－공정가치측정유가증권배당수익, 기타포괄손익－공정가치측정유가증권배당수익, 관계 · 종속기업투자주식배당수익 및 기타배당수익으로 구분하여 표시한다.

### (4) 임대료수익

임대료수익은 부동산에 대한 임대료 수입액으로 임대료 수입, 관리비 수입, 주차장 수입 등을 처리하는 계정이다.

### (5) 수수료수익

수수료수익은 일상적인 영업활동과 관련하여 고객 등에게 제공한 용역의 대가로 유가증권 인수단 참여 수수료, 주식대여수수료, 대출수수료 등을 처리하는 계정이다.

### (6) 금융상품처분이익

금융상품처분이익은 금융상품의 매각 또는 상환금액이 장부가액을 초과하는 금액을 처리하는 계정으로 당기손익－공정가치측정유가증권처분이익, 기타포괄손익－공정가치측정유가증권처분이익, 상각후원가측정유가증권처분이익, 대출채권처분이익, 관계 · 종속기업투자주식처분이익 및 기타로 구분하여 표시한다.

### (7) 금융상품재분류이익

금융상품재분류이익은 금융상품을 관리하는 사업모형을 변경함에 따라 금융상품을 재분류하여 발생하는 이익을 처리하는 계정이다.

### (8) 당기손익-공정가치측정금융상품평가이익

당기손익-공정가치측정금융상품평가이익은 당기손익-공정가치측정금융상품에서 발생하는 평가이익을 처리하는 계정으로 당기손익-공정가치측정금융자산평가이익, 당기손익-공정가치측정금융부채평가이익으로 구분하여 표시한다.

### (9) 금전신탁이익

금전신탁이익은 금전신탁에서 발생하는 배당, 이자수익 등을 포함한다.

### (10) 금융상품손상차손환입

금융상품손상차손환입은 기업회계기준서 제1109호 따라 측정한 금융상품에서 발생한 기대신용손실의 유리한 변동분을 처리하는 계정으로 대손충당금환입, 유가증권손상차손환입(상각후원가측정유가증권 및 기타포괄손익-공정가치측정유가증권), 파생상품손상차손환입 및 기타로 구분하여 표시한다.

### (11) 관계 · 종속기업투자주식손상차손환입

관계 · 종속기업투자주식손상차손환입은 손상된 관계 · 종속기업투자주식의 회수가능액이 회복된 경우 당해 관계 · 종속기업투자주식의 손상인식 이전의 장부가액을 한도로 회복한 금액을 처리하는 계정이다.

### (12) 비금융자산손상차손환입

비금융자산손상차손환입은 손상된 비금융자산의 회수가능액이 회복된 경우 당해 비금융자산의 손상인식 이전의 장부가액을 한도로 회복된 금액을 처리하는 계정으로 부동산손상차손환입, 무형자산손상차손환입 및 기타로 구분하여 표시한다.

### (13) 지분법평가이익

지분법평가이익은 지분법을 적용하는 피투자회사의 당기순이익 중 투자회사의 지분에 속하는 금액을 처리하는 계정이다.

### (14) 파생상품거래이익

파생상품거래이익은 파생상품 거래에 대한 정산이익 금액으로 이자율관련, 통화관련, 주식관련, 신용관련 및 기타로 구분하여 표시하며 정보성 금액으로 매매목적과 헤지목적의 파생상품거래이익을 구분하여 표시하여야 한다.

### (15) 파생상품평가이익

파생상품평가이익은 파생상품 거래에 대한 평가이익 금액으로 이자율관련, 통화관련, 주식관련, 신용관련 및 기타로 구분하여 표시하며 정보성 금액으로 매매목적과 헤지목적의 파생상품평가이익을 구분하여 표시하여야 한다.

### (16) 외환차익

외환차익은 운용자산 중 외화자산의 회수시에 환율변동으로 발생한 환차익을 처리하는 계정이다.

### (17) 외화환산이익

외화환산이익은 운용자산 중 화폐성 외화자산의 환산에 따라 발생한 환산이익을 처리하는 계정이다.

### (18) 부동산처분이익

부동산처분이익은 부동산을 처분하는 경우 처분가액이 장부가액을 초과하는 금액을 처리하는 계정이다.

### (19) 재평가손실환입

재평가손실환입은 재평가모형을 적용하는 자산에 대한 평가손실환입을 처리하는 계정이다.

### (20) 신탁보수

신탁보수는 신탁자산을 관리, 운용, 처분하고 이에 대해 신탁계정으로부터 받는 보수를 처리하는 계정이다.

### (21) 금융부채상환이익

금융부채상환이익은 금융부채의 상환금액이 장부가액에 미달하는 금액을 처리하는 계정으로 발행채권, 요구불상환지분, 기타로 구분하여 표시한다.

### (22) 염가매수차익

염가매수차익은 화폐성자산을 염가구매하여 발생한 부의 영업권에 대해 즉시 인식하는 이익을 처리하는 계정이다.

### (23) 기타투자수익

기타투자수익은 상기 이외의 투자수익을 처리하는 계정이다.

## 4. 투자비용

투자비용은 보험계약집합에서 발생한 금융비용과 이자비용, 재산관리비, 부동산관리비 등 투자활동으로 인하여 발생한 비용으로 구성된다.



### (1) 보험금융비용

보험금융비용은 보험계약집합에서 발생한 화폐의 시간가치 및 금융위험 변동효과로 인해 발생한 비용을 처리하는 계정으로 크게 보험계약보험금융비용과 재보험계약보험금융비용으로 다음과 같이 구분하여 표시한다.

[도표 11] 보험금융비용 구분

| | |
|---|---|
| ① 보험계약보험금융비용 | 발행한 보험계약집합해서 발생한 화폐의 시간가치 및 금융위험 변동효과로 인해 발생한 비용 |
| (가) 보험금융이자비용 | 보험계약집합에서 발생한 이자비용 |
| (나) 환율변동비용 | 환율의 변동으로 인해 발생하는 보험계약집합의 공정가치 변동분 및 보험계약 변제시 발생하는 외환차손 중 당기비용으로 인식하는 금액 |
| (다) 할인율변동비용 | 할인율의 변동으로 인해 발생한 보험계약집합의 공정가치 변동분 중 당기비용으로 인식하는 금액 |
| (라) 기타 | 상기 이외의 기타 보험금융비용 |
| ② 재보험계약보험금융비용 | 보유한 재보험계약집합에서 발생한 화폐의 시간가치 및 금융위험 변동효과로 인해 발생한 비용 |
| (가) 보험금융이자비용 | 재보험계약집합에서 발생한 이자비용 |

| | |
|---|---|
| (나) 환율변동비용 | 환율의 변동으로 인해 발생하는 재보험계약집합의 공정가치 변동분 및 재보험계약 변제시 발생하는 외환차손 중 당기비용으로 인식하는 금액 |
| (다) 할인율변동비용 | 할인율의 변동으로 인해 발생한 재보험계약집합의 공정가치 변동분 중 당기비용으로 인식하는 금액 |
| (라) 재보험자불이행위험변동액 | 보유한 재보험계약집합 발행자의 채무불이행위험 변동으로 인해 발생하는 금융비용 |
| (마) 기타 | 상기 이외의 기타 재보험금융비용 |

### (2) 이자비용

이자비용은 당좌차월이자, 차입금이자(콜머니, RP매도, 후순위차입금 및 기타), 발행채권이자, 신탁계정차이자, 요구불상환증권이자, 리스부채이자, 기타이자비용으로 구분하여 표시한다.

### (3) 재산관리비

재산관리비는 유가증권, 대출채권 및 부동산 등을 관리, 유지하는데 직접적으로 소요되는 비용으로서 보험계약집합 현금흐름에 포함되지 아니한 비용을 처리하는 계정이다.

### (4) 부동산관리비

부동산관리비는 부동산 관리와 관련하여 발생한 제비용 중 임대부분 해당액을 처리하는 계정이다.

### (5) 지분법평가손실

지분법평가손실은 지분법을 적용하는 피투자회사의 당기순손실 중 투자회사의 지분에 속하는 금액을 처리하는 계정이다.

### (6) 금융상품처분손실

금융상품처분손실은 금융상품의 매각 또는 상환금액이 장부가액에 미달하는 금액으로 당기손익－공정가치측정유가증권처분손실, 기타포괄손익－공정가치측정유가증권처분손실, 상각후원가측정유가증권처분손실, 관계 · 종속기업투자주식처분손실, 대출채권처분손실 및 기타로 구분하여 표시한다.

### (7) 금융상품재분류손실

금융상품재분류손실은 금융상품을 관리하는 사업모형을 변경함에 따라 금융상품을 재분류하여 발생하는 손실을 처리하는 계정이다.

### (8) 당기손익-공정가치측정금융상품평가손실

당기손익-공정가치측정금융상품평가손실은 당기손익-공정가치측정금융상품에서 발생하는 평가손실을 처리하는 계정으로 당기손익-공정가치측정금융자산평가손실, 당기손익-공정가치측정금융부채평가손실로 구분하여 표시한다.

### (9) 금전신탁손실

금전신탁손실은 금전신탁에서 발생하는 손실을 처리하는 계정이다.

### (10) 금융상품손상차손

금융상품손상차손은 기업회계기준서 제1109호 손상기준을 적용하여 산출한 금융상품에서 향후 발생할 것으로 예상되는 기대신용손실의 변동을 처리하는 계정으로 대손상각비, 유가증권손상차손(상각후원가측정유가증권 및 기타포괄손익-공정가치측정유가증권), 파생상품손상차손 및 기타로 구분하여 표시한다.



### (11) 관계 · 종속기업투자주식손상차손

관계 · 종속기업투자주식손상차손은 관계 · 종속기업투자주식의 장부금액이 회수가능액을 초과하는 경우, 당해 관계 · 종속기업투자주식 장부금액과 회수가능액의 차액을 처리하는 계정이다.

### (12) 비금융자산손상차손

비금융자산손상차손은 비금융자산의 장부금액이 회수가능액을 초과하는 경우 당해 비금융자산의 장부금액과 회수가능액의 차액을 처리하는 계정으로 부동산손상차손, 무형자산손상차손 및 기타로 구분하여 표시한다.

### (13) 파생상품거래손실

파생상품거래손실은 파생상품 거래에 대한 정산손실 금액으로 이자율관련, 통화관련, 주식관련, 신용관련 및 기타로 구분하여 표시하며 정보성 금액으로 매매목적과 헤지목적의 파생상품거래손실을 구분하여 표시하여야 한다.

### (14) 파생상품평가손실

파생상품평가손실은 파생상품 거래에 대한 평가손실 금액으로 이자율관련, 통화관련, 주식관련, 신용관련 및 기타로 구분하여 표시하며 정보성 금액으로 매매목적과 헤지목적의 파생상품평가손실을 구분하여 표시하여야 한다.

### (15) 외환차손

외환차손은 운용자산 중 외화자산의 회수시에 환율변동으로 발생한 환차손을 처리하는 계정이다.

### (16) 외화환산손실

외화환산손실은 운용자산 중 화폐성 외화자산의 환산에 따라 발생한 환산손실을 처리하는 계정이다.

### (17) 부동산처분손실

부동산처분손실은 부동산을 처분하는 경우 처분가액이 장부가액을 미달하는 금액을 처리하는 계정이다.

### (18) 재평가손실

재평가손실은 재평가모형을 적용하는 자산에 대한 평가손실을 처리하는 계정이다.

### (19) 부동산감가상각비

부동산감가상각비는 부동산의 감가상각비 중 임대 부분 해당액을 처리하는 계정이다.

### (20) 무형자산상각비

무형자산상각비는 무형자산의 상각비를 처리하는 계정이다.

### (21) 사용권자산감가상각비

사용권자산감가상각비는 리스이용자가 인식한 사용권자산 감가상각비를 처리하는 계정이다.

### (22) 금융부채상환손실

금융부채상환손실은 금융부채의 매각 또는 상환금액이 장부가액을 초과하는 금액을 처리하는 계정으로 발행채권, 요구불상환지분, 기타로 구분하여 표시한다.

### (23) 기타투자비용

기타투자비용은 상기 이외의 투자비용을 처리하는 계정이다.

## 5. 영업외수익

### (1) 유형자산처분이익

유형자산처분이익은 유형자산의 처분가액이 장부금액(상각잔액)을 초과하는 금액으로 보험회사의 경우 차량운반구, 비품, 기타의유형자산의 처분이익을 말한다.



### (2) 전기오류수정이익

전기오류수정이익은 전기 또는 그 이전기간의 재무제표 작성시 발생한 중대하지 아니한 오류에 해당하는 이익 금액을 말한다.

### (3) 외환차익

외환차익은 영업거래에서 발생한 외화자산(운용자산 제외)의 회수 또는 외화부채의 변제시에 환율변동으로 발생한 환차익을 말한다.

### (4) 외화환산이익

외화환산이익은 화폐성 외화자산(운용자산 제외) 및 화폐성 외화부채의 환산에 따라 발생한 환산이익을 말한다.

### (5) 자산수증이익

자산수증이익은 회사의 누적된 영업실적 악화를 개선하기 위해 주주, 임원 등으로부터 재산을 기증받은 금액을 말한다.

### (6) 채무면제이익

채무면제이익은 회사의 채권자로부터 영업상의 보조 또는 지원 등의 목적으로 채무의 전부 또는 일부를 면제받은 금액을 말한다.

### (7) 보험차익

보험차익은 자산의 보험가입으로 보상받은 보험금이 장부가액을 초과하는 경우 그 초과하는 금액을 말한다.

### (8) 잡이익

잡이익은 상기 이외의 기타 영업외수익을 말한다.

## 6. 영업외비용

### (1) 유형자산처분손실

유형자산처분손실은 유형자산의 처분가액이 장부금액(상각잔액)을 미달하는 금액으로 보험회사의 경우 차량운반구, 비품, 기타의유형자산의 처분손실을 말한다.

### (2) 기부금

기부금은 사업과 관계없이 무상으로 지출하는 금전 또는 물품을 말한다.

### (3) 전기오류수정손실

전기오류수정손실은 전기 또는 그 이전기간의 재무제표 작성시 발생한 중대하지 아니한 오류에 해당하는 손실 금액을 말한다.

### (4) 외환차손

외환차손은 영업거래에서 발생한 외화자산(운용자산 제외)의 회수 또는 외화부채의 변제시에 환율변동으로 발생한 환차손을 말한다.

### (5) 외화환산손실

외화환산손실은 화폐성 외화자산(운용자산 제외) 및 화폐성 외화부채의 환산에 따라 발생한 환산손실을 말한다.

### (6) 재해손실

재해손실은 화재, 지진, 홍수 등의 천재지변에 의하여 불가항력으로 발생하는 자산의 감소 및 제 손실의 가액을 말한다.

### (7) 과징금 · 과태료 · 벌과금등

과징금 · 과태료 · 벌과금등은 법 위반행위 등으로 부과받은 금전상의 제재금액을 말한다.

### (8) 잡손실

잡손실은 상기 이외의 기타 영업외비용을 말한다.



## 7. 법인세비용 및 기타포괄손익

### (1) 법인세비용

법인세비용은 법인세법 등에 의하여 사업년도에 부담할 법인세 및 법인세에 부과되는 세액의 합계에 당기 이연법인세 변동액을 가감하여 산출된 금액을 말한다.

### (2) 당기순이익(또는 당기순손실)

당기순이익(또는 당기순손실)은 법인세비용차감전순이익(순손실)에서 법인세비용을 차감한 금액이다.

당기순이익(또는 당기순손실)에 대한 정보성 항목으로 중단사업으로부터 발생한 영업손익과 영업외손익으로서 법인세효과를 차감한 법인세차감후중단사업손익, 당해 결산기에 비상위험준비금 · 해약환급금준비금 · 보증준비금 · 대손준비금 추가적립액 및 당기순이익에서 비상위험준비금 등 추가적립액 모두를 차감한 금액을 공시하여야 한다.

한편 세칙[13]에서는 대손준비금, 비상위험준비금과 관련하여 당해 결산기간(분기별 임시결산을 포함) 중 대손준비금 및 비상위험준비금 적립액(환입액), 당기순이익에서 대손준비금 및 비상위험준비금 적립액(환입액)을 차감하여 계산한 대손준비금 및 비상위험준비금 적립 후 순이익, 대손준비금 및 비상위험준비금 적립 후 주당순이익을 보험회사의 재무제표에 공시하도록 규정하고 있다.

또한 신탁업무를 겸영하는 보험회사는 신탁부문의 경영성과를 측정할 수 있는 관리회계 체계를 구축 · 운영하여야 하며 신탁부분 경영성과를 재무제표에 대한 주석으로 기재[14]하여야 한다.

### (3) 기타포괄손익

기타포괄손익은 주주와의 자본거래를 제외한 자본의 당기 변동금액을 처리하는 계정이다.

#### 1) 기타포괄손익–공정가치측정금융상품평가손익

기타포괄손익–공정가치측정금융상품평가손익은 기타포괄손익–공정가치측정금융상품 평가손익 중 자본계정에 해당하는 부분의 당기 변동금액을 처리하는 계정이며 정보성 항목으로 기타포괄손익–공정가치측정금융상품 중 자본계정에 해당되는 지분상품의 평가손익 중 당기 변동금액인 지분상품평가손익을 공시하여야 한다.

#### 2) 기타포괄손익–공정가치측정채무상품손실충당금

기타포괄손익–공정가치측정채무상품손실충당금은 기타포괄손익에서 인식한 기타포괄손익–공정가치측정채무상품에서 발생한 기대신용손실을 나타내는 손상금액의 당기 변동분을 처리하는 계정이다.

#### 3) 보험계약자산(부채) 순금융손익

보험계약자산(부채) 순금융손익은 발행한 보험계약집합에서 발생한 보험금융수익(비용) 중 일부를 기타포괄손익으로 인식하는 회계정책을 선택한 경우, 당기에 기타포괄손익으로 인식한 금액을 처리하는 계정으로 할인율 변경효과, 환율 변경효과 및 기타로 구분하여 표시한다.

#### 4) 재보험계약자산(부채) 순금융손익

재보험계약자산(부채) 순금융손익은 보유 재보험계약집합에서 발생한 보험금융수익(비용) 중 일부

---

13) 보험업감독업무시행세칙 [별표 4] <부표 4> 계정과목 회계처리에 관한 사항. 한편, 대손준비금 등의 적립 · 환입, 적립 후 순이익 · 주당순이익에 대해 재무제표에 공시토록 하는 규정의 취지를 감안할 때, 2023년 IFRS 17 시행 후 도입된 잉여금 처분사항으로 해약환급금준비금, 보증준비금에 대해서도 동일한 기준의 적용이 필요할 것이다.

14) 보험업감독업무시행세칙 [별표 4] <부표 4> 계정과목 회계처리에 관한 사항

를 기타포괄손익으로 인식하는 회계정책을 선택한 경우, 당기에 기타포괄손익으로 인식한 금액을 처리하는 계정으로 할인율 변경효과, 환율 변경효과 및 기타로 구분하여 표시한다.

#### 5) 관계 · 종속기업투자주식평가손익

관계 · 종속기업투자주식평가손익은 관계, 종속기업투자주식의 지분법 평가시 관계, 종속기업의 자본항목 변동금액 중 당기 변동금액을 처리하는 계정이다.

#### 6) 해외사업환산손익

해외사업환산손익은 해외사업환산손익 중 자본계정에 해당하는 부분의 당기 변동금액을 처리하는 계정이다.

#### 7) 위험회피파생상품평가손익

위험회피파생상품평가손익은 위험회피파생상품평가손익 중 자본계정에 해당하는 부분의 당기 변동금액을 처리하는 계정이다.

#### 8) 재평가잉여금

재평가잉여금은 재평가모형을 적용하는 유형자산 등에 대한 재평가이익의 당기 변동금액을 처리하는 계정이다.

#### 9) 보험수리적손익

보험수리적손익은 보험수리적 가정 변동에 의해 발생하는 퇴직연금 부채의 변동금액 중 자본계정에 해당하는 부분의 당기 변동금액을 처리하는 계정이다.

#### 10) 기타

기타는 상기 이외의 기타포괄손익 중 자본계정에 해당하는 부분의 당기 변동금액을 처리하는 계정이다.

### (4) 총포괄손익

총포괄손익은 당기순이익(또는 당기순손실)과 기타포괄손익의 합한 금액으로 기업회계기준서에서는 보험회사의 경영성과를 당기손익 관점뿐만 아니라 총포괄손익 관점으로도 공시하도록 요구하고 있다.

제7장

# 보험회사의 특수회계 분야

# 제1절
# 특별계정

## 1. 특별계정 개요

### (1) 특별계정 설정 목적

특별계정(Separate Account)은 보험회사가 특정보험계약의 손익을 구별하기 위하여 준비금에 상당하는 자산의 전부 또는 일부에 대해 일반계정의 보험계약 관련 자산 등 기타자산과 분리하여 별도의 계정을 설정 · 운용하는 계정이다.

특별계정간에도 업무장벽(Fire-wall)을 설치하여 자산을 엄격히 구분하고 발생손익을 명확하게 구분하여 보험계약자간 형평성 및 보험경영 투명성을 제고할 수 있다.



### (2) 특별계정 구분

특별계정의 구분은 특별계정 운용대상 상품을 기준으로 보험계약별로 설정 · 운용하며 계약자에 대한 배당유무에 따라 구분한다.

현행 보험업 법규에 따르면 연금저축, 퇴직연금, 퇴직보험, 장기손해보험, 변액보험 등을 특별계정 대상보험계약으로 규정하고 있으며 다음과 같이 원리금보장형 특별계정과 실적배당형 특별계정으로 구분될 수 있다.

① 원리금보장형 특별계정

- 손익구조 : 일반계정과 동일하나 수급권 보장을 위해 자산을 별도로 운영하는 특별계정
- 종류 : 연금저축, 퇴직보험, 개인연금손해보험, 장기손해보험, 퇴직연금(원리금보장형), 자산연계형보험 및 외화보험

② 실적배당형 특별계정
- 손익구조 : 투자수익(리스크)을 전액 계약자가 부담하는 특별계정
- 종류 : 자본시장법 적용 변액보험, 보험업법 적용 변액보험, 퇴직연금(실적배당형)

원리금보장형 특별계정은 운용목적(안정성), 투자리스크 부담(보험회사 부담), 보장이율(예정이율) 등 측면에서 일반계정과 유사하나, 변액보험 등 실적배당형 특별계정의 경우 펀드상품과 동일하게 수익성을 중심으로 자산운용이 이루어지며 투자리스크도 투자자인 계약자가 부담하게 되어 실적대로 계약자에게 배분되므로 투자성과인 손익도 매일 정산된다.

[도표 1] 일반계정과 특별계정 특성비교

| 구분 | 일반계정 | 원리금보장형 | 실적배당형 |
|---|---|---|---|
| 운용목적 | 안정성 | 안정성 | 수익성 |
| 투자 Risk | 보험회사 | 보험회사 | 계약자 |
| 보장이율 | 예정이율 | 예정이율 | 실적배당* |
| 손익조정 | 결산(월, 분기, 연단위) | 결산(월, 분기, 연단위) | 매일 |

* 변액보험의 경우 원금보장이 되지 않지만, 최소한의 보장기능을 유지하기 위해 최저 수준의 사망보험금, 연금액 등을 보증

### (3) 특별계정 관련 용어 정의

감독규정에서는 "변액보험(퇴직연금실적배당보험 포함) 특별계정"에 대해서는 납입보험료에 대한 운용손익을 전액 계약자에게 귀속시키기 위하여 운용하는 특별계정으로 정의하고 있으며 "원리금보장형 특별계정"은 손익구조는 일반계정과 동일하나 수급권 보장을 위하여 자산을 별도로 운용하는 특별계정으로 정의하고 있다.

한편 "계약자적립금"에 대해서는 일반계정에서 투입한 보험료, 기간이자 등의 투입원본액과 특별계정 운용에서 발생한 운용손익과 배당금 등을 가감한 금액으로 정의하고 있다.

### (4) 영업보험료의 귀속

특별계정 설정대상 보험계약의 경우 계약자로부터 받은 영업보험료 중 저축보험료, 위험보험료 중 자연식위험보험료를 초과하는 보험료 등이 특별계정의 투자재원으로 특별계정으로 귀속되며 이외의 자연식위험보험료 등은 일반계정으로 귀속된다.

[도표 2] 영업보험료의 일반계정 및 특별계정의 귀속

<table>
<tr><th>구분</th><th colspan="2">구성</th><th>용도</th><th>귀속계정</th></tr>
<tr><td rowspan="6">영업<br>보험료</td><td colspan="2">저축보험료</td><td>투자재원</td><td>특별계정</td></tr>
<tr><td rowspan="2">위험<br>보험료</td><td>자연식위험보험료</td><td>사망 등 위험보장</td><td>일반계정</td></tr>
<tr><td>평준식 > 자연식</td><td>투자재원</td><td>특별계정</td></tr>
<tr><td rowspan="2">부가<br>보험료</td><td>납입중 유지비</td><td>사업비</td><td>일반계정</td></tr>
<tr><td>완납후 유지비</td><td>투자재원</td><td>특별계정</td></tr>
<tr><td colspan="2">보험료특약</td><td>특약사항보장</td><td>일반계정</td></tr>
</table>

### (5) 특별계정 부채의 평가

일반회계기준인 IFRS 17에 의하면 연금저축, 변액보험 등 특별계정에 대해 별도의 보험부채 평가기준을 제시하고 있지 않아 일반계정의 보험계약과 동일한 기준에 따라 일반모형 또는 변동수수료접근법에 의해 보험부채를 평가한다.

한편, 보험업 법규(감독회계기준)에 의하면 실적배당형 특별계정에 대해서는 특별계정 운용수익에서 수수료를 차감한 금액을 계약자적립금으로 처리하며 원리금보장형 특별계정에 대해서는 보험료 및 책임준비금 산출방법서에 따라 산출한 계약자적립금을 적립한다.



[도표 3] IFRS 17 및 보험업 법규에 의한 특별계정 보험부채평가 비교

| 일반회계기준(IFRS 17) | 감독회계기준(보험업 법규) |
|---|---|
| 일반모형 또는 변동수수료접근법 적용<br>(확률가중평균한 미래현금흐름의 현가) | 특별계정에 투입된 적립보험료와<br>특별계정의 운용이익의 합계 |

## 2. 특별계정 설정 및 운용

### (1) 특별계정 설정 · 운용

보험회사는 보험업법에 의하여 다음에 해당하는 계약에 대하여는 그 준비금에 상당하는 자산의 전부 또는 일부를 그 밖의 자산과 구별하여 이용하기 위한 계정(특별계정)을 각각 설정하여 운용할 수 있다.

① 「소득세법」에 따른 연금저축계좌를 설정하는 계약
② 「근로자퇴직급여보장법」에 따른 보험계약(퇴직연금실적배당보험계약 제외) 및 퇴직보험계약
③ 생명보험회사가 판매하는 변액보험계약 및 「근로자퇴직급여보장법」에 따라 보험회사가 판매하는 퇴직연금실적배당보험계약
④ 손해보험회사가 판매하는 장기손해보험계약
⑤ 자산연계형보험계약(공시이율을 적용하는 보험계약은 제외)
⑥ 외화보험계약(다만, 변액보험계약, 자산연계형보험계약은 제외)[1)]

보험회사는 특별계정에 속하는 자산은 다른 특별계정에 속하는 자산 및 그 밖의 자산과 구분하여 회계처리하여야 하며 보험회사는 특별계정에 속하는 이익을 그 계정상의 보험계약자에게 분배할 수 있다.

특별계정을 설정 · 운용하는 보험회사는 보험업법의 구분에 따른 보험계약별로 별도의 특별계정을 설정 · 운용하여야 하며 보험회사는 특별계정의 효율적인 운용을 위하여 금융위원회가 필요하다고 인정하는 경우에는 법의 구분에 따른 보험계약별로 둘 이상의 특별계정을 설정 · 운용할 수 있으므로 구체적으로 다음에 해당하는 보험계약을 특별계정으로 설정 · 운용하여야 한다.

### 1) 특별계정 설정의 추가구분

특별계정(변액보험 특별계정은 제외)은 각 보험계약별로 설정 · 운용하여야 하며 계약자배당 유무, 보험료 및 보험금에 적용하는 통화의 종류에 따라 구분하여야 한다.

한편, 생명보험회사가 판매하는 변액보험계약은 둘 이상의 집합투자기구(자본시장법에 따른 집합투자기구로서 경영참여형 사모집합투자기구는 제외)를 특별계정으로 설정 · 운용할 수 있으며 「근로자퇴직급여 보장법」에 따라 보험회사가 판매하는 퇴직연금실적배당보험계약은 둘 이상의 집합투자기구를 특별계정으로 설정 · 운용할 수 있다.

### 2) 특별계정 운용대상 및 적용이율

특별계정의 운용대상은 영업보험료에서 위험보장에 필요한 부분과 사업비 등 기초서류에서 정한 사항을 차감한 금액(적립 보험료)과 그 운용수익으로 한다.

한편, 연금저축계약 및 장기손해보험계약 특별계정으로 운용되는 보험계약의 적용이율에 대

---

1) 외화보험계약은 특별계정 설정 · 운용은 2023년 7월 1일부터 시행하되 개정규정 시행 전까지 판매한 보험상품에는 종전의 규정을 적용할 수 있는 바, 보험회사 선택으로 2023년 7월 1일 이전에 판매된 외화보험계약은 원래대로 일반계정으로 설정 · 운용할 수 있다.

해서는 다음 기준을 따라야 한다.

① 금리연동형보험의 경우 최저보증이율 또는 최저보증금액을 설정하여야 한다.
② 공시이율은 공시기준이율에 조정률을 반영하여 규정 제7-65조[2)]에 따라 결정한다.
③ 해지 시 해약공제액을 공제하지 않는 보험계약에 대하여는 중도해지 시 보험금 등을 차등화하여 적용할 수 있다.

퇴직연금보험계약(퇴직연금실적배당보험계약 제외), 퇴직보험계약 및 외화보험계약 특별계정의 적용이율은 해당계정의 운용자산이익률 또는 객관적인 외부지표금리를 감안하여 합리적으로 결정하며, 산출방식을 기초서류에 기재하여야 한다.

자산연계형보험계약(공시이율을 적용하는 보험계약은 제외) 특별계정의 적용이율은 특정자산의 수익률 또는 객관적인 외부지표금리에 일정이율을 미리 가감하여 결정하며, 산출방식을 기초서류에 기재하여야 한다.

**보충설명** **新 · 舊 연금저축 특별계정 통합운영 허용 관련 규정(제5-6조) 개정(2022년 4월)**

• 손해보험회사가 특별계정 운영 시 동일한 상품구조를 가진 新연금저축과 舊연금저축을 분리하지 않고 통합하여 운영할 수 있도록 허용

| 구분 | 규정 개정 전 | 규정 개정 후 |
|---|---|---|
| 생보사 | 新연금저축 : 특별계정 별도운영<br>舊연금저축 : 일반계정 통합운영 | 新연금저축 : 특별계정 별도운영<br>舊연금저축 : 일반계정 통합운영 |

07

2) 1. 공시기준이율은 감독원장이 정하는 바에 따라 객관적인 외부지표금리 및 운용자산이익률에 대한 가중평균방법을 통해 산출한다.

2. 제1호에 의한 운용자산이익률은 운용자산수익률에서 투자지출률을 차감하여 산출한다(운용자산은 당기손익에 반영되지 않은 운용자산 관련 미실현손익을 제외한 금액을 기초로 계산). 이 경우 운용자산수익률은 산출시점 직전 1년간의 자사의 투자영업수익(보험금융수익 제외)을 기준으로 산출하며, 투자지출률에 사용되는 투자비용은 동 기간동안의 투자영업비용(보험금융비용 제외)을 기준으로 투자활동에 직접적으로 소요된 비용을 반영하여 합리적인 방법에 의하여 산출한다.

3. 공시이율은 감독원장이 정하는 보험상품별로 동일하게 적용하여야 한다. 다만, 다음 각목의 1에 해당되는 경우에는 예외로 한다.

가. 유배당보험과 무배당보험간에 달리 적용하는 경우
나. 상품별 공시이율 변경주기의 불일치로 인해 특정시점에서 적용이율의 차이가 발생하는 경우
다. 농업협동조합법 부칙에 따라 농협생명보험 및 농협손해보험으로 인수되는 공제계약과 2012년 3월 2일 이후 보험상품간에 달리 적용하는 경우
라. 기존보험계약의 공시이율 하한 이하로 공시이율을 결정하는 경우

4. 제1호 및 제2호의 사항은 해당상품의 기초서류에 기재하여야 한다.

| 손보사 | 新연금저축 : 특별계정 별도운영<br>舊연금저축 : 특별계정 별도운영 | 新 · 舊연금저축 : 특별계정을 통합*하여 별도운영 |
|---|---|---|

* 조세특례제한법 제86조에 따른 세제지원개인연금손해보험계약(舊개인연금)은 「소득세법」에 따른 연금저축계좌를 설정하는 계약(新개인연금)에 포함되는 것으로 본다. (금융위원회 고시 제2022-17호)

### (2) 특별계정자산의 운용

보험회사는 특별계정(변액보험계약 특별계정 제외)의 자산으로 취득한 주식에 대하여 의결권을 행사할 수 없다. 다만, 주식을 발행한 회사의 합병, 영업의 양도 · 양수, 임원의 선임, 그 밖에 이에 준하는 사항으로서 특별계정의 자산에 손실을 초래할 것이 명백하게 예상되는 사항에 관하여는 그러하지 아니하다.

또한 보험회사는 퇴직연금보험계약 및 퇴직보험계약에 대하여 설정된 특별계정의 부담으로 차입(借入)할 수 없다. 다만, 각 특별계정별로 자산의 100분의 10의 범위에서 다음의 어느 하나에 해당하는 방법으로 차입하는 경우에는 그러하지 아니하다.

① 「은행법」에 따른 은행으로부터의 당좌차월

② 금융기관으로부터의 만기 1개월 이내의 단기자금 차입

③ 일반계정(특별계정에 속하는 보험계약을 제외한 보험계약이 속하는 계정을 말함)으로부터의 만기 1개월 이내의 단기자금 차입. 이 경우 금리는 금융위원회가 정하여 고시하는 기준에 따른다.

④ 위와 준하는 방법으로서 금융위원회가 정하여 고시하는 방법

#### 1) 특별계정자산의 운용상 금지행위

보험회사는 특별계정의 자산을 운용할 때 다음의 어느 하나에 해당하는 행위를 하여서는 아니 된다.

① 보험계약자의 지시에 따라 자산을 운용하는 행위

② 변액보험계약에 대하여 사전수익률을 보장하는 행위

③ 특별계정에 속하는 자산을 일반계정 또는 다른 특별계정에 편입하거나 일반계정의 자산을 특별계정에 편입하는 행위. 다만, 다음의 어느 하나에 해당하는 행위는 제외한다.

㈎ 특별계정의 원활한 운영을 위하여 금융위원회가 정하여 고시하는 바에 따라 초기투자자금을 일반계정에서 편입받는 행위

(나) 특별계정이 일반계정으로부터 만기 1개월 이내의 단기자금을 금융위원회가 정하여 고시하는 금리기준[3]에 따라 차입받는 행위
(다) 퇴직보험계약을 퇴직연금보험계약으로 전환하면서 자산을 이전하는 행위
(라) 변액보험계약 특별계정을 자본시장법에 따른 모자형집합투자기구로 전환하면서 모집합투자기구로 자집합투자기구의 자산을 이전하는 행위
(마) 그 밖에 위와 준하는 행위로서 금융위원회가 정하여 고시[4]하는 행위

④ 보험료를 어음으로 수납하는 행위

⑤ 특정한 특별계정 자산으로 제3자의 이익을 꾀하는 행위

### (3) 특별계정에 대한 초기투자자금

특별계정 설정 초기 특별계정의 원활한 운영을 위해 특별계정의 초기투자자금을 일반계정에서 받을 수 있도록 허용하고 있으며 일반계정에서 편입받는 특별계정의 초기투자자금의 운용은 특별계정별로 다음의 기준을 준수하여야 한다.

① 일반계정 총자산의 100분의 1과 100억원 중 작은 금액을 최고한도로 한다.
② 특별계정의 자산이 분기말 기준으로 초기투자자금의 100분의 200을 초과하는 경우에는 초기투자자금과 그 자산운용실적을 더하여 3개월 이내에 일반계정으로 상환한다.
③ 초기투자자금의 이체 또는 상환은 현금으로 한다.



### (4) 특별계정자산의 평가 및 손익배분

특별계정에 속하는 자산은 개별 특별계정별로 다음 구분에 의한 방법으로 이를 평가하며 특별계정 자산평가와 관련하여 별도로 규정하지 않은 사항은 일반계정의 회계처리방법을 준용한다.

---

3) 규정 제5-7조제3항 : 차입일에 자본시장법 제355조에 따른 자금중개회사를 경유한 동일만기 자금거래의 중개금리(종가)를 말한다.

4) 자산연계형보험계약 특별계정이 일반계정의 유가증권 등을 담보로 제공받는 행위로서 다음 요건을 모두 충족하는 경우를 말하며 일반계정의 유가증권 등을 담보로 제공한 경우에는 특별계정에서 담보이용료 등의 수수료를 일반계정으로 이체할 수 있으며, 이 경우 그 사유가 발생한 날부터 5영업일 이내에 이체를 하여야 한다.
① 통화스왑 등의 파생금융거래와 관련하여 거래상대방 또는 결제기관에 증거금 등의 담보로 제공하는 경우일 것
② 일반계정이 각 특별계정에 담보로 제공하는 유가증권 등의 합계액이 보험회사 자기자본의 40% 이내일 것
③ 신규 또는 추가 담보제공을 하는 경우에는 전분기말 보험회사의 지급여력비율이 200% 이상일 것

① 변액보험(퇴직연금실적배당보험 포함) 특별계정에 속하는 유가증권의 경우에는 자본시장법 제238조제1항 본문의 규정[5]에 의한 방법
② 이외의 자산의 경우에는 한국채택국제회계기준에서 규정한 방법

한편, 보험회사는 변액보험 특별계정의 운용수익에서 해당 특별계정의 운용에 대한 보수 및 그 밖의 수수료를 뺀 수익을 해당 특별계정 보험계약자의 몫으로 처리한다(영§54).

또한 변액보험(퇴직연금실적배당보험 포함) 특별계정의 손익조정은 매일 실시함을 원칙으로 하며 공휴일인 경우에도 손익조정을 하여야 하며, 원리금보장형 특별계정의 손익조정은 일반계정의 회계처리방법을 준용한다.

### (5) 특별계정 운용실적 공시

보험회사는 특별계정(변액보험 특별계정 제외)의 자산운용에 관한 다음의 사항을 공시하여야 한다.

① 매월 말 현재의 특별계정별 자산 · 부채 및 자산구성 내용
② 자산운용에 대한 보수 및 수수료
③ 그 밖에 보험계약자의 보호를 위하여 공시가 필요하다고 인정되는 사항으로서 금융위원회가 정하여 고시하는 사항

보험협회는 보험회사별로 보험회사가 설정하고 있는 특별계정별 자산의 기준가격 및 수익률 등 자산운용실적을 비교 · 공시할 수 있으며 보험회사는 특별계정(변액보험 특별계정 제외)으로 설정 · 운용되는 보험계약의 관리 내용을 매년 1회 이상 보험계약자에게 제공하여야 한다.

### (6) 특별계정 운용전문인력 확보 및 변액보험계약 모집

특별계정(변액보험 특별계정 제외)을 설정 · 운용하는 보험회사는 특별계정의 공정한 관리를 위하여 특별계정의 관리 및 운용을 전담하는 조직과 인력을 갖추어야 한다. 다만, 특별계정을 통한 대출업무의 경우에는 내부통제기준의 준수 여부에 대한 준법감시인의 확인을 거쳐 일반계정의 운용인력 및 조직을 이용할 수 있다.

---

5) 법 제238조(집합투자재산의 평가 및 기준가격의 산정 등) ① 집합투자업자는 대통령령으로 정하는 방법에 따라 집합투자재산을 시가에 따라 평가하되, 평가일 현재 신뢰할 만한 시가가 없는 경우에는 대통령령으로 정하는 공정가액으로 평가하여야 한다.
영 제260조(집합투자재산의 평가방법) ① 법 제238조제1항 본문에서 "대통령령으로 정하는 방법"이란 증권시장(해외 증권시장을 포함한다)에서 거래된 최종시가(해외 증권의 경우 전날의 최종시가) 또는 장내파생상품이 거래되는 파생상품시장(해외 파생상품시장을 포함한다)에서 공표하는 가격(해외 파생상품의 경우 전날의 가격)을 말한다.

보험계약을 모집할 수 있는 자가 변액보험계약을 모집하려는 경우에는 변액보험계약의 모집에 관한 연수과정을 이수하여야 하며 구체적으로 협회에서 실시하는 변액보험모집 자격시험 또는 종합자산관리사 시험에 합격하여야 하며 협회의 장은 시험 및 교육과정의 운영 · 관리와 교육이수여부 확인 등을 위해 필요한 세부적인 기준과 방법을 정하여야 한다.

### (7) 특별계정 자금이체

특별계정과 일반계정간의 자금이체는 다음의 어느 하나에 해당하는 경우에 한한다.

① 특별계정에 속하는 보험료의 수납과 보험금, 배당금 및 환급금의 지급을 위한 경우
② 보험계약의 위험보장, 보험계약 체결 · 유지 · 관리에 필요한 금액을 일반계정으로 이체하는 경우
③ 운용수수료의 이체, 대출금의 지급 및 원리금을 회수하기 위한 경우
④ 채권 장외거래 시 채권과 대금을 동시에 결제하기 위하여 한국은행 또는 은행의 자금이체망을 사용하는 경우
⑤ 특별계정의 결손을 일반계정의 주주지분으로 보전하는 경우
⑥ 그 밖에 특별계정을 유지하기 위하여 필요하다고 인정되는 경우

특별계정과 일반계정간의 자금이체는 이체사유가 발생한 날부터 5영업일 이내에 한다. 다만, 연금저축계약, 장기손해보험계약, 자산연계형보험계약 및 외화보험계약 특별계정은 이체사유가 매월 1일부터 15일중에 발생한 때에는 당월말까지, 16일부터 월말까지 발생한 때에는 다음달 15일까지 이체한다.

07

특별계정과 일반계정간의 자금이체에 따른 정산방법은 다음과 같으며 특별계정자산은 유통시장 등을 통하여 매매하여야 한다.

① 연금저축계약, 퇴직연금보험계약(퇴직연금실적배당보험계약 제외) 및 퇴직보험계약, 장기손해보험계약, 자산연계형보험계약 및 외화보험계약 특별계정의 경우 특별계정과 일반계정간의 이체에 따른 기간경과 이자는 감독원장이 정하는 평균공시이율[6]로 한다.

---

**6)** 세칙 제4-4조(평균공시이율) 평균공시이율은 다음 각호의 기준에 따라 매 사업년도말까지 산출하여 다음 사업년도에 적용한다.

1. 평균공시이율은 감독규정 제7-65조 제3항에서 정한 회사별 공시이율의 평균으로 보험계약이 체결되는 연도의 이율을 전보험기간에 걸쳐 적용하며, 0.25%포인트 단위로 반올림하여 산출한다.
   가. 회사별 공시이율은 매월말 계약자적립액 기준으로 가중평균하여 산출한다.
   나. 평균공시이율은 회사별 공시이율을 계약자적립액 기준으로 가중평균하여 산출한다.
2. 제1호에 의한 공시이율은 8월말을 기준으로 최근 12개월을 대상으로 한다.

> ② 변액보험계약 및 퇴직연금실적배당보험계약의 경우 특별계정과 일반계정간의 이체에 따른 정산은 정산일의 특별계정의 기준가격으로 한다.

## 3. 특별계정 회계처리 및 표시

### (1) 특별계정 회계처리 원칙

특별계정의 회계처리원칙은 일반계정과 분리하여 독립된 계정으로 회계처리 하여야 하며, 재무상태 및 경영성과를 적정하게 표시하여야 한다.

### (2) 특별계정 재무제표 표시

특별계정 관련 재무제표의 표시의 경우 특별계정의 자산과 부채는 각각 "특별계정자산"과 "특별계정부채"로 하여 총액으로 재무상태표에 계상하여 표시하며 특별계정의 수익과 비용은 포괄손익계산서에 구분하여 표시하지 않고, 계약자적립금 적립 등을 반영하여 특별계정 포괄손익계산서에 별도로 표시한다.

그러나 연금저축, 퇴직연금(실적배당형 제외), 퇴직보험, 장기손해보험, 자산연계형보험 및 외화보험의 경우 일반계정과 계정과목별로 합산하여 재무상태표에 계상하여 표시하며 특별계정의 재무상태표와 포괄손익계산서의 서식은 별도로 감독원장이 정하며 특별계정의 손익은 특별계정별로 산출하여야 한다.

[도표 4] 특별계정 재무제표 표시구조

<table>
<tr><th>자산</th><th>부채</th><th rowspan="3">← • 자산/부채/손익<br>: 계정과목별 합산</th><th>특별계정 Ⅰ</th></tr>
<tr><td rowspan="2">일반 + 특별 Ⅰ = 총괄<br>(특별계정 Ⅱ 자산)</td><td>일반 + 특별 Ⅰ = 총괄<br>(특별계정 Ⅱ 부채)</td><td rowspan="2">연금저축<br>원리금보장형 퇴직연금<br>퇴직보험<br>장기손해보험<br>자산연계형보험</td></tr>
<tr><td>자본</td></tr>
<tr><th>비용</th><th>수익</th><td rowspan="2">← • 자산/부채 : 총액표시<br>• 손익 : 계정과목별 합산</td><th>특별계정 Ⅱ</th></tr>
<tr><td>일반 + 특별 Ⅰ·Ⅱ<br>= 총괄</td><td>일반 + 특별 Ⅰ·Ⅱ<br>= 총괄</td><td>실적배당형 퇴직연금<br>변액보험</td></tr>
</table>

보험업감독업무시행세칙에 따르면 감독원장이 정하는 특별계정 관련 재무제표인 재무상태표와 포괄손익계산서는 다음과 같이 구분된다.

① 특별계정Ⅰ : 원리금보장형 보험계약 특성을 감안하여 계약자적립금과 보험 및 투자손익이 표시되는 별도의 재무제표 제시(보험업감독업무시행세칙 별지 제65호 및 제66호)

② 특별계정Ⅱ : 실적배당형 보험계약 특성이 반영되는 계약자적립금과 보험 및 투자손익이 표시되는 별도의 재무제표 제시(보험업감독업무시행세칙 별지 제27호 및 제28호)

정리하면 보험회사의 경우 감독목적 재무제표에 대하여 재무상태표(총괄), 포괄손익계산서(총괄), 재무상태표(일반계정), 재무상태표(원리금보장형 특별계정), 포괄손익계산서(원리금보장형 특별계정), 재무상태표(실적배당형 특별계정), 포괄손익계산서(실적배당형 특별계정), 연결재무상태표(총괄), 연결포괄손익계산서(총괄)로 구성된다.

### (3) 특별계정 계약자적립금 적립

특별계정의 계약자적립금은 다음의 방법에 의하며 동 계약자적립금과 한국채택국제회계기준 제1117호에 의한 책임준비금의 차액은 일반계정에 계상한다.

① 변액보험(퇴직연금실적배당보험 포함)은 회계연도말 개별 특별계정에서 발생한 손익을 전액 해당 보험계약의 계약자적립금으로 적립한다.

② 원리금보장형은 일반계정의 보험료 및 책임준비금 산출방법서에 따라 산출한 계약자적립금을 적립한다.

한편 원리금보장형 퇴직연금 및 퇴직보험 특별계정 운용으로 인한 손실은 특별계정의 계약자이익배당준비금에서 우선적으로 충당하고, 부족한 경우에는 주주지분(특별계정의 주주지분이 부족한 경우에는 일반계정의 주주지분을 포함)에서 전액 보전한다.

### (4) 실적배당형 특별계정의 좌수 및 기준가격

변액보험 및 실적배당형 퇴직연금 특별계정의 경우 특별계정의 좌수는 특별계정 설정 시 1원을 1좌로 하며 그 이후에는 매일 좌당 기준가격에 따라 좌단위로 특별계정에 이체 또는 인출한다.

한편, 특별계정의 좌당 기준가격은 다음과 같이 산출하되, 1,000좌 단위로 원 미만 셋째 자리에서 사사오입하여 원미만 둘째자리까지 계산하며 최초판매개시일의 기준가격은 1,000좌당 1,000원으로 한다.

$$\text{좌당 기준가격} = \frac{\text{당일 특별계정의 순자산가치*}}{\text{특별계정의 총 좌수}}$$

* 당일 특별계정의 순자산가치라 함은 당일 특별계정의 총자산에서 특별계정운용수수료와 최저사망보험금보증비용을 차감한 금액으로 한다.

**보충설명** **특별계정의 보험부채평가 및 표시체계 이해**

❑ **특별계정 보험부채 평가 및 표시체계를 IFRS 17과 부합토록 개정**

- 특별계정의 부채평가는 과거 IFRS 4 기준에서의 감독법규상의 계약자적립금 체제를 유지하고, IIFRS 17 보험부채와 계약자적립금간 차액은 일반계정에 계상한다.
- 재무상태표에서 원리금보장형은 '일반계정과 합산하여 표시'하고 실적배당형은 '총액으로 한줄 표시'하며 손익계산서에 특별계정의 수익 · 비용을 별도 표시하지 않는다.

특별계정 표시 관련 IFRS 4 및 IFRS 17 체계 비교

<table>
<tr><th colspan="3">IFRS 4</th><th colspan="3">IFRS 17</th></tr>
<tr><th>구분</th><th>BS</th><th>PL</th><th>구분</th><th>BS</th><th>PL</th></tr>
<tr><td>연금저축생명<br>[손해]보험</td><td colspan="2">일반계정과 합산</td><td>연금저축생명<br>[손해]보험</td><td colspan="2" rowspan="2">일반계정과 합산</td></tr>
<tr><td>퇴직금(원리금보장형),<br>퇴직보험</td><td rowspan="2">별도 표시<br>(한줄, 총액)</td><td>별도 표시</td><td>퇴직금(원리금보장형),<br>퇴직보험</td></tr>
<tr><td>퇴직연금(실적배당형)<br>변액보험</td><td>해당 없음<br>(계약자 손익)</td><td>퇴직연금(실적배당형)<br>변액보험</td><td>별도 표시</td><td>일반계정과<br>합산</td></tr>
<tr><td>세제지원개인연금<br>손해보험</td><td colspan="2" rowspan="2">일반계정과 합산</td><td>세제지원개인연금<br>손해보험</td><td colspan="2" rowspan="2">일반계정과 합산</td></tr>
<tr><td>장기손보,<br>자산연계형보험</td><td>장기손보,<br>자산연계형보험</td></tr>
</table>

※ 손보사가 판매한 조세특례제한법 제86조에 따른 세제지원개인연금손해보험계약(舊개인연금)은 「소득세법」에 따른 연금저축계좌를 설정하는 계약(新개인연금)에 포함되는 것으로 허용하는 금융위원회 고시 제2022-17호에 따라 舊개인연금과 新개인연금을 통합하여 특별계정으로 운용가능

# 제2절
# 재보험 개요 및 구분

## 1. 재보험 개요 및 구분

### (1) 재보험의 기능

재보험계약은 원수보험회사가 인수한 보험계약 상의 책임의 일부 또는 전부를 다른 재보험회사에게 인수시키는 보험계약을 말한다. 이러한 재보험계약은 원수보험회사가 인수한 위험을 분산시킴으로써 원수보험회사가 경영을 안정적으로 할 수 있도록 도와준다.

예컨데 최근의 기후변화 등으로 인해 대재해와 같이 심도가 큰 보험사고가 발생한 경우에도 원수보험회사가 감내할 수 있는 한도까지 위험을 보유하고 초과위험을 미리 재보험회사에 전가해놓음으로써 원수보험회사는 재보험을 통하여 경영실적의 악화를 방지하고 재무상태를 안정적으로 유지 가능하다.

또한 재보험을 통하여 원수보험회사는 단독으로 부담할 수 없는 대형보험계약을 체결할 수 있기에 위험인수에 상당하는 자본의 투입 없이도 위험인수능력이 제고되어 사업의 확장을 추구할 수 있게 된다.

[도표 5] 보험시장 구조

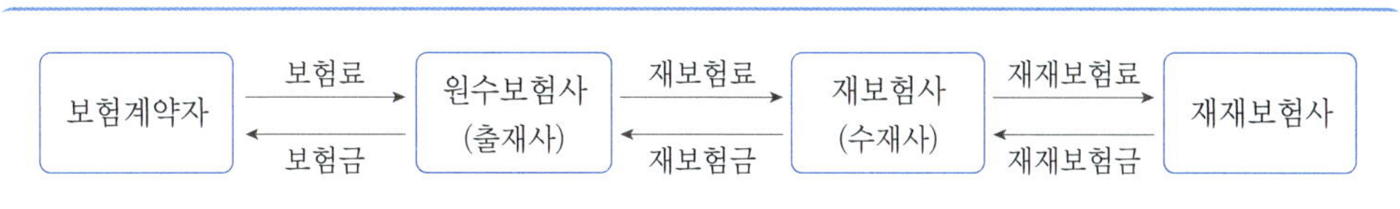

### (2) 재보험의 구분

통상 재보험계약은 원수보험회사와 재보험회사 간 위험을 분담하는 방법에 따라 비례적재보험과 비비례적재보험으로 구분된다. 그리고 원수보험회사가 인수한 위험을 재보험회사에 전가하는 거래의 유형에 따라 임의재보험과 특약재보험으로 구분된다.

[도표 6] 재보험 방법에 따른 구분

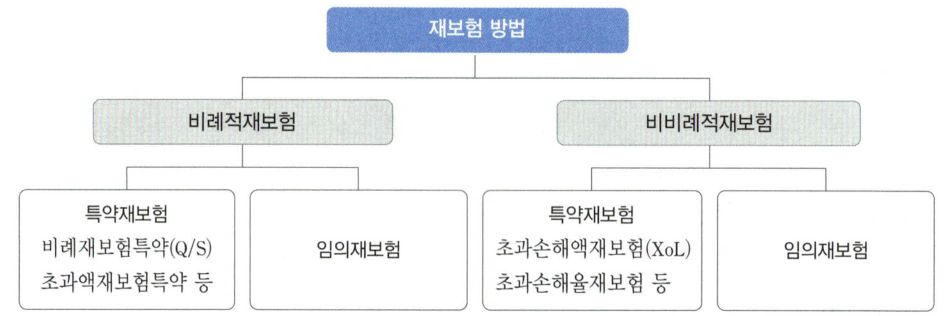


비례적재보험은 원수보험회사와 재보험회사 간 위험을 분담하는 비율을 정하여 금액에 관계없이 정해진 분담비율로 보험료와 보험금을 나누는 방법이다. 대표적인 비례적재보험으로는 원수보험회사가 인수한 위험에 대하여 보험가입금액의 일정비율을 보유하고 그 초과분을 재보험회사에 출재하는 비례(Quota Share) 재보험이 있다.

이에 반하여 비비례적재보험은 원보험계약과는 다른 방식으로 원보험회사와 재보험회사 간 위험을 분담하는 조건을 정한다. 대표적인 비비례적재보험으로는 원보험회사가 보험금의 일정액까지를 부담하고 그것을 초과하는 금액을 재보험사가 부담하는 초과손해액(Excess of Loss) 재보험이 있다.

임의재보험은 원수보험회사가 재보험을 필요로 하는 개별 계약마다 재보험회사에게 임의로 재보험 청약을 하며, 재보험회사는 원수보험회사가 원보험계약의 인수여부를 선택하는 것과 같이 개개의 재보험 청약에 대하여 인수여부를 결정하여 보험계약을 체결하는 거래 유형을 말한다. 따라서 임의재보험은 특약재보험과 달리 원수보험회사와 재보험회사가 상호 구속됨 없이 임의로 재보험계약의 청약과 인수를 하게 된다.

반면에 특약재보험은 원수보험회사와 재보험회사 간에 대상계약, 재보험조건, 청산방법 등을 협정한 하나의 재보험 계약을 체결하고, 향후 원수보험회사가 이러한 계약에 해당하는 원보험계약을 인수하면 별도의 재보험 청약 및 인수 절차 없이 해당 원보험계약에 자동적으로 재보험계약이 체결되는 거래 유형을 말한다.

대부분의 재보험은 자동적으로 재보험이 처리되는 특약재보험 형태로 이루어지며, 임의재보험 형태는 주로 위험이 큰 원보험계약에 이용된다.

최근에는 재보험의 구분이 한 가지 추가되었는데, 재보험회사에 이전하는 위험의 범위에 따라 전통적재보험과 비전통적재보험(금융재보험)을 구분한다.

[도표 7] 재보험 방법에 따른 구분

| | 전통적재보험 | 비전통적재보험(금융재보험) | |
|---|---|---|---|
| | | 공동재보험 | 기타 |
| 출재대상 | 위험보험료 | 영업보험료 | 대량해지위험, 장수위험, 대재해위험, 불리한지급진전 등 |
| 전가위험 | 사망/질병 등의 보험위험 | 사망/질병, 해지, 사업비, 금리 등 원수계약의 전 위험 | 대량해지, 장수위험, 대재해, 준비금위험 |
| 거래사례 | 다수 | 국내 6건 (자산이전형 5건, 자산유보형 1건)*1 | 국내 10건 (대량해지재보험 10건)*2 |

*1 2021년 3월 ABL생명과 RGA 간 자산이전형 거래를 시작으로 신한라이프, 삼성생명 및 동양생명이 공동재보험 계약을 체결함

*2 2023년 6월 한화생명과 뮌헨재보험 간 대량해지재보험 거래를 시작으로 다수의 생명보험사 및 손해보험사가 계약을 체결함

비전통적재보험(금융재보험)의 대표적인 유형인 공동재보험은 전체보험료 중 위험보험료만을 재보험회사에 출재하여 보험위험만 이전하던 전통적재보험과 달리, 위험보험료 외에 저축보험료 등의 일부도 재보험회사에 출재함으로써 보험위험 외에 금리위험, 사업비위험 등 다른 위험도 재보험회사에 이전한다.

유럽 등 해외에서는 Co-Insurance(공동보험)란 용어를 사용하고 있으나, 국내에서는 원보험사가 보유한 보험계약을 재보험사에 재보험료를 지불하고 위험을 이전한다는 점에서 금융당국에 의해 '공동재보험'이라는 용어로 제도가 도입되었다.[7)]

공동재보험은 IFRS 17 및 K-ICS 도입에 대비하여 보험회사의 보험계약부채를 감축 및 조정할 수 있는 대안으로 2020년 국내에 도입되었다.

7) 금융위원회 보도자료, "공동재보험(Coinsurance) 도입방안(보험 자본건전성 선진화 추진단 제4차 회의결과)", 2020년 1월 30일

계약이전과 유사하나 계약이전은 재무제표에서 자산과 보험계약부채가 제거되는 반면, 공동재보험은 보험계약부채는 보유하면서 재보험사로 이전되는 권리와 의무를 재보험 회계처리를 통하여 인식함으로써 계약이전과 유사한 효과를 나타내는 특징이 있다.

[도표 8] 전통적재보험과 공동재보험 비교

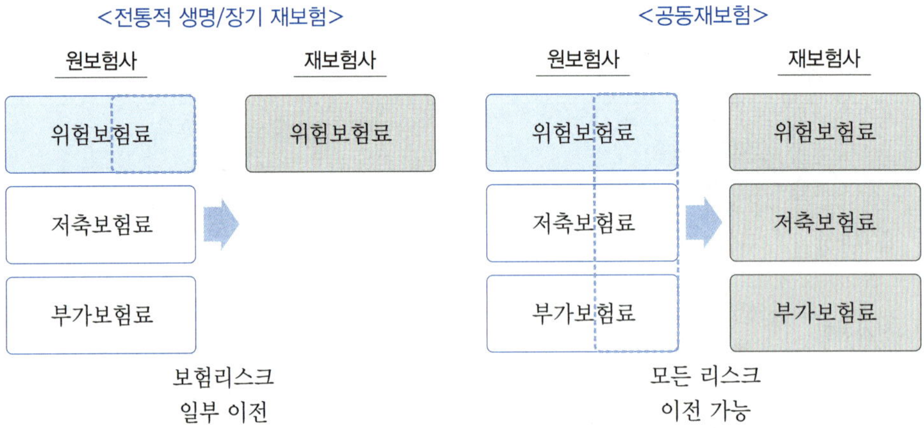


## 2. 재보험 회계처리

### (1) 재보험에 적용되는 회계기준

재보험계약에는 원수보험계약과 동일하게 기업회계기준서 제1117호 보험계약이 적용된다. 이는 기업회계기준서 제1117호에서 재보험회사가 발행한 재보험계약과 원수보험회사가 발행한 원수보험계약에 동일한 회계처리원칙을 적용할 것을 요구하고 있기 때문이다.

재보험계약은 원수보험계약과 마찬가지로 유의적인 보험위험의 이전을 전제로 기업회계기준서 제1117호의 적용대상이 된다. 만일 유의적인 보험위험 이전이 없다면 기업회계기준서 제1109호를 적용하여 다른 금융부채와 일관된 회계처리를 하여야 한다.

기업회계기준서 제1117호에서 요구하는 유의적인 보험위험의 이전은 상업적 실질이 있는 어떠한 하나의 시나리오에서 보험사건으로 인해 계약발행자가 유의적인 추가 금액을 지급할 것을 요구한다.

### (2) 최초인식 회계처리

재보험계약에는 원수보험계약에 대한 제1117호 보험계약 기준서의 일부 요구사항들이 수정되어 적용된다.

그 중의 하나는 최초인식시점으로 원수보험계약 인식시 존재하는 첫 번째 보험료를 지급해야 할 때 기준이 재보험계약의 특성을 반영하여 삭제되었다.

대신 특약재보험의 경우 특약이 개시되더라도 특약 조건에 해당하는 원수보험계약이 인수되지 않을 수 있는 점을 고려하여 비례적재보험의 최초 인식 시점을 재보험계약에 대응하는 원수보험계약이 최초로 인식되는 시점까지 연기하도록 규정하고 있다.

이에 따라 출재보험계약집합은 출재보험계약집합의 보장기간의 개시시점과 손실부담계약을 인식하는 시점 중 이른 날부터 인식하여야 한다. 하지만 비례적재보험의 경우 원수보험계약을 최초로 인식하는 시점이 출재보험계약집합의 보장기간의 개시시점 보다 늦은 경우 그 늦은 시점에 최초 인식하여야 한다.

최초 인식시점의 재보험계약 인식과 관련하여 이행현금흐름의 측정은 원수보험계약과 동일한 기준을 적용하지만 보험계약마진 산정에 있어서는 정의 보험계약마진(자산, 순원가)과 부의 보험계약마진(부채, 순차익)을 모두 인정한다는 특징이 있다.

재보험계약의 경우 보험위험 이전에 따라 향후 비용으로 인식될 재보험계약의 순원가가 보험계약마진 자산으로 인식되는 것이 일반적이지만, 계약에 따라서는 재보험사에 원수보험계약의 손실을 이전하여 그 효과가 향후 수익으로 인식되는 경우도 있다.

이 경우에는 향후 수익으로 인식될 재보험계약의 순차익이 생긴다. 이러한 순차익을 재보험계약 최초 인식시점에 즉시 이익(day 1 profit)으로 인식하지 않기 위해서 기준서는 보험계약마진 부채를 인식할 것을 요구하는 것이다.

최초 인식시점의 보험계약마진 인식과 관련하여 한가지 예외사항이 존재한다. 이는 재보험 보장을 구입하는 순원가가 출재보험계약집합을 구입하기 전에 발생한 사건과 관련이 있는 경우 그러한 원가는 당기손익 비용으로 즉시 인식되어야 한다는 것이다.

예를 들어 미리 발생한 사건의 불리한 진전에 대비한 발생사고부채 의무를 이전하는 재보험계약을 체결한 경우, 이러한 재보험계약으로 인한 보험사건은 보험금의 최종 원가가 결정되는 시점이며 아직 최종 원가가 결정되지 않았으므로 잔여보장자산으로 표시하지만, 재보험 보장을 구입하는 원가와 재보험자산 금액의 차이는 보험계약마진으로 인식하지 않고 당기비용으로 즉시 인식한다.

**사례 1** 발생사고부채 의무를 이전하는 재보험계약 회계처리

**거래의 개요**

- K손해보험은 미국지점 철수를 위해 몇 년 전부터 신계약 영업을 중단하였으며, 당기 중 미국지점 지급준비금 잔액의 100%를 미국 소재 보험회사에 재보험계약(LPT : Loss Portfolio Transfer)으로 출재하였음
- 출재보험료 금액은 재보험사의 위험마진 및 이익마진을 포함하기에 출재 대상 지급준비금 장부금액을 초과함

**회계처리**

- 최초인식 : 재보험계약 대상 원수 보험계약부채 장부금액 만큼 재보험자산 내 잔여보장자산으로 표시되며, 출재보험료로 재보험사에 지급하는 금액과의 차이는 당기손실로 즉시 인식됨(즉, CSM으로 인식되는 금액 없음)
- 후속기간 : 원수 보험계약 회계처리와 대칭적인 방법으로 원수 보험계약부채 변동분과 동일한 금액 만큼 재보험자산 변동액을 당기손익으로 인식함

### (3) 후속측정 회계처리

재보험계약의 후속측정 회계처리는 대부분 원수보험계약의 후속측정 회계처리와 동일한 기준을 적용한다. 다만 재보험계약의 특성을 반영하여 몇가지 차이점이 존재하는데 그 중의 하나는 원수보험계약의 손실요소에 대응하는 재보험계약의 손실회수요소 인식이다.

재보험계약으로 인한 순차익은 즉시 이익으로 인식되지 못하고 보험계약마진 부채로 인식되어야 하는데 이에 대한 예외로 원수보험계약의 손실에 대응하여 재보험계약으로 손실을 회수할 것으로 기대되는 금액을 재보험계약의 보험계약마진을 조정하여 수익으로 인식하는 것이다.

이는 손실부담원수보험계약이 인식됨과 동시에 출재보험계약이 체결되거나 출재보험계약 체결 이후에 손실부담원수보험계약이 인식되는 경우에만 적용이 된다. 보험계약마진을 조정하여 인식된 재보험계약집합의 손실회수요소는 원수보험계약집합의 손실요소 변동을 반영하여 조정한다.

재보험계약의 특성에 따른 회계처리 차이점 중 다른 하나는 출재보험계약 발행자의 불이행위험에 대한 회계처리이다. 출재보험계약 발행자의 불이행위험은 재보험계약 이행현금흐름 측정에 반영되어야 하며, 불이행위험 변동으로 인한 이행현금흐름 변동은 보험계약마진으로 조정하지 않고 즉시 당기손익으로 인식된다.

### (4) 측정 및 표시

재보험계약집합은 원수보험계약집합에 대한 미래현금흐름의 현재가치 추정치를 측정할 때와 일관된 가정을 사용하여 측정한다.

이는 원수보험계약과 이에 대한 출재보험계약을 모두 보유하고 있는 원수보험회사의 원수보험계약 및 재보험계약 측정과 관련한 사항으로 재보험사의 수재보험계약이 원수보험사의 출재계약과 일관된 가정에 의해 측정되어야 함을 의미하지 않는다.

재보험계약집합의 위험조정은 재보험계약으로 인해 원수보험회사가 재보험회사에 이전하는 위험을 반영하도록 측정한다.

재보험계약은 원수보험계약과는 별도로 표시되어야 하며 재보험자산과 재보험부채가 각각 총액으로 표시되어야 한다.

재보험계약의 손익을 재무제표에 표시하는 방법은 보험수익과 보험서비스비용을 각각 표시하는 총액법과 단일 금액으로 표시하는 순액법 중 선택하여 적용할 수 있다. 재보험계약의 수수료는 재보험금 실적에 연계하여 지급되는지 여부에 따라 재무제표에 표시하는 방법이 달라진다.

재보험금 실적에 따라 지급액이 달라지는 이익수수료의 경우 별도 구분 없이 재보험금의 일부로 표시한다. 반면 재보험금 실적과 무관하게 지급액이 고정된 출재수수료는 재보험료에 차감하여 표시한다.



### (5) 회계모형

재보험계약은 원수보험계약과 마찬가지로 특정 요건을 만족하는 경우 보험료배분접근법을 적용하여 그 집합의 측정을 간소화할 수 있다. 하지만 재보험계약의 특성으로 인해 직접참가특성이 있는 보험계약을 출재하더라도 재보험계약에 변동수수료접근법 회계모형을 적용할 수 없다.

## 3. 재보험 관련 법규 및 감독규정

### (1) 사후보고 요건

보험업감독규정의 특정 요건[8]에 해당하는 재보험계약을 체결한 보험회사는 해당 계약체결 내용을 계약 체결 후 1개월 이내에 금융감독원에 보고하여야 한다.

이에 따라 보험회사는 상당한 보험위험의 전가가 없는 금융재보험계약을 체결하는 경우 등 체결하려고 하는 재보험계약이 동 조항에 해당하는지 여부를 검토하여야 한다.

공동재보험을 체결하는 경우에는 상당한 보험위험을 이전하더라도 재보험료 산정에 투자수익이 감안된 것으로 판단하기에 금융감독원에 체결된 재보험계약을 보고하는 것이 일반적이다.

### (2) 보험위험 전가 평가

보험업감독업무시행세칙에서는 재보험계약으로 인해 원수보험회사의 유의적인 보험위험이 재보험회사에 전가되는지 여부를 판단하기 위해 부가급부금 비율 10%라는 기준을 제시하고 있다.

부가급부금비율은 보험사고 발생시 지급금과 보험사고 미발생시 지급금의 차이인 부가급부금을 보험사고 미발생시 지급금으로 나눈 것으로 이 비율이 10% 이상인 경우 해당 재보험계약은 유의한 보험위험을 이전하는 것으로 판단한다.

보험업감독업무시행세칙은 특정 시나리오에서 나타날 수 있는 모든 부가급부금의 비율 중 가장 큰 비율을 적용하여 보험위험의 유의성을 평가하도록 함으로써 제1117호 보험계약 기준서의 "어떠한 하나의 시나리오에서 유의적인 추가 금액 지급"이라는 요구사항을 수용하고 있다.

---

8) 보험업감독규정 제7-12조(재보험계약 보고 등) ① 보험회사는 다음 각 호의 1에 해당하는 재보험계약을 체결하거나 동 계약의 조건을 변경하는 경우에는 계약 체결 후 1개월 이내에 계약체결 내용을 감독원장에게 제출하여야 한다.

1. 예상 투자수익을 감안하여 재보험료 산정
2. 상당한 보험위험의 전가가 없는 재보험계약으로서 금융감독원장이 정하는 계약
3. 장기손해보험(순보험료가 위험보험료만으로 구성되는 경우에 한한다) 또는 일반손해보험의 재보험계약을 제외한 보험회사가 순보험료를 출재하는 재보험계약 (이하 "공동재보험계약"이라 한다)

[도표 9] 유의적인 보험위험 이전 평가방법

| 항목 | 산식 | 설명 |
|---|---|---|
| ① 보험사고 발생시 지급금 | | 보험사고 발생여부에 따라 지급여부가 결정되는 지급금<br>• 보험사고 발생시 보험수익자가 수령하는 보험금으로써, 주계약과 특약 보험금의 합계액<br>• 연금지급금 등 생존을 조건으로 지급되는 각종 급부 |
| ② 보험사고 미발생시 지급금 | | 보험사고 미발생시 지급금은 보험사고 발생여부와 무관하게 지급되는 지급금<br>• 생사와 무관하게 지급되는 만기환급금, 중도환급금, 연금지급금<br>• 해약환급금 |
| ③ 부가급부금 | ① − ② | |
| ④ 부가급부금 비율 | ③ / ② | 10% 이상인 경우 유의적인 보험위험이 있는 것으로 간주 |

다만 신지급여력제도 하의 지급여력비율 산정시 일반손해보험 재보험계약의 보험위험전가 유의성 평가는 재보험자 기대손실(ERD; Expected Reinsurer's Deficit) 1% 라는 한국채택국제회계기준 제1117호 도입 이전의 규정을 유지하고 있다.

만일 보험회사가 보험업감독업무시행세칙의 유의적인 보험위험이 이전 기준을 충족하지 못하는 재보험계약을 체결한 경우 동 재보험계약에 대하여 예치금 또는 예수금 회계처리를 하여야 한다.

07

### (3) 기대신용손실 반영

보험업법시행령에서는 재보험을 받은 보험회사가 보험금 지급을 불이행하는 등 재보험자산에 손실이 예상되는 경우 기대신용손실액을 추정하여 재보험자산 측정에 반영하도록 규정하고 있다.

참고로 지급여력비율 산정시에는 재보험계약 측정시 반영할 기대신용손실액 즉, 재보험 거래 상대방의 부도로 인한 손실조정의 산정 방법을 구체적으로 제시하고 있다. 재보험 거래 상대방의 부도확률, 부도에 따른 손실 및 회수 금액 등을 감안하여 측정하도록 규정하고 있으며 손실조정률이 1% 미만인 경우 적용할 간편법 또한 제시하고 있다.

## 보론 1 : IFRS 17 재보험 주요 이슈사항

본 보론에서는 IFRS 17 적용에 있어 원수계약과 다른 재보험계약 특성에 따른 주요 이슈사항들에 대해서 살펴본다.

### 1. 포트폴리오

특약재보험의 경우 이질적인 보험요소가 결합되어 있으나, 원수계약에서 특약을 별도의 계약으로 분리하여 회계처리하기 어렵듯이, 보험요소별로 분리하여 회계처리하기 어려운 특성으로 인해 대표위험을 판단하여 원수보험계약에 준하는 포트폴리오 분류가 필요하다.

다만 대표위험 식별이 어려운 특약재보험계약(예 원수사의 전 보유위험을 출재한 社특약)의 경우 복합위험이라는 포트폴리오로 구분할 수 있다.

또한 재보험특약은 책임분담방식에 따라 상이하게 관리되는 특성을 고려하여 위험별로 비례재보험과 비비례재보험을 별도의 포트폴리오로 구분할 수 있다.

### 2. 계약의 경계

재보험계약의 IFRS 17 적용과 관련하여 가장 어려운 부분이 계약의 경계에 대한 해석이다. 비례재보험임에도 불구하고 특약서의 출재 중단 조항 해석에 따라 출재한 원수계약과는 다른 계약경계로 현금흐름을 추정(예 원수보험 계약경계 30년, 재보험 계약경계 10년)하기도 하고, 결산시점에 인수하지도 않은 원수계약에 대한 미래 재보험 현금흐름을 재보험자산 측정에 반영하여야 하기도 한다.

이를 이해하기 위해서는 원수계약 관점에서 씌여진 기업회계기준서 제1117호 계약의 경계 요구사항을 재보험계약 관점에서 다시 해석해야 한다.

기업회계기준서 제1117호는 보험사의 보험계약자에 대한 권리(보험료 납부를 강제) 또는 의무(보장서비스를 제공)로부터 발생하는 현금흐름을 경계 내에 있는 것으로 규정하고 있다.

이에 IASB는 2018년 2월과 5월 TRG 논의를 통해 기준서 계약의 경계 요건을 재보험계약

관점에서 논의하였다.[9] 그 결과 재보험계약은 재보험사의 원보험사에 대한 권리(재보험료 납부를 강제) 또는 의무(보장서비스를 제공)로부터 발생하는 현금흐름을 경계 내에 있는 것으로 해석한다.

원수계약은 보험사가 보험계약자에게 보험료 납부를 강제화할 권리가 없으니(계약자 임의로 해지 가능) 보험사의 의무(갱신시점에 위험을 모두 반영한 가격이나 급부의 수준 정의 가능 여부)에 따라 계약의 경계가 정해졌다.

하지만 재보험계약은 금융당국의 감독을 받는 원수계약 보험약관과 달리 사적자치의 원칙에 따라 자유로운 계약조건을 정의할 수 있다보니 재보험사의 권리(원보험사의 의무)와 재보험사의 의무(원보험사의 권리) 종료 여부를 모두 판단하여 계약의 경계를 정하여야 한다.

[도표 10] 원수, 출재 및 수재보험 계약의 경계 비교

<table>
<tr><th colspan="2" rowspan="2">구분</th><th colspan="2">원보험사</th><th>재보험사</th></tr>
<tr><th>원수계약</th><th>출재계약</th><th>수재계약</th></tr>
<tr><td rowspan="2">권리</td><td>정의</td><td>보험료 납부를 강제할 수 있는 권리</td><td>재보험 서비스를 받을 수 있는 권리</td><td>재보험료 납부를 강제할 수 있는 권리</td></tr>
<tr><td>종료</td><td>계약자가 일방적 계약 해지권한 보유시</td><td>재보험자가 재보험료 재산정 능력 보유시 또는 재보험자가 일방적 계약 해지권한 보유시</td><td>원보험자가 일방적 계약 해지권한 보유시</td></tr>
<tr><td rowspan="2">의무</td><td>정의</td><td>보험서비스를 제공해야 하는 의무</td><td>재보험료를 납부해야 하는 의무</td><td>재보험서비스를 제공해야 하는 의무</td></tr>
<tr><td>종료</td><td>원보험자가 보험료 재산정 능력 보유시 또는 원보험자가 일방적 계약 해지권한 보유시</td><td>원보험자가 일방적 계약 해지권한 보유시</td><td>재보험자가 보험료 재산정 능력 보유시 또는 재보험자가 일방적 계약 해지권한 보유시</td></tr>
<tr><td colspan="2" rowspan="2">일치여부</td><td colspan="2">불일치 가능</td><td></td></tr>
<tr><td></td><td colspan="2">일치</td></tr>
</table>

특약재보험의 경우 신계약 출재 중단과 관련된 계약조건에 따라 미래에 인수될 원수계약에서 발생하는 재보험 현금흐름까지 계약의 경계 내로 해석한다.

예를들어 재보험사와 원수사 모두 상시 3개월 사전 통지에 따라 신계약 수(출)재를 전진적으로 중단할 수 있는 조건을 가진 특약재보험의 경우, 재보험현금흐름 측정시 미래 3개월간 수(출)재될 원수계약을 고려하여야 한다.

9) IASB Staff Paper AP03 Boundary of reinsurance contracts held, 2018년 2월 TRG
IASB Staff Paper AP04 Boundary of reinsurance contracts held with repricing mechanisms, 2018년 5월 TRG

07

이는 재보험사가 오늘 수재 중단을 원보험사에 통보하더라도 미래 3개월간 인수될 원수계약을 수재해야 하는 의무를 가진 특약재보험의 특성에 기인한다.

IASB는 2018년 9월 TRG 논의를 통하여 수(출)재 중단을 통보하지 않고 동일 특약서에 신계약이 계속 수(출)재되는 경우 계약의 경계 확장(재판단에 의한)에 해당하지 않으며, 신계약으로 인식해야 하는 것으로 해석하였다.[10)]

이에 따라 위에서 예시한 3개월 사전 통지 조건을 가진 특약재보험은 3개월 기간 단위로 분리하여 신계약으로 인식되며, 인수기간 1년 이내는 단일 계약집합으로 인식할 수 있는 기준서 요건에 따라 실무적으로는 하나의 특약서를 인수연도별로 구분하여 계약집합을 인식하게 된다.

## 3. 투자요소

재보험계약의 IFRS 17 적용과 관련하여 두 번째로 어려운 부분은 저축보험료 없이 순수 위험보험료만 수(출)재한 전통형 재보험계약에서 투자요소를 정의해야 한다는 점이다.

통상 재보험계약은 재보험손익의 일부를 원보험자에게 돌려주는 이익수수료 조건을 가지고 있는데, IASB는 2018년 9월 TRG 논의를 통해 이익수수료 현금흐름를 고려할 경우 모든 경우에서 재보험료의 일부가 원보험자에게 상환되는 투자요소가 있다고 해석하였다.[11)]

이에 따라 재보험계약은 재보험금 및 이익수수료를 모두 고려하여 모든 시나리오에서 원보험사에게 지급되는 금액의 최소금액(통상 손해율 0% 시나리오에서의 이익수수료 지급액)을 계산하여 투자요소로 정의하여야 한다.

---

10) IASB Staff Paper AP05, Cash flows that are outside the contract boundary at initial recognition, 2018년 9월 TRG

11) IASB Staff Paper AP03, Commissions and reinstatement premiums in reinsurance contracts issued, 2018년 9월 TRG

[도표 11] 재보험계약의 투자요소 개념

예시) 재보험료 1,000, 이익수수료율 80%

| 구분 | Case 1 | Case 2(RE) | Case 3 | Case 4 |
|---|---|---|---|---|
| | 無사고 | 손해율 : 60% | 손해율 : 80% | 손해율 : 110% |
| 보험료 | 1,000 | 1,000 | 1,000 | 1,000 |
| 보험금(A) | – | (600) | (800) | (1,100) |
| 정산 전 이익 | 1,000 | 400 | 200 | −100 |
| 이익수수료율 | 80% | 80% | 80% | 80% |
| 이익수수료(B) | (800) | (320) | (160) | – |
| 지급액 계(A+B) | (800) | (920) | (960) | (1,100) |
| 순이익 | 200 | 80 | 40 | (100) |
| 이익률 | 20% | 8% | 4% | −10% |

마진율 40% 계약의 성과가 왜 8%인가?

※ 투자요소 고려시 영업이익률 40% 표시 (= 순이익 80/수익 200)

➡ 투자요소 미고려시 보험 Exposure의 과대인식에 따라 계약성과 왜곡 우려

➡ 투자요소는 800으로 정의되며 재보험료(1,000) × 이익수수료율(80%)과 동일

[출처 : IFRS 17 재보험 주요 이슈사항 금융감독원 세미나 2019년 9월]

# 보론 2 : 공동재보험의 유형 및 회계처리 예시

본 보론에서는 IFRS 17 및 K-ICS 도입 이후 보험사들이 보험계약부채의 직접적인 구조조정 수단으로 활용하고 있는 공동재보험의 유형과 회계처리에 대해서 살펴본다.

## 1. 거래유형

공동재보험은 보험계약부채의 이전과 함께 이와 연계된 자산의 이전 여부에 따라 자산이전식과 자산유보식으로 구분되며, 자산유보식은 유보된 자산에 대한 운용지시를 누가 하는지에 따라 약정형과 일임형으로 구분된다.

[도표 12] 공동재보험 유형

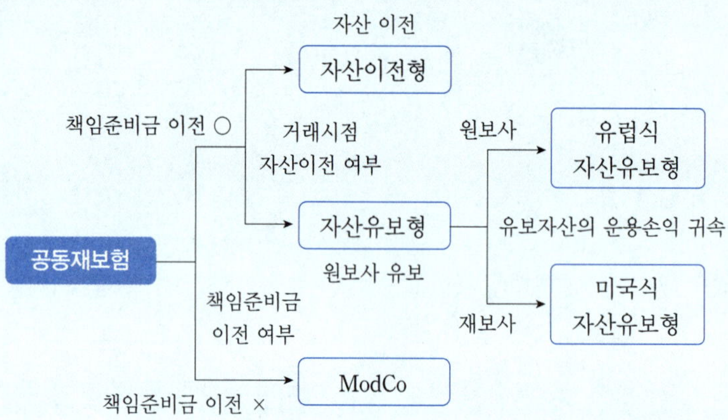


### (1) 자산이전형 공동재보험

원보험사가 거래일에 거래가격을 재보험료로 일시에 지급함으로써 보유하던 운용자산과 보험계약부채를 모두 재보험사에 이전하는 구조이다.

[도표 13] 자산이전형 공동재보험 구조

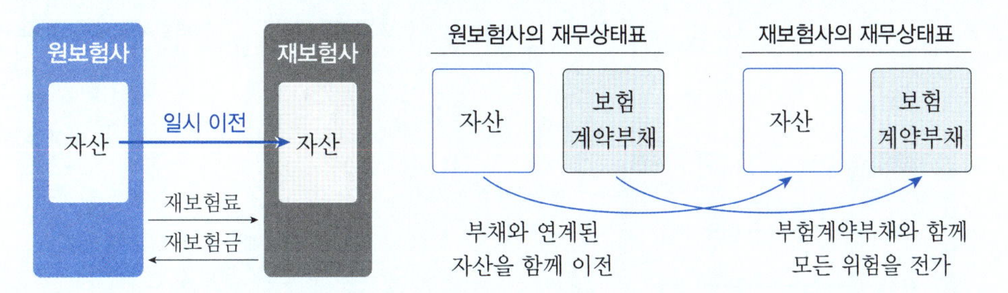


원보험사는 공동재보험 거래가격에 해당하는 운용자산을 재보험료로 일시에 지급함에 따라 자산이 감소하는 대신 이에 상당하는 재보험계약 잔여보장자산을 인식하여 거래일에는 자산과 부채의 규모에 차이가 발생하지 않는다.

[도표 14] 자산이전형 공동재보험 재무제표 표시

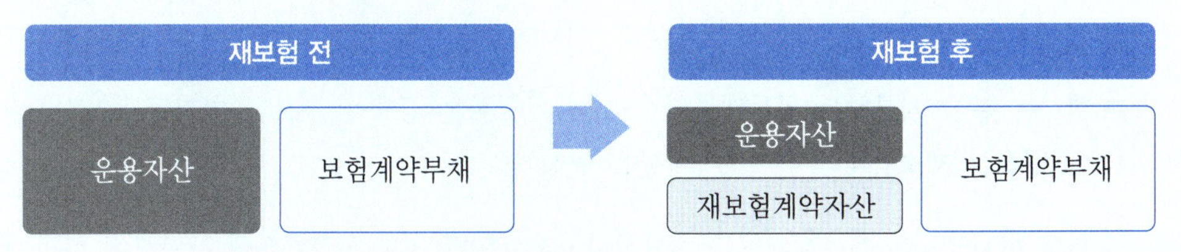


자산이전형 공동재보험은 일시에 운용자산을 이전함에 따라 자산유보형 대비 거래구조가 단순한 반면 재보험사 파산 등 신용위험에 노출되는 단점이 있다.

### (2) 자산유보형 공동재보험

일반적인 유형의 자산유보형 공동재보험은 원보험사가 공동재보험계약을 통해 재보험사에 보험계약부채를 이전하지만 거래가격을 분할 지급함에 따라 운용자산을 계속 보유 및 운용하는 구조이다.

07

[도표 15] 자산유보형 공동재보험 구조

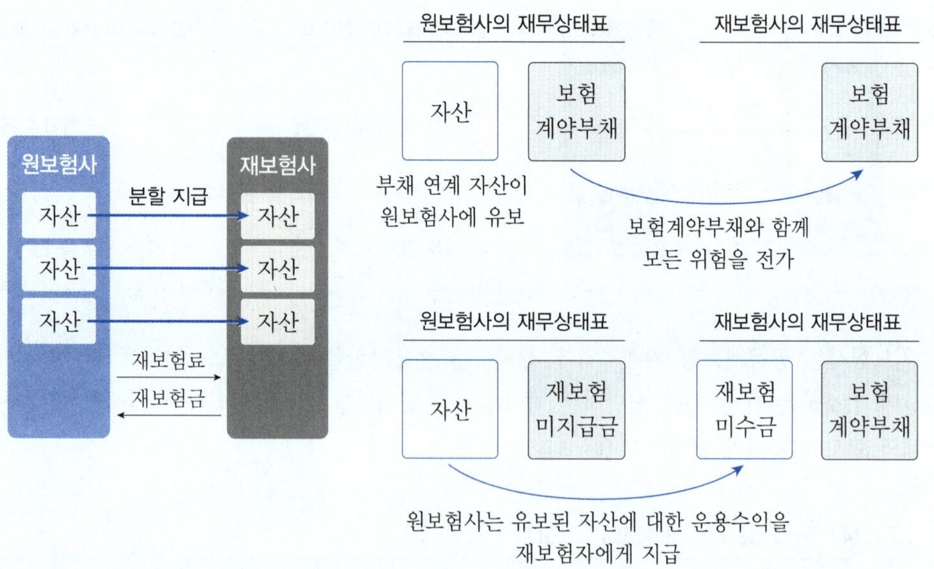


원보험사는 분할 지급하는 공동재보험 대가에 해당하는 금액을 재보험 미지급금으로 인식하며 이에 상당하는 재보험계약 잔여보장자산을 인식한다.

재보험료 미지급금은 재보험계약 잔여보장자산과 관련된 미래현금흐름에 해당함에 따라 시가평가되고 재보험계약 잔여보장자산에 포함되어 표시됨에 따라 자산이전형과 마찬가지로 자산유보형 공동재보험도 거래일에는 자산과 부채의 규모에 차이가 발생하지 않는다.

[도표 16] 자산유보형 공동재보험 재무제표 표시

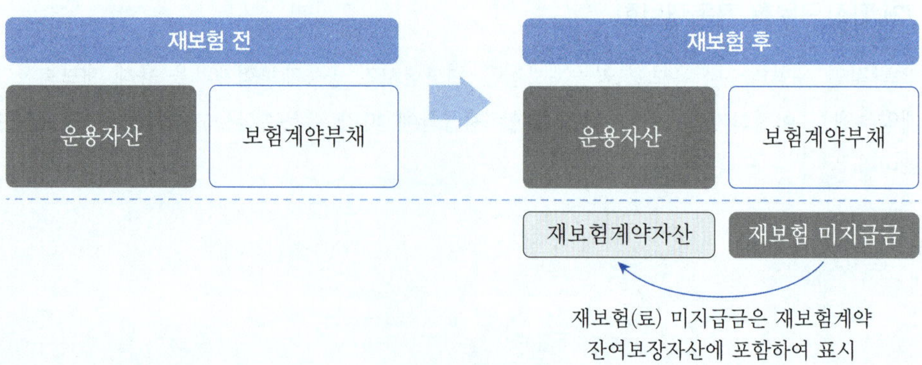

자산유보형 공동재보험은 거래가격을 분할 지급하는 구조 및 약정된 기회운용수익을 지급하는 구조(즉, 약정형 자산유보식 공동재보험)로 인해 자산이전형에 비해 거래구조가 복잡한 반면, 원보험사가 운용자산을 계속 보유함에 따라 재보험사에 대한 신용위험이 감소하는 장점이 있다.

자산유보형 공동재보험 중에는 재보험사가 원보험사에게 유보된 운용자산에 대한 운용지시를 하고 운용수익을 취하는 유형(즉, 일임형 자산유보식 공동재보험)이 있으며 자산운용에 강점이 있는 미국 소재 사모펀드 운용사(PE)들이 자회사인 재보험사를 통해 주로 거래하여 유럽의 일반적인 자산유보형(약정형 자산유보식 공동재보험)과 구분하여 미국식 자산유보형(일임형 자산유보식 공동재보험)이라고 불린다.

## 2. 회계처리

기업회계기준서 제1117호에 의거하여 출재사(원보험자)의 재보험계약 관점에서 자산이전형과 자산유보형 공동재보험 거래의 최초 인식 시점 및 후속 측정 시점의 회계처리를 예시하면 다음과 같다.

### (1) 자산이전형 공동재보험

원보험자 A는 보유계약의 잔여보장부채로 2,600원(= BEL 2,000원 + RA 200원 + CSM 400원)과 이에 대응하는 운용자산 2,600원을 갖고 있다고 가정한다.

A는 재보험자 B와 잔여보장부채의 50% 출재하는 자산이전식 공동재보험 계약을 체결하였으며, 공동재보험의 대가는 잔여보장부채의 출재분에 해당하는 금액 1,300원(= 2,600원 x 출재율 50%)로 산정하였다.

#### 1) 최초인식시점 회계처리

| | | | | |
|---|---|---|---|---|
| 차) | 재보험 잔여보장요소 BEA | 1,000 | 대) 운용자산 | 1,300 |
| | 재보험 잔여보장요소 RA | 100 | | |
| | 재보험 잔여보장요소 CSM | 200 | | |

2) 최초인식시점 재무상태표

| 출재 전 | | | |
|---|---|---|---|
| **운용자산** | **2,600** | **잔여보장부채** | **2,600** |
| | | BEL | 2,000 |
| | | RA | 200 |
| | | CSM | 400 |
| | | **자본** | **–** |
| | | 잉여금 | – |
| | | AOCI | – |
| | 2,600 | | 2,600 |

| 출재 후 | | | |
|---|---|---|---|
| **운용자산** | **1,300** | **잔여보장부채** | **2,600** |
| **출재잔여보장자산** | **1,300** | BEL | 2,000 |
| 잔여 BEA | 1,000 | RA | 200 |
| 잔여 RA | 100 | CSM | 400 |
| 잔여 CSM | 200 | | |
| | | **자본** | **–** |
| | | 잉여금 | – |
| | | AOCI | – |
| | 2,600 | | 2,600 |

3) 후속측정시점 회계처리

- 원수보험료 수취 : 예상보험료 80원 / 실제보험료 100원
- 원수보험금 지급 : 예상보험금 160원 / 실제보험금 180원

| | | | | | |
|---|---|---|---|---|---|
| 차) | 현금 | 100 | 대) | 잔여보장 BEL | 80 |
| | | | | 잔여보장 CSM | 20 |
| 차) | 잔여보장 BEL | 160 | 대) | 보험수익 – 보험금 | 160 |
| | 보험비용 – 보험금 | 180 | | 현금 | 180 |

- 출재보험료 지급 : 예상보험료 40원 / 실제보험료 50원
- 출재보험금 수취 : 예상보험금 80원 / 실제보험금 90원

| | | | |
|---|---|---|---|
| 차) 재보험 잔여보장 BEA | 40 | 대) 현금 | 50 |
| 재보험 잔여보장 CSM | 10 | | |

| | | | |
|---|---|---|---|
| 차) 재보험비용 – 보험금 | 80 | 대) 재보험 잔여보장 BEA | 80 |
| 현금 | 90 | 재보험수익 – 보험금 | 90 |

• RA 상각 : 원수 RA 상각 20원 / 출재 RA 상각 10원
• CSM 상각 : 원수 CSM 상각 40원 / 출재 CSM 상각 20원

| | | | |
|---|---|---|---|
| 차) 잔여보장 RA | 20 | 대) 보험수익 – RA 상각 | 20 |
| 재보험비용 – RA 상각 | 10 | 재보험 잔여보장 RA | 10 |

| | | | |
|---|---|---|---|
| 차) 잔여보장 CSM | 40 | 대) 보험수익 – CSM 상각 | 40 |
| 재보험비용 – CSM 상각 | 20 | 재보험 잔여보장 CSM | 20 |

### 4) 후속측정시점 재무상태표

| 최초인식 B/S | | | |
|---|---|---|---|
| 현금 | – | **잔여보장부채** | **2,600** |
| 운용자산 | 1,300 | BEL | 2,000 |
| **출재잔여보장자산** | **1,300** | RA | 200 |
| 잔여 BEA | 1,000 | CSM | 400 |
| 잔여 RA | 100 | | |
| 잔여 CSM | 200 | **자본** | – |
| | | 잉여금 | – |
| | | AOCI | – |
| | 2,600 | | 2,600 |

| 후속측정 B/S | | | |
|---|---|---|---|
| 현금 | (40) | **잔여보장부채** | **2,480** |
| 운용자산 | 1,300 | BEL | 1,920 |
| **출재잔여보장자산** | **1,240** | RA | 180 |
| 잔여 BEA | 960 | CSM | 380 |
| 잔여 RA | 90 | | |
| 잔여 CSM | 190 | **자본** | **20** |
| | | 잉여금 | 20 |
| | | AOCI | – |
| | 2,500 | | 2,500 |

### (2) 자산유보형 공동재보험(약정형 자산유보식 공동재보험)

원보험자 A는 보유계약의 잔여보장부채로 2,600원(= BEL 2,000원 + RA 200원 + CSM 400원)과 이에 대응하는 운용자산 2,600원을 갖고 있다고 가정한다.

A는 재보험자 B와 잔여보장부채의 50% 출재하는 약정형 자산유보식 공동재보험 계약을 체결하였으며, 공동재보험 대가는 잔여보장부채의 출재분에 해당하는 금액 1,300원(= 2,600원 x 출재율 50%)로 산정하였다.

1) 최초인식시점 회계처리

| | | | |
|---|---|---|---|
| 차) 재보험 잔여보장요소 BEA | 1,000 | 대) 재보험 잔여보장요소 BEA | 1,300 |
| 재보험 잔여보장요소 RA | 100 | | |
| 재보험 잔여보장요소 CSM | 200 | | |

2) 최초인식시점 재무상태표

| 출재 전 | | | |
|---|---|---|---|
| **운용자산** | **2,600** | **잔여보장부채** | **2,600** |
| | | BEL | 2,000 |
| | | RA | 200 |
| | | CSM | 400 |
| | | **자본** | **–** |
| | | 잉여금 | – |
| | | AOCI | – |
| | 2,600 | | 2,600 |

| 출재 후 | | | |
|---|---|---|---|
| 운용자산 | 2,600 | **잔여보장부채** | **2,600** |
| **출재잔여보장자산** | **–** | BEL | 2,000 |
| 잔여 BEA | 1,000 | RA | 200 |
| 잔여 RA | 100 | CSM | 400 |
| 잔여 CSM | 200 | | |
| 잔여 BEA – 미지급 | (1,300) | **자본** | **–** |
| | | 잉여금 | – |
| | | AOCI | – |
| | 2,600 | | 2,600 |

### 3) 후속측정시점 회계처리

- 원수보험료 수취 : 예상보험료 80원 / 실제보험료 100원
- 원수보험금 지급 : 예상보험금 160원 / 실제보험금 180원

| 차) | | 대) | |
|---|---|---|---|
| 현금 | 100 | 잔여보장 BEL | 80 |
| | | 잔여보장 CSM | 20 |

| 차) | | 대) | |
|---|---|---|---|
| 잔여보장 BEL | 160 | 보험수익-보험금 | 160 |
| 보험비용-보험금 | 180 | 현금 | 180 |

- 출재보험료 지급 : 예상보험료 40원 / 실제보험료 50원
- 출재보험금 수취 : 예상보험금 80원 / 실제보험금 90원

| 차) | | 대) | |
|---|---|---|---|
| 재보험 잔여보장 BEA | 40 | 현금 | 50 |
| 재보험 잔여보장 CSM | 10 | | |

| 차) | | 대) | |
|---|---|---|---|
| 재보험비용-보험금 | 80 | 재보험 잔여보장 BEA | 80 |
| 현금 | 90 | 재보험수익-보험금 | 90 |

- RA 상각 : 원수 RA 상각 20원 / 출재 RA 상각 10원
- CSM 상각 : 원수 CSM 상각 40원 / 출재 CSM 상각 20원

| 차) | | 대) | |
|---|---|---|---|
| 잔여보장 RA | 20 | 보험수익-RA 상각 | 20 |
| 재보험비용-RA 상각 | 10 | 재보험 잔여보장 RA | 10 |

| 차) | | 대) | |
|---|---|---|---|
| 잔여보장 CSM | 40 | 보험수익-CSM 상각 | 40 |
| 재보험비용-CSM 상각 | 20 | 재보험 잔여보장 CSM | 20 |

미지급금에 대한 고정대가* : 5원

* 예실차 없음

| 차) | | 대) | |
|---|---|---|---|
| 재보험 잔여보장 BEA | 5 | 재보험 잔여보장 BEA-미지급금 | 5 |

#### 4) 후속측정 재무상태표

| 최초인식 B/S | | | |
|---|---|---|---|
| 운용자산 | 2,600 | **잔여보장부채** | **2,600** |
| **출재잔여보장자산** | – | BEL | 2,000 |
| 잔여 BEA | 1,000 | RA | 200 |
| 잔여 RA | 100 | CSM | 400 |
| 잔여 CSM | 200 | | |
| 잔여 BEA–미지급 | (1,300) | **자본** | – |
| | | 잉여금 | – |
| | | AOCI | – |
| | 2,600 | | 2,600 |

| 후속측정 B/S | | | |
|---|---|---|---|
| 현금 | (40) | **잔여보장부채** | **2,480** |
| 운용자산 | 2,600 | BEL | 1,920 |
| **출재잔여보장자산** | **(60)** | RA | 180 |
| 잔여 BEA | 965 | CSM | 380 |
| 잔여 RA | 90 | | |
| 잔여 CSM | 190 | **자본** | **20** |
| 잔여 BEA–미지급 | (1,305) | 잉여금 | 20 |
| | | AOCI | – |
| | 2,500 | | 2,500 |

# 제3절
# 보험회사의 외국환 감독규제

## 1. 외국환업무취급기관의 등록

### (1) 외국환

외국환이란 대외지급수단, 외화증권, 외화파생상품 및 외화채권을 말하며 이 중 대외지급수단은 외국통화, 외국통화로 표시된 지급수단, 그 밖에 표시통화에 관계없이 외국에서 사용할 수 있는 지급수단을 포함한다.[1]



### (2) 외국환업무

외국환업무는 ① 외국환의 발행 또는 매매, ② 대한민국과 외국 간의 지급·추심 및 수령, ③ 외국통화로 표시되거나 지급되는 거주자와의 예금, 금전의 대차 또는 보증, ④ 비거주자와의 예금, 금전의 대차 또는 보증, ⑤ 비거주자와의 내국통화로 표시되거나 지급되는 증권 또는 채권의 매매 및 매매의 중개, ⑥ 거주자 간의 신탁·보험 및 파생상품거래(외국환과 관련된 경우에 한정한다) 또는 거주자와 비거주자 간의 신탁·보험 및 파생상품거래 및 ⑦ 외국통화로 표시된 시설대여 등을 포함한다.[2]

1) 외국환거래법 제3조제1항제4호 및 제13호

2) 외국환거래법 제3조제1항제16호

### (3) 외국환업무취급기관[3)]

외국환업무취급기관은 외국환거래법 제8조제1항 본문[4)]의 규정에 의하여 외국환업무의 등록을 한 보험회사를 말한다.

### (4) 외국환업무 취급기관 등록

외국환업무를 업으로 하려는 보험회사는 외국환업무를 하는 데에 충분한 자본 · 시설 및 전문인력을 갖추어 미리 기획재정부장관에게 등록하여야 한다.

기획재정부장관에게 외국환업무 취급기관으로 등록을 신청할 경우에는 명칭, 본점 및 국내영업소 소재지, 외국환업무 취급범위, 자본 · 시설 및 전문인력에 관한 사항 및 임원에 관한 사항을 적은 신청서에 재무상태표 · 손익계산서 등의 서류를 첨부하여야 한다.

한편, 외국환업무 취급기관으로 등록하기 위해서는 해당 금융회사 등에 대하여 금융위원회가 정하는 재무건전성 기준에 비추어 자본 규모와 재무구조가 적정하여야 한다.

금융위원회가 보험업감독규정에 의해 정하는 기준은 보험회사가 외국환업무 취급기관으로 등록하려면 최저자본금 기준(보험업법 제9조에서 정한 300억원)과 재무건전성 기준(보험업법시행령 제65조에서 정하는 지급여력비율 100% 이상 유지 등)을 충족하여야 한다.

한편, 외국환업무취급기관이 외국환업무를 취급하는 국내영업소를 신설 · 폐지하거나 주소를 변경하고자 할 경우에는 변경이 있는 날 7일전까지 감독원장에게 신고하여야 한다.

## 2. 외국환 유동성위험 관리

### (1) 유동성위험 기본관리

외국환업무취급기관으로 등록한 보험회사는 외화자산 및 외화부채를 각각 잔존만기별로 구분하여 다음에서 정하는 유동성비율을 유지하여야 한다. 다만, 총자산에 대한 외화부채의 비율이 100분의1에 미달하는 경우에는 제외한다.

---

3) 보험업감독규정 제5-16조

4) 외국환업무를 업으로 하려는 자는 대통령령으로 정하는 바에 따라 외국환업무를 하는 데에 충분한 자본 · 시설 및 전문인력을 갖추어 미리 기획재정부장관에게 등록하여야 한다.

① 잔존만기 3개월 이내 부채에 대한 잔존만기 3개월 이내 자산의 비율 80% 이상

② 외화자산 및 외화부채 만기불일치 비율

– 잔존만기 7일 이내의 경우 자산이 부채를 초과하는 비율 0% 이상

– 잔존만기 1개월 이내의 경우 부채가 자산을 초과하는 비율 10% 이내

### (2) 잔존만기 구분 및 유동성비율 산출

외화자산 및 외화부채 잔존만기에 대해서는 7단계(7일 이내, 8일~1개월 이내, 1개월~3개월 이내, 3개월~6개월 이내, 6개월~1년 이내, 1년~3년 이내, 3년 초과)로 구분하여 관리한다.

외화자산 및 외화부채의 범위에는 재무상태표상의 난내계정 외화자산 및 외화부채, 스왑거래 중 미결제 통화선도계약분, 통화선도계약분(outright forward) 및 통화선물계약분(Futures)이 포함되며 국내본지점, 해외지점, 현지법인 및 각각의 역외금융계정 보유분을 포함한다.

한편, 잔존만기가 없는 외국통화 및 시가평가대상 외화유가증권의 시가평가액은 7일 이내 외화자산으로 분류한다.

[도표 17] 유동성비율 산출식

| 구분 | 산출식 |
|---|---|
| 잔존만기 3개월 이내 외화부채에 대한 잔존만기 3개월 이내 외화자산비율 | = 잔존만기 3개월 이내 외화자산 / 잔존만기 3개월 이내 외화부채 |
| 외화자산 및 부채의 만기불일치비율 | = (기간별 외화자산 – 기간별 외화부채) / 총외화자산 |

## 3. 외국환포지션 관리

### (1) 외국환포지션의 구분

외국환업무취급기관인 보험회사는 외환건전성 확보 및 외환자본 유출입 변동성 관리를 위하여 외국환포지션(종합포지션, 현물환포지션, 선물환포지션)을 지급여력금액 대비 일정한도 내에서 관리하여야 한다.

외국환업무취급기관의 각 외국통화별 종합포지션은 외국환매입초과포지션과 외국환매각초과포지션으로 구분하며 이 경우, 외화로 발행된 신종자본증권은 회계처리와는 별도로 외국환포지션 계산 시 외화부채에 포함한다.

외국환업무취급기관의 외국환포지션은 각 외국통화별 종합매입초과포지션의 합계액과 종합매각초과포지션의 합계액 중 큰 것으로 한다.

① 외국환매입 초과포지션 : 각 외국통화의 현물자산잔액 및 선물자산잔액의 합계액이 현물부채잔액 및 선물부채잔액의 합계액을 초과하는 경우 동 차액

② 외국환매각 초과포지션 : 각 외국통화의 현물부채잔액 및 선물부채잔액의 합계액이 현물자산잔액 및 선물자산잔액의 합계액을 초과하는 경우 동 차액

[도표 18] 외국환 포지션 구분

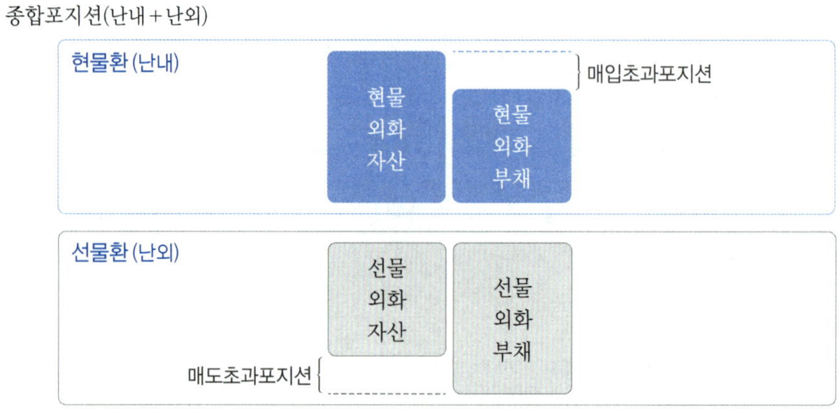


## (2) 외국환포지션 관리상 외화자산 및 외화부채의 범위

외국환포지션 관리상 현물외화자산 및 부채와 선물외화자산 및 부채의 범위는 다음과 같다.

① 현물외화자산 및 부채의 범위는 보험업감독업무시행세칙 별지 제24호 서식「외국환업무현황보고서」상 외화자금상황의 재무상태표난내계정 외화자산과 부채로 한다. 다만, 외화표시자산 또는 부채 중 해당 외국통화와 원화간 환율의 변동에 관계없이 원화환산금액이 정하여지는 외화자산 또는 부채는 제외한다.

② 선물외화자산 및 부채의 범위는 보험업감독업무시행세칙 별지 제24호 서식「외국환업무현황보고서」상 외화자금상황의 파생금융거래관련 계정과목을 기준으로 다음에서 정하는 바에 따른다.

가. 물외화자산은 통화관련 파생금융상품거래 매입분, 신용 및 그 밖의 파생금융상품거래 중 통화관련 매입분으로 한다. 다만, 통화옵션의 경우 매수옵션(콜옵션)의 매입분 및 매도옵션(풋옵션)의 매도분을 통화관련 매입분으로 한다.

나. 선물외화부채는 통화관련 파생금융상품거래 매도분, 신용 및 그 밖의 파생금융상품거래 중 통화관련 매도분으로 한다. 다만, 통화옵션의 경우 매수옵션(콜옵션)의 매도분 및 매도옵션(풋옵션)의 매입분을 통화관련 매도분으로 한다.

③ 위 ① 및 ②에도 불구하고 외국환업무취급기관이 통화옵션거래의 환율위험을 환율변동에 따른 옵션가치의 변화도(델타)를 사용하여 관리할 경우, 자체적으로 산출한 위험노출액(명목금액×델타)을 선물외화자산 또는 부채금액으로 계산할 수 있다.

### (3) 외국환포지션의 한도

외국환업무취급기관인 보험회사의 외국환매입초과포지션 및 외국환매각초과포지션은 각 외국통화별 종합매입초과포지션 및 종합매각초과포지션의 합계액을 기준으로 전분기말 지급여력금액의 100분의 30에 상당하는 금액을 한도로 한다.

여기서의 지급여력금액은 보험업감독규정에 의하여 산출한 것을 말하며, 미달러화로 환산한 금액을 기준으로 한다. 이 경우 적용되는 대미달러 환율은 전년도 외국환포지션 한도산정 시 적용환율과 전년도 평균매매기준율을 평균한 환율로 한다. 다만, 전년도 외국환포지션 한도를 산정하지 아니한 경우는 전년도 평균매매기준율을 적용한다.

한편 외국환포지션 산정을 위하여 미달러화 이외 외국통화를 미달러화로 환산할 경우 당해 외국통화의 대미달러환율은 매영업일 외국환중개회사의 장이 산출 · 통보하는 환율을 적용하며 외국환포지션 한도산정 시 미달러화 1천불미만은 절상한다.



### (4) 외국환포지션의 별도한도

외국환포지션 별도한도의 인정과 관련하여 감독원장은 이월이익잉여금의 환리스크 헤지를 위한 외국환매입분에 대하여 별도한도를 인정받고자 하는 외국보험회사의 국내지점과 외국환포지션 한도의 초과가 필요하다고 인정되는 외국환업무취급기관에 대하여는 앞서 설명한 외국환포지션 한도 외에 별도한도를 인정할 수 있다.

구체적으로 외국환포지션 별도한도 인정신청을 하고자 하는 외국환업무취급기관은 다음에서 정한 기한내에 보험업감독업무시행세칙 별지 제23호서식의 외국환포지션 별도한도 인정신청서를 감독원장에게 제출하여야 하며 감독원장은 별도한도 신청에 대한 인정여부를 당해연도 및 당해회계년도 개시전일까지 통지한다.

① 익년도의 별도한도를 인정받고자 하는 경우 매년 11월말까지
② 이월이익잉여금 환리스크헤지를 위해 별도한도를 인정받고자 하는 외국보험회사의 국내지점의 경우 매년 결산일 1개월전까지

### (5) 외국환포지션의 한도관리

외국환업무취급기관인 보험회사는 외국환포지션 한도 준수여부를 매영업일 잔액을 기준으로 확인하여야 한다. 다만, 토요일 및 뉴욕외환시장이 휴일인 날의 외국환포지션은 다음 영업일의 외국환포지션과 합산한 평균잔액을 기준으로 한다.

한편 외국환업무취급기관인 보험회사가 외국환포지션 한도를 위반한 경우에는 위반한 날로부터 3영업일 이내에 감독원장에게 이를 보고하여야 하며 감독원장이 정하는 바에 따라 일별 외국환포지션 상황을 매월 감독원장에게 보고하여야 한다.

또한 감독원장은 외국환업무취급기관에 대하여 외국환포지션 한도관리에 필요한 증빙자료의 제출을 요구하거나 관계장부 및 서류의 열람을 요구할 수 있다.

한편 외국환업무취급기관의 구조적 요인에 의해 발생하는 외국환포지션으로서 다음에 해당하는 경우는 외국환포지션 한도관리대상에서 제외한다.

① 자본금 또는 영업기금의 환리스크 헤지를 위한 외국환매입분
② 외국보험회사의 국내지점이 이월이익잉여금 환리스크헤지를 위해 별도한도로 인정받은 외국환매입분

### (6) 외국환업무취급기관의 내부관리

외국환업무취급기관은 국가별 위험, 거액신용위험, 파생금융상품거래위험, 시장위험 등 외국환거래에 따르는 위험의 종류별로 관리기준을 설정·운용하여야 하며 동 관리기준을 설정·변경하거나 동 기준을 초과하여 외국환거래를 취급하고자 할 경우에는 보험회사 위험관리위원회의 승인을 받아야 한다.

한편, 감독원장은 위험의 종류별로 예시기준을 정하여야 하며 외국환업무취급기관의 위험관리기준이 부적절하다고 판단될 경우에는 그 시정을 요구할 수 있다.

외국환업무취급기관으로 등록한 보험회사는 보험업감독업무시행세칙 [별표 2] 및 2-1[5]에서 정하는 예시기준을 참고로 하여 자체적인 위험관리기준을 설정 · 운용하여야 한다.

## 4. 외환건전성 규제위반 제재

### (1) 외화유동성비율 위반 제재

외국환업무취급기관인 보험회사가 외화유동성 비율을 위빈하여 위반횟수가 괴기 1년 동안 2회 이하(다만, 외화자산 및 외화부채 만기불일치 비율 중 잔존만기 7일 이내의 경우 자산이 부채를 초과하는 비율(0% 이상)은 과거 1년 동안 3회 이하)인 경우에는 매 위반시마다 위반사유가 발생한 날로부터 20일이내에 사유서 및 달성계획서를 감독원장에게 제출하여야 한다.

그러나 외국환업무취급기관인 보험회사가 외화유동성비율을 위반하여 위반횟수가 과거 1년 동안 3회일 경우에는 동 비율을 다음과 같이 상향하여 당해 외국환업무취급기관에 적용한다.

① 잔존만기 3개월 이내 부채에 대한 잔존만기 3개월 이내 자산의 비율　85% 이상

② 외화자산 및 외화부채 만기불일치 비율

- 잔존만기 1개월 이내의 경우 부채가 자산을 초과하는 비율　5% 이내

외국환업무취급기관이 다음과 같이 구분하여 외화유동성비율을 위반하여 위반횟수가 과거 1년 동안 4회 이상일 경우에는 계약만기 3개월 이내 신규 외화자금 차입을 달성할 때까지 정지하여야 한다.

① 잔존만기 3개월 이내 부채에 대한 잔존만기 3개월 이내 자산의 비율　85% 이상

② 외화자산 및 외화부채 만기불일치 비율

- 잔존만기 7일 이내의 경우 자산이 부채를 초과하는 비율　5% 이상
- 잔존만기 1개월 이내의 경우 부채가 자산을 초과하는 비율　5% 이내

한편 감독원장은 제재사유에 해당하더라도 국내외 금융 · 경제여건 악화 등 불가피하다고 인정하는 경우에는 금융위에 제재의 면제, 유예 또는 기 조치한 제재에 대하여 해제를 건의할 수 있다. 다만, 제재면제의 경우에는 당해 면제대상을 위반횟수에 산입하지 아니한다.

---

5) 세칙 [별표 2] 및 2-1에서는 위험종류별 관리내용(국가별 위험, 거액신용위험, 파생금융상품거래위험, 시장위험), 대출금액, 신용등급 및 자기자본의 범위(예시)를 제시하고 있다.

07

또한 외국환업무취급기관인 보험회사가 외화유동성비율을 과거 1년 동안 2회 이상 위반한 경우 감독원장은 당해 보험회사에 대하여 보고의 주기 단축 등 그 밖에 필요한 조치를 병행할 수 있다.

### (2) 외국환포지션 한도 위반 제재

외국환업무취급기관인 보험회사가 외국환포지션 한도를 확인한 결과 위반한 경우에는 다음에 따라 감독원장이 제재한다.

① 한도위반일로부터 과거 1년간 1회 위반 시 : 주의
② 한도위반일로부터 과거 1년간 2회 위반 시 : 일평균 한도위반금액을 한도위반일수 만큼 외국환포지션 한도에서 감축

그러나 한도위반일로부터 과거 1년간 3회 이상 위반하거나 한도를 고의로 위반한 경우 또는 최초 한도위반일로부터 3영업일 이내에 감독원장에게 보고를 하지 않은 경우에는 외국환포지션 한도 감축금액을 과거 1년간 2회 위반시의 감축금액의 2배로 한다.

한편, 감독원장은 제재를 함에 있어서 자기자본의 감소 등 한도초과사유가 부득이하다고 인정되는 경우 당해 제재를 면제, 유예 또는 기 조치한 제재에 대하여 해제할 수 있다. 제재면제의 경우에는 당해 면제대상을 위반횟수에 산입하지 아니하며 감독원장은 외국환업무취급기관이 보고의무를 이행하지 않거나 허위로 보고한 경우 주의, 시정명령 및 외국환포지션 한도의 일정기간 감축 등의 조치를 할 수 있다.

## 5. 외환관련 보고

### (1) 보고 내용

외국환업무취급기관인 보험회사는 외화자산 및 부채현황, 만기별 외화자금조달 · 운용현황 그 밖에 필요한 사항을 감독원장이 정하는 바에 따라 감독원장에게 보고하여야 한다.

### (2) 보고 서식 및 기한

보고 서식은 보험업감독업무시행세칙 별지 제24호서식의 외국환업무현황보고서로 하며 월 보고서는 다음달 20일 이내에, 분기 보고서는 분기가 속한 달의 다음달 20일 이내의 기한내에 제출하여야 한다.

## 6. 외화환산 회계

보험회사는 외화예금, 해외유가증권 등에 대한 투자 등 외화거래업무를 수행하고 있으며 해외지점과 해외법인의 운영과 같은 방법으로 외화 관련 활동을 수행한다. 이에 따른 외화거래 및 외화자산 및 부채 및 해외지점과 해외법인의 재무상태와 경영성과는 기업회계기준서 제1021호 '환율변동효과'에 의거 재무보고일에 적절환율을 적용하여 환산하여 보고하여야 한다.

### (1) 최초 인식

기능통화로 외화거래를 최초로 인식하는 경우에 거래일의 외화와 기능통화[6] 사이의 현물환율을 외화금액에 적용하여 기록한다.

여기서의 거래일은 한국채택국제회계기준에 따라 거래의 인식요건을 최초로 충족하는 날이며 실무적으로는 거래일의 실제 환율에 근접한 환율을 사용한다.

한편 외화거래는 외화로 표시되어 있거나 외화로 결제되어야 하는 거래로서 외화로 가격이 표시되어 있는 재화나 용역의 매매, 지급하거나 수취할 금액이 외화로 표시된 자금의 차입이나 대여 및 외화로 표시된 자산의 취득이나 처분, 외화로 표시된 부채의 발생이나 상환 등을 포함한다.



### (2) 보고기간말의 외화환산방법

보고기간말의 외화환산방법은 다음과 같다.

① 화폐성 외화항목은 마감환율로 환산한다.
② 역사적원가로 측정하는 비화폐성 외화항목은 거래일의 환율로 환산한다.
③ 공정가치로 측정하는 비화폐성 외화항목은 공정가치가 측정된 날의 환율로 환산한다.

화폐성항목의 결제시점에 생기는 외환차이와 화폐성항목의 환산에 사용한 환율이 회계기간 중 최초로 인식한 시점이나 전기의 재무제표 환산시점의 환율과 다르기 때문에 생기는 외환차이는 그 외환차이가 생기는 회계기간의 손익으로 인식한다. 다만, 기타포괄손익으로 분류하는 외환차이에는 이를 적용하지 아니한다.

---

6) 기능통화라 함은 영업활동이 이루어지는 주된 경제환경의 통화를 이르며 외화는 기능통화 이외의 다른 통화를 이른다.

비화폐성항목에서 생긴 손익을 기타포괄손익으로 인식하는 경우에 그 손익에 포함된 환율변동효과도 기타포괄손익으로 인식한다. 그러나 비화폐성항목에서 생긴 손익을 당기손익으로 인식하는 경우에는 그 손익에 포함된 환율변동효과도 당기손익으로 인식한다.

### (3) 화폐성항목과 비화폐성항목의 구분

화폐성항목은 보유하는 화폐단위들과 확정되었거나 결정가능한 화폐단위 수량으로 회수하거나 지급하는 자산 · 부채를 이른다.

화폐성항목의 본질적 특징은 확정되었거나 결정가능한 화폐단위의 수량으로 받을 권리나 지급할 의무로서, 예를 들면 통화, 예치금, 대출채권, 유가증권 중 채무상품, 예수금, 차입금, 일반사채, 현금으로 지급하는 연금과 그 밖의 종업원급여, 현금으로 상환하는 충당부채, 리스부채, 부채로 인식하는 현금배당 등이 화폐성항목에 속한다.

반면에 비화폐성항목은 당해 항목이 확정되었거나 결정 가능한 화폐단위의 수량으로 받을 권리나 지급할 의무가 없는 자산 · 부채로서, 예를 들면 재화와 용역에 대한 선급금 및 선수금, 영업권, 무형자산, 재고자산, 유형자산, 사용권자산, 유가증권 중 지분상품, 비화폐성 자산을 인도하여 상환하는 충당부채 등이 비화폐성항목에 속한다.

### (4) 해외사업장에 대한 환산

해외사업장에 대한 순투자의 일부인 화폐성항목에서 생기는 외환차이는 보고기업의 별도재무제표나 해외사업장의 개별재무제표에서 당기손익으로 적절하게 인식한다.

그러나 보고기업과 해외사업장을 포함하는 재무제표(예 해외사업장이 종속기업인 경우의 연결재무제표)에서는 이러한 외환차이를 처음부터 기타포괄손익으로 인식하고 관련 순투자의 처분시점에 자본에서 당기손익으로 재분류한다.

# 보론 : FX 스왑을 통한 외화채권 매입거래 이해

본 보론에서는 보험회사가 최초 FX스왑을 통해 외화를 조달하여 외화채권을 매입한 후 외화채권 보유기간에 걸쳐 FX스왑 거래연장에 대한 사례를 살펴본다.

## 1. 거래구조 이해

FX스왑을 통한 외화채권 매입거래는 외화채권 매입시 FX스왑[7]으로 달러를 매입(Buy)한 후 스왑 만기 시(예 1년)에 동일한 스왑으로 계약을 연장(Rollover)하고 외화채권 만기 시 달러(채권 원금)를 미리 약정한 선물환율로 매도(Sell)하는 거래를 말한다.

보험회사는 만기가 장기인 외화채권을 매입할 경우 외화(달러) 매도계약(단기)을 미리 체결하고 만기까지 연장함으로써 환율로 인한 손익변동을 헤지할 수 있다.

[도표 19] FX스왑을 이용한 외화채권 환헤지 구조

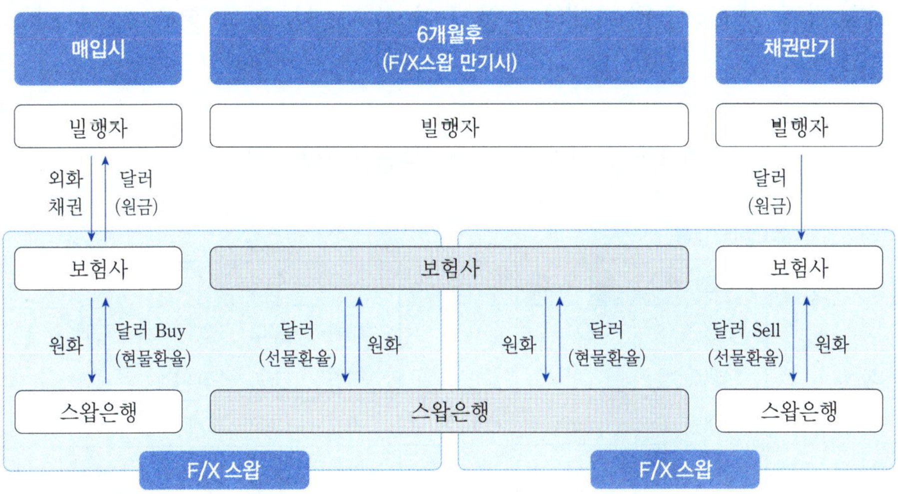


7) FX스왑거래는 두 거래 당사자가 현재의 환율에 따라 서로 다른 통화의 원금을 교환하고, 만기 시점에 계약 당시 정한 선물환율에 따라 원금을 맞교환하는 거래를 말한다.

## 2. 스왑레이트 이해

스왑레이트는 외환(FX)스왑의 가격에 해당되며, 선물환율(F)과 현물환율(S) 차이의 현물환율(S)에 대한 비율((F-S)/S)로 계산되며 통상 보험회사 환헤지 시 스왑레이트가 양(+)이면 이익이 발생하고 음(-)이면 거래비용이 발생한다.

이론적으로 스왑레이트는 양국간의 금리차와 같아야 하나((F-S)/S ≒ i자국 - i타국), 현실에서는 수급요인 등에 따라 괴리가 발생한다.

[도표 20] 스왑레이트 결정 요인

| 요인 | 내용 |
|---|---|
| ① 양국간 금리차 | • 타국(자국)의 금리가 높아질수록 FX 스왑레이트 하락(상승) |
| ② 수급 요인 | • FX 스왑 초과수요(수요>공급)가 발생하면 FX 스왑레이트 하락<br>– 수요 : 외화투자, 외화펀드 등<br>– 공급 : 외은지점 달러화 공급, 국내기업 발행 달러채 등 |
| ③ 신용 리스크 | • 자국의 Credit 스프레드가 높아질수록 FX 스왑레이트 하락 |

## 3. 외화채권 및 FX 스왑거래(1년 만기 연장) 사례분석을 통한 헤지효과 이해

20×1.1.일 보험회사가 4년 만기 해외채권(S&P BBB등급)을 매입(액면 $1,000, 액면이율 5%, 시장이율 5%)하면서 1년 만기 FX 스왑체결하고 향후 만기까지 스왑계약을 연장할 계획이다.

[도표 21] 스왑레이트 산출

| 구분 | 현물환율 | 한국 금리 | 미국 금리 | 스왑포인트 | 스왑레이트 |
|---|---|---|---|---|---|
| 20×1.1.1.*1 | 1,200원/$ | 1.5% | 0.5% | 12원(= 1,212 – 1,200) | 1.0%(= 12/1,200) |
| 20×2.1.1.*2 | 1,200원/$ | 1.0% | 0.5% | 6원(= 1,206 – 1,200) | 0.5%(= 6/1,200) |
| 20×3.1.1.*3 | 1,100원/$ | 1.0% | 1.0% | 0원(= 1,100 – 1,100) | 0.5%(= 0/1,100) |
| 20×4.1.1.*4 | 1,200원/$ | 1.0% | 2.0% | △12원(= 1,188 – 1,200) | △1.0%(= △12/1,200) |
| 20×4.12.31. | 1,300원/$ | 1.0% | 0.0% | | |

<스왑포인트 및 스왑레이트 산출>

*1 20×1.1.1.일 1,200원 투자시 이자 : 1,200원×1.5%×12/12=18원, 12.31일 회수 1,200원+18원=1,218원
20×1.1.1.일 1$ 투자시 이자 : 1$×0.5%×12/12 = 0.005$, 12.31일 회수 1$ + 0.005$ = 1.005$,
1.1일 선도환율(1년) : 1,218/1.005 = 1,212원/$

*2 20×2.1.1.일 1,200원 투자시 이자 : 1,200원×1.0%×12/12 = 12원, 12.31.일 회수 1,200원 + 12원 = 1,212원
20×2.1.1.일 1$ 투자시 이자 : 1$×0.5%×12/12 = 0.005$, 12.31일 회수 1$ + 0.005$ = 1.005$,
1.1일 선도환율(1년) : 1,212/1.005 = 1,206원/$

*3 20×3.1.1일 1,100원 투자시 이자 : 1,100원×1.0%×12/12 = 11원, 12.31.일 회수 1,100원 + 11원 = 1,111원
20×3.1.1.일 1$ 투자시 이자 : 1$×1.0%×12/12 = 0.01$, 12.31.일 회수 1$ + 0.01$ = 1.01$,
1.1일 선도환율(1년) : 1,111/1.01 = 1,100원/$

*4 20×4.1.1.일 1,200원 투자시 이자 : 1,200원×1.0%×12/12 = 12원, 12.31.일 회수 1,200원 + 12원 = 1,212원
20×4.1.1.일 1$ 투자시 이자 : 1$×2.0%×12/12 = 0.02$, 12.31.일 회수 1$ + 0.02$ = 1.02$,
1.1일 선도환율(1년) : 1,212/1.02 = 1,188원/$

(단위 : $)

| 일자 | 기초 장부가 | 유효이자(장부×5%) | 액면이자(액면×5%) | 기말 장부가 |
|---|---|---|---|---|
| 20×1.1.1. | 1,000원 | 50 | 50 | 1,000 |
| 20×2.1.1. | 1,000원 | 50 | 50 | 1,000 |
| 20×3.1.1. | 1,000원 | 50 | 50 | 1,000 |
| 20×4.1.1. | 1,000원 | 50 | 50 | 1,000 |

**[도표 22] 외화채권(상각후원가 측정 금융자산 분류) 투자 및 FX 스왑 회계처리**

<table>
<tr><th></th><th colspan="2">Dr</th><th colspan="2">Cr</th><th colspan="2">비고</th></tr>
<tr><td rowspan="2">20×1. 1.1.</td><td>현금($)</td><td>1,000</td><td>현금(₩)</td><td>1,200,000</td><td>FX 스왑거래 체결</td><td></td></tr>
<tr><td>해외채권(₩)</td><td>1,200,000</td><td>현금($)</td><td>1,000</td><td>채권 매입거래</td><td></td></tr>
<tr><td rowspan="5">20×1. 12.31.</td><td>현금(₩)</td><td>60,000</td><td>이자수익(₩)</td><td>60,000</td><td>이자수령(50$)</td><td rowspan="5">이자수익 60,000<br>헤지거래이익 12,000*<br>투자액 1,200,000<br>수익률 6.0%<br>* 헤지이익 12,000<br>(스왑포인트×물량)</td></tr>
<tr><td colspan="2">–</td><td colspan="2">–</td><td>환 변동없어 분개 없음</td></tr>
<tr><td>현금(₩)</td><td>1,212,000</td><td>현금($)</td><td>1,000</td><td>FX 스왑거래 정산</td></tr>
<tr><td>현금($)</td><td>1,000</td><td>현금(₩)</td><td>1,200,000</td><td>FX 스왑거래 체결</td></tr>
<tr><td></td><td></td><td>FX 거래이익(₩)</td><td>12,000</td><td>헤지거래이익</td></tr>
<tr><td rowspan="5">20×2. 12.31.</td><td>현금(₩)</td><td>55,000</td><td>이자수익(₩)</td><td>55,000</td><td>이자수령(50$)</td><td rowspan="5">이자수익 55,000<br>환산손실 100,000<br>헤지거래이익 106,000<br>투자액 1,200,000<br>수익률 5.1%<br>* 헤지이익 6,000<br>(스왑포인트×물량)</td></tr>
<tr><td>환산손실(₩)</td><td>100,000</td><td>해외채권(₩)</td><td>100,000</td><td>환율 하락으로 손실 발생</td></tr>
<tr><td>현금(₩)</td><td>1,206,000</td><td>현금($)</td><td>1,000</td><td>FX 스왑거래 정산</td></tr>
<tr><td>현금($)</td><td>1,000</td><td>현금(₩)</td><td>1,100,000</td><td>FX 스왑거래 체결</td></tr>
<tr><td></td><td></td><td>FX 거래이익(₩)</td><td>106,000</td><td>헤지거래이익</td></tr>
</table>

| | | | | | | |
|---|---|---|---|---|---|---|
| 20×3.<br>12.31. | 현금(₩) | 60,000 | 이자수익(₩) | 60,000 | 이자수령(50$) | 이자수익 60,000<br>환산이익 100,000<br>헤지거래손실 100,000<br>투자액 1,200,000<br>수익률 5.0%<br>* 헤지이익 0<br>(스왑포인트×물량) |
| | 해외채권(₩) | 100,000 | 환산이익(₩) | 100,000 | 환율 상승으로 이익발생 | |
| | 현금(₩) | 1,100,000 | 현금($) | 1,000 | FX 스왑거래 정산 | |
| | 현금($) | 1,000 | 현금(₩) | 1,200,000 | FX 스왑거래 체결 | |
| | FX 거래손실(₩) | 100,000 | | | 헤지거래손실 | |
| 20×4.<br>12.31. | 현금(₩) | 65,000 | 이자수익(₩) | 65,000 | 이자수령(50$) | 이자수익 65,000<br>환차익 100,000<br>헤지거래손실 112,000<br>투자액 1,200,000<br>수익률 4.4%<br>* 헤지손실 12,000<br>(스왑포인트×물량) |
| | 해외채권(₩) | 100,000 | 환차익(₩) | 100,000 | 환율 상승으로 이익발생 | |
| | 현금($) | 1,000 | 해외채권(₩) | 1,300,000 | 채권 매도거래 | |
| | 현금(₩) | 1,188,000 | 현금($) | 1,000 | FX 스왑거래 정산 | |
| | FX 거래손실(₩) | 112,000 | | | 헤지거래손실 | |

# 제8장

# 건전성회계 I

## : 감독기준 및 자산 부채 평가

# 제1절
# 감독기준

## 1. 지급여력제도 개요

보험회사의 자본건전성 관리기준인 지급여력제도는 보험업법에 법적 근거를 마련하고 영과 규정에서 원칙을 제시하고 세칙에서 구체적인 방법을 보여준다.

[도표 1] 지급여력제도 법규 구성

보험업법 제123조 → 보험업법 시행령 제65조 → 보험업 감독규정 제7-1조, 제7-2조 제7-2조의2 제7-11조의2 → 보험업 감독업무 시행세칙 제5-7조의3, 별표 22



법(제123조[재무건전성의 유지])은 보험회사의 보험금 지급능력과 경영건전성 확보를 위해 재무건전성 기준을 대통령령으로 정하고 있으며 재무건전성 기준은 자본적정성, 자산건전성, 기타 경영건전성 확보에 필요한 사항으로 구분한다.

영(제65조[재무건전성 기준])은 보험회사가 지켜야하는 재무건전성 기준으로 자본적정성은 지급여력비율 100% 이상, 자산건전성은 대출채권 등 보유자산의 건전성 분류와 대손충당금 적립, 기타 경영건전성(보험회사의 위험, 유동성 및 재보험 관리)에 관한 사항을 구체적으로 제시하고 있다.

규정(제7-1조, 제7-2조)은 지급여력비율 평가를 위해 지급여력금액과 지급여력기준금액 대상과 산출 방법의 원칙을 제시하며 구체적인 세부기준은 감독원장이 정한다. 감독원장이 정하는 기준에 따라 위험액을 산출하는 모형을 표준모형으로 정의하며 보험회사가 자체 기준에 따라 위험액을 산출하면 내부모형으로 정의한다. 이 경우 내부모형에 관한 세부 사항은 감독원장이 정하여 제시할 수 있다.

또한, 규정(제7-2조의2)는 건전성감독기준의 재무상태표 작성에 대한 원칙으로 연결기준과 자산과 부채에 대한 경제적이고 시장가치와 일관된 평가를 제시한다.

## 2. 위험관리기준

### (1) 위험관리기준

보험회사의 위험관리기준은 금융회사의 지배구조에 관한 법률(이하 지배구조법)에 근거한다. 지배구조법(제27조[위험관리기준])에서 금융회사는 자산운용, 각종 거래에서 발생하는 위험에 대한 인식 · 평가 · 감시 · 통제 등 위험관리를 위한 기준 및 절차를 마련해야함을 규정한다. 이에 대한 세부사항은 다음의 시행령에서 정하고 있다.

제22조(위험관리기준 등) ① 법 제27조제1항에 따른 위험관리기준(이하 "위험관리기준"이라 한다)에는 다음 각 호의 사항이 포함되어야 한다.

1. 위험관리의 기본방침
2. 금융회사의 자산 운용 등과 관련하여 발생할 수 있는 위험의 종류, 인식, 측정 및 관리
3. 금융회사가 부담 가능한 위험 수준의 설정
4. 적정투자한도 또는 손실허용한도의 승인
5. 위험관리를 전담하는 조직의 구조 및 업무 분장
6. 임직원이 업무를 수행할 때 준수하여야 하는 위험관리 절차
7. 임직원의 위험관리기준 준수 여부를 확인하는 절차 · 방법과 위험관리기준을 위반한 임직원의 처리
8. 위험관리기준의 제정이나 변경
9. 위험관리책임자의 임면
10. 그 밖에 위험관리기준에서 정하여 할 세부적인 사항으로서 금융위원회가 정하여 고시하는 사항

② 금융회사는 금융위원회가 정하여 고시하는 바에 따라 위험관리를 전담하는 조직을 마련하여야 한다.

이러한 지배구조법에 근거하여 규정(제7-5조)는 보험회사가 보험영업, 자산운용, 기타 제반 위험을 적절히 관리하고 내부 자본적정성을 평가 관리할 수 있는 체제("자체 위험 및 지급여력 평가 체제")를 갖추도록 하고 세부사항은 감독원장이 정한다.

### (2) 자체 위험 및 지급여력평가

세칙(제5-6조의2)에서 "자체 위험 및 지급여력평가"(ORSA ; Own Risk and Solvency Assessment)에 대한 세부사항을 구체화하고 있다.

ORSA에 대한 현행 법규는 회사별 역량 차이를 감안하여 획일적인 법규화 방식보다 자율적 준비기반 확립에 초점을 두고 추진되고 있다. 즉, 회사별 상황에 맞는 ORSA 체제를 자율적으로 구축토록 유도하고 있다. 이에 따라 시행세칙에서 이사회의 승인, 최소 1개 이상의 내부모형 활용, 도입 유예 등에 대해 규정하고 있다. 한편, ORSA 관리 절차, 평가체제, 이사회 승인내용, 도입현황 등에 대해 매년 결산공시에서 기술하고 있다.

[도표 2] 지급여력제도 법규 구성

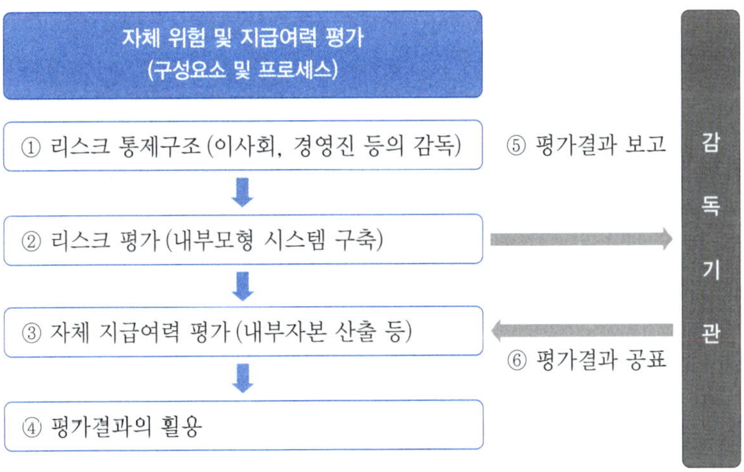


이러한 ORSA 도입에 대한 기대효과[1]로 ① 보험회사의 종합적인 리스크관리 역량 제고에 기여 ② 지급여력제도의 내부모형 도입에 기여 ③ 보험 자본건전성 관련 국제 수준에 부합하는 규제체계 마련으로 볼 수 있다.

ORSA 평가결과 외부공표와 회사별 피드백을 통해 보험회사가 ORSA제도 운영을 보다 내실화하고 위험관리역량을 강화할 것으로 기대한다. 또한 내부모형 승인기준에 ORSA 운영경험 등 질적 평가항목을 반영할 예정이므로 ORSA제도 운영의 활성화는 내부모형 도입에도 도움될 것



1) 금융위원회 · 금융감독원 보도자료(2018.12.13.), "보험회사가 스스로 리스크와 지급여력을 평가하고 관리할 수 있는 역량을 키울 수 있도록 지원하겠습니다."

이다. 마지막으로 IMF의 금융부문평가프로그램(FSAP ; Financial Sector Assessment Program)[2]에서 국제 수준에 부합하도록 규제체계를 지속 개선하고 있다는 인식을 제공할 수 있을 것으로 기대한다.

### (3) 위험 관리 조직

보험회사의 효율적 위험관리를 위해 보험업 감독규정(제7-6조)에서 위험관리위원회의 설치와 위험관리업무를 위해 위험관리책임자와 전담조직 구성하도록 한다. 또한 위원회의 업무로 위험관리기본방침 수립, 위험관리한도 설정, 위험관리세부기준 제개정, 위기상황분석 실시 등을 제시한다.

이러한 규정에 따라 세칙(제5-3조, 제5-3조의2)은 위험관리전담조직 구성 기준으로 사업연도말 현재 자산총액 3천억원 이상을 제시하고, 위기상황분석에 대한 구체적인 실시기준[3]을 제시한다.

### (4) 파생금융거래에 관한 기록유지

보험회사는 규정(제7-8조)에 따라 선물, 선도 등 파생금융거래시 거래에 관한 기록을 작성 및 유지해야 한다. 보험회사의 이사회 또는 위험관리위원회는 파생금융거래전략을 승인하고 준수여부에 대한 감사 및 보고체계를 갖추어야 한다.

---

2) FSAP는 IMF가 회원국 금융부문의 국제기준 충족 여부와 금융시스템 안정성 등을 평가하는 프로그램으로 한국은 2003년, 2013년, 2019년에 실시하였음

3) 감독업무 시행세칙 [별표 33]

# 제2절
# 자산 및 기타부채 평가

## 1. 총칙

자산 및 부채평가는 감독회계에서 정한 재무상태표에서 인식한 자산 및 부채항목을 대상으로 한다. 자산 및 부채 평가는 경제적이고 시장가격과 일관된 가치를 산출하는 것을 원칙으로 한다. 자산은 수취할 가격, 부채는 이전 또는 결제될 가격으로 측정한다. 이때 보험부채는 보험회사 자신의 신용상태 변동에 따른 조정은 반영하지 않는다.

시장가격 및 공정가치 정의, 평가방법 등에 대해서는 K-IFRS를 준용한다. 공정가치 측정과 관련된 공시의 일관성과 비교가능성을 위하여 K-IFRS에서 분류하고 있는 공정가치 서열체계에 따라 공정가치를 분류하고 적용순서는 다음과 같다. 이 때 보험회사가 3순위의 공정가치를 이용하는 경우 투입변수로는 관측 불가능한 정보의 사용을 최소화하고 최대한 목적 적합한 관측치와 객관적으로 검증 가능한 시장 관측치를 사용하여야 한다.

- (1순위) 보험회사는 해당 자산 및 부채가 형성된 시장가격을 사용해야 한다
- (2순위) 동일한 자산 및 부채의 시장가격을 찾을 수 없는 경우 유사한 대상의 가격을 조정하여 활용해야 한다.
- (3순위) 실제 시장에서의 가격을 활용할 수 없는 경우, 가능한 시장 변화로부터 벤치마크, 추정, 기타 방법을 통한 대안적인 평가기법을 활용해야 한다. 대안적인 평가기법을 적용할 경우, 보험회사는 K-IFRS의 공정가치 측정방법에 대한 지침을 준용해야 한다.

보험회사는 K-IFRS의 중요성에 대한 판단기준을 준용하여 중요성 판단기준을 설정하여야 하며, 설정 및 변경 근거를 문서화하여야 한다. 특별계정 및 정보성 계정은 건전성감독기준 재무상태표에 표시한다. 특별계정은 변액보험과 실적배당형 퇴직연금이 해당되며 납입보험료에 대

08

한 운용손익의 계약자 귀속 여부, 위험측정방식 차이를 감안하여 구분하여 표시한다. 정보성계정은 건전성회계 재무상태표의 세부 계정에 포함되지는 않지만 요구자본 산출 등을 위해 필요한 항목으로 괄호로 표시하며 수취채권, 잔존만기 3개월이내 예치금 등이 해당된다.

## 2. 자산평가기준

자산은 ① 현금 및 예치금 ② 유가증권 ③ 대출채권 ④ 부동산 ⑤ 재보험자산 ⑥ 이연법인세자산(부채) ⑦ 무형자산으로 구분한다.

### (1) 현금 및 예치금

시장가격 평가를 원칙으로 하되, 시장가격이 없는 경우 다음의 기준을 적용한 신용스프레드 조정법으로 공정가치를 산출한다.

- 기대현금흐름은 상환스케줄만 반영한 위험미조정 기대현금흐름을 사용함
- 할인율은 무위험 금리기간구조에 위험스프레드를 가산한 위험조정 할인율 사용함

한편, 당좌예금, 보통예금 등 계약만기를 특정할 수 없거나, 잔존만기 3개월 이내의 예치금은 감독회계에서 인식한 금액으로 평가할 수 있다.

### (2) 유가증권

시장성이 있는 주식과 채권은 시장가격으로 평가하며 시장성이 없는 주식과 채권은 공정가치로 평가한다. 채권의 경우 보험회사는 공정가치 평가방법(공정가치 서열체계 적용방식, 평가방법 및 사용 주요변수 등)에 관한 내부기준 및 통제절차를 마련하고 이를 문서화하여야 한다. 간접투자증권은 감독회계에서 인식한 금액[1]으로 평가한다. 자기주식은 K-IFRS에 따라 자본의 차감계정으로 인식한다.

### (3) 대출채권

대출채권은 ① 기업대출 ② 개인대출 ③ 보험계약대출로 분류, 공정가치 평가방법론을 적용하여 평가한다. 보험계약대출은 감독회계와 달리 부채가 아닌 자산으로 표시[2]한다.

---

1) IFRS 9 적용으로 당기손익-공정가치측정금융자산(FVPL)으로 인식한다.

2) 해외지급여력제도(ICS, Solvency II)에서도 보험계약대출은 보험부채에 포함하지 않고 자산에 별도로 표시한다.

[도표 3] 대출종류별 비교

| 기업대출 | 개인대출 | 보험계약대출 |
| --- | --- | --- |
| • 일반대출<br>– 신용, 담보<br>• 특수금융<br>– 프로젝트금융<br>– 오브젝트금융<br>– 상품금융<br>• 기타대출 | • 신용대출<br>• 담보대출<br>– 아파트<br>– 아파트 외 부동산<br>– 지급보증<br>– 기타 | • 보험계약대출<br>(자산 하위항목에 표시) |

### 1) 기업대출

평가일 현재 채권평가회사 및 신용평가회사의 평가가치가 있는 경우에는 해당 평가가치를 적용하나 없는 경우 신용스프레드 조정법을 사용하여 다음의 산식에 따라 공정가치로 평가한다.

$$\text{공정가치} = \sum_{t=0}^{T} \frac{\text{위험미조정 기대현금흐름}_t}{(1 + \text{무위험금리기간구조} + \text{위험스프레드})^t}$$

위험미조정 기대현금흐름[3]은 상환스케줄만 반영한 기대현금흐름으로 다음과 같이 산출한다. 이 때 거래상대방이 부도상태인 경우, 기대현금흐름을 0으로 처리한다. 변동금리부대출의 기대현금흐름은 선도금리 기준으로 생성하거나 회귀분석을 통해 산출할 수 있다. 할인율은 무위험금리기간구조에 위험스프레드를 가산한 위험조정 할인율을 사용한다.

$$\text{위험미조정 기대현금흐름}_t = \text{정규상환액}_t + \text{조기상환액}_t + \text{발생이자액}_t$$

08

### 2) 개인대출

개인대출은 현금흐름 조정법을 사용하여 다음의 계산식에 따라 공정가치로 평가한다.

$$\text{공정가치} = \sum_{t=0}^{T} \frac{\text{위험조정 기대현금흐름}_t}{(1 + \text{무위험금리기간구조} + \text{잔여스프레드})^t}$$

---

**3)** ① $\text{정규상환액}_t = \text{대출잔액}_{t-1} \times \text{상환스케줄}_t$

② $\text{조기상환액}_t = (\text{대출잔액}_{t-1} - \text{정규상환}_t) \times \text{조기상환율}_t + \text{조기상환 페널티}$

③ $\text{발생이자액}_t = \text{대출잔액}_{t-1} \times \text{대출금리}_t$

위험조정 기대현금흐름[4)]은 상환스케줄 및 부도시 손실액을 반영한 기대현금흐름으로 다음과 같이 산출한다. 거래상대방이 부도상태인 경우, 기대현금흐름을 0으로 처리한다.

변동금리부대출의 기대현금흐름은 선도금리 기준으로 생성하거나 회귀분석을 통해 산출할 수 있다. 할인율은 무위험 금리기간구조에 잔여스프레드를 가산한 위험미조정 할인율을 사용하며, 잔여스프레드는 감독원장이 제시한다.[5)]

$$\text{위험조정 기대현금흐름}_t = \text{정규상환액}_t + \text{조기상환액}_t + \text{발생이자액}_t - \text{부도시 손실액}_t$$

**보충설명** 기업대출과 개인대출의 평가방법이 다른 이유

❑ 기업대출은 신용스프레드조정법을 사용하고 개인대출은 현금흐름조정법을 사용함

❑ 기업대출은 대부분의 경우 거래상대방에 대한 신용등급이 있어 이를 이용한 무보증회사채와 국고채 수익률 간의 위험스프레드를 시장에서 관찰할 수 있음

• 다만, 특수금융은 신용등급이 없는 경우가 많으므로 예외적으로 매입수익률(실행 당시 대출금리)을 기준으로 회사채 수익률을 매핑하여 해당 대출의 고유위험을 포함한 위험스프레드를 산출함

❑ 개인대출은 기업대출과 달리 준용 가능한 신용등급 · 만기별 위험스프레드를 시장에서 관찰할 수 없으나 거래상대방에 대한 PD 및 LGD 정보를 사용할 수 있음

• PD는 개인신용평가회사의 점수구간별 불량률과 Lifetime PD 증감율을 이용하며, LGD는 담보의 종류에 따라 손실 수준이 다르므로 담보를 아파트 · 아파트외 · 지급보증 · 기타 · 신용으로 유형을 구분한 후 업계 가중평균 LGD를 사용함

### (4) 부동산

부동산은 최초에 취득 원가로 인식하고 후속 측정시 공정가치로 평가한다. 부동산의 공정가치는 「감정평가 및 감정평가사에 관한 법률」에 따른 감정평가법인등이 감정평가한 평가한 금액으로 평가함이 원칙이며 다음의 세부기준을 적용할 수 있다.

---

**4)** ① $\text{정규상환액}_t = \text{대출잔액}_{t-1} \times \text{상환스케줄}_t$

② $\text{조기상환액}_t = (\text{대출잔액}_{t-1} - \text{정규상환액}_t) \times \text{조기상환율}_t + \text{조기상환 페널티}$

③ $\text{발생이자액}_t = \text{대출잔액}_{t-1} \times \text{대출금리}_t$

④ $\text{부도시 손실액}_t = \text{부도시 익스포저}_t \times \text{부도율}_t \times \text{부도시 손실율}$

• $\text{부도시 익스포저}_t = \text{대출잔액}_{t-1} - \text{정규상환액}_t - \text{조기상환액}_t$

• $\text{부도율}_t$은 기간별 누적부도율(Lifetime PD)을 경과기간별로 사용하며, 기간별 누적부도율은 감독원장이 제시한 값을 사용함

• 부도시 손실율은 감독원장이 담보별로 구분하여 제시한 값을 사용한다.

**5)** 금융감독원 홈페이지(지급여력제도 및 감독회계)에 게시되어 있으며 2023년은 2.70%, 2024년은 1.91%가 제시됨

① 부동산의 종류가 아파트 또는 오피스텔인 경우 한국부동산원의 층별 · 호별 격차율 지수로 산정한 가격 또는 KB부동산시세의 일반거래가를 적용할 수 있음

② 부동산의 공정가치 변동이 경미하여 빈번한 재평가가 필요하지 않다고 판단되는 경우 매 5년마다 정식 감정평가를 할 수 있음

③ ②에도 불구하고, 다음의 어느 하나에 해당하는 경우 정식 감정평가를 하여야 함

- 당해 부동산 소재지의 국토교통부 또는 한국부동산원이 발표하는 상업용부동산 임대동향 또는 투자수익률이 2년 연속 하락하거나 전년 대비 5%p 이상 하락
- 국토교통부 또는 한국부동산원이 발표하는 상업지역 지가변동률이 2년 연속 음수를 나타내거나, 전년 대비 5% 이상 하락

④ 부동산의 정식 감정평가를 받지 않았거나 부동산을 최초 취득하지 않은 경우 직전분기 평가액을 동일하게 사용함

⑤ 해외부동산의 경우 국내 부동산지수와 유사한 수준의 객관성을 가지며 해당 지역의 시장상황 반영이 가능한 지표를 선정하여 매기 일관성 있게 적용하여야 하며, 그 판단근거를 문서화하여야 함

보험회사는 감정평가법인 등 선정절차의 공정성 및 독립성 확보를 위한 내부기준 및 통제장치를 마련하고 이를 문서화하여야 한다. 매각예정비유동자산은 공정가치에서 매각부대비용을 차감한 금액(순공정가치)으로 평가한다.

### (5) 재보험자산

재보험자산은 보험계약을 출재한 경우 해당 계약에 대하여 별도로 산출하며, 산출원칙 및 산출방법은 생명보험 및 장기손해보험 부채평가 또는 일반손해보험 부채평가에서 정한 바를 따른다.

### (6) 이연법인세자산

건전성감독기준 재무상태표의 자산 · 부채 평가액과 세무상 장부가액의 차이는 K-IFRS에서 정하는 일시적 차이로 보며, 동 일시적 차이 및 미사용 세무상결손금의 이월액, 미사용 세액공제 등의 이월액에 대한 법인세효과를 이연법인세자산으로 평가한다. 단, 보험회사는 동 일시적 차이를 감독회계 재무상태표의 자산 · 부채 평가액과 세무상 장부가액 차이를 조정한 후, 건전성회계 재무상태표의 자산 · 부채 평가액과 감독회계 재무상태표의 자산 · 부채 평가액의 차이를 추가로 조정하는 방식으로 조정할 수 있다.

이연법인세자산은 일시적 차이 등이 해소될 것으로 예상되는 회계연도의 과세소득, 이연법인세부채 등을 감안하여 회수가능성이 있는 경우에만 인정한다. 이연법인세자산의 실현가능성 평가는 K-IFRS를 준용한다.

### (7) 무형자산

시장성이 인정되는 무형자산(시장에서 거래되는 콘도회원권, 골프회원권 등)은 최초에 원가로 인식하고 후속 측정시 재평가모형[6]을 적용한 금액으로 평가한다. 시장성은 다음의 기준을 충족한 경우에만 인정된다. 시장성이 인정되지 않은 무형자산(영업권 등)[7]은 0원으로 한다.

① 분리매매가 가능할 것
② 활성시장에서 동일 또는 유사한 자산의 시가가 존재할 것

### (8) 그 밖의 자산

앞에서 정하지 않은 자산은 감독회계 재무상태표에서 인식한 금액으로 평가한다.

## 3. 기타부채 평가기준

### (1) 금융부채

금융부채는 보험감독회계기준 재무상태표의 사채와 차입금을 말한다. 금융부채는 최초시점에는 거래가격으로 인식하고, 후속 측정시 다음에 따라 공정가치로 평가한다.

$$\text{공정가치} = \sum_{t=0}^{T} \frac{\text{위험미조정 기대현금흐름}_t}{(1 + \text{무위험금리기간구조} + \text{위험스프레드})^t}$$

---

6) (기업회계기준서 제1038호 문단 75) 최초 인식 후에 무형자산은 재평가일의 공정가치에서 상각누계액과 손상차손누계액을 차감한 재평가금액을 장부금액으로 한다. 공정가치는 활성거래시장을 기초로 하여 측정한다. 보고기간 말에 자산의 장부금액이 공정가치와 중요하게 차이가 나지 않도록 주기적으로 재평가를 실시한다.

7) 영업권, 개발비, 소프트웨어, 산업재산권(특허권, 실용신안권, 의장권, 상표권), 저작권, 광업권, 어업권 등이 일반적으로 시장성이 인정되지 않는 무형자산이다.

위험미조정 기대현금흐름은 해당 금융부채의 계약상의 상환스케줄을 반영한 기대현금흐름을 사용한다. 할인율은 무위험 금리기간구조에 잔여스프레드[8]를 가산한 위험미조정 할인율을 사용한다. 다만, 보험회사는 중요하지 않은 금융부채에 대해서는 무위험 금리기간구조를 할인율로 이용할 수 있다. 한편, 잔존만기 3개월 이내의 금융부채는 감독회계 재무상태표에서 인식한 금액으로 평가할 수 있다.

### (2) 우발부채

경제적 자원의 유출가능성이 크지 않으나, 보험회사의 지급능력 유지에 영향이 클 것으로 판단되는 경우 부채로 인식한다. 우발부채 평가는 K-IFRS 평가방법을 준용하되 할인율은 무위험 금리기간구조를 사용한다. 부채인식에 대한 판단기준은 중요성 판단기준 따른다. 가능한 결과의 범위를 결정할 수 없어 신뢰성 있는 금액의 추정이 불가능한 경우 부채로 인식하지 않으며, 그 판단 근거 및 사유를 문서화하여야 한다.

### (3) 계약자지분조정

계약자지분조정은 감독회계 재무상태표에서 인식한 금액으로 평가하며, 다음의 항목으로 구성한다.

① 공익사업출연기금
② 재평가적립금
③ 기타포괄손익－공정가치측정금융상품평가손익
④ 지분법적용투자주식평가손익
⑤ 재평가잉여금

### (4) 그 밖의 부채

앞에서 정하지 않은 기타부채는 감독회계 재무상태표에서 인식한 금액으로 평가한다.

8) 잔여스프레드는 위험스프레드에서 신용위험스프레드를 차감하여 산출한다. 위험스프레드는 최초시점의 위험스프레드를 만기까지 동일하게 적용한다. 신용위험스프레드는 감독원장이 제시한 신용위험스프레드 중 해당 금융부채의 신용등급과 잔존만기에 해당하는 값을 적용한다. 단, 최초시점의 신용등급을 만기까지 동일하게 적용한다.

08

# 제3절
# 부채평가(생명보험 및 장기손해보험)

## 1. 일반원칙

### (1) 적용범위

건전성회계 재무상태표의 생명보험 및 장기손해보험 책임준비금, 보험계약대출 및 재보험자산에 대한 평가기준을 정한다. 이때 장기손해보험은 일반손해보험을 제외한 손해보험을 말하며, 일반손해보험은 보험료 산출시 할인율을 적용하지 아니하고 순보험료가 위험보험료만으로 구성된 손해보험을 말한다.

### (2) 평가대상

보험회사가 판매한 모든 보험계약을 평가대상으로 한다. 보험계약은 감독회계의 적용을 받지 않아 투자계약으로 분류된 계약들의 평가금액까지 포함한다.

**보충설명** 건전성회계와 감독회계 평가대상 차이

❑ 건전성회계는 보험회사가 판매하는 모든 보험계약이 평가대상으로 감독회계에서 정의하는 보험계약과 대상이 다름

❑ 감독회계의 보험계약은 보험계약자로부터 유의적 보험위험을 인수하는 계약으로 투자계약은 포함되지 않음

• 예를 들어 기업이 유의적인 사망위험이나 장해위험을 부담하지 않는 생명보험계약은 보험계약이 아니며 금융상품이거나 서비스계약에 해당됨 (기업회계기준서 제1117호 B27)

### (3) 분류기준

책임준비금은 현행추정부채와 위험마진으로 구분하여 부채항목으로 계상하고 보험계약대출

및 재보험자산은 현행추정부채에 포함하지 않고 별도 구분하여 자산항목으로 계상한다. 감독회계와 달리 건전성회계의 책임준비금은 보험계약마진이 없으며 현금흐름의 불확실성은 위험마진으로 측정한다.

[도표 4] 보험부채 비교

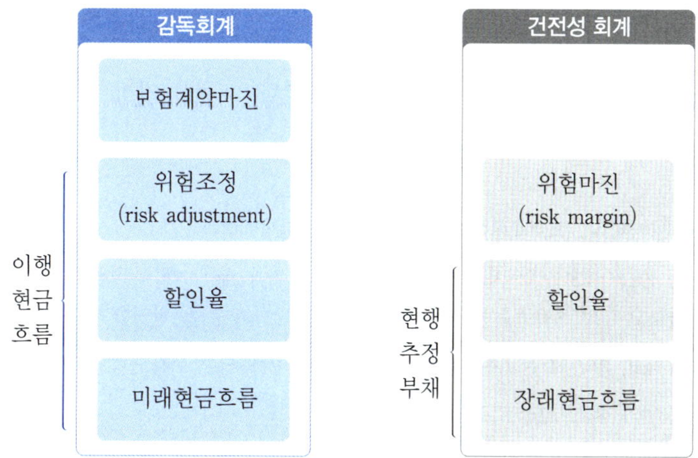


## 2. 현행추정부채

### (1) 원칙

현행추정부채는 보험계약 장래 현금흐름(직접·간접 계약체결비용 및 계약유지비용 포함)을 확률론적 시나리오로 할인한 현재가치의 가중평균으로 산출한다. 다만, 보험부채의 특성상 확률론적 시나리오 적용이 필요하지 않은 보험계약에 대해서는 결정론적 시나리오를 적용할 수 있다.

현행추정부채는 전 보험기간 동안 보험계약상 의무이행과 관련된 모든 본질적인 불확실성을 고려하여 산출한다. 이 때 불확실성이라 함은 지급보험금의 발생시기·주기·심도, 사업비 발생 규모, 계약자행동, 금융환경 변화에 따른 보험금 변동 등을 말한다. 보험계약과 관련된 모든 현금흐름(유입, 유출)을 반영해야 한다. 현행추정부채는 원수보험(수재보험 포함)을 대상으로 산출한다. 보험미수금, 보험미지급금, 구상채권, 선수보험료 등 보험계약의 현금흐름과 연관된 항목의 경우 현행추정부채에 포함한다.

현행추정부채는 보험료부채 및 준비금부채로 구분하여 산출한다. 장래 현금흐름의 현재가치는 조정 무위험 금리기간구조를 적용하여 산출한다. 퇴직보험 및 퇴직연금의 현행추정부채는 감독회계의 특별계정 재무상태표에서 인식한 금액[1]으로 산출한다.

## (2) 보험료부채

### 1) 현금흐름 산출단위

보험료부채 평가를 위한 현금흐름은 주계약(장기손해보험은 기본계약을 말한다)과 특약을 구분하여 산출하고, 그 산출결과는 주계약 기준으로 통합하여 관리한다. 위험률 가정은 서로 다른 담보를 통합하여 산출하지 않아야 한다.

**보충설명** 주계약 · 특약을 구분 산출 후 산출결과를 주계약으로 통합관리하는 방법

❏ 보험부채 현금흐름은 보험계약자가 가입한 증권번호 단위의 계약보다 세부단위인 개별계약(주계약과 특약) 단위로 산출하고 개별 계약별로 현금흐름 특성(보장급부, 만기 등)을 반영함

- 개별 계약(주계약, 특약)의 현금흐름 특성을 반영한 보험부채 산출 로직 구성 및 계약 정보 구성
- 개별 계약 단위의 현금흐름을 각각 산출
- 개별 계약 단위로 산출된 현금흐름을 증권번호 단위로 합산하여 최종 현금흐름 관리
  - 예를 들어, 보험계약자가 가입한 증권의 구성이 주계약(사망), 특약(건강)인 경우 개별 계약 2개에서 각각 산출

### 2) 현금흐름 산출대상

보험료부채 측정에 적용되는 현금흐름은 평가시점 현재 아직 발생하지 않은 보험사고 관련 금액 및 지급사유가 발생하지 않은 비보험사고 관련 금액에 대한 현금흐름을 반영해야 한다.

### 3) 계약의 경계

평가일 현재 유지중인 계약을 대상으로 하며, 장래에 신규로 유입될 것으로 예상되는 보험계약은 포함하지 않는다. 현금흐름은 유지중인 계약에 대한 장래 보험료를 포함하여야 하나, 다음 ①에 해당하는 동시에 ② 또는 ③에 해당하는 경우 갱신시점 이후의 장래 보험료 및 이와 관련된 장래보험금, 사업비 등은 장래에 신규로 유입될 것으로 예상되는 보험계약에 속하는 것으로 보아 현금흐름에 포함하지 않는다. 이때 ①부터 ③까지는 주계약과 특약을 구분하여 판단한다.

---

1) K-ICS에서 퇴직보험 및 퇴직연금의 현행추정부채는 공정가치로 평가하지 않고 보험감독회계기준 상의 원리금보장형 및 실적배당형 특별계정의 책임준비금 금액으로 인식함. 퇴직보험 및 퇴직연금 부채는 1년 만기 비중이 높아 공정가치 평가에 따른 실익이 크지 않음

① 보험회사가 보험계약자에게 보험료 납부를 강제할 수 있는 권리가 없는 경우
② 보험회사가 장래 어느 시점에 계약을 종료하거나 보험료 납입을 거절할 수 있는 일방적인 권한이 있는 경우
③ 보험회사가 장래 어느 시점에 위험을 완전히 반영하여 보험료 또는 보장급부를 개정할 수 있는 일방적인 권한이 있는 경우

한편 위의 ③에 대한 판단 기준은 다음과 같다. 보험회사가 장래 모든 갱신시점에 최초 계약 시점에 준하는 방법에 따라 보험계약자별로 위험을 평가하여 보험료 또는 보장급부를 완전히 개정할 수 있는 경우에만 위험을 완전히 반영하여 보험료 또는 보장급부를 개정할 수 있는 일방적인 권한이 있는 것으로 본다. 단체보험의 경우 상기 조건을 적용함에 있어 보험계약자는 계약 단위인 단체를 의미한다.

보험회사는 갱신형 보험계약의 갱신시점 이후 현금흐름을 산출함에 있어 합리적이고 현실적인 계리적 가정을 적용해야 한다. 갱신시점 이후 갱신보험료와 보험금은 보험회사가 과거 경험통계에 따른 경과기간별 보험료의 조정률 및 합리적 수준의 최종 목표손해율을 적용하여 산출할 수 있다. 갱신시점 이후를 적용함에 있어, 합리적인 사유가 있는 경우 과거 경험통계에 경영자행동을 적용하여 보험료를 추가 조정할 수 있다.

현재 손실이 발생한 실손의료보험의 경우 경영자행동을 포함한 보험료 조정률의 최대 한도는 갱신주기별로 다음 ①부터 ③까지 중 가장 작은 비율로 한다. ①와 ②의 과거 경험조정률 평균과 과거 경험조정률 표준편차를 산출하는 기간은 보험회사가 결정하되, 변경을 요하는 합리적 사유가 발생하지 않는 한 매기 동일하게 적용한다. 보험회사는 위험구분단위별 최대 한도의 범위 내에서 적용 한도를 합리적으로 정할 수 있다. 갱신시점 이후 사업비율과 해약률은 계리적 가정의 산출원칙을 적용한다.

① 과거 경험조정률 평균에 과거 경험조정률 표준편차의 50%를 합산한 비율
② 과거 경험조정률 평균에 실손의료보험 위험구분단위(상해입원, 상해통원, 질병입원, 질병통원)별로 감독원장이 제시하는 보험료 조정률 표준편차의 50%를 합산한 비율
③ 위험구분단위별로 보험료의 변경이 매년 ±25%를 초과하지 않을 것[2)]

공동재보험 계약의 경우 보험회사의 출재계약과 재보험계약을 인수한 보험회사의 수재계약은 계약의 경계를 동일하게 적용하여야 한다.

2) 다만 경영개선협약체결, 경영개선권고, 경영개선요구, 경영개선명령에서 정하는 조치를 요구받거나 그러할 가능성이 있다고 인정되는 경우는 그러하지 아니함

08

### 4) 현금흐름 산출기간

현금흐름 산출기간은 앞서 설명한 계약의 경계에 따라 판단하며 기간 내 발생하는 장래 현금흐름을 포함하여야 한다.

### 5) 계리적 가정

① 일반원칙

미래현금흐름의 추정에 사용되는 계리적 가정은 현행추정에 따라 산출한다. 계리적 가정은 보험회사의 내·외부 이용가능한 모든 정보를 사용하여 산출하되 보험회사의 내부정보를 우선적으로 이용하여야 한다. 다만, 다음의 요건을 모두 충족할 경우 외부정보를 이용할 수 있다.

> ① 내부정보를 이용하는 것 보다 외부정보를 이용함이 보다 적절함을 합리적으로 확신할 수 있는 근거를 갖출 것
> ② 외부정보 처리에 사용한 가정 및 방법론에 대해 충분히 이해하고, 그 효과에 대한 검증을 거칠 것
> ③ 외부정보의 변화추세 및 당해 정보 처리에 사용된 가정 및 방법론의 변화에 대해 충분히 이해하고, 그 효과에 대한 검증을 거칠 것
> ④ 외부정보 처리에 사용한 가정 및 방법론이 보험계약의 특성을 적절히 반영하고 있음을 합리적으로 확신할 수 있는 판단 근거를 갖출 것
> ⑤ 외부정보를 사용한 이후의 계량적 영향을 주기적으로 평가하는 업무절차를 마련하고, 평가결과에 대한 타당성 검토를 실시할 것
> ⑥ ①부터 ⑤까지의 외부정보 이용에 관한 의사결정 기준 및 체계, 의사결정 과정 등을 문서화하고, 의사결정에 따른 책임 소재를 명확히 할 수 있을 것

계리적 가정은 사업비율, 해약률, 위험률, 계약자행동, 경영자행동, 손해진전계수, 실손의료보험의 계리적 가정을 적용하여 매 회계연도 일관되게 적용하되 다음의 요건을 모두 충족하는 경우 산출기준을 변경할 수 있다.

> ① 보험제도 및 경영환경의 중요한 변화가 있을 것
> ② 변경 전 산출기준 대비 변경 후 산출기준에 따른 가정이 미래를 보다 적절히 반영할 것임을 합리적으로 확신할 수 있는 근거를 갖출 것
> ③ 산출기준 변경 전·후 계리적 가정의 차이와 부채평가에 미치는 계량적 영향을 평가하여 그 결과를 반영할 것
> ④ ①부터 ③까지의 계리적 가정 변경·결정에 대한 의사결정 기준 및 체계, 의사결정 과정 등을 문서화하고, 의사결정에 따른 책임 소재를 명확히 할 수 있을 것

계리적 가정을 현행추정할 경우 평가대상 보험계약과 유사한 속성을 가진 보험계약의 최근 보험료 산출시 사용된 가정과의 일관성을 고려하여야 한다. 일관성이란 산출된 가정의 계량적 수준을 의미하지 않고 고려된 요소, 산출 절차 등의 질적 요소의 일관성을 의미한다. 보험회사는 계리적 가정(사업비율, 해약률, 위험률, 계약자행동, 경영자행동,손해진전계수, 실손의료보험의 계리적 가정)의 산출기준(경험통계 기간, 산출근거 등), 검증기준 및 검증결과 등을 문서화하여야 한다.

② 사업비율

사업비율은 보험회사가 집행한 모든 사업비를 포함하여 산출한다. 다만, 명예퇴직금 등 보험계약(투자계약 포함) 의무이행과 관련되지 않은 일회성 비용은 사업비율 산출시 반영하지 아니한다. 사업비는 합리적인 기준에 따라 보험종목별로 구분되어야 하며, 손해보험회사의 경우 장기손해보험과 일반손해보험을 반드시 구분하여야 한다. 사업비에 대한 보험종목별 구분기준은 문서화하여야 하며, 특별한 사유가 없는 한 매기 동일하게 적용하여야 한다.

각 보험종목에 대한 사업비는 직접귀속이 가능한 사업비와 직접귀속이 불가능한 사업비로 구분하여 적용하고, 직접귀속이 불가능한 사업비는 사업비 특성을 합리적으로 반영하여 산출한다.

**보충설명** 건전성회계와 감독회계 차이(사업비)

❑ 감독회계에서 간접사업비는 보험계약 귀속가능 여부에 따라 보험부채 미래현금흐름에 포함여부가 달라짐

- 귀속가능 간접비는 미래 현금유출이므로 보험부채 현금흐름에 포함하지만 귀속불가 간접비는 보험부채 현금흐름에서 제외하고 발생할 때 손익계산서에서 비용으로 처리됨
- 귀속불가 간접비로는 상품개발비, 교육훈련비 등과 같이 그 계약을 포함하는 보험계약 포트폴리오에 직접 귀속시킬 수 없는 원가와 관련된 비용을 의미함

❑ K-ICS는 손익계산서를 작성하지 않으므로 귀속불가 간접비를 보험부채 현금흐름에서 제외할 경우 자본이 과대측정될 가능성이 있음

- 이에 따라 감독회계와 달리 발생가능한 모든 사업비를 현행추정부채에서 포함하여 평가하는 것을 원칙으로 함
- 다만, K-ICS에서도 명예퇴직금 등 보험계약(투자계약 포함) 의무이행과 관련되지 않은 일회성 비용은 현행추정부채의 장래현금흐름에 반영하지 않음

사업비율은 보험회사의 경험통계를 기반으로 보험회사의 미래 사업비정책, 보험금 지급 정책의 변화 및 효율성, 물가상승률을 반영하여 결정한다. 경험통계 기간은 경제환경의 변화 등을 고려하여 합리적으로 설정하여야 한다. 미래기간 중 사업비율이 감소할 것으로 추정한 경우 그에 대한 합리적 근거를 마련하여야 한다.

사업비율은 판매채널별 사업비 특성을 합리적으로 반영하여 계약체결비용과 계약유지비용,

손해조사비용, 투자관리비용으로 구분하여 산출하여야 하며, 특별한 사유가 없는 한 매기 동일하게 적용하여야 한다. 계약체결비용은 경과기간별로 구분하여 산출하고, 모집수당규정 등 보험회사의 관련규정에 따라 미래에 실제 집행될 금액을 기준으로 산출한다. 계약유지비용은 보유계약건수 또는 수입보험료 등을 기준으로 산출한다.

계약체결비용 및 계약유지비용은 세부항목별로 물가변동의 영향을 고려하여 물가상승률을 합리적으로 반영한다. 이때, 물가상승률은 평가시점 당시 한국은행법에 따라 한국은행이 정한 (소비자)물가안정목표로 한다. 사업비 구분시 새로운 계약의 판매, 심사, 개시 업무부서의 인건비 등 새로운 계약 체결과 직접적으로 관련된 비용에 대해서는 보험회사별 사업비 특성 및 원가동인을 반영하여 계약체결비용으로 분류한다.

손해조사비용은 보험회사의 경험통계를 활용하여 산출한다. 투자관리비용은 회계비용, 투자담당 직원의 급여, 투자거래 수수료 등 투자활동과 관련한 비용을 포함한다. 투자관리비용과 관련된 미래현금유출액 산출 시 부동산, 주식의 운용과 관련하여 발생하는 투자관리비용은 제외한다. 이때 개별자산에서 직접 발생하는 투자관리비용은 당해 자산에 배분하고, 직원의 급여 등 개별자산간에 공통적으로 발생하는 투자관리비용은 자산별 장부가액을 기준으로 개별자산에 배분한다.

보험료부채의 현금흐름 산출단위별 투자관리비용은 투자관리비용률을 현금흐름 산출단위별 해지시 지급해야할 금액(보험계약대출 잔액이 있는 경우 차감)에 곱하여 경과기간별로 산출한다. 이때 경과기간별 투자관리비용률은 현금흐름 산출단위에서 정한 단위별로 산출하며, 현금흐름 산출기간에서 정한 기간이 종료될 때까지 동일하게 적용한다.

투자관리비용률은 회사의 경험통계 등을 고려하여 합리적으로 설정하여야 하며, 매 회계연도 일관되게 적용하는 것을 원칙으로 한다. 보험회사는 투자관리비용률 설정 및 변경 근거를 문서화하여야 한다. 보험계약대출의 현금흐름 산출단위별 투자관리비용은 별도로 구분하며 현금흐름 산출단위에 따라 산출한다.

③ 해약률

보험회사의 경험통계를 기반으로 경과기간별로 구분하여 산출한다. 이때, 경험통계기간은 경제환경의 변화 등을 고려하여 합리적으로 설정하고 매 기간 일관되게 적용하여야 한다.

해약률 산출시 보험종목 및 계약자 옵션의 종류, 보험가입시 연령, 보험가입 후 경과기간(역선택 효과 포함), 보험료납입상태, 납입방식, 납입주기, 보험가입금액 및 보험료의 수준, 해약환급금 규모, 계약자배당 예상액, 해지시 세금효과, 보험가입 채널(판매채널), 수당, 계약상태(계약부활, 승환계약 여부 등), 보험계약의 이자율과 시장금리 차이 등을 합리적으로 반영한다.

해약환급금 수준이 낮게 설계된 상품은 더 높게 설계된 상품보다 경과기간별 해약률 및 누적 해약률을 낮은 수준으로 반영하여야 한다. 하지만 경험통계가 충분히 집적된 초기 경과년도에는 해약환급금 수준이 낮게 설계된 상품의 경과기간별 해약률이 더 높게 설계된 상품보다 높을 수 있다.

납입기간 종료 등 일정기간 경과 후 해약환급금이 납입한 보험료 합계액의 100% 등 계단식으로 증가하는 구조로 상품을 설계한 경우에는 해지유보효과[3] 및 해지상승효과[4]의 계약자행동 가정을 반영하여야 한다. 다만, 회사가 해지유보효과 및 해지상승효과 반영방법에 대한 합리성 및 타당성을 입증하고, 입증 결과를 문서화할 경우 회사가 정한 별도의 계약자행동 가정을 적용할 수 있다.

보험계약에 적용되는 이자율이 시장금리보다 현저히 높은 경우, 해약률을 구분하여 산출함을 원칙으로 한다. 해약률을 구분하여 산출하는 기준(이하, 고금리 구분 이율)으로 할인율의 장기선도금리를 사용한다. 이 경우, 회사가 직전 회계연도에 설정한 고금리 구분 이율과 장기선도금리의 차이가 1%p 미만인 경우에는 당해 회계연도에도 직전 회계연도의 고금리 구분 이율을 적용할 수 있다.

④ 위험률

보험회사의 경험통계를 기반으로 경과기간별로 구분하여 위험률을 산출하고, 미래 보험회사의 계약인수정책 등 위험률 관리정책을 반영한다. 경험통계 기간은 경제환경의 변화 등을 고려하여 합리적으로 설정하고, 매 기간 일관되게 적용하여야 한다.

위험률은 보장하는 위험담보 별로 산출해야 하며 연령, 성별, 직업, 흡연유무 등 위험률에 영향을 미치는 주요 요소를 합리적으로 반영하여야 한다. 위험담보는 사망담보, 생존담보(연금), 생존담보(건강), 일반손해보험 등으로 구분할 수 있으며, 이를 세분화할 수 있다.

08

⑤ 계약자행동

계약자행동 가정(해약률, 연금일시금전환율, 중도인출율 등의 옵션 행사에 대한 가정)은 과거 계약자 행동에 기반하여 산출한다. 계약자행동 가정은 금융시장의 상황, 보험회사의 대고객 정책을 반영하여 산출한다.

⑥ 경영자행동

경영자행동 가정(자산투자전략, 이익금의 분배, 계약자배당 정책, 사업비 정책, 갱신계약의 계약조건 조정, 공시이율 조정률 설정)은 객관적

---

3) 해약환급금 증가 직전 해지유보효과가 반영될 수 있도록 해약환급금 증가규모 수준에 따라 합리적으로 설정된 기간동안 해약률이 "0"으로 수렴하는 해약률 모델을 사용하여야 한다.

4) 해약환급금이 증가한 이후 1년 이상은 해약환급금이 더 높게 설계된 상품보다 경과기간별 해약률을 높은 수준으로 설정하여야 한다.

인 방법으로 결정되어야 한다. 경영자행동 가정은 현재의 사업관행을 변화시킬 것이라는 충분한 증거가 없는 한 현재 사업관행 및 사업전략과 일관되어야 한다. 경영자행동 가정들은 상호간에 일관성을 유지하여야 한다. 경영자행동 가정은 보험회사가 이미 대외적으로 공시한 사항을 반영하고, 이행에 필요한 시간과 비용을 고려하여야 한다.

보험회사는 다음과 같은 방법으로 경영자행동 가정(자산투자전략, 이익금의 분배, 계약자배당 정책, 사업비 정책, 갱신계약의 계약조건 조정, 공시이율 조정률 설정)의 합리성을 검증하고 문서화하여야 한다.

① 경영자행동 가정과 과거 실제 경영자행동 비교
② 현재와 과거의 경영자행동 가정 비교
③ 경영자행동 가정 변경에 따른 책임준비금의 변동

경영자행동 가정은 관찰된 경험 통계를 기반으로 회사(경영자)의 재량권이 반영될 수 있는 사항은 추가적으로 경영자행동 가정을 반영하여 보험부채 평가에 반영 가능하다. 경영자행동을 객관적인 방법으로 결정할 때 기대수준과 제약요소를 고려해야 하며 통계 등 객관적 근거 없이 경영진의 의사만을 반영하여 보험부채를 평가하는 도구로 사용하면 안된다.

보험시장의 일반적인 관행 및 법률 또는 감독기관의 결정으로 인해 예상되는 기대수준 또는 제약요소를 감안해야 하며, 문서화를 통해 합리성에 대한 검증 및 관리가 필요하다. 예를 들어 갱신목표 손해율, 공시이율 조정률, 사업비 정책 등에 경영자 행동 가정을 반영할 수 있다.

⑦ 손해진전계수

손해진전계수는 사고발생년도 이후에 보험금의 추가지급이 예상되는 경우 통계적 방식으로 산출되는 보험금의 추가 지급률로, 현행추정부채의 보험료부채 및 준비금부채 산출시 손해진전계수를 적용한다. 회사의 경험데이터 미비 등의 이유로 보험요율산출기관에서 제공하는 표준진전계수를 적용할 수 있다. 이때 표준진전계수는 경험데이터가 부족하다고 판단되는 담보에만 적용할 수 있다. 수재보험의 경우 사고발생년도 확인이 불가능한 경우에 한하여 특약체결년도 이후의 추가 지급률을 손해진전계수로 사용할 수 있다.

사고일자는 개별 보험약관에서 정하는 보험금 지급의무 발생일자를 원칙으로 한다. 다만, 회사가 합리성 및 타당성을 입증하고, 입증 결과를 문서화할 경우 원인사고 발생일자를 적용할 수 있다.

보험기간 종료 전 보험사고의 원인사고가 발생하고 보험기간 종료 후 보험금 지급사유가 발생한 경우, 해당 담보의 보험약관 상 보험금 지급을 보장하면 원인사고 발생일자를 보험금 지급의무 발생일자로 보고, 해당 담보의 보험약관 상 보험금 지급을 보장하지 않으면 지급사유 발생일자를 보험금 지급의무 발생일자로 본다. 단, 수재보험의 경우 사고일자를 확인할 수 없는 경우에 한하여 특약체결일자를 보험금 지급의무 발생일 또는 원인사고 발생일자로 간주할 수 있다.

동일 보험사고에 대해 최초 보험금 이후 발생하는 각 보험금(이하 후속보험금)은 최초 사고일자로 귀속하여 진전하여야 한다. 단, 보험약관에 따라 보험기간의 지급 한도가 복원되는 경우 한도 복원 이후의 후속보험금은 한도 복원 후 최초 보험금 발생일자로 귀속시킬 수 있다.

회사의 과거 경험통계 상 경험통계기간을 초과하여 지급된 보험금(이하 잔여보험금)이 존재하는 경우 잔여보험금요소(Tail-Factor)를 반영하여 손해진전계수를 산출해야 한다. 보험회사는 잔여보험금요소 계산 및 반영을 위한 세부기준을 마련하고, 동 기준을 결산시 일관되게 적용하여야 한다. 다만, 과거 10년 이상의 통계로 미래 10년 이상의 손해진전계수를 산출하는 경우에는 잔여보험금요소를 고려하지 않을 수 있다.

앞서 언급한 사항에도 불구하고, 회사가 합리성 및 타당성을 입증하고, 입증 결과를 문서화할 경우 별도의 기준을 적용할 수 있다.

손해진전계수는 통계적 방법으로 산출함을 원칙으로 한다.  최소 3년 이상의 데이터를 통해 산출한 최신 개별 손해진전계수에 산술평균, 기하평균, 가중평균, 회귀모형 등의 방법을 적용하여 최종 손해진전계수를 결정할 수 있다. 이 경우 일관된 방법 선택기준을 마련하여 적용해야 한다. 다만, 과거 10년 이상의 통계로 미래 10년 이상의 손해진전계수를 산출하는 경우에는 3년 미만의 데이터를 통해 산출한 최신 개별 손해진전계수로 최종 손해진전계수를 결정할 수 있다.

회사는 산출목적 상 손해진전계수의 변동성을 최소화하기 위한 보정기법을 적용할 수 있다. 이 경우 보정기법 적용 전·후의 담보별 준비금부채 총 수준이 유사함을 통해 보정기법의 합리성을 입증하고 문서화해야 한다. 생명보험 및 장기손해보험의 보험금 진전추이는 사망, 장해, 입원(통원 포함), 수술(진단 포함), 의료비 실손, 기타 등 6개의 집합으로 구분하여 산출할 수 있다. 상기 6개 집합보다 세분화하여 산출하는 경우 담보군별 지급 경과 패턴이 유사함을 입증하고 문서화해야 한다.

통계적 방법 산출에 대해 언급한 사항에도 불구하고, 회사가 합리성 및 타당성을 입증하고, 입증 결과를 문서화할 경우 별도의 기준을 적용할 수 있다.

보험료부채 및 준비금부채의 동일한 담보에 대해 동일한 통계자료, 동일한 산출집합 및 동일한 통계방법을 활용하여 산출한 손해진전계수 적용을 원칙으로 한다. 다만, 손해진전계수 산출집합은 보장담보별 통계의 충분성 등에 따라 다르게 적용 가능하다.

손해진전계수 산출에 적용된 통계자료의 산출기간, 산출단위 및 통계방법은 향후 3년간 변경이 금지된다. 다만, 통계의 평균을 산출하는 방식은 향후 1년간 변경이 금지된다. 그럼에도 불구하고 회사가 합리성 및 타당성을 입증하고, 입증 결과를 문서화할 경우 별도의 기준을 적용할 수 있다.

회사는 매년 실적 통계를 활용하여 추정한 손해진전계수의 적정성을 사후검증하고, 손해진전계수가 적정하지 않다고 판단될 경우 적정한 조치를 취해야 한다.

⑧ 실손의료보험의 계리적 가정

실손의료보험의 미래 현금흐름은 위험담보별로 보험금 가정 및 갱신보험료 가정에 대해서 원칙([도표 5], [도표 6])에 따라 합리적인 가정을 수립한 후 그 결과에 따라 연도별 현금흐름을 산출한다.

위험담보는 실손의료보험의 보험료 산출단위를 의미하며, 보험회사의 판단에 따라 보다 세분화하여 적용할 수 있다. 보험금 가정 및 갱신보험료 가정의 적용을 통해 실손의료보험 계약의 손해율이 목표손해율에 도달한 이후에는 당해 계약에서 현금유출(예상 제지출금)의 현가가 현금유입(예상보험료 수입) 현가보다 작지 않은 수준에서 현금흐름을 산출한다.

실손의료보험의 보험금 가정은 다음과 같이 적용한다.

[도표 5] 실손의료보험 보험료가정 주요 내용

| 구분 | 내용 |
|---|---|
| 1차년도 보험금 | • 최근 5년 이상의 연도별 경험통계의 추세를 선형회귀모형으로 반영하여 산출<br>– 보험금은 총량추산기법을 활용한 최종손해액<br>– 준비금부채 산출기준과 동일한 방법으로 산출(재보험 계약의 경우 이익수수료, 손해분담금 등 손해에 연동한 현금흐름을 포함)<br>• 선형회귀모형의 결정계수 기준 적합도가 70% 미만인 경우<br>– 로그 또는 지수모형 중 70% 이상의 적합도를 가지는 모형이 있는 경우 적합도가 높은 모형 적용<br>– 적합도 수준을 포함한 모형 선택 근거를 문서화<br>• 경험통계 기간 내에 통계적 이상치가 있다고 판단되거나, 통계량이 부족하다고 판단되는 기간은 경험통계 기간에서 제외할 수 있음<br>– 전체 경험통계 기간이 5년 이상<br>– 경험통계에서 제외한 기간에 관한 판단 근거를 문서화 |

| | |
|---|---|
| | • 과거 5년간 경험통계가 존재하지 않는 경우<br>– 1차년도 보험금은 최근 보험회사가 보험료 산정시에 반영한 보험금 증가율만큼 전년 대비 증가함을 원칙<br>– 1차년도 보험금 산정을 위한 보험금 증가율은 국민건강보험공단의 과거 10년 평균 의료비상승률 이상 |
| 1차년도부터 5년간 보험금 지급추이 | • 1차년도 보험금 산출방법에 따라 산출한 연도별 경험통계 추세 사용 |
| 최초 보험금 지급추이 사용(5년) 이후 | • 6차년도부터 최종 보험금 증가율로 수렴하는 시점(수렴시점)<br>– 보험금 증감률이 선형방식으로 최종 보험금 증가율로 수렴한다는 가정 하에 경과연도별 보험금 증감률을 산출하여 적용<br>• 경과연도별 보험금 증감률이 최종 보험금 증가율로 수렴하는 시점(수렴시점)은 15년 이상으로 정하여 문서화<br>• 최종 보험금 증가율은 최근 보험회사가 보험료 산정시에 반영한 보험금 증가율을 적용함을 원칙<br>– 최종 보험금 증가율은 연령증가분을 제외한 기준으로 한국은행 물가안정목표 이상 |

실손의료보험의 갱신보험료 가정은 다음과 같이 적용한다.

[도표 6] 실손의료보험 갱신보험료가정 주요 내용

| 구분 | 내용 |
|---|---|
| 첫 번째 갱신시점의 보험료 | • 최근 5년 이상의 위험손해율 경험통계를 기반으로 한 선형회귀모형으로 산출한 위험손해율을 반영<br>– 위험손해율은 최신위험률 기준으로 수정 계산된 위험보험료 대비 발생손해액의 비율로 산출한 손해율<br>– 발생손해액은 총량추산기법을 활용한 최종손해액으로 준비금부채 산출기준과 동일한 방법으로 산출(재보험 계약의 경우 이익수수료, 손해분담금 등 손해에 연동한 현금흐름을 포함)<br>• 경험통계 기간 내에 통계적 이상치가 있다고 판단되거나, 통계량이 부족하다고 판단되는 기간은 경험통계 기간에서 제외할 수 있음<br>– 전체 경험통계 기간이 5년 이상<br>– 경험통계에서 제외한 기간에 관한 판단 근거를 문서화<br>• 과거 5년간 경험통계가 존재하지 않는 경우<br>– 과거 최직근 갱신주기의 보험료 인상률을 사용하여 첫 번째 갱신주기의 예상보험료를 산출할 수 있음 |

08

| | |
|---|---|
| | • 과거 최직근 갱신주기의 경험통계도 존재하지 않는 경우<br>– 평가대상 보험계약과 유사한 속성을 가진 보험계약의 최근 보험료 산출시 사용된 가정과의 일관성을 고려하여 합리적인 방법으로 예상보험료를 산출할 수 있음<br>– 예상보험료 현금흐름 산출근거를 문서화해야 함<br>• 선형회귀모형의 결정계수 기준 적합도가 70% 미만인 경우<br>– 로그 또는 지수모형 중 70% 이상의 적합도를 가지는 모형이 있는 경우 적합도가 높은 모형 적용하여야 함<br>– 적합도 수준을 포함한 모형 선택 근거를 문서화해야 함 |
| 최종 수렴시점의 목표손해율 | • 최소 15년 이상의 기간을 경과한 후 100% 수준에 도달해야 함<br>• 목표손해율은 최종 수렴시점 영업보험료 기준으로 발생손해액과 사업비를 포함하여 산출한 손해율<br>– 발생손해액은 총량추산기법을 활용한 최종손해액을 의미하며, 준비금부채 산출기준과 동일한 방법으로 산출 (재보험 계약의 경우 이익수수료, 손해분담금 등 손해에 연동한 현금흐름을 포함)<br>• 사업비가 실손의료보험 현금흐름에 부가 또는 배분되지 않는 특약형태인 경우<br>– 목표손해율 도달시점 이후 위험보험료 기준 손해율이 100% 이상인 수준에서 목표손해율을 결정함<br>– 목표손해율의 발생손해액에는 손해조사비를 포함함<br>• 최종 수렴시점까지의 경과기간별 위험손해율을 적용함<br>– 선형회귀모형을 통해 산출된 위험손해율은 최종 수렴시점 목표손해율 100%의 조건을 만족할 수 있는 위험손해율에 선형으로 수렴<br>• 최종 수렴시점의 목표손해율에 도달하는 데 소요되는 기간은 문서화함 |
| 갱신 가능한 잔여만기가 15년 이하인 경우 | • 최종 수렴시점 목표손해율 기준과 동일한 방법으로 적용하되 최종 잔여기간까지의 현금흐름만을 반영하는 방법으로 적용함 |

### 6) 옵션 및 보증평가

현행추정부채를 산출할 때 미래 현금흐름은 보험계약에서 장래에 발생할 것으로 예상되는 옵션 및 보증을 고려하여 평가해야 한다. 옵션은 계약해지, 위험보장 증액 · 감액 등 계약자 행동에 따른 옵션 등을 말한다. 보증은 최저보증이율, 최저사망보험금 보증, 최소적립금 보증 등을 말한다. 옵션 및 보증의 시간가치(TVOG)는 확률론적 시나리오에 의해 산출된 값에서 결정론적 시나리오에 의해 산출된 값을 차감한 금액으로 산출한다.

금리연동형 계약의 미래 현금흐름은 공시이율의 확률론적 금리시나리오를 이용하여 산출한다. 공시이율의 확률론적 금리시나리오는 감독원장이 정하는 보험상품별로 동일하게 적용한다. 다만, 다음에 해당하는 경우에는 예외[5]로 한다.

① 유배당보험과 무배당보험간에 달리 적용하는 경우
② 상품별 공시이율 변경주기의 불일치로 인해 특정시점에서 적용이율의 차이가 발생하는 경우
③ 농업협동조합법 부칙(법률 제10522호) 제15조제5항에 따라 농협생명보험 및 농협손해보험으로 인수되는 공제계약과 2012년 3월 2일 이후 보험상품간에 달리 적용하는 경우
④ 기존보험계약의 공시이율 하한 이하로 공시이율을 결정하는 경우

공시이율의 확률론적 금리시나리오는 미래공시기준이율에 조정률을 곱하여 산출한다. 미래공시기준이율은 계정별로 구분하여야 구분하여 산출[6]한다. 다만, 계정별 자산규모가 작아 구분 산출이 어려운 경우 회사가 정한 기준에 따라 계정구분 없이 산출할 수 있다. 이와 같은 공시이율은 다음의 산식에 따라 산출한다.

$$\text{미래공시기준이율} = \text{객관적인 외부지표금리} \times \alpha + \text{자산운용이익률시나리오} \times (1 - \alpha)$$

객관적인 외부지표금리 및 외부지표금리의 가중치(α)는 평가시점의 공시기준이율 산출시 적용한 값을 사용한다.

객관적 외부지표금리
= 국고채(5년) 수익률 × 국고채 가중치($\beta_1$) + 회사채(무보증 3년, AA−) 수익률
× 회사채 가중치($\beta_2$) + 통화안정증권(1년) 수익률 × 통화안정증권 가중치($\beta_3$)
+ 양도성예금증서(91일) 유통수익률 × 양도성예금증서 가중치($\beta_4$)

자산운용이익률시나리오는 확률론적 금리시나리오에서 투자관리비용률을 차감하여 적용한다. 확률론적 금리시나리오는 조정 무위험 금리기간구조를 기반으로 「제9장 할인율」에서 설명한 기준에 따라 산출한다. 투자관리비용률은 회사의 경험통계 등을 고려하여 합리적으로 설정하여야 하며, 매 회계연도 일관되게 적용하는 것을 원칙으로 한다.

감독회계[7]에서 정한 기준을 적용하지 않는 보험상품의 미래공시기준이율은 평가시점의 공시기준이율에 적용한 기준을 동일하게 적용한다.

5) 감독규정 제7-65조 제3항 제3호

6) 감독업무 시행세칙 [별표 27] 공시기준이율 산출 기준(제5-16조 관련)

7) 보험업감독업무시행세칙 [별표 27]

**보충설명** 감독회계에서 정한 기준을 적용하지 않는 보험상품의 예시

❑ **정기예금이율 상품** : 정기예금이율을 기초로 공시이율 산정(정기예금이율은 보험개발원에서 공시)

- 예 가입후 3년 미만 : 4%
  가입후 3년 이상 ~ 5년 미만 : 1년만기 정기예금이율
  가입후 5년 이상 ~ 8년 미만 : 1년만기 정기예금이율×110%
  가입후 8년 이상 ~ 10년 미만 : 1년만기 정기예금이율×120%
  가입후 10년 이상 : 1년만기 정기예금이율×125%

❑ **보험계약대출이율 연동상품** : 약관대출이율에 일정 이율을 차감한 금리를 공시이율로 산정

- 예 공시이율 = 보험계약대출이율 − 2%

조정률은 보험회사의 사업전략 및 공시이율 조정률에 대한 과거 경험통계 등을 고려하여 객관적 · 합리적으로 설정하여야 한다. 조정률은 경영자행동에서 정한 기준을 준수하여야 한다. 상품의 기초서류상 조정률의 가감한도가 설정되어 있는 보험계약은 해당 한도를 준수하여야 한다.

**보충설명** 상품의 기초서류상 설정된 조정률의 가감한도

❑ 2017년 3월까지 판매된 상품의 경우 공시기준이율 대비 공시이율에 대한 조정률 가감한도가 존재함

❑ **상품의 기초서류에서 정한 조정률의 가감한도**

- 2003.9월 ~ 2009.10월 판매상품 : −20%
- 2009.10월 ~ 2013.4월 판매상품 : ±20%
- 2013.4월 ~ 2015.1월 판매상품 : ±10%
- 2015.1월 ~ 2016.1월 판매상품 : ±20%
- 2016.1월 ~ 2017.3월 판매상품 : ±30%
- 2017.4월 이후 판매상품 : 제한없음

변액보험계약의 미래현금흐름은 「제9장 할인율」을 참고한다.

### (3) 준비금부채

준비금부채 측정에 적용되는 현금흐름은 평가일까지 발생한 보험사고 관련 금액 및 지급사유가 발생하였으나 지급되지 않은 비보험사고 관련 금액[8]을 반영해야 한다. 준비금 부채 측정에 적용되는 현금흐름은 다음의 사항을 포함하여야 한다.

---

8) 만기비금(만기된 계약의 만기 보험금) 등 보험사고에 관련되지 않은 금액이 해당함

① 보험회사에 보고되었으나 아직 지급되지 아니한 보험사고에 대한 보험금
② 보험회사에 보고되지 않았으나 이미 발생한 보험사고에 대한 보험금
③ 보험사고를 조사 · 진행 · 해결하는데 수반하는 비용 등 장래손해조사비
④ 보험사고의 해결과정에서 취득하는 담보자산의 매각 또는 구상권 등 그 밖의 권리행사로 인한 회수가능액

이 중 보험회사에 보고되지 않았으나 이미 발생한 보험사고에 대한 보험금 산출은 손해진전계수를 준용한다. 장래손해조사비는 보험회사의 경험통계를 활용하여 현금흐름을 기반으로 산출하는 것이 원칙이나, 적용이 어려운 경우 다음에서 정한 방법을 적용할 수 있다.

장래손해조사비 = (개별추산액×50% + 미보고발생손해액×100%)×손해조사비율

- 개별추산액 : 기보고 발생사고에 대한 추산보험금
- 미보고발생손해액 : 미보고 발생사고에 대한 추산보험금
- 손해조사비율 : 최근 3년 지급보험금 대비 손해조사비 비율

## 3. 위험마진

위험마진은 보험계약 현금흐름 현재가치의 확률분포를 사용하여 확률분포의 85번째 백분위수와 평균의 차이로 산출한다. 보험계약 현금흐름 현재가치의 확률분포는 다음의 특성을 따른다고 가정한다.

08

① 보험계약 현금흐름 현재가치의 확률분포는 정규분포를 따름
② ①의 정규분포의 평균은 현행추정부채에서 보험계약대출 및 재보험자산을 차감한 값으로 함
③ ①의 정규분포의 99.5번째 백분위수와 평균의 차이는 생명 · 장기손해보험위험액(대재해위험액 제외)의 크기와 같음
 – 생명 · 장기손해보험위험액은 위험액 간 상관계수를 반영하여 합산하여 산출함

위험마진은 확률분포 특성을 고려하여 다음의 기준에 따라 산출한다.

위험마진은 신뢰수준 85% 수준이므로 신뢰수준 99.5%로 산출한 보험위험액의 40.2% 반영(신뢰수준 85%/신뢰수준 99.5% = 1.036 / 2.576 = 0.402)한다. 예를 들어 보험위험액(대재해 제외)이 1,000억이라면 위험마진은 402억이 된다.

$$위험마진 = 생명 \cdot 장기손해보험위험액(대재해위험액\ 제외) \div Z_{99.5\%} \times Z_{85\%}$$

## 4. 보험계약대출

보험계약대출은 보험계약대출과 연관된 장래 모든 현금흐름의 현재가치를 가중평균하여 산출한 금액으로 평가하고 자산항목으로 계상한다. 이때 보험계약대출 관련 현금흐름은 보험부채 할인율의 기준을 적용하여 할인한다.

보험계약대출 관련 현금흐름은 평가일 현재 보험계약대출잔액(대출이자는 미포함), 미래 신규대출액, 미래 대출상환액(미래 신규대출액과 미래 대출상환액은 순액 기준으로 구성 가능), 대출이자, 투자관리비용으로 구성하며, 회사가 설정한 가정에 따라 산출한다.

보험계약대출 관련 투자관리비용은 관련 규정[9)][10)]을 따르며, 다음의 기준을 적용하여 산출한다.

- 보험계약대출의 현금흐름 산출단위별 투자관리비용은 보험계약대출 투자관리비용률을 현금흐름 산출단위별 보험계약대출 잔액에 곱하여 경과기간별로 산출
  - 경과기간별 투자관리비용률[11)]은 현금흐름 산출단위별로 산출하며, 현금흐름 산출기간이 종료될 때까지 동일하게 적용
  - 가정은 회사의 경험통계, 상품별 보험계약대출 한도를 고려하여 합리적으로 설정하여야 하며, 매 회계연도 일관되게 적용하는 것을 원칙
  - 보험회사는 보험계약대출 평가에 관한 가정 설정 및 변경 근거를 문서화

장래 현금흐름상 해약환급금 대비 보험계약대출잔액의 비율이 직전 3년간 월별 비율의 최대값을 초과하는 경우 보험회사는 그 사유 및 합리성 입증결과 등을 문서화하여야 한다. 최대값 초과 여부는 보험계약대출 평가 산출단위 별로 확인한다. 최대값 초과 여부 확인을 위한 장래 현금흐름상 해약환급금과 보험계약대출잔액은 결정론적 시나리오를 적용하여 산출할 수 있다.

---

9) 투자관리비용은 회계비용, 투자담당 직원의 급여, 투자거래 수수료 등 투자활동과 관련한 비용을 포함한다.

10) 투자관리비용과 관련된 미래현금유출액 산출 시 부동산, 주식의 운용과 관련하여 발생하는 투자관리비용은 제외한다. 이때 개별자산에서 직접 발생하는 투자관리비용은 당해 자산에 배분하고, 직원의 급여 등 개별자산간에 공통적으로 발생하는 투자관리비용은 자산별 장부가액을 기준으로 개별자산에 배분한다.

11) 보험계약대출 투자관리비용률은 직전 3년간의 보험계약대출 잔액 대비 보험계약대출 관련 투자관리비용의 평균으로 산출한다.

보험계약대출 평가 산출단위는 다음에서 정한 상품군으로 한다.

[도표 7] 보험계약대출 평가 산출단위

| | |
|---|---|
| 생명보험 | • 유배당/무배당, 금리확정형/금리연동형, 사망보험/생사혼합/연금<br>• 변액보험 (변액종신, 변액연금, 변액유니버셜) |
| 손해보험 | • 금리확정형/금리연동형, 상해/운전자/재물/질병/저축/연금/통합형 |

보험계약대출의 미래 가산이자율의 경우 월별 평균가산이자율이 만기까지 유지됨을 가정하여 산출한다. 이때, 월별 평균가산이자율은 보험회사의 최근 3년간 상품별 월별 평균가산이자율을 감독원장이 제시하는 상품군별 평균가산이자율 및 평가시점 현재의 상품별 가산이자율과 비교하여 가장 작은 값으로 한다. 보험계약대출의 미래 가산이자율로 과거 평균가산이자율만 고려한다면, 평가시점의 가산이자율이 급격히 하락할 경우 미래 발생할 이자수익을 적절히 추정하지 못할 수 있어 현재의 상품별 가산이자율과 비교한다.

공동재보험 계약에 보험계약대출을 포함하는 경우 재보험계약을 인수한 보험회사가 수재한 계약의 보험계약대출 평가(평가방법, 통계치 등)는 보험회사가 출재한 계약과 동일하게 적용하여야 한다.

## 5. 재보험자산

재보험자산은 원수보험(수재보험계약 포함) 현행추정부채와 별도로 산출하며, 원수보험(수재보험계약 포함) 현행추정부채와 일관된 산출원칙 및 측정방법을 사용한다. 재보험자산은 출재보험료부채와 출재준비금부채를 구분하여 각각 평가하며, 현행추정부채 평가와 일관된 원칙을 적용한다. 재보험 출재 관련 현금흐름은 재보험 거래 상대방의 부도로 인한 손실조정을 반영해야 한다.

손실조정은 재보험 거래상대방별로 출재보험료부채와 출재준비금부채를 구분하여 측정하여야 한다. 손실조정은 재보험 거래상대방의 장래 부도확률, 부도에 따른 손실 및 회수 금액 등을 감안하여 다음 계산식으로 측정한다.

$$\text{손실조정} = \sum_{i}^{n} (PD_i \times \text{부도시 손실액}_i)$$

- $i$ = 평가시점부터 만기까지의 각 시점, $n$ = 만기
- $PD_i$(부도확률) = $PD \cdot (1 - PD)^{i-1}$
- PD = 재보험 거래상대방의 12개월 내 부도확률

08

$$\text{부도시 손실액}_i = \sum_i^n C_i \cdot (1 - \text{회수율})\ [C_i = \max(\text{현금유입액}_i - \text{현금유출액}_i, 0)]$$

재보험 거래상대방의 장래 부도에 따른 손실금액은 현금흐름에 반영한다. 이때, 현금유출과 현금유입 간의 시점차이로 인해 발생할 수 있는 손실금액을 감안하여야 한다. 재보험 거래상대방의 장래 부도확률은 보험회사의 합리적인 가정을 사용하여 추정하되, 부도확률이 과소 측정되지 않도록 충분한 경험통계(평가건수, 관측기간 등)를 이용하여 산출하여야 한다. 이때, 신용위험액 산출기준에서 정한 신용평가기관의 신용등급별 부도확률을 활용할 수 있다.

재보험 거래 상대방의 부도시 회수 가능금액을 추정하여 현금흐름에 반영할 때 회수율은 보험회사의 합리적인 가정을 사용하여 추정하되 그 값은 50% 이하로 제한한다. 손실조정 산출 시 화폐의 시간가치를 반영해야 하며, 할인율은 현행추정부채 평가시 사용한 할인율과 일관되게 적용한다. 보험회사는 재보험자산의 손실조정 산출기준(장래 부도확률 산출방법 등)을 문서화하여야 한다.

재보험 거래 상대방별로 산출한 손실조정률(%)이 1% 미만인 경우, 다음의 간편법을 이용하여 손실조정을 반영할 수 있다.

$$CF_{\text{조정 후}} = CF_{\text{조정 전}} - \max(\text{손실조정률}(\%) \times CF_{\text{조정 전}}, 0)$$

- $CF_{\text{조정 전}}$ : 손실조정 반영전 재보험자산의 장래 현금흐름 현가
- 손실조정률(%) : $0.5 \times \dfrac{PD}{1 - PD} \times$ 유효만기
- PD : 재보험 거래상대방의 부도확률
- 유효만기 : $[\sum_i i \times CF_i] / [\sum_i CF_i]$ ($i$ = 평가시점부터 만기까지의 각 시점)

손실조정 반영 전 재보험자산의 장래 현금흐름 현가는 재보험 거래 상대방별로 산출하여야 한다. 다만, 재보험 거래 상대방별로 장래 현금흐름을 산출하기 어려운 경우, 합리적인 방법에 따라 배분하여 사용할 수 있다.

재보험 거래상대방의 부도확률은 신용위험액 산출기준에서 정한 신용평가기관의 장기평균(10년 이상) 1년 부도율을 적용한다. 단, AM Best의 신용등급을 사용하는 경우, S&P등급으로 매핑한 후, S&P의 장기평균(10년 이상) 1년 부도율을 사용하여야 한다.

유효만기는 재보험 거래 상대방별로 산출하여야 하며, 순현금흐름(현금유입-현금유출) 기준으로 산출(순현금흐름이 음수인 경우 0으로 처리)한다. 단, 시스템 구축 미비 등으로 거래상대방별 현금흐름 산출이 어려운 경우 잔존만기를 유효만기로 사용할 수 있다.

재보험자산은 원수보험계약(수재보험계약 포함)과 별도로 권리와 의무를 판단하여 평가하며, 장래에 신규로 유입될 것으로 예상되는 보험계약을 보장하는 경우에도 해당 보험계약을 포함하지 않는다.

**보충설명** 건전성회계 재보험자산에서 신규유입계약을 포함하지 않는 이유

❑ 감독회계에서는 장래 체결될 것으로 예상되는 신계약을 재보험평가에 반영하나 건전성 회계는 포함하지 않음

• 감독회계에서는 아직 유입되지 않은 신계약에 대해 출재계약상 실질적인 출재권리 또는 의무를 가지고 있는 경우 재보험평가에 반영함

❑ 감독회계와 달리 건전성회계의 가용자본은 손실흡수성을 고려할 필요가 있으며 미래 재보험 신계약으로 인한 순자산가치 증감액은 평가시점 현재의 손실흡수에 사용할 수 없으므로 가용자본에 포함할 수 없음

• 이에 따라 감독회계 재보험자산 평가 시에는 원보험계약과 동일하게 미래 유입 예상 신계약은 제외함

# 제4절
# 부채평가(일반손해보험)

## 1. 일반원칙

### (1) 적용범위

건전성감독기준 재무상태표의 일반손해보험 책임준비금과 재보험자산에 대한 평가기준을 정한다. 일반손해보험은 보험료 산출시 할인율을 적용하지 아니하고 순보험료가 위험보험료만으로 구성된 손해보험[1]을 말한다.

### (2) 분류기준

책임준비금은 현행추정부채와 위험마진으로 구분하여 부채항목으로 계상하고, 재보험자산은 현행추정부채에 포함하지 않고 별도 구분하여 자산항목으로 계상한다.

### (3) 산출단위

현금흐름 산출단위는 국내, 해외로 구분하고, 국내는 화재, 종합, 해상, 질병, 상해, 근재, 책임, 기술, 기타, 자동차, 보증으로 구분한다.

1) 보험업감독규정 제1-2조 제11호

## 2. 현행추정부채

### (1) 원칙

일반손해보험의 현행추정부채는 생명보험 및 장기손해보험의 현행추정부채 평가기준과 일관된 기준을 적용하여 측정한다.

현행추정부채는 보험계약 장래 현금흐름(직접·간접 계약유지비용 포함)을 확률론적 시나리오로 할인한 현재가치의 가중평균으로 산출한다. 다만, 보험부채의 특성상 확률론적 시나리오 적용이 필요하지 않은 보험계약에 대해서는 결정론적 시나리오를 적용할 수 있다.

계리적 가정은 유사한 위험집단별로 산출되어야 한다. 다만, 산출단위 구분보다 세분화된 유사위험단위로 현행추정부채를 산출, 관리하는 것이 현행추정부채 평가의 정확성을 높인다면, 세분화된 평가단위를 적용할 수 있다.

### (2) 보험료부채

보험료부채 측정에 적용되는 현금흐름은 평가시점 현재 아직 발생하지 않은 보험사고 관련 금액 및 지급사유가 발생하지 않은 비보험사고 관련 금액을 반영해야 한다. 보험료부채 측정에 적용되는 현금흐름에는 장래 지급보험금 및 손해조사비, 유지관리비용, 계약경계내의 장래 예상보험료 등을 포함한다.

보험료부채 산출시에는 계약의 경계 내에 있는 보유계약의 장래 예상보험료 및 계약자행동을 반영하여 산출하는 것이 원칙이며, 보험료부채는 화폐의 시간가치를 반영하여 산출한다. 보험료부채 측정에 적용되는 현금흐름에 대한 세부기준은 생명장기보험 부채평가의 계약의 경계, 현금흐름 산출기간, 계리적 가정을 따른다. 08

보험료부채는 다음의 단일현가요소법을 적용하여 산출할 수 있다.

보험료부채
= {(미경과보험료 × (예상 손해율 + 예상 손해조사비율 + 예상 유지관리비율)
+ 장래 예상보험료 × (예상 손해율 + 예상 손해조사비율 + 예상 유지관리비율)}
× 장래 유출 현금흐름의 현가요소 − 장래 예상보험료
× 장래 유입 현금흐름의 현가요소 − 보험미수금 + 보험미지급금

미경과보험료는 보유계약의 이미 납입한 보험료 중 평가시점 현재 잔여 보장기간에 대한 보험료 부분을 말한다. 장래 예상보험료는 평가시점 현재 보유계약의 잔여 보장기간 동안 납입할 것으로 예상되는 보험료를 말한다. 예상 손해율, 예상 손해조사비율 및 예상 유지관리비율은 보유계약의 납입 보험료 대비 장래 현금흐름에서 발생이 예상되는 지급보험금, 손해조사비 및 유지관리비용의 비율을 말한다.

장래 현금흐름의 현가요소는 보유계약의 유출 및 유입 금액에 대한 현금흐름을 현재가치로 평가하기 위한 할인율을 말한다. 회사는 보유계약의 유출 및 유입 금액에 대한 화폐의 시간가치를 반영하여 산출하여야 한다. 장래 현금흐름의 현가요소는 보유계약의 유출 금액과 유입 금액으로 구분하고, 각각의 현금흐름의 현가요소를 산출한다.

보유계약의 유출 금액의 현금흐름과 유입 금액의 현금흐름을 고려하여 하나의 현가요소를 산출할 수 있으며, 이 경우 다음의 가정을 적용하여 산출할 수 있다. 장래 유입 현금흐름의 현가요소는 장래 유출 현금흐름의 현가요소를 따른다고 가정한다. 보험계약 유출 요인에 대한 지급형태는 준비금부채의 보험금 지급형태와 일관된다고 가정한다.

보험미수금 및 보험미지급금은 보험료부채에 해당하는 보험미수금 및 보험미지급금을 말한다. 보험회사는 보험료부채 산출 관련 항목에 대한 산출기준을 합리적으로 마련하고, 이를 문서화하여야 한다.

### (3) 준비금부채

준비금부채 측정에 적용되는 현금흐름은 평가일까지 발생한 보험사고 관련 금액을 반영해야 한다. 준비금부채 측정에 적용되는 현금흐름은 다음의 사항을 포함하여야 한다.

① 보험회사에 보고되었으나 아직 지급되지 아니한 보험사고에 대한 보험금
(개별추산액 ; OS (Outstanding loss))

② 보험회사에 보고되지 않았으나 이미 발생한 보험사고에 대한 보험금
[미보고발생손해액 ; IBNR(Incurred But Not Reported)]

③ 보험사고를 조사 · 진행 · 해결하는데 수반하는 비용 등 장래손해조사비

④ 보험사고의 해결과정에서 취득하는 담보자산의 매각 또는 구상권 등 그 밖의 권리행사로 인한 회수가능액

준비금부채는 개별추산액, 미보고발생손해액 및 장래손해조사비의 합계액으로 다음의 기준을 적용하여 산출한다.

준비금부채는 감독회계 보험 종류의 대분류[2]를 기준으로 산출하되 보다 세분화하는 것이 합리적이라고 판단되는 경우 세분화된 분석단위를 적용할 수 있다. 단, 자동자보험의 준비금 부채는 담보별(대인배상, 대물배상, 자기신체, 차량, 무보험)로 구분하여 산출한다.

개별추산액은 기보고 발생사고에 대한 보험사고별 추산보험금으로, 보험미수금 및 보험미지급금 등의 미정산금액을 고려하여 원수(수재 포함)기준 금액으로 산출한다.

미보고발생손해액은 회사의 사고년도별 접수 추이 또는 보험금 지급 추이 통계 등을 이용하여 합리적으로 추정하여 원수(수재 포함)기준 금액으로 산출하며, 원수기준 금액에서 보유(또는 출재)기준 금액을 차감하여 출재(또는 보유)기준 금액을 산출한다.

개별추산액과 미보고발생손해액의 합계액(장래손해조사비 제외)이 대차대조표일 이전 5년 이상의 사고발생연도 기준에 의한 통계적방법에 따라 산출한 금액(이하 '총량추산액')보다 적은 경우 그 부족액을 준비금부채로 추가 적립한다.[3]

총량추산액은 보험금 진전추이방식(CLM), 평균지급보험금 방식(APM), 본휴에터-퍼거슨 방식(BFM) 등 여러 가지 통계적 방법 중 보험회사의 보험종목별 지급보험금 추세에 적합하다고 판단되는 모형을 이용하여 산출한다.

보험회사는 통계적 방법과 관련하여 기초통계의 추출, 2개 이상의 통계적 방법에 의한 분석(보증보험의 경우 단일기법에 의한 분석 가능), 채택된 통계적 기법에 의한 추산과정 및 추산결과, 추산기준 변경시 변경내역, 보정시 보정내용, 경험통계 내역 및 사후검증결과 등을 문서화하여야 한다.

통계적 방법 적용시 이용 가능한 데이터 및 정보의 신뢰성과 양, 보험회사 및 일반보험업계의 과거 경험 등을 합리적으로 고려하여야 한다.

총량추산액 산출을 위해 사용된 통계적 방법에 대해서는 보험종목별 지급보험금 추세를 적절히 반영하는 보정기법을 적용할 수 있다.

준비금부채 총량추산에 적용되는 가정은 전문가적 판단에 근거하여 적용하며, 보험회사는 이에 관한 판단 근거를 문서화하여야 한다. 다만, 손해진전계수 산출과 관련한 사항은 생명보험 및 장기손해보험 부채평가의 손해진전계수 산출방법을 준용하되, 산출 집합은 준비금 부채의 구

---

2) 세칙 [별표 14] <부표 1>에서 ① 화재 ② 해상(운송,항공 포함) ③ 자동차 ④ 보증 ⑤ 특종(기술, 근로자재해보상, 책임, 상해, 질병, 종합, 권리, 기타) ⑥ 장기 ⑦ 개인연금 ⑧ 퇴직보험 ⑨ 해외원보험 ⑩ 재보험으로 제시하고 있음

3) 감독회계에서는 통계적 방법 산출에 대한 원칙과 합리성 입증 등을 제시하며 부족액에 대한 추가적립을 적용하지 않음

08

분 단위를 준용한다.

장래손해조사비는 보험회사의 경험통계를 활용하여 현금흐름을 기반으로 산출하는 것이 원칙이나, 적용이 어려운 경우 다음에서 정한 방법을 적용할 수 있다.

> 장래손해조사비 = (개별추산액×50% + 미보고발생손해액×100%)×손해조사비율
>
> • 개별추산액 : 기보고 발생사고에 대한 추산보험금
> • 미보고발생손해액 : 미보고 발생사고에 대한 추산보험금
> • 손해조사비율 : 최근 3년 지급보험금 대비 손해조사비 비율

준비금부채는 화폐의 시간가치를 반영하여 산출하여야 한다.

**보충설명** 2023년 이전 감독회계 지급준비금(자동차보험)

❑ 자동차보험의 지급준비금은 개별추산액, 미보고 발생손해액, 장래손해조사비의 합계액으로 정의함

• 제4-9조(손해보험의 지급준비금) ① 자동차보험 및 자동차보험 수재보험의 지급준비금은 제1호 내지 제3호의 합계액으로 한다. 다만, 담보별(대인배상, 대물배상, 자기신체, 차량, 무보험으로 구분)로 제1호 내지 제3호의 합계액(감독규정 제6-17조에 의한 구상채권을 차감)이 제4호의 금액(수재보험의 경우에는 출재보험자로부터 통보된 금액)보다 부족(담보간 잉여·부족분의 상계 후 금액)한 경우, 그 부족액을 지급준비금에 추가로 적립한다.

1. 보험사고별로 추산하여 산출한 금액(수재보험의 경우에는 출재보험자로부터 통보된 금액)
2. 미보고발생손해액 : 대차대조표일 이전 1년간 경과보험료의 1%(대인배상책임의 경우에는 과거 보험금지급실적에 따라 합리적으로 추산한 금액으로 하되 수재보험의 경우에는 출재보험자로부터 통보된 금액) 해당액
3. 장래손해조사비 : 매분기말 현재 보험금 등의 지급사유가 발생한 계약에 대하여 향후 손해사정, 소송·중재, 보험대위 및 구상권 행사 등에 소요될 것으로 예상되는 비용으로서 별표 25에 의해 산출된 금액(수재보험의 경우에는 출재보험자로부터 통보된 금액 포함)
4. 대차대조표일 이전 5년간의 사고발생연도 기준 지급보험금 진전추이방식에 의하여 산출한 금액과 장래손해조사비(별표 25에 의하여 산출한 금액)를 합산한 금액. 다만, 자동차보험 영위기간이 5년 미만인 경우에는 제4-12조제1항의 규정에 의한 표준손해액에 따라 산출하며, 지급보험금 진전추이방식에 의한 지급준비금의 계산기준은 별표 5와 같다.

### (4) 재보험계약의 보험위험전가 평가

재보험계약의 위험전가 유의성을 판단하여 보험위험의 유의한 전가가 있는 경우에만 재보험계약으로 분류한다. 재보험계약의 보험위험전가는 개별 재보험계약을 기준으로 평가하는 것을 원칙으로 한다. 다만, 해당 재보험계약 당사자 간에 체결한 다른 계약이 평가대상 계약과 경제

적으로 연관되어 있을 경우 이를 하나의 평가단위계약으로 간주한다.

재보험계약의 보험위험전가는 재보험계약의 체결시점을 기준으로 평가하는 것을 원칙으로 한다. 다만, 계약기간 중 배서 등 계약조건의 변경으로 재보험자의 책임에 변동이 발생한 경우 해당 변경시점을 기준으로 다시 평가하여야 한다.

보험위험의 전가가 없는 재보험계약은 다음과 같으며 보험계약이 아닌 금융계약으로 회계처리된다.

① 일반손해보험의 재보험계약으로서 재보험자 기대손실(ERD; Expected Reinsurer's Deficit)을 이용하여 평가한 기대손실이 1% 미만인 재보험계약[4)]

② 재보험자의 의무를 축소 또는 제거하거나, 재보험자에게 일방적으로 계약해지 또는 조건변경권 등을 부여하는 방법으로 재보험자 책임을 제한하는 재보험계약

③ 원보험계약의 보험사고 발생여부나 현금흐름과 관계없이 재보험자 지급액이 사전에 정해질 수 있거나, 재보험자가 재보험금 지급의무를 통상적인 정산주기를 초과하여 연기할 수 있는 재보험계약

## 3. 위험마진

위험마진은 보험계약 현금흐름 현재가치의 확률분포를 사용하여 확률분포의 65번째 백분위수와 평균의 차이로 산출한다. 보험계약 현금흐름 현재가치의 확률분포는 다음의 특성을 따른다고 가정한다.

① 보험계약 현금흐름 현재가치의 확률분포는 정규분포를 따름

② ①의 정규분포의 평균은 현행추정부채에서 보험계약대출 및 재보험자산을 차감한 값으로 함

③ ①의 정규분포의 99.5번째 백분위수와 평균의 차이는 일반손해보험위험액(대재해위험액 제외)의 크기와 같음

– 일반손해보험위험액(대재해위험액 제외)은 보험가격 · 준비금위험액으로 함



---

4) 재보험자 기대손실(ERD) :

재보험계약에서 발생하는 재보험자의 경제적손실의 기대값 $= -E[\min\{(B-L-P)/B,\ 0\}]$

B : 재보험료의 현재가치, L : 재보험금의 현재가치, P : 재보험수수료 및 기타비용의 현재가치

위험마진은 확률분포 특성을 고려하여 다음의 기준에 따라 산출한다.

$$\text{위험마진} = \text{일반손해보험위험액(대재해위험액 제외)} \div Z_{99.5\%} \times Z_{65\%}$$

**보충설명** 생명 · 장기손보과 일반손보 위험마진의 백분위수를 다르게 설정하는 이유

❑ 건전성회계는 신뢰수준법(일정 신뢰수준에서 특정 위험과 관련된 보험부채의 변동성과 불확실성을 측정하는 방법론)으로 위험마진을 산출

- 다만, 생명 · 장기손해보험부채와 일반손해보험부채의 듀레이션 차이 등으로 변동성이 다른 특성을 반영하여 신뢰수준을 다르게 적용
- 듀레이션이 길어 변동성이 큰 생명 · 장기손해보험부채는 신뢰수준을 높게 설정(85%)하고, 듀레이션이 짧아 변동성이 작은 일반손해보험부채는 신뢰수준을 낮게 설정(65%)

## 4. 재보험자산

일반손해보험의 재보험자산평가는 생명보험 및 장기손해보험의 재보험자산평가와 산출원칙 및 측정방법에서 다음 사항을 제외하고 동일하다.

- 손실조정 반영 전 재보험자산 현금유입액의 50%를 손실조정으로 반영할 수 있음
  - 재보험자산을 단일현가요소법으로 평가하고, 재보험 거래상대방별로 출재보험료부채와 출재준비금부채를 구분하여 산출한 손실조정률(%)이 1% 이상인 경우

일반손해보험의 재보험자산에 대한 구체적인 사항은 생명보험 및 장기손해보험의 재보험자산을 참고한다.

제9장

# 건전성회계 Ⅱ
## : 할인율

# 제1절
# 할인율 산출구조

## 1. 개요

할인율은 감독회계(SAP)와 건전성회계(K-ICS)에서 공통적으로 제시하는 요소로 용어 및 범위에서 일부 차이를 제외하고 산출방법은 거의 동일하다. 조정 무위험 금리기간구조 산출시 건전성회계는 변동성 조정 또는 매칭조정을 가산하나 감독회계는 유동성 프리미엄만을 가산한다. 이 때 감독회계는 유동성 프리미엄을 100% 적용하나, 건전성회계에서는 유동성 프리미엄의 80%(변동성조정)[1]를 적용한다는 차이가 있다. 또한 건전성회계에서는 시나리오에 대한 유효성 검증보고서 작성 및 보고 의무가 부여된다.

보험부채 평가에 사용되는 할인율은 다음 단계를 거쳐 산출된다.

Step 1. 무위험수익률
Step 2. 최종관찰만기
Step 3. 장기선도금리
Step 4. 기본 무위험 금리기간구조 산출
Step 5. 유동성프리미엄(변동성조정 또는 매칭조정) 산출
Step 6. 조정 무위험 금리기간구조
Step 7. 확률론적 시나리오 생성
Step 8. 시나리오 유효성 검증

1) 건전성회계에서 유동성프리미엄에 조정비율을 곱한 값을 '변동성조정'이라고 하나 본 장에서는 보험회계에 대한 할인율 산출방법도 같이 설명하므로 유동성프리미엄에 대한 산출방법 자체를 변동성조정이라고 기술함

09

먼저 할인율 산출구조를 원화 기준으로 설명하며 해외 통화 및 변액보험 펀드시나리오 산출은 이후에 설명한다.

## 2. 할인율 산출구조

### (1) 무위험수익률

할인율은 무위험수익률에 기반하며 국고채 수익률을 만기별로 적용한다. 적용하는 국고채 수익률은 금융투자협회의 채권정보센터[2]에서 공시하는 「채권시가평가수익률」로 민간평가사가 제공하는 수익률을 평균한 값(민평평균)이다. 민간평가사는 현재 5개사(나이스피앤아이, 한국자산평가, KIS자산평가, 에프앤자산평가, 이지자산평가)가 있어 민평평균값을 사용하기 위해서는 금융투자협회 홈페이지에서 제시한 모든 평가사를 선택해야 한다.

[도표 1] 채권시가평가수익률

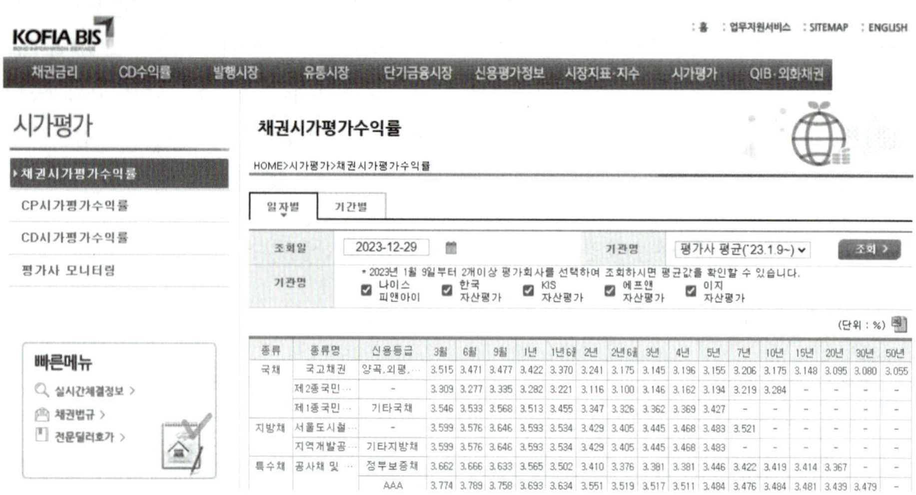


| 종류 | 종류명 | 신용등급 | 3월 | 6월 | 9월 | 1년 | 1년6월 | 2년 | 2년6월 | 3년 | 4년 | 5년 | 7년 | 10년 | 15년 | 20년 | 30년 | 50년 |
|---|---|---|---|---|---|---|---|---|---|---|---|---|---|---|---|---|---|---|
| 국채 | 국고채권 | 양곡,외평,… | 3.515 | 3.471 | 3.477 | 3.422 | 3.370 | 3.241 | 3.175 | 3.145 | 3.196 | 3.155 | 3.206 | 3.175 | 3.148 | 3.095 | 3.080 | 3.055 |
| | 제2종국민… | - | 3.309 | 3.277 | 3.335 | 3.282 | 3.221 | 3.116 | 3.100 | 3.146 | 3.162 | 3.194 | 3.219 | 3.284 | - | - | - | - |
| | 제1종국민… | 기타국채 | 3.546 | 3.533 | 3.568 | 3.513 | 3.455 | 3.347 | 3.326 | 3.362 | 3.369 | 3.427 | - | - | - | - | - | - |
| 지방채 | 서울도시철… | - | 3.599 | 3.576 | 3.646 | 3.593 | 3.534 | 3.429 | 3.405 | 3.445 | 3.468 | 3.483 | 3.521 | - | - | - | - | - |
| | 지역개발공… | 기타지방채 | 3.599 | 3.576 | 3.646 | 3.593 | 3.534 | 3.429 | 3.405 | 3.445 | 3.468 | 3.483 | - | - | - | - | - | - |
| 특수채 | 공사채 및 … | 정부보증채 | 3.662 | 3.666 | 3.633 | 3.565 | 3.502 | 3.410 | 3.376 | 3.381 | 3.381 | 3.446 | 3.422 | 3.419 | 3.414 | 3.367 | - | - |
| | | AAA | 3.774 | 3.789 | 3.758 | 3.693 | 3.634 | 3.551 | 3.519 | 3.517 | 3.511 | 3.484 | 3.476 | 3.484 | 3.481 | 3.439 | 3.479 | - |

[자료 : 금융투자협회 채권정보센터 홈페이지]

금융투자협회 채권정보센터에서는 총 16개(3개월, 6개월, 9개월, 1년, 1년 6개월, 2년, 2년 6개월, 3년, 4년, 5년, 7년, 10년, 15년, 20년, 30년, 50년)의 만기가 제시되는데 최종관찰만기 선정을 통해 필요한 만기를 결정한다.

2) www.kofiabond.or.kr

한편, 공시되는 국고채 수익률은 만기수익률(YTM ; Yield To Maturity)이므로 금리기간구조를 생성하기 위해서는 현물이자율(Spot rate)로 변환하는 것이 필요하다. 만기수익률을 현물이자율로 변환하기 위해 Smith-Wilson 방법을 적용한다. 즉, Smith-Wilson 방법을 통해 이자가 내재된 채권가격을 이자가 없는 무이표채권 가격으로 변환할 수 있다. 설명의 편의를 위해 무이표채인 경우의 산출 방법을 이 장의 '보론 1'에서 설명한다.

**보충설명** 무위험이자율로 국고채수익률을 사용하는 이유

❑ 무위험이자율로는 국고채수익률 또는 이자율스왑이 사용될 수 있음[3]

- 안정적인 국가가 발행하는 국고채는 무위험자산으로 간주할 수 있으나 국가부도위험(Sovereign Risk), 정치적 환경, 세금 등을 고려할 경우 국고채를 시장상황이 잘 반영된 무위험자산으로 사용하기 힘들 수 있음
- 이자율스왑은 자산의 복제 또는 파생상품 헤지 등에 사용되어 시장상황을 잘 반영할 수 있으나 이자 지급에 대한 신용리스크가 존재하여 이에 대한 조정을 거친 후 무위험수익률 산출에 사용할 수 있음
- Solvency Ⅱ의 경우 이자율스왑에서 신용리스크를 차감하는 값으로 10~35bps를 제안하고 있으며 한국의 경우 2023년 12월말 기준으로 10bps를 적용함

❑ 국내는 국고채가 이자율 스왑에 비해 거래량이 더 많고 특히 보험회사는 은행이나 금융투자회사에 비해 이자율스왑의 거래가 미미하여 무위험이자율로 국고채수익률을 적용함[4]

### (2) 최종관찰만기

최종관찰만기는 DLT(Deep, Liquid, Transparent) 기준을 만족하는 만기를 선정한다. DLT 기준은 대량 거래가 상품가격에 중요한 영향을 미치지 않고(Deep) 중요한 가격 변동 없이 매매 가능하며(Liquid) 거래 정보를 쉽게 이용 가능(Transparent)한 것을 의미한다. 이러한 DLT 기준으로 국고채 만기별 발행잔액, 호가스프레드 추이 등을 비교하여 결정한다.

먼저 해외 사례[5]를 살펴보면 국고채 만기별 발행잔액 6% 이상을 DLT 기준으로 적용한다. 2023년말 현재 최종관찰만기에 대해 국내는 20년을 적용하고 있지만 2019년부터 30년물의 발행잔액이 6%를 초과하고 있어 해외사례 고려시 30년물이 DLT 기준을 만족하는 것으로 볼 수 있다. 최종관찰만기에 대한 구체적인 해외사례는 이 장의 '보론 2'에서 설명한다.



3) IAA(2013), "Discount Rates in Financial Reporting"

4) 노건엽, 장봉규, 태현욱(2016), "보험부채 공정가치 평가목적 할인율에 관한 연구"

5) Solvency Ⅱ는 국고채를 무위험수익률로 사용하는 경우 만기별 발행잔액의 6% 이상을 기준으로 제시한다.

[도표 2] 국고채 만기별 발행잔액

(단위 : 조원)

| 구분 | 2017 | 2018 | 2019 | 2020 | 2021 | 2022 |
|---|---|---|---|---|---|---|
| 2년물 | – | – | – | – | 12.5(37.8%) | 27.2(39.9%) |
| 3년물 | 51.1(33.0%) | 47.2(33.0%) | 47.4(33.6%) | 62.7(35.5%) | 82.3(37.3%) | 82.0(38.7%) |
| 5년물 | 109.5(29.9%) | 104.2(30.2%) | 99.3(31.0%) | 109.1(32.4%) | 117.7(33.6%) | 122.9(35.2%) |
| 10년물 | 209(23.3%) | 204.5(24.2%) | 217.6(25.5%) | 249.4(27.1%) | 264.6(28.3%) | 278.5(30.0%) |
| 20년물 | 108.3(10.7%) | 117.5(12.3%) | 124.8(13.6%) | 136.7(14.9%) | 145.3(16.4%) | 154.1(18.2%) |
| 30년물 | 67.6 (4.2%) | 90.2 (5.4%) | 115.8 (6.7%) | 158.1 (8.2%) | 205.9 (9.9%) | 253.0(11.6%) |
| 50년물 | 1.3 (0.1%) | 3.4 (0.2%) | 6.7 (0.4%) | 10.8 (0.5%) | 15.4 (0.7%) | 19.7 (0.8%) |
| 국고채 합계 | 546.7 | 567.0 | 611.5 | 726.8 | 843.7 | 937.5 |
| 채권 합계 | 1,598.1 | 1,658.9 | 1,720.1 | 1,822.3 | 2,230.0 | 2,350.2 |

* 10년물은 물가연동채권 포함

[자료 : 기획재정부(2023)]

다음으로 국고채 시장의 유동성과 투명성을 확인할 수 있는 호가 스프레드 추이를 비교한다. 호가스프레드는 최우선 매도호가와 최우선 매수호가의 차이로써 스프레드가 작을수록 시장 참여자가 많아 유동성이 높음을 나타낸다. 호가스프레드의 추이를 살펴보면 2020년부터 20년물보다 30년물이 더 작아 30년물의 국고채 거래가 20년물에 비해 보다 활발하게 이루어진 것을 알 수 있다.

[도표 3] 국채전문유통시장의 지표종목 최우선 호가스프레드 추이

(단위 : 원)

| 구분 | 2017 | 2018 | 2019 | 2020 | 2021 | 2022 |
|---|---|---|---|---|---|---|
| 2년물 | – | – | – | – | 1.3 | 1.9 |
| 3년물 | 0.6 | 0.6 | 0.6 | 0.7 | 0.7 | 1.3 |
| 5년물 | 0.8 | 0.9 | 1.0 | 1.2 | 1.3 | 2.4 |
| 10년물 | 1.8 | 1.8 | 1.8 | 2.2 | 2.1 | 3.4 |
| 20년물 | 7.9 | 8.1 | 8.3 | 9.4 | 8.2 | 12.1 |
| 30년물 | 10.5 | 9.3 | 10.0 | 9.1 | 7.6 | 11.0 |
| 평균 | 4.3 | 4.1 | 4.3 | 4.5 | 3.5 | 5.4 |

[자료 : 기획재정부(2023)]

2022년 기준 국고채 발행량을 보면 20년물은 10.2조원(6%)이나 30년물은 47.1조원(28%)로 30년

물이 20년물에 비해 5배 가까이 발행량이 많다. 또한 거래량의 경우 20년물 86.8조원이며 30년물은 176.9조원으로 2배정도 차이가 발생한다.

또한 Roll Measure[6]를 이용하여 금리의 유동성을 측정할 수 있다. Roll 측정치는 시장가격의 시계열로부터 bid-ask 스프레드를 추론하는 방법으로서, 값이 작을수록 해당 만기물이 유동적임을 의미한다. 절대적인 기준은 없으나 과거 추이나 만기별로 상대적 차이를 통해 유동성 정도를 확인할 수 있다.

최근 국고채는 20년물보다 30년물이 만기별 발행잔액, 호가스프레드뿐만 아니라 발행량과 거래량 등에서 차이가 크게 발생하므로 최종관찰만기는 20년에서 30년으로 변경할 필요가 있다. 이에 따라 2025년에 최종관찰만기가 20년에서 30년으로 변경될 예정이다.

### (3) 장기선도금리

장기선도금리는 경제가 장기 거시 경제 균형에 도달했을 때 발생할 것으로 예상되는 명목 금리를 나타내는 것으로 가정한다. 먼저 기대 실질이자율과 기대 인플레이션율의 합으로 장기선도기준금리를 산출한 후 직전년도와 비교하여 장기선도금리를 결정한다. 장기선도금리에 대한 구체적인 해외사례는 이 장의 '보론 3'에서 설명한다.

#### 1) 기대 실질이자율

기대 실질이자율은 실질이자율의 장기평균으로 산출한다. 기대 실질이자율(R)은 단기명목이자율(CD 91일물)에서 인플레이션율(소비자물가상승률)을 차감한 실질이자율($r$)의 평균으로 계산한다.

$$r = \frac{\text{단기명목이자율} - \text{인플레이션율}}{1 + \text{인플레이션율}}$$

이때, 단기명목이자율은 해외 제도(ICS, Solvency Ⅱ)에서 3개월 금리를 적용하므로 국내의 대표적인 3개월 금리인 CD 91일물을 적용[7]한다. 인플레이션율은 한국은행이 발표하는 소비자물가지수의 증가율을 적용한다.

---

6) $\text{Roll}_t = 2 \cdot \sqrt{-Cov(r_k, r_{k-1})}$ (단, 제곱근 안의 값이 음수로 산출된 경우 0을 적용)

7) 단기명목이자율은 과거에는 1일물인 "콜금리"를 사용하였으나 2022년부터 3개월물인 "CD 91일"을 적용한다.

[도표 4] 실질이자율 추이

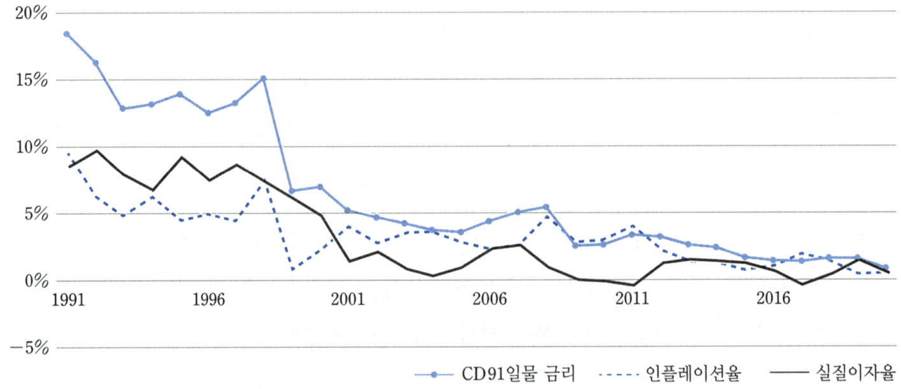


[자료 : 한국은행 경제통계시스템]

한편, CD91일물은 1991년부터, 소비자물가지수는 1976년부터 통계가 존재하므로 1991년 이후 통계를 이용하여 기대 실질이자율을 계산할 수는 있다. 하지만 국내 경제환경이 1997년 외환위기, 2008년 글로벌 금융위기 등을 거치면서 잠재성장률이 급락하여 과거와는 다른 모습을 나타내고 있다.

[도표 5] 한국의 경기순환과 잠재성장률 추이

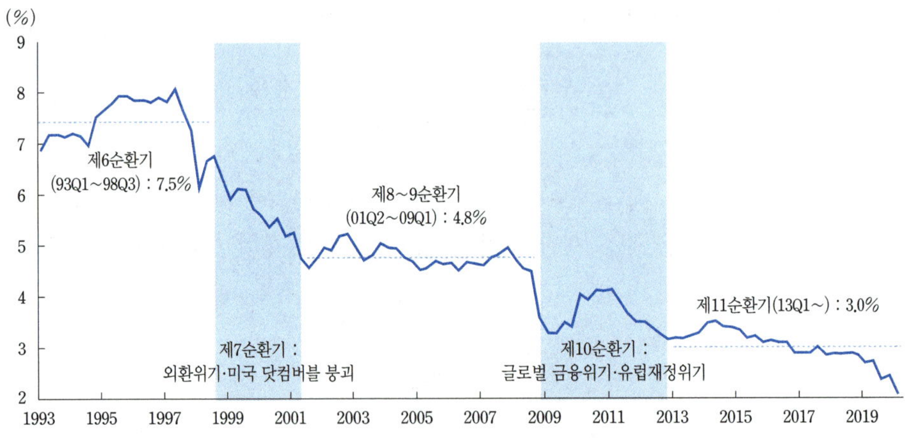


[자료 : 강현주(2020), "한국 경제의 장기추세와 코로나 19"]

이에 따라 최근 통계에 가중치를 좀 더 적용하는 지수평활법[8]을 적용하고 해외 사례(캐나다)를 고려하여 통계기간을 일정기간(30개년) 동안만 적용하여 실질이자율의 장기평균을 산출한다. 즉, 과거에 사용한 통계량을 점진적으로 제외하여 최근 30년의 CD 91일물과 인플레이션율에 대한 통계를 이용하여 실질이자율의 장기평균을 산출한다.

**보충설명** 캐나다의 장기선도금리 산출 논의

❑ 캐나다 계리사회에서 IFRS 17에 적용하는 할인율 산출 방안을 제안함[9]

- 장기선도금리, 유동성프리미엄 등에 대해 캐나다 환경에 적합한 방법론을 제시함
- 이 중 장기선도금리 적용 원칙으로 명확성, 예측가능성, 단순성을 제시하고 이에 따른 산출방법을 제안함

❑ 장기선도금리의 안정적 산출을 위해 지수이동평균법을 적용하고 통계기간도 최근 25년통계를 활용하는 방안을 제안함

- 통계기간을 20년, 25년, 30년에 대해 비교한 후 상대적으로 안정적인 25년을 선택함
  – 통계기간별 2022말 장기선도금리가 20년 3.30%, 25년 3.65%, 30년은 3.90%가 됨
- 장기선도금리의 안정성을 위해 반올림 기준(5bps), 갱신주기(연간), 최대변동폭(15bps) 등도 함께 고려함

### 2) 기대 인플레이션율

기대 인플레이션율은 한국은행의 목표인플레이션인 2%를 적용한다. 한국은행은 「물가안정목표제」를 통화정책 운영체제로서 채택하고 있으며 통화량 등의 중간목표를 두지 않고 정책의 최종 목표인 물가상승률 자체를 목표로 설정하고 중기적 시계에서 이를 달성하려 한다.

이러한 물가안정목표제는 「한국은행법」 제6조제1항에 의거하며 한국은행이 정부와 협의하여 물가안정목표를 설정하고 있다. 2019년 이후 물가안정목표는 소비자물가 상승률(전년동기대비) 기준 2%이다. 한국은행은 중기적 시계에서 소비자물가 상승률이 물가안정목표에 근접하도록 통화신용정책을 운영하며, 소비자물가 상승률이 목표수준을 지속적으로 상회하거나 하회할 위험을 균형있게 고려한다.

한국은행은 물가안정목표 이행상황 등을 감안하여 물가안정목표제 운영 개선에 필요한 사항을 2년 주기로 점검하고 정부와 협의하여 그 결과를 국민에게 공개 · 설명한다. 한편 예상치 못한 국내외 경제충격, 경제여건 변화 등으로 물가안정목표 변경이 불가피하다고 판단될 경우 정부와 협의를 통해 물가목표를 재설정할 수 있도록 하였다. 이에 따라 향후 한국은행의 물가안정목표가 바뀐다면 기대 인플레이션율에 대한 재검토가 필요할 수 있다.

---

8) 실질이자율에 "평활계수[= 2/(1 + 통계기간)]"를 곱하여 실질이자율을 재산출하는 방법이다.

9) CIA(2016), "Changes to the Reference Curves Outlined in CLIFR's and PCFRC's Draft Educational Notes on IFRS17 Discount Rates"

[도표 6] 물가안정목표 및 대상물가지표 상승률

[자료 : 한국은행 홈페이지("통화정책")]

### 3) 장기선도금리 결정

장기선도금리는 "실질이자율의 장기평균"과 "기대인플레이션율"의 합인 장기선도기준금리를 산출한 후 직전년도 장기선도금리와의 변화를 비교하여 결정한다. 당해연도 장기선도금리는 직전년도 장기선도금리와 당해연도 장기선도기준금리와 비교하여 0.00%p, 0.15%p, 0.25%p의 3단계로 차등화[10]하여 조정폭을 결정한다. 즉, 직전년도 장기선도금리와 당해연도 장기선도기준금리 차이가 0.25%p 이상이더라도 0.25%p만 조정하며 0.15%p 이상 0.25%p 미만인 경우 0.15%p를 적용한다.

[도표 7] 장기선도금리 조정폭 차등화

| 직전년도와 차이 | 연간 조정폭 |
|---|---|
| 0.25%p 이상 | 0.25%p |
| 0.15%p 이상 0.25%p 미만 | 0.15%p |
| 0.15%p 미만 | 0.00%p |

## (4) 기본 무위험 금리기간구조 산출

기본 무위험금리기간구조는 「Smith-Wilson 방법」을 적용한다. 최종관찰만기와 장기선도금리가 결정되면 시장에서 관찰되지 않는 기간까지 포함하여 기본 무위험금리기간구조를 산출해야

10) 2024년부터 적용되며 2023년까지는 0.00%p와 0.15%p의 2단계만 적용되었다.

한다. 즉, 최종관찰만기 이전의 관찰되는 값 사이를 추정하고 최종관찰만기 이후 장기선도금리까지 값을 연결하는 등 무위험수익률 곡선 산출을 위한 방법이 필요하다.

이러한 수익률 곡선 추정방법으로는 기본적인 선형보간법부터 Nelson-Siegel 방법 등 다양한 방법이 있으나 ICS, Solvency Ⅱ와 같은 해외 주요제도에서 Smith-Wilson 방법을 채택하고 있으며 국내 감독회계에서도 적용하고 있다. Smith-Wilson 방법은 장기선도금리가 주어진 상태에서 만기별 현물이자율을 산출하는 방법으로 관찰되는 값에 정확히 일치하도록 수익률 곡선을 추정할 수 있다는 특징이 있다.

Smith-Wilson 방법으로 생성한 기본 무위험 금리기간구조는 다음의 세 부분으로 구분된다.

① Segment 1(관찰기간) : 무위험수익률에 기반하여 최종관찰만기까지 적용한 기간
② Segment 2(보간기간) : Smith-wilson 방법을 이용하여 Segment 1과 Segment 3 사이를 추정한 기간
③ Segment 3(장기선도금리기간) : 장기선도금리 적용 기간

[도표 8] 기본 무위험금리구조(선도이자율)

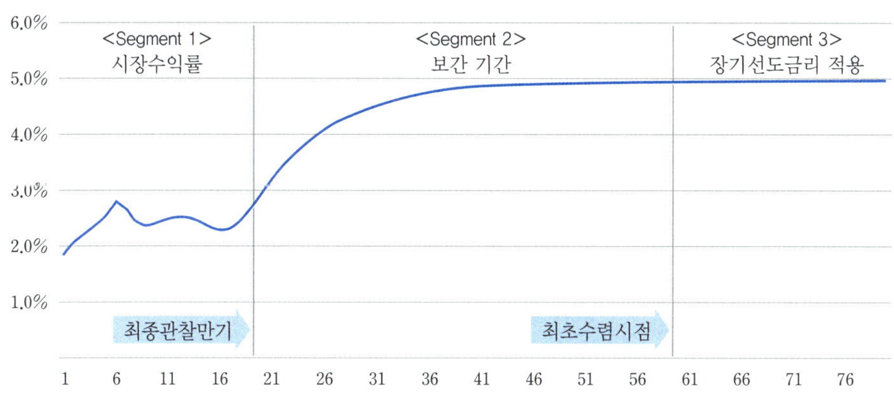


[자료 : IAIS(2017)을 저자가 재정리함]

한편, Smith-Wilson 방법 적용시에는 장기선도금리를 최초로 시작하는 지점(최초수렴시점)을 결정해야할 필요가 있어 만기 60년을 최초수렴시점으로 하고 있다. 해외 제도에서는 최초수렴시점은 최종관찰만기와 연계하여 결정하는 방안을 제시하며 최소 60년을 제시하고 있다.

**보충설명** 해외 제도의 최초수렴시점

❑ ICS는 최종관찰만기부터 최초수렴시점까지 기간은 최소 30년이상, 최초수렴시점은 최소 60년 이상이 되도록 함[11)]

• 최초수렴시점으로 max (60년, 최종관찰만기 + 30년)을 적용함

❑ Solvency Ⅱ는 유로화와 비유로화의 기준을 다르게 제시하나 최소 60년 이상에서 장기선도금리를 적용하도록 함[12)]

• 유로화는 60년으로 고정되어 있음

• 비유로화는 max (60년, 최종관찰만기 + 40년)을 적용함

## (5) 유동성 프리미엄 산출

### 1) 변동성 조정

유동성 프리미엄은 「변동성 조정(VA ; Volatility Adjustment)」이라는 방법을 이용하여 산출한다. 보험계약의 유동성 프리미엄은 직접 관찰하기 어려워 보험부채와 연계된 자산의 수익률을 이용한다. 자산의 수익률이 무위험수익률 및 신용위험스프레드와 유동성프리미엄으로 이루어져있다고 가정하고 이를 이용하여 부채의 유동성을 추정한다. 보험부채를 시가로 평가하는 해외 제도에서도 유사한 방법으로 산출한다. 해외 제도의 유동성 프리미엄에 대해서는 이 장의 '보론 4'에서 설명한다.

변동성 조정은 자산의 수익률에서 무위험수익률을 차감한 값인 위험스프레드에서 다시 신용위험스프레드를 차감하여 유동성프리미엄을 산출하는 방법이다. 산출시 대상 자산, 신용등급, 만기를 고려하여 산출한다. 감독회계 및 건전성회계에서는 비교가능성을 위해 특정 보험회사가 아닌 보험산업 대표 포트폴리오에서 산출한다. 위험스프레드 대상 자산은 특수채, 금융채, 회사채 외에 외화채권, 대출채권 등이 포함된다. 주식, 출자금, 국채, 수익증권 등은 위험스프레드를 적용하지 않는다.

---

11) IAIS(2023), "Insurance Capital Standard as a Prescribed Capital Requirement"

12) EIOPA(2023), "RFR Technical Documentation, The methodology to derive EIOPA's risk-free interest rate term structures"

[도표 9] 위험스프레드 대상 자산

| 대상 자산 | 위험스프레드 |
|---|---|
| 특수채, 금융채, 회사채 | 금융투자협회 등 제공 이자율 사용 |
| 외화채권(USD 및 EUR 통화만 해당 통화 스프레드 적용), 대출채권(보험약관대출금 제외) | 국내 회사채 스프레드 |
| 주식, 출자금, 국채, 수익증권, 외화유가증권(채권제외), 기타유가증권, 관계 · 종속기업 투자주식, 부동산 | 0 |

[자료 : 금융감독원(2022), "신지급여력제도 도입 수정안(K-ICS 4.0)"]

이러한 위험스프레드는 등급별, 만기별로 구분하여 산출한다. 등급별 구분은 국내 신용평가기관의 신용등급에 기초하되 해외 신용평가기관의 신용등급은 국내 신용등급으로 매핑하여 구분한다. 대상 자산별로 해당 신용등급에 따라 위험스프레드를 적용하나, 실무적으로 등급별 적용이 어려운 경우 특정 신용등급으로 대체한다.

[도표 10] 자산별 위험스프레드

<table>
<tr><th colspan="2">대상 자산</th><th>위험스프레드</th></tr>
<tr><td colspan="2">특수채</td><td>AA등급 이하(무등급, 미분류 포함)는 AA등급 적용</td></tr>
<tr><td colspan="2">금융채</td><td>A등급 이하(무등급, 미분류 포함)는 A등급 적용</td></tr>
<tr><td colspan="2">회사채</td><td>BBB등급 이하(무등급, 미분류 포함)는 BBB등급 적용</td></tr>
<tr><td colspan="2">소매성 담보대출*</td><td>유효이자율 방식 적용</td></tr>
<tr><td colspan="2">외화채권(USD 및 EUR 통화만 해당)</td><td>통화별 회사채 등급 적용</td></tr>
<tr><td rowspan="2">거래 상대방</td><td>「공공기관 운영에 관한 법률」에 의한 기관으로 결손이 발생하는 경우 정부로부터 제도적으로 결손보전이 이루어질 수 있는 기관</td><td rowspan="2">AAA 등급 적용</td></tr>
<tr><td>특별법에 의한 공공법인으로서 결손이 발생하는 경우 정부로부터 제도적으로 결손보전이 이루어질 수 있는 기관(신용보증기금, 기술신용보증기금, 지역신용보증재단, 농림수산업자신용보증기금, 수출보험공사, 예금보험공사, 한국자산관리공사 등 포함)</td></tr>
</table>

* 2023년까지는 회사채 A등급 적용하였으나 2024년부터 유효이자율방식 적용됨

[자료 : 금융감독원(2022), "신지급여력제도 도입 수정안(K-ICS 4.0)"; 금융감독원(2023), "2024년 보험부채 할인요소 적용기준 및 2027년까지의 할인율 단계적 적용방안 안내"]

09

만기별 위험스프레드는 해당 만기를 적용하나 자산의 만기가 최종관찰만기를 초과하면 최종관찰만기에 해당하는 위험스프레드를 적용한다. 신용위험스프레드는 부도위험스프레드(PD)와 등급하락스프레드(CoD)를 합하여 산출한다.

PD(Probability of Default)는 부도시 예상손실을 반영한 값이며 CoD(Cost of Downgrade)는 신용등급 하락시 즉시 원래 신용등급의 채권으로 대체하는 비용을 반영한 값이다. 이러한 신용위험스프레드는 신용평가사가 제시하는 신용등급변화표, 평가시점 무위험수익률 곡선, 부도시 회수율 등을 이용하여 산출한다. 자세한 산출 방법은 EIOPA(2023)[13]을 참고할 수 있다.

### 2) 매칭 조정

변동성조정 외에 매칭조정을 건전성회계에서 소개하고 있다. 매칭조정방식은 하향접근법으로 일정 조건을 만족하면 사용가능하나 국내에서 적용가능한 상품이 없어 적용하는 보험회사는 없는 것으로 알려져 있다. 매칭조정은 별도 계정으로 구분되면서 해지옵션이 제한된 연금상품인 경우에 한해 적용가능하다. SolvencyⅡ에서는 영국과 스페인의 보험회사만 적용[14]하고 있다.

매칭조정은 다음의 일정 요건을 모두 충족한 보험계약에 한해서만 적용할 수 있다.

① 보험부채가 유사한 현금흐름을 가진 자산 포트폴리오에 할당되며 보험기간동안 할당 유지되어야 함
② 매칭 조정이 적용된 부채와 할당된 자산 포트폴리오는 보험회사의 다른 활동과 구별되어 식별 · 조직 · 운영되며, 매칭 조정 적용을 통해 할당된 자산 포트폴리오는 보험회사의 다른 활동으로 야기되는 손실을 보전하는 데 사용될 수 없음
③ 할당된 자산 포트폴리오의 기대현금흐름은 부채 포트폴리오의 기대현금흐름을 복제하며 어떠한 미스매칭도 보험사업에 내재하는 위험과 관련하여 중대한 리스크를 발생시키지 않음
④ 부채 포트폴리오의 근원이 되는 보험계약은 미래 보험료 납부를 발생시키지 않음
⑤ 부채 포트폴리오와 관련된 인수리스크(underwriting risk)는 장수, 사업비, 사망리스크만 해당됨
⑥ 사망리스크가 포함된 부채 포트폴리오의 현행추정부채는 충격 발생시 5% 이상 증가하지 않음
⑦ 부채 포트폴리오에 대한 계약자옵션이 없거나 해약환급금이 자산가치를 초과하지 않는 해지옵션만 가능함
⑧ 할당된 자산포트폴리오의 현금흐름은 고정되며 자산발행자 또는 제3자에 의해 변경될 수 없으나, 인플레이션 영향이 제외된 현금흐름이 고정된 자산을 사용할 수 있음

13) EIOPA(2023), "RFR Technical Documentation, The methodology to derive EIOPA's risk-free interest rate term structures", p.139~p.146

14) EIOPA(2018), "Report on long-term guarantees measures and measures on equity risk 2018"

이러한 조건을 만족한 매칭 조정은 다음의 ①과 ②의 차이로 산출한다. 즉, 유효이자율법으로 산출한 자산과 부채의 단일할인율을 차감하여 매칭 조정을 구한다. Solvency II와 달리 기본스프레드를 고려하지 않고 있어 향후 적용하는 상황이 발생한다면 재검토가 필요할 수 있다.

① 부채 현금흐름의 현가와 자산 포트폴리오 시가를 동일하게 만드는 단일 할인율
② 부채 현금흐름을 무위험 금리기간구조로 할인한 경우와 단일 할인율로 할인한 경우 현가를 동일하게 만드는 단일 할인율

이렇게 산출한 매칭조정은 모든 만기구간에 대해 가산하여 「조정 무위험 금리기간구조」를 산출한다.

**보충설명** Solvency II의 매칭조정[15)]

❑ Solvency II의 매칭조정 인정요건은 국내의 건전성회계와 거의 동일하게 작성됨

- 인수리스크(underwriting risk)는 장수, 사업비, 사망리스크 외에 국내에 없는 개정(revison)리스크가 추가됨

❑ 매칭조정은 매칭자산 스프레드에서 기본스프레드(fundamental spread)를 차감하여 산출함

- 매칭자산스프레드는 연간 유효이자율(annual effective rate)로 계산한 자산과 부채의 단일 할인율의 차이임
- 기본스프레드는 자산의 신용위험을 고려하여 max (PD×LGD + CoD, 35%×LTAS)로 산출함
  - LTAS(Long Term Average Spread)는 동일만기, 신용등급, 자산에 대한 기본 무위험이자율 대비 과거 30년간 위험스프레드의 평균임

### (6) 조정 무위험 금리기간구조

조정 무위험 금리기간구조는 기본 무위험 금리기간구조에 유동성 프리미엄을 가산하여 산출한다. 유동성 프리미엄은 관찰된 값의 최종관찰만기까지만 가산한 후 「Smith-Wilson 방법」을 다시 적용하여 보간기간을 추정한다. 이때, 유동성 프리미엄은 선도이자율이 아닌 현물이자율로 산출된 기본 무위험 금리기간구조의 최종관찰만기까지만 가산한다.

09

15) EIOPA(2014), "Technical Specification for the Preparatory Phase(Part II)"

[도표 11] 조정 무위험 금리기간구조

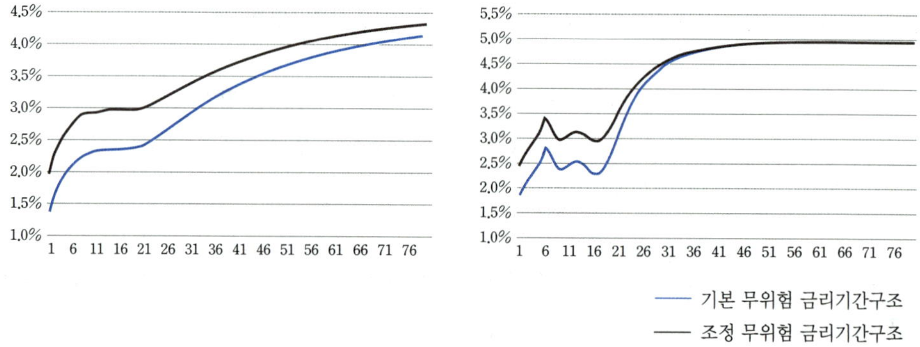


## (7) 확률론적 시나리오 생성

미래의 고정된 현금흐름을 평가하기 위해서는 「조정 무위험 금리기간구조」만으로 충분할 수 있지만, 미래의 변동하는 현금흐름을 평가하기 위해서는 다양한 금리 시나리오가 필요하다. 즉, 고정현금흐름을 갖는 보험부채의 경우, 앞서 산출한 보험부채의 할인율 곡선만으로 평가할 수 있지만, 금리 연동형처럼 변동현금흐름을 가지는 보험부채는 시나리오를 생성할 필요가 있다.

이러한 시나리오 생성을 위해서는 금리에 관한 모형이 필요하다. 금리 모형은 Hull-white, Black-Karasinski 등 다양한 모형이 존재하나 국내 금융시장에서 가장 보편적으로 사용하는 Hull-white 1 factor 모형을 적용한다. 금리 모형에서 모수를 추정하고 난수를 생성하면 금리시나리오를 생성할 수 있다. 이때 생성하는 금리시나리오는 최소 1,000개 이상이 요구된다.

$$dr(t) = \alpha[\theta(t) - r(t)]dt + \sigma dW(t)$$

- $\theta(t)$(수익률 곡선 적합함수) : 수익률 곡선이 복원 가능하도록 조정하는 역할을 하는 함수
- $\alpha$(수렴속도모수) : 금리시나리오가 수익률 곡선에 회귀하는 속도를 결정하는 모수
- $\sigma$(변동성모수) : 금리의 변동성을 결정하는 모수
- $dW(t)$(브라운 운동) : 확률적으로 움직이는 위험 요인

금리 모형의 모수를 추정하기 위해서는 파생상품의 가격이 필요한데, 파생상품 중 스왑션(swaption)의 내재변동성을 이용하여 모수를 추정한다. 스왑션은 정해진 기간(Tenor) 동안 변동(고정)금리를 지급하고 정해진 고정(변동)금리를 수취하는 스왑 계약을 체결할 수 있는 권리에 대한 옵션이다.[16] 스왑션은 가격이 아닌 내재변동성이 시장에 공시되므로 내재변동성을 이용하여 모수를

16) 예를 들어 "5년 만기, 10년 테너의 금리스왑션"이라면 5년 후에 만료되고 10년동안 변동금리 및 고정금리 스왑이 이루어지는 옵션계약을 말함

추정한다. 모수 산출에 사용되는 스왑션 내재변동성 데이터는 옵션만기(Maturity) 6개(1년, 2년, 3년, 5년, 7년, 10년)와 스왑만기(Tenor) 6개(1년, 2년, 3년, 5년, 7년, 10년)로 총 36개 데이터를 사용한다.

[도표 12] 스왑션 만기 및 테너

(단위 : 년)

| 구분 | 1 | 2 | 3 | 5 | 7 | 10 |
|---|---|---|---|---|---|---|
| 1 | 1×1 | 1×2 | 1×3 | 1×5 | 1×7 | 1×10 |
| 2 | 2×1 | 2×2 | 2×3 | 2×5 | 2×7 | 2×10 |
| 3 | 3×1 | 3×2 | 3×3 | 3×5 | 3×7 | 3×10 |
| 5 | 5×1 | 5×2 | 5×3 | 5×5 | 5×7 | 5×10 |
| 7 | 7×1 | 7×2 | 7×3 | 7×5 | 7×7 | 7×10 |
| 10 | 10×1 | 10×2 | 10×3 | 10×5 | 10×7 | 10×10 |

시나리오 생성을 위한 모수 추정은 다음의 단계를 통해 산출한다.

Step 1. 스왑션 내재변동성을 스왑션 가격으로 변환함
- 블랙모형 또는 노말모형을 이용

Step 2. 수렴속도모수와 변동성모수를 추정함
- 수치해석적 방법으로 시장스왑션 가격과 모형스왑션 가격 차이를 최소화

Step 3. 추정한 수렴속도 모수, 변동성모수와 기본 무위험 금리기간구조(선도이자율)을 이용하여 목표금리 추정함

Step 4. 변동성무수에 브라운 운동을 발생시키기 위해 정규분포 난수를 생성함

Step 5. 금리 시나리오 생성을 위해 이산화된 금리를 생성함

$$r_{t+1} = r_t + \alpha[\theta(t_i, t_{i+1}) - r_t]\Delta t_i + \sigma(t_i)\sqrt{\Delta t_i}\,\varepsilon_{t_i}$$

단, $\varepsilon \sim N(0, 1)$이며 $\Delta t_i = t_{i+1} - t_i$

이때 모수 추정의 안정성, 시장가격과 적합성 등을 위해 수렴속도 모수의 최저한도 설정, 변동성 모수의 기간별 세분화를 적용한다. 수렴속도 모수의 최저한도는 0.0001로 하며 스왑션데이터가 관찰되는 기간의 모수는 세부기간 구분없이 단일 모수로 산출한다. 다만, 변동성 모수는 6개 기간(0~1년, 1~2년, 2~3년, 3~5년, 5~7년, 7~10년)으로 세분화하여 산출한다.

### (8) 시나리오 유효성 검증

보험회사는 직접 생성한 확률론적 금리시나리오에 대해 모수적정성, 난수적정성, 결과적정성

검증 등 시나리오 유효성 검증보고서를 위험관리위원회에 보고하여야 한다.

### 1) 모수적정성 검증

모수 추정 방법의 유효성, 시장가격 설명력, 모수 추정결과의 안정성, 스왑션 데이터의 일관성 및 적합성 등을 검증하여야 한다.

① 모수는 최적해를 효율적으로 찾을 수 있는 알고리즘에 기반하여 산출되어야 한다.
② 추정된 모수를 통해 구한 모형가격과 시장가격의 차이가 최소화되어야 한다.
③ 시장데이터 일부를 변경하여 모수를 추정하더라도 모수가 안정적으로 산출되어야 한다.
④ 스왑션 데이터는 블랙 변동성과 노말 변동성 중 금리 환경 및 시나리오 추정 등에 적합한 데이터를 사용하여야 하며, 변경이 있는 경우 변경내역, 변경사유 등을 명시하고, 변경 전과 후 기준에 따른 결과 등이 분석되어야 한다.

### 2) 난수적정성 검증

시나리오간 정규성, 경과기간별 독립성, 난수 고정 사용 여부 등을 검증하여야 한다.

① 개별 시나리오에 적용되는 난수는 경과기간별로 독립적이어야 한다.
② 각 시나리오에 적용되는 난수의 분포는 매 경과기간마다 정규성을 만족하여야 한다.
③ 난수는 최소 10개 이상의 난수 집합을 생성한 후, 그 중 결과적정성이 가장 우월한 난수를 선정하고, 매 평가시점마다 동일하게 적용하여야 한다. 다만, 결과적정성 검증 기준을 충족하지 못하는 경우에만 난수를 변경할 수 있다.

통계적 검증방법으로 난수의 독립성은 Runs Test, 난수의 정규성은 Jarque-Bera Test, Kolmogrov-Smirnov Test, Anderson-Darling Test 등을 사용할 수 있다. 예를 들어 유의수준 5%에서 각 테스트별 통계량을 통해 독립성과 정규성을 검증할 수 있다.

한편, 우월한 난수 집합 선정을 위해서는 Martingale Test를 이용하여 일정 오차(예를 들어 1%)를 만족하는 난수 집합을 선정한다.

### 3) 결과적정성 검증

확률론적 금리시나리오의 평균이 수익률곡선과 통계적으로 일치하여야 한다. 통계적 검증을 위해 시장에서 관측가능한 무이표채 가격($\mu$)이 금리시나리오에서 산출된 무이표채 가격의 평균값($\overline{X}$)과 특정 신뢰구간 내에서 위치하는지를 확인하는 방법을 사용할 수 있다.

예를 들어 95% 신뢰구간$(\bar{X}-1.96SE,\ \bar{X}+1.96SE)$에 $\mu$가 위치하면 결과가 적정하다고 판단할 수 있다. 이때 $SE$는 시나리오 무이표채 가격의 표준오차이다.

## 3. 외화 산출기준

### (1) 결정론적 시나리오

해외통화의 결정론적 시나리오는 원화 할인율의 무위험 금리기간구조 방법론과 동일하다. 해외통화의 결정론적 시나리오 산출에 필요한 가정(시장금리 제공원천, 최종관찰만기, 장기선도금리, 장기선도금리의 최초수렴시점, 변동성조정 등)은 감독원장이 제시한다. 금융감독원이 IAIS에서 ICS 산출을 위해 제공하는 34개국 할인율 산출 요소를 입수하여 제공[17]하는 방식이다.

[도표 13] 해외 통화 가정 예시

2. 해외통화 결정론적 시나리오

| | AUD | BRL | CAD | CHF | CLP |
|---|---|---|---|---|---|
| 통화명 | Australia Dollars | Brazil Reals | Canada Dollars | Switzerland Francs | Chile Pesos |
| 최종관찰만기 | 30년 | 10년 | 30년 | 20년 | 10년 |
| 최초수렴시점 | 60년 | 60년 | 60년 | 60년 | 60년 |
| 장기선도금리 | 3.80% | 7.00% | 3.80% | 2.80% | 5.00% |
| 변동성조정 | 0.483% | 0.407% | 0.666% | 0.500% | 0.407% |
| 유동성프리미엄 | 0.604% | 0.509% | 0.833% | 0.625% | 0.509% |
| 이자지급횟수(년) | 0 | 0 | 2 | 0 | 0 |
| Tenor(년) | 시장금리 제공원천(Bloomberg Ticker) | | | | |
| 1 | I00101Y Index | I39301Y Index | CDSW1 Curncy | G0082Z 1Y BLC2 Curncy | CHSWP1 Curncy |
| 2 | I00102Y Index | I39302Y Index | CDSW2 Curncy | G0082Z 2Y BLC2 Curncy | CHSWP2 Curncy |
| 3 | I00103Y Index | I39303Y Index | CDSW3 Curncy | G0082Z 3Y BLC2 Curncy | CHSWP3 Curncy |
| 4 | I00104Y Index | I39304Y Index | CDSW4 Curncy | G0082Z 4Y BLC2 Curncy | CHSWP4 Curncy |
| 5 | I00105Y Index | I39305Y Index | CDSW5 Curncy | G0082Z 5Y BLC2 Curncy | CHSWP5 Curncy |
| 6 | I00106Y Index | I39306Y Index | CDSW6 Curncy | G0082Z 6Y BLC2 Curncy | – |
| 7 | I00107Y Index | I39307Y Index | CDSW7 Curncy | G0082Z 7Y BLC2 Curncy | CHSWP7 Curncy |
| 8 | I00108Y Index | I39308Y Index | CDSW8 Curncy | G0082Z 8Y BLC2 Curncy | – |

17) 금융감독원(2023), "2024년 보험부채 할인요소 적용기준 및 2027년까지의 할인율 단계적 적용방안 안내"

| 9 | I00109Y Index | I39309Y Index | CDSW9 Curncy | G0082Z 9Y BLC2 Curncy | – |
|---|---|---|---|---|---|
| 10 | I00110Y Index | I39310Y Index | CDSW10 Curncy | G0082Z 10Y BLC2 Curncy | CHSWP10 Curncy |
| 11 | – | – | – | – | – |
| 12 | – | – | CDSW12 Curncy | – | – |
| 13 | – | – | – | – | – |
| 14 | – | – | – | – | – |
| 15 | I00115Y Index | – | CDSW15 Curncy | G0082Z 15Y BLC2 Curncy | – |
| 16 | – | – | – | – | – |
| 17 | – | – | – | – | – |
| 18 | – | – | – | – | – |
| 19 | – | – | – | – | – |
| 20 | I00120Y Index | – | CDSW20 Curncy | G0082Z 20Y BLC2 Curncy | – |
| 25 | – | – | – | – | – |
| 30 | I00130Y Index | I39330Y Index | CDSW30 Curncy | G0082Z 30Y BLC2 Curncy | CHSWP30 Curncy |
| 50 | – | – | – | – | – |

[자료 : 금융감독원 홈페이지]

감독원장이 제시하지 않는 해외통화의 가정은 보험회사가 자체적으로 산출한 가정을 적용할 수 있다. 이 경우, 해외통화 가정은 합리적으로 설정되어야 하며, 보험회사는 가정의 산출기준 및 산출과정 등을 문서화하여야 한다. 한편, 보험회사가 해외통화 가정을 자체적으로 산출하기 어려운 경우 원화 가정을 준용한다.

### (2) 확률론적 시나리오

해외통화에 대한 확률론적 시나리오 산출방법은 원화와 동일하다. 이때 난수는 각 통화별로 별도로 산출해야 한다. 다만, 다음에 해당하는 경우에는 원화와 다른 산출방법을 적용할 수 있다.

① 모수는 확률론적 시나리오의 평균이 수익률곡선과 통계적으로 일치하지 않는 등 모수 산출이 제한되는 경우, 모수 산출과정 등을 문서화한 후 모수 추정에 사용하는 데이터를 평가시점 현재 시장에서 관찰되는 자산 가격을 기반으로 변경할 수 있음

② 모형 사용이 제한되어 다른 확률론적 금리 모형을 사용함이 적합하다고 판단하는 경우, 다른 확률론적 모형의 선정 사유 및 모형 변경 내역, 시나리오 산출과정 등을 문서화한 후 이를 사용할 수 있음

### (3) 변액보험 평가

해외통화 변액보험 평가를 위한 할인율은 원화 확률론적 시나리오를 그대로 적용한다. 하지만 보험회사가 자체 기준에 따라 채권 및 주식 수익률을 산출한 경우 이와 일관된 기준의 확률론적 금리시나리오를 할인율로 사용할 수 있다. 이 경우, 해외통화 시나리오를 사용함이 적합함을 입증하고 입증 결과 등을 문서화하여야 한다.

## 4. 변액보험 펀드 시나리오

변액보험 펀드 시나리오는「조정 무위험 금리기간구조」에 기반한 채권 수익률 시나리오와 주식 수익률 시나리오를 이용한다. 채권 또는 주식으로 분류되지 않는 자산은 주식으로 보고 주식 수익률 시나리오를 적용한다.

### (1) 채권 수익률 시나리오

채권 수익률 시나리오는 Hull-White 1 factor 모형에 기반한 다음의 무이표채 수익률을 적용하며, 모수 및 난수는 원화 확률론적 금리시나리오와 동일하게 적용한다.

$$\frac{dP(t, T)}{P(t, T)} = r(t)dt - \sigma B(t, T)dW(t)$$

- $P(t, T)$ : $t$시점 만기 $T$인 무이표채의 가격
- $r(t)$ : 단기금리
- $B(t, T) = \dfrac{(1 - e^{-a(T-t)})}{a}$
- $a$ : 수렴속도 모수, $\sigma$ : 변동성 모수
- $dW(t)$(브라운 운동) : 확률적으로 움직이는 위험 요인

다만, 다음에 해당하는 경우 해외통화에 대해 보험회사의 자체 기준에 따라 산출한 채권 수익률 시나리오를 적용할 수 있다.

① 보험회사가 해외통화의 모수 및 난수로 시나리오를 추정하는 것이 적합하다고 판단하는 경우, 입증 결과 등을 문서화한 후 해외통화 기준 Hull-White 1 factor 모형을 적용할 수 있음

② ①에도 불구하고 해외통화 기준 Hull-White 1 factor 모형의 사용이 제한되어 다른 확률론적 금리 모형을 사용함이 적합하다고 판단하는 경우, 모형 선정 사유, 모형 변경 내역, 시나리오 산출과정 등을 문서화한 후 다른 확률론적 모형을 사용할 수 있음

09

### (2) 주식 수익률 시나리오

주식 수익률 시나리오는 다음의 Log Normal 모형을 적용한다.

$$\frac{dS_t}{S_t} = \mu_t dt + \sigma dW_t$$

- $\mu_t$(추세 모수) : 기준 수익률 곡선의 선도금리 수익률
- $\sigma$(변동성 모수) : 연율화된 주가 수익률의 변동성
- $dW(t)$(브라운 운동) : 확률적으로 움직이는 위험 요인

추세 모수($\mu_t$)는 원화 조정 무위험 금리기간구조를 기반으로 산출한다. 다만, 해외통화의 경우, 보험회사가 해외통화의 조정 무위험 금리기간구조를 기반으로 시나리오를 추정하는 것이 적합함을 입증할 경우, 입증 결과 등을 문서화한 후 자체 기준을 적용할 수 있다.

변동성 모수($\sigma$)는 2001년 이후의 KOSPI 200 역사적 평균 변동성을 적용한다. 다만, 보험회사가 다른 주가 변동성을 적용하여 시나리오를 추정하는 것이 적합함을 입증할 경우, 입증 결과 등을 문서화한 후 자체 기준을 적용할 수 있으며, 이 경우 최소 20년 이상의 통계를 적용해야 한다.

주식 수익률 시나리오에 적용된 난수는 채권 수익률 시나리오에 적용된 난수와 구분되어야 한다.

### (3) 기타

변액펀드는 주식과 채권이 함께 있는 혼합형 펀드가 대부분이므로 자산에 실제 편입되어 있는 채권 및 주식의 비율에 따라 채권 및 주식 수익률 시나리오를 구분하여 적용한다. 만약, 편입비율 구분이 어려운 경우 기초서류에서 정한 주식(채권 또는 주식으로 분류되지 않는 자산 포함)의 최대 편입비율까지 주식 수익률 시나리오를 적용한다.

변액보험 펀드 시나리오에 대해서도 보험회사는 모수, 난수 및 결과 적정성 검증 내용이 포함된 시나리오 유효성 검증보고서를 위험관리위원회에 보고하여야 한다. 유효성 검증기준은 원화 확률론적 시나리오 생성 기준을 준용한다. 다만, 보험회사가 이외의 검증기준을 적용하는 것이 적합함을 입증할 경우, 검증기준, 입증 결과 등을 문서화한 후 자체 기준을 적용할 수 있다.

# 제2절
# 자산 및 기타부채평가 할인율

건전성회계(K-ICS)에서는 감독회계와 달리 자산과 기타부채에 대해서도 모두 시가로 평가하므로 자산과 기타부채에 대한 할인율 산출이 필요하다. 할인율 산출 기준은 무위험 금리기간구조와 위험스프레드로 구분된다.

## 1. 무위험 금리기간구조

자산 중 현금 및 예치금, 대출채권, 금융부채 및 우발부채에서 무위험 금리기간구조가 적용된다. 원화와 외화 모두 무위험 금리기간구조 사용시 Smith-Wilson 방법을 사용한다. 부채와의 차이점은 장기선도금리 대신에 최장 만기까지의 수익률을 사용한다. 원화의 경우 국고채 수익률의 최장 만기가 50년이므로 국고채 50년 수익률(YTM)을 Smith-Wilson 방법에 적용하여 무위험 금리기간구조를 산출한다.

외화는 감독원장이 제시한 해외 통화별 최장 만기까지의 무위험금리를 적용하여 금리기간구조를 산출한다. 감독원장이 제시하지 않은 해외통화의 경우 원화 무위험 금리기간구조를 적용한다. 다만, 감독원장이 제시하지 않는 해외통화에 대해 보험회사가 자체적으로 산출한 해외통화 무위험 금리기간구조 사용의 적정성을 입증할 경우, 산출기준 및 산출과정 등을 문서화하여 사용할 수 있다.

## 2. 위험스프레드

### (1) 자산

자산 중 현금 및 예치금, 대출채권 및 금융부채에서 위험스프레드가 적용된다. 위험스프레드는 해당 자산·부채의 시장수익률과 동일 만기의 국채수익률의 차이로 산출하며 거래상대방의 신용등급은 K-ICS신용등급 적용기준에 따라 산출한다. 만약, 자산의 시장수익률이 없다면 거래상대방의 신용등급 및 잔존만기에 해당하는 회사채수익률에서 국채수익률을 차감하여 산출한다.

원화 거래상대방의 경우, 회사채수익률과 국채수익률은 금융투자협회 채권정보센터에서 제공하는 무보증 회사채 및 국고채의 채권시가평가기준수익률(민평평균)을 각각 적용한다. 다만, 다음 도표에서처럼 금융투자협회에서 제공하는 채권시가평가기준수익률(민평평균)을 적용할 수 없는 경우, 보험회사가 합리적인 기준에 따라 회사채수익률에 대한 적용기준을 마련하여야 하며, 설정근거 등을 문서화하여야 한다.

[도표 14] 거래상대방별 회사채 수익률

| 거래상대방 | 회사채 수익률 |
|---|---|
| 산업은행 | 금융채 I(은행채)의 무보증 AAA(산금채) |
| 중소기업은행 | 금융채 I(은행채)의 무보증 AAA(중금채) |
| 시중은행(산업은행, 중소기업은행 제외) | 금융채 I(은행채)의 무보증 신용등급별 적용(AAA, AA, A+) |
| 은행 이외 금융기관 | 금융채 II(금융기관채)의 무보증 신용등급별 적용<br>(AA+, AA0, AA−, A+, A0, A−, BBB) |
| 금융기관이 아닌 경우 | 회사채 I(공모사채)의 무보증 신용등급별 적용<br>(AAA~BBB−) |

외화 거래상대방의 경우 보험회사가 블룸버그, 로이터 등 구비한 단말기를 이용하여 외화 기준의 회사채수익률 및 국채수익률을 산출한다. 다만, 이때 보험회사는 원화 거래상대방에 적용한 기준을 준용해야 하며, 이와 관련한 증빙서류를 보관하여야 한다. 거래상대방의 신용등급이 없는 경우 자산별로 다음과 같이 적용한다.

[도표 15] 거래상대방 신용등급이 없는 경우의 회사채 수익률

| 자산 | 회사채 수익률 |
| --- | --- |
| 예치금 | 금융채 Ⅱ(금융기관채)의 무보증 BBB0 등급 |
| 일반대출 및 기타대출 | 회사채 Ⅰ(공모사채)의 무보증 BBB0 등급 |
| 부동산담보대출 | 회사채 Ⅰ(공모사채)의 무보증 A0 등급 |
| 특수금융 | 매입수익률(실행 당시 대출금리)을 기준으로 만기에 대응하는 회사채수익률을 매핑(Mapping)함. 다만, 매입 이후 특수금융의 신용위험 변동을 확인한 경우 이를 회사채수익률에 반영함 |

한편, 거래상대방의 잔존만기에 대응하는 회사채수익률을 관찰할 수 없는 경우 회사채수익률을 선형회귀식 등으로 보외하여 사용한다.

### (2) 부채

시장수익률이 없는 부채의 위험스프레드는 보험회사의 신용등급 및 잔존만기에 해당하는 회사채수익률과 국채수익률의 차이로 계산한다. 이때, 세부 산출방법은 자산의 위험스프레드 산출기준을 준용한다. 시장수익률이 없는 후순위채권에 이와 같은 방법을 적용한다.

# 제3절 할인율 산출 요소 변화와 향후 계획

## 1. 할인율 산출 요소 변화

보험부채 평가에 금리 시나리오가 적용된 것은 국제회계기준의 전면 도입으로 인한 2011년 3월말 결산(FY2010)부터이다. 변액보험 보증준비금 평가[1]에 최초 적용되었으며 당시에는 무위험수익률이 아닌 회사의 최선추정 미래 자산운용수익률이 적용되었다. 미래자산운용수익률은 금리기간구조에 만기별로 다른 금리를 사용하지 않고 만기 5년의 국고채 금리에 위험스프레드[2]를 가산한 방식이었다.

이후 부채적정성평가(LAT)[3]가 FY 2011(2012년 3월말 결산)부터 시작되어 전체 보험계약으로 금리 시나리오를 이용한 방식이 확대되었다. 2017년말 평가부터 IFRS 17 대비를 위해 무위험수익률에 유동성프리미엄을 가산한 방식으로 변경되었다.

무위험수익률에 유동성프리미엄을 가산한 방식의 할인율(즉, 조정 무위험 금리기간구조)는 2014년 첫번째 계량영향평가(QIS1)[4]에서 처음으로 적용되었다. 2013년말 기준으로 평가하였으며 무위험수익률로 만기별 국고채 수익률을 사용하고 CDS를 이용하여 유동성프리미엄을 추정하였다.

---

1) 감독업무 시행세칙 [별표 24] "보증준비금 산출기준(제4-15조 관련)"

2) 위험스프레드는 회사의 위험스프레드를 적용하되 미래 투자전략의 변경 등 그 사유가 분명한 경우에는 산업 위험스프레드를 적용할 수 있다. 회사의 위험스프레드는 최근 7개년 평균위험스프레드로 (연도별 운용자산이익률 – 최근 5년만기 국채의 5년 평균 수익률) 중 최대, 최소를 제외한 5개년 평균으로 산출한다. 산업 위험스프레드는 회사의 위험스프레드를 평가시점 회사별 운용자산을 기준으로 가중평균하여 감독원이 산출 및 제시한다. 단, 생명보험과 손해보험을 구분한다.

3) 감독업무 시행세칙 [별표 26] "보험계리기준 (제4-1조의 3 관련)"

4) IFRS 4 도입준비 TF(2015), "보험계약 국제회계기준 2단계 도입을 위한 부채평가방법"

이후 연구용역[5] 등을 통해 산출방법론이 점차적으로 개선되었다. 매년 감독당국은 할인율운영자문위원회 논의를 통해 결정된 사항을 금융감독원 홈페이지에 공시(6~7월)하여 차년도 1월 1일부터 1년간 동일하게 적용한다.[6]

이러한 제도 개선에 따른 원화 금리기간구조의 산출요소 변화를 감독회계 목적의 계량영향평가를 기준으로 살펴본다. 무위험수익률과 최초수렴시점은 2013년말 평가부터 2023년말 평가까지 각각 국고채와 60년으로 동일하다. 최종관찰만기는 2013년말 평가에만 30년을 적용하고 이후 2023년말 평가까지 20년으로 유지되었다. 장기선도금리와 유동성프리미엄은 평가시점에 따라 다양하게 변화되어왔음을 일 수 있다.

[도표 16] 금리기간구조 산출요소 변화

| 평가기준일 | 무위험 수익률 | 최종 관찰만기 | 최초 수렴시점 | 장기 선도금리 | 유동성프리미엄 (산출방법) | 국고 10년 수익률 |
|---|---|---|---|---|---|---|
| 2013. 12 (QIS 1) | 국고채 | 30년 | 60년 | 4.2% | 19.6bps (CDS Negative-Basis) | 3.583% |
| 2014.12 (QIS 2) | | 20년 | | 4.2% | 7.2~15.0bps (Covered bond) | 2.598% |
| 2017.12 (QIS 3) | | | | 4.5% | 40.0bps (변동성 조정) | 2.469% |
| 2018.12 (QIS 4) | | | | 5.2% | 58.5bps (변동성 조정) | 1.948% |
| 2019.12 (QIS 5) | | | | 5.2% | 57.0bps (변동성 조정) | 1.683% |
| 2020.12 (QIS 6) | | | | 5.2% | 60.2bps (변동성 조정) | 1.713% |
| 2021.12 (QIS 7) | | | | 4.95% | 62.1bps (변동성 조정) | 2.250% |
| 2022.12 (QIS 8) | | | | 4.95% | 98.4bps (변동성 조정) | 3.730% |
| 2023.12 (결산) | | | | 4.80% | 95.3bps (변동성 조정) | 3.183% |

5) 금융위원회 금융감독원 보도자료 (2019.10.10.), "LAT 책임준비금 적립에 따른 보험회사 당기손실 확대문제를 개선하고 IFRS17 시행에 대비하여 보험회사의 자본확충 노력을 적극 유도하겠습니다. –「보험 자본건전성 선진화 추진단」 제3차 회의 개최"

6) 이태기(2021), "신제도(IFRS 17/K-ICS) 보험부채 평가를 위한 할인율에 대한 이해", 월간손해보험 2022년 9월호

## 2. 향후 계획

원화 결정론적 시나리오의 장기선도금리, 최종관찰만기, 유동성 프리미엄에 대한 산출방식을 단계적으로 개선하는 방안이 2023년 8월에 발표되었다.[7]

장기선도금리는 2024년부터 연간 조정폭이 최대 0.25%p로 확대되어 2024년 장기선도금리는 4.55%로 직전년도 4.80%에 비해 0.25%p 인하되었다. 최근 경기침체로 실질이자율이 하락함에 따라 장기선도금리는 당분간(약 3~4년) 매년 25bps씩 조정될 것으로 전망한다. 최종관찰만기는 20년에서 30년으로 확대하되 3년간 단계적으로 적용할 예정이다.[8]

유동성프리미엄에 대한 산출방식이 단계적으로 개선된다. 2024년에는 개인대출 및 무등급 특수금융에 대한 산출방법이 변경된다. 개인대출은 신용등급 매핑방식(담보대출은 A등급, 신용대출은 BBB등급)에서 실제 개인대출금리를 이용하는 유효이자율 방식[9]으로 변경된다. 무등급 특수금융은 신용등급 매핑기준을 BBB등급에서 매입수익률(실행 당시 대출금리) 기반의 등급으로 변경한다.

2026년에는 유동성프리미엄에 대한 조정비율을 변경한다. 자산 부채간 현금흐름 미스매칭 등 보험부채 특성을 고려하여 조정비율($a$)을 결정할 예정이다. 현재 조정비율이 감독회계에서는 100%이나 건전성회계에서 80%로 서로 달리 적용하고 있다.

2027년에는 장기평균스프레드($LTAS$)를 산출식에 포함하여 예상 외 신용손실을 유동성 프리미엄에서 제외할 예정이다. 즉, 신용위험스프레드를 $(PD+CoD)$에서 $\max(PD+CoD, LTAS+b)$로 하는 방안을 고려할 것으로 보인다.

---

7) 금융감독원(2023), "2024년 보험부채 할인요소 적용기준 및 2027년까지의 할인율 단계적 적용방안 안내"

8) 금융위원회 · 금융감독원 보도자료(2024.11.7.), "합리적인 계리가정과 단계적 할인율 조정을 통해 보험회계의 신뢰도와 안정성을 높이겠습니다 -「신뢰회복」과 「혁신」을 위한 제4차 보험개혁회의 논의"

9) 신규대출(직전 1년) 잔액을 공정가치로 간주하여 산출한 위험조정 유효이자율에서 무위험이자율을 차감한 값을 유동성 프리미엄으로 사용함

[도표 17] 단계적 적용방안

| | 2024 | 2025 | 2026 | 2027 |
|---|---|---|---|---|
| 장기선도금리 | 변동폭 최대 0.25%p (4.55%) | | | |
| 최종관찰만기 | | 20년 → 30년 (단계적 확대) | | |
| 유동성 프리미엄 | 개인대출 산출방식<br>특수금융 산출방식 | | 조정비율 | 신용위험스프레드 |

## 보론 1 : 스미스-윌슨(Smith-wilson)방법 산출과정[10)]

○ 만기 $t$인 채권 가격은

$$m = P(t) = e^{-UFR \cdot t} + \sum_{j=1}^{N} \zeta_j \cdot W(t, u_j),\ t \geq 0 \qquad ①$$

– 윌슨함수[$W(t, u_j)$]를 만족하는 $\zeta_j$값을 산출

$$W(t, u_j) = e^{-UFR \cdot (t+u_j)} \cdot \left\{\alpha \cdot \min(t, u_j) - 0.5 \cdot e^{-\alpha \cdot \max(t, u_j)} \cdot [e^{\alpha \cdot \min(t, u_j)} - e^{-\alpha \cdot \min(t, u_j)}]\right\}$$

○ 기호 정의

– $N$ : 시장가격이 호가되는 무이표 채권의 개수

– $m_i,\ i = \{1, \cdots, N\}$ : 무이표 채권의 시장가격

– $u_i,\ i = \{1, \cdots, N\}$ : 가격이 알려진 무이표 채권의 만기

– $t$ : 기간

– $\alpha$ : UFR(Ultimate Forward Rate)로 수렴하는 속도결정 모수

– $\zeta_i$ : 추정하여야 할 모수

○ 위의 ①식을 재정리하면

$$m = p = \mu + W\zeta \qquad ②$$

– ②식을 $\zeta$에 관하여 풀면

$$\zeta = W^{-1}(p - \mu) = W^{-1}(m - \mu)$$

○ 최종적으로 ①식에 $\zeta$를 대입하여 채권가격 $P(t)$를 얻을 수 있음

– 단, $W = [W(u_i, u_j)]_{i,j \in \{1, 2, \ldots, N\}}$, $p = [P(u_i)]^T$

$m = (m_i)^T$, $\mu = (e^{-UFR \cdot u_j})^T$, $\zeta = (\zeta_i)^T$

---

10) The Financial Supervisory Authority of Norway(2010), "A Technical Note on the Smith-Wilson Method"

○ 채권가격을 이용하여 현물이자율 및 선도이자율을 산정할 수 있음

– 이때, UFR은 외부 입력값이며 $\alpha$는 최초수렴기간에 UFR에 도달하도록 오차 범위(1bp)내에서 수치해석적 방법으로 결정됨

# 보론 2 : 최종관찰만기 해외 사례

## 1. ICS

ICS에서 할인율은 DLT(deep, liquid, transparent) 특징을 가진 금융시장에서 거래되는 금융상품에 기반하여 결정한다. 따라서 DLT 평가는 금융상품의 적절성 여부 판단 및 최종관찰만기 선정을 위해 정기적(매년 또는 2~3년)으로 수행되어야 함을 강조하고 있다. 할인율을 위해 사용되는 금융상품시장은 크게 스왑시장과 국고채 시장으로 구분된다.

스왑시장은 스왑거래와 관련된 정보 중 스왑거래 횟수 및 규모를 기초로 DLT를 평가한다. 거래횟수는 일 평균 거래횟수가 최소 10회 이상, 거래규모는 일 평균 거래규모가 최소 오천만 유로(원화 약 650억원) 이상이다. 한편, 거래횟수 또는 거래규모가 20% 증가 및 하락 시 최종관찰만기 변경을 고려토록 규정하여 최종관찰만기 선정에 대한 명확한 기준을 제시하고 있다.

선정기준은 유동성 있는 만기의 횟수 또는 규모가 20% 이상 하락 시 비유동성 만기가 되고 비유동성 만기는 횟수와 규모 모두 20% 이상 상승 시 유동성 있는 만기가 된다. 즉, 비유동성에서 유동성 있는 만기 결정시 좀 더 엄격한 기준이 적용됨을 알 수 있다. 또한, 국고채 시장에 대해서도 1년 동안의 거래량과 거래횟수에 기반한 평가가 필요함을 언급하나 구체적인 기준은 제시하지 않고 있다. 총 35개국 통화에 대한 최종관찰만기가 제시되며 한국은 스위스, 멕시코, 싱가포르와 동일하게 국고채에 대해 20년을 적용한다.

[도표 18] 통화별 최종관찰만기 분포(ICS)

| 최종관찰만기 | 10년 | 15년 | 20년 | 30년 | 50년 |
|---|---|---|---|---|---|
| 국가 수 | 16(7/9) | 5(2/3) | 8(4/4) | 5(4/0) | 1(0/1) |
| 국고채 | 브라질(BRL)<br>중국(CNY)<br>폴란드(PLN)<br>루마니아(RON)<br>태국(THB)<br>터키(TRY)<br>대만(TWD) | 헝가리(HUF)<br>말레이시아(MYR) | 한국(KRW)<br>스위스(CHF)<br>멕시코(MXN)<br>싱가포르(SGD) | 호주(AUD)<br>캐나다(CAD)<br>일본(JPY)<br>미국(USD)<br>남아공(ZAR) | – |

| | | | | | |
|---|---|---|---|---|---|
| 스왑 | 칠레(CLP)<br>콜롬비아(COP)<br>인도네시아(IDR)<br>인도(INR)<br>노르웨이(NOK)<br>페루(PEN)<br>필리핀(PHP)<br>러시아(RUB)<br>스웨덴(SEK) | 체코(CZK)<br>홍콩(HKD)<br>사우디아라비아<br>(SAR) | 덴마크(DKK)<br>유로(EUR)<br>이스라엘(ILS)<br>뉴질랜드(NZD) | – | 영국(GBP) |

[자료 : IAIS(2023), "Insurance Capital Standard as a Prescribed Capital Requirement"]

## 2. Solvency Ⅱ

Solvency Ⅱ는 할인율 산출에 대한 원칙으로 모든 계산과정에 대한 투명성, 전문가의 판단을 최소화한 계산의 복제가능성, 책임준비금에 대한 신중한 평가와 시장 정보를 최적화하여 사용하는 시장일관성을 제시하고 있다. 이러한 원칙하에 최종관찰만기는 DLT 평가를 통해 결정된다. DLT 평가는 연단위이며 평가 후 3개월 후에 변경된다. 다만, 3개월이라는 기간은 변경사항의 긴급성과 중요성에 따라 달라질 수 있다.

DLT 평가 기준 중 유로 표시 채권 시장은 마지막 만기와 같거나 큰 만기의 누적 규모(cumulative volume)가 시장의 모든 채권 규모(volume)의 6% 미만인 경우 깊고 유동적인 것으로 간주해서는 안 되는 기준[11)]을 제시하고 있다. 즉, 전체 채권 대비 국채 규모가 6% 이상이 되어야 DLT 기준을 통과할 수 있다.

Solvency Ⅱ는 유럽경제구역(EEA)과 비유럽경제구역(Non-EEA)의 통화를 구분하여 DLT 평가 기준을 제시하고 있다. EEA 통화는 각국 감독당국에 의해 평가되며, 유로와 Non-EEA 통화는 EIOPA가 평가한다. EEA 통화는 bid-ask spread, trade frequency, trade volume, traders quotes, residual volume approach[12)] 등으로 평가한다.

한편, Non-EEA 통화는 변동성 분석(volatility analysis), Bid-Ask 스프레드 분석(analysis of bid-ask spread), 정량적 분석(quantitative analysis) 및 정성적 분석(qualitative analysis)을 병행하여 평가한다.

11) EIOPA(2015)의 Recital 21

12) 발행잔액(residual volume of bonds)이 6% 미만이 되는 기간을 최종관찰만기로 간주한다.

① 변동성 분석 : 기준일로부터 과거 105 영업일 전으로부터 각 만기에 해당하는 사용 가능한(available) 금리의 움직임을 분석, 특정 만기의 금리가 다른 만기에 대한 금리에 비해 특이사항이 보일 경우 시장 깊이가 얕아 충분히 거래되지 않는다고 판단

② Bid-Ask 스프레드 분석 : 내재된 Bid-Ask 스프레드를 나타내는 롤 측도의 값이 클수록 해당 만기의 유동성이 낮다고 판단

$$\text{Roll measure} : Roll_t = 2 \cdot \sqrt{-Cov(r_k, r_{k-1})}$$

③ 정량적 분석 : 이상치분석 등 다수의 정량적 시계열 측도를 분석하여 앞선 변동성 분석 및 Bid-Ask 스프레드 분석을 보충

한편, 최종관찰만기 설정 시 책임준비금 과소평가, 위험관리에 대한 보상, 지급여력 안정성과 금융 안정성 영향 그리고 DLT 평가기준에 대한 이슈[13]가 존재한다. 할인율 곡선은 관찰기간 이후는 최종관찰만기에서 장기선도금리로 수렴하므로 장기부채가 지나치게 낙관적인 이자율 가정으로 할인되어 책임준비금(technical provision)이 과소평가되는 것을 감독당국은 우려하고 있다.

또한 외삽으로 추정된 무위험이자율이 시장이자율과 다른 경우, 보험회사는 지급여력 재무제표에 반영되는 위험을 헤지할 것인지 금융시장의 실제 위험을 헤지할 것인지 결정할 필요가 있다. 만약, 짧은 최종관찰만기를 사용한다면 금융시장의 실제 위험을 헤지하는 것보다 외삽 이자율을 헤지하는 회사에 보상(incentive)을 제공할 수 있다.

한편 보험회사가 장기부채를 보유하고 자산과 밀접하게 매칭되어 있지 않다면 금리하락 시 보험회사는 경기순행적 투자행동을 보일 수 있다. 자산·부채 매칭 향상과 금리리스크 감소를 위해 장기스왑을 구매할 수 있으며 이로 인해 스왑이자율에 압력이 가해질 수 있다. 이러한 다양한 상황을 고려하여 좀 더 객관적인 DLT 평가 기준이 필요하다.

이자율스왑에 대해서는 일평균 거래금액(명목금액 기준)은 최소 5천만 유로[14]이고 일평균 거래횟수는 최소 10회라는 기준을 제시하고 있다. 통화별, 만기별로 구분하고 1년기간에 해당하는 데이터에 기반하여 평가한다. 또한 평가의 안정성을 위해 유동성에서 비유동성이 될 때는 거래금액과 거래횟수 둘 중 하나가 20% 이하여야 되고 비유동성에서 유동성이 될 때는 거래금액과 거래횟수 모두가 20% 이상이라는 기준도 제시한다. 즉, ICS와 동일하게 비유동성에서 유동성 있는 만기 결정시 조금 더 엄격한 기준이 적용됨을 알 수 있다.

---

13) EIOPA(2019), "Consultation Paper on the Opinion on the 2020 review of Solvency II."

14) 1유로를 1,300원으로 가정시 650억원에 해당한다.

한편 국채는 이자율 스왑과 같은 거래금액이나 거래횟수가 아닌 발행잔액을 기준으로 한다. 발행잔액은 시장 채권 규모와 관련하여 만기가 더 큰 채권의 누적가치로써 6%를 기준으로 제시한다. 이러한 방법론을 이용하여 결정된 통화별 최종관찰만기가 결정되며 Non-EEA 국가인 한국은 국채가 아닌 이자율스왑에 대해 20년을 적용한다.

[도표 19] EEA 통화별 최종관찰만기 분포(SolvencyⅡ)

| 최종관찰만기 | 9년 | 10년 | 15년 | 20년 |
|---|---|---|---|---|
| 국가 수 | 1(1/0) | 5(2/3) | 2(1/1) | 3(0/3) |
| 국고채 | 아이슬란드(ISK) | 폴란드(PLN)<br>루마니아(RON) | 헝가리(HUF) | – |
| 스왑 | – | 노르웨이(NOK)<br>스웨덴(SEK)<br>스위스(CHF) | 체코(CZK) | 유로(EUR)<br>불가리아(BGN)<br>덴마크(DKK) |

[자료 : EIOPA(2023), "RFR Technical Documentation, The methodology to derive EIOPA's risk-free interest rate term structures"]

[도표 20] Non-EEA 통화별 최종관찰만기 분포(SolvencyⅡ)

| 최종관찰만기 | 5년 | 9년 | 10년 | 14년 | 15년 | 20년 | 30년 | 50년 |
|---|---|---|---|---|---|---|---|---|
| 국가 수 | 1(0/1) | 1(1/0) | 8(4/4) | 1(1/0) | 2(0/2) | 3(1/2) | 4(0/4) | 1(0/1) |
| 국고채 | – | 터키(TRY) | 브라질(BRL)<br>칠레(CLP)<br>콜롬비아(COP)<br>대만(TWD) | 러시아(RUB) | – | 말레이시아(MYR) | – | – |
| 스왑 | 인도(INR) | – | 중국(CNY)<br>멕시코(MXN)<br>싱가포르(SGD)<br>태국(THB) | – | 홍콩(HKD)<br>남아공(ZAR) | 한국(KRW)<br>뉴질랜드(NZD) | 미국(USD)<br>호주(AUD)<br>캐나다(CAD)<br>일본(JPY) | 영국(GBP) |

[자료 : EIOPA(2023) "RFR Technical Documentation, The methodology to derive EIOPA's risk-free interest rate term structures"]

09

# 보론 3 : 장기선도금리 해외 사례

## 1. ICS

장기선도금리(LTFR ; Long Term Forward Rate)는 기대 실질이자율과 기대 인플레이션 목표의 합으로 표현한다. 기대실질이자율은 IMF 분류기준에 따라 주요 선진국(1.8%), 기타선진국(2.4%), 개발도상국(3.0%)의 3그룹으로 구분한다. IAIS(2018)은 선진국과 개발도상국의 2그룹으로만 분류하였으나 IAIS(2020)은 좀 더 세분화하여 홍콩(HKD), 이스라엘(ILS), 한국(KRW), 대만(TWD)을 선진국에서 기타선진국 그룹으로 분리하였다.

**[ 도표 21 ] 그룹별 실질이자율**

| 지역 구분 | 기대실질이자율 | 통화(currency)별 지역 |
|---|---|---|
| 1 | 1.8% | 호주(AUD), 캐나다(CAD), 스위스(CHF), 체코(CZK), 덴마크(DKK), 유로(EUR), 영국(GBP), 일본(JPY), 노르웨이(NOK), 뉴질랜드(NZD), 스웨덴(SEK), 싱가폴(SGD), 미국(USD) |
| 2 | 2.4% | 홍콩(HKD), 이스라엘(ILS), 한국(KRW), 대만(TWD) |
| 3 | 3.0% | 기타 |

[자료 : IAIS(2023)]

$$기대실질이자율(R) = \frac{1}{n}\sum_{t=1}^{n} r_{1960+i}$$

단, $n$ : 1960년말 이후 연도 수(number of years)

$r_i$ : $[1960+i]$의 연간 실질 이자율

이때, 실질이자율은 아래 식으로 산출한다.

$$실질이자율 = \frac{단기\ 명목이자율 - 인플레이션율}{1 + 인플레이션율}$$

단기명목이자율(short-term nominal rates)과 인플레이션율(inflation rates)은 유럽위원회(EC ; European Commission)의 데이터베이스(AMECO)와 OECD의 주요 경제지표 데이터베이스를 참고한다. 목표인플레이션율은 각국 중앙은행에서 제시한 값으로 기본값은 2.0%이다. 기대 실질이자율은 매년 재계산하여 다음 식과 같이 전년도 대비 15bps 이상 변동시에만 변경하고 그렇지 않다면 전년도와 동일한 값을 적용한다.

$$LTFR_t^L = \begin{cases} LTFR_{t-1}^L + 15bps & if \;\; \mathrm{LTFR}_t \geq LTFR_{t-1}^L + 15bps \\ LTFR_{t-1}^L - 15bps & if \;\; \mathrm{LTFR}_t \leq LTFR_{t-1}^L - 15bps \\ LTFR_{t-1}^L & otherwise \end{cases}$$

인플레이션은 각국 중앙은행의 목표 인플레이션을 적용하며 1%, 2%, 3%, 4%의 4그룹으로 구분한다. 다만 중앙은행이 인플레이션 목표를 정하지 않는 경우는 기본값으로 2%를 설정한다.

[도표 22] 목표별 기대인플레이션

| 기대 인플레이션 | 인플레이션 목표($a$) |
|---|---|
| 1% | $a \leq 1\%$ |
| 2% | $1\% < a < 3\%$ |
| 3% | $3\% \leq a < 4\%$ |
| 4% | $4\% \geq a$ |

이와 같은 방식에 따라 산출한 주요국의 최종관찰만기와 장기선도금리는 다음 도표와 같다. 무위험수익률은 통화에 따라 국고채 또는 스왑을 사용하며 최종관찰만기는 10년에서 50년까지 다양하게 분포하고 있다. 또한 대부분 1그룹인 선진국들의 장기선도금리는 3.8%이나 2그룹인 기타선진국으로 분류된 한국과 대만의 장기선도금리는 4.4%이다.

[도표 23] 최종관찰만기와 장기선도금리(ICS)

| 구분 | 통화 | 무위험수익률 | 최종관찰만기 | 장기선도금리 |
|---|---|---|---|---|
| 1그룹<br>(선진국) | 스위스(CHF) | 국고채 | 20년 | 2.8% |
| | 유로(EUR) | 스왑 | 20년 | 3.8% |
| | 일본(JPY) | 국고채 | 30년 | 3.8% |
| | 영국(GBP) | 스왑 | 50년 | 3.8% |
| | 미국(USD) | 국고채 | 30년 | 3.8% |
| 2그룹<br>(기타선진국) | 한국(KRW) | 국고채 | 20년 | 4.4% |
| | 대만(TWD) | 국고채 | 10년 | 4.4% |

[자료 : IAIS(2023)]

## 2. Solvency Ⅱ

SolvencyⅡ에서 장기선도금리는 ICS와 달리 UFR(Ultimate Forward Rate)로 표시한다. 산출방법은 ICS와 동일하게 기대실질이자율에 목표인플레이션율을 가산하여 산정하나, 대상국가 및 통계량 등의 차이로 인해 국가별로 상이한 결과를 나타낸다. 기대실질이자율을 산출하기 위한 통계기간은 ICS와 동일하나 대상국가가 ICS와 달리 주로 유럽국가로 한정되어있다. 대상 국가는 총 7개국이며 유럽 6개국(벨기에, 독일, 프랑스, 이탈리아, 네덜란드, 영국)과 미국으로 이루어져있고 국가별 그룹 구분이 없어 방법론은 유사하나 결과 값은 ICS와 상이하다.

실질이자율은 통화에 상관없이 제시된다. 7개국의 연간실질이자율을 1961～2016년까지 산술평균하여 2018년 1.65%를 기대실질이자율로 사용한 이후 매년 실질이자율을 추가하여 재산출한다.

[도표 24] 기대실질이자율 추이(SolvencyⅡ)

| 연도 | 2018 | 2019 | 2020 | 2021 | 2022 | 2023 |
|---|---|---|---|---|---|---|
| 기대실질이자율 | 1.65% | 1.60% | 1.55% | 1.50% | 1.45% | 1.40% |

[자료 : EIOPA(2017, 2018, 2019, 2020, 2021, 2022)]

한편, 기대 인플레이션은 국가별 중앙은행의 목표인플레이션을 적용하며 한국은 현재 2%이다. 2018년 이전은 UFR이 4.2%로 고정되었으나 2018년부터는 매년 변동한다. 다만, UFR의 연간 변동폭은 ICS와 동일하게 0.15%p로 제한되어 있어 전년도 UFR이 0.15%p 이상 변동이 없다면 연도별 실제 적용 UFR은 전년도와 동일한 값을 사용한다. 이에 따라 2023년은 2022년과 동일하게 3.45%를 적용하였다.

[도표 25] 장기선도금리 추이(SolvencyⅡ)

| 구분 | 2018 | 2019 | 2020 | 2021 | 2022 | 2023 |
|---|---|---|---|---|---|---|
| 평가값 | 3.65% | 3.60% | 3.55% | 3.50% | 3.45% | 3.40% |
| 적용값 | 4.05% | 3.90% | 3.75% | 3.60% | 3.45% | 3.45% |

[자료 : EIOPA(2017, 2018, 2019, 2020, 2021, 2022)]

2023년에 적용하는 국가별 장기선도금리는 2.45%～5.5%까지 다양하며 이 중 한국은 3.45%를 적용한다.

[도표 26] 국가별 장기선도금리(SolvencyⅡ)

| UFR | 국가 |
|---|---|
| 2.45% | 스위스 |
| 3.45% | 한국, 유로, 체코, 영국, 크로아티아, 폴란드, 루마니아, 스웨덴, 아이슬란드, 노르웨이, 호주, 캐나다, 홍콩, 말레이시아, 뉴질랜드, 싱가포르, 태국, 대만, 미국 |
| 3.5% | 일본 |
| 4.45% | 멕시코 |
| 4.5% | 헝가리, 칠레 |
| 5.1% | 러시아 |
| 5.2% | 브라질 |
| 5.5% | 인도, 터키, 남아공 |

[자료 : EIOPA(2021)]

## 보론 4 : 제도별 유동성프리미엄 비교

IFRS 17, Solvency Ⅱ, MCEV 등 시장가치로 부채를 평가하는 제도는 할인율에 유동성 프리미엄이 존재한다. 2008년 금융위기 이후부터 보험부채에 유동성 프리미엄을 반영하고 있다.

IFRS 17[15)]은 보험계약자가 보험계약을 해지하거나 제3자에게 계약을 매도한다면 유의한 비용(significant penalty) 지불에 의해서만 가능하므로 부채평가 시 유동성 프리미엄 반영이 필요함을 설명하여 공개협의안(DP ; Discussion Paper)에서는 논의하지 않던 유동성 프리미엄이 2010년의 최초 공개초안(ED1 ; Exposure Draft 1)에 등장한다. 처음에는 상향접근법만 허용하다가 2013년 수정공개초안(ED2 ; Exposure Draft 2)에서는 하향접근법도 추가되었다.

Solvency Ⅱ는 부채평가 시 순자산가치의 급격한 변동을 방지하기 위해 변동성 조정 및 매칭 조정 사용을 선택사항으로 제시하고 있는데 2009년 금융위기 이후 계량영향평가(QIS 5)에 적용한 경기대응 프리미엄에서 발전한 것이다.

MCEV[16)]는 부채가 유동성이 없다면 유동성 프리미엄이 포함된 이자율스왑을 참조이자율(Reference Rate)로 사용하고, 부채가 유동성이 있으면 이자율스왑만 참조이자율로 사용한다. 2008년 6월 기준서에서는 유동성 프리미엄 사용을 금지하다가 금융위기 이후 2009년 10월 기준서부터 허용하였다.

[ 도표 27 ] 제도별 유동성프리미엄 비교

| IFRS 17 | Solvency Ⅱ | MCEV |
|---|---|---|
| • DP(2007년) : 무위험수익률로만 할인<br>• ED 1(2010년) : 유동성프리미엄 등장 (상향접근법만 적용가능)<br>• ED 2(2013년) : 하향접근법도 가능 | • QIS 5(2009년) : 무위험수익률에 "경기대응 프리미엄"* 반영을 제안<br>• "경기대응프리미엄"이 "변동성조정"으로 변경 | • 2008년 6월 기준서는 유동성프리미엄 사용 금지<br>• 2009년 10월 기준서에서 유동성프리미엄 사용 허용 |

* 금융위기시에만 할인율에 일정값 반영하는 방법임

15) IASB, Insurance Contract, ED1 BC98 ~ 100, 2010.7.

16) CFO Forum(2016), "Market Consistent Embedded Value Basis for Conclusions"

제10장

# 건전성회계 Ⅲ

## : 지급여력금액 및 경과조치

# 제1절
# 지급여력제도

## 1. 지급여력제도 개요[1]

지급여력이란 보험회사가 지급능력(solvency), 즉 보험계약자에 대한 보험금지급 의무의 이행능력에 필요한 자산 외에 추가로 보유하도록 한 잉여금(surplus) 개념의 순자산으로 예기치 않은 리스크 발생에 대비한 충격흡수장치(buffer)의 기능을 한다.

[도표 1] 지급여력

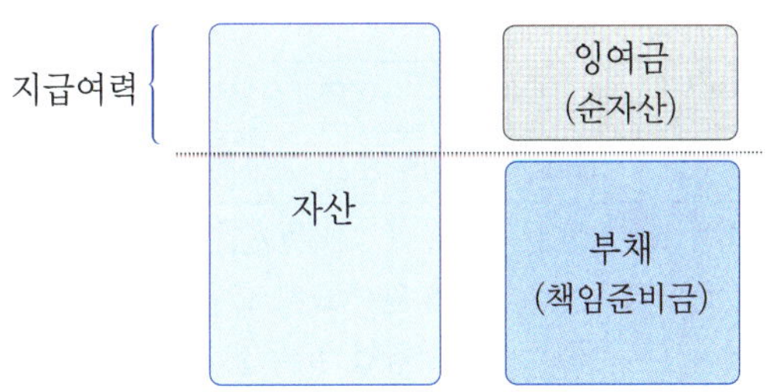




지급여력제도를 살펴보기 위해서는 보험회사의 건전성제도에 대한 이해가 선행될 필요가 있다. 「보험업법」에는 보험회사의 계속적인 유지 존속을 위하여 자본의 충실을 기하고 건전한 경영을 도모할 수 있도록 보험업의 특성이 반영된 건전성 규정이 마련되어 있다. 보험회사 건전성 규제의 핵심은 보험계약자 등의 보험금 청구에 지급이 보장될 수 있도록 지급능력을 확보하는 데 있으며, 이러한 지급능력의 확보를 위하여 지급여력제도를 도입하여 시행하고 있다.

---

1) 금융감독원(2023)의 "금융감독개론"을 기반으로 저자가 일부 수정함

관련 법규에서는 지급여력금액이 지급여력기준금액을 초과하도록 규정하고 있는데, 이는 지급여력비율이 100% 이상임을 의미한다. 지급여력비율은 지급여력금액을 지급여력기준금액으로 나눈 비율로 보험회사 재무건전성을 측정하는 척도이다.

여기서 지급여력금액은 경영상 직면한 손실위험을 보전할 목적으로 보험회사가 실질적으로 보유하고 있는 자본의 규모를 말한다. 보험회사의 지급여력이 충분한지 여부를 가늠하기 위하여 생명 · 장기손해보험리스크, 일반손해보험리스크, 시장리스크, 신용리스크, 운영리스크별 위험액 등을 종합적으로 감안하여 지급여력기준금액을 산출하며 이를 지급여력금액과 비교함으로써 당해 보험회사의 자본적정성을 측정한다.

[도표 2] 지급여력비율

$$\text{지급여력비율} = \frac{\text{지급여력금액}}{\text{지급여력기준금액}} \times 100 = \frac{\text{가용자본}}{\text{요구자본}} \times 100$$

보험회사가 지급여력비율 100%를 충족하지 못하는 경우 바로 지급불능상태에 빠지는 것은 아니지만, 보험계약자를 보호하고 보험회사 경영건전성을 확보하기 위하여 지급여력비율 단계별로 경영개선권고 · 요구 또는 명령 등 적기시정조치[2]가 이루어지게 된다.

[도표 3] 적기시정조치 체계

| 구분 | 경영개선권고 | 경영개선요구 | 경영개선명령 |
|---|---|---|---|
| 지급여력비율 | 50% ≤ K-ICS < 100% | 0% ≤ K-ICS < 50% | K-ICS < 0% |
| 요구사항 | • 자본금 증액 또는 감액<br>• 사업비 감축<br>• 부실자산 처분<br>• 인력, 조직운영개선<br>• 주주, 계약자 배당 제한<br>• 신규업무 진출 및 출자 제한 등 | • 점포 폐쇄,통합,신설제한<br>• 임원진 교체 요구<br>• 보험업 일부 정지<br>• 인력, 조직 축소<br>• 위험자산 보유제한 및 자산 처분<br>• 자회사 정리 등 | • 주식 일부, 전부 소각<br>• 임원 직무집행 정지 및 관리인 선임<br>• 6월 이내 보험업 전부 정지<br>• 계약 전부, 일부 이전 등 |

2) 보험업감독규정 제7-17조(경영개선권고), 제7-18조(경영개선요구), 제7-19조(경영개선명령)

## 2. 지급여력제도 도입 및 변천

보험회사의 재무건전성을 측정하는 지급여력제도는 환경변화에 따라 지속적으로 개선되었다. 1998년 외환위기 발생 이전까지는 현행의 지급여력제도와는 달리 지급여력과 해약식 책임준비금을 비교하여 지급여력을 평가(생보사)하거나 보유보험료가 보험계약자 잉여금의 일정비율을 초과하지 못하도록 규제하는 방식(손보사)으로 지급여력규제를 운용하여 왔다.

그러던 중 우리나라는 1998년 하반기 외환위기에 따른 IMF의 구제금융 사용 이후 각종 금융관행 및 경영형태와 금융회사에 대한 감독수준을 국제기준에 부합되도록 개선할 필요가 있다는 반성과 IMF의 권고 등에 따라 1999.5.월부터 당시 EU에서 적용하고 있던 지급여력제도(Solvency I)를 도입하였다. 하지만 Solvency I은 단순하여 운용의 편리성은 있으나 필요한 자본금 요건 산출 시 보험회사가 직면하는 다양한 리스크를 종합적으로 평가하지 못한다는 한계가 지적되어왔다.

이에 캐나다, 미국, 일본은 다양한 리스크를 정교하게 반영하기 위하여 RBC(Risk Based Capital) 방식으로 전환하였으며, EU는 2016년부터는 Solvency Ⅱ를 시행 중이다. 우리나라도 종전 EU식 지급여력제도(Solvency I)의 한계 극복 및 리스크 중심의 예방적 · 선제적 감독 체계 도입을 위하여 2009.4.월부터 해외 선진국의 위험기준자기자본(RBC 방식)을 국내 여건에 맞게 수정한 RBC 제도를 도입하였으며, 2년간의 병행 실시 후, 2011.4.월부터 RBC 방식의 지급여력제도를 시행하였다.

2023년 1월 1일부터 보험부채를 시가평가하는 보험계약에 관한 새로운 국제회계기준(IFRS 17)이 시행됨에 따라, 이에 부합할 수 있도록 RBC를 대체하는 시가기반 지급여력제도(K-ICS)가 시행되었다. K-ICS 도입을 위해 감독당국은 2016년 3월 신지급여력제도 마스터플랜을 마련하고 공개협의안 및 Field Test 등을 통해 제도 도입에 박차를 가하였다. 이후 2017년 6월 지급여력제도 전환을 공식적으로 발표한 뒤 2018년부터 매년 도입안을 수정하였으며 수차례의 영향평가(QIS)를 거쳐 시행되었다.



[도표 4] 지급여력제도 변화

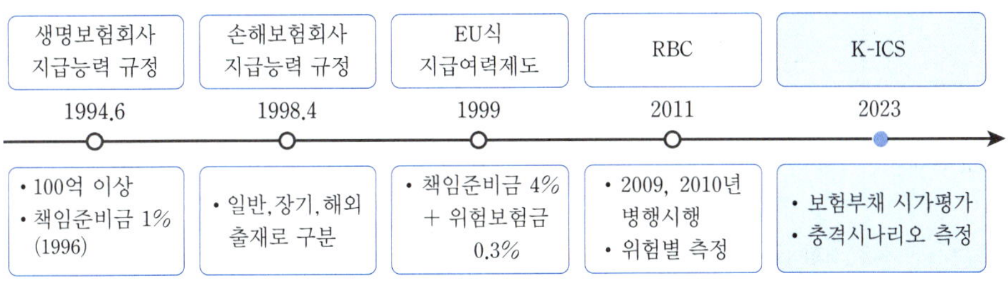


[자료 : 노건엽(2023), "신지급여력제도(K-ICS)의 이해", 월간 생명보험]

원가기반의 지급여력제도는 경제환경 변화에 따른 자본변동성을 적시에 반영할 수 없었고, 그에 따른 리스크의 정밀한 측정에도 한계를 노출하였다. 이러한 한계를 극복하기 위해 지급여력제도를 시가기반으로 전환하는 등 국제적으로 보험회사에 대한 자기자본규제에 커다란 변화가 일어나고 있다.

EU에서는 Solvency Ⅱ가 2016년 시행되었으며, 국제보험감독자협의회(IAIS)는 금융안정위원회(Financial Stability Board)의 요구에 부응하여 국제적으로 활동하는 보험그룹(IAIG ; nternationally Active Insurance Group)에 적용하는 보험자본기준(ICS ; Insurance Capital Standard)의 제정을 추진하여, 2020년부터 5년간의 모니터링 후 2024년 12월 시행할 예정이다.

두 제도 모두 보험회사 자산·부채의 공정가치 평가에 근거하여 99.5% 신뢰수준의 충격시나리오(stress scenario)와 위험계수를 적용하여 보험회사의 재무건전성을 평가한다는 공통점을 가지며, 특히 ICS는 향후 보험회사 자기자본 규제의 국제표준이 될 것으로 예상된다.

## 3. K-ICS 주요 특징

K-ICS는 RBC와 동일하게 [가용자본/요구자본]으로 산출되나 평가 방법, 측정 대상 등에서 상당한 차이가 있다. K-ICS는 자산 및 부채평가방법, 가용자본 산출 구조, 요구자본 종류 및 평가방법 등 다양한 측면에서 RBC와 차별화된 방법을 적용한다.

[도표 5] RBC제도와 K-ICS 제도 비교

| 구분 | RBC | K-ICS |
|---|---|---|
| 평가 | 일부 자산 및 부채 원가평가 | 모든 자산·부채 시가 평가 |
| 가용자본 | 자본금·이익잉여금 등<br>재무제표 상 자본 중심 열거 | 시가평가된 순자산(자산－부채)에서 손실흡수성 정도에 따라 차감 또는 가산 |
| 요구자본 | 신뢰수준 99%,<br>위험계수방식으로 요구자본<br>산정 | 신뢰수준 99.5%, 충격 시나리오 방식으로 요구자본(충격 후 순자산 감소분) 산정<br>* 일부 리스크(일반손보·신용·운영)는 위험계수방식 |
| | 5大 리스크<br>(보험·금리·시장·신용·운영) | ① 5大 리스크 : 생명/장기보험·일반손보·시장·신용·운영<br>－ 보험리스크를 생명/장기·일반손보로 분리<br>－ 금리리스크를 시장리스크에 포함 |
| | | ② 5개 하위 위험 신설<br>－ 보험리스크 內 : 장수, 해지, 사업비, 대재해<br>－ 시장리스크 內 : 자산집중 |

| 건전성 기준 | 지급여력비율(= 가용자본/요구자본) ≥ 100% |
|---|---|

[자료 : 금융감독원 보도자료(2022.12.6.)]

## (1) 자산 및 부채평가

자산과 부채 평가는 경제적으로 시장가치와 일관된 가치를 산출하는 것을 원칙으로 하여 부동산, 대출채권 등 취득원가로 평가하는 자산도 시가로 평가한다. 즉, 기타포괄손익-공정가치측정(FVOCI), 상각후원가측정(AC)과 같은 계정 구분이 없이 모든 자산에 대해 시가로 평가하는 것을 원칙으로 한다.

보험부채는 현행 추정부채와 위험마진으로 구성된다. 현행 추정부채는 평가시점 무위험수익률로 할인하며 보험계약과 관련된 모든 현금흐름(보험료, 보험금, 사업비, 해지, 중도인출, 연금선택률 등)의 기대가치(평균)로 산출한다.

위험마진은 보험계약 현금흐름 불확실성에 해당하는 비용으로 정의하며 재보험출재관련 현금흐름을 포함한다. 위험마진은 신뢰수준법[3]을 적용하며 생명보험 및 장기손해보험부채와 일반손해보험부채의 신뢰수준을 다르게 적용한다. 생명보험 및 장기손해보험부채에서는 보험계약 현금흐름 현재가치의 85번째 백분위수와 평균의 차이로, 일반손해보험부채는 보험계약 현금흐름 현재가치의 65번째 백분위수와 평균의 차이로 산출한다.

**보충설명** 위험마진 산출방법

❑ **위험마진은 산출방법에 따라 신뢰수준법과 자본비용법으로 구분할 수 있음**

• 신뢰수준법은 리스크별로 가정한 분포를 이용하는 것으로 보험위험만을 대상으로 측정하고 할인율이 직접적으로 적용되지 않음

– 예를 들어 특정 리스크에 대해 정규분포를 가정한다면 해당 신뢰수준 금액에서 평균 금액을 차감하여 산출할 수 있음

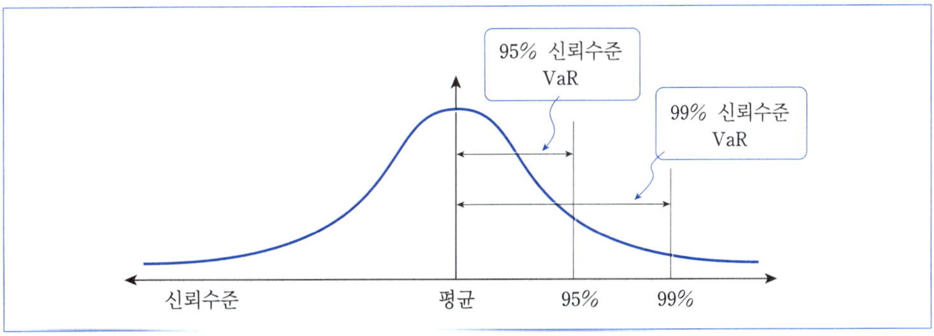


3) K-ICS 2.0은 자본비용법이나 K-ICS 3.0부터 신뢰수준법으로 변경되었다.

- 자본비용법은 미래 요구자본의 현재가치에 자본비용률을 곱하여 산출하며 이 때 자본비용률은 무위험수익률을 초과한 주주요구수익률로 정의함
  - 보험위험 외에 신용위험, 운영위험 등이 포함되고 무위험수익률은 유동성프리미엄을 적용하지 않은 기본 무위험금리기간구조를 사용함

$$CoC \cdot \sum_{t \geq 0} \frac{SCR(t)}{\{1 + r(t+1)\}^{t+1}}$$

$CoC$ : 자본 비용률
$SCR(t)$ : $t$년도 후의 요구자본
$r(t+1)$ : 만기 $(t+1)$년의 기본 무위험 수익률(spot rate)

❑ 위험마진은 해외 제도별로 기준이 다르지만 국내는 ICS와 동일한 기준을 적용함

- ICS 1.0은 자본비용법을 적용하였으나 ICS 2.0 이후부터 신뢰수준법을 적용하였으며 Solvency Ⅱ는 자본비용법을 적용 중임
- K-ICS는 ICS 2.0과 동일하게 신뢰수준법으로 위험마진을 측정함

| 구분 | ICS | | Solvency Ⅱ |
|---|---|---|---|
| | 1.0 | 2.0 | |
| 산출 방법 | 자본비용법 | 신뢰수준법 | 자본비용법 |
| 적용 기준 | – 자본비용률<br>① 5%<br>② 3% + 만기 10년 무위험수익률 | – 생명/장기 : 85%<br>– 일반손보 : 65% | 자본비용률 6% |
| 측정 위험 | – 보험<br>– 신용(재보험계약)<br>– 운영 | – 생명보험<br>– 손해보험<br>– 대재해 위험 제외 | – 보험<br>– 신용(재보험계약)<br>– 운영<br>– 금리위험 제외하고 중요한 시장위험 |

### (2) 가용자본

가용자본 산출 시 RBC는 재무제표상 자본 중심으로 열거하는 방식이나 K-ICS는 손실흡수성 정도를 판단하여 가용자본을 산출한다. 후순위채 등 자본증권은 가산항목이나 지급예정 주주배당액 등은 차감항목이 된다. 가용자본은 RBC와 동일하게 자본의 질에 따라 기본자본과 보완자본으로 구분되나 보완자본 한도는 기본자본 100%에서 총 요구자본의 50%로 변경되었다.

[도표 6] K-ICS 가용자본

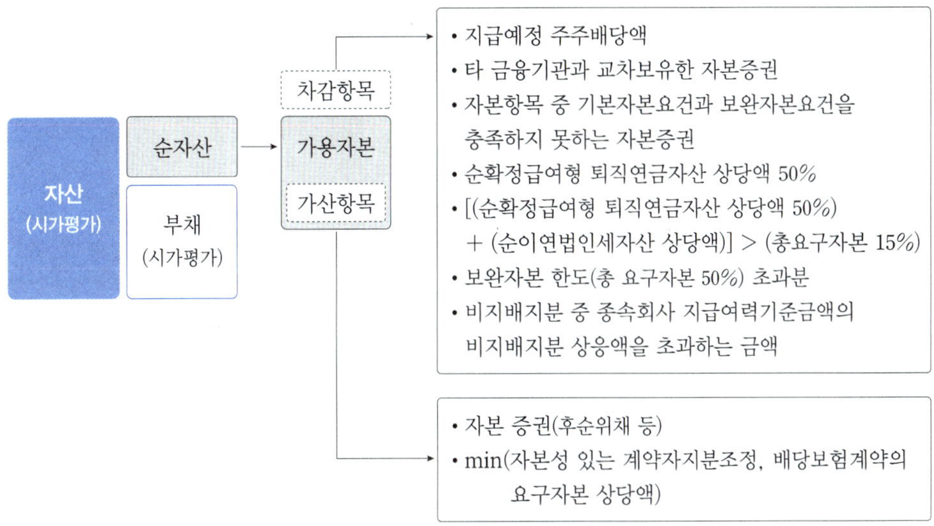


## (3) 가용자본

요구자본은 향후 1년간 99.5% 신뢰수준 내에서 발생가능한 리스크량으로 측정되어 RBC의 99.0%보다 신뢰수준이 상향되었다. 요구자본 산출대상은 생명 · 장기손해보험리스크, 일반손해보험리스크, 신용리스크, 시장리스크, 운영리스크로 구분하여 측정하고, 하위위험에 장수, 해지, 사업비, 대재해, 자산집중 리스크가 새롭게 추가되어 RBC보다 다양한 리스크가 측정된다.

RBC에서는 상위 위험으로 구분된 금리리스크가 K-ICS에서는 시장리스크의 하위 위험이 되고, RBC의 하위 위험인 생명 · 장기손해보험리스크와 일반손해보험리스크는 K-ICS에서 상위 위험으로 구분되는 등 분류 체계도 변경되었다.

[도표 7] K-ICS 요구자본

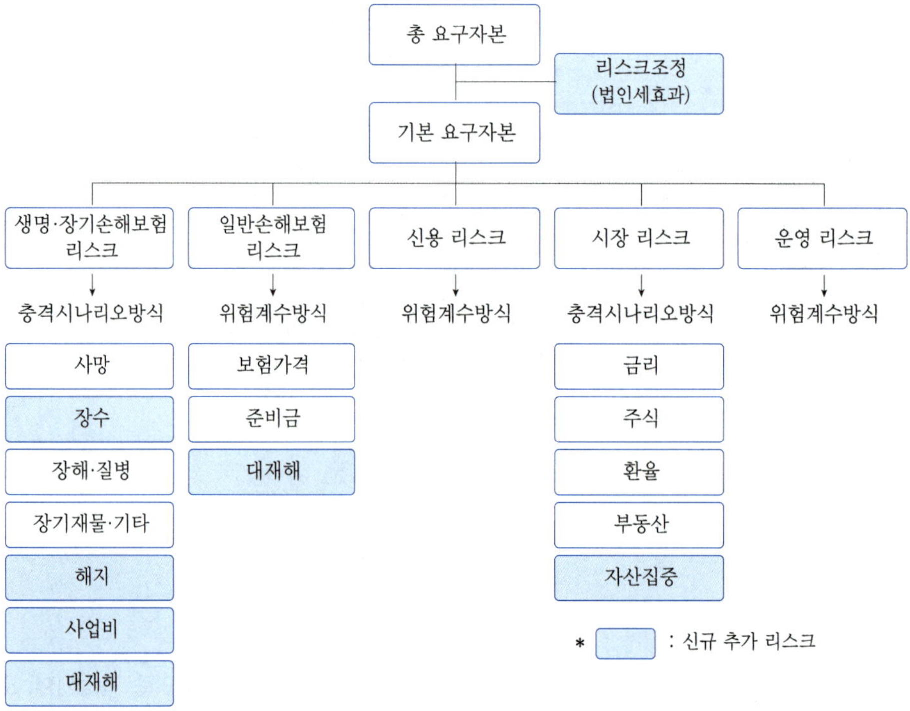


또한, 익스포저에 고정된 계수값을 곱하는 방식이 아닌 자산 및 부채 현금흐름에 충격시나리오를 반영하는 방식으로 측정방식이 정교화되었다. 리스크 중 생명 · 장기손해보험리스크와 시장리스크가 충격시나리오 방식으로 측정된다.

충격시나리오 방식은 충격(shock 또는 stress) 전후의 순자산 가치 변동으로 리스크를 측정하는 방식이다. 예를 들어 사망리스크는 VaR 99.5%수준의 사망률 적용(12.5% 증가) 전후의 순자산 변동분으로 측정된다. 이와 같이 위험요인별로 순자산 변동분을 산출하므로 계수방식을 사용하는 RBC 제도에 비해 계산량이 증가한다.

[도표 8] 충격시나리오 예시

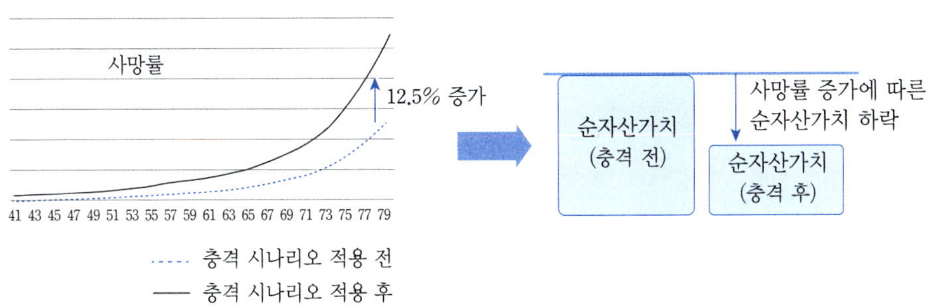

# 제2절
# 지급여력금액 산출

## 1. 개요

지급여력금액은 건전성감독기준 재무상태표 상의 부채를 초과하는 자산금액(이하 '순자산')에서 손실흡수성의 유무에 따라 일부 항목을 가산 또는 차감하여 산출한다. 손실흡수성은 계속기업기준과 청산기준으로 구분하여 판단한다.

계속기업기준에서의 손실흡수성은 계속기업을 전제로 보험회사가 손실액을 해당 가용자본과 즉시 상계하거나 전환 등을 통해 가용성을 증가시켜 손실을 흡수할 수 있음을 의미한다. 청산기준에서의 손실흡수성은 기업의 청산(파산을 포함) 절차 시 보험계약자 및 기타 일반채권자보다 변제순위가 법적으로 후순위에 해당하여 보험계약자의 손실 보전에 해당 항목을 우선 사용할 수 있음을 의미한다.

### (1) 가산항목

지급여력금액 산출시 가산하는 항목은 다음과 같다.

① 기본자본요건 또는 보완자본요건을 충족하는 자본증권

② 자본성 있는 계약자지분조정과 배당보험계약의 요구자본 상당액 중 작은 금액

기본자본요건 또는 보완자본요건을 충족하는 자본증권은 부채항목 중 가용성, 지속성, 후순위성, 기타제한의 부재에 대한 요건을 충족해야한다. 다만, 만기시 지급유예조항(Lock-in 조항)을 보유하지 않은 자본증권은 가산금액에서 보완자본 불인정금액을 차감한다. 이때 보완자본 불인정금액은 공정가치금액에 차감율을 곱하여 산출하며, 차감율은 잔존만기가 5년 미만이 되는 시점부터

매년 20%씩 상향한다.

한편, 자본성 있는 계약자지분조정은 감독회계 재무상태표에서 ① 기타포괄손익–공정가치측정 금융상품 평가손익 ② 지분법적용투자주식 평가손익 ③ 재평가잉여금을 합산한 금액으로 한다. 단, 자본성 있는 계약자지분조정이 음수(-)인 경우 0으로 한다.

배당보험계약의 요구자본 상당액은 총요구자본에 유배당보험계약 비중을 곱하여 산출한다. 이때 유배당보험계약 비중은 생명보험 및 장기손해보험계약 관련 전체 해약환급금 대비 유배당보험계약의 해약환급금 비중으로 한다.

### (2) 차감항목

지급여력금액 산출시 차감하는 항목으로 다음의 지급예정 주주배당액, 지급여력제고 목적으로 타 금융기관과 교차보유한 자본증권 등이 해당한다.

① 지급이 예정된 주주배당액

② 지급여력 제고를 목적으로 타 금융기관과 교차보유한 자본증권

③ 자본항목 중 기본자본요건과 보완자본요건을 모두 충족하지 못하는 자본증권

④ 순 확정급여형 퇴직연금자산 상당액의 50%

⑤ 순 확정급여형 퇴직연금자산 상당액의 50%와 순이연법인세자산 상당액 합계액 중 총 요구자본의 15%를 초과한 금액

⑥ 보완자본 한도(총 요구자본 50%)를 초과한 금액. 단, 해약환급금 부족분 상당액 중 해약환급금 준비금 상당액 초과분은 한도에서 제외함

⑦ 건전성회계 재무상태표 상 자본계정에 계상된 비지배지분 중 종속회사 지급여력기준금액의 비지배지분 상응액을 초과하는 금액

타 금융기관과 교차보유한 자본증권 중 지급여력비율 제고 목적이 아님을 감독원장에게 증명하거나 투자과정에서 간접적으로 상호보유하게 된 특정 상황[1]에 해당하지 않는 경우는 제외한다. 다만, 특정 상황에 해당하지 않는 경우로 투자과정에서 자본증권 간 발행시점이 2년 이상 차이나는 경우에는 지급여력비율 제고 목적으로 보지 않는다.

순 확정급여형 퇴직연금자산 상당액은 순 확정급여형 퇴직연금자산에서 관련 이연법인세자산은 가산하고 이연법인세부채는 차감하여 산출한다.

---

1) 교환, 스왑 등의 방법이나 명시적 또는 묵시적 계약에 의하여 취득한 것 또는 자본증권이 시장성이 없거나 시장성은 있으나 시가평가하지 않는 것

10

종속회사 지급여력기준금액[2]의 비지배지분 상응액은 다음과 같이 산출한다.

$$\frac{\text{그룹기준 지급여력기준금액}}{\sum_{i}^{n} \text{지배 · 종속회사 지급여력기준금액}_i} \times \text{종속회사 지급여력기준금액}_i \times \text{비지배지분율}$$

## 2. 계층화

지급여력금액은 손실흡수성의 정도에 따라 2개의 계층(기본자본과 보완자본)으로 분류한다.

### (1) 기본자본

기본자본은 계속기업기준 및 청산기준에서 모두 손실흡수성이 있는 항목으로서 순자산에서 손실흡수에 제한이 있는 일부 항목을 차감하여 산출한다. 순자산은 다음과 같이 구성된다.

① 보통주
② 자본항목 중 보통주 이외의 자본증권
③ 이익잉여금
④ 자본조정
⑤ 기타포괄손익누계액
⑥ 조정준비금

조정준비금은 건전성감독기준 재무상태표상 순자산 금액에서 보험감독회계기준 재무상태표상 ① 보통주부터 ⑤ 기타포괄손익누계액까지 차감하여 산출한다. K-ICS는 자산과 부채를 모두 시가로 평가하는 반면, 감독회계에서는 일부 자산 및 투자계약은 원가로 평가하므로 조정준비금은 건전성회계 재무상태표와 감독회계 재무상태표간의 차이를 확인할 수 있는 중요 정보에 해당한다.

---

2) 종속회사 지급여력기준금액을 종속회사 및 관계회사 요구자본 산출에서 정한 기준에 따라 업권별 자본규제를 활용하거나 요구자본 대용치(총자산×8%)를 적용하여 산출하는 경우 [{(업권별 요구자본×환산율) 또는 (총자산×8%)}×비지배지분율]에 따라 계산한다.

[도표 9] K-ICS 가용자본 구성

(단위 : 조원)

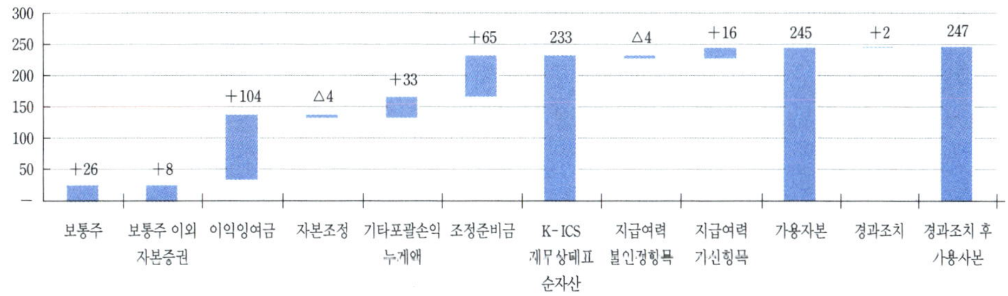


[자료 : 금융감독원 보도자료(2023.7.10.), "'23.3월말 기준 보험회사 지급여력비율현황(잠정)"]

기본자본 산출시 순자산에서 차감하는 항목은 지급여력금액 차감항목 중 비지배지분 상응액 초과금액과 보완자본으로 분류되는 금액이 해당된다.

① 지급여력금액 차감항목 중 건전성감독기준 재무상태표 상 자본계정에 계상된 비지배지분 중 종속회사 지급여력기준금액의 비지배지분 상응액을 초과하는 금액을 제외한 금액

② 손실흡수성에 일부 제약이 있어 기본자본에서 차감하여 보완자본으로 재분류하는 금액(기본자본 자본증권의 인정한도를 초과한 금액과 보완자본 자본증권)

### (2) 보완자본 분류

보완자본은 계속기업기준 또는 청산기준에서 손실흡수성에 제약이 있는 항목으로서 기본자본에서 차감하여 보완자본으로 재분류하거나 보완자본 요건을 충족하는 자본증권이 해당된다.

손실흡수성에 일부 제약이 있는 것으로 판단하여 기본자본에서 차감하여 보완자본으로 재분류하는 항목은 다음과 같다.

① 기본자본 한도 초과금액

② 보완자본 자본증권

③ 해약환급금 부족분 상당액 중 해약환급금준비금 상당액 초과분

④ 담보제공자산 중 피담보채무 및 관련 요구자본을 초과한 금액

⑤ 당해 보험회사 종업원을 위해 사외적립한 순 확정급여형 퇴직연금자산 상당액의 50%

⑥ 순이연법인세자산 상당액

이 중 ⑤와 ⑥의 합계액은 총 요구자본의 15% 이내에서 보완자본으로 인정된다.

### 1) 기본자본 자본증권의 인정한도를 초과한 금액

기본자본 자본증권은 보통주를 제외한 자본증권 중에 기본자본요건인 가용성, 지속성, 후순위성, 기타제한의 부재를 충족하는 자본증권을 의미한다.

기본자본 자본증권의 인정한도는 총요구자본의 10%로 한다. 다만, 총요구자본의 10%를 초과한 자본증권 발행금액이 조건부자본증권인 경우 인정한도를 총요구자본의 15%로 상향조정한다.

**보충설명** 기본자본 자본증권의 인정한도 산출 예시

❑ **총 요구자본이 1,000억원, 기본자본 자본증권이 80억원인 경우**

- 기본자본 인정한도는 총 요구자본의 10%인 100억원이므로 80억원 전액이 기본자본으로 인정됨

❑ **기본자본 자본증권 80억원을 보유한 상태에서 "보험업법"에 따른 조건부 자본증권을 100억원 추가 발행할 경우**

- 기본자본 자본증권의 총 발행액(180억원 = 80억원 + 100억원)이 총요구자본의 10%(100억원)를 초과하나 초과금액이 조건부자본증권이므로 기본자본 인정한도가 총 요구자본의 15%인 150억원으로 상향조정됨
- 150억원은 기본자본이 되고, 30억원은 보완자본으로 재분류됨

**보충설명** 조건부 자본증권

❑ 조건부자본증권은 예정사유(부실금융기관 지정 등)가 발생하면 자동으로 원금이 상각되거나 보통주로 전환되는 자본증권으로 다음의 유형으로 구분할 수 있음

- 원리금 상환 의무가 감면되는 상각형 조건부자본증권
- 해당 금융회사의 주식으로 전환되는 주식 전환형 조건부자본증권
- 비상장주권법인의 경우 상장금융지주회사의 주식으로 전환되는 금융지주회사주식 전환형 조건부자본증권

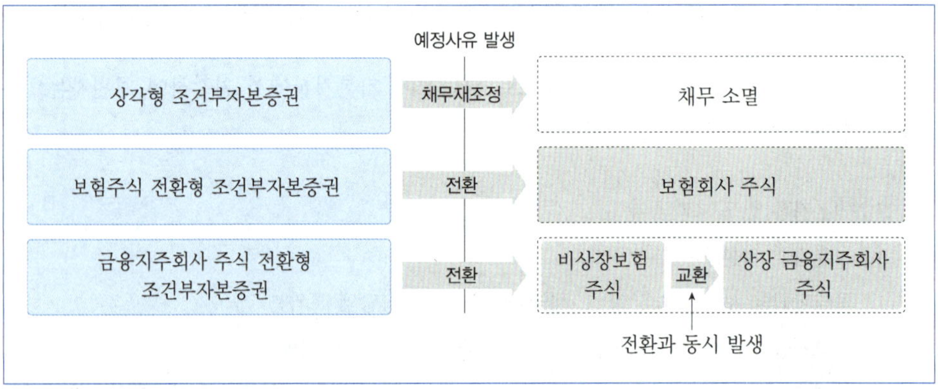


### 2) 보완자본 자본증권

보완자본 자본증권은 기본자본요건은 충족하지 못하지만, 보완자본요건은 충족하는 자본증권

을 의미한다. 보완자본 자본증권으로는 대표적으로 후순위채가 해당된다.

### 3) 해약환급금 부족분 상당액 중 해약환급금준비금 상당액 초과분

이익잉여금 내 해약환급금준비금 적립으로 인해 계약자 보호는 강화되어 해약환급금준비금 상당액은 기본자본으로 인정하나, 해약환급금준비금 상당액을 초과하는 금액에 대해서는 자본의 질을 낮게 평가하여 보완자본으로 분류한다.

해약환급금 부족분 상당액은 생명보험 및 장기손해보험상품의 원수계약을 대상(공동재보험의 경우 수재계약 포함)으로 하며, 보험회사 전체 단위로 다음과 같이 산출한다. 즉, 해약환급금에서 보험부채를 차감한 값에서 보험계약대출과 재보험자산 중 출재보험료부채를 고려하여 산출한다.

한편, 재보험사는 계약자에게 해약환급금을 지급할 의무가 없으므로 해약환급금부족분 상당액을 산출할 필요는 없으나, 재보험사가 원보험사와 공동재보험 계약을 체결할 경우에는 원보험사의 해약환급금 지급 의무가 재보험사에게 이전되므로 해약환급금부족분 상당액을 산출할 필요가 있다.

해약환급금 부족분 상당액
= max [{해약환급금*1 – (현행추정부채 중 보험료부채 + 위험마진)
+ (보험계약대출 시가평가액*2 – 보험계약 해지 시 상환대상 보험계약대출 잔액)
+ (재보험자산 중 출재보험료부채 시가평가액*3 – 보험계약 해지 시 회수대상 재보험자산 가액)}, 0]

*1 계약자적립액에서 해약공제액을 공제하여 계산한 금액이며 미경과보험료 및 특별계정(원리금보장형/실적배당형)의 금액도 포함

*2 생명보험 및 장기손해보험 부채평가시 보험계약대출 평가액

*3 생명보험 및 장기손해보험 부채평가시 재보험자산 중 출재보험료부채 평가액

해약환급금 부족분 상당액은 금리 상승 등으로 인해 시가평가 보험부채가 해약환급금보다 감소할 때 발생한다. 해약환급금과 감독회계 보험부채간 차이는 해약환급금준비금 상당액으로 적립하므로 해약환급금준비금 상당액 초과분(세후조정액)은 감독회계 보험부채와 건전성회계 보험부채간 차이에 해당하는 금액으로 이는 보험계약마진과 유사한 금액에 해당한다.

이때, 해약환급금과 감독회계 보험부채간의 차이는 해약환급금준비금 상당액이므로, 해약환급금준비금 상당액 초과분은 감독회계 보험부채와 건전성회계 보험부채간 차이인 조정준비금에도 해당한다. 즉, 조정준비금은 보험계약마진과 유사한 금액이 발생할 것으로 예상할 수 있다.

[도표 10] 해약환급금 부족분 상당액의 도해

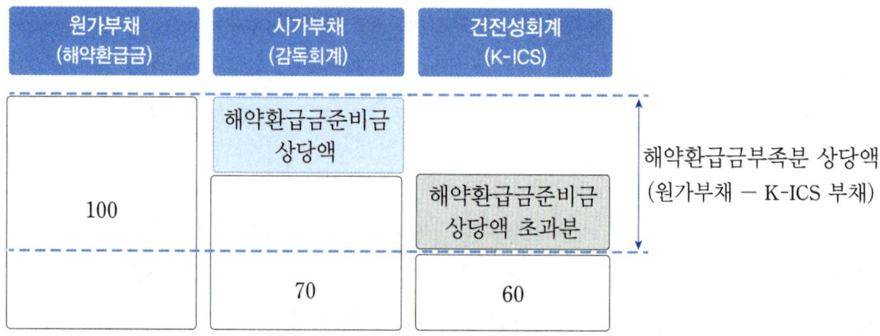


해약환급금준비금 상당액은 해약환급금준비금과 미실현손익을 합산하여 산출한다. 이때 미실현손익은 해당 보험계약 및 재보험계약의 공정가치 변동 중 기타포괄손익으로 인식한 금액으로 법인세 반영 전 금액으로 한다.

**보충설명** **해약환급금준비금 상당액에 미실현손익 반영 이유**

❑ 보험회사는 경제적 가정 변경에 따른 보험계약 및 재보험계약의 공정가치 변동을 당기손익 또는 기타포괄손익으로 인식 가능함

❑ 해약환급금과 감독회계 보험부채의 차이금액 중 (재)보험부채의 순금융손익은 기타포괄손익누계액에 포함되어 이익잉여금이 증가하지 않으므로, 이익잉여금 내 적립하는 준비금인 해약환급금준비금 산출 시에는 제외함

❑ 해당 금액은 사내에 유보되는 효과가 있고, 회계처리 방식(당기손익 또는 기타포괄손익)과 무관하게 동일한 금액을 보완자본으로 분류하기 위해 해약환급금준비금 상당액에 가산함

• 다만, 해약환급금준비금은 세전 금액이고, (재)보험부채의 순금융손익은 세후 금액이므로 (재)보험부채의 순금융손익의 법인세 반영 전 금액을 가산하여 세전 기준으로 조정함

해약환급금 부족분 상당액 중 해약환급금준비금 상당액 초과분은 다음과 같이 산출한다. 산출시 해약환급금 부족분 상당액 중 해약환급금준비금 상당액 초과분은 세전 기준으로 산출되었으므로 관련 금액을 세후 기준으로 조정한다.

$$\max[(\text{해약환급금 부족분 상당액} - \text{해약환급금준비금 상당액}) \times (1 - \text{이연법인세율}^*), 0]$$

* 이연법인세자산(부채) 산출시 적용한 이연법인세율

### 4) 담보제공자산 중 피담보채무 및 관련 요구자본을 초과한 금액

담보제공자산은 보험회사가 거래상대방에게 담보를 제공한 자산으로 사용이 제한된 예금을 포함하고 다음은 제외한다.

> ① 난외계정의 증권금융 거래[증권 대차, 환매(repo) 및 역환매채권(reverse repo) 거래] 관련 자산으로서 재무상태표 상 부채를 발생시키지 않는 거래
> ② 파생상품 관련 담보제공자산

피담보채무는 담보제공과 관련된 모든 거래를 통합적으로 고려하여 산정하며 관련 요구자본은 담보제공자산 및 피담보채무 보유에 따른 요구자본의 증가분을 의미한다. 담보제공자산 중 피담보채무 및 관련 요구자본을 초과한 금액을 산출할 때, 담보제공자산 또는 피담보채무와 관련한 이연법인세자산이나 이연법인세부채가 존재하는 경우 해당 금액을 가감하여야 한다.

담보제공자산은 관련 부채 변제 등으로 사용이 제한되어 있으므로 해당 자산 외의 자산·부채에서 발생하는 손실 흡수에 사용할 수 없으므로 담보자산 장부가액 중 피담보채무 및 관련 요구자본을 초과한 금액은 기본자본에서 차감하되 향후 매각 시 그 외 손실보전에 사용할 수 있다는 점을 고려하여 차감된 금액은 보완자본으로 인정한다.

**보충설명** 보완자본 중 담보제공자산 분류

- ❑ (현행 규정) 제3자에게 담보로 제공한 자산 중 피담보채무 및 관련 요구자본을 초과한 금액은 기본자본에서 차감하여 보완자본으로 분류
- ❑ (논의 사항) 결산일 기준으로 당좌차월을 실행하지 않은 경우 담보로 제공한 자산을 보완자본으로 분류하여야 하는지 여부
- ❑ (검토 의견) 결산일 현재 당좌차월 등이 실행되지 않아 장부상 부채잔액이 '0'인 경우에도 이에 대해 제3자에게 담보로 제공한 자산은 사용이 제한되므로 보완자본으로 분류함이 타당

[자료 : 금융감독원(2024.3) "'23년 K-ICS 결산 주요 이슈사항에 관한 협의 결과"]

### 5) 당해 보험회사 종업원을 위해 사외적립한 순 확정급여형 퇴직연금자산 상당액의 50%

순 확정급여형 퇴직연금자산 상당액은 순 확정급여형 퇴직연금자산에서 관련 이연법인세자산을 가산하고, 관련 이연법인세부채를 차감하여 산출한다.

종업원을 위해 사외적립한 확정급여형 퇴직연금의 순자산은 회사의 손실에 즉시 또는 온전히 사용이 곤란하므로 순 확정급여형 퇴직연금에서 관련 이연법인세 자산을 가산하고 관련 이연법인세부채를 차감(즉, 순 확정급여형 퇴직연금자산 상당액)한 후 50%만 보완자본으로 인정한다.

**보충설명** 해외사례(순확정급여형 퇴직연금자산 상당액)

❑ **순 확정급여형 퇴직연금자산 상당액의 50%를 보완자본으로 적용함**

- (ICS)*1 순 확정급여형 퇴직연금자산 상당액을 기본자본에서 차감하고 50%만 보완자본으로 인정하되 이연법인세자산 및 소프트웨어와 함께 요구자본 15% 한도 적용함
- (LICAT)*2 순 확정급여형 퇴직연금자산 상당액을 기본자본에서 차감하여 50%를 보완자본으로 인정

*1 IAIS (2023), "Insurance Capital Standard as a Prescribed Capital Requirement"

*2 OSFI (2022), "Life Insurance Capital Adequacy Test"

### 6) 순이연법인세자산 상당액

순이연법인세자산 상당액은 조정 대상 이연법인세자산[3]에서 조정 대상 이연법인세부채[4]를 차감하여 산출한다. 이연법인세자산은 이미 과세된 항목 중 향후 환급이 가능한 부분을 의미하며, ① 자산 및 부채의 과세 시기 차이로 인한 부분과 ② 향후 발생될 수익에 의존하는 부분(과거 누적 결손 등)으로 구분 가능하다.

이연법인세자산 중 ② 향후 발생될 수익에 의존하는 부분(순이연법인세자산)은 위기 상황 등에서 가치 감소 가능성이 존재하므로 기본자본에서 차감하되, 청산 또는 위기 상황에서의 가치 감소를 고려하여 요구자본의 15%를 한도로 보완자본으로 인정한다.

**보충설명** 해외사례(순이연이연법인세자산 상당액)

❑ **순이연이연법인세자산 상당액은 보완자본으로 적용함**

- (ICS)*1 미래 수익에 의존하는 순이연법인세자산은 보완자본으로 분류하되 요구자본 15% 한도임
- (LICAT)*2 과세시기 차이로 발생하는 순이연법인세자산은 기본자본의 10%를 한도로 기본자본으로 인정되며, 해당 인정금액에 대하여 25%의 신용리스크 계상, 기타 순이연법인세 자산은 기본자본에서 차감
- (Solvency Ⅱ)*3 미래 수익에 의존하는 순이연법인세자산은 Tier 3로 분류함

*1 IAIS (2023), "Insurance Capital Standard as a Prescribed Capital Requirement"

*2 OSFI (2022), "Life Insurance Capital Adequacy Test"

*3 EC (2015), "Commission Delegated Regulation(EU) 2015/35", Article 76

---

3) 자산평가시 산출한 이연법인세자산에서 담보제공자산 중 피담보채무 및 관련 요구자본을 초과한 금액 및 순 확정급여형 퇴직연금자산 상당액항목과 관련한 이연법인세자산을 차감하여 산출함

4) 자산평가시 산출한 이연법인세부채에서 담보제공자산 중 피담보채무 및 관련 요구자본을 초과한 금액 및 순 확정급여형 퇴직연금자산 상당액 항목과 관련한 이연법인세부채를 차감하여 산출함

### (3) 보완자본 한도

보완자본은 총요구자본의 50%를 한도로 한다. RBC에서 보완자본 한도는 기본자본의 100%였으나 K-ICS는 요구자본을 기준으로 한도를 설정한다. 기본자본을 기초로 보완자본 한도를 설정할 경우 다음과 같이 경기순응성이 확대되는 문제가 발생하므로 요구자본 기준으로 설정되었다.

> 위기상황 발생 ➡ 손실 발생으로 자본 감소 ➡ 보완자본 한도 감소 ➡ 가용자본 추가 감소 ➡ 위기상황 확대

한편, 한도를 계산할 때 해약환급금 부족분 상당액 중 해약환급금준비금 상당액 초과분은 포함하지 않는다.

금리 상승 등으로 해약환급금 부족분 상당액이 발생할 경우, 보완자본으로 분류하는 금액인 해약환급금 부족분 상당액 중 해약환급금준비금 상당액 초과분은 조정준비금에 해당한다. 보험포트폴리오가 이익계약 위주로 구성된 회사일수록 미래보험료에 포함된 이익인 보험계약마진이 크게 산출되므로 조정준비금이 증가하여 보완자본 한도를 초과하는 경우가 발생할 수 있다. 이 경우 보험계약마진이 자본으로 인정받지 못하게 된다면 가용자본이 경제적 실질과 다르게 반영될 수 있어 해약환급금 부족분 상당액 중 해약환급금준비금 상당액 초과분을 전액 보완자본으로 인정할 필요가 있다.

## 3. 자본증권의 계층분류기준

자본증권은 ① 가용성, ② 지속성, ③ 후순위성, ④ 기타제한의 부재 등 4가지 요인으로 손실흡수성의 정도를 판단하고 각 요인별로 기본자본요건과 보완자본요건으로 구분한다.

10

K-ICS는 자본요건에 대한 원칙적인 기준을 제시하고 기준 부합 여부에 따라 계층이 분류되나 RBC는 자본요건항목을 구체적으로 제시한다는 점에서 차이가 있다. K-ICS와 RBC간 가용자본의 차이를 이 장의 '보론 1'에서 상세히 비교하였다.

### (1) 기본자본요건

기본자본요건을 충족하기 위해서는 가용성, 지속성, 후순위성, 기타제한의 부재에 대한 사항을 모두 충족하여야 한다.

### 1) 가용성

가용성은 납입된 항목으로서 손실흡수에 즉시 사용할 수 있어야 하며, 향후 자본조달 및 자본확충을 저해하지 않는 등 손실흡수과정 상 제약이 없어야 한다.

### 2) 지속성

지속성은 만기가 없어야 하고, 해당 자본증권이 중도에 상환될 것이라는 투자자의 기대를 유발하지 않아야 하며, 해당 자본증권의 상환을 촉진하는 유인이 없어야 한다. 청산시를 만기로 하거나 표면상만기가 30년 이상이고 발행자의 권한으로 동일한 조건 하에 만기 연장이 가능한 경우는 만기가 없는 것으로 본다.

상환을 촉진하는 유인은 자본증권 미상환시 보험회사에 불이익을 발생시키는 조항이나 약정으로서, 콜옵션 미행사시 보험회사에 불리한 조건으로의 보통주 전환 또는 금리상향 등을 포함한다. 상환은 발행일로부터 최소 5년 이후에 발행자의 의사에 의해서만 가능하고, 상환 시에는 감독당국의 사전승인이 필요하다. 다만, 특정상황 발생 시 해당 자본증권과 동질의 또는 양질의 자본증권으로 대체하는 경우로서 동 대체발행이 보험회사의 수익창출 능력 상 감당할 수 있는 상황에서 이뤄지는 경우 감독당국의 사전승인에 따라 발행일로부터 5년 이내에 조기상환이 가능하다.

특정상황은 발행 당시에는 발생가능성을 예측할 수 없는 상황으로서 다음의 경우를 말한다.

① 보험업법 또는 그 하위법령이나 K-IFRS의 개정 또는 해석의 변경 등으로 인해 해당 자본증권이 발행회사의 자본으로 인정되지 않게 되는 경우
② 세법 또는 해당 법률의 해석 변경 등으로 발행회사가 해당 자본증권과 관련하여 지급하는 이자가 세법상 비용으로 인정받지 못하게 되는 경우

### 3) 후순위성

후순위성은 지급순서가 보험계약자, 일반 채권자 및 보완자본 요건을 충족하는 자본증권 투자자보다 후순위로서 부실금융회사(기관) 결정 시 해당 자본증권이 부채로 분류되지 않아야 하며, 후순위성을 훼손하거나 무효화시키는 부담이 없어야 한다.

후순위성을 훼손하거나 무효화시키는 부담이란 자본증권 투자자에 대하여 대출, 지급보증 등 직·간접적 지원을 통해 배당 또는 이자 미지급에 대해 보상을 하는 등 동 자본증권 투자자보다 선순위인 채권자와 사실상 동일하거나 우선적인 지위를 부여하는 경우를 의미한다.

#### 4) 기타제한의 부재

배당(또는 이자)은 상법상 배당가능이익 한도 내에서 지급하되, 보험회사가 배당(또는 이자) 지급에 대한 완전한 재량권을 보유해야 한다. 부실금융회사(기관)로 지정되거나 적기시정조치를 받은 경우 배당(또는 이자) 지급의 취소가 가능해야 한다.

배당(또는 이자) 지급의 취소는 채무불이행 또는 부도사유에 해당하거나 보통주 주주에 대한 배당 관련사항 이외에 보험사에 어떠한 제약요인으로 작용해서는 안 되며, 투자자는 배당(또는 이자) 지급의 취소를 사유로 원리금의 반환 또는 보상 등을 요구할 수 없어야 한다. 또한, 신용등급 또는 재무 상태에 연계되어 부실을 가속화시킬 수 있는 배당(또는 이자) 지급조건과 자본성을 훼손하는 조건이 없어야 한다.

자본성을 훼손하는 조건이란 자기주식 보유와 같은 효과를 내는 자본항목의 그룹내 보유(간접투자기구를 통한 투자 포함), 보증, 상계권 등의 조건을 의미하며, 경제적 실질에 따라 판단한다.

### (2) 보완자본요건

보완자본요건을 충족하기 위해서는 가용성, 지속성, 후순위성, 기타제한의 부재에 대한 사항을 모두 충족하여야 한다.

#### 1) 가용성

가용성은 납입된 항목으로서 손실흡수가 가능해야 한다.

#### 2) 지속성

발행시 만기(경제적 만기 포함)가 최소 5년 이상이어야 한다. 경제적 만기는 계약상 만기와 상환촉진 유인이 있는 콜옵션의 최초 행사가능일 중 빠른 일자를 의미한다. 만기시 지급유예조항(Lock-in 조항)을 보유하지 않은 자본증권은 잔존만기가 5년 미만인 시점부터 매년 보완자본 불인정금액을 차감한다. 보완자본 불인정금액은 공정가치금액에 차감율을 곱하여 산출하며, 차감율은 잔존만기가 5년 미만이 되는 시점부터 매년 20%씩 상향한다.

한편, 해당 자본증권이 만기 이전에 상환될 것이라는 투자자의 기대를 유발하지 않아야 한다. 상환은 발행일로부터 최소 5년 이후에 발행자의 의사에 의해서만 가능하고, 상환시(만기상환 제외)에는 감독당국의 사전승인이 필요하다. 그럼에도 불구하고 해당 자본증권과 동질의 또는 양질의 자본증권으로 대체하는 경우로서 동 대체발행이 보험회사의 수익창출 능력 상 감당할 수 있는 상황에서 이뤄지는 경우 감독당국의 사전승인에 따라 발행일로부터 5년 이내에 조기상환이 가능하다.

10

#### 3) 후순위성

보험계약자 및 일반 채권자보다 법적으로 후순위이어야 한다. 해당 자본증권 투자자가 발행 보험회사의 파산 또는 청산 이외에는 미래의 원금 또는 이자의 지급일을 앞당기는 권리를 가지지 않아야 하며, 후순위성을 훼손하거나 무효화시키는 부담이 없어야 한다.

후순위성을 훼손하거나 무효화시키는 부담이란 자본증권 투자자에 대하여 대출, 지급보증 등 직·간접적 지원을 통해 배당 또는 이자 미지급에 대해 보상을 하는 등 동 자본증권 투자자보다 선순위인 채권자와 사실상 동일하거나 우선적인 지위를 부여하는 경우를 의미한다.

#### 4) 기타제한의 부재

신용등급 또는 재무상태에 연계되어 청산을 가속화시킬 수 있는 배당(또는 이자) 지급 조건이 없으며, 자본성을 훼손하는 조건이 없어야 한다. 이때 자본성을 훼손하는 조건이란 자기주식 보유와 같은 효과를 내는 자본항목의 그룹내 보유(간접투자기구를 통한 투자 포함), 보증, 상계권 등의 조건을 의미하며, 경제적 실질에 따라 판단한다.

**보충설명** **후순위채 잔존만기 적용**

❑ (현행 규정) 보완자본 불인정금액 계산시의 차감율은 잔존만기(경제적 만기 포함)가 5년 미만이 되는 시점부터 매년 20%씩 상향

❑ (논의 사항) 잔존만기 계산에 필요한 경제적 만기는 계약상 만기와 상환촉진 유인이 있는 콜옵션의 최초 행사가능일 중 빠른 일자에 해당하는데, 이때 상환촉진 유인에 대한 해석 필요

❑ (검토 의견) 상환촉진 유인은 콜옵션 미행사시 금리상향 등 발행자에게 미상환에 따른 불이익을 발생시키는 조항이나 약정을 의미

- 따라서, 발행자에게 미상환에 따른 불이익을 발생시키지 않는 경우에 대해서는 계약상 만기를 경제적 만기로 적용하고 그 외 경우에는 콜옵션의 최초 행사가능일을 경제적 만기로 적용

[자료 : 금융감독원(2024.3) "'23년 K-ICS 결산 주요 이슈사항에 관한 협의 결과"]

## 4. 자본증권 규제 변화[5)]

자본증권이란 회사가 자본을 확충하기 위해 발행하는 채권으로 일정 조건이 충족되면 주식으로 전환되거나 손실을 상계하는 특징이 있으며, 대표적인 보험회사 자본증권에는 후순위채권과

---

5) 김문갑(2023), "신지급여력제도 시행에 따른 보험회사 자본성증권의 리스크요인 분석", 금융리스크리뷰 2023년 봄호의 내용을 일부 수정하여 정리하였다.

신종자본증권이 있다.

후순위채권은 발행회사 부도시 일반 채권보다 변제 순위가 낮고 만기가 통상 5년 이상으로 회계상 부채로 인식되어 K-ICS에서 보완자본으로 인정된다. 신종자본증권은 후순위채권보다 변제 순위가 낮고 만기가 보통 30년 이상으로 회계상 자본으로 인식되며 K-ICS에서 기본자본으로 인정된다.

**보충설명** 자본증권의 가용자본 분류 및 인정한도

❑ K-ICS에서 자본증권은 조건부 요건 여부(조건부 또는 비조건부)와 상관없이 일정 한도로 기본자본 또는 보완자본으로 인정되고 있음

• 조건부 신종자본증권은 비조건부 대비 요구자본의 5%를 추가로 기본자본으로 인정함

• 은행의 경우 조건부 자본증권만 가용자본으로 인정함

| 구분 | 조건 | 자본구분 | 인정한도 |
|---|---|---|---|
| 신종자본증권 | 비조건부, Step-up 부재 | 기본자본 | 요구자본 10% |
| | 조건부, Step-up 부재 | 기본자본 | 요구자본 15% |
| | Step-up 존재 | 보완자본 | 요구자본 50% |
| 후순위채 | 조건부 및 비조건부 여부에 상관없음 | 보완자본 | 요구자본 50% |

보험법규에서는 외부자금을 과도하게 차입하여 투자하는 것을 방지하는 등 보험산업의 건전한 발전을 위해 보험회사의 자본조달을 위한 자금차입 등을 제한적으로 허용[6]하고 있다.

2007년 이전에는 재무건전성 기준 충족 또는 적정한 유동성 유지 목적의 후순위채권만을 가용자본으로 인정[7]하였으나, 보험산업의 경쟁력 제고를 위해 선진국과 동일한 수준으로 다양한 자본조달 수단을 가질 수 있도록 신종자본증권[8]을 가용자본(RBC 제도상 기본자본)으로 인정[9]하는 등 자본증권 발행 및 보유 여건의 틀을 다졌다.

이후 감독당국에서는 2016년과 2017년 두 차례에 걸쳐 자본증권 관련 규제를 완화하였다. 2016년에는 보험회사가 판단하여 선제적으로 후순위채권을 발행할 수 있도록 하고, 신종자본증

10

6) 보험업법 시행령 제58조 및 보험업감독규정 제7-9조

7) 보험업법 시행령 제58조

8) 보험업감독규정 제7-9조에서는 만기의 영구성, 배당지급의 임의성, 기한부 후순위채무보다 후순위인 특성을 갖는 자본증권을 "신종자본증권"으로 정의하고 있다.

9) 보험업감독규정 제7-1조

권의 상시발행도 허용하여 다양한 자본조달 수단을 제공하였다[10].

한편, 2017년 이전 보험업감독규정에서는 신종자본증권 등 차입에 대해 적정 유동성 유지 목적만 규정되어 있어 재무건전성 기준 충족을 위한 신종자본증권발행이 가능한지에 대해 불분명하였다. 이에, 감독규정 개정(2017년 8월 28일)을 통해 신종자본증권의 발행 목적으로 재무건전성 기준 충족도 인정함으로써 보험회사의 자본증권 발행 여건이 확대되었다.[11]

또한 보험업법 개정(2023년 7월 1일 시행)을 통해 보험회사가 양질의 자본확충 수단으로 조건부자본증권을 발행할 수 있는 근거를 마련하여 조건부자본증권을 K-ICS 하에서 기본자본으로 인정토록 하였고, 동법 시행령에서 조건부자본증권 발행절차 등 구체적인 기준을 마련하였다. 이로 인해 보험회사도 은행 등 타 금융업권과 마찬가지로 다양한 자본성증권을 발행할 수 있는 여건이 마련되었다.

RBC에서는 자본증권의 손실흡수 정도에 대한 별도의 인정기준 없이 신종자본증권을 기본자본으로, 후순위채권은 보완자본으로 분류하였다. 그러나 K-ICS에서는 보험회사가 발행하는 자본증권을 손실흡수성 정도에 따라 기본자본 또는 보완자본으로 분류한다. 이때, 손실흡수성 정도는 발행하는 자본증권의 종류와는 무관하게 가용성, 지속성, 후순위성, 기타제한의 부재 측면의 가용자본 인정기준에 따라 판단한다. 이에 따라 K-ICS 도입 이후 발행하는 자본증권에 가용자본 인정기준 요건을 추가해야 가용자본으로 인정받을 수 있다.

신뢰수준 상향, 신규 리스크 측정 등으로 RBC에 비해 K-ICS 요구자본이 크게 증가하여 다수의 보험회사가 부실화될 경우, 보험산업에 대한 신뢰도가 저하되고 금융시장 전반으로 리스크가 전이될 우려가 존재하였다. 이에, 금융당국은 제도시행 초기에 급격한 재무 충격을 완화하여 보험회사가 새로운 지급여력제도를 원만히 준수할 수 있도록 경과조치를 마련하였다. 자본성증권 관련 경과조치로는 모든 보험회사에 공통적으로 K-ICS 시행 전에 발행했던 자본성증권을 K-ICS 상 가용자본으로 인정해 주는 등 경과조치를 마련하였다.

특히, 제도 시행 전 발행한 신종자본증권의 경우, 일정기간 경과 후 금리상향 조건(Step-up)이 있어 K-ICS에서는 보완자본에 해당하지만, 보험회사가 기존 제도에서 기본자본에 해당하는 기준에 따라 자본증권을 발행한 것이므로 RBC에서 기본자본으로 인정받은 자본증권에 한하여 K-ICS에서도 기본자본으로 인정하도록 하였다. 또한, RBC에서 보완자본으로 인정된 후순위채권은 K-ICS에서도 여전히 보완자본이다.

---

10) 보험업감독규정 제7-10조, 제7-11조의2

11) 보험업감독규정 제7-9조, 제7-11조의2

한편, 보험업법 시행령에서는 자본증권의 발행한도[12]를 직전 분기말 현재 자기자본 범위로 한정하고 있어, 발행한도에 육박하거나 발행한도까지 여유가 적은 보험회사는 자본증권을 차환 발행할 때 일시적으로 발행한도를 초과할 수 있는 부담이 존재하였다. 이에 금융당국은 감독규정 개정을 통해 채권 차환발행 과정에서 일시적인 발행한도 초과 문제가 발생하지 않도록, 차환 발행시 상환 예정인 기존 발행분은 한도에서 합산하지 않는다. 단, 상환하기로 한 자본성증권은 새로운 자본성증권을 발행한 후 1개월 이내에 상환하여야 한다.

[도표 11] 자본증권 관련 법규 연혁

| 시기 | 관련 규정 | 주요 내용 |
|---|---|---|
| 2007년 이전 | 시행령 | • 재무건전성 기준 충족 또는 적정한 유동성 유지 목적의 후순위 채권만 가용자본으로 인정 |
| 2007.10 | 감독규정 | • 신종자본증권도 가용자본으로 인정 |
| 2016.04 | 감독규정 | • 보험회사 판단에 의한 선제적 후순위채권 발행 허용<br>• '적정 유동성 유지' 목적의 신종자본증권 상시발행 허용 |
| 2017.08 | 감독규정 | • 신종자본증권의 발행 목적으로 '재무건전성 기준 충족'도 인정 |
| 2023.1 | 보험업법 | • 조건부자본증권 발행 근거 마련 |
| | 감독업무 시행세칙 | • 지급여력제도상 '가용자본 인정기준' 신설<br>• K-ICS 시행전 발행된 자본성증권의 가용자본 인정범위 확대 |
| 2023.7 | 감독규정 | • 자본성증권 차환발행시 상환예정인 기존 발행분을 발행한도에서 미합산 |

이처럼 금융당국은 보험회사의 자본증권에 관한 제도적 근거를 마련하고 보완해왔다. 이는 보험회사의 자본확충 수단으로서 자본증권 발행의 필요성을 인식하고 지속적으로 제도적 지원을 제공하고 있다고 판단된다. 다만, 자본증권 발행이 비교적 자유로운 은행과 달리, 보험회사는 자본증권 발행이 재무건전성 기준 충족 또는 적정한 유동성 유지 목적에 한정되어있는 부분은 보험업권의 향후 과제로 남겨져 있다.

12) 보험업법 시행령 제58조제3항

# 제3절
# 경과조치

## 1. 경과조치 개요[13)]

경과조치는 제도 도입 시 지급여력비율의 급격한 변동을 완화하여 보험회사가 새로운 제도에 순조롭게 적응하기 위한 조치사항이다. 경과조치 전 · 후의 지급여력비율을 살펴보면 생명보험회사의 경우 지급여력비율이 경과조치 전 193%였으나 경과조치 후 220%로 27%p가 상승하였다. 손해보험회사는 지급여력비율이 경과조치 전 206%에서 경과조치 후 218%로 12%p 상승하였다.[14)]

[도표 12] 지급여력비율 추이

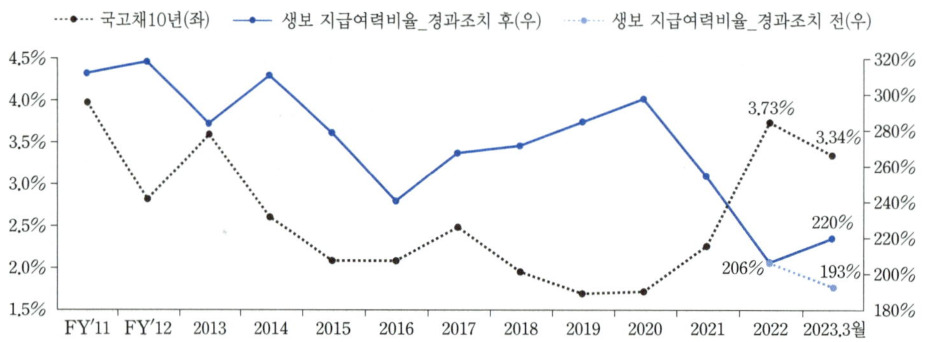


[자료 : 금융통계시스템, 국고채 통합정보시스템]

---

13) 금융감독원 보도자료(2023.3.14.), "신지급여력제도(K-ICS) 경과조치 신고 접수결과, 19개 보험회사가 신청하였습니다. – 생명보험 12개사, 손해보험 6개사, 재보험 1개사 –

14) 금융감독원 보도자료(2023.7.11.), "'23.3.월말 기준 보험회사 지급여력비율 현황(잠정)"

이렇게 지급여력비율을 상승시키는 경과조치는 가용자본, 요구자본, 보고 및 공시 등 여러 측면에서 제시되었다. 공통 적용과 선택 적용으로 구분되며 공통 적용 사항은 별도 신고 절차가 없이 적용되며 선택 적용 사항은 신고 절차가 필요하다. 경과조치 신청서류 등 구체적인 사항은 이 장의 '보론 2'에서 상세히 설명한다.

[도표 13] 경과조치 구분

| 구분 | | 경과조치의 종류 | |
|---|---|---|---|
| 공통 적용 | 가용자본 | 제도시행 前 기발행 자본증권 가용자본 인정범위 확대 | |
| | 업무보고서 | 업무보고서 제출 및 경영공시 기한 연장 | |
| 선택 적용 | 가용자본 | 시가평가로 인한 자본감소분 점진적 인식 | |
| | 요구자본 | 신규도입 위험 | 신규 보험위험 점진적 인식 |
| | | 측정기준 강화 | 주식위험액 증가분 점진적 인식 |
| | | | 금리위험액 증가분 점진적 인식 |

제도 시행 전 이미 발행된 자본증권은 K-ICS에서도 동일하게 가용자본으로 인정되며 K-ICS 관련 업무보고서 제출 및 경영공시 기한도 2025년 12월말까지 1개월씩 연장된다. 한편, 자산, 부채 시가평가에 따른 가용자본 감소분, 신규 도입 보험위험, 주식위험 및 금리위험에 대한 경과조치는 회사별 선택사항으로 일정 조건 만족시 10년간 점진적으로 반영할 수 있다. 신규 도입 보험위험은 생명(장기)보험리스크 중 RBC에서 측정하지 않은 장수, 해지, 사업비, 대재해 위험이 대상이며 주식위험 및 금리위험은 K-ICS 대비 RBC 위험액이 60% 이하인 경우[15]에만 적용가능하다.

경과조치를 신청한 회사는 적정성에 대한 대표이사 검증보고서 제출, 경과조치 전후 K-ICS 비율 공시, 배당성향 제한 등으로 관리되며 보험회사는 경과기간 종료일 이전에 조기중단을 신청할 수 있다. 한편, 보험회사가 정당한 사유없이 개선계획을 이행하지 않거나 재무건전성 개선 가능성이 매우 낮은 것으로 판단되는 경우 감독당국은 적용중단을 통보할 수 있다.

이러한 선택적 경과조치 적용을 신고한 보험회사는 총 19개사이며, 이중 생명보험회사가 12개로 전체 생명보험회사 중 54.5%의 비중을 차지하고 있다.

15) K-ICS 금리위험액이 100억인 경우 RBC 금리위험액이 50억이라면 K-ICS 대비 RBC 금리위험액이 60% 이하이므로 적용가능하며 2023년에 위험액의 60%를 적용한 후 매년 4%씩 증가시켜 2033년 이후 100% 적용함

[ 도표 14 ] 경과조치 신청회사 수

| 구분 | 회사 수 | 경과조치 미신청 | 경과조치 신청 | |
|---|---|---|---|---|
| | | | 회사 수 | 비중 |
| 생명보험사 | 22 | 10 | 12 | 54.5 |
| 손해보험사 | 20 | 14 | 6 | 30.0 |
| 재보험사 | 11 | 10 | 1 | 9.1 |
| 총계 | 53 | 34 | 19 | 35.8 |

경과조치 종류별로 보면 가용자본 감소분은 생명보험회사 4개사만 신청하였으며 신규도입 보험위험은 경과조치 적용을 신고한 19개 보험회사 모두 신청하였다. 주식위험은 12개사, 금리위험은 8개사가 신청하여 금리위험에 비해 주식위험 신청사가 더 많음을 알 수 있다.

[ 도표 15 ] 경과조치 종류별 신청현황

| 구분 | 경과조치 신청회사 수 | 가용자본 | 요구자본 | | |
|---|---|---|---|---|---|
| | | | 신규도입 | 주식위험 | 금리위험 |
| 생명보험사 | 12 | 4 | 12 | 10 | 5 |
| 손해보험사 | 6 | – | 6 | 2 | 3 |
| 재보험사 | 1 | – | 1 | – | – |
| 총계 | 19 | 4 | 19 | 12 | 8 |

경과조치 적용회사의 K-ICS 비율은 경과조치 적용 前 대비 79.1%p(139.8%→218.9%) 상승하였다. 가용자본 자본감소분이 1.9조원 증가하였으며 요구자본은 보험위험이 8.1조원으로 가장 많이 감소하고 주식위험 및 금리위험이 각각 1.2조원 감소하였다.

[ 도표 16 ] 경과조치 종류별 K-ICS 비율 효과

| 구분 | 경과조치 적용 前·後 K-ICS비율(%, %p) | | | 경과조치 종류별 효과(조원) | | | |
|---|---|---|---|---|---|---|---|
| | 前 | 後 | 차이 | 가용자본 | 요구자본 | | |
| | | | | 자본감소분 | 보험 | 주식 | 금리 |
| 신청회사 계 | 139.8 | 218.9 | +79.1 | +1.9 | △8.1 | △1.2 | △1.2 |

* 경과조치 신청회사만 대상으로 산정함

**보충설명** 경과조치 해외사례 비교[16]

❑ K-ICS 경과조치는 SolvencyⅡ에서 제시하는 방안과 유사하나 적용기간 및 적용대상에 일부 차이가 있음

- SolvencyⅡ는 경과조치별로 적용기간이 상이하나 K-ICS는 경과조치기간을 대부분 10년으로 동일하게 적용함
- 가용자본에서 SolvencyⅡ는 보험부채 증가분을 점진적으로 인식하나 K-ICS는 자본 감소분을 점진적으로 인식함
- 요구자본에서 SolvencyⅡ의 신규 도입 리스크인 스프레드리스크는 K-ICS에서는 측정하지 않으며 집중리스크는 일부 보험회사만 영향이 있어 K-ICS는 생명 · 장기보험리스크의 장수 · 해지 · 사업비 · 대재해 리스크를 대상으로 경과조치를 적용함

| 구분 | | Solvency Ⅱ | K-ICS |
|---|---|---|---|
| 가용자본 | 발행 자본증권 인정 기간 | 10년 | 10년 |
| | 보험부채 증가분 점진적 반영 | 16년 | – |
| | 자본감소분 점진적 인식 | – | 10년 |
| 요구자본 | 신규 도입리스크 점진적 반영 | 4년 (스프레드 · 집중 리스크) | 10년 (장수 · 해지 · 사업비 · 대재해 리스크) |
| | 주식리스크 점진적 반영 | 7년 | 10년 |
| | 금리리스크 점진적 반영 | – | 10년 |
| 적기시정조치 유예 | | 2년 | 5년 |
| 보고 및 공시 기한 연장 | | 4년 | 3년 |

## 2. 공통적용 경과조치

### (1) 가용자본

시행일 이전에 이미 발행된 자본증권은 10년(2032년 12월 31일) 동안 인정된다. 기본자본으로 인정된 자본증권은 총요구자본의 15%까지는 기본자본으로 분류되며 총요구자본의 15%를 초과한 금액은 보완자본으로 분류한다. 보완자본으로 분류된 자본증권은 한도 초과 여부에 관계없이 보완자본으로 인정한다. 예를 들어, 후순위채가 제도 시행 전 발행되었다면 보완자본 한도(총 요구자본의 50%)를 초과하더라도 보완자본으로 인정한다.

16) 노건엽(2022.3.7.), "K-ICS 경과조치 주요 내용과 시사점", KIRI Report

### (2) 업무보고서 및 경영공시

업무보고서 제출기한[17] 및 경영공시 제출기한[18]은 현행보다 1개월씩 더 연장되는 방안이 제도 시행 초기 3년간(2025년 12월 31일) 적용된다. 즉, 자본적정성 업무보고서와 경영공시는 2025년 12월까지는 분기결산 종료 후 3개월, 연결산 종료 후 4개월 이내에 보고하고 2026년 1월부터는 현행과 동일하게 분기결산 종료 후 2개월, 연결산 종료 후 3개월 이내에 보고한다.

## 3. 선택적용 경과조치

자본 감소분, 신규 도입리스크, 주식리스크, 금리리스크에 대한 경과조치는 선택사항으로 일정 조건 만족시 10년간(2032년 12월 31일) 점진적으로 반영할 수 있다.

### (1) 자본감소분

자본감소분은 시행 전 자본 상당액(운용자산-생명보험 및 장기손해보험부채)에서 시행 후 자본 상당액(운용자산-생명보험 및 장기손해보험부채)을 차감한 금액으로 적용비율에 따라 지급여력금액에 가산할 수 있다.

[ 도표 17 ] 자본감소분 연도별 적용비율

| 회계연도 | 2023년 | 2024년 | 2025년 | 2026년 | 2027년 | 2028년 | 2029년 | 2030년 | 2031년 | 2032년 | 2033년 이후 |
|---|---|---|---|---|---|---|---|---|---|---|---|
| 잔여기간 | 10년 | 9년 | 8년 | 7년 | 6년 | 5년 | 4년 | 3년 | 2년 | 1년 | 0년 |
| 적용비율 | 100% | 90% | 80% | 70% | 60% | 50% | 40% | 30% | 20% | 10% | 0% |

자본감소분 산출대상은 2023년 3월 31일 평가시점의 운용자산 및 보유계약으로 한정하며 생명보험 및 장기손해보험 부채를 다음의 기준에 따라 산출한다. 자본감소분이 음수(-)인 경우 0으로 처리한다.

17) 보험업 감독업무 시행세칙 별지 제26호

18) 보험업 감독규정 부칙 <제2022-53호, 2022.12.22.> 제3조(경영공시에 대한 특례)

| K-ICS 보험부채 | K-ICS 시행 전 보험부채 |
|---|---|
| 보험료부채 + 계약자배당 관련 부채<br>+ 위험마진 – 보험계약대출<br>– 재보험자산 중 출재보험료부채 | ① 해약환급금 + 계약자배당 관련 준비금<br>+ 보증준비금 – 보험계약대출 잔액<br>– 재보험자산 중 미경과보험료<br>② 책임준비금적정성 평가에 따라 추가로 적립한 금액(이하 'LAT적립액') |

운용자산은 건전성회계 재무상태표 상의 운용자산(특별계정의 운용자산 포함)에서 보험계약대출을 차감하여 산출한다. 개정 전 규정에 따른 운용자산은 업무보고서 중 재무상태표(AH 050 / AI 051)의 개정 전 기준을 적용하며, 운용자산(특별계정의 운용자산 포함)에서 보험약관대출금을 차감하여 산출한다.

자본감소분은 자산 · 부채 평가금액 조정에 따른 법인세효과를 함께 반영하여야 한다. 이때 적용세율은 이연법인세자산(부채) 평가시 적용한 이연법인세율을 적용한다. 보험회사는 직전 자본감소분 산출 이후 2년이 경과하거나, 금융환경 급변 등으로 감독원장이 필요하다고 인정한 경우 자본감소분을 재산출하여야 하며, 이때 보증준비금과 LAT 적립액을 다음과 같이 재평가한다.

- 보증준비금은 최초 산출시점의 보증준비금에 최초 산출시점의 보유계약을 대상으로 산출한 보증옵션 시간가치의 변동률[19]을 곱하여 산출한 금액으로 대체함
  - 이때 보증옵션의 시간가치는 확률론적 시나리오에 의해 산출된 값에서 결정론적 시나리오에 의해 산출된 값을 차감한 금액으로 산출함
- LAT 적립액은 최초 산출시점의 LAT 반영률[20]을 재산출시점의 책임준비금 차이금액에 곱하여 산출함
  - 이때 책임준비금 차이금액은 K-ICS 보험부채에서 K-ICS 시행 전 보험부채(LAT 적립액 제외)를 차감한 금액으로 한다.
- 개정 전 규정에 따른 운용자산은 재산출시점의 시장 정보를 이용하여 재산출하여야 하며 자본감소분의 최초 산출대상 시점의 계정 분류기준(매도가능증권, 만기보유증권 등)을 동일하게 적용하여야 함



---

19) 보증옵션 시간가치의 변동률 $= \left[ \frac{\text{재산출시점의 옵션 및 보증의 시간가치}}{\text{최초 산출시점의 옵션 및 보증의 시간가치}} \right]$

20) LAT 반영률 $= \left[ \frac{\text{최초 산출시점의 LAT 적립액}}{\text{최초 산출시점의 책임준비금 차이 금액}} \right]$

**보충설명** 재평가요건 해외사례(Solvency Ⅱ)

❑ SolvencyⅡ에서는 매 2년마다 또는 리스크프로파일의 중요한 변화(무위험금리 50bp 변동, 지급여력비율의 충격)로 재평가 요건을 제시한다.

## (2) 요구자본

신규 도입리스크는 생명 · 장기손해보험위험액 중 RBC에서 측정하지 않은 장수 · 해지 · 사업비 · 대재해리스크를 대상으로 매년 10%씩 위험액을 인식한다.

[도표 18] 신규 도입리스크(장수, 사업비, 해지, 대재해) 연도별 적용비율

| 회계연도 | 2023년 | 2024년 | 2025년 | 2026년 | 2027년 | 2028년 | 2029년 | 2030년 | 2031년 | 2032년 | 2033년 이후 |
|---|---|---|---|---|---|---|---|---|---|---|---|
| 잔여기간 | 10년 | 9년 | 8년 | 7년 | 6년 | 5년 | 4년 | 3년 | 2년 | 1년 | 0년 |
| 적용비율 | 0% | 10% | 20% | 30% | 40% | 50% | 60% | 70% | 80% | 90% | 100% |

주식리스크, 금리리스크는 K-ICS 대비 RBC 위험액이 60% 이하인 경우에만 적용가능하다. 즉, K-ICS 금리위험액이 100억인 경우 RBC 금리위험액이 50억이라면 K-ICS 대비 RBC 금리위험액이 50%로 60% 이하이므로 적용가능하며 2023년에 위험액의 60%를 적용한 후 매년 4%씩 증가시켜 2033년 이후 100% 적용한다.

[도표 19] 주식 및 금리위험액 연도별 적용비율

| 회계연도 | 2023년 | 2024년 | 2025년 | 2026년 | 2027년 | 2028년 | 2029년 | 2030년 | 2031년 | 2032년 | 2033년 이후 |
|---|---|---|---|---|---|---|---|---|---|---|---|
| 잔여기간 | 10년 | 9년 | 8년 | 7년 | 6년 | 5년 | 4년 | 3년 | 2년 | 1년 | 0년 |
| 적용비율 | 60% | 64% | 68% | 72% | 76% | 80% | 84% | 88% | 92% | 96% | 100% |

### 1) 적용 요건

2023년 3월 31일 기준으로 개정 전 규정에 따라 산출한 주식위험액이 개정 후 규정에 따라 산출한 주식위험액의 60%보다 큰 회사는 주식위험액에 대한 경과조치를 적용할 수 없다. 개정 전 규정에 따라 산출한 주식위험액은 다음 도표에서 정한 신용위험액과 시장위험액 업무보고서

계정에 대하여 종전 규정에 따른 주식 익스포져 위험계수를 적용하여 산출하며, 신용위험액과 시장위험액 간의 상관관계(0.5)를 반영하여 합산한다.

[도표 20] 개정 전 규정의 주식위험액 산출대상 업무보고서 계정

| 개정 전 규정의 업무보고서 | 개정 전 규정의 위험액 종류 | 개정 전 규정 업무보고서의 계정 구분 |
|---|---|---|
| (생보) AH 259<br>(손보) AI 259 | 신용위험액 | 주식 |
| | | 수익증권 |
| | | 외화유가증권 – 주식, 수익증권, 기타유가증권 |
| | | 기타유가증권 |
| | | 출자금 |
| | | 관계종속기업투자주식 |
| (생보) AH 256<br>(손보) AI 279 | 시장위험액 | 주식포지션 |
| | | 상품포지션 |
| | | 변액보험 보증위험액 |

2023년 3월 31일 기준으로 개정 전 규정에 따라 산출한 금리위험액이 개정 후 규정에 따라 산출한 금리위험액의 60%보다 큰 회사는 금리위험액의 경과조치를 적용할 수 없다. 경과조치 적용에 따라 지급여력기준금액을 점진적으로 인식할 때, 경과조치 적용 후 요구자본 기준으로 법인세조정액을 산출하여야 한다. 다만 법인세조정액 산출을 위한 평균세율은 경과조치 적용 전 기준을 동일하게 사용한다.

### (3) 기타사항

경과조치를 적용하더라도 생명 · 장기손해보험위험액, 일반손해보험위험액, 지급여력기준금액, 총요구자본, 기본요구자본은 경과조치 적용 전 기준으로 산출한다. 국내 종속 보험회사가 경과조치를 신청한 경우, 그 지배회사는 종속회사의 지급여력금액 및 지급여력기준금액에 대하여 종속회사가 신청한 경과조치를 적용할 수 있다. 다만, 이 경우 경과조치 적용 및 종료에서 정한 기준을 동일하게 적용하여야 한다.

## 4. 경과조치 적용 및 종료

### (1) 사전신고

경과조치 적용하여 지급여력비율을 산출하고자 하는 회사는 시행일(2023년 1월 1일)로부터 2개월 이내(2023년 2월 28일)에 다음의 사항을 기재한 서류를 첨부하여 감독원장에게 적용을 신고하여야 한다.

① 선택적용 경과조치 중 적용하고자 하는 경과조치의 종류
② 최초 적용일(최초 도입시 2023년 3월 31일)로부터 9개월전 시점(최초 도입시 2022년 6월 30일) 기준 경과조치 대상 해당여부 및 경과조치 적용 전·후 예상 지급여력비율
③ 예상 지급여력비율 산출결과에 대한 대표이사의 검증보고서

감독원장은 신고를 받은 경우 적합성을 검토하여 신고를 수리하고 그 사실을 보험회사에 통보하여야 한다. 최초 적용일로부터 9개월 전 시점 기준으로 주식위험액 또는 금리위험액의 경과조치 대상에 해당되어 감독원장에게 경과조치 적용을 신고하였더라도 2023년 3월 31일 기준으로 주식위험액 또는 금리위험액의 경과조치 대상에 해당하지 않을 경우 해당 경과조치를 적용할 수 없다. 2023년 2월 28일 이후에는 경과조치의 적용을 신고할 수 없다. 다만, 다음에 해당하는 경우 예외적으로 2023년 3월 31일 이후에도 경과조치의 적용을 신고할 수 있다.

① 자본감소분 재산출 기준에 해당하는 경우 자본감소분의 경과조치에 한하여 중도신고가 가능함. 보험회사는 직전 자본감소분 산출 이후 2년이 경과하거나, 금융환경 급변 등으로 감독원장이 필요하다고 인정한 경우 자본감소분을 재산출함
② 2023년 3월 31일 이후 경과조치를 적용 중인 회사를 인수·합병하거나 보험계약을 인수한 경우 인수·합병한 회사에 대해 적용 중인 경과조치에 한하여 중도신고가 가능함
③ 중도신고의 경우 경과조치를 적용하고자 하는 시행일(예시 : 2025년 3월 31일 결산부터 적용하려면 2025년 1월 1일)로부터 2개월 이내에 서류를 첨부하여 감독원장에게 경과조치의 적용을 신고하여야 함
④ 중도신고의 경우 각 경과조치 종류별로 중도신고하는 회계연도에 해당하는 적용비율부터 시작하여 잔여 경과기간에 해당하는 만큼을 적용함

### (2) 사후관리

경과조치를 적용하는 회사는 사후관리에 필요한 증빙자료를 해당 기간 내에 감독원장에게 제출하여야 한다.

경과조치 적용 전 기준으로 재무건전성 기준[21]을 충족하지 못하는 회사는 ① 재무건전성 기준을 충족하지 못하게 된 최초 시점에 경과기간 종료 이전까지 재무건전성 기준을 충족하기 위한 개선계획(이하 '개선계획')을 관련 업무보고서 제출일로부터 2개월 이내에 이사회 보고 후 감독원장에게 제출하고 ② 경과조치 신청 후 매년 개선계획의 이행실적을 연도말까지 감독원장에게 보고하고, 이행실적 등을 반영한 변경된 개선계획을 제출하여야 한다.

또한, 경과조치를 적용하는 모든 회사는 ① 회사가 적용하는 경과조치에 대해 적용결과의 적정성에 대한 대표이사의 검증보고서를 매분기 관련 업무보고서 제출일까지 감독원장에게 제출하고 ② 자본감소분을 최초 산출하거나, 재산출하는 경우 보험부채 산출결과에 대한 독립계리업자 또는 보험요율 산출기관의 검증보고서를 대표이사 검증보고서에 첨부하여야 한다.

### (3) 기간 단축 및 중단 등

경과조치 적용 후 직전 사업연도 당기순이익 대비 연간 보통주 현금배당 및 자사주 순매입 누적액 비율(이하 '배당성향')이 다음의 ①에서 정한 기준을 초과하는 경우 잔여 경과기간의 50%를 축소하여 적용해야 한다.

① max [회사의 직전 5년 평균 배당성향의 50%, 보험산업 전체의 직전 5년 평균 배당성향의 50%]

② 보험산업 전체의 직전 5년 평균 배당성향은 감독원장이 제시함

③ 경과조치 기간이 단축된 경우 잔여 경과기간을 반올림한 후, 잔여 경과기간에 해당하는 적용비율을 적용함

예를 들어 총 경과기간 10년에서 1차로 2년차에 기준을 초과하면 잔여 경과기간이 8년이므로 경과기간의 50%인 4년을 축소하여 6년차에 경과조치가 종료될 수 있다. 추가로 4년차에 기준을 초과하면 잔여경과기간이 2년이므로 경과기간의 50%인 1년을 축소하여 5년차에 경과조치가 종료된다.



---

21) 보험업법 시행령 제65조(재무건전성기준)

1. 지급여력비율은 100분의 100 이상을 유지할 것
2. 대출채권 등 보유자산의 건전성을 정기적으로 분류하고 대손충당금을 적립할 것
3. 보험회사의 위험, 유동성 및 재보험의 관리에 관하여 금융위원회가 정하여 고시하는 기준을 충족할 것

[도표 21] 잔여 경과기간 단축적용(예시)

(가정) 총 경과기간 10년, 2년차 및 4년차에 각각 기준초과 현금배당 등 실시

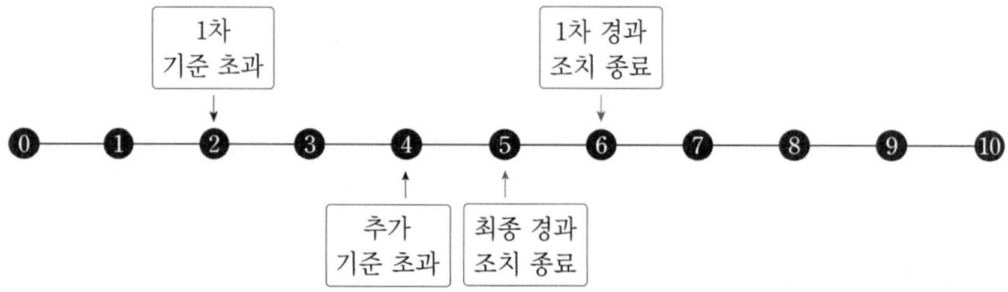


[자료 : 금융감독원(2021), "신지급여력제도(K-ICS) 경과조치 관련 공개협의안"]

한편, 감독원장이 제시하는 직전 5년 평균 배당성향[22]은 2024년의 경우 생명보험 36.5%, 손해보험 35.6%이다.

경과조치를 적용하는 회사가 경과기간 종료일 이전에 경과조치의 적용을 중단하고자 하는 경우 지체 없이 감독원장에게 경과조치의 중단을 신고하여야 한다. 경과조치 적용을 중단할 경우, 2023년 3월 31일 이후 경과조치를 적용 중인 회사를 인수·합병하거나 보험계약을 인수한 경우 인수·합병한 회사에 대해 적용 중인 경과조치에 해당하는 경우에만 예외적으로 경과조치 적용을 다시 신청할 수 있다.

감독원장은 보험회사가 정당한 사유 없이 개선계획을 이행하지 않거나 재무건전성의 개선가능성이 매우 낮은 것으로 판단되는 경우 경과조치 적용중단을 통보할 수 있다. 이 경우 해당 보험회사는 통보를 받은 시점부터 경과조치를 적용할 수 없다.

22) 금융감독원(2024.1.25.), "K-ICS 경과조치 적용 관련 보험산업 평균 배당성향 제공자료"

## 보론 1 : K-ICS와 RBC 가용자본 요건 비교[23)]

| 구분 | | K-ICS | RBC |
|---|---|---|---|
| 개요 | | • 자본증권 발행요건과 가용자본 인정요건이 상이<br>– 기본자본요건 충족시 기본자본으로 인정하고, 기본자본요건은 미충족하고 보완자본요건 충족시 보완자본 분류 | • 자본증권의 발행요건과 가용자본 인정요건이 동일 |
| | | • 신종자본증권이더라도 기본자본요건을 불충족할 경우 기본자본으로 분류 불가 | • 신종자본증권은 기본자본으로 인정하고, 후순위채권은 보완자본으로 인정 |
| 기본자본 | 가용성 | • 납입된 항목으로서 손실흡수에 즉시 사용 가능 | • 관련조항 없음(다만, B/S에 계상된 금액이어야 하므로 납입된 항목만 가용자본으로 인정되는 것으로 해석 가능) |
| | | • 향후 자본조달(자본확충 포함)을 저해하지 않는 등 손실흡수과정 상 제약이 없어야 함 | • 관련조항 없음 |
| | 지속성 | • 만기가 없어야 함(단, 표면상 만기가 30년 이상이고 발행자의 권한으로 동일한 조건으로 연장 가능한 경우는 인정) | • 좌동 |
| | | • 중도상환에 대한 투자자 기대를 유발하지 않아야 하며, 상환을 촉진하는 유인(step-up조항 등)이 없어야 함 | • 배당지급의 상향조정(step-up)은 발행 후 10년 경과 후 1회에 限하여 가능(1%p 또는 최초신용가산금리의 50% 이내)<br>• 발행 보험회사에게 사실상 상환을 하도록 하는 부담을 부과하는 조건이 없을 것 |
| | | • 중도상환은 발행 후 5년 이후 발행자 의사에 의해서만 가능하고 상환시 감독당국의 사전승인 필요 | • 좌동 |
| | | • 관련조항 없음(단, 발행요건에 포함) | • 중도상환은 발행 당시 정해진 상환권에 근거하여 상환 |

10

23) 금융감독원 홈페이지(지급여력제도 및 감독회계)의 FAQ

<table>
<tr><td rowspan="10">기본자본</td><td rowspan="3">후순위성</td><td>• 지급순서가 보험계약자, 일반 채권자 및 후순위채권 투자자에 비해 후순위</td><td>• 좌동</td></tr>
<tr><td>• 부실금융기관 결정 시 부채로 분류되지 않아야 함</td><td>• 관련조항 없음</td></tr>
<tr><td>• 후순위성을 훼손하거나 무효화시키는 부담이 없어야 함[투자자에 대해 지원(대출 · 지급보증 등)으로 미지급 이자 보상 등]</td><td>• 관련조항 없음</td></tr>
<tr><td rowspan="7">기타 제한의 부재</td><td>• 배당(이자) 지급은 상법상 배당가능이익 한도 내에서 지급하되, 보험회사가 완전한 재량권을 보유</td><td>• 보험회사가 배당시기와 배당규모의 결정권을 가져야 함</td></tr>
<tr><td>• 부실금융기관 지정 또는 적기시정조치를 받은 경우 배당(이자) 지급의 취소가 가능해야 함</td><td>• 좌동</td></tr>
<tr><td>• 관련조항 없음(단, 발행요건에 포함)</td><td>• 배당 지급기준은 발행 당시에 확정되어 있어야 함</td></tr>
<tr><td>• 배당(이자) 지급의 취소가 채무불이행 또는 부도사유에 해당하거나, 보통주 주주에 대한 배당 관련사항 이외에 보험사에 어떠한 제약요인으로 작용하면 안 됨</td><td>• 관련조항 없음</td></tr>
<tr><td>• 투자자는 배당(이자) 지급의 취소를 사유로 원리금의 반환 또는 보상 등을 요구할 수 없음</td><td>• 비누적적 우선주 또는 채권이어야 함</td></tr>
<tr><td>• 신용등급 또는 재무상태에 연계되어 부실을 가속화시킬 수 있는배당 지급조건과 자본성을 훼손하는 조건(자본항목의 그룹 내 보유, 보증, 상계권 등)이 없어야 함</td><td>• 배당률이 보험회사의 신용 상태에 따라 결정되지 않아야 함</td></tr>
<tr><td></td><td></td></tr>
<tr><td rowspan="3">보완자본</td><td>가용성</td><td>• 납입된 항목으로서 손실흡수 가능</td><td>• 관련조항 없음(다만, B/S에 계상된 금액이어야 하므로 납입된 항목만 가용자본으로 인정되는 것으로 해석 가능)</td></tr>
<tr><td rowspan="2">지속성</td><td>• 발행시 만기(경제적 만기* 포함)가 최소 5년 이상<br>* 계약상 만기와 상환촉진 유인이 있는 콜옵션의 최초 행사가능일 중 빠른 일자</td><td>• 차입기간 또는 만기가 5년 이상일 것</td></tr>
<tr><td>• 만기 이전에 상환될 것이라는 투자자의 기대를 유발하지 않아야 함</td><td>• 관련조항 없음</td></tr>
</table>

| | | | |
|---|---|---|---|
| 보완자본 | | • 상환은 최소 5년 이후에 발행자 의사에 의해서만 가능하고 상환 시 감독당국의 사전승인 필요 | • 기한이 도래하기 이전에는 상환할 수 없을 것. 다만 감독당국의 사전승인시 기한 도래 전 상환 가능 |
| | 후순위성 | • 지급순서가 보험계약자 및 일반 채권자보다 후순위 | • 좌동 |
| | | • 관련조항 없음(단, 발행요건에 포함) | • 파산 등의 사태 발생시 선순위채권자가 전액을 지급받을 때까지 후순위채권자의 상계권이 허용되지 않을 것 |
| | | • 발행 보험회사의 파산(청산) 이외에는 미래의 원리금 지급일을 앞당기는 권리가 없어야 함 | • 관련조항 없음 |
| | | • 후순위성을 훼손하거나 무효화시키는 부담이 없어야 함(투자자에 대해 지원(대출·지급보증 등)으로 미지급 이자 보상 등) | • 무담보 조건일 것 |
| | 기타 제한의 부재 | • 신용등급 또는 재무상태에 연계되어 부실을 가속화시킬 수 있는 배당 지급조건과 자본성을 훼손하는 조건(자본항목의 그룹 내 보유, 보증, 상계권 등)이 없어야 함 | • 관련조항 없음 |

## 보론 2 : 경과조치 FAQ[24)]

### 1. 경과조치 신청서류에 대한 표준양식 및 대표이사 검증보고서에 포함해야 하는 필수 사항이 있는지?

❑ 경과조치 신청서류 관련 표준양식은 제공하지 않을 계획이며 자유 양식에 따라 신청서류 작성 후 대외공문으로 제출

○ 단, 신청서류 중 경과조치 종류와 경과조치 적용 전후 K-ICS 비율은 업무보고서 양식(AH722/AI722) 활용 가능

○ 한편, 신청서류 중 경과조치 대상 해당여부와 대표이사 검증보고서는 자유 양식에 따라 작성 후 제출 필요

• 경과조치 적용회사 제출서류
 – 적용하고자 하는 경과조치의 종류
 – 경과조치 대상 해당 여부 및 경과조치 적용 전후 예상 K-ICS 비율('22.6.월말 기준)
 – 예상 K-ICS 비율 산출결과에 대한 대표이사 검증보고서

❑ 대표이사 검증보고서에는 신청할 경과조치에 대해 적용 전 · 후 K-ICS 비율에 영향을 미치는 요소[25)]를 모두 포함할 필요

○ 회사가 신청하지 않는 경과조치에 대한 검증은 불필요

• 검증보고서 관련 내부 프로세스(검증 주체, 보고 절차 등)는 회사가 자율적으로 결정할 사항이며 매분기 제출해야 하는 대표이사 검증보고서도 동일한 기준 적용

---

24) 금융감독원(2023.2.13.), "경과조치, 비례성원칙 등 K-ICS 상 보험회사 신고사항 관련 FAQ"

25) (예시) 자본감소분 신청 시, 전 · 후 K-ICS 가용자본, 경과조치 적용금액 등에 대한 검증을 포함해야 하며, 검증 방법 등은 회사가 정하여 작성

## 2. 경과조치 적용신고 결과는 언제 확인이 가능한지?

❑ 보험회사가 경과조치 적용을 신청('23.2.월말)하면, 금융감독원은 '23.3.월 중 수리 여부를 보험회사에 통보할 예정

○ 필요서류를 모두 첨부하여 신고한 경우 별도의 검증 없이 신고를 수리할 예정

## 3. 경과조치 신청을 위한 예상 K-ICS 비율 산출 시 '22.6.월말 계량영향평가 이후 제도 변경사항을 반영해야 하는지?

❑ 경과조치 신청 시 경과조치 대상 해당여부 및 예상 K-ICS 비율은 '22.6.월말 기준 계량영향평가 자료를 기반으로 산출하되,

○ 계량영향평가 산출 이후의 제도 변경사항(예시 : 해약환급금부족액, 계약자지분조정 등 최종 기준)은 추가 반영하여 재산출 필요

## 4. 경과조치 신청서류 상 경과조치 적용금액, 예상 지급여력비율 등에 오류가 확인된 경우 어떻게 조치해야 하는지?

❑ 경과조치 적용기준은 최초 적용일('23.3.월말) 기준으로 확정되므로 신청서류 상 오류가 확인되더라도 별도 조치 불필요

○ 다만, 회사는 최초 적용일 기준으로 대표이사 검증보고서를 작성하여 실제 경과조치 적용금액을 검증해야 함

10

## 5. 경과조치 적용금액과 관련하여 금액이 확정[26]된 후 오류가 확인된 경우 어떻게 조치해야 하는지?

❑ 경과조치 적용 중 경과조치 적용금액에 오류가 확인된 경우, 오류 수정 후 변경 내역을 금융감독원에 보고(공문 발송)하고, 오류가 발생한 모든 업무보고서를 수정 제출

○ 오류 수정에 따라 경과조치 적용요건을 충족하지 못하게 된 회사는 경과조치 적용 불가능

26) 경과조치 적용금액은 2023년 3월말 기준으로 확정(자본감소분 경과조치만 재평가시점에 변동 가능)

## 6. 독립계리법인의 검증보고서를 첨부하는 경과조치 모델은 자본감소분 경과조치(TAC) 뿐인지?

❑ 자본감소분 경과조치는 재평가를 허용하고 있으므로 평가시점마다 RBC · K-ICS 보험부채를 모두 산출해야 함

○ 이에, 적정성 점검이 중요하므로 평가시점마다 보험부채에 대한 계리법인(또는 보험요율산출기관)의 검증보고서 제출 필요

○ 반면, 타 경과조치는 '23.3.월말에 경과조치 적용금액이 확정되므로 매분기 계리법인 검증보고서를 제출할 필요가 없음

## 7. 경과조치로 적기시정조치가 유예[27]되는 보험회사는 매분기 RBC 비율을 산출해야 하는지?

❑ 적기시정조치가 유예되는 보험회사는 감독원장과 경영개선협약(MOU)을 체결[28]하고 매분기 이행실적을 감독원장에게 보고

○ '23.3.월말 기준의 적기시정조치 유예는 RBC 비율로 판단하나 이행계획, 유예 취소 등 후속조치는 K-ICS 비율로 판단

- RBC 비율은 '23.3.월말 기준으로만 산출하며 이후 매분기 산출 불필요

○ 한편, 적기시정조치 유예는 '23.3.월 최초 결산시에만 적용 가능하며, '23.3.월말 이후 K-ICS 비율이 100% 미만으로 하락시 적기시정조치 대상

- K-ICS 제도 도입 영향으로 지급여력비율이 하락한 것이 아니라, 제도 도입 이후 보험회사의 재무상태 악화로 재무건전성 기준을 미충족한 것이기 때문

## 8. 분기 결산 시, 경과조치 적용금액에 대한 산출기준은? (금액방식인지, 비율방식인지)

❑ K-ICS 경과조치 적용금액은 '23.3.월말 기준 운용자산 · 보유계약으로 한정되므로 "금액방식"을 적용

---

27) '23.3.월말 경과조치 후 K-ICS 비율이 100% 미만이나 RBC 비율이 100% 이상인 경우

28) 이행계획 및 이행하지 못할 경우의 후속조치(예 적기시정조치 유예의 취소 등) 등

○ 경과조치 적용금액을 '23.3.월말 기준으로 확정하고 제도 도입 후의 가용자본 요구자본 변동분에 대해서는 경과조치 불인정

**보충설명** 경과조치 적용 사례(금리위험 경과조치 예시)

❑ (가정) '23.3.월말 신규 금리위험의 합계액 1,000, 이후 매분기 소폭 변동

| 구분 | '23.3.월 | '23.6.월 | '23.9.월 | '23.12.월 | '24.3.월 | '24.6.월 | '25.3.월 | '27.3.월 | '33.3.월 |
|---|---|---|---|---|---|---|---|---|---|
| 경과조치 적용전 K-ICS 금리위험액 | 1,000 | 1,010 | 980 | 1,030 | 1,050 | 1,100 | 1,250 | 1,450 | 1,880 |
| RBC 금리위험액 | 500 | | | | | | | | |
| 경과조치 적용여부 | Y | | | | | | | | |
| 경과조치 적용비율 | 60% | 60% | 60% | 60% | 64% | 64% | 68% | 76% | 100% |
| 경과조치 적용 후 K-ICS 금리위험액 | 600 | 610 | 580 | 630 | 690 | 740 | 930 | 1,210 | 1,880 |

• $600 = 1{,}000 \times 60\%$, $610 = 1{,}000 \times 60\% + (1{,}010 - 1{,}000)$, $580 = 1{,}000 \times 60\% + (980 - 1{,}000)$,
$630 = 1{,}000 \times 60\% + (1{,}030 - 1{,}000)$, $690 = 1{,}000 \times 64\% + (1{,}050 - 1{,}000)$,
$740 = 1{,}000 \times 64\% + (1{,}100 - 1{,}000)$, $930 = 1{,}000 \times 68\% + (1{,}250 - 1{,}000)$,
$1{,}210 = 1{,}000 \times 76\% + (1{,}450 - 1{,}000)$, $1{,}880 = 1{,}000 \times 100\% + (1{,}880 - 1{,}000)$

## 9. 자산감소분 경과조치 재평가 시 캐피털 콜 실행 등에 따라 잔액이 변동하는 경우 어떻게 반영해야 하는지?

❑ 자산감소분 산출대상은 '23.3.월말 운용자산 · 보유계약으로 한정하나, 경과조치 적용 후 기간경과 등으로 인한 변화분은 반영

○ 따라서, '23.3.월말 이후 잔액이 변경된 경우, 재평가시점의 잔액 기준으로 자산감소분 산출

– 실무적용방법으로는 재평가시점의 자산 부채 익스포저를 사용하되, '23.3.월말 시점에도 보유하고 있던 운용자산 · 보유계약만 대상으로 선택

## 10. 지배 보험회사가 경과조치를 적용할 경우, 종속 보험회사가 적용할 수 있는 경과조치에 대한 기준은?

❑ 종속 보험회사는 자체 K-ICS 비율 산출 시 지배 보험회사와 무관하게 자체 판단에 따라 경과조치 적용 여부를 선택 가능

○ 지배 보험회사가 경과조치를 신청하더라도 종속 보험회사는 경과조치를 신청하지 않을 수 있으며,

○ 지배 보험회사가 신청한 경과조치를 의무 적용할 필요가 없고, 지배 보험회사와 다른 종류의 경과조치 신청도 가능

– 종속 보험회사가 경과조치를 신청하는 경우, 지배회사와 무관하게 경과조치에서 정한 기준을 적용해야 함

### 11. 배당기준[29] 초과시 경과기간이 단축되는 조항이 일회성인지, 아니면 배당기준 초과할 때마다 경과기간이 단축되는지?

❑ 배당기준을 초과할 때마다 잔여 경과기간이 단축됨

### 12. 배당성향[30] 산출 시 자사주의 범위가 우선주(전환우선주, 상환우선주)도 포함하는지?

❑ 자사주 순매입 누적액 산출 시에는 보통주뿐만 아니라 우선주(전환우선주, 상환우선주)의 순매입 누적액도 포함

○ 단, 상환기간 만료로 인한 상환우선주 매입은 자사주 순매입 누적액 산출 시 제외

### 13. 자사주 순매입 누적액 비율 산출 시, 자사주를 매입하여 소각 또는 보유하는 경우 모두 해당하는지?

❑ 자사주 매입 후 소각 또는 보유하는 경우 모두 해당

### 14. 연간 보통주 현금배당 및 자사주 순매입 누적액 비율에서 누적액이 어떤 기간의 누적액을 의미하는지?

❑ 1년 동안의 현금배당 및 자사주 순매입 누적액을 의미

○ 누적액은 경과기간동안의 누적액을 의미하지 않음

---

29) max [회사의 직전 5년 평균 배당성향의 50%, 보험산업 전체의 직전 5년 평균 배당성향의 50%]

30) 연간 보통주 현금배당 및 자사주 순매입 누적액 비율

### 15. 회사의 과거 평균배당성향 산출 시 배당가능이익 부족에 따른 미배당인 경우를 어떻게 반영하는지?

❑ 평균 배당성향 산출 시 배당을 하지 않는 년도는 모수에 포함

### 16. 업계 배당성향 산출 시 생명보험·손해보험을 구분하는지, 배당을 하지 않은 회사를 모수에 포함하는지?

❑ 업계 배당성향 산출 시 업권(생보·손보)을 구분할 예정이며, 배당을 하지 않은 보험회사는 모수에 포함

### 17. 업계 평균 배당성향은 언제 공시되는지?

❑ 금융감독원은 매년 보험회사에 직전 5개년도 당기순이익, 연간 보통주 현금배당 정보 등을 CPC로 요청할 예정이며,

○ 동 자료를 바탕으로 보험산업(생보·손보 구분) 전체의 직전 5년 평균 배당 성향을 산출하여 매년 2월 중 홈페이지에 게시할 예정

### 18. 배당성향 산출 시 직전 5년의 기준은 어떻게 되는지?

❑ '23년 평균 배당성향은 '17년～'21년의 배당액 기준으로 산출

### 19. '23.3.월말 기준으로 복수의 경과조치를 신청하여 적용한 후, 일부 경과조치만 조기 중단할 수 있는지?

❑ 보험회사가 복수의 경과조치를 신청한 경우, 감독원장에게 신고(공문 발송)하여 일부 경과조치만 조기 중단할 수 있음

○ 다만, 조기중단한 경과조치는 추후 재신청 불가

## 20. 최초 자본감소분 경과조치(TAC) 미신청 상태에서 경과조치 조기 중단시 TAC를 중도 신청할 수 있는지?

- ❑ 제도 도입 시 자본감소분 경과조치를 미신청한 경우, 타 경과조치 신청 · 중단 여부와 관계없이 TAC 재산출 기준[31] 해당시 중도 신청 가능

## 21. 최초 자본감소분 경과조치(TAC) 미신청 상태에서 배당에 따른 경과기간 단축으로 경과조치가 조기 중단된 경우, TAC를 중도 신청할 수 있는지?

- ❑ 배당에 따른 경과조치 기간 단축으로 잔여기간이 소멸(0년)되면 경과조치 적용이 종료된 것이므로 TAC 중도 신청 불가능

31) 직전 자본감소분 산출 이후 2년이 경과하거나, 금리하락 등 금융환경 급변으로 감독원장이 필요하다고 인정한 경우

# 제11장

# 세무회계 I

## : 법인세회계 일반이해

# 제1절
# 법인세 납세의무 개요

이 장은 보험회사에 적용되는 법인세회계의 일반이해에 관한 것으로서 법인세회계는 법인세법 등을 적용하여 산출된 당기 과세소득과 세액 등을 기초로 이해관계자의 경제적 의사결정에 유용한 법인세비용, 이연법인세자산·부채 등 재무적 정보를 산출하는 것을 내용으로 하는 회계이다.

이에 따라, 이 장은 법인세회계 설명에 앞서 그 기초가 되는 법인세 납세의무, 과세표준 및 법인세부담액의 계산에 관한 내용을 담고 있다. 그러나 이 책이 담고자 하는 다양한 내용들과 핵심적인 주제를 고려할 때 법인세 납세의무에 관한 일반설명을 담을 지면이 충분하지 않아 구체적인 내용 중 상당 부분이 생략되어 있으므로 실제 업무에 적용 시 주의가 필요하다.

## 1. 법인세 납세의무 개요

### (1) 법인세의 의의와 법인세 과세대상소득

법인세는 법인이 얻은 소득에 대하여 해당 법인이 납세의무를 갖는 국세를 의미한다. 11

법인세법에서 법인세 과세대상으로 정하고 있는 소득의 종류는 다음과 같다.

- 각 사업연도 소득금액 : 계속적인 기업활동을 통하여 법인이 각 사업연도에 얻은 소득
- 청산소득 : 해산으로 인하여 청산하는 경우 발생하는 소득

- 토지 등 양도소득 : 국내에 소재하는 주택·별장, 비사업용 토지, 조합원입주권·분양권을 양도함으로써 발생하는 소득
- 미환류소득 : 해당 사업연도의 소득 중 일정금액 이상을 투자·임금증가·상생협력지출액 등으로 사용하지 않은 경우 그 환류소득

### (2) 납세의무자

법인세법에서는 내국법인, 외국법인, 영리법인, 비영리법인을 구분하여 법인세 납세의무를 정하고 있다. 이때, 내국법인과 외국법인은 본점 등의 소재지가 국내인지 여부를 기준으로 정하여지는데 내국법인은 국내·외 원천소득 모두에 대해 무제한 납세의무가 있고, 외국법인의 경우 국내 원천소득에 한하여 제한 납세의무가 있다.

한편, 영리목적 유무에 따라 영리법인과 비영리법인으로도 구분하는데, 영리법인은 모든 소득에 대하여 납세의무가 있고, 비영리법인은 수익사업소득만 과세된다.

## 2. 보험회사의 법인세 납세의무

국내에서 보험업을 영위하기 위해서는 금융위원회의 허가를 받아야 하며, 보험업 허가를 받을 수 있는 자는 주식회사, 상호회사 및 외국보험회사로 제한된다. 이때, 허가를 받은 외국보험회사의 국내지점도 보험업법에 따른 보험회사로 본다.

법인세는 소득세의 일종으로 법인의 소득을 과세대상으로 하는데 보험회사는 내국법인 또는 국내원천소득이 있는 외국법인에 해당되므로 그 소득에 대한 법인세 납부 의무를 부담한다.[1)]

---

1) 보험회사 중 연결납세제도를 적용하는 금융지주회사 자회사의 경우 각 연결사업연도의 소득에 대한 법인세를 연대하여 납부할 의무를 부담한다.

## 3. 법인세 과세소득과 세액의 계산구조

법인세 회계의 기초가 되는 각 사업연도 소득에 대한 법인세와 관련하여 법인세 과세표준 및 세액조정계산서상 계산구조를 요약하면 다음과 같다.

[도표 1] 법인세 과세표준 및 세액조정계산서상 계산구조

| | |
|---|---|
| Ⅰ. 각 사업연도 소득금액의 계산 | 1. 결산서상 당기순손익<br>2. 소득조정금액 (① − ②)<br>① 익금산입 및 손금불산입<br>② 손금산입 및 익금불산입<br>3. 차가감 소득금액(1 + 2)<br>4. 각 사업연도 소득금액(3 + ③ − ④)<br>③ 기부금 한도 초과액<br>④ 기부금 한도 초과 이월액 손금산입 |
| Ⅱ. 과세표준의 계산 | 5. 과세표준(4 − ⑥ − ⑦ − ⑧)<br>⑥ 이월결손금<br>⑦ 비과세소득<br>⑧ 소득공제 |
| Ⅲ. 산출세액 및 납부세액의 계산 | 6. 산출세액(5 × 법인세율)<br>7. 총부담세액(6 − ⑨ + ⑩)<br>⑨ 공제감면세액<br>⑩ 가산세액<br>8. 기납부세액(⑪ + ⑫ + ⑬)<br>⑪ 원천납부세액<br>⑫ 중간예납세액<br>⑬ 수시부과세액<br>9. 차감납부세액(7 − 8) |

# 제2절
# 각 사업연도 소득의 계산

## 1. 세무조정과 소득처분

### (1) 법인세법상 내국법인의 각 사업연도 소득

세법이 과세소득을 규정하는 형식은 포괄적 과세대상 규정 후 예외사항을 따로 규정하는 포괄주의와 열거한 과세대상만을 과세하는 열거주의로 구분된다. 법인세법은 포괄주의에 기초하여 사업연도의 익금총액에서 손금총액을 뺀 금액을 내국법인의 각 사업연도 소득으로 규정하고 있다. 이를 다른 말로 순자산증가설의 개념을 사용하고 있다고 표현하기도 한다.

각 사업연도 소득의 계산을 위한 법인세법 규정으로는 익금의 계산, 손금의 계산, 준비금 및 충당금의 손금산입, 손익의 귀속시기, 합병 및 분할 등에 관한 특례 및 부당행위계산 부인에 관한 규정 등이 있다.

### (2) 세무조정

#### 1) 세무조정의 의의

법인세 신고·납부 시에는 익금총액과 손금총액을 직접 계산하지 않고, 손익계산서상 당기순이익에서 출발하여 기업회계기준에 따른 수익·비용과 세법에 따른 익금·손금의 차이를 조정하는 간접법이 적용된다. 간접법에 따라서 각 사업연도 소득금액을 계산하는 절차를 세무조정이라고 하며, 도해화하면 다음과 같다.

[도표 2] 세무조정

| 기업회계 | 세무조정 | | 법인세법 |
|---|---|---|---|
| 수익 | (+) 익금산입, (−)익금불산입 | = | 익금 |
| − | | | − |
| 비용 | (+) 손금산입, (−)손금불산입 | = | 손금 |
| = | | | = |
| 결산서상 당기순이익 | (+) 익금산입 및 손금불산입<br>(−) 손금산입 및 익금불산입 | = | 각 사업연도 소득금액 |

위와 같이 세무조정은 익금산입, 손금산입, 익금불산입 및 손금불산입으로 구분한다. 익금산입은 회계상 수익으로 계상하지 않았으나 세법상 익금에 해당하는 경우 가산하는 조정이고, 손금산입은 회계상 비용으로 계상하지 않았으나 세법상 손금에 해당하는 경우 차감하는 조정이다. 반대로 익금불산입은 회계상 수익으로 계상하였으나 세법상 익금에 해당하지 않는 경우 차감하는 조정이고, 손금불산입은 회계상 비용으로 계상하였으나 세법상 손금에 해당하지 않는 경우 가산하는 조정이다.

실무적으로는 가산조정에 해당하는지 차감조정에 해당하는지가 의미가 있고, 익금산입과 손금불산입, 손금산입과 익금불산입 간 구분은 큰 실익이 없다. 세무조정사항은 소득금액조정합계표[1]에 집계되며, 가산항목(익금산입 및 손금불산입)과 차감항목(손금산입 및 익금불산입)의 합계금액은 법인세 과세표준 및 세액조정계산서 서식에서 결산서상 당기순손익의 가감항목으로 각각 반영되어 각 사업연도 소득금액 계산에 고려된다.

### 2) 결산조정

결산조정이란 결산상 비용계상이 법인세법에서 손금으로 인정하는 전제조건으로 규정된 세무조정사항을 의미한다. 주로 외부와의 거래 없이 손비의 계상 여부나 규모가 결정되는 추정경비가 대상이 된다. 결산조정사항은 회사가 결산서에 계상한 사업연도의 손금으로 귀속되기 때문에



---

1) 소득금액조정합계표 서식 발췌

| 익금산입 및 손금불산입 | | | 손금산입 및 익금불산입 | | |
|---|---|---|---|---|---|
| 과목 | 금액 | 소득처분 | 과목 | 금액 | 소득처분 |
| | | | | | |
| | | | | | |
| 합계 | | | 합계 | | |

손금산입시기 조정이 가능하지만 결산상 비용처리를 못하면 세무조정을 통한 손금산입은 불가능하다.

결산조정사항은 자산의 상각비, 충당금 및 준비금, 대손금, 자산의 평가손실 등이 있다. 대부분의 결산조정사항은 결산에 반영된 비용과 법인세법에 정한 손금 한도를 비교하여 한도 초과 시 손금불산입하는 방식으로 세무조정이 이루어진다.

#### 3) 신고조정

일반적인 신고조정사항은 법인세법에서 정한 손익귀속시기에 맞추어 각 사업연도 소득에 반영되어야 한다. 따라서 결산상 수익·비용으로 반영하지 않은 경우 세무조정한다. 이러한 신고조정사항은 강제신고조정사항이라고 말하기도 한다.

한편, 법인세법은 결산조정사항 중 일부 손금항목에 대해 결산상 비용으로 계상하지 않은 경우에도 신고조정으로 손금산입할 수 있는 규정을 두고 있다. 이를 임의신고조정사항이라고 하며, 임의신고조정사항은 잉여금처분 의무가 있는 경우와 없는 경우로 구분된다.

한국채택국제회계기준 도입기업 및 설비투자자산에 대한 감가상각비, 세법 규정에 따른 일시상각충당금 및 압축기장충당금은 잉여금처분 없이 세무조정으로 손금산입을 선택할 수 있다. 고유목적사업준비금, 비상위험준비금, 해약환급금준비금 등의 경우 이익잉여금 처분을 전제조건으로 하여 신고조정이 허용된다.

### (3) 소득처분

#### 1) 소득처분의 의의

소득처분은 세무조정사항에 대한 귀속을 확정하는 절차를 의미하며, 세무조정사항의 소득처분은 크게 사외유출과 사내유보로 구분된다. 사외유출된 세무조정에 관한 소득처분은 귀속자의 소득세 납세의무를 발생시키고, 사내유보된 세무조정에 대한 소득처분은 세법상 순자산 계산 및 이 장의 제4절 법인세회계기준서(IAS12)의 이해에서 설명할 세무기준액 계산 등에 사용된다.

#### 2) 유보(△유보)

유보(△유보)란 사외유출되지 않은 세무조정사항 중에서 결산상 자산·부채와 법인세법상 자산·부채의 차이가 있는 항목에 대한 소득처분이다. 결산상 자산보다 법인세법상 자산이 크거나 결산상 부채보다 법인세법상 부채가 작은 경우에는 유보로 소득처분하고, 반대의 경우에는 △유보로 소득처분한다.

유보(△유보)로 소득처분된 사항은 당기 이후 일정요건 충족 시 반대의 세무조정과 소득처분이 발생하게 되므로 사후관리가 필요하다. 유보(△유보)가 반대 세무조정과 소득처분으로 소멸되는 것을 추인이라 칭하는데 유보는 △유보로, △유보는 유보로 추인된다.

유보추인은 대손충당금 한도초과액 등 다음 사업연도에 유보총액을 자동으로 추인하는 자동추인과 유가증권평가이익 등 자산의 양도·관련 부채의 감소 등으로 자산·부채 차이가 소멸하는 등 일정요건 충족 시 하는 추인으로 구분된다.

유보는 자본금과 적립금 조정명세서 서식[2]을 통하여 사후관리한다. (을)서식에서는 유보 변동내역과 기말잔액을 관리하고, (병)서식에서 국제조세조정에 관한 법률에 따른 출자의 증가 세무조정의 해외현지법인별 변동내역과 기말잔액을 관리한다. 또한 (갑)서식에서는 (을)서식의 잔액과 (병)서식의 잔액을 가감한 세법상 자본을 계산한다.

### 3) 사외유출

사외유출이란 익금산입 또는 손금불산입으로 세무조정한 금액이 법인의 외부로 유출된 경우 이루어지는 소득처분이다. 사외유출 소득처분은 해당 소득의 귀속이 분명한 경우와 불분명한 경우로 구분된다.

개인소득으로 귀속이 분명한 사외유출의 소득처분 종류는 주주·출자자에 귀속되는 배당, 임직원에게 귀속되는 상여, 그 밖의 개인에게 귀속되는 기타소득으로 구분된다. 그리고 법인[3]·개인사업자 및 국가·지방자치단체의 소득으로 귀속되는 경우 기타사외유출로 소득처분한다. 개인에게 소득이 귀속되는 경우 세무조정한 법인이 원천징수의무를 부담하며, 소득자료 명세서[4]에서 소득자별로 구분하여 원천징수할 세액을 산출한다.

---

2) 자본금과 적립금 조정명세서(을) 발췌

| 세무조정유보소득 계산 | | | | | |
|---|---|---|---|---|---|
| ① 과목 또는 사항 | ② 기초잔액 | 당기 중 증감 | | ⑤ 기말잔액 (익기초현재) | 비고 |
| | | ③ 감소 | ④ 증가 | | |
| | | | | | |
| 합 계 | | | | | |

3) 외국법인에 귀속되는 경우 외국법인 국내사업장의 각 사업연도 소득을 구성하는 경우에만 기타사외유출로 소득처분한다. 그 외의 경우에는 주주인 외국법인인 경우 배당으로 그 외의 경우 기타소득으로 소득처분한다.

4) 소득자료(인정상여/인정배당/기타소득)명세서

| ①소득 구분 | ②소득 귀속연도 | ③배당·상여 및 기타소득금액 | ④원천징수할 소득세액 | ⑤원천징수일 | ⑥신고여부 | 소득자 | | ⑨ 비고 |
|---|---|---|---|---|---|---|---|---|
| | | | | | | ⑦성명 | ⑧주민등록번호 | |
| | | | | | | | | |
| 계 | | | | | | | | |

소득의 귀속이 불분명한 경우는 원칙적으로 법인 대표자에 대한 상여로 소득처분하도록 규정하고 있다. 그러나 수정신고기한 내에 부당하게 사외유출된 금액을 회수하고 세무조정으로 익금에 산입하여 신고하면 유보로 소득처분하는 것이 가능하다.

한편, 사후관리가 불필요하거나 불가능한 다음 사항들은 무조건 기타사외유출로 소득처분하도록 규정하고 있다.

- 법정·지정기부금 한도초과액
- 적격증빙서류 미수취 기업업무추진비 및 기업업무추진비 한도초과액
- 업무용승용차의 임차료 중 감가상각비 상당액 한도초과액 및 업무용승용차 처분손실 한도초과액
- 손금불산입한 채권자 불분명 사채이자 및 지급받은 자가 불분명한 채권·증권의 이자에 대한 원천징수세액에 상당하는 금액
- 업무무관자산에 대한 지급이자 손금불산입액
- 임대보증금 등에 대한 간주익금
- 귀속이 불분명하여 대표자에 대한 상여로 소득처분한 경우의 소득세 대납액
- 불공정합병·증자·감자 등 자본거래에 대한 부당행위계산의 부인액으로 익금산입한 금액으로서 「상속세 및 증여세법」에 의하여 증여세가 과세되는 금액

4) 기타

사외로 유출되지 않고, 결산상 자산·부채와 세법상 자산·부채 간의 차이도 없는 경우는 기타로 소득처분한다. 기타 소득처분은 자기주식처분손익과 같이 법인세법상 익금·손금 항목을 잉여금 증감으로 회계처리한 경우에 발생한다.

## 2. 익금의 계산

### (1) 익금의 범위

익금이란 법인의 순자산을 증가시키는 거래로 인하여 발생하는 수익을 말하며, 자본 또는 출자의 납입과 법인세법에 규정된 것은 제외한다. 이는 자산을 증가시키는 거래와 부채를 감소시키는 거래로 나눌 수 있는데 순자산을 증가시키는 거래로 인하여 발생한 수익의 금액에 해당하기만 하면 발생원천을 구분하지 않고 익금으로 본다.

익금 해당 여부는 회계처리 유무와 관계가 없으며, 순자산을 증가시키는 거래로 인하여 발생한 수익이면 위법소득까지도 익금이 된다. 또한, 법인세법상 수익은 회계상 수익보다 범위가 넓

어서 자본거래로 인한 수익을 원칙적으로 포함한다.

익금을 포괄적으로 규정하면서도 시행령에서 수익의 종류를 구체적으로 열거하고 있는데 이는 익금의 내용 또는 범위를 예시하는 규정으로 이해할 수 있다.

### 1) 사업수입금액

한국표준산업분류에 따른 각 사업에서 생기는 사업수입금액(기업회계기준에 따른 매출에누리금액 및 매출할인금액은 제외)은 법인세법상 수익이다. 다만, 법인의 소득금액 계산 시 필요한 장부 또는 증빙서류가 없거나 중요한 부분이 미비 또는 허위여서 소득금액을 추계하는 경우 부동산임대에 의한 전세금 또는 임대보증금에 대한 사업수입금액은 금융회사 등의 정기예금이자율을 적용하여 계산한 금액[5]으로 한다.

사업수입금액은 기업회계상 매출액과 유사한 개념으로 자산의 판매 또는 용역의 제공에 의하여 생긴다. 매출액은 업종에 따라 달라지며, 도급금액, 판매금액, 보험료 등 다양하다. 법인세법에서 기업회계기준에 의한 매출에누리금액 및 매출할인금액을 수입금액에서 차감하도록 규정하고 있으므로 법인이 기업회계기준에 따라 매출에누리 등을 매출액에서 차감하는 회계처리를 한 경우에는 별도의 세무조정이 발생하지 않는다.

### 2) 자산 및 자기주식의 양도금액

자산의 양도금액은 순자산을 증가시키는 거래의 요건을 충족하므로 법인세법상 수익에 포함되는 것으로 예시하고 있다. 재고자산을 양도하는 경우 양도금액은 기업회계기준상 매출액이 되므로 사업수입금액에 포함된다. 그러므로 자산의 양도금액에서 정하는 자산은 재고자산을 제외한 투자자산, 유·무형자산 등을 의미하는 것으로 해석된다.

법인세법에서는 법인이 취득한 자기주식을 다른 유가증권과 같이 양도성 있는 자산으로 본다. 이에 따라 자기주식의 양도금액은 익금을 자기주식의 취득가액은 손금을 구성한다. 이러한 자기주식에는 합병법인이 합병에 따라 피합병법인이 보유하던 합병법인의 주식을 취득한 경우를 포함한다.

### 3) 자산의 임대료

법인이 임대를 사업으로 하면서 얻는 수익은 기업회계기준상 매출액이 되므로 이는 사업수입금액으로 구분된다. 그러나 자산을 일시적 또는 비영업적으로 임대하여 수익이 발생하는 경우에는 사업수입금액이 아닌 자산의 임대료에 해당한다.

---

5) 간주임대료 = 전세금 또는 임대보증금 × 임대용역제공일수 × 1/365 × 법인세법 시행규칙 제6조의 정기예금이자율

#### 4) 자산의 평가차익

자산의 평가차익이 발생하면 법인의 순자산이 증가하게 되므로 익금의 범위에 포함하고 있다. 그러나 평가차익은 제3자와 거래 없이 자산의 계상금액만 변동되는 것으로 미실현이익에 해당되기 때문에 조문을 달리하여 익금산입하지 않도록 규정하고 있다. 따라서, 자산의 평가차익에 관해서는 익금불산입 규정, 자산·부채의 평가 규정을 종합적으로 고려하여 각 사업연도 소득으로 익금산입할 범위를 정하여야 한다.

#### 5) 자산수증이익

무상으로 받은 자산의 가액을 자산수증이익이라고 한다. 무상의 의미는 반대급부가 없는 것을 의미하기 때문에 저가 양수 시의 취득가액과 시가와의 차액은 자산수증이익 범위에 포함되지 않는다.

#### 6) 채무면제이익 및 소멸시효완성채무

채무의 면제 또는 소멸로 부채가 감소하는 경우에도 순자산이 증가하므로 익금이 된다. 기업회계기준에 의한 채무조정에 따른 채무조정이익은 채무면제이익의 범위에 포함하지 않고, 조기상환에 따른 채무면제이익은 익금에 산입한다.

또한, 법인세법은 소멸시효가 완성된 채무를 익금의 하나로 예시하고 있다. 소멸시효는 법에서 정한 기간 동안 권리불이행이 계속되어 권리·의무가 소멸되는 효과가 생기는 것을 말한다. 소멸시효가 완성되면 채무자의 채무면제익은 익금이 되고, 채권자에게는 대손금 인정 사유가 된다.

#### 7) 환입된 손금

세무상 손금으로 인정된 금액 중에 환급된 금액은 익금에 산입한다. 이때, 손금불산입된 세금과 공과금 등의 환급은 익금불산입하고, 자산의 취득가액에 반영된 세금과 공과금의 경우에는 환입된 금액도 자산의 취득가액에서 고려한다.

#### 8) 자본거래로 인하여 특수관계인으로부터 분여받은 이익

법인세법에서는 특수관계자 간의 거래 중 특정한 거래에 대하여 소득금액 계산의 특례로 부당행위계산의 부인 규정을 두고 있다. 특수관계법인 간 합병, 법인의 증자 등 자본거래로 주주등(소액주주등은 제외함)인 법인이 특수관계인인 다른 주주에게 이익을 분여한 경우 이익을 분여한 법인주주에게는 부당행위계산 부인규정이 적용된다. 이 경우 이익을 분여받은 법인주주는 분여받은 이익을 익금에 산입하여야 한다.

#### 9) 특수관계가 소멸되는 날까지 회수하지 않은 가지급금 등

특수관계가 소멸할 때까지 회수하지 않은 가지급금과 특수관계가 소멸되지 않은 경우의 가지급금 이자 중 발생일이 속하는 사업연도 종료일부터 1년이 되는 날까지 회수하지 않은 이자를 익금으로 규정하고 있다. 이는 특수관계자에 대한 채권 포기로 보아 익금으로 의제하는 것이다. 이때, 채권·채무에 대한 쟁송으로 회수가 불가능한 등 정당한 사유가 있는 경우는 익금산입에서 제외한다.

#### 10) 보험감독회계기준에 따라 수익으로 계상된 보험회사의 책임준비금 감소액

보험업법에 따른 보험회사가 보험업법 제120조에 따라 적립한 책임준비금의 감소액(할인율의 변동에 따른 책임준비금 평가액의 감소분은 제외함)으로서 보험감독회계기준[6]에 따라 수익으로 계상된 금액은 수익의 범위에 포함된다. 해당 규정은 기업회계기준서 제1117호의 시행에 따른 개정사항으로 이와 관련된 내용은 다음 장에서 구체적으로 설명한다.

### (2) 익금 의제

익금의제란 원칙적으로는 법인의 각 사업연도 소득을 구성하는 익금에 해당하지 않으나 세법에서 익금으로 의제하는 항목들을 말한다.

#### 1) 유가증권 저가매입에 따른 차액

특수관계인으로부터 자산을 시가보다 저가 매입하면 매도자에게 부당행위계산 부인 규정이 적용되어 시세차익만큼 과세되므로 매입 시점에는 매수자에게 과세문제가 발생하지 않는 것이 원칙이다. 그러나 개인인 매도자가 유가증권을 양도하는 경우에는 소득세법상 부당행위계산 부인 규정을 적용하여 과세하기 어려워서 매수자인 법인에게 저가매입에 따른 차액을 익금에 산입하여 과세한다.

이렇게 익금산입한 저가매입차액은 유보로 소득처분된 후 실제 처분 시점에 추인되므로 익금 귀속시기를 앞당기는 효과로서의 의미가 있다.

#### 2) 간접외국납부세액공제 적용 시 외국자회사의 외국법인세액

내국법인이 외국자회사로부터 배당금을 받는 경우 외국자회사의 소득에 대하여 부과된 외국법인세액 중 배당금에 대응하는 금액[7]을 외국납부세액으로 의제하여 적용하는 것을 간접외국납

---

6) 보험업법 제120조 제3항에 따른 감독회계를 의미한다.

7) 익금에 산입하는 외국자회사의 외국법인세액은 다음 수식에 따라 계산된다.

$$\text{외국자회사의해당 사업연도 법인세액} \times \frac{\text{수입배당금액}}{\text{외국자회사의 해당 사업연도 소득금액} - \text{외국자회사의 해당 사업연도 법인세액}}$$

부세액공제라고 한다.

배당금은 법인세액 납부 후의 이익잉여금을 기초로 한 것으로서 간접외국납부세액공제 대상이 되는 외국자회사의 법인세액은 내국법인의 익금에 포함되지 않았다. 따라서 세액공제를 적용할 때 관련 소득을 외국법인세액 부담 전으로 돌리기 위하여 외국자회사의 외국법인세액을 익금산입한다.

### 3) 동업기업으로부터 배분받은 소득금액

조세특례제한법의 동업기업과세특례제도를 적용하여 동업자군별 배분대상 소득금액 또는 결손금은 각 과세연도의 종료일에 해당 동업자군에 속하는 동업자의 손익분배비율에 따라 배분한다. 이렇게 동업기업과세특례를 적용하여 법인인 동업자가 동업기업으로부터 배분받은 소득금액은 법인의 익금으로 의제한다.

### 4) 의제배당

회사가 그 주주등에게 상법에 따른 배당을 하지 않더라도 주주등이 배당과 유사한 경제적 이익을 얻게 되는 경우가 있는데, 이를 배당으로 의제하여 익금에 산입하는 것을 의제배당이라고 한다. 법인세법상 의제배당의 종류는 성격에 따라 잉여금의 자본전입에 따른 의제배당과 자본감소·해산·합병·분할로 인한 의제배당으로 구분된다.

회사가 잉여금의 전부 또는 일부를 자본전입하여 주주등 내국법인이 주식을 취득하거나 회사의 자기주식 보유로 인하여 지분비율이 증가하는 경우 잉여금의 자본전입에 따른 의제배당 대상이 된다. 이때, 자본전입하는 잉여금이 익금항목인 경우 의제배당 대상이고, 익금불산입 항목인 자본잉여금을 자본전입하는 경우는 원칙적으로는 의제배당이 아니나 예외적인 경우에는 의제배당으로 본다.

[도표 3] 잉여금의 자본전입에 따른 의제배당 구분

| 자본전입 잉여금 구분 | | 의제배당 해당여부 | |
|---|---|---|---|
| | | 지분에 따른 배정 부분 | 지분율 증가 부분 |
| 익금항목 | | ○ | ○ |
| 익금불산입항목 | 자기주식소각익 특례 해당분[8] | ○ | ○ |
| | 그 외 | × | ○ |

---

8) 자기주식소각익의 자본전입으로 인한 의제배당 여부 판단 시 소각당시 시가가 취득가액보다 큰 때에는 자본전입일에 상관없이 의제배당 대상이 되고, 소각당시 시가가 취득가액보다 작거나 같은 경우에는 소각일로부터 2년 이내에 자본전입한 경우에 한하여 의제배당 대상이 된다.

자본감소·해산·합병·분할로 인한 의제배당은 주주인 내국법인이 취득하는 금전과 그 밖의 재산가액의 합계액이 해당 주식을 취득하기 위해 사용한 금액을 초과하는 경우의 초과금액으로 계산된다.

주주가 받는 대가는 취득 당시의 시가로 하는 것이 원칙이며, 적격합병·적격분할에 따라 주식을 교부받는 경우 특례가 적용된다. 또한 소멸주식의 취득가액은 세무상 취득가액이 되는 것이 원칙이지만, 감자 전 2년 이내에 의제배당으로 과세되지 않은 단기소각주식이 있을 때에는 세부담을 피하는 변칙적 유상감자를 방지하기 위하여 단기소각주식을 먼저 소각한 것으로 보고, 그 주식의 취득가액은 0으로 한다.

### (3) 익금불산입항목

#### 1) 자본거래로 인한 수익의 익금불산입

자본거래로 인한 수익 중 주식발행액면초과액, 주식의 포괄적 교환차익, 주식의 포괄적 이전차익, 감자차익, 합병차익 및 분할차익은 익금불산입항목으로 규정되어 있다. 각각의 내용을 살펴보자.

주식발행액면초과액은 주식을 액면금액이상으로 발행한 경우에 발생한다. 주식발행액면초과액은 자본 또는 출자의 납입에 해당하는 것으로 볼 수 있으므로 익금의 범위에서 제외하여 익금불산입하는 것으로 이해된다.

이때, 채무의 출자전환으로 발행된 주식발행가액 중 시가초과금액은 익금불산입대상 주식발행액면초과액에서 제외된다. 해당 시가초과금액은 출자전환시 채무면제익에 해당하는 금액이 주식발행액면초과액으로 처리된 것이기 때문에 채무면제익으로서 익금산입되어야 하므로 관련 단서 규정을 마련하고 있는 것으로 이해하면 된다.[9)]

주식의 포괄적 교환차익은 완전모회사의 자본금증가 한도액이 완전모회사의 증가한 자본금을 초과하는 금액을 말하고, 주식의 포괄적 이전차익은 완전모회사의 자본금증가 한도액이 설립된 완전모회사의 자본금을 초과하는 금액을 말한다. 주식의 포괄적 교환차익과 이전차익은 그 성격이 주식발행액면초과액과 유사하고, 주식발행액면초과액으로 회계처리되므로 익금불산입항목으로 규정하고 있다.

감자차익은 자본금 감소액이 주식 소각·주금 반환에 소요된 금액 및 결손보전에 충당된 금

9) 회생계획인가결정에 포함된 출자전환 등 시행령에서 정한 조건을 충족하는 출자전환 채무면제이익에 해당하는 주식발행액면초과액 중 이월결손금 보전에 충당하지 않은 금액은 익금불산입하고, 그 이후의 각 사업연도에서 발생하는 결손금의 보전에 충당할 수 있다.

액을 초과하는 경우의 초과금액을 말한다. 감자차익은 자본잉여금으로 회계처리되며, 그 실질이 주주의 자본 또는 출자의 납입과 다르지 않기 때문에 익금불산입한다.

합병차익은 피합병법인으로부터 승계한 재산의 가액에서 그 법인으로부터 승계한 채무액, 합병 후 존속법인의 자본증가액 또는 합병으로 설립된 법인의 자본액 및 피합병법인의 주주에게 지급한 금액을 차감한 금액을 말한다. 합병차익은 피합병법인 주주에 의한 자본 또는 출자의 납입으로 볼 수 있을 뿐 아니라, 피합병법인의 이월익금을 구성하기 때문에 익금불산입한다. 그러나 합병매수차익은 익금불산입 범위에서 제외된다.

분할차익은 분할로 설립된 회사 또는 분할합병으로 존속하는 회사에 출자된 재산의 가액에서 출자회사로부터 승계한 채무액, 출자회사의 주주에게 지급한 금액 및 분할신설된 회사 또는 분할합병한 회사의 자본증가액을 차감한 금액을 말한다. 분할차익은 실질적으로 분할법인의 주주에 의한 자본 또는 출자의 납입과 다르지 않으며, 이월익금을 구성하므로 익금불산입한다. 그러나 분할매수차익은 익금불산입 범위에서 제외된다.

[도표 4] 익금불산입하는 자본거래 정리

| 자본거래 | 내용 | 예외(익금산입) |
|---|---|---|
| 주식발행 액면초과액 | 주식발행가액 – 액면금액 | 채무의 출자전환으로 발행된 주식발행가액 중 시가초과금액 |
| 주식의 포괄적 교환차익 | 완전모회사의 자본금증가 한도액 – 완전모회사의 증가한 자본금 | |
| 주식의 포괄적 이전차익 | 완전모회사의 자본금증가 한도액 – (신설)완전모회사의 자본금 | |
| 감자차익 | 자본금 감소액 – 주식 소각·주금 반환 및 결손보전 금액 | |
| 합병차익 | 승계재산가액 – (채무승계액 + 존속법인 또는 합병설립법인의 자본증가액 + 피합병법인 주주 지급액) | 합병매수차익 |
| 분할차익 | 출자재산가액 – (출자회사 채무승계액 + 출자회사 주주 지급액 + 분할신설법인 자본증가액) | 분할매수차익 |

2) 평가이익 등의 익금불산입

자산의 평가이익은 원칙적으로 익금불산입한다. 자산의 평가이익은 미실현 이익으로 그 익금산입을 허용하면 과세소득의 조작수단으로 악용될 위험이 있기 때문으로 이해된다. 예외적으로

「보험업법」이나 그 밖의 법률에 따른 평가 등을 인정하여 익금불산입 대상에서 제외하고 있다. 해당내용은 자산·부채의 평가에서 추가로 살펴보기로 한다.

각 사업연도 소득으로 이미 과세된 소득인 이월익금은 익금불산입한다. 이월익금의 범위에는 법인세법 및 다른 법률에 따른 비과세소득과 면제소득이 포함된다.

납부시 손금불산입한 법인세 또는 법인지방소득세를 환급받았거나 환급받을 금액을 다른세액으로 충당한 경우 익금불산입한다. 또한, 국세 또는 지방세의 과오납금의 환급금에 대한 이자(국세환급가산금 또는 지방세환급가산금)는 손해보상 성격으로 익금불산입한다.

부가가치세는 사업자가 재화 등을 공급할 때 공급받는 자로부터 거래징수하여 납부하는 거래세로서 법인이 징수한 부가가치세 매출세액은 국가에 납부할 예수부채 성격이므로 익금불산입한다. 연결납세를 적용하는 연결자법인 또는 연결모법인이 지급받았거나 지급받을 연결법인세액도 예수부채 성격이므로 익금불산입한다.

자산수증이익과 채무면제이익은 익금이지만, 조건을 충족하는 이월결손금 보전에 충당한 자산수증이익과 채무면제이익은 익금불산입한다. 이때, 이월결손금은 과세표준 계산 시 차감하는 이월결손금과 달리 공제기한이 없고, 이전 사업연도에 미공제된 이월결손금에 해당하면 된다.

또한, 법인의 신고된 각 사업연도의 과세표준에 포함되지 아니하였으나 「채무자 회생 및 파산에 관한 법률」에 따른 회생계획인가결정을 받은 법인의 결손금으로서 법원이 확인한 것과 「기업구조조정 촉진법」에 의한 기업개선계획의 이행을 위한 약정이 체결된 법인으로서 금융채권자협의회가 의결한 결손금도 보전대상에 포함된다.

### 3) 내국법인 수입배당금액

배당은 법인이 각 사업연도 소득에 대하여 법인세를 납부한 이후의 잉여금을 재원으로 하기 때문에 주주단계에서 법인세를 또 과세하면 이중과세 문제가 생긴다. 이러한 이중과세 조정을 위하여 법인세법은 수익배당금 익금불산입 규정을 두고 있으며 해당 규정의 적용을 받고자 하는 법인은 수입배당금액명세서를 제출해야 한다.[10]



---

**10)** 수입배당금액명세서 발췌

3. 수입배당금액 및 익금불산입 금액 명세

| ⑫ 배당금 지급법인명 | ⑬ 수입배당금액 | ⑭ 익금불산입 비율(%) | ⑮ 익금불산입 대상금액 (⑬×⑭) | ⑯ 지급이자 관련 익금불산입 배제금액 | ⑰ 익금불산입액 (⑮−⑯) |
|---|---|---|---|---|---|
| | | | | | |
| 계 | | | | | |

출자법인의 각 사업연도 소득금액을 계산할 때 피출자법인으로부터 받은 수입배당금 중 출자비율에 따른 익금불산입률을 곱한 금액을 익금에 산입하지 않는다. 다만, 출자법인에 차입금의 이자가 있는 경우에는 익금불산입 배제금액[11]을 차감하여 익금불산입액을 계산한다. 수입배당금 익금불산입액은 피출자법인별로 계산하며, 피출자법인별 계산금액이 0보다 작은 경우에는 없는 것으로 본다.

내국법인 수입배당금액의 익금불산입 규정을 적용하기 위해서는 출자법인과 피출자법인 모두 내국법인이어야 한다. 수입배당금액에는 익금산입한 의제배당금액은 포함되나 다음 수입배당금액은 제외된다.

- 배당기준일 전 3월 이내에 취득한 주식 등을 보유함으로써 발생하는 수입배당금액
- 법인세법의 유동화전문회사 등에 대한 소득공제 또는 조세특례제한법의 프로젝트금융투자회사에 대한 소득공제 규정 적용법인으로부터 받은 수입배당금액
- 법인세법과 조세특례제한법에 따라 법인세를 비과세·면제·감면받는 법인 중 수도권 밖으로 본사를 이전하는 법인에 대한 세액감면, 제주첨단과학기술단지 입주기업에 대한 법인세 등의 감면, 제주투자진흥지구 또는 제주자유무역지역 입주기업에 대한 법인세 등의 감면규정을 적용받는 법인으로 부터 받은 수입배당금액(감면율이 100%인 사업연도에 한함)과 동업기업과세특례 적용법인으로부터 받은 수입배당금액
- 법인세법의 법인과세 신탁재산에 대한 소득공제 규정을 적용받는 법인과세 신탁재산으로부터 받은 수입배당금액

지주회사와 일반법인에에 적용되는 수입배당금액 익금불산입 규정이 구분되어 있었으나 2023년 1월 1일 이후 개시하는 사업연도부터 동일한 규정이 적용되므로 지주회사 여부에 관계없이 출자비율에 따른 익금불산입률을 동일하게 적용한다. 익금불산입률은 출자비율이 50% 이상인 경우의 100%, 출자비율이 20% 이상 50% 미만인 경우 80%, 출자비율이 20% 미만인 경우 30%이다.

#### 4) 외국자회사 수입배당금액

내국법인이 외국자회사로부터 받는 수입배당금액에 대하여서 외국납부세액공제 방식으로 이중과세를 조정하고 있었다. 그러나 2022년 12월 31일 법인세법 개정 시 외국자회사에 유보된 소득을 국내에 들여오도록 유도하기 위하여 소득면세 방식의 이중과세 조정 제도인 외국자회사

---

11) 익금불산입 배제금액은 다음의 식에 따라 산정된다.

$$\text{차입금 지급이자} \times \frac{\text{출자주식*의 적수} \times \text{해당 출자주식의 익금불산입률}}{\text{출자법인의 사업연도 종료일 현재 재무상태표상 자산총액 적수}}$$

* 국가 및 지방자치단체로부터 현물출자받은 주식은 제외됨

수입배당금액 익금불산입 제도를 신설하였다.

내국법인(간접투자회사 등 제외)이 직접 의결권 있는 발행주식총수 또는 출자총액의 10%(해외자원개발사업을 하는 외국법인의 경우에는 5%) 이상을 배당기준일 현재 6개월 이상 계속 보유하고 있는 외국자회사로부터 받은 수입배당금액(이익배당금, 잉여금의 분배금, 의제배당)의 95%를 익금불산입한다.

또한, 내국법인이 출자한 외국법인(외국자회사 제외)의 자본준비금을 감액하여 받는 배당으로서 익금불산입 수입배당금액에 준하는 수입배당금액을 받는 경우 그 금액의 100분의 95에 해당하는 금액은 익금불산입한다.

한편, 「국제조세조정에 관한 법률」의 특정외국법인의 유보소득에 대하여 내국법인이 배당받은 것으로 보는 간주배당이나 해당 유보소득이 실제 배당된 경우의 수입배당금액에 대해서는 익금불산입 규정을 적용하지 아니한다. 또한, 다음 중 하나에 해당하는 금액은 익금에 산입한다.

- 특정외국법인의 유보소득에 대한 합산과세제도가 적용되는 특정외국법인 중 실제부담세액이 실제발생소득의 15% 이하인 특정외국법인의 해당 사업연도에 대한 이익잉여금 처분액 중 이익의 배당금 (중간배당 포함) 또는 잉여금의 분배금이나 의제배당
- 우리나라 세법에 따라 해당 금융상품을 자본으로 보고, 외국자회사가 소재한 국가의 세법에 따라 해당금융상품을 부채로 보는 혼성금융상품의 거래에 따라 내국법인이 지급받는 수입배당금액

이때, 외국자회사 수입배당금액 익금불산입 적용을 받기 위해서는 외국자회사 수입배당금 명세서 서식을 제출하여야 하며, 익금불산입 대상이 되는 수입배당금액에 대해서는 외국납부세액 공제를 적용하지 않는다.

## 3. 손금의 계산

### (1) 손금의 범위

손금이란 법인의 순자산을 감소시키는 거래로 인하여 발생하는 손비를 말하며, 자본 또는 출자의 환급과 법인세법에 규정된 것은 제외한다. 이는 자산을 감소시키는 거래와 부채를 증가시키는 거래로 나눌 수 있다.

손금에 대하여서는 익금과는 달리 그 법인의 사업과 관련하여 발생하거나 지출된 손실 또는 비용으로서 일반적으로 인정되는 통상적인 것(사업관련성 및 통상성의 충족)이거나 수익과 직접 관련된 것(수익관련성 충족)이라는 조건이 규정되어 있다.

11

사업관련성과 통상성은 동시에 충족해야 하는데 사업관련성은 해당 법인의 업무나 영업내용을 기준으로 객관적으로 판단한다. 통상성은 같은 종류의 사업을 하는 다른 법인도 같은 상황에서 지출하였을 것으로 인정되는 비용을 의미한다. 법원은 통상성이 있는 비용 해당 여부는 지출 경위와 목적, 행태, 액수, 효과 등을 종합적으로 고려하여 객관적으로 판단하여야 한다고 한다.

한편, 비업무용자산의 취득가액과 같이 사업관련성과 통상성 요건을 충족하지 못한 경우에도 해당 손비가 수익관련성(비업무용자산의 양도가액이 익금에 해당)을 충족한 경우에는 손비로 인정된다.

### (2) 손금의 예시

아래 항목들은 법인세법 및 시행령에서 손금의 예시항목으로 열거하고 있는 것들이다.

- 매출원가와 판매부대비용
- 양도한 자산의 양도당시의 장부가액
- 인건비
- 유형자산의 수선비
- 유형자산 및 무형자산에 대한 감가상각비
- 자산의 임차료
- 차입금이자
- 회수할 수 없는 부가가치세 매출세액미수금(부가가치세법에 따른 대손세액공제를 받지 아니한 것에 한정)
- 자산의 평가차손
- 제세공과금(외국자회사 수입배당금 익금불산입과 외국납부세액공제를 모두 적용하지 않은 경우의 외국법인세액 포함)
- 영업자가 조직한 단체로서 법인이거나 주무관청에 등록된 조합 또는 협회에 지급한 회비
- 업무와 관련있는 해외시찰·훈련비
- 우리사주조합에 출연하는 자사주의 장부가액 또는 금품
- 광고선전 목적으로 기증한 물품의 구입비용[특정인에게 기증한 물품(개당 3만원 이하의 물품은 제외)의 경우에는 연간 5만원 이내의 금액으로 한정]
- 임직원이 금융지주회사 또는 해외모법인으로부터 부여받거나 지급받은 주식매수선택권등을 행사하거나 지급받는 경우 주식매수선택권등을 부여하거나 지급한 법인에게 그 행사 또는 지급비용으로서 보전하는 금액
- 법인의 발행주식총수의 10% 범위에서 부여하거나 지급한 「상법」등에 따른 주식매수선택권 및 「근로복지기본법」에 따른 우리사주매수선택권 관련 금액
- 동업기업으로부터 배분받은 결손금
- 법인 또는 협력중소기업 관련 사내근로복지기금, 공동근로복지기금에 출연하는 금품

• 보험회사가 「보험업법」 제120조에 따라 적립한 책임준비금의 증가액(할인율의 변동에 따른 책임준비금 평가액의 증가분은 제외한다)으로서 보험감독회계기준에 따라 비용으로 계상된 금액[12)]

상기에 열거된 항목들은 법인세법 규정에 관하여 아래에서 상술하게 될 손금불산입의 각 항목, 손익귀속시기, 자산·부채의 평가 및 충당금과 준비금의 내용을 종합적으로 고려하여 각 사업연도 소득에 반영한다.

### (3) 손금불산입항목

손금불산입 항목은 법인의 순자산을 감소시키는 거래로 인하여 발생하는 손비의 금액에 해당하지만, 손금산입을 인정하지 않는 항목이다. 법인세법에서는 자본 또는 출자의 환급성격, 사업관련성 및 통상성 또는 수익관련성 요건의 충족 여부, 국가정책, 납세협력 의무 등을 고려하여 손금불산입항목을 정하고 있다.

#### 1) 대손금의 손금불산입

대손금이란 채무자의 파산 등의 사유로 회수할 수 없는 채권금액을 의미한다. 법인세법은 대손금의 손금산입 사유를 열거하고 있으므로 열거되지 않은 사유로 결산상 대손처리한 경우에는 손금불산입한다. 또한, 대손세액공제를 받은 부가가치세 매출세액 미수금, 채무보증으로 인하여 발생한 구상채권 및 특수관계인에 대한 업무무관가지급금의 경우에는 열거된 대손사유가 발생하더라도 손금불산입한다.

대손사유는 그 발생일이 속하는 사업연도의 손금으로 처리하여야 하는 신고조정사항과 대손사유가 발생하고 법인이 손비로 계상한 날이 속하는 사업연도의 손금으로 처리해야 하는 결산조정사항으로 구분된다.

[도표 5] 신고조정 및 결산조정 대손사유

| 신고조정사유 | 결산조정사유 |
|---|---|
| •「상법」에 따른 소멸시효가 완성된 외상매출금 및 미수금<br>•「어음법」에 따른 소멸시효가 완성된 어음 | • 물품의 수출 또는 외국에서의 용역제공으로 발생한 채권으로서 한국무역보험공사로부터 회수불능으로 확인된 채권<br>• 채무자의 파산, 강제집행, 형의 집행, 사업의 폐지, 사망, 실종 또는 행방불명으로 회수할 수 없는 채권 |

12) 해당 항목은 기업회계기준서 제1117호의 시행에 따라 개정된 것으로 이와 관련된 내용은 다음 장에서 구체적으로 살펴보기로 한다.

| | |
|---|---|
| •「수표법」에 따른 소멸시효가 완성된 수표<br>•「민법」에 따른 소멸시효가 완성된 대여금 및 선급금<br>•「채무자 회생 및 파산에 관한 법률」에 따른 회생계획인가의 결정 또는 법원의 면책결정에 따라 회수불능으로 확정된 채권<br>•「서민의 금융생활 지원에 관한 법률」에 따른 채무조정을 받아 신용회복지원협약에 따라 면책으로 확정된 채권<br>•「민사집행법」 제102조에 따라 채무자의 재산에 대한 경매가 취소된 압류채권 | • 부도발생일부터 6개월 이상 지난 수표 또는 어음상의 채권 및 외상매출금〔중소기업의 외상매출금으로서 부도발생일 이전의 것에 한정〕. 다만, 해당 법인이 채무자의 재산에 대하여 저당권을 설정하고 있는 경우는 제외<br>• 중소기업의 외상매출금 및 미수금으로서 회수기일이 2년 이상 지난 외상매출금 및 미수금. 다만, 특수관계인과의 거래로 인하여 발생한 것 제외<br>• 재판상 화해 등 확정판결과 같은 효력을 가지는 것에 따라 회수불능으로 확정된 채권<br>• 회수기일이 6개월 이상 지난 채권 중 채권가액이 30만원 이하(채무자별 채권가액의 합계액 기준)인 채권<br>• 금융회사 등의 채권(신기술사업금융업자의 경우에는 신기술사업자에 대한 것에 한정) 중 금융기관채권대손인정업무세칙에 따라 금융감독원장으로부터 대손금으로 승인받은 것과 자체상각 소액채권<br>• 중소기업창업투자회사의 창업자에 대한 채권으로서 중소벤처기업부장관이 기획재정부장관과 협의하여 정한 기준에 해당한다고 인정한 것 |

### 2) 자본거래 등으로 인한 손비

자본거래로 인한 이익의 익금불산입과 마찬가지로 자본거래로 인한 손금불산입도 정하고 있다. 손금불산입할 대상으로 열거된 항목은 결산을 확정할 때 잉여금의 처분을 손비로 계상한 금액과 주식할인발행차금이다. 결산을 확정할 때 잉여금의 처분을 손비로 계상한 금액은 손금불산입 세무조정이 필요하고, 주식할인발행차금은 결산상 손비로도 반영되지 않으므로 세무조정이 필요 없다.

### 3) 세금과 공과금

세금과 공과금은 원칙적으로 손금이다. 그러나 일부 항목은 손금불산입하도록 규정하고 있는데 법인세 및 그 부가세는 이익처분의 성격이 있으므로 손금불산입하고, 세법상 의무불이행으로 인한 가산세 등은 법질서를 위반한 벌금 성격으로 손금불산입한다.

벌금·과료·과태료·가산금·강제징수비는 사회질서의 유지 또는 불법행위에 대한 제재로서 부과하기 때문에 손금인정 시 제재 효과가 줄어들기 때문에 손금불산입한다. 또한, 같은 이유로 법령에 따라 의무적으로 납부하는 것이 아니거나 법령에 따른 의무불이행 또는 위반에 대한 제

재로서 부과되는 공과금은 손금불산입한다.[13)]

4) 징벌적 목적의 손해배상금

일반적으로 손해배상은 실제 발생 손해에 기초하여 이루어진다. 그러나 가맹사업거래의 공정화에 관한 법률 등에서는 해당 법률 위반 시 실제 발생 손해를 초과하여 손해배당금을 지급하도록 규정하고 있다. 이때, 실제 발생 손해 초과 부분은 징벌적 목적에서 부과되는 것으로 볼 수 있기 때문에 징벌적 목적의 손해배상금이라고 칭한다.

일반적인 손해배상금은 손금인정되지만, 징벌적 목적 손해배상금까지 전부 손금 인정하게 되면 제재의 효과가 줄어드는 것으로 볼 수 있으므로 실제 손해액을 초과하는 부분을 구분하여 손금불산입하도록 규정하고 있다.[14)] 실제 발생한 손해액이 분명하지 않은 경우에는 다음의 계산식에 따라 계산한 금액을 손금불산입 대상 손해배상금으로 규정하고 있다.

$$\text{손금불산입 대상 손해배상금} = A \times \frac{B-1}{B}$$

A : 국내외 징벌적 손해배상 관련 법령에 따라 지급한 손해배상액

B : 국내외 징벌적 손해배상 관련 법령에서 정한 손해배상액의 상한이 되는 배수

5) 자산의 평가손실

자산의 평가손실도 평가이익과 마찬가지로 원칙적으로 손금불산입하는 것으로 규정하고 있다. 자산의 평가손실은 미실현된 것으로 손금산입을 허용하면 과세소득의 조작수단으로 악용될 위험이 있기 때문으로 이해된다. 예외적으로 허용되는 사항은 자산·부채 평가에서 추가로 설명하기로 한다.

---

13) 구 법인세법(1995.12.29. 법률 제5033호로 개정되기 전의 것) 제16조 제5호에서는 공과금을 원칙적으로 손금불산입하고, 시행령에서 열거한 공과금만 손금산입하도록 규정하고 있었다. 해당 규정에 대한 헌법재판소의 결정(헌법재판소 1997.7.16. 선고, 96헌바36 내지 49 결정)에서 "손금산입되는 공과금의 종류를 시행령에 열거하는 방식을 택하는 경우 그 시행령의 내용에 손금산입될 공과금을 포함하고 있지 아니하여 헌법에 위반된다고 할지라도 법원이 명령·규칙 심사권을 적절히 행사할 수 없어 납세자의 권리를 보호할 수 없는 지극히 불합리한 결과가 생길 수 있다."라고 결정하였다. 이에 따라 현행과 같은 법인세법에서 손금불산입 대상이 규정되게 되었다.
한편, 장애인고용부담금의 경우 당초 손금산입되는 공과금으로 열거되었으며, 개정 이후에는 유권해석(서이46012-10993, 2003.05.19. 등)에서 손금산입 대상으로 해석되었다. 그러나 변경된 유권해석(기획재정부 법인세제과-145, 2018.02.21. 등)에서 손금불산입 대상으로 해석하여 문제되었다. 최근 판결(서울고등법원2023누45325, 2023.12.05. 등)에서 장애인고용부담금은 '법령에 따른 의무 불이행'에 대하여 부과된 공과금이라고 하더라도 그 의무 불이행에 대한 '제재'로서 부과된 것이라고 보기 어렵다는 것을 이유로 하여 손금으로 인정하였다.

14) 해당 규정은 2017년 말 신설된 규정이며, 규정 신설 전에는 징벌적 목적의 손해배상금이라도 손금으로 인정되는 것으로 보는 유권해석과 심판례가 있다.

11

### 6) 감가상각비

내국법인이 각 사업연도의 결산을 확정할 때 유형자산 및 무형자산에 대한 감가상각비를 결산상 손비로 계상한 경우에는 세법이 정한 상각범위액의 내에서 계상한 감가상각비를 손금에 산입하고, 상각범위액을 초과하는 금액은 손금불산입(유보)한다. 손금불산입액은 이후 사업연도에 시인부족액의 범위에서 손금산입한다.

감가상각대상자산은 사업용 유형·무형자산으로 사업에 사용하지 아니하는 자산, 건설중인자산, 시간 경과에 따라 가치가 감소되지 아니하는 토지 등의 자산은 감가상각자산에서 제외된다.

감가상각시부인계산의 구조는 결산상 상각비에서 상각범위액을 차감한 금액이 양수이면 상각부인액으로 손금불산입하고, 음수이면 시인부족액으로서 전기이월상각부인액이 있는 경우에 한하여 시인부족액과 전기이월상각부인액 중 적은 금액을 손금산입한다. 감가상각시부인은 감가상각자산별로 수행한다.

결산상 감가상각비는 손익계산서 뿐 아니라 제조원가 및 자산으로 계상한 감가상각비를 포함하고, 전기오류수정손실 등 이월이익잉여금의 감소로 계상한 금액[15]과 즉시상각의제 금액도 당기 감가상각비로 본다. 즉시상각의제란 내국법인이 자산가액으로 계상하여야 할 감가상각자산의 취득가액이나 자본적지출액을 비용으로 계상한 경우 감가상각한 것으로 보는 것을 말한다.[16]

상각범위액은 기본적으로 상각대상금액에 상각률을 곱하여 계산되는데 감가상각방법별로 구체적인 계산방법은 다르다.

**[도표 6] 감가상각방법별 상각범위액 계산방법**

| 구분 | 상각범위액의 계산방법 |
| --- | --- |
| 정액법 | 세법상 기말 취득가액 × 내용연수별 상각률<br>(회계상 기말 취득가액에 관련 즉시상각의제 누계금액을 가산한 금액) |
| 정률법 | 미상각잔액 × 내용연수별 상각률<br>(세법상 기초 장부가액 = 재무상태표상 기초 장부가액에 전기이월 상각부인액, 자산계상 자본적지출액 및 당기 즉시상각의제금액을 가산한 금액) |
| 생산량 비례법 | 취득가액 $\times \dfrac{\text{당기 생산량}}{\text{총 예정생산량}}$ |

---

15) 이익잉여금 감소액을 손금산입(기타) 세무조정한 후 이를 회사계상 감가상각비에 포함한다.

16) 거래단위별 100만원 이하의 소액자산, 단기사용자산, 600만원과 전기말 재무상태표상 장부가액의 5% 중 큰 금액에 미달하는 소액수선비, 3년 미만 기간마다 지출하는 주기적수선비 등은 즉시상각의제를 적용하지 않고 손금으로 인정한다.

법인세법은 감가상각자산을 건축물 등, 업종별자산, 시업연구용자산 및 무형자산 등으로 구분하여 각각 내용연수를 규정하고 있다. 건축물 등 업종별자산에 대해서는 기준내용연수와 내용연수 범위를 같이 규정하고 있는데 내용연수 범위 내에서 신고한 내용연수를 계속 적용하며, 무신고시 기준내용연수를 적용한다.

기준내용연수가 다른 감가상각자산을 취득하거나 새로운 업종의 사업을 개시한 경우에는 취득일 또는 영업개시일로부터 3개월 내에 내용연수 승인신청을 하여야 한다.[17] 감가상각방법은 자산별로 선택하여 계속 적용하는데 유형자산 중 건축물에는 정액법만 적용가능하고, 차량이나 기계장치 등 유형자산은 정액법과 정률법 중 선택하여 신고할 수 있으나 무신고시 정률법을 적용하며, 무형자산에는 대부분 정액법만 적용 가능하다.

감가상각방법도 내용연수와 같이 세법상 구분된 자산별로 선택하며, 새로운 유형의 감가상각자산을 취득한 경우에는 취득한 날이 속하는 사업연도의 과세표준 신고기한까지 감가상각방법을 선택하여 납세지 관할 세무서장에게 신고하여야 한다.

상각방법이 서로 다른 법인간의 합병 등 세법이 정한 사유에 따라 감가상각방법을 변경할 경우 변경할 상각방법을 적용하고자 하는 최초사업연도의 종료일까지 변경승인신청을 하면 변경 가능하며, 변경한 경우 전진법을 적용하여 상각범위액을 계산한다.

감가상각비 세무조정은 결산조정이 원칙이지만 법인세를 감면받은 경우나 업무용승용차의 감가상각은 강제신고조정사항이고, 한국채택국제회계기준 도입기업의 경우 감가상각비 신고조정이 가능하도록 한 규정이 있다.

### 7) 기부금

기부금이란 내국법인이 사업과 직접적인 관계없이 무상으로 지출하는 금액을 말하는데, 특수관계인 외의 자에게 정당한 사유없이 자산을 정상가액보다 저가양도하거나 고가양수하는 경우에 실질적으로 증여한 것으로 인정되는 금액을 기부금에 포함한다. 저가양도 시 정상가액은 시가의 70%, 고가양수 시 정상가액은 시가의 130%로 계산한다.

11

법인세법은 공공성 정도에 따라 특례기부금과 일반기부금으로 구분하여 손금산입 범위의 차등을 두고 있으며, 조세특례제한법에서는 우리사주조합기부금 관련 규정을 두고 있다. 특례기부금은 소득금액의 50%, 우리사주조합기부금은 소득금액의 30%, 일반기부금은 소득금액의 10%

---

**17)** 이때, 중고자산(매입법인 기준내용연수의 50% 이상 경과)을 취득(합병·분할에 의한 자산 승계 포함)하여 수정내용연수를 적용받고자 하는 경우에는 기준내용연수의 50%에 상당하는 연수와 기준내용연수의 범위 내에서 선택하여 신고한 수정내용연수의 적용이 가능하다. 한편, 시험연구용자산 및 무형자산의 경우 내용연수범위가 없으므로 정해진 내용연수를 적용한다.

범위 내에서 손금인정되고, 비지정기부금은 전액 손금불산입한다.

현물기부 시, 특례기부금과 특수관계인 외의 자에게 기부한 일반기부금은 장부가액으로 특수관계인에게 기부한 일반기부금과 비지정기부금은 시가와 장부가액 중 큰 금액으로 평가한다. 또한, 기부금은 현금 등으로 지출한 날이 속하는 사업연도에 귀속되는 것으로 보아 세무조정한다.

기부금 손금산입 한도액은 기준소득금액(기부금을 손금에 산입하기 전의 해당 사업연도의 소득금액)을 기준으로 계산된다. 따라서, 기부금 손금불산입 세무조정은 소득금액조정합계표에 반영되지 않고 법인세 과세표준 및 세액조정계산서에서 직접 반영한다. 구체적으로 차가감 소득금액에서 기부금한도초과액을 가산하고, 기부금한도초과이월액의 손금산입을 차감하여 각 사업연도 소득금액을 계산하게 된다.

[도표 7] 기부금의 계산

| 적용순서 | 한도액 및 손금산입액의 계산 |
|---|---|
| 1. 특례기부금 | • 특례기부금 한도액 :<br>(기준소득금액－이월결손금)×50%<br>• 손금산입액 계산 : 10년 이내 발생한 특례기부금 한도초과액(이월된 특례기부금)이 있으면 특례기부금 한도액 범위 내에서 손금산입한 후, 당기 특례기부금과 특례기부금 한도액에서 이월된 특례기부금 손금산입액을 차감한 금액을 비교하여 한도초과액 손금불산입(10년간 이월 가능) |
| 2. 우리사주조합 기부금 | • 우리사주조합기부금 한도액 :<br>(기준소득금액－이월결손금－특례기부금 손금인정액)×30%<br>• 우리사주조합기부금은 이월공제가 인정되지 않으므로 당기 지출 우리사주조합기부금이 한도금액을 초과하는 경우 한도초과액을 손금불산입 |
| 3. 일반기부금 | • 일반기부금 한도액 :<br>(기준소득금액－이월결손금－특례기부금 손금인정액－우리사주조합기부금 손금인정액)×10%<br>• 손금산입액 계산 : 이월된 일반기부금이 있으면 일반기부금 한도액 범위 내에서 손금산입한 후, 당기 일반기부금과 일반기부금 한도액에서 이월된 일반기부금 손금산입액을 차감한 금액을 비교하여 한도초과액 손금불산입(10년간 이월 가능) |

### 8) 기업업무추진비

기업업무추진비란 접대, 교제, 사례 또는 그 밖에 어떠한 명목이든 상관없이 이와 유사한 목적으로 지출한 비용으로서 내국법인이 직접 또는 간접적으로 업무와 관련이 있는 자와 업무를 원활하게 진행하기 위하여 지출한 금액을 말한다.[18]

18) 법인세법은 동일한 내용의 용어를 "접대비"에서 "기업업무추진비"로 개정하였으며, 2024년 1월 1일부터 시행된다.

기업업무추진비는 업무 관련 지출액으로 원칙적으로 손비에 해당한다. 그러나 그 성격상 제한 없이 손금으로 인정하는 경우 사회적으로 문제될 수 있기 때문에 기업업무추진비의 범위 및 손금산입한도액을 규정하고 있다. 이러한 제한규정은 통상적으로 인정되는 기업업무추진비에 대한 기준으로도 이해할 수 있다.

기업업무추진비 세무조정은 3단계로 구분할 수 있다. 1단계는 사적사용액과 신용카드 등 미사용액을 구분하여 직접 손금불산입하는 세무조정, 2단계는 손금산입 한도초과금액을 계산하는 세무조정이며, 3단계는 한도초과금액 중 비용계상 부분과 자산계상 부분을 구분하여 소득처분하고 사후관리하는 세무조정이다.

[도표 8] 기업업무추진비 세무조정

| 조정단계 | 내용 |
|---|---|
| 1단계 : 사적사용 등 손금불산입 | • 결산상 기업업무추진비 중 사적사용경비 손금불산입<br>• 귀속자에게 소득처분(귀속자가 불분명한 경우 대표자에 대한 상여로 처분)<br>• 건별 금액기준(신용카드 등의 사용에 관한 건별 금액기준은 경조금이 20만원, 그 외 지출은 3만원)을 초과하여 지출한 기업업무추진비 관련 신용카드 등 미사용의 경우 전액 손금불산입 및 기타사외유출 처분 |
| 2단계 : 기업업무추진비 한도초과액의 계산 및 손금불산입 | • 기업업무추진비 한도액의 계산 :<br>일반 기업업무추진비 한도액*1 + 문화 기업업무추진비 한도액*2 + 전통시장 지출 기업업무추진비 한도액*3<br>*1 (1,200만원)[19] + 수입금액한도[20]<br>*2 min(문화 기업업무추진비 발생액, 일반 기업업무추진비 한도액의 20%)<br>*3 min(전통시장 기업업무추진비 발생액[21], 일반 기업업무추진비 한도액의 10%)<br>• 한도초과금액 계산 :<br>1단계 손금불산입금액을 차감한 기업업무추진비 – 기업업무추진비 한도액<br>• 세무조정 및 소득처분 : 손금불산입하고 기타사외유출 처분 |
| 3단계 : 소득처분 및 사후관리 | • 기업업무추진비 한도초과액 비용으로 계상한 기업업무추진비를 초과하는 경우 자산감액 세무조정 필요<br>• 자산감액 순서 : 건설중인자산, 유형·무형자산 순<br>• 세무조정 : 손금산입(△유보)로 세무조정 후 감가상각 또는 처분 시 추인 |

19) 중소기업은 3,600만원으로 한다.

20) 수입금액은 기업회계기준에 따라 계산한 매출액을 의미하여, 수입금액 한도 계산은 100억원 이하 구간은 0.3%, 100억원 초과 500억원 이하 구간은 0.2%, 500억원 초과 구간은 0.03%로 각각 적용한 한도를 합하여 구한다. 이때, 특수관계인과의 거래에서 발생한 수입금액(특정수입금액)에 대하여서는 계산된 한도의 10%로 하며, 일반수입금액과 특정수익금액이 함께 있는 경우 일반수입금액부터 높은 적용율을 적용한다.

21) 신용카드등 사용금액으로서, 소비성서비스업 등 제한 업종을 경영하는 법인 또는 사업자에게 지출한 것이 아닌 기업업무추진비 발생액을 의미한다.

### 9) 과다경비 등

법인세법은 일반적으로 사업과 관련되어 손금으로 인정되는 인건비, 복리후생비, 여비 및 교육·훈련비, 공동경비 등에 관하여 과다하거나 부당하다고 인정하는 금액은 손금불산입하도록 규정하고 있다. 이때, 과다하거나 부당하다고 인정하는 금액이란 통상성에 대하여 법인세법이 정한 기준으로 이해할 수 있다.

[도표 9] 과다경비 등

| 구분 | 일반원칙 | 과다경비 등 손금불산입 |
|---|---|---|
| 인건비 | • 인건비는 정기 급여와 비정기 급여인 상여금으로 구분<br>• 정기 급여 중 임금·급료·보수·수당 등 일반적인 급여는 임직원 구분 없이 원칙적으로 전액 손금 인정 | • 지배주주 등에 대한 초과보수 손금불산입<br>• 비상근임원 지급한 보수 중 부당행위계산 부인 해당 금액 손금불산입<br>• 임원상여금의 경우 정관·주주총회·사원총회 또는 이사회의 결의에 의하여 결정된 급여지급기준 초과 지급액 손금불산입 |
| 퇴직<br>급여 | • 현실적 퇴직 시 퇴직급여는 직원과 임원을 구분하여,<br>• 직원에게 지급한 금액 전액 손금 인정<br>• 임원에게 지급한 금액 중 손금산입 한도 내 금액 손금 인정 | • 비현실적 퇴직급여는 현실적으로 퇴직할 때까지 업무무관가지급금으로 보아 세무조정[22]<br>• 임원에게 지급한 현실적 퇴직급여 중 손금산입한도초과액은 손금불산입<br>• 임원퇴직금 한도는 정관 또는 정관에서 위임된 퇴직급여지급규정이 있는 경우 규정에 따르고, 없는 경우 해당 임원의 퇴직직전 1년간 총급여액의 10%×근속연수로 계산 |
| 복리<br>후생비<br>등 | • 체육비·문화비·회식비, 우리사주조합 운영비, 건강보험료 사용자부담금 등 법정복리비, 직장어린이집운영비, 사회통념상 인정되는 경조사비 등 손금<br>• 여비 및 교육훈련비 원칙적으로 손금 | • 통상성을 충족하지 않은 복리후생비의 경우 손금불산입<br>• 임원 또는 직원이 아닌 지배주주 등에게 지급한 여비 및 교육훈련비의 경우 손금불산입 |
| 공동<br>경비 | • 배분기준[23]에 따른 분담금액까지 손금산입하며, 선택한 분담비율은 5개 사업연도에 계속 적용 | • 분담금액 초과 금액은 손금불산입 |

22) 지급액을 손금불산입(유보)로 세무조정하고, 인정이자를 계산하여 해당 임직원에게 소득처분한다.

23) 공동경비의 배분기준은 그 성격 및 특수관계 여부로 규정하고 있다. 출자에 의한 공동사업의 공동경비 배분기준은 출자비율이고 특수관계 없는 자 사이의 공동경비 배분기준은 약정에 따른 분담비율이다. 특수관계 있는 공동사업자 사이의 공동경비 분담비율은 전기와 당기의 기업회계기준에 따른 매출액 및 총자산가액 비율 중 선택하여 적용 선택하지 않은 경우에는 전기매출액비율을 선택한 것으로 본다. 다만, 공동행사비 등 참석인원의 수에 비례하여 지

### 10) 업무무관비용

업무무관비용은 사업관련성이 없는 비용이므로 손금에 산입하지 않는다.

업무무관자산과 관련하여 생기는 유지비·수선비와 그 밖에 관련 손비 또한 업무무관비용으로 손금불산입한다. 업무무관자산에 관하여 보유단계에서만 제재하는 이유는 취득 관련 부대비용은 세법상 자산으로 인정하고, 처분가액이 익금산입되므로 관련 장부가액은 수익 관련 손비로서 손금에 해당하는 것으로 봄이 타당하기 때문이다.

업무무관지출로 인정되는 비용은 손금불산입하고, 그 귀속자에게 소득처분한다. 업무무관지출로는 출자임원 또는 그 친족이 사용하고 있는 사택 관련비용, 법인이 공여한 뇌물, 법을 위반하여 노조전임자에게 지급하는 급여 등이 있다.

### 11) 업무용승용차 관련비용

법인의 업무에 사용하지 않은 차량은 업무무관자산이므로 관련비용[24]은 손금불산입하는 것이 원칙이다. 그러나 차량을 업무에 일부 사용하면서 전액 손금 처리하거나 고가 차량 구입으로 손금을 과다하게 인정받는 등의 문제가 있어 왔다. 이를 방지하기 위하여 사적사용 여지가 큰 개별소비세 과세대상 승용자동차 대상의 업무용승용차 관련비용 손금불산입 제도가 2015년 말 도입되었다.

업무용승용차 관련비용의 손금인정을 위해서는 업무전용 자동차보험에 필수적으로 가입해야 한다. 업무사용금액은 업무용승용차 관련비용에 업무사용비율[25]을 곱하여 산출하고, 업무미사용금액은 손금불산입하여 귀속자에게 소득처분한다.

업무용승용차 감가상각비는 일반적인 차량운반구와 다르게 5년 정액법으로 강제신고조정 한다. 또한, 운용리스차량이나 임차 차량의 임차료 중 감가상각비 상당액에 대하여 한도시부인을 적용해야 한다. 업무용승용차별 감가상각비 상당액에 업무사용비율을 곱한 금액 중 800만원 초

---

출되는 손비는 참석인원비율, 공동구매비 등 구매금액에 비례하여 지출되는 손비는 구매금액비율, 국외 공동광고선전비는 수출금액, 국내 공동광고선전비는 기업회계기준에 따른 매출액 중 국내매출액, 무형자산의 공동사용료는 기업회계기준에 따른 해당 사업연도 개시일의 자본의 총합계액을 분담비율로 사용할 수 있다. 

24) 업무용승용차 관련비용은 감가상각비, 임차료, 유류비, 보험료, 수선비, 자동차세, 통행료 및 금융리스부채에 대한 이자비용 등 업무용승용차의 취득·유지를 위하여 지출한 비용을 말한다.

25) 원칙은 운행기록 등에 따라 확인되는 총주행거리 분의 업무사용거리이다. 운행기록 등을 작성·비치하지 않은 경우에는 관련비용이 연 1,500만원 이하인 경우에는 업무사용비율을 100%로, 1,500만원을 초과하는 경우에는 업무용승용차 관련비용에서 1,500만원이 차지하는 비율을 업무사용비율로 한다.

과금액은 손금불산입[26]하고, 이후 사업연도의 감가상각비 상당액이 800만원에 미달하는 경우 미달금액을 한도로 추인한다.

업무용승용차별 처분손실이 800만원을 초과하는 경우 처분한 사업연도에 손금불산입(기타사외유출)하고, 한도초과액은 다음 사업연도부터 800만원씩 균등하게 손금산입(기타)한다.

12) 지급이자

차입금의 이자는 원칙적으로 손금이지만, 채권자 불분명 사채이자, 비실명 채권·증권이자, 건설자금이자, 업무무관자산에 대한 지급이자는 순서대로 손금불산입한다.

[도표 10] 지급이자 손금불산입

| 적용순서 | 내용 |
|---|---|
| 채권자 불분명사채이자<br>비실명 채권·증권이자 | • 가공채무계상 등 변칙적 자금거래 규제 목적 및 금융실명거래 유도<br>• 대표자에 대한 상여로 소득처분. 원천징수세액은 기타사외유출로 소득처분하되 원천징수를 하지 않은 경우 전액 상여로 처분 |
| 건설자금이자 | • 자산(세법상 감가상각자산인 사업용 유·무형자산)취득에 사용된 차입금과 관련 취득기간 동안 발생이자를 취득부대비용 성격으로 봄<br>• 자본화할 금융비용은 특정차입금 이자와 일반차입금[27] 이자로 구분<br>– 특정차입금 이자는 강제 자본화<br>– 일반차입금 이자는 자본화 선택 가능<br>• 회계처리한 건설자금이자와 비교하여 차이를 손금불산입(유보) 조정 |
| 업무무관자산에 관한<br>지급이자 | • 지급이자 중 업무무관자산과 업무무관가지급금 적수의 합이 차입금적수에서 차지하는 비율(100%한도)을 손금불산입(기타사외유출)<br>• 업무무관가지급금에 대하여서는 적정이자 수령여부와 무관하게 적용 |

## 4. 손익귀속시기

법인세법에서 손익귀속시기 관련 규정은 손익의 귀속사업연도, 자산의 취득가액과 자산·부채의 평가에 관하여 순서대로 규정한 다음 기업회계기준과 관행의 준용 규정을 두고 있다.

26) 구매한 차량의 경우 유보로 소득처분하여 사후관리하되, 임차료 중 감가상각비 상당액 등의 한도초과액은 손금불산입(기타사외유출)하고, 업무용승용차별 감가상각비 상당액이 800만원에 미달하는 해당 사업연도에 그 미달하는 금액을 한도로 추인할 경우 손금산입(기타)로 소득처분 한다.

27) 특정차입금이 건설자금 규모보다 적은 경우 해당 차액만큼 일반차입금을 사용한 것으로 본다.

### (1) 손익귀속시기

법인세법은 권리의무확정주의를 손익귀속의 원칙으로 규정하고, 손익귀속사업연도에 관한 개별적인 내용은 시행령에서 규정하고 있다.

권리의무확정주의는 법인세법의 손익귀속시기 일반원칙이다. 내국법인의 각 사업연도의 익금과 손금의 귀속사업연도는 그 익금과 손금이 확정된 날이 속하는 사업연도로 한다고 규정한 것이 권리의무확정주의의 내용이다. 이는 기업회계상 손익귀속시기의 일반원칙이 발생주의인 것과 구별된다.

과세소득 계산에 있어 손익귀속시기 판단이 중요한 이유는 계속기업활동에 따라 발생한 전체기간의 소득합계가 같더라도 특정사업연도 소득이 달라지면 사업연도별 적용 세율의 차이, 이월결손금의 공제규정 등에 따라 납부세액 총액이 달라질 수가 있기 때문이다.

#### 1) 자산 판매손익 등

부동산을 제외한 상품 등의 판매는 인도일이 속하는 사업연도로 하며, 시용판매의 경우 상대방이 구입의사를 표시한 날이 속하는 사업연도에 귀속된다. 부동산을 포함한 상품 등 외의 자산은 대금청산일, 소유권이전등기·등록일, 인도일, 사용수익일 중 빠른 날이 속한 사업연도로 한다. 매출할인은 약정에 의한 지급기일이 속하는 사업연도 매출액에서 차감하되 약정이 없는 경우 지급한 날이 속하는 사업연도 매출액에서 차감한다.

유가증권시장·코스닥시장의 증권시장업무규정에 따라 보통거래방식으로 한 유가증권 매매는 매매계약 체결일이 속하는 사업연도에 귀속된다.

할부조건부 판매·양도손익의 경우에도 원칙적인 손익귀속시기는 인도일이 된다. 그러나 판매대금을 2회 이상 분할하여 받는 1년(인도일 다음날부터 최종할부금지급일까지 기간) 이상 장기할부조건의 경우 결산에 반영한 경우에 한해 회수기일도래기준[28]과 현재가치 평가가 인정된다.

#### 2) 용역제공 등에 의한 손익

건설공사손익은 장·단기 건설을 불문하고 진행기준이 적용된다. 작업진행률은 해당 사업연도 말까지 발생한 총공사비누적액이 총예정공사비에서 차지하는 비율로 계산한다. 해당 사업연도에 발생한 총비용이 손금이 되고, 계약금액에 작업진행율을 곱한 금액에서 직전 사업연도 말까지 익금산입한 금액을 차감하여 계산한 금액이 익금이 된다.

11

28) 한국채택국제회계기준은 일반기업회계기준과 달리 중소기업의 장기할부판매에 대하여 회수기일도래기준을 적용할 수 없다. 중소기업이 적용하는 회계처리기준에 따라 일시 법인세 부담이 가중되는 문제를 방지하기 위하여 중소기업은 신고조정으로도 회수기일도래기준을 적용할 수 있다.

아파트 신축분양사업 등 예약매출 손익은 분양 여부에 따라 귀속시기가 다르다. 분양계약 체결분의 경우 진행기준을 원칙으로 하되 기업회계기준에 따라 그 목적물이 속하는 사업연도의 수익과 비용으로 계상한 경우에는 인도기준(완성기준)의 적용이 가능하다. 한편, 미분양분은 인도기준에 따라 손익에 반영한다.

### 3) 금융손익

금융손익 중 수입이자(이자수익)는 일반법인과 금융보험업을 영위하는 법인의 귀속시기가 다르게 규정되고 있다. 일반법인 수입이자는 소득세법상 이자수익 수입시기[29]에 해당하는 날이 속하는 사업연도의 익금이다. 금융보험업의 경우는 실제 수입된 날의 수익금액으로 하되 선수이자는 제외한다.

이자수익 손익귀속시기의 특례로 결산상 기간경과분 수입이자를 계상하면 이를 인정한다. 그러나 원천징수대상이자는 발생주의를 인정하게 되면 원천징수시점에 원천징수의무자가 결산상 반영된 이자를 고려하여 원천징수해야 하는 문제가 있어 발생주의 적용대상에서 제외하고 있다.

지급이자(이자비용)는 소득세법상 수입시기에 해당하는 날이 속하는 사업연도의 손금이 된다. 이때, 결산상 기간경과 분 이자 계상 시 발생주의에 따른 손금을 인정한다. 다만, 차입일로부터 이자지급일이 1년을 초과하는 특수관계인 간 금전대차 거래 관련 이자는 조세회피 방지 목적에서 발생주의 적용이 배제된다.

배당금수익은 소득세법상 배당소득의 수입시기에 해당하는 날을 귀속시기로 하고 있다. 소득세법상 배당소득의 수입시기는 잉여금처분에 의한 배당은 잉여금처분결의일로, 무기명주식에 대한 배당의 경우는 지급받는 날로 규정되어 있다.

유동화전문회사는 배당금 결의가 있더라도 현실적으로 자산유동화증권(ABS 채권) 원리금 상환이 완료된 때에 배당금을 지급받을 수 있는 것이 일반적인 점을 고려하여 금융기관 등이 공동으로 출자하여 설립한 자산유동화에 관한 법률에 의한 유동화전문회사로부터 수입하는 배당금수익은 실제로 지급받은 날이 속하는 사업연도에 익금산입한다.

보험료에 관하여서는 금융보험업을 영위하는 법인이 수입하는 보험료·부금·보증료 또는 수수료의 귀속시기는 실제로 수입된 날이 속하는 사업연도(현금주의)로 규정하고 있다. 다만, 결산을 확정할 때 계상한 경우는 발생주의에 따른 귀속을 인정한다.

금융손익 귀속시기와 관련하여 위의 내용에 대한 특례로 보험계약에 관한 한국채택국제회계

---

29) 소득세법상 이자소득의 수입시기는 이자수익의 구분에 따라 약정에 의한 지급기일이 되는 경우가 있고 지급받은 날이 되는 경우

기준 제1117호의 적용에 따라 보험회사에 적용되는 규정에 관해서는 장을 달리하여 구체적으로 설명하기로 한다.

#### 4) 임대료 등 기타 손익

임대료는 단기와 장기로 구분하여 손익귀속시기를 정하고 있다. 임대료 지급기간이 1년 이하인 단기임대료는 계약상 지급일이 있는 경우 약정주의, 계약상 지급일이 없으면 현금주의에 따른다. 다만, 결산을 확정할 때 이미 경과한 기간에 대응하는 임대료상당액과 이에 대응하는 비용을 계상한 경우 발생주의가 허용한다. 또한, 임대료 지급기간이 1년을 초과하는 장기임대료는 발생주의에 따라 익금과 손금을 반영한다.

사채를 발행시 사채할인발행차금(상환할 사채금액에서 사채발행수수료 및 사채발행비를 차감한 사채발행가액을 공제한 금액)은 기업회계기준에 의한 상각방법인 유효이자율법에 따라 손금에 산입한다. 이 규정은 강제신고조정 규정이므로 결산상 유효이자율법을 적용하지 않은 경우 세무조정으로 반영하여야 한다.

자산유동화에 관한 법률 제13조에 따른 방법에 의하여 보유자산을 양도하거나 매출채권 또는 받을어음을 배서양도하는 경우에는 기업회계기준에 의한 손익인식방법에 따라 관련 손익의 귀속사업연도를 정한다.

개발비를 무형자산으로 계상 후 개발 완료전 취소된 개발비는 해당 개발로부터 상업적인 생산 또는 사용을 위한 해당 재료·장치·제품·공정·시스템 또는 용역을 개선한 결과를 식별할 수 없으므로 해당 개발비를 전액 손비로 계상한 사업연도에 손금에 산입한다.

계약 목적물을 인도하지 아니하고 목적물의 가액변동에 따른 차액을 금전으로 정산하는 파생상품 거래로 인한 손익은 그 거래에서 정한 대금결제일이 속하는 사업연도의 익금과 손금으로 한다.

### (2) 자산의 취득가액

#### 1) 일반적인 취득가액

타인으로부터 매입한 자산의 취득가액은 매입가액과 부대비용의 합계액이 된다. 법인이 토지와 그 토지에 정착된 건물등(건물 및 그 밖의 구축물)을 함께 취득하는 경우 토지의 가액과 건물등의 가액의 구분이 불분명한 경우는 시가[30]에 비례하여 안분 계산한다. 기업회계기준에 따라 단기매매항목으로 분류된 단기금융자산(금융자산·파생상품)은 회계처리를 수용하여 부대비용을 가산하지 않고 매입가액만 취득가액이 된다.

30) 시가가 불분명한 경우 감정가액, 감정가액이 없는 경우에는 상속세 및 증여세법상 보충적평가방법에 따른다.

내국법인이 2023년 1월 1일 이후 취득한 주식 중 외국자회사 수입배당금액의 익금불산입 규정이 적용되는 주식등에 대해서는 매입가액에서 익금불산입된 수입배당금 중 보유하게 된 날의 직전일 기준 이익잉여금을 재원으로 한 수입배당금액을 뺀 금액을 취득가액으로 하도록 규정하고 있다.

자기가 제조·생산·건설한 자산은 제작원가(원재료비, 노무비 등)에 부대비용(운임, 하역비, 보험료, 공과금 등)을 더한 금액이 취득가액이 된다.

#### 2) 합병·분할 또는 현물출자

합병과 분할(인적분할을 의미)에서 주주가 취득한 주식의 취득가액은 종전 주식의 장부가액에 합병·분할로 인한 의제배당액, 불공정자본거래로 인하여 특수관계인으로부터 분여 받은 이익을 더하고, 합병·분할교부금을 차감하여 계산한다.

합병법인·분할신설법인 또는 분할합병법인이 취득한 자산의 취득가액은 원인이 된 합병·분할이 법인세법상 적격인지 비적격인지에 따라 구분된다. 적격 합병이나 분할인 경우는 피합병법인 또는 분할법인의 장부가액이 취득가액이 된다.[31] 비적격인 경우는 해당 자산의 시가가 취득가액이 된다.

물적분할로 주주가 취득한 주식의 가액은 분할법인이 물적분할한 순자산의 시가가 된다. 현물출자한 주주가 취득한 주식의 취득가액의 경우 출자법인이(출자법인과 공동출자한 자 포함) 현물출자로 인해 피출자법인을 설립하면서 그 대가로 주식만 취득한 경우에는 출자법인이 현물출자한 순자산의 시가이고 그 외의 경우에는 해당 주식의 시가가 된다. 물적분할과 현물출자로 법인이 취득한 자산의 취득가액은 해당 자산의 시가이다.

#### 3) 채무의 출자전환에 따라 주주등이 취득한 주식

출자전환으로 인하여 취득한 주식은 원칙적으로 취득 당시 주식의 시가를 취득가액으로 한다. 이때, 주식의 시가와 소멸된 채권가액의 차액은 약정에 의한 채권포기액으로 보게 되는데 부당행위계산의 부인 규정이 적용되는 경우를 제외하고는 그 출자전환의 사유 및 조건 등 구체적인 사실관계에 따라 대손금, 기부금 또는 기업업무추진비 등 해당 여부를 판단한다.

채무의 출자전환을 포함한 회생계획인가결정을 받은 법인 등 특정법인의 출자전환으로 취득한 주식의 경우 출자전환채권이 채무보증으로 인하여 발생한 구상채권이나 특수관계인에 대한 업무무관가지급금인 경우에는 주식의 시가를 취득가액으로 한다. 그 외 채권이 출자전환된 경우에는 출자전환채권의 장부가액이 취득가액이 되는데 이는 출자전환으로 인한 손실을 주식처분

---

31) 시가로 계상하되 자산조정계정의 설정을 통하여 장부가액이 되도록 하며, 사후관리의무 등을 정하고 있다.

시까지 이연시키기 위한 규정이다.

#### 4) 취득가액 계산의 특례

특수관계인으로부터 자산을 시가보다 고가매입한 경우의 취득가액은 취득당시의 시가가 되고, 특수관계자 외의 자로부터 정당한 사유 없이 정상가액(시가의 130%)보다 고가매입한 경우에는 정상가액이 취득가액이 된다. 저가매입의 경우 매입가액이 취득가액이 되고, 특수관계인인 개인으로부터 유가증권을 시가보다 저가로 매입한 경우만 취득당시 시가가 취득가액이 된다.

장기할부조건으로 취득한 자산의 취득가액은 명목가치로 평가하는 것이 원칙이다. 그러나 결산상 현재가치평가한 경우를 인정하여 현재가치할인차금 계상액을 자산 취득가액에서 제외한다. 이 경우 감가상각대상금액은 현재가치가 되고, 현재가치할인차금 상각액은 이자비용이 된다. 한편, 장기금전대차거래 채권·채무의 경우에는 명목가치만 취득가액으로 인정하고 현재가치평가를 인정하지 않는다.

유형자산 취득 시 같이 취득한 국·공채는 매입가액이 취득가액이 되는 것이 원칙이지만 기업회계기준에 따라 그 국·공채의 매입가액과 현재가치 차액을 해당 유형자산의 취득가액으로 계상한 경우 이를 인정한다.

### (3) 자산·부채의 평가

#### 1) 평가기준

자산·부채의 장부가액을 증액 또는 감액(감가상각 제외)하는 것을 평가라고 하는데, 법인세법은 원칙적으로 자산·부채의 평가를 인정하지 않는다. 이에 따라 결산상 자산·부채를 평가한 경우에 그 평가일이 속하는 사업연도와 그 후의 각 사업연도 소득금액을 계산할 때 그 자산과 부채의 장부가액은 평가 전의 가액으로 돌리는 세무조정을 한다. 즉, 법인세법은 원칙적으로 미실현손익인 평가손익을 인정하지 않는 원가주의를 따른다.

그러나 법인세법은 법률간의 충돌을 방지하기 위하여 예외적으로 보험업법이나 그 밖의 법률에 따른 유형자산 또는 무형자산의 평가이익을 인정한다. 따라서 해당 자산의 세법상 장부가액은 평가 후의 가액이 되며, 회계상 평가한 경우 세무조정이 불필요하다.

유형자산 평가손실 중 천재지변, 화재, 법령에 의한 수용 등으로 파손·멸실되거나 시설개체 또는 기술낙후로 생산설비의 일부를 폐기한 경우, 사업의 폐지 또는 사업장 이전으로 임대차계약에 따라 임차한 사업장의 원상회복을 위하여 시설물을 철거하는 경우 예외적으로 인정한다.

재고자산의 평가손실은 파손 또는 부패 등의 사유로 정상가격으로 판매할 수 없는 경우 예외적으로 인정한다. 그리고 유가증권의 평가손실은 주식발행법인이 파산한 경우와 상장법인, 특수관계[32] 없는 비상장법인 등이 부도발생한 경우에 예외적으로 인정한다.

예외적으로 평가손실을 인정하는 위의 경우 감액사유가 발생한 사업연도에 평가손실을 손비로 계상한 경우에 한하여 손금으로 인정한다. 즉, 다른 결산조정사항들과 달리 감액사유가 발생한 사업연도 이후 사업연도에 손비로 계상하는 경우에는 손금으로 인정하지 않는다.

### 2) 재고자산의 평가방법

내국법인이 재고자산을 보유하는 경우 해당 재고자산의 평가는 원가법(개별법, 선입선출법, 후입선출법, 총평균법, 이동평균법, 매출가격환원법)과 저가법(원가법에 따른 평가액과 기업회계기준에 따른 시가평가금액 중 적은 금액으로 평가하는 방법) 중 세무서장에게 신고한 방법에 따른다. 업종별, 영업장별, 자산별(제품 및 상품, 반제품 및 재공품, 원재료, 저장품)로 각각 다른 방법으로 평가할 수 있다.

평가방법 최초신고는 설립일이 속하는 사업연도의 법인세과세표준 신고기한 내에 납세지 관할세무서장에게 하여야 한다. 기한경과 후 신고하는 경우 무신고시 평가방법에 의하고, 그 후 사업연도에 변경신고가 있는 것으로 본다. 재고자산 평가방법 변경은 변경할 평가방법을 적용하고자 하는 사업연도 종료일 이전 3개월이 되는 날까지 납세지 관할 세무서장에게 신고하면 변경가능하다.

재고자산 평가방법 무신고 시 매매목적용 부동산은 개별법, 그 외 재고자산은 선입선출법이 적용된다. 재고자산을 신고한 평가방법 외의 방법으로 평가하거나 변경신고기한 경과 후 변경신고하고 평가방법을 변경한 경우에는 무신고 시 평가방법과 당초 적법하게 신고한 평가방법 중 큰 금액이 적용된다.

재고자산 평가로 인한 세무조정은 차기에 반대 세무조정으로 추인된다. 당기 기말재고가 차기의 기초재고가 되고, 차기 기초재고는 차기의 기말재고 및 매출원가로 대체되기 때문이다.

### 3) 유가증권의 평가방법

내국법인이 유가증권을 보유하는 경우 평가방법은 원가법만 인정되며, 채권과 주식으로 구분하여 법인이 세무서장에게 신고한 평가방법에 따른다. 채권에는 개별법, 총평균법, 이동평균법이 적용되고, 주식에는 총평균법, 이동평균법이 적용된다. 그러나 보험업법 제108조 제1항 제3호의 특별계정에 속하는 자산에 대해서는 시가법 적용이 가능하지만 신고 이후 사업연도에 계속 적용하여야 한다.

---

32) 이때의 특수관계 유무를 판단할 때는 지분율 5% 이하를 소유하고 그 주식의 취득가액이 10억원 이하인 주주에 해당하는 법인은 소액주주로 보아 특수관계인 해당 여부를 판단한다.

평가방법 신고관련 사항은 재고자산과 동일하게 적용된다. 무신고시에는 총평균법이 적용되고, 임의변경 시는 총평균법과 당초 적법하게 신고한 평가방법 중 큰 금액이 적용된다. 유가증권 평가손익을 결산상 당기손익으로 인식한 경우 유보 세무조정만 발생하고, 기타포괄손익으로 인식한 경우에는 기타포괄손익에 대한 기타 세무조정과 자산평가에 대한 유보 세무조정이 같이 발생한다.

#### 4) 외화자산·부채의 평가손익

외화자산·부채 평가는 은행법에 의한 인가를 받아 설립된 은행 등 금융회사[33]와 일반법인(특정 금융회사 외의 법인)의 경우로 나누어 규정하고 있다. 보험회사는 일반법인에 관한 규정이 적용된다.

은행 등 금융회사의 화폐성 외화자산평가대상 외화자산·부채는 사업연도 종료일 현재의 매매기준율 또는 재정된 매매기준율로 평가하여야만 한다. 통화관련 파생상품(통화선도·통화스왑·환변동보험)의 계약 내용 중 외화자산·부채는 환위험 회피목적을 불문하고 계약체결일의 매매기준율등으로 평가(원가법)하거나 사업연도 종료일 현재의 매매기준율등으로 평가하는 방법(시가법) 중 선택할 수 있다.

일반법인의 경우에는 화폐성 외화자산·부채(보험회사의 책임준비금 제외)와 화폐성 외화자산·부채의 환위험 회피용으로 보유하는 통화선도·통화스왑·환변동보험에 대하여 원가법(발생일 현재의 매매기준율등으로 평가하는 방법)과 시가법(사업연도 종료인 현재의 매매기준율 등으로 평가하는) 중 선택할 수 있다.

평가방법의 선택이 가능 사항에 대하여 평가방법을 선택하기 전에는 원가법을 적용하며, 신고한 평가방법은 그 이후에 계속적용하여야 한다. 다만, 일반법인은 신고한 평가방법을 적용한 사업연도를 포함하여 5개 사업연도가 지난 후에는 다른 방법으로 변경할 수 있다.

#### 5) 한국채택국제회계기준 적용 관련 특례

한국채택국제회계기준은 일반기업회계기준과 달리 재고자산 평가방법으로 후입선출법을 인정하지 않는다. 따라서 후입선출법을 적용하던 내국법인이 한국채택국제회계기준의 도입으로 재고자산평가방법을 변경하게 되면 재고자산평가차익이 크게 발생하여 법인세 부담이 증가하게 된다.

법인세법에서는 최초적용 사업연도의 기초재고자산 평가액과 최초적용 사업연도 직전 사업연도의 기말재고자산 평가액의 차이를 재고자산 평가차익으로 보고, 최초적용사업연도에 이를 익금에 산입하지 아니한 경우에는 최초적용 사업연도의 다음 사업연도 개시일부터 5년이 되는 날

11

33) 해당 규정 적용대상 은행 등 금융회사는 은행, 한국산업은행, 중소기업은행, 한국수출입은행, 농업협동조합중앙회(상호금융사업에 한정), 농협은행, 수협협동조합중앙회(상호금융사업과 공제사업에 한정) 및 수협은행이다.

이 속하는 사업연도까지 나누어 익금산입할 수 있게 하고 있다. 이는 평가방법 변경에 따라 발생한 이익에 대한 익금산입의 시기에 관하여서만 이연할 수 있도록 한 특례규정이다.

한국채택국제회계기준 적용 관련 특례 중 보험회사의 책임준비금 관련 규정은 장을 달리하여 구체적으로 살펴보기로 한다.

### (4) 기업회계기준과 관행의 적용

법인세법에는 "내국법인의 각 사업연도의 소득금액을 계산할 때 그 법인이 익금과 손금의 귀속사업연도와 자산·부채의 취득 및 평가에 관하여 일반적으로 공정·타당하다고 인정되는 기업회계기준을 적용하거나 관행(慣行)을 계속 적용하여 온 경우에는 이 법 및 「조세특례제한법」에서 달리 규정하고 있는 경우를 제외하고는 그 기업회계기준 또는 관행에 따른다."라는 규정이 있다.

상기 규정에 따르면 법인세법 및 조세특례제한법에서 특정 손익의 귀속시기, 자산·부채의 취득 및 평가에 관한 명백한 규정이 없는 경우 바로 기업회계기준을 적용할 수 있는 것으로 보이기도 한다. 그러나 법인세법은 권리·의무확정주의를 손익귀속시기의 원칙으로 정하고 있기 때문에 실무적으로 권리·의무확정주의와 기업회계기준의 적용의 선후관계가 문제되는 경우가 많다.

## 5. 충당금과 준비금

충당금과 준비금은 미확정채무로 권리의무확정주의를 채택하고 있는 법인세법상 손금에 해당하지 않는 것이 원칙이다. 그러나 법인세법 등에서는 권리의무확정주의의 예외로서 손금산입을 허용하는 충당금과 준비금을 규정하고 있다.

### (1) 퇴직급여충당금

#### 1) 퇴직급여 적립제도 개요

임직원이 퇴직하는 경우 근로기준법 및 근로자퇴직급여보장법 또는 법인 내부에서 정한 퇴직급여지급규정에 따라 퇴직급여를 지급하여야 한다. 퇴직급의 지급을 준비하기 위한 퇴직급여 적립제도는 적립방법에 따라 사내적립과 사외적립으로 나뉜다.

사내적립제도는 퇴직연금충당금 설정이 있고, 사외적립은 보험사나 은행 등 외부기관에 위탁하는 방식을 의미하는데 우리나라는 사외적립 방법인 퇴직연금제도를 시행하고 있다.

### 2) 퇴직급여충당금 회계처리 및 세무조정

회계상으로는 예측급여채무의 개념을 채택하여 보험수리적방법(미래의 퇴직급여를 추정할 때 미래의 임금상승률 등을 고려하며, 시장수익률에 기초한 이자율을 적용하여 할인하는 방법)으로 퇴직급여채무를 측정하도록 하고 있다.[34)]

퇴직급여충당금에 대한 세무조정은 세법상 손금산입한도액의 범위에서 손금에 산입하는 구조로 되어 있다. 즉, 회사설정액과 세법상한도를 비교하여 한도초과액이 계산되면 손금불산입한다. 그러나 퇴직급여충당금의 손금산입 규정은 결산조정사항으로 한도미달액은 세무조정으로 손금산입할 수 없다.

한편, 법인세법은 근로자의 퇴직금 수급권 보장을 위하여 2016년부터 퇴직급여추계액의 0%를 퇴직급여충당금의 손금산입 한도로 정하고 있다. 따라서, 퇴직급여충당금 설정액은 전부 손금불산입(유보)된다. 과거 사업연도에 퇴직급여충당금을 손금산입한 내국법인이 임직원에게 퇴직급을 지급하는 경우에는 퇴직급여충당금에서 먼저 지급한 것으로 보고 초과지급액은 퇴직급여로 처리한다.

### 3) 확정급여형 퇴직연금 회계처리 및 세무조정

퇴직연금제도 중 근로자가 퇴직시 지급받을 퇴직급여가 사전에 확정되고, 회사가 부담할 부담금은 기업이 결정한 적립금 운용손익에 따라 변동하는 유형을 확정급여형(Defined Benefit : DB) 퇴직연금이라고 한다.

확정급여형의 경우 한도 내에서 손금산입되므로 회사가 퇴직연금충당금 계정을 설정하지 않고, 퇴직급여충당금의 차감항목인 퇴직연금운용자산 등으로 회계처리한 경우 신고조정으로 손금산입한다. 퇴직연금충당금의 손금산입한도액은 다음 수식에 따라 계산한다.

> 퇴직연금충당금 손금산입한도액
> = min[(퇴직급여추계액[35)] – 세법상 퇴직급여충당금 기말잔액[36)]), 퇴직연금 운용자산 기말잔액]
> – 세법상 퇴직연금충당금 이월잔액[37)]

---

34) 한국채택국제회계기준에 따른 처리를 설명한 것이다. 이와 달리 일반기업회계기준에서는 근로자가 퇴직할 때 일시금으로 지급되는 퇴직급여를 근로자의 재직기간에 미리 배분하기 위하여 결산상 퇴직급여충당금을 설정하고 퇴직급여로 비용처리한다.

35) 일시퇴직기준 퇴직급여추계액과 보험수리기준 퇴직급여추계액 중 큰 금액

36) 재무상태표상 퇴직급여충당금 기말잔액에서 퇴직급여충당금 관련 세무조정 누계금액을 가감한 금액으로 퇴직급여충당금 한도초과에 대한 세무조정까지 완료된 후의 금액

37) 전기말까지 설정된 세법상 퇴직연금충당금 중에서 당기에 감소되고 남은 금액으로 세법상 기초 퇴직연금충당금에서 세법상 퇴직연금충당금 당기 감소액을 차감하여 산정한다. 달리 표현하면 재무상태표상 기초 퇴직연금충당금에서 퇴직연금충당금 당기 감소액을 차감하고 퇴직연금충당금 관련 세무조정누적액을 차감한 금액이 된다.

11

퇴직급여 지급 시 임직원의 퇴직으로 인하여 퇴직연금사업자로부터 수령한 퇴직연금이나 일시금은 퇴직연금충당금과 상계하며, 회사 내부에서 추가로 지급한 퇴직급여는 퇴직급여충당금과 상계한다. 임원에게 퇴직급여 지급 시 임원 퇴직급여 손금산입 한도를 적용하여 한도초과액을 손금불산입한다.

#### 4) 확정기여형 퇴직연금의 회계처리 및 세무조정

퇴직연금 중 회사가 부담해야 할 부담금액이 사전에 확정되고, 임직원이 퇴직시 지급받을 퇴직급여는 근로자가 결정한 적립금 운용방법에 따른 적립금 운용손익에 따라 변동하는 유형의 퇴직연금을 확정기여형(Defined Contribution : DC) 퇴직연금이라고 한다.

확정기여형의 경우 회사 부담금이 사전에 확정되고 회사는 이를 납입하면 관련 의무가 종결되며, 운용결과에 따른 추가부담도 없으므로 회계상 납부금액을 퇴직급여로 처리하고 법인세법에서도 이를 전액 손금으로 인정한다. 확정기여형 퇴직연금제도를 선택한 임직원에 대해서는 퇴직급여 지급의무가 추가 발생하지 않기 때문에 퇴직급여충당금 설정대상에서도 제외된다.

한편, 확정기여형 퇴직연금이 설정된 경우에도 임원 퇴직급여 손금산입 한도가 적용된다. 임원 퇴직시점에 회사가 임원 퇴직 시까지 손금산입한 퇴직연금 납부액의 합계액과 임원 퇴직급여 한도를 비교하여 한도초과액이 있는 경우 퇴직일이 속하는 사업연도 부담액 중 한도초과액 상당액을 손금불산입하고, 한도초과액이 퇴직일이 속하는 사업연도 부담금을 초과하는 경우에는 그 초과금액을 익금에 산입한다.

### (2) 대손충당금

#### 1) 대손충당금 손금산입 구조

대손충당금은 회수불능채권의 추산액으로서 당기 말 현재 외상매출금, 대여금, 기타 이에 준하는 채권 중 차기 이후 대손 가능성에 대비하기 위해 설정한 평가성충당금을 말한다. 결산상 비용으로 반영한 경우 세법상 손금산입한도액 내에서 손금산입한다.

세법상 대손충당금 손금산입한도액은 당기말 대손충당금 설정대상 채권가액에 대손설정률을 곱하여 계산한다. 이러한 손금산입한도액의 계산은 전기의 대손충당금 잔액을 전액 환입하고, 당기말 대손충당금 전체를 새로 설정하는 방법인 총액법 회계처리를 전제하는 규정이다.

회계 실무에서는 기말 대손예상액과 대손충당금 잔액을 차감한 금액만 대손충당금으로 추가 설정하는 보충법을 적용하지만 총액법으로 설정한 것으로 보아 기말잔액 기준으로 세무조정한다. 즉, 전기 대손충당금 한도초과액을 자동추인하고, 재무상태표상 대손충당금 잔액을 기준으로 당기 대손충당금 한도시부인 세무조정을 한다.

2) 대손충당금 설정대상 채권

당기말 세법상 대손충당금 설정대상 채권가액은 당기말 재무상태표상 채권가액에서 설정제외 채권가액을 차감하고, 설정대상 채권 관련 유보 및 △유보를 가감하여 계산한다.

외상매출금, 대여금, 어음상의 채권, 미수금, 그 밖에 기업회계기준에 따라 대손충당금 설정대상이 되는 채권이 세법상 대손충당금 설정대상 채권이다. 즉, 대손충당금 설정대상 채권 구분에 있어 세법은 기업회계기준의 구분기준을 우선 적용한다. 이때, 국가에 대한 채권, 100% 담보가 설정된 채권 등 대손발생가능성이 전혀 없는 채권도 포함된다.

대손충당금 설정제외 채권가액으로는 특수관계인에 대한 업무무관가지급금, 채무보증으로 인하여 발생한 구상채권, 부당행위계산에 해당하는 고가매매거래의 경우 시가초과액 상당 양도법인의 채권, 매각거래에 해당하는 할인·배서양도 어음이 있다.

동일인에 대하여 매출채권과 매입채무가 동시에 있는 경우 원칙적으로는 상계하지 않고, 당사자간 약정에 의하여 상계하기로 한 경우에만 상계한다. 한편, 동일인에 대하여 가지급금과 가수금이 동시에 있는 경우는 원칙적으로 상계하고, 각각 상환기간 및 이자율에 관한 약정이 있는 경우에는 상계하지 않는다. 채권과 채무를 상계하지 않는 방법이 상계하는 방법에 비하여 대손충당금 한도가 크기 때문에 납세자에게 유리하다.

3) 대손설정률

대손충당금 한도 계산 시 적용하는 대손설정률은 은행, 증권회사, 보험회사 등 금융회사와 그 외의 일반회사를 구분하여 규정하고 있다. 일반회사의 대손설정률은 1%와 대손실적률[38] 중 큰 비율로 한다. 금융회사의 대손설정률은 금융위원회 또는 행정안전부가 기획재정부장관과 협의하여 정하는 대손충당금 적립기준에 따른 적립률, 1% 및 대손실적률 중 큰 비율로 한다.

4) 구상채권상각충당금

법률에 따라 신용보증사업을 하는 일정한 내국법인이 각 사업연도의 결산을 확정할 때 구상채권상각충당금을 손비로 계상한 경우[39]에는 세법상 구상채권상각충당금 손금산입한도액의 범위 내에서 손금에 산입한다.



38) 대손실적률은 "당기 세법상 대손금 / 전기말 세법상 설정대상채권가액"으로 계산한다.

39) 구상채권상각충당금의 손금인정은 결산조정이 원칙이지만 한국채택국제회계기준을 적용하는 주택도시보증공사가 구상채권상각충당금을 세무조정계산서에 계상하고 그 금액을 해당 사업연도의 이익처분을 할 때 구상채권상각충당금으로 적립한 경우에는 손금산입한도액의 범위에서 그 금액을 결산을 확정할 때 손비로 계상한 것으로 본다.

세법상 구상채권상각충당금 손금산입한도액은 당기말 신용보증사업과 관련된 신용보증잔액에 설정률(1%와 구상채권발생비율 중 적은 비율)을 곱하여 계산한다. 구상채권상각충당금도 총액법으로 세무조정한다.

### (3) 일시상각충당금 및 압축기장충당금

국고보조금, 공사부담금, 보험차익은 특정 유형자산의 취득과 관련되는 등의 목적에 따른 지원이나 보상이다. 이는 법인세법상 익금이지만 일시에 과세하면 법인세의 일시적 부담 증가로 지원이나 보상의 목적 실현이 어려워진다. 이에 따라 자산취득에 소요된 금액에 대하여서는 일시상각충당금 또는 압축기장충당금으로 손금산입이 가능하게 하여 자산의 취득시점에는 법인세를 과세하지 않고, 이연하는 제도를 마련하고 있다.

#### 1) 국고보조금

내국법인이 「보조금 관리에 관한 법률」등 관련 법률에 따라 국고보조금을 지급받아 사업용자산을 취득·개량하는데 사용하는 경우(선수령·후취득)나 사업용자산을 취득·개량 후 국고보조금을 사후에 지급받은 경우(선취득·후수령)의 경우가 손금산입 대상이다.

손금산입 범위액은 해당 사업용 자산의 가액 중 국고보조금 사용금액이며, 국고보조금을 지급받은 사업연도가 손금산입 시기가 된다. 손금산입을 위한 사업용자산의 취득은 국고보조금을 지급받은 날이 속하는 사업연도의 종료일까지 해야 하는 것이 원칙이다.

그러나 사용계획서 제출 후 지급받은 사업연도의 다음 사업연도 개시일부터 1년 내 사용하는 경우에도 손금산입을 예외적으로 인정하고 있다. 자산취득시기의 예외 적용을 받고 의무사용기한 내 미사용한 경우 사유발생일에 미사용액을 익금산입한다.

감가상각자산 관련 일시상각충당금을 비상각자산 관련 압축기장충당금을 설정한다. 일시상각충당금은 감가상각시점 및 처분시점에 익금으로 환입하고, 압축기장충당금은 처분시점에 익금으로 환입되어 법인세가 과세된다.

#### 2) 공사부담금

전기·도시가스사업 등 열거된 사업을 하는 내국법인이 그 사업에 필요한 시설을 위하여 해당시설의 수요자 또는 편익을 받는 자로부터 그 시설을 구성하는 유형·무형자산을 제공받은 경우 또는 금전을 제공받아 사업용 자산의 취득에 사용하는 경우(선수령·후취득)나 사업용자산을 취득·개량 후 공사부담금을 지급받은 경우(선취득·후수령)가 손금산입대상이다.

자산으로 받은 경우에는 사업용자산가액이, 금전으로 수령하는 경우 사업용자산가액 중 공사부담금 사용액이 손금산입액이 된다. 손금산입시기, 자산취득시기 및 환입 관련 내용은 국고보조금과 같다.

3) 보험차익

내국법인이 유형자산의 멸실·손괴로 인해 보험금을 지급받아 그 멸실한 유형자산과 같은 종류의 유형자산을 취득하거나 손괴된 유형자산을 개량하는 경우가 손금산입 대상이다. 손금산입 범위액은 취득·개량한 유형자산의 가액 중 보험차익 상당액이다.

손금산입 시기나 자산취득 시기 환입에 관한 대부분의 규정은 국고보조금과 같다. 그러나 보험차익에 대해서는 의무사용기한이 2년이라는 점에서 차이가 있다.

### (4) 준비금

세법상 준비금은 실제로 비용 또는 손실이 발생하지 않았지만 장래에 발생할 비용 또는 손실에 충당하거나 특정 지출에 소요되는 자금에 충당하기 위하여 미리 준비하는 금액을 말한다.

세법은 열거된 준비금에 대하여 규정된 한도 내의 손금산입을 인정하고 있다. 법인세법은 책임준비금, 해약환급금준비금, 비상위험준비금 및 고유목적사업준비금 손금산입을, 조세특례제한법상 손실보전준비금의 손금산입을 규정하고 있다.

고유목적사업준비금은 비영리내국법인에게 적용되고, 손실보전준비금은 신용회복목적회사 또는 자본확충목적회사를 대상으로 하므로 구체적인 설명을 생략한다.

또한, 책임준비금, 해약환급금준비금 및 비상위험준비금은 보험사업에 관한 규정으로서 한국채택국제회계기준 제1117호의 시행 관련 개정 사항이므로 장을 달리하여 구체적으로 설명하기로 한다.

11

## 6. 부당행위계산의 부인

### (1) 의의 및 적용요건

1) 의의

부당행위계산의 부인은 법인의 행위 또는 소득금액 계산이 특수관계인과의 거래로 인하여 그 법인의 소득에 대한 조세의 부담을 부당하게 감소시킨 것으로 인정되는 경우에는 그 법인의 행위 또는 소득금액의 계산과 관계없이 그 법인의 각 사업연도의 소득금액을 달리 계산하는 것을 말한다. 이는 조세회피를 방지하여 세부담의 공평을 실현하기 위한 제도로서 의의가 있다.

그러나 부당행위계산의 부인은 소득금액 재계산을 위한 규정일 뿐, 법인과 그 특수관계인 사이에 이미 적법하고 유효하게 성립한 법률행위나 계산 자체의 사법상의 효력까지 부인되는 것은 아니다. 즉, 부당행위계산 부인을 적용하기 위해 법률상의 하자가 있어야 하는 것은 아니다.

2) 적용요건

부당행위계산 부인의 적용요건은 특수관계인과의 거래이면서 조세부담을 부당감소시킨 것이어야 한다. 특수관계인이란 법인과 경제적 연관관계 또는 경영지배관계 등 세법에서 열거한 관계에 있는 자를 말한다. 이때, 특수관계인 해당 여부는 쌍방관계로 판단하므로 본인도 그 특수관계인의 특수관계인으로 본다.

부당행위계산 부인규정은 행위당시를 기준으로 해당 법인과 특수관계인 간 거래에 대해 적용하므로 특수관계인 판정도 행위당시를 기준으로 함이 원칙이다. 다만, 불공정합병에 대한 부당행위계산 부인규정 적용 시 특수관계인인 법인 판정은 합병등기일을 기준으로 하지 않고, 합병등기일이 속하는 사업연도의 직전사업연도의 개시일부터 합병등기일까지의 기간에 의한다.

조세부담이 부당하게 감소된 것으로 인정되는 경우란 해당 법인과 특수관계인 간 거래에서 해당 법인의 조세부담이 부당하게 감소된 것을 말한다. 본인의 이익이 감소한 경우, 본인이 손해를 본 경우, 상대방에게 이익을 분여한 경우 그리고 상대방의 이익이 증가한 경우를 의미한다.

3) 시가

시가란 건전한 사회 통념 및 상거래 관행과 특수관계인이 아닌 자 간의 정상적인 거래에서 적용되거나 적용될 것으로 판단되는 가격(요율·이자율·임대료 및 교환 비율과 그 밖에 이에 준하는 것을 포함)을 말한다.

법인세법은 시가의 산정방법을 일반원칙, 금전의 대여·차용의 경우, 자산·용역 제공의 경우로 나누어 규정하고 있다.

[도표 11] 시가의 산정방법

| 구분 | 내용 |
|---|---|
| 일반원칙 | ① 본래의 시가(해당 거래와 유사한 상황에서 해당 법인이 불특정다수인과 계속적으로 거래한 가격 또는 특수관계인이 아닌 제3자간에 일반적으로 거래된 가격[40]), ② 감정가액[41](감정가액이 둘 이상인 경우는 평균액), ③ 「상속세 및 증여세법」 보충적평가액[42]의 순서로 시가 산정 |
| 금전의 대여·차용 | ① 가중평균차입이자율, ② 당좌대출이자율(가중평균차입이자율 적용이 불가능하거나 당좌대출이자율을 선택하는 등 예외적용)의 순서로 시가 산정 |
| 자산·용역 제공 | ① 일반원칙, ② 법에서 정한 산식[43]으로 계산한 금액 순서로 시가 산정 |

## (2) 부당행위계산부인 사례

부당행위계산부인의 사례로 열거된 거래의 내용은 다음과 같다.

- 자산의 고가양도 : 자산을 시가보다 높은 가액으로 매입 또는 현물출자 받았거나 그 자산을 과대상각한 경우
- 자산의 저가양도 : 자산을 무상 또는 시가보다 낮은 가액으로 양도 또는 현물출자한 경우. 다만, 적격 주식매수선택권 등의 행사 또는 지급에 따라 주식을 양도하는 경우 제외
- 저리대여 : 금전, 그 밖의 자산 또는 용역을 무상 또는 시가보다 낮은 이율·요율이나 임대료로 대부하거나 제공한 경우. 다만, 적격주식매수선택권 등의 행사·지급에 따라 금전을 제공하는 경우, 비출자임원(소액주주임원 포함) 및 직원에게 사택(임차사택 포함)을 제공하는 경우, 연결납세방식을 적용받는 연결법인 간 연결법인세액의 변동이 없는 등의 요건을 충족하여 용역을 제공한 경우 제외

---

40) 상장주식을 불특정다수인 간 장내거래 하는 경우 해당 주식의 시가는 일반적으로 거래가격 자체가 된다. 그러나 대량매매(거래소의 증권시장업무규정에서 일정 수량 또는 금액이상의 요건을 충족하는 경우에 한정하여 매매가 성립하는 거래방법) 등의 경우와 증권시장 외에서 거래하는 방법에 대해서는 거래일의 거래소 최종시세가격으로 하며, 사실상 경영권의 이전이 수반되는 경우에는 그 가격에 20%를 가산한다.

41) 주식 및 가상자산은 감정가액을 시가로 적용하지 않는다.

42) 토지는 개별공시지가, 건물은 국세청장 고시가액, 주택은 개별주택가격과 공동주택가격, 상장주식은 평가기준일 이전·이후 각 2개월간 공표된 매일의 거래소 최종시세가액의 평균액, 비상장주식은 순손익가치와 순자산가치의 가중평균액

43) 유형·무형자산 관련,
"자산임대료의 시가 = (자산시가의 50% − 전세금·보증금) × 정기예금이자율 × 임대일수/365",
용역 관련,
"용역매출액 시가 = 용역제공원가(직접비·간접비) × (1 + 수익률)"

- 고리차용 : 금전, 그 밖의 자산 또는 용역을 시가보다 높은 이율·요율이나 임차료로 차용하거나 제공받은 경우. 다만, 연결납세방식을 적용받는 연결법인 간 연결법인세액의 변동이 없는 등의 요건을 충족하여 용역을 제공받은 경우 제외
- 불공정합병, 불균등증자 및 불균등감자에 해당하는 자본거래로 인하여 주주 등(소액주주 등 제외)인 법인이 특수관계인에 해당하는 다른 주주 등(소액주주 등 제외)에게 이익을 분여한 경우
- 상기 외 자본거래의 경우로서 증자·감자, 합병(분할합병 포함)·분할, 상속세 및 증여세법에 따른 전환사채 등에 의한 주식의 전환·인수·교환 등 자본거래를 통해 법인이 이익을 분여 하였다고 인정되는 경우. 다만, 적격주식매수선택권 등 행사에 있어 주식을 발행하는 경우 제외
- 무수익자산을 매입·현물출자 받았거나 그 자산에 대한 비용을 부담한 경우
- 불량자산을 차환하거나 불량채권을 양수한 경우
- 출연금을 대신 부담한 경우
- 파생상품에 근거한 권리를 행사하지 않거나 행사기간을 조정하는 등의 방법으로 이익을 분여하는 경우
- 특수관계인에 해당하는 법인간 합병(분할합병 포함)·분할에 있어서 불공정한 비율로 합병·분할하여 합병·분할에 따른 양도손익을 감소시킨 경우. 다만, 「자본시장과 금융투자업에 관한 법률」상 합병 등의 특례를 적용받아 합병(분할합병 포함)·분할하는 경우 제외
- 기타 위의 사례에 준하는 행위 또는 계산 및 그 외에 법인의 이익을 분여하였다고 인정되는 경우

이때, 자산의 고가매입 및 저가양도나 저리대여 및 고리차용의 경우에는 현저한 이익이 있는 경우에만 부당행위계산 부인규정을 적용한다. 시가와 거래가액의 차이를 시가의 5%나 3억원 중 적은 금액과 비교하여 크거나 같은 경우에는 현저한 이익이 있는 것으로 본다. 단, 상장주식을 거래하는 경우에는 현저한 이익 요건을 적용하지 않는다.

# 제3절 법인세부담액의 계산 및 신고·납부

## 1. 과세표준의 계산

과세표준은 세액산출의 기초가 되는 과세물건의 수량 또는 가액을 의미한다. 내국법인의 각 사업연도 소득에 대한 과세표준은 각 사업연도 소득금액에서 이월결손금, 비과세소득 및 소득공제액을 차례로 공제하여 계산한다. 공제항목을 납세자에게 유리하도록 임의로 선택하여 공제할 수 없다.

### (1) 이월결손금

결손금이란 그 사업연도에 속하는 손금의 총액이 그 사업연도에 속하는 익금의 총액을 초과하는 경우에 그 초과하는 금액을 말한다. 이때, 각 사업연도의 개시일 전 발생한 각 사업연도의 결손금으로서 그 후의 각 사업연도의 과세표준을 계산할 때 공제되지 아니한 금액이 이월결손금이 된다.

법인세법에서는 일정한 기간 내에 발생한 결손금은 그 후 사업연도의 과세표준에서 공제하도록 함으로써 각 사업연도 소득금액을 통산하는 이월결손금 제도를 두고 있다.[1)]

11

1) 법인세법은 사업연도 독립 원칙을 적용하여 각 사업연도 소득을 계산하므로 전 사업연도로부터 이월된 익금 또는 손금은 당해 사업연도의 익금 또는 손금에 산입할 수 없다. 그러나 사업연도 독립 원칙을 엄격하게 정하면 과거 결손금이 있더라도 당해 사업연도의 소득이 발생하면 자본 잠식 상태에서까지 법인세가 부과되는 결과가 발생한다. 이와 같이 조세가 자본잠식기업 등의 회생을 저해하여 계속 기업으로서 존속할 수 없게 되면 재정수입의 세원이 줄어드는 악순환까지 발생할 수 있다. 또한, 사업연도별 소득이나 결손의 분산 형태에 따라서 법인별 세부담의 현저한 차이가 발생할 수 있게 되므로 조세형평의 문제가 발생할 수도 있다. 이를 고려하여 법인세법에 마련된 제도가 이월결손금 제도이다.

공제대상 결손금은 각 사업연도의 개시일 전 발생한 각 사업연도의 결손금으로서 그 후 각 사업연도의 과세표준 계산 시 공제되지 않은 금액으로 다음의 요건을 모두 갖추어야 한다.

- 각 사업연도 개시일 전 15년(2009년 1월 1일 이후 2019년 12월 31일 이전에 개시하는 사업연도에 발생한 결손금은 10년, 2008년 12월 31일 이전에 개시하는 사업연도에 발생한 결손금은 5년) 이내에 개시한 사업연도에서 발생한 세무상 결손금(합병·분할 시 피합병법인·분할법인으로부터 승계받은 세무상 결손금 포함)
- 법인세법에 따라 신고하거나 결정·경정되거나 국세기본법에 따라 수정신고한 과세표준에 포함된 결손금

다음 중 어느 하나의 결손금은 각 사업연도의 과세표준을 계산할 때 공제된 것으로 본다. 따라서 이월공제가 배제된다.

- 결손금 소급공제 규정에 따라 공제받은 결손금[2)]
- 자산수증이익·채무면제이익으로 충당된 이월결손금
- 특정법인이 출자전환 채무면제이익으로 출자전환 이후 사업연도에 발생하는 결손금의 보전에 충당한 경우의 결손금

이월결손금은 먼저 발생한 사업연도의 결손금부터 차례대로 공제하며, 이월결손금에 대한 공제는 각 사업연도 소득금액의 80%(조세특례제한법에 따른 중소기업과 회생계획을 이행 중인 기업 등의 경우에는 100%)를 한도로 한다.

### (2) 비과세소득

비과세소득은 공익적 목적 또는 정책상의 이유로 국가가 과세권을 포기한 소득을 말한다. 비과세소득이 있으면 비과세 적용을 위하여 특별한 신청 등의 절차 없이 법인세를 면제하게 된다.

비과세소득은 각 사업연도 소득금액에서 이월결손금을 차감한 잔액 범위 내에서 공제하며 미공제된 잔액은 차기로 이월되지 않고 소멸한다. 법인세법상 비과세소득은 공익신탁의 신탁재산에서 생기는 소득이 있고, 조세특례제한법상 비과세소득은 중소기업창업투자회사 등의 주식양도차익 등이 있다.

---

2) 결손금 소급공제는 중소기업에 해당하는 내국법인에 한하여 적용되는 것으로서 각 사업연도에 결손금이 발생한 경우 법인세 신고기한까지 환급신청을 한때 직전 사업연도의 법인세액을 한도로 소급공제하여 환급받을 수 있다.

### (3) 소득공제

소득공제란 과세대상 소득 중 조세지원이 필요한 특정소득의 일정액 또는 일정률을 과세표준에서 공제함으로써 세부담을 경감시켜 주는 제도이다. 비과세소득과 달리 소득공제를 적용받기 위해서는 법에서 정한 요건을 충족하여야 하고, 소득공제신청을 하여야 한다. 소득공제액은 각 사업연도의 소득금액에서 이월결손금과 비과세소득을 차례로 차감한 후의 잔액 범위 내에서 공제한다.

법인세법상 유동화전문회사 등에 대한 소득공제제도는 유동화전문회사·투자회사 등 명목회사(paper company)가 배당가능이익의 90%이상을 배당한 경우를 대상으로 한다. 소득공제신청을 한 경우에 배당금액 전액을 해당 배당을 결의한 잉여금 처분의 대상이 되는 사업연도의 소득금액 범위 내에서 공제한다.

2023년 1월 1일 이후 배당을 결의하는 분부터 배당금액이 해당 사업연도의 소득금액을 초과하는 경우 그 초과배당금액은 해당 사업연도의 다음 사업연도부터 개시일 5년 이내에 끝나는 각 사업연도로 이월하여 그 이월된 사업연도의 소득금액에서 공제할 수 있다.

이월된 초과배당금액을 해당 사업연도의 소득금액에서 공제하는 경우 이월된 초과배당금액을 해당 사업연도 배당금액보다 먼저 공제하고, 이월된 초과배당금액이 둘 이상인 경우 발생 순서대로 공제한다.

## 2. 총부담세액 · 차감납부세액의 계산

총부담세액은 각 사업연도 소득에 대한 법인세 산출세액에서 공제감면세액을 차감하고, 가산세와 감면분 추가납부세액을 가산하여 계산된다. 그리고 차감납부세액은 총부담세액에서 기납부세액을 차감하여 계산된다.

이때, 공제감면세액은 최저한세 적용대상과 적용제외로 구분되기 때문에 산출세액에서 최저한세 적용대상 공제감면세액을 차감한 세액과 최저한세를 비교하여 큰 금액을 차감세액으로 계산한 다음, 최저한세 적용제외 공제감면세액을 차감하고 가산세와 감면분추가납부세액을 가산하여야 한다.

11

### (1) 각 사업연도소득에 대한 법인세 산출세액

법인세 산출세액은 과세표준에서 다음의 세율을 곱하여 계산된다.

[도표 12] 법인세율

| 과세표준[3] | 세율 |
|---|---|
| 2억원 이하 | 9% |
| 2억원 초과 200억원 이하 | 1천800만원 + (2억원을 초과하는 금액의 19%) |
| 200억원 초과 3천억원 이하 | 37억8천만원 + (200억원을 초과하는 금액의 21%) |
| 3천억원 초과 | 625억8천만원 + (3천억원을 초과하는 금액의 24%) |

## (2) 세액감면 · 세액공제

법인세법 및 다른 법률에 따른 세액감면과 세액공제 규정이 동시에 적용되는 경우에는 납세자에게 유리한 순서로 적용되도록 규정하고 있다. 세액감면과 면제를 먼저 적용하고, 이월공제가 인정되지 아니하는 세액공제, 이월공제가 인정되는 세액공제 순서로 적용한 후 마지막으로 사실과 다른 회계처리로 인한 경정에 따른 세액공제를 적용한다.

### 1) 세액감면

감면세액은 산출세액에 감면대상소득금액(이월결손금·비과세소득·소득공제 차감[4] 후)이 과세표준에서 차지하는 비율과 감면율을 각각 곱하여 계산한다. 적용 가능한 세액감면은 조세특례제한법에 규정되어 있으며, 기간 제한이 없는 세액감면과 기간 제한이 있는 세액감면으로 구분된다.

### 2) 외국납부세액공제

외국납부세액공제는 내국법인의 국외 소득에 대하여 외국법인세를 납부하고, 국내소득에 합산되어 우리나라의 법인세를 납부하게 되는 경우 발생하는 국제적인 이중과세 문제를 해결하기 위한 제도로 내국법인의 외국납부세액을 국내 법인세액에서 공제해 주는 제도이다. 외국납부세액공제의 적용 여부는 내국법인이 선택할 수 있는데[5], 세액공제의 적용을 선택하지 않으면 외국납부세액은 각 사업연도 소득 계산 시 손금이 된다.

---

3) 사업연도가 1년 미만인 경우는 과세표준을 1년 기준 과세표준으로 환산한 금액에 세율을 적용한 후에 다시 사업연도월수/12를 곱하여 계산한다. 이때, 1개월 미만의 일수는 1개월로 한다.

4) 이월결손금·비과세소득·소득공제가 감면사업에서 발생한 경우 전액을, 감면사업에서의 발생여부가 불분명한 경우 소득금액에 비례하여 안분계산한 금액을 차감한다.

5) 외국자회사 수입배당금 익금불산입 규정에 따른 익금불산입 적용대상 수입배당금액에 대해서는 외국납부세액 규정을 적용하지 아니한다.

외국납부세액공제를 적용하는 외국납부세액의 범위는 다음과 같다.

- 직접외국납부세액 : 법인의 소득 등을 과세표준으로 하여 과세된 세액과 그 부가세액, 법인의 소득 등을 과세표준으로 하여 과세된 세와 동일한 세목에 해당하는 것으로서 소득외의 수익금액 기타 이에 준하는 것을 과세표준으로 하여 과세된 세액
- 간주외국납부세액 : 국외원천소득이 있는 내국법인이 조세조약의 상대국에서 해당 국외원천소득에 대하여 감면받은 법인세 상당액[6)]
- 간접외국납부세액 : 내국법인의 각 사업연도 소득금액에 포함된 외국자회사 수입배당금액과 관련하여 그 외국자회사의 소득에 대하여 부과된 외국법인세액 중 그 수입배당금액에 대응하는 것

외국납부세액은 공제한도(해당 사업연도의 산출세액에 국외원천소득[7)]이 해당 사업연도 소득에 대한 과세표준에서 차지하는 비율을 곱하여 산출)해당 범위 내에서 해당 사업연도의 산출세액에서 공제한다. 국외사업장이 2 이상의 국가에 있는 경우에는 국가별로 구분하여 계산한다.

공제한도금액을 초과하는 외국납부세액은 해당 사업연도의 다음 사업연도 개시일부터 10년 이내에 끝나는 각 사업연도로 이월하여 그 이월된 사업연도의 공제한도금액 내에서 공제받을 수 있다. 또한, 외국법인세액을 이월공제기간 내에 공제받지 못한 경우 그 공제받지 못한 외국법인세액은 이월공제기간의 종료일 다음 날이 속하는 사업연도의 소득금액을 계산할 때 손금에 산입할 수 있다.

### 3) 기타 법인세법상 세액공제

재해손실세액공제는 내국법인이 각 사업연도 중 천재지변이나 그 밖의 재해로 인하여 사업용 자산총액의 20% 이상을 상실하여 납세가 곤란하다고 인정되는 경우에 내국법인의 신청에 따라 적용된다. 상실된 자산의 가액 범위 내에서 공제대상세액[8)]에 재해상실비율을 곱한 금액 재해손실세액공제금액이 된다.

사실과 다른 회계처리로 인한 경정에 따른 세액공제는 기업이 영업실적을 좋게 보이기 위하여 장부를 조작하여 매출액이나 이익을 크게 부풀려 부당한 재무적·비재무적 혜택을 누리고 난

11

---

6) 외국에서의 법인세감면 효과를 국내 법인세 과세에서도 그대로 유지시키기 위하여 외국에서의 법인세 감면액을 외국납부세액으로 간주하는 것이다.

7) 국외원천소득금액은 국외에서 발생한 소득으로서 내국법인의 각 사업연도 소득의 과세표준 계산에 관한 규정을 준용하여 산출한다. 또한, 2 이상의 국가에 국외사업장이 있는 경우 어느 국가의 소득금액이 결손이면 결손금액을 총소득금액에 대한 국가별 소득금액 비율로 안분계산하여 차감한다.

8) 공제대상세액은 재해발생일 현재 부과되지 아니한 법인세와 부과된 법인세로서 미납된 법인세(가산세 포함)와 재해발생일이 속하는 사업연도의 소득에 대한 법인세(산출세액－다른 법률에 의한 공제·감면세액＋가산세)이다.

후 당초 과다하게 신고납부한 법인세액의 경정청구를 통하여 과다납부세액을 환급받고자 하는 때에 적용하는 세액공제제도이다.

분식회계로 인하여 시정조치를 받은 법인이 과다하게 납부한 법인세액의 환급을 경정청구한 경우에는 즉시 환급하지 않고 경정일이 속하는 사업연도부터 각 사업연도의 법인세액에서 매년 과다납부한 법인세액의 20%를 한도로 세액공제한다.

#### 4) 연구·인력개발비 세액공제

연구·인력개발비는 신성장·원천기술 연구개발비, 국가전략기술 연구개발비, 일반연구·인력개발비로 구분하여 세액공제를 적용한다. 신성장·원천기술 연구개발비와 국가전략기술 연구개발비에 대한 세액공제는 2024년 12월 31일까지 발생한 해당 연구·인력개발비에 대해서만 적용하며, 세액공제액은 각각의 연구개발비에 대해 계산된 세액공제액의 합계액이 되며, 세액공제액은 일반적으로 당기 연구개발비 발생액에 법에서 정한 공제율[9]을 곱한 금액으로 계산된다(당기분 방식).

한편, 일정한 요건을 갖춘 경우 일반연구·인력개발비에 대해서는 증가분 방식과 당기분 방식 중 선택하여 세액공제를 적용받을 수 있다. 증가분 방식은 당기 개시일부터 소급하여 4년간 일반연구·인력개발비가 발생하지 않은 경우나 직전기에 발생한 일반연구·인력개발비가 당기 개시일부터 소급하여 4년간 발생한 일반연구·인력개발비의 연평균 발생액보다 적은 경우에는 적용할 수 없다. 증가분 방식의 경우 당기발생액에서 직전기 발생액을 차감한 금액에 공제율[10]을 곱하여 계산한다.

#### 5) 투자세액공제

투자세액공제는 상생협력시설 투자세액공제와 통합 투자세액공제가 있다. 투자세액공제액은

---

**9)** 세액공제율은 다음과 같다

- 신성장·원천기술 연구개발비 :
  20(중소기업은 30, 코스닥상장중견기업은 25)%
  + min[3×당기 신성장·원천기술 연구개발비가 당기 수입금액에서 차지하는 비율, 10(코스닥상장중견기업은 15)%]
- 국가전략기술 연구개발비 :
  30(중소기업은 40)% + min(3×당기 국가전략기술 연구개발비가 당기 수입금액에서 차지하는 비율, 10%)
- 일반연구·인력개발비 :
  ① 중소기업 25%,
  ② 중소기업이 최초로 중소기업에 해당하지 않게 된 경우에는 최초 3개 과세연도 15%, 그 후 2개 과세연도 10%,
  ③ 중견기업(②를 적용받지 않는 경우) : 8%,
  ④ 일반기업 : 2%와 당기 일반·연구인력개발비/당기수입금액×50% 중 적은 비율

**10)** 증가분 방식의 세액공제율 ① 중소기업 : 50%, ② 중견기업 : 40%, ③ 그 외 : 25%

해당 투자가 이루어지는 과세연도의 법인세에서 공제하며, 투자가 2개 이상의 과세연도에 걸쳐서 이루어지는 경우에는 그 투자가 이루어지는 과세연도마다 해당 과세연도에 투자한 금액에 대하여 세액공제를 적용한다.

상생협력시설 투자세액공제는 내국인이 수탁·위탁거래의 상대방인 수탁기업에 설치(무상임대의 경우는 제외)하는 시설에 2025년 12월 31일까지 투자(중고품 및 금융리스 외의 리스에 의한 투자 제외)하는 경우 투자금액의 1(중견기업은 3, 중소기업은 7)%를 세액공제한다.

통합투자세액공제는 소비성서비스업 및 부동산임대·공급업 외의 사업을 영위하는 내국인이 공제대상자산에 투자(중고품 및 금융리스 외의 리스에 대한 투자 제외)하는 경우 기본공제 금액과 추가공제 금액을 더한 금액을 통합투자세액공제로 적용한다. 기본공제금액 및 추가공제금액의 계산에 관한 사항은 다음과 같다.

- 기본공제 금액 : 해당 과세연도에 투자한 금액의 1(중견기업 5, 중소기업 10)%, 신성장사업화시설의 경우 3(중견기업 6, 중소기업 12)%, 국가전략기술사업화시설의 경우 15(중소기업 25)%
- 추가공제 금액 : 해당 과세연도에 투자한 금액이 해당 과세연도의 직전 3년간 연평균 투자금액을 초과하는 경우에는 그 초과하는 금액의 3(국가전략기술사업화시설의 경우 4)%(단, 추가공제 금액이 기본공제 금액을 초과하는 경우에는 기본공제 금액의 2배를 한도로 함)

#### 6) 조세특례제한법상 기타 세액공제 및 적용

조세특례제한법에서는 상생결제 지급금액에 대한 세액공제, 상생협력을 위한 기금 출연 등에 대한 세액공제, 기술혁신형 합병 및 주식 취득에 대한 세액공제, 고용증대세액공제 등 다양한 세액공제를 규정하고 있다.

조세특례제한법상 세액공제 적용에 있어서 하나의 투자자산에 대하여 둘 이상의 투자세액공제가 동시에 적용되는 경우에 중복적용을 배제하고, 중소기업에 대한 특별세액감면과 투자세액공제의 중복적용도 배제하고 있다.

또한, 조세특례제한법상 세액공제 중 해당 과세연도에 납부할 세액이 없거나 최저한세액에 미달하여 공제받지 못한 부분에 상당하는 금액은 해당 과세연도의 다음 과세연도 개시일부터 10년 이내에 끝나는 각 과세연도에 이월하여 공제할 수 있다.



### (3) 최저한세

최저한세(Minimum Tax)란 조세정책 목적상 조세감면(손금산입·비과세·세액공제·세액감면 등)을 적용하는 경우라도 조세부담의 형평성 및 재정확보 등을 위하여 소득이 있으면 누구나 최소한의 세금을 내도록 하는 제도를 말한다. 감면 전 과세표준에서 최저한세율[11)]을 곱하여 계산한 금액이 최저한세 적용대상 조세감면을 적용한 후의 세액보다 큰 경우에 최저한세가 적용되는 것으로 미달액에 상당하는 부분의 조세감면이 배제된다.

조세감면의 배제순서는 자진신고시 납세자가 임의로 선택할 수 있다. 다만, 농어촌특별세 부담 최소화 조건이 제시되는 경우 농어촌특별세 과세대상부터 배제한다. 한편, 경정 시 ① 손금산입·익금불산입, ② 세액공제, ③ 세액감면, ④ 소득공제·비과세의 순서로 배제한다. 또한, 손금산입·익금불산입·소득공제·비과세에서 배제하는 경우에는 과세표준과 산출세액을 재계산하여야 하며, 재계산한 금액을 기준으로 외국납부세액공제 등 법인세법상 세액공제액을 계산하여야 한다.

### (4) 가산세

가산세는 국세기본법상 가산세와 법인세법상 가산세로 구분된다. 국세기본법상 가산세는 법인세의 신고 및 납부와 관련하여 발생하는 것으로서 무신고가산세, 과소신고·초과환급신고 가산세, 납부지연가산세, 원천징수 등 납부지연가산세가 있다.

한편, 법인세법상 가산세로는 증빙서류 수취불성실 가산세, 계산서등 제출불성실 가산세, 장부의 기록·보관 불성실 가산세, 주주명세서 제출불성실 가산세, 주식변동상황명세서 제출불성실 가산세, 지급명세서 제출불성실 가산세, 신용카드매출전표 발급불성실가산세, 현금영수증 발급불성실 가산세, 기부금영수증 발급·작성·보관 불성실가산세, 특정외국법인의 유보소득 계산명세서 제출불성실 가산세, 업무용승용차 관련비용 명세서 제출불성실 가산세, 성실신고확인서 제출불성실가산세가 있다.

### (5) 기납부세액

기납부세액으로 공제되는 세액은 원천납부세액과 중간예납세액이 있다. 원천납부세액은 법인의 소득 중 원천징수대상이 되는 이자소득에 대하여 소득지급 시 원천징수를 당한 경우 해당 세액이다. 중간예납세액은 사업연도가 6개월을 초과하는 내국법인이 해당 사업연도 개시일부터 6개월이 되는 날까지 법인세액을 납부할 의무에 따라서 납부한 세액을 말하며, 직전 사업연도 기준으로 계산한 금액과 해당 과세기간에 발생한 소득금액에 따라 계산한 금액 중 선택하여 납부할 수 있다.

---

11) 17%[과세표준 100억원 초과 1천억원 이하 부분은 12%, 100억원 이하 부분은 10%, 중소기업은 7%(규모의 확대 등으로 중소기업에 해당하지 아니하는 경우 중소기업에 해당하지 아니하게 된 과세연도부터 3년간 8% 그 다음 2년 이내에 끝나는 과세연도는 9%)]

## 3. 법인세 신고와 납부

### (1) 법인세 신고

신고기한은 각 사업연도 종료일이 속하는 달의 말일부터 3개월 이내이며, 각 사업연도의 소득금액이 없거나 결손금이 있는 법인도 신고의무를 진다. 신고 시의 제출서류는 법인세 과세표준 및 세액신고서와 미첨부시 무신고로 보아 무신고가산세가 적용되는 필수적 첨부서류〔개별 내국법인의 재무상태표, 포괄손익계산서, 이익잉여금처분계산서(또는 결손금처리계산서), 세무조정계산서〕와 미첨부시 불이익이 없는 현금흐름표 등 기타의 첨부서류로 구분된다.

### (2) 법인세 납부

내국법인은 차감납부할 세액이 있는 경우 법인세 과세표준 신고기한까지 납세지 관할 세무서 또는 한국은행·체신관서에 납부하여야 한다. 이때, 내국법인이 납부할세액(가산세와 감면분 추가납부세액은 제외함)이 1천만원을 초과하는 경우에는 분납가능세액[12)]을 납부기한이 지난 날부터 1개월(중소기업의 경우 2개월) 이내 분납할 수 있다.

12) 납부할 세액이 2천만원 이하인 경우는 1천만원을 초과하는 세액, 납부할 세액이 2천만원을 초과하는 경우는 그 세액의 50%이하의 금액이다.

# 제4절 법인세 기업회계기준서 이해

## 1. 목적 및 적용범위

### (1) 목적

기업회계기준서 제1012호(법인세)의 목적은 법인세에 대한 회계처리에 필요한 사항을 정하는데 있다.

법인세 기준서는 재무제표에 표시되는 법인세를 당기법인세와 이연법인세로 구분한다. 당기법인세는 당기 및 과거 기간의 과세소득이나 세무상 결손금에 대해서 납부하거나 환급받을 법인세를 의미하고, 이연법인세는 자산·부채 장부금액과 세무 기준금액의 차이 등에 따라 미래 회계기간에 납부하거나 환급받을 법인세금액을 의미한다.

이러한 이연법인세는 보고기간말 현재 자산이나 부채로부터 발생하기도 하고 미사용 세무상 결손금 및 미사용 세액공제액으로부터 발생하기도 한다.

법인세 기준서는 당기법인세 자산과 부채, 이연법인세 자산과 부채를 인식하고, 측정하는 기준을 제시할 뿐만 아니라 이러한 법인세효과를 회계처리하는 방법, 법인세에 관한 재무제표 표시 및 주석공시에 대해 다루고 있다.

### (2) 적용범위

법인세 기준서에서 말하는 법인세는 기업의 과세소득에 기초하여 국내 및 국외에서 부과되는 모든 세금을 포함한다. 세금의 명목과는 무관하기 때문에 우리나라 법인세법에 따라 부과되는 법인세뿐만 아니라 지방세법에 따라 부과되는 지방세도 이 기준서의 적용범위에 포함될 수 있다.

그러나 과세소득에 기초하여 부과되지 않는 세금, 예를 들어 부가가치세 등은 이 기준서의 적용범위에 포함되지 않는다.

또한 법인세는 기업의 과세소득에 기초하여 기업에 부과되는 각종 원천징수 세금도 포함한다. 예를 들어 관계기업 종속기업 등이 보고기업에게 배당할 때 납부하는 원천징수 세금이나 기타 거래 상대방이 기업에게 이자, 로열티 등을 지급할 때 납부하는 원천징수 세금 등이 이 기준서의 적용범위에 포함된다.

다만 정부보조금, 투자세액공제에 대한 회계처리 방법에 대해서는 다루지 않는다. 그러나 보조금, 투자세액공제로부터 발생하는 일시적 차이에 대한 회계처리는 적용범위에 포함된다.

## 2. 용어의 정의

법인세법 관련 내용들이 어렵다보니 법인세 기준서를 이해하기 위해서는 먼저 기본적인 용어의 정의를 정확히 이해하는 것이 중요하다.

- 회계이익 : 법인세비용 차감 전 회계기간의 손익
- 과세소득(세무상결손금) : 과세당국이 제정한 법규에 따라 납부할(환급받을) 법인세를 산출하는 대상이 되는 회계기간의 이익(손실)
- 법인세비용(수익) : 당기법인세 및 이연법인세와 관련하여 당해 회계기간의 손익을 결정하는 데 포함되는 총액
- 당기법인세 : 회계기간의 과세소득(세무상결손금)에 대하여 납부할(환급받을) 법인세액
- 이연법인세부채 : 가산할 일시적차이와 관련하여 미래 회계기간에 납부할 법인세 금액
- 이연법인세자산 : 다음과 관련하여 미래 회계기간에 회수될 수 있는 법인세 금액
  ① 차감할 일시적차이
  ② 미사용 세무상결손금의 이월액
  ③ 미사용 세액공제 등의 이월액
- 일시적차이 : 재무상태표상 자산 또는 부채의 장부금액과 세무기준액의 차이. 이러한 일시적차이는 다음의 두 가지로 구분된다.
  ① 가산할 일시적차이 : 자산이나 부채의 장부금액이 회수나 결제되는 미래 회계기간의 과세소득(세무상결손금) 결정시 가산할 금액이 되는 일시적차이
  ② 차감할 일시적차이 : 자산이나 부채의 장부금액이 회수나 결제되는 미래 회계기간의 과세소득(세무상결손금) 결정시 차감할 금액이 되는 일시적차이
- 자산이나 부채의 세무기준액 : 세무상 당해 자산 또는 부채에 귀속되는 금액

11

### (1) 과세소득

과세소득이라 함은 과세당국이 제정한 법규에 따라 납부할 법인세를 산출하는 대상이 되는 회계기간의 이익을 말한다.

이러한 과세소득에 대해서 납부할 법인세가 있다면 당기법인세부채, 세무상 결손금에 대해서 환급받을 법인세액이 있다면 당기법인세자산으로 인식한다. 참고로 세무상 결손금은 과세소득과 반대되는 말로, 과세당국이 제정한 법규에 따라 환급받을 회계기간의 손실이다.

### (2) 이연법인세

이연법인세부채란 가산할 일시적차이와 관련하여 미래 회계기간에 납부할 법인세 금액을 말한다. 당기법인세는 회계기간의 과세소득에 대하여 납부할 법인세이고, 이연법인세부채는 미래에 납부할 법인세이다.

이연법인세자산은 차감할 일시적차이와 관련하여, 미사용 세무상결손금의 이월액, 미사용과 관련하여 회계기간에 회수될 수 있는 법인세 금액으로 미래에 환급받을 수 있는 법인세이다.

### (3) 일시적차이

일시적차이는 재무상태표상 자산 또는 부채의 장부금액과 세무기준액의 차이로 발생회계연도 이후에 해소되는 차이이다. 반면 영구적차이는 발생회계연도 이후에도 차이가 소멸되지 않는 것을 말한다.

일시적차이는 가산할 일시적차이와 차감할 일시적차이로 구분된다. 가산할 일시적차이는 장부금액이 회수나 결제되는 미래 회계기간의 과세소득 결정시 가산되는 일시적차이를 말한다. 즉, 가산을 할 일시적차이이므로 미래 회계기간에 과세소득을 증가시킬 일시적차이이다.

반대로 차감할 일시적차이는 장부금액이 회수나 결제되는 미래 회계기간의 과세소득 결정시 차감할 금액이 되는 일시적차이로 차감할 금액이 되는 일시적차이이다. 차감할 일시적차이이므로 미래 회계기간에 과세소득을 감소시킬 일시적차이이다.

예를 들어 유형자산의 장부금액이 100이고 세무기준액이 80이라고 하면 미래 회계기간 동안 장부상 감가상각금액은 100이지만 세무상 인정될 감가상각금액은 80이므로 20만큼은 세무상 손금으로 인정받지 못하여 세금을 더 납부하게 되는 가산할 일시적차이가 생긴다. 세무상 △유보라고 한다.

반대로 유형자산 장부금액이 80이고 세무기준액이 100이라고 하면 향후 과세소득 결정시 차이 20만큼 세무상 손금으로 인정받게 되므로 세금을 덜 납부하게 되어 차감할 일시적 차이가 되고, 세무상 유보에 해당하게 된다.

## 3. 세무기준액

일시적차이에 대해 이해하기 위해서는 재무상태표상 자산부채의 장부금액과 세무기준액의 의미에 대해서 먼저 이해해야 한다. 재무상태표상 자산부채 장부금액은 해당 기준서에 따라 장부에 계상된 금액이고, 세무기준액은 세무상 당해 자산 또는 부채에 귀속되는 금액이다.

### (1) 자산의 세무기준액

자산의 세무기준액은 자산의 장부금액이 회수될 때 기업에 유입될 과세대상 경제적 효익에서 세무상 차감될 금액을 말한다. 자산은 언젠가는 처분하거나 사용할텐데, 이렇게 자산이 처분이나 사용을 통해서 자산의 장부금액이 회수되는 시점에 세무상으로 차감될 금액을 말한다. 따라서 경제적 효익이 과세대상이 아니라면 자산의 장부금액과 세무기준액은 일치하게 된다.

### (2) 부채의 세무기준액

부채의 세무기준액은 장부금액에서 미래 회계기간에 당해 부채와 관련하여 세무상 공제될 금액을 차감한 금액을 말한다. 수익을 미리 받는 경우에는 장부금액에서 미래에 공제될 금액을 차감하는 것이 아니라, 장부금액에서 미래 회계기간에 과세되지 않을 수익을 차감한 금액이 세무기준액이 된다.

## 4. 당기법인세부채와 당기법인세자산

당기법인세는 회계기간의 과세소득 또는 세무상결손금에 대해서 납부하거나 환급받을 법인세액으로 법인이 과세당국에 제출하는 세무신고서 기준으로 계산이 된다. 납부하지 않은 부분을 당기법인세부채로 인식하고, 이미 납부한 금액이 과거 기간에 납부하여야 할 금액을 초과하면 초과분을 당기법인세자산으로 인식한다.

또한 결손금의 소급공제가 가능하면 소급공제 가능한 세무상 결손금과 관련된 혜택을 당기법인세자산으로 인식한다.

## 5. 이연법인세부채와 이연법인세자산

일시적차이를 결정한 이후에는 이를 이연법인세자산과 이연법인세부채로 인식할지 여부를 결정하여야 한다. 기업회계기준서 제1012호는 가산할 일시적 차이에 대한 이연법인세부채 인식조건과 차감할 일시적 차이에 대한 이연법인세자산 인식조건을 구분하고 있다.

### (1) 이연법인세부채

가산할 일시적차이는 미래 기업의 과세소득을 증가시켜서 미래 법인세를 더 납부하게 한다.

기업회계기준서 제1012호는 아래 3가지 예외사항을 제외하고는 보수적인 관점에서 모든 가산할 일시적차이에 대해서 이연법인세부채를 인식하도록 요구하고 있다.

1) 영업권을 최초로 인식하는 경우

사업결합에서 발생하는 영업권은 기업회계기준서 제1103호(사업결합)에 따라 인식하는데, 법인세법은 이 때 발생한 영업권 장부금액의 감소를 과세소득에서 차감하는 것으로 인정하지 않고 있다. 따라서 이 경우 영업권의 세무기준액은 0이 되고 장부금액과의 차이는 가산할 일시적차이가 된다.

그러나 법인세기준서는 이로 인한 이연법인세부채를 인식하지 않도록 규정하고 있다. 그 이유는 영업권이 잔여금액으로 측정되는 방식이기 때문에 영업권에 대한 이연법인세부채를 인식하게 되면 순환 참조로 다시 영업권 장부금액을 증가시키게 되기 때문이다.

영업권에 대한 이연법인세부채를 인식하게 되면 사업결합원가는 고정되어 있는데 반해 사업결합으로 인해 취득하는 순자산가치가 감소하기 때문에 영업권 금액이 늘어나며, 늘어난 영업권 금액에 대해서 다시 이연법인세부채를 인식하고 다시 영업권 금액이 늘어나는 순환 이슈가 생기는 것이다.

2) 자산 또는 부채의 최초 인식 예외

일시적차이는 자산 또는 부채를 최초로 인식하는 시점에도 발생할 수 있다. 예를 들어 자산 취득 원가의 일부 또는 전부가 세무상 공제되지 않을 경우 일시적차이가 존재한다.

일시적 차이가 존재하는 경우라면 이연법인세를 인식해야 하는데, 기업회계기준서 제1012호는 사업결합 거래가 아니고 거래당시 회계이익이나 과세소득에 영향을 미치는 거래가 아니면서 거래시점에 동일한 가산할 일시적차이와 차감할 일시적차이를 발생시키지 않는 거래의 경우 이연법인세부채를 인식하지 않도록 규정하고 있다.

예를 들어 기업이 취득원가 1,000원인 자산을 내용연수 5년 동안 사용한 후 영(0)의 잔존가치에 처분하려고 하며 법인세율은 40%인 경우를 생각해 보자. 그리고 당해 자산의 감가상각비는 세무상 공제되지 아니하며 자산의 처분시 발생할 수 있는 자본이득과 자본손실도 과세소득을 계산할 때 반영하지 않는다고 가정해 보자. 이 경우 자산의 장부금액을 회수하면서 기업은 과세대상수익 1,000원을 획득하고 법인세 400원을 납부하게 된다. 그러나 기업은 이연법인세부채 400원을 인식하지 않는데, 그 이유는 자산의 최초인식으로부터 발생한 것이기 때문이다.

3) 종속기업 등 투자자산에 대한 가산할 일시적 차이

종속기업 투자자산 등과 관련하여 다음 조건을 모두 만족하는 경우에만 이연법인세부채를 인식하지 않고, 그 외에는 모든 가산할 일시적차이에 대해서 이연법인세부채를 인식해야 한다.

① 지배기업, 투자자, 공동기업 참여자 또는 공동영업자가 일시적차이의 소멸시점을 통제할 수 있다.

② 예측가능한 미래에 일시적차이가 소멸하지 않을 가능성이 높다.

즉, 종속기업 투자자산과 관련된 일시적차이에 대한 소멸시점을 회사가 통제할 수 있어야 하고, 통제할 수 있더라도 예측가능한 미래에 해당 일시적차이가 소멸하지 않을 가능성이 높아야 한다. 예를 들면 예측가능한 미래에 처분 계획이 있다면 처분으로 인해 일시적차이가 소멸되기에 이연법인세부채를 인식해야 한다.

### (2) 이연법인세자산

이연법인세자산이란 차감할 일시적 차이, 미사용세무상결손금의 이월액, 미사용세액공제 등의 이월액과 관련하여 미래 회계기간에 회수될 수 있는 법인세를 말한다.

차감할일시적차이는 미래 법인세를 감소시키고 이에 따라 기업은 법인세를 덜 납부하게 되거나 회수하게 된다. 이러한 배경으로 기업회계기준서 제1012호는 차감할일시적차이가 생길 수 있는 과세소득의 발생가능성이 높은 경우에 한해 이연법인세자산을 인식하도록 요구하고 있다.

다만 일정요건을 충족하는 자산부채의 최초 인식 그리고 종속기업 등 투자자산에 대한 차감할일시적차이에 대해서는 예외적으로 이연법인세자산을 인식하지 않을 수 있다.

이연법인세자산 인식을 위해서는 과세소득의 발생가능성이 높은 경우에 대한 판단이 중요하다. 이연법인세부채와 달리 과세소득의 발생가능성이 높은 경우에 한해서 이연법인세자산을 인식하도록 하고 있다.

[도표 13] 이연법인세자산 인식 요건

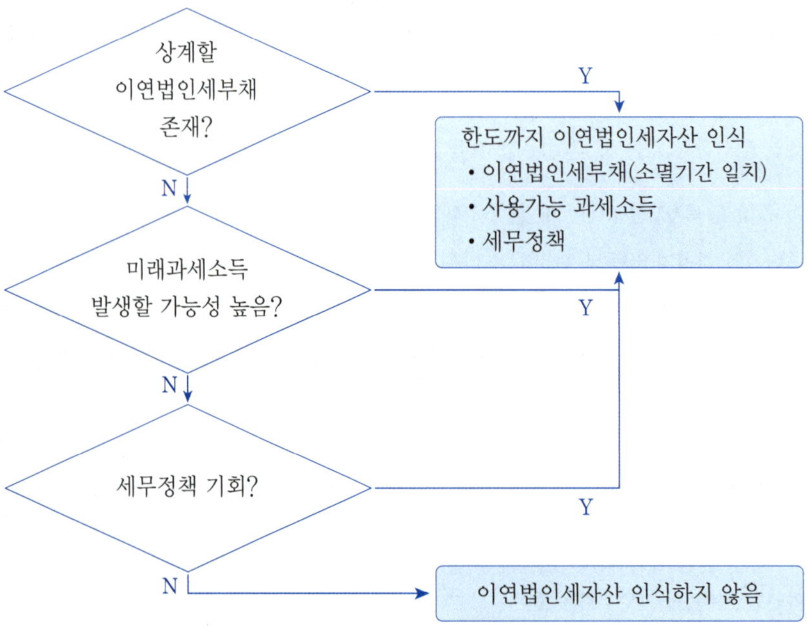


기업회계기준서 제1012호는 과세소득 발생가능성이 높은 경우로 다음 3가지 예를 들고 있다.

1) 충분한 가산할 일시적차이가 있는 경우

차감할 일시적차이의 소멸이 예상되는 기간과 동일한 회계기간, 또는 미래회계기간에 소멸이 예상되는 충분한 가산할 일시적 차이가 있을 때 차감할 일시적차이를 인식한다.

즉, 가산할 일시적차이가 충분히 있다고 해도 소멸할 일시적차이와 그 기간이 일치하지 않으면 안된다. 가령, 세무상 결손금 소멸시기 이후에 가산할 일시적차이가 충분한 경우에는 해당 가산할 일시적 차이가 활용되지 못하므로 과세소득의 발생가능성이 높다고 볼 수 없다. 따라서 차감할 일시적차이 즉 세무상 결손금이 공제되는 시기와 일치해야 발생가능성이 높다고 볼 수 있다.

2) 충분한 과세소득이 발생할 가능성이 있는 경우

충분한 과세소득이 발생할 가능성이 높은 경우, 과세소득의 발생 가능성이 높은 것으로 평가된다. 미래 회계기간에 충분한 과세소득이 있을지 여부를 평가할 때 미래 회계기간에 발생할 것으로 예상되는 차감할 일시적 차이로 인한 과세소득 증가금액은 무시해야 한다. 왜냐면 이러한 차감할 일시적차이에서 발생하는 이연법인세자산은 그 차감할 일시적차이가 활용되기 위해서 그 미래의 과세소득이 필요하기 때문이다.

3) 세무정책으로 적절한 기간에 과세소득을 창출할 수 있는 경우

세무정책이란 세무상 이월결손금이나 세액공제액이 만료되기 전에 특정기간의 과세소득을 발생시키거나 증가시키기 위해 기업이 취할 수 있는 행위이다. 세무정책으로 과세소득을 창출할 수 있다면 가능성 높다고 판단한다.

기업회계기준서 제1012호는 이연법인세자산의 장부금액을 매 보고기말에 검토할 것을 요구하고 있다.

보고기간말에 이연법인세자산의 일부 또는 전부에 대한 혜택이 과세소득이 충분히 발생할 가능성이 더 이상 높지 않다고 하면 이연법인세자산을 인식하지 않는다. 이후 과세소득이 충분히 발생할 가능성이 높아진다고 하면 다시 이연법인세자산을 인식하게 된다.

인식하지 않은 이연법인세자산에 대해서도 매 보고기간말에 다시 검토하고 미래 과세소득에 의해 이연법인세자산의 회수가능성이 높아진 범위까지 과거에 인식하지 않았던 이연법인세자산을 인식하게 된다.

**사례 1** A사의 이월결손금에 대한 이연법인세자산 인식 가능 여부

**배경**

- 20×0~20×2 손실, 20×3, 20×4 이익
- 발생한 이익은 최소한의 세전이익, 이익의 대부분은 이연법인세자산의 재평가손익
- 20×5년초 높은 성장과 이익 예상 발표하였으나, 20×5년말 상당한 손실 발생
- 과거에도 예상이익과 실적 간 차이 존재
- 20×4년말 이연법인세자산은 매출액 20%, 자본의 26% 차지하며 이연법인세자산의 대부분은 이월결손금
- 이월결손금과 상계할 가산할 일시적차이 없음
- 20×4년 세전이익은 이연법인세자산의 9% 수준

11

**이슈**

- 감독당국은 A사에게 이연법인세자산이 사용될 수 있는 충분한 미래 과세소득이 발생할 것이라는 설득력있는 증거 제시를 요구
- 회사가 제출할 수 있는 설득력 있는 증거는?
- 관련 증거를 토대로 A사는 20×5년에 이연법인세자산을 인식해야 하는 것이 적절했을까?

### 결론

- A사는 '미사용 세무상 결손금이 상계될 수 있을 정도의 충분한 과세소득을 발생시킬 수 있음'을 입증할만한 확정적인 증거를 제공하지 못함
- 따라서 감독당국은 이월결손금에 대한 이연법인세자산의 인식은 기업회계기준서 제1012호에 부합하지 않다고 결정

### 근거

- 미사용 세무상 결손금이 상계될 정도의 충분한 가산할 일시적 차이 없음
- 과거 경험 상 상당한 손실 기록, 세후이익이 될 정도의 세전이익 기록한 적 없음
- 예상 실적과 상당한 차이가 있는 저조한 실적을 기록한 경험 다수 존재
- 손실이 명백히 '다시 발생할 가능성이 없는 외부적 요인'에 기인한다고 볼 수 없음

## 사례 2 B사의 이월결손금에 대한 이연법인세자산 인식 가능 여부

### 배경 및 이슈

- 2×05년을 제외하고 2×02년~2×06까지 손실 발생
- 2×05~2×06년에 2×10년~2×14년까지 만료될 결손금에 대한 이연법인세자산 인식
- 2×05년을 제외하고 이연법인세자산에서 이연법인세부채를 차감한 금액은 2×05년, 2×06년 연결 자본금의 24%, 51% 차지
- 2×05년 1분기~3분기까지 세전순이익 발생, 4분기 상당한 손실 발생하여 2×05년 최소의 세전순이익 발생
- 회사의 이연법인세자산 인식은 적절한 회계처리인가?

### 회사의 주장

- 고객들의 미래 주문과 관련 긍정적인 징후 있었음
- 새로운 시장으로 판매 확대, 최근 개발 또는 개발 종료될 새로운 상품 판매 계획 있었음
- 매출액 증진 위한 조치, 생산성/수익성 향상 위한 새로운 프로그램 실행
- 2×05년 4분기는 반복하여 발생하지 않는 사건(특정 사업 부문에서의 낮은 수익성, 새로운 ERP에의 막대한 금액의 투자 필요성, 4분기 판매제품의 낮은 수익)에 기인
- A사는 높은 성장률을 반영한 2×07년 및 후속 예산을 근거로 2×06년 재무상태표에서 DTA를 유지

결론

- 회사는 미사용 세무상 결손금을 상쇄할 수 있는 충분한 과세소득이 발생할 것이라는 설득력 있는 증거를 제공하지 못함
- 따라서 감독당국은 이월결손금에 대한 이연법인세자산의 인식은 기업회계기준서 제1012호에 부합하지 않다고 결정

근거

- 미사용 세무상 결손금의 존재는 미래 과세소득 발생하지 않을 수 있다는 강력한 증거
- 회사의 주장과는 다르게 문제의 미사용 세무상결손금은 다시 발생할 가능성이 없는 식별가능한 원인으로부터 발생하지 않았고, 정상적인 영업활동으로부터 발생함
- 2×05년은 비영업활동으로부터 발생한 손익이 아니었다면 세전순손실 발생
- 특정 사업 부문의 낮은 수익성 등이 다시 발생할 가능성이 없다는 어떠한 증거도 제공하지 못함
- 미래 매출 상승에 대한 기대 자체만으로는 설득력 있는 증거가 아님
- 2×05년 4분기 이익의 급격한 하락 시 예산의 신뢰성 재평가했어야 함

## 6. 측정

당기법인세와 이연법인세 모두 보고기간말에 제정되었거나 실질적으로 제정된 세율에 근거하여 인식하여야 한다.

### (1) 당기법인세자산 · 부채의 측정

당기법인세자산·부채는 보고기간말까지 제정되었거나 실질적으로 제정된 세율에 근거하여 과세당국에 납부하거나 과세당국으로부터 환급받을 것으로 예상되는 금액으로 측정한다.

이연법인세자산·부채는 보고기간말까지 제정되었거나 실질적으로 제정된 세율에 근거하여 당해자산이 실현되거나 부채가 결제될 회계기간에 적용될 것으로 기대되는 세율을 사용하여 측정한다.

### (2) 이연법인세자산 · 부채의 측정

우리나라처럼 과세소득의 수준에 따라 적용되는 세율이 다르다면 일시적 차이가 소멸될 것으

11

로 예상되는 기간에 과세소득에 적용될 것으로 예상되는 평균세율을 적용하여 이연법인세자산과 부채를 측정한다.

기업회계기준서 제1012호는 이연법인세자산과 부채를 할인하지 않도록 하고 있다. 이를 신뢰성 있게 현재가치로 할인하기 위해서는 각 일시적차이의 소멸시점을 상세히 추정하여야 하는데 이는 실무적으로 불가능하거나 매우 복잡하기 때문이다.

이연법인세자산과 부채를 측정할때는 보고기간 말에 기업이 관련 자산과 부채의 장부금액을 회수하거나 결제할 것으로 예상되는 방식에 따른 법인세효과를 반영하여야 한다. 예를 들어 자산의 장부금액으로 회수하는 경우와 매각되는 경우 적용 세율이 다르다면 예상되는 회수방식과 일관된 세율을 적용하여야 한다.

**질의회신** 회계기준원 : 2023-I-KQA007 미래 과세소득이 영(0)으로 예상되는 회사의 이연법인세 적용세율

❍ 배경 및 질의

- 20×1년에 회사는 보유 지분상품(FVOCI)에 대하여 평가이익(OCI)을 인식하였고 장부금액과 세무기준액에 차이가 생겨 가산할일시적차이가 발생하였다. 회사는 20×3년에 해당 지분상품을 매도할 예정이며, 이에 따라 20×3년에 가산할일시적차이가 소멸할 것으로 예상한다.
- 회사는 20×3년의 과세소득이 영(0) 이하가 되어 납부세액도 영(0)이 될 것으로 예상한다. 만약 같은 해 각사업연도소득이 영(0) 이상이 되더라도 이월결손금을 사용하여 최종 과세소득은 영(0) 이하가 될 것으로 예상한다.
- 적용되는 법인세법은 과세표준 구간별로 적용되는 세율이 다른 누진세율 체계이고, 그 밖의 다른 일시적차이, 이월세액공제, 이월결손금 공제 한도는 없다고 가정한다.

(질의1) 미래 각사업연도소득이 영(0) 이하가 되어 세무상 이월결손금이 사용되지 않을 것으로 예상되는 경우, 일시적차이 및 이월결손금에 대한 이연법인세 측정 시 적용되는 '평균세율'은?

(질의2) 미래 각사업연도소득이 발생하나 세무상 이월결손금을 사용하여 과세표준이 영(0)이 될 것으로 예상되는 경우, 일시적차이 및 이월결손금에 대한 이연법인세 측정 시 적용되는 '평균세율'은?

❍ 회신

- 미래 과세소득이 영(0) 이하인 경우, 일시적차이 및 이월결손금에 대한 이연법인세 측정 시 미래 예상 누진세율 체계에서 가장 낮은 구간의 세율을 적용한다.
  - 이월결손금은 차감할일시적차이와 미래 동일한 기간에 납부할 법인세를 감소시키므로 (질의1), (질의2) 모두 평균세율(= 산출세액/과세표준)을 적용한다.
  - 미래 예상 과세소득이 누진세율 체계에서 가장 낮은 세율이 적용되는 구간이라면, 산출세액 계산 시 최저세율이 적용될 것이므로 최저세율을 평균세율로 적용한다.

**사례**

| (단위 : 억원) | (질의1) | (질의2) |
|---|---|---|
| ×3년(예상)회계이익 | (−)20 | 20 |
| 가산할 : 지분상품(FVOCI) 처분 | 10 | 10 |
| 각사업연도소득 | (−)10 | 30 |
| 이월결손금 공제 | − | (−)30 |
| 과세표준 | − | − |
| 산출세액 | − | − |

| 과세표준 | 현행세율(지방세 포함) |
|---|---|
| 2억원 이하 | 9.9% |
| 2억원 ~ 200억원 | 20.9% |
| 200억원 ~ 3,000억원 | 23.1% |
| 3,000억원 초과 | 26.4% |

❍ 회신

- 과세대상수익의 수준에 따라 적용되는 세율이 다른 경우에는 일시적차이가 소멸될 것으로 예상되는 기간의 과세소득(세무상결손금)에 적용될 것으로 기대되는 평균세율을 사용하여 이연법인세 자산과 부채를 측정한다. 또 이연법인세자산과 이연법인세부채를 측정할 때에는 보고기간 말에 기업이 관련 자산과 부채의 장부금액을 회수하거나 결제할 것으로 예상되는 방식에 따른 세효과를 반영한다.
- 차감할 일시적차이와 이월결손금이 미래 동일한 기간에 납부할 법인세를 감소시킨다면, 차감할 일시적차이와 이월결손금을 차감하여 과세소득을 산출한다. 누진세율이 적용되는 경우, 기업회계기준서 제1012호 문단 49에 따라 평균세율을 사용하여 일시적차이와 이월결손금에 대한 이연법인세자산과 부채를 측정한다. 이때 일시적차이 및 이월결손금에 대한 이연법인세 측정을 위한 평균세율은, 과세표준에 대한 산출세액 비율로 측정한다.
- 만약 미래 예상 과세소득이 영(0) 이하라면, 적용되는 평균세율은 누진세율 체계하에서 가장 낮은 구간에 적용되는 세율을 적용한다.

기업회계기준서 제1012호는 거래나 사건의 법인세효과가 그 거래나 사건 자체에 대한 회계처리와 일관되어야 한다는 기준을 제시하고 있다. 기타포괄손익이 인식되는 거래, 자본이 인식되는 거래, 사업결합 거래를 제외하고는 일반적으로 당기 법인세효과는 수익이나 비용으로 당기손익에 포함된다.

기타포괄손익으로 인식된 항목과 관련된 법인세 금액은 기타포괄손익으로 인식되고, 자본으로 인식된 항목과 관련된 법인세 금액은 자본으로 인식된다. 한국채택국제회계기준에서는 특정항목에 대해서 기타포괄손익으로 인식될 것을 요구하거나 허용하고 있는데, 이러한 예로는 유형자산 재평가로 인한 장부금액 변동, FVOCI 공정가치 평가로 인한 장부금액의 변동이 있다. 이에 대한 법인세효과를 기타포괄손익으로 인식한다.

또한 특정항목에 대해서 자본에 직접 가감하도록 요구하거나 허용하고 있는데, 이러한 예로는 소급 적용되는 회계정책 변경이나 오류 수정으로 인한 기초이익잉여금 잔액에 대한 조정이나, 복합금융상품의 자본요소에 대한 최초 인식에서 발생하는 금액의 경우가 있을 수 있다. 이에 대한 법인세효과는 자본으로 인식한다.

## 7. 표시 및 공시

### (1) 표시

당기법인세자산과 당기법인세부채 그리고 이연법인세자산과 이연법인세부채는 재무상태표에 별도의 항목으로 표시하여야 한다. 당기법인세자산과 당기법인세부채는 유동자산과 유동부채로 구분하여 표시하고, 이연법인세자산과 이연법인세부채는 비유동자산과 비유동부채로 분류하여야 한다.

당기법인세자산과 당기법인세부채는 다음의 요건을 모두 충족하여야 상계하여 표시할 수 있다.

① 기업이 법적으로 집행가능한 상계권리를 가지고 있음

② 기업이 순액으로 결제하거나, 자산을 실현하는 동시에 부채를 결제할 의도가 있음

예를 들어 한국의 모회사는 당기법인세부채 그리고 해외 종속회사는 당기법인세자산을 인식하는 경우, 상기의 2가지 요건을 모두 충족하지 못한다면 연결재무제표에 상계하여 표시할 수 없다.

이연법인세자산과 이연법인세부채는 다음의 요건을 모두 충족하여야 상계하여 표시할 수 있다.

① 당기법인세자산과 당기법인세부채의 법적 상계권리가 있음

② 이연법인세자산과 이연법인세부채가

㈎ 과세대상기업이 동일하거나,

㈏ 당기법인세자산·부채를 순액으로 결제할 의도가 있거나, 유의적인 금액의 이연법인세부채(자산)가 결제(회수)될 미래의 각 회계기간마다 자산을 실현하는 동시에 부채를 결제할 의도가 있음

마찬가지로 해외종속회사가 있는 경우 상기의 요건을 충족하지 못하여 연결재무제표상 이연법인세자산과 이연법인세부채가 각각 표시되는 경우가 많다.

### (2) 공시

기업회계기준서 제1012호는 다음의 사항에 대한 공시를 요구한다.

- 법인세비용(수익)의 주요 구성요소
- 자본에 직접 가감되는 항목과 관련된 당기법인세와 이연법인세의 총액
- 기타포괄손익과 관련된 법인세
- 법인세비용과 회계이익과의 관계에 대한 설명
- 이연법인세자산으로 인식하지 않은 차감할 일시적 차이, 미사용 세무상 결손금 등

**사례 3** 법인세비용 주석

### 당기 및 전기 법인세비용의 주요 구성요소

| 구분 | 당기 | 전기 |
|---|---|---|
| 당기 법인세부담액 | ××× | ××× |
| 일시적차이로 인한 이연법인세 변동액 | ××× | ××× |
| 자본에 직접 반영된 법인세비용 | | |
| – 세무상 자본에 직접 반영된 법인세비용 | ××× | ××× |
| – 회계정책 변경효과 | ××× | ××× |
| 소계 | ××× | ××× |
| 법인세 추납액(환급액) 등 | ××× | ××× |
| 법인세비용 | ××× | ××× |

### 당기 및 전기 법인세비용차감전순이익과 법인세비용간의 관계

| 구분 | 당기 | 전기 |
|---|---|---|
| 법인세비용차감전순이익 | ××× | ××× |
| 법정세율로 계산된 법인세비용 | ××× | ××× |
| 조정사항 : | | |
| – 세무상 과세되지 않는 수익 | ××× | ××× |
| – 세무상 차감되지 않는 비용(벌금, 과징금, 접대비한도초과 등) | ××× | ××× |
| – 과거에 미인식된 이월결손금의 사용 | ××× | ××× |
| – 세율변경으로 인한 이연법인세 변동 | ××× | ××× |
| – 기타 | ××× | ××× |
| 소계 | ××× | ××× |
| 법인세비용 | ××× | ××× |

# 제12장

# 세무회계 II

## : 보험계약 관련 법인세 및 교육세

# 제1절
# 보험계약 관련 법인세

## 1. 개요

기업회계기준서 제1117호의 시행에 맞추어 보험계약 관련 법인세법 규정이 전반적으로 개정되었다. 이러한 법인세법 개정에는 기업회계기준서 제1117호의 특성, 감독회계에서의 새로운 기준서 전면 수용, 상법 및 보험업법에 따른 보험회사의 의무 및 계약자 보호를 위한 신설 준비금 제도, 보험회사들의 법인세 부담 변동 등이 종합적으로 고려되었다.

2023년 1월 1일부터 시행[1)]된 기업회계기준서 제1117호와 관련하여 개정되거나 신설된 법인세법 등의 규정은 다음 도표와 같다.

[도표 1] 보험계약 기준서 관련 법인세법 등 규정

| 구분 | 조문 | 비고 |
|---|---|---|
| 익금의 범위 | 영 제11조 제10호 | 신설 |
| 손금의 범위 | 영 제19조 제23호 | 신설 |
| 책임준비금의 손금산입 | 법 제30조<br>영 제57조 | 개정(손금산입 대상에서 보험회사 제외) |
| 비상위험준비금 손금산입 | 영 제58조, 칙 제30조 | 시행령 개정 및 시행규칙 삭제 |
| 해약환급금준비금 손금산입 | 법 제32조, 영 제59조 | 신설 |
| 손익 귀속시기 | 영 제70조 제6항 | 신설 |

1) 이에 따라 개정사항에 대한 부칙에서 원칙적인 적용 시기를 2023년 1월 1일 이후 개시하는 사업연도부터로 규정하고 있다. 다만, 기업회계기준서 제1117호를 조기 적용하는 보험회사를 위하여 2023년 1월 1일 이후 과세표준을 신고하는 경우부터 적용하도록 부칙의 단서 규정을 마련하였으나 실제로 조기 적용한 보험회사는 없다.

12

| 외화평가 | 영 제76조 제2항[2] | 개정 |
|---|---|---|
| 전환이익 계산의 특례 | 법 제42조의 3, 영 제78조의 3, 칙 제39조의 3 | 신설 |

## 2. 보험계약 관련 손익

보험회사의 각 사업연도 소득 계산 시 보험계약 관련 손익은 감독회계를 따르도록 하고 있다.

### (1) 관련 규정

❑ **법인세법 시행령 제11조【수익의 범위】**

10. 「보험업법」에 따른 보험회사(이하 "보험회사"라 한다)가 같은 법 제120조에 따라 적립한 책임준비금의 감소액(할인율의 변동에 따른 책임준비금 평가액의 감소분은 제외한다)으로서 같은 조 제3항의 회계처리기준(이하 "보험감독회계기준"이라 한다)에 따라 수익으로 계상된 금액

❑ **법인세법 시행령 제19조【손비의 범위】**

23. 보험회사가 「보험업법」 제120조에 따라 적립한 책임준비금의 증가액(할인율의 변동에 따른 책임준비금 평가액의 증가분은 제외한다)으로서 보험감독회계기준에 따라 비용으로 계상된 금액

❑ **법인세법 시행령 제70조【이자소득 등의 귀속사업연도】**

⑥ 제1항[3] 및 제3항[4]에도 불구하고 보험회사가 보험계약과 관련하여 수입하거나 지급하는 이자·할인액 및 보험료등으로서 「보험업법」 제120조에 따른 책임준비금 산출에 반영되는 항목은 보험감독회계기준에 따라 수익 또는 손비로 계상한 사업연도의 익금 또는 손금으로 한다.

---

**2)** 보험회사의 책임준비금을 화폐성외화자산·부채에서 제외하도록 개정하였다. 이는 책임준비금 관련 환산손익은 다른 외화자산 및 부채의 평가방법을 어떻게 선택하였는지와 무관하게 보험계약 관련 손익에 포함하여 과세소득에 반영되도록 하기 위한 것으로 이해할 수 있다.

**3)** 법 제40조 제1항 및 제2항을 적용할 때 이자 등의 익금과 손금의 귀속사업연도는 다음 각 호의 구분에 따른다.

1. 법인이 수입하는 이자 및 할인액 : 「소득세법 시행령」 제45조에 따른 수입시기에 해당하는 날(한국표준산업분류상 금융 및 보험업을 영위하는 법인의 경우에는 실제로 수입된 날로 하되, 선수입이자 및 할인액은 제외한다)이 속하는 사업연도. 다만, 결산을 확정할 때 이미 경과한 기간에 대응하는 이자 및 할인액(법 제73조 및 제73조의 2에 따라 원천징수되는 이자 및 할인액은 제외한다)을 해당 사업연도의 수익으로 계상한 경우에는 그 계상한 사업연도의 익금으로 한다.
2. 법인이 지급하는 이자 및 할인액 : 「소득세법 시행령」 제45조에 따른 수입시기에 해당하는 날이 속하는 사업연도. 다만, 결산을 확정할 때 이미 경과한 기간에 대응하는 이자 및 할인액(차입일부터 이자지급일이 1년을 초과하는 특수관계인과의 거래에 따른 이자 및 할인액은 제외한다)을 해당 사업연도의 손비로 계상한 경우에는 그 계상한 사업연도의 손금으로 한다.

### (2) IFRS 17의 시행과 감독회계

우리나라 감독회계는 IFRS 전면도입국이라는 제약조건하에서, 보험회사부담 대비 감독효과를 극대화하고, 일반회계와 감독회계 간 조화를 추구하기 위하여 보험회계 운영의 국제적 추세와 일관성 확보, 재무건전성 확보를 위한 감독목적 달성, 보험계약자 보호를 위한 감독목적 달성 그리고 국내 보험회사의 실무적용 효율성 제고라는 네 가지 운영원칙에 따라 개정되었다.[5]

그 결과 감독회계는 IFRS 4 기준에서 IFRS 17(투자계약부채에 대해서는 IFRS9) 기준으로 변경되었다. 다만, 보험회사간 비교가능성 제고 등을 위하여 일반회계에서보다 구체적인 기준을 감독회계에서 마련하고 있다.

### (3) IFRS 17 손익 수용

제11장에서 설명한 바와 같이 법인세법의 손익귀속시기 일반원칙은 권리의무확정주의다. 법인세법은 권리의무확정주의 외에도 기업회계기준과 관행 등의 존중을 손익귀속시기의 원칙으로 두고 있다. 그러나 실질적으로는 시행령 등에 기업회계기준의 손익귀속시기의 내용과 적용대상을 구체적으로 규정하는 방식을 사용하는 것이 일반적이다.

그러나 기업회계기준서 제1117호와 관련한 시행령 규정이 일반적인 경우와 다르게 "책임준비금의 감소액 또는 증가액으로서 보험감독회계기준에 따라 수익 또는 비용으로 계상된 금액" 또는 "책임준비금 산출에 반영되는 항목"으로 포괄적으로 회계기준을 따르도록 규정하고 있다.

이는 기업회계기준서 제1117호와 그에 따라 변경된 감독회계에서의 보험회사의 수익과 비용 계산은 책임준비금의 계산과 연결되어 이루어지는 특성을 고려한 것이다.[6] 이러한 내용은 앞선 장들에서 설명하고 있는데 보험계약과 관련한 모든 현금흐름이 책임준비금 계산과 연동되는 것과 보험계약 관련 손익 인식은 보험서비스 기간에 걸쳐 이루어지는 발생주의가 그 주요 내용이다.

---

4) 법 제40조 제1항 및 제2항을 적용할 때 한국표준산업분류상 금융 및 보험업을 영위하는 법인이 수입하는 보험료 · 부금 · 보증료 또는 수수료(이하 이 항에서 "보험료 등"이라 한다)의 귀속사업연도는 그 보험료 등이 실제로 수입된 날이 속하는 사업연도로 하되, 선수입보험료등은 제외한다. 다만, 결산을 확정함에 있어서 이미 경과한 기간에 대응하는 보험료상당액 등을 해당 사업연도의 수익으로 계상한 경우에는 그 계상한 사업연도의 익금으로 하고, 「자본시장과 금융투자업에 관한 법률」에 따른 투자매매업자 또는 투자중개업자가 정형화된 거래방식으로 같은 법 제4조에 따른 증권(이하 이 조에서 "증권"이라 한다)을 매매하는 경우 그 수수료의 귀속사업연도는 매매계약이 체결된 날이 속하는 사업연도로 한다.

5) 금융감독원(2021.12.) "2023년 IFRS 17 [보험계약] 시행 대비 보험감독회계 도입방안"

6) 자산으로 별도 반영되던 이연신계약비, 약관대출 등 모든 현금흐름이 책임준비금에 고려되어 수익 및 비용으로 각각 인식하는 금액이 줄고, 발생주의에 따라 손익을 인식하는 체계로 재무제표 체계의 90%이상이 변동하는 특징이 있다.

12

이러한 상황에서 법인세법에서 일반회계 및 감독회계와 다른 손익귀속시기를 정하거나, 법인세법에서 손익귀속시기 등에 관한 내용을 구체적으로 규정하기는 어려움이 있었다. 또한, 기업회계기준서 제1104호의 적용 시에도 보험계약 관련 법인세법 규정은 대부분 감독회계를 따르도록 규정되어 있었던 것을 고려하면 기업회계기준서 제1117호에 따라 개정된 감독회계를 수용한 책임준비금의 증감을 기준으로 포괄적으로 규정한 것으로 이해된다.

이때, 보험계약 외의 손익에 대해서는 다른 내국법인과의 균형을 위해 법인세법의 일반원칙에 따라야 하는바 책임준비금에 대하여서만 제한하여 연동하는 내용으로 법인세법 규정을 신설한 것이다.

### (4) 수익과 비용 관련 조문의 관계

수익과 비용의 범위에 관한 법인세법 시행령 규정(제11조 제10호, 제19조 제23호)은 감독회계에 따를 것과 계상(회계처리)될 것을 요건으로 규정하고 있다. 회계처리가 특정 과세기간에 이루어지는 점을 감안하면 이러한 규정은 실제 회계처리한 때의 수익과 비용에 해당한다는 규정으로 이해된다. 즉, 수익과 비용의 범위를 규정하면서 귀속시기도 같이 정하고 있다고 해석할 수 있다.

그러나 법인세법 시행령 제70조 제6항에서 보험회사의 보험료등에 관한 손익귀속시기를 따로 규정하고 있기 때문에 각 규정의 관계와 필요성에 대한 해석 문제가 생길 수 있다.

이때 보험사업을 하는 보험회사 외의 다른 내국법인과 보험회사의 보험계약 관련 이외의 이자 등을 위하여 법인세법 시행령 제70조 제1항 및 제3항을 그대로 두면서 보험회사가 보험계약과 관련하여 수입하거나 지급하는 이자 · 할인액 및 보험료등으로서 책임준비금의 산출에 반영되는 항목은 감독회계에 따라 손익귀속시기를 정하도록 시행령 제70조 제6항을 신설한 것으로 이해하여야 한다.

즉, 법인세법 시행령 제70조 제6항은 제11조 제10호 및 제19조 제23호와 다른 내용을 규정한 것이 아니고 명확히 하는 규정이며, 상호보완적인 관계로 해석된다.

### (5) 보험회사의 실무적용

이상의 내용을 종합하면 법인세법에서 보험회사의 책임준비금 관련 손익의 범위와 귀속시기에 대해서는 감독회계에 따르도록 규정하고 있으므로 감독회계에 따라 회계처리한 경우 법인세 신고 목적의 세무조정이 원칙적으로 발생하지 않게 된다.

그러나 감독회계와 다르게 회계처리한 경우가 발생하면 세무적으로도 문제될 수 있다. 이러한 내용은 대부분 세무조정 시 확인할 수 없는 사항으로 법인세 신고 후 금융감독원 검사 등에서 책임준비금 회계처리 관련 지적사항이 생기면 손익의 범위와 귀속시기에 대한 과세문제가 발생할 위험이 있다.

또한, 이론적으로 기업회계와 감독회계를 이원화하는 회계처리가 가능하다. 이 경우 법인세 과세표준 계산의 기초가 되는 당기순이익은 기업회계에 따르도록 하고 있으나 책임준비금과 관련 손익은 감독회계를 따르도록 하고 있는바 책임준비금 관련 세무조정이 필요하게 된다.

## 3. 전환 세무처리와 법인세법상 책임준비금

법인세법 제30조 및 동법 시행령 제57조에서는 보험사업을 하는 보험회사 이외의 내국법인에 적용되는 책임준비금의 손금산입에 관해 규정하고 있다. 새로운 보험계약 기준서 시행 전에는 보험회사도 해당 규정 적용대상이었고, 법인세법상 책임준비금은 해당 규정에 따라 손금에 산입한 것을 의미하였다.[7)]

그러나 새로운 보험계약 기준서의 시행에 따라 개정 또는 신설된 현행 법인세법에서는 보험회사의 책임준비금에 대한 손금산입 규정이 없다. 아래에서는 현행 법인세법상 보험회사의 책임준비금 전환에 대한 소득금액 계산 특례 규정을 설명하면서 함께 살펴보고자 한다.

---

**7)** 기업회계기준에 따라 계상한 충당금과 준비금은 법인세법상 부채로 인정할 수도, 인정하지 않을 수도 있다. 법인세법 제30조 및 동법 시행령 제57조에는 결산상의 모든 책임준비금을 손금산입 대상으로 정하지 않고, 책임준비금의 종류별로 손금산입에 대한 규정을 두고 있다. 이를 IFRS 4에서 적립되던 책임준비금을 기준으로 정리하면 다음 표와 같다. 현재 보험회사에는 적용되지 않는 규정이므로 상세 내용은 생략한다.

| 구분 | 세무조정(관련 규정) |
|---|---|
| 보험료적립금 | 한도에 따른 결산 반영으로 세무조정 없음(법령 57 ① 1호) |
| 미경과보험료적립금 | 한도에 따른 결산 반영으로 세무조정 없음(법령 57 ① 1호) |
| 지급준비금 | 한도에 따른 결산 반영으로 세무조정 없음(법령 57 ① 2호) |
| 계약자배당준비금 | 3년 내 배당 사용으로 세무조정 없음(법령 57 ① 1호 혹은 3호) |
| 계약자이익배당준비금 | 회계 및 감독규정은 5년 내 배당이나 법인세법은 3년 내 사용 의무 미사용분 발생 시 세무조정(법령 57 ① 3호) |
| 재보험료적립금 | 실무상 계정 잔액 없음(법령 57 ① 1호) |

한편, IFRS 4 적용 시 시행되던 법인세법 제30조 제1항의 제1호 단서조항에는 책임준비금 적정성평가(LAT, Liability Adequacy Test)에 따른 책임준비금 추가적립액을 손금산입할 근거 규정이 있었다. 다만, 금융위원회가 기획재정부장관과 협의하여 고시한 최소적립액을 근거로 하고 있어 실제 고시가 있었던 2020년 이후의 LAT만 손금에 반영가능하고, 그 이전 금액은 손금불산입하도록 유권해석(서면-2021-법령해석법인-1502, 2021.09.08.)하였다.

### (1) 관련 규정

❑ **법인세법 제42조의 3【한국채택국제회계기준 적용 보험회사에 대한 소득금액 계산의 특례】**

① 보험회사가 보험업에 대한 한국채택국제회계기준으로서 대통령령으로 정하는 회계기준(이하 이 조에서 "보험계약국제회계기준"이라 한다)을 최초로 적용하는 경우에는 보험계약국제회계기준을 최초로 적용하는 사업연도(이하 이 조에서 "최초적용사업연도"라 한다)의 직전 사업연도에 손금에 산입한 책임준비금(「보험업법」에 따른 책임준비금을 말한다. 이하 이 조에서 같다)에 대통령령으로 정하는 계산식을 적용하여 산출한 금액을 최초적용사업연도의 소득금액을 계산할 때 익금에 산입한다.

② 보험회사는 최초적용사업연도의 개시일 현재 「보험업법」 제120조 제3항의 회계처리기준에 따라 계상한 책임준비금에 대통령령으로 정하는 계산식을 적용하여 산출한 금액을 해당 사업연도의 소득금액을 계산할 때 손금에 산입한다.

③ 보험회사는 제1항에도 불구하고 제1항에 따른 금액에서 제2항에 따른 금액을 뺀 금액에 대통령령으로 정하는 계산식을 적용하여 산출한 금액(금액이 양수인 경우로 한정하며, 이하 이 조에서 "전환이익"이라 한다)을 최초적용사업연도와 그 다음 3개 사업연도의 소득금액을 계산할 때 익금에 산입하지 아니할 수 있다. 이 경우 전환이익은 최초적용사업연도의 다음 4번째 사업연도 개시일부터 3년간 균등하게 나누어 익금에 산입한다.

④ 보험회사가 제3항에 따른 기간 중에 해산(제44조 제2항 및 제3항에 따른 적격합병 또는 제46조 제2항에 따른 적격분할로 인한 해산은 제외한다)하는 경우 익금에 산입되지 아니한 전환이익이 있으면 이를 해산등기일이 속하는 사업연도의 소득금액을 계산할 때 익금에 산입한다.

⑤ 제3항을 적용받는 보험회사에 대해서는 같은 항에 따른 기간에 관계없이 제32조를 적용하지 아니한다.

⑥ 전환이익의 익금불산입 및 균등분할 익금 산입의 신청, 그 밖에 필요한 사항은 대통령령으로 정한다.

❑ **법인세법 시행령 제78조의 3【한국채택국제회계기준 적용 보험회사에 대한 소득금액 계산의 특례】**

① 법 제42조의 3 제1항에서 "대통령령으로 정하는 회계기준"이란 보험계약에 대한 한국채택국제회계기준으로서 「주식회사 등의 외부감사에 관한 법률 시행령」 제7조 제1항에 따라 한국회계기준원이 제1117호로 제정하여 2023년 1월 1일부터 시행되는 회계처리기준(이하 "보험계약국제회계기준"이라 한다)을 말한다.

② 법 제42조의 3 제1항에서 "대통령령으로 정하는 계산식을 적용하여 산출한 금액"이란 보험계약국제회계기준을 최초로 적용하는 사업연도(이하 이 조에서 "최초적용사업연도"라 한다)의 직전 사업연도(이하 이 조에서 "직전사업연도"라 한다)에 손금에 산입한 책임준비금(「보험업법」에 따른 책임준비금을 말한다. 이하 이 조에서 같다)의 금액에서 제1호의 금액을 빼고 제2호의 금액을 더한 금액을 말한다.

1. 다음 각 목에 해당하는 금액의 합계액

가. 직전사업연도 당시의 보험감독회계기준에 따르면 자산에 해당하여 익금에 산입되었으

나 최초적용사업연도 이후의 새로운 보험감독회계기준에 따르면 책임준비금 산출에 반영되는 항목으로 변경된 것으로서 직전사업연도 종료일 현재 미상각신계약비(未償却新契約費) 등 기획재정부령으로 정하는 항목

나. 직전 사업연도 종료일 현재 「보험업법 시행령」 제63조 제2항에 따른 재보험자산

2. 직전사업연도 당시의 보험감독회계기준에 따르면 기타 부채에 해당하여 손금에 산입되었으나 최초적용사업연도 이후 새로운 보험감독회계기준에 따르면 책임준비금 산출에 반영되는 항목으로 변경된 것으로서 직전사업연도 종료일 현재 보험미지급금 등 기획재정부령으로 정하는 항목에 해당하는 금액

③ 법 제42조의 3 제2항에서 "대통령령으로 정하는 계산식을 적용하여 산출한 금액"이란 최초적용사업연도 개시일 현재 책임준비금의 금액(할인율 변동에 따른 책임준비금 평가액의 변동분은 제외한다)에서 보험계약자산 및 재보험계약자산의 금액을 뺀 금액을 말한다.

④ 법 제42조의 3 제3항에서 "대통령령으로 정하는 계산식을 적용하여 산출한 금액"이란 제2항에 따라 산출된 금액에서 제3항에 따라 산출된 금액을 뺀 금액에 1을 곱한 금액을 말한다.

⑤ 보험회사가 법 제42조의 3 제3항 전단에 따른 전환이익(이하 이 조에서 "전환이익"이라 한다)을 같은 항 후단에 따라 익금에 산입하는 경우에는 다음 계산식에 따라 계산한 금액을 해당 사업연도의 익금에 산입한다. 이 경우 1월 미만의 일수는 1월로 하고, 사업연도 개시일이 속한 월을 계산에 포함한 경우에는 사업연도 개시일부터 3년이 되는 날이 속한 월은 계산에서 제외한다.

$$\text{전환이익} \times \frac{\text{해당 사업자의 개월 수}}{36}$$

⑥ 법 제42조의 3 제3항을 적용받으려는 보험회사는 최초적용사업연도의 소득에 대해 법 제60조에 따른 과세표준 신고를 할 때 기획재정부령으로 정하는 전환이익 익금불산입신청서를 납세지 관할 세무서장에게 제출해야 한다.

**❑ 법인세법 시행규칙 제39조의 3【한국채택국제회계기준 적용 보험회사에 대한 소득금액 계산의 특례】**

① 영 제78조의 3 제2항 제1호 가목에서 "미상각신계약비(未償却新契約費) 등 기획재정부령으로 정하는 항목"이란 다음 각 호의 항목을 말한다.

1. 미상각신계약비
2. 보험약관대출금(관련 미수수익을 포함한다)
3. 보험미수금
4. 미수금

② 영 제78조의 3 제2항 제2호에서 "보험미지급금 등 기획재정부령으로 정하는 항목"이란 다음 각 호의 항목을 말한다.

1. 보험미지급금
2. 선수보험료
3. 가수보험료
4. 미지급비용

### (2) 전환이익 과세특례

#### 1) 법인세법상 전환손익의 계산

일반적으로 법인세법에 특별한 규정이 없으면 기업회계기준상 전환손익에 관련 유보의 추인 효과를 반영하여 법인세법상 전환손익을 계산한다. 그러나 보험계약 기준서 도입과 관련해서는 법인세법상 전환손익에 대한 과세특례 적용을 위하여 법인세법상 전환손익이 계산될 수 있도록 규정이 마련되었다.

보험회사의 법인세법상 전환손익의 계산은 2023년 1월 1일을 기준으로 한다. 구체적으로 2022년 12월 31일 기준의 IFRS 4를 적용한 책임준비금 중 법인세법에 따라 손금에 산입한 책임준비금을 익금에 산입하고, 2023년 1월 1일 기준의 감독회계에 따른 책임준비금 전체를 손금에 산입함을 기본원칙으로 하였다. 또한 전환손익 계산을 위하여 다음 도표의 사항들을 고려하도록 하고 있다.

[도표 2] 법인세법상 전환손익 계산을 위한 고려사항

| 구분 | 내용 |
|---|---|
| 보험계약 기준서 적용대상 요소 | IFRS 17 적용대상인 보험계약자산이나 재보험계약자산도 법인세법상 책임준비금과 같은 기준으로 세무처리될 수 있도록 함 |
| IFRS 17 책임준비금 현금흐름 반영대상 | IFRS 4에서는 별도 자산으로, IFRS 17에서는 책임준비금의 현금흐름에 포함되는 미상각신계약비, 보험약관대출 등을 익금산입하는 IFRS 4 책임준비금에서 차감하도록 함 |
| 법인세법상 인정된 자산 · 부채만 고려 | 법인세법상 전환손익 계산을 위해 손금산입된 책임준비금 및 관련부채, 익금산입된 관련 자산만을 대상으로 함 |

#### 2) 전환이익에 대한 과세특례

과세특례는 전환이익이 발생한 보험회사를 적용대상으로 한다. 전환이익이 발생한 보험회사는 전환이익의 익금불산입을 신청할 수 있다.[8] 전환이익 익금불산입을 신청하면, 최초적용사업연도에 계산된 법인세법상 전환이익을 익금불산입하게 된다. 익금불산입한 전환이익은 최초적용사업연도의 다음 4번째 사업연도 개시일부터 3년간 균등하게 나누어 익금에 산입한다.

한편, 전환이익 익금불산입을 신청한 법인은 해약환급금준비금 손금산입을 할 수 없도록 규정하고 있다. 즉, 전환이익이 발생한 보험회사는 전환이익 익금불산입과 해약환급금 손금산입 중 하나를 선택하여 적용하여야 한다.[9] 그 이유에 관하여서는 해약환급금준비금 손금산입 부분

8) 법인세법 시행규칙 별지 제41호의 2 서식

에서 설명하기로 한다.

**사례 1 세법상 전환이익 산정 사례[10)]**

Q. 보험업법에 따른 A보험회사는 IFRS 4에서 IFRS 17으로 회계제도를 변경하였다. 이 경우 세법상 전환이익은 얼마이고, 어떻게 처리를 하는가?

<전환이익 관련 자료>

- '22년말 IFRS 4상 책임준비금 1,050원
  : 보험료적립금 250원, 미경과보험료적립금 250원, 지급준비금 250원, 계약자배당준비금 250원, 보증준비금 50원('22년 법인세 신고시 손금불산입 유보처리)
- IFRS 4상 자산으로 익금에 산입되었으나, IFRS 17 책임준비금에 반영된 항목
  : 미상각신계약비 100원, 보험약관대출금 100원, 보험미수금 100원, 재보험자산 100원
- IFRS 4상 기타 부채로 손금에 산입되었으나, IFRS 17 책임준비금에 반영된 항목
  : 보험미지급금 50원, 선수보험료 50원, 가수보험료 50원, 미지급비용 50원('22년 법인세 신고시 손금불산입 유보처리)
- '23년초 IFRS 17상 책임준비금 600원('22년말 누적된 할인율 변동효과는 +100원), 보험계약자산 10원, 재보험계약자산 10원

<해약환급금 관련 자료>

연도별 해약환급금*1과 IFRS 17 책임준비금*2은 다음과 같다.

| 연도 | 2023년말 | 2024년말 | 2025년말 |
|---|---|---|---|
| 해약환급금*1 | 1,500원 | 1,700원 | 1,300원 |
| IFRS 17 책임준비금*2 | 1,000원 | 1,100원 | 1,400원 |

*1 보험업감독규정 제6-11조의6 2호에 따른 해약환급금 + 미경과보험료를 의미
*2 보험업감독규정 제6-11조의6 1호에 따른 책임준비금 + 특별계정부채의 계약자적립금을 의미

12

9) 전환이익이 발생한 보험회사 중 실제 전환이익 익금불산입 규정을 적용한 보험회사는 장기보험상품을 취급하지 않는 한 곳 정도로 알려져 있다.

10) 생명보험협회 · 손해보험협회(2023.3.9.) "IFRS 도입대비 세법개정 설명회 자료(법인세법 · 교육세법)"

### (1) 2023년초 전환 분개

① IFRS 4 관련 계정 제거 회계처리

| 구분 | 차변 | | 대변 | |
|---|---|---|---|---|
| | 계정과목 | 금액 | 계정과목 | 금액 |
| 책임준비금 계정 | 보험료적립금 | 250 | 이익잉여금 | 1,050 |
| | 미경과보험료적립금 | 250 | | |
| | 지급준비금 | 250 | | |
| | 계약자배당준비금 | 250 | | |
| | 보증준비금* | 50 | | |
| 자산 계정 | 이익잉여금 | 400 | 미상각신계약비 | 100 |
| | | | 보험약관대출금 | 100 |
| | | | 보험미수금 | 100 |
| | | | 재보험자산 | 100 |
| 부채 계정 | 보험미지급금 | 50 | 이익잉여금 | 200 |
| | 선수보험료 | 50 | | |
| | 가수보험료 | 50 | | |
| | 미지급비용+ | 50 | | |

* 보증준비금 50, 미지급비용 50은 세무상 미확정비용으로서, 22년 법인세신고시 손금불산입(유보) 처리

② IFRS 17 관련 계정 인식 회계처리

| 구분 | 차변 | | 대변 | |
|---|---|---|---|---|
| | 계정과목 | 금액 | 계정과목 | 금액 |
| 책임준비금 계정 | 이익잉여금 | 600 | 책임준비금 | 600 |
| 자산 계정 | 보험계약자산 | 10 | 이익잉여금 | 20 |
| | 재보험계약자산 | 10 | | |
| 할인율 변동효과 | 이익잉여금 | 100 | 기타포괄손익 | 100 |

### (2) 세무상 전환손익 산정

| 구분 | | 항목 | 금액 |
|---|---|---|---|
| IFRS 4 | IFRS 4 책임준비금 | 직전 사업연도에 손금 산입 책임준비금 | 1,000*1 |
| | 차감항목 ('22.12.31.기준) | 미상각신계약비 | (100) |
| | | 보험약관대출금(관련 미수수익 포함) | (100) |
| | | 보험미수금 | (100) |
| | | 재보험자산 | (100) |
| | | 차감항목 소계 | (400) |
| | 가산항목 ('22.12.31.기준) | 보험미지급금 | 50 |
| | | 선수보험료 | 50 |
| | | 가수보험료 | 50 |
| | | 미지급비용 | 0*2 |
| | | 가산항목 소계 | 150 |
| | | 조정 후 IFRS 4 책임준비금(A) | 750 |
| IFRS 17 | IFRS 17 책임준비금 | 최초적용 사업연도 개시일 책임준비금 | 700*3 |
| | 차감항목 ('23.1.1.기준) | 보험계약자산 | (10) |
| | | 재보험계약자산 | (10) |
| | | 차감항목 소계 | (20) |
| | | 조정 후 IFRS 17 책임준비금(B) | 680 |
| | | 전환이익(A−B) | 70 |

*1 (1,050 − 50) : 최초적용 사업연도의 직전 사업연도에 손금에 산입한 책임준비금만 해당
*2 (50 − 50) : 최초 적용 사업연도의 직전 사업연도에 손금으로 인정된 금액만 해당
*3 (600 + 100) : 할인율 변동에 따른 책임준비금 평가액의 변동분은 제외

### (3) 세무조정

① 기초 전환손익 세무조정

| 구분 | 세무조정* | | | |
|---|---|---|---|---|
| 이익잉여금 변동 | <익금산입> | 이익잉여금(조정 후 IFRS 4 책임준비금) | 750 | (기타) |
| | <손금산입> | 이익잉여금(조정 후 IFRS 17 책임준비금) | 680 | (기타) |
| | <익금산입> | 이익잉여금(전기 보증준비금) | 50 | (기타) |
| | <익금산입> | 이익잉여금(전기 미지급미용) | 50 | (기타) |
| 할인율 변동효과 | <익금산입> | 기타포괄손익 | 100 | (기타) |
| | <손금산입> | IFRS 17 책임준비금 | 100 | (△유보) |
| 전기 유보 추인 | <손금산입> | 전기 보증준비금 | 50 | (△유보) |
| | <손금산입> | 전기 미지급비용 | 50 | (△유보) |

* 세무조정의 순효과는 세무상 전환이익과 동일함 (750 − 680 + 50 + 50 + 100 − 100 − 50 − 50 = 70)

② 기말 전환이익 과세이연 세무조정

| 연도 | 세무조정 | | | |
|---|---|---|---|---|
| 2023년 | <익금불산입> | 전환이익 과세이연 | 70 | (△유보) |
| 2027년 | <익금산입> | 전환이익 과세이연 추인 | 23.3 | (유보) |
| 2028년 | <익금산입> | 전환이익 과세이연 추인 | 23.3 | (유보) |
| 2028년 | <익금산입> | 전환이익 과세이연 추인 | 23.4 | (유보) |

참고 전환이익 과세이연 효과

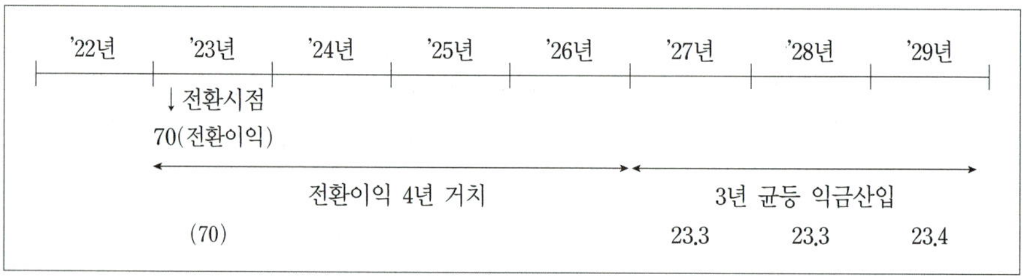

### (3) 법인세법상 책임준비금[11)]

법인세법 제42조의 3에서는 한국채택국제회계기준 적용 보험회사에 대한 소득금액 계산의 특례 규정을 마련하고 있다. 그런데 해당 조문 내용을 살펴보면 보험계약 기준서 시행에 따른 과세특례 적용 여부와 무관하게 모든 보험회사의 전환 세무처리에 대해서도 함께 규정하고 있다.

전환 세무처리의 내용은 최초적용 사업연도의 직전 사업연도에 IFRS 4 회계 하에서 법인세법 제30조를 적용하여 손금산입한 책임준비금을 익금산입하고, 최초 적용사업연도에 감독회계에 따라 계상한 책임준비금을 손금에 산입하는 것이다.[12)] 해당 규정에 따르면 감독회계에 따른 책임준비금이 법인세법상 책임준비금이 되는 것으로 이해할 수 있다.

따라서, 그 이후 사업연도에도 법인세법 제30조 책임준비금 손금산입 규정을 적용하지 않더라도 감독회계에 따른 책임준비금 감소액과 증가액을 손익으로 인정하게 되면 법인세법상 책임준비금이 보험감독회계기준에 따른 책임준비금과 계속 일치하게 된다.

## 4. 비상위험준비금

보험회사의 비상위험준비금에 관한 설명은 제6장에서와 같다. 이하에서는 법인세법상 손금산입 내용을 위주로 설명하기로 한다.

---

11) 책임준비금은 보험업법 제120조 제3항의 회계처리기준에 따라 계상한 책임준비금으로서 장래에 지급할 보험금·환급금 및 계약자배당금의 지급에 충당하기 위한 금액을 의미한다. 보험감독회계기준 총괄재무상태표를 기준으로 세부항목은 다음과 같다.
- 책임준비금 : 보험계약부채, 재보험계약부채 및 투자계약부채(보험업감독규정 제6-11조 제1항)
- 부의 책임준비금 : 보험계약자산, 재보험계약자산(감독규정 제 6-11조 제2항 단서)
- 특별계정부채 : 변액보험 및 실적배당형퇴직연금 특별계정 계약자적립금(감독규정 제6-23조 제1항, 제6-21조 제1호 및 제3호)

12) 시행령 규정에 따라 할인율 변동에 따른 책임준비금 평가액의 변동분은 제외한다.

# 전환이익 익금불산입신청서

<table>
<tr><td rowspan="6">❶ 신청인</td><td>① 상호 또는 법인명</td><td>② 사업자등록번호</td></tr>
<tr><td>③ 대표자 성명</td><td>④ 법인등록번호</td></tr>
<tr><td colspan="2">⑤ 사업장(본점) 소재지<br>(전화번호: )</td></tr>
<tr><td>⑥ 업종</td><td>⑦ 사업 개시일</td></tr>
<tr><td colspan="2">⑧ 한국채택국제회계기준 제1117호 최초 적용 사업연도<br>년 월 일</td></tr>
</table>

❷ 전환이익 계산

<table>
<tr><td rowspan="7">⑨ 최초 적용 사업연도의<br>직전 사업연도에<br>손금에 산입한<br>책임준비금의 금액</td><td rowspan="7"></td><td colspan="2">직전 사업연도 종료일 현재 금액</td></tr>
<tr><td>⑩ 미상각신계약비</td><td></td></tr>
<tr><td>⑪ 보험약관대출금<br>(관련 미수수익 포함)</td><td></td></tr>
<tr><td>⑫ 보험미수금</td><td></td></tr>
<tr><td>⑬ 미수금</td><td></td></tr>
<tr><td>⑭ 재보험자산</td><td></td></tr>
<tr><td>⑮ 소계(⑩+⑪+⑫+⑬+⑭)</td><td></td></tr>
<tr><td rowspan="5">㉑ 최초 적용 사업연도의<br>직전 사업연도에<br>손금에 산입한<br>책임준비금의 조정금액<br>(⑨－⑮+⑳)</td><td rowspan="5"></td><td>⑯ 보험미지급금</td><td></td></tr>
<tr><td>⑰ 선수보험료</td><td></td></tr>
<tr><td>⑱ 가수보험료</td><td></td></tr>
<tr><td>⑲ 미지급비용</td><td></td></tr>
<tr><td>⑳ 소계(⑯+⑰+⑱+⑲)</td><td></td></tr>
<tr><td rowspan="4">㉒ 최초 적용 사업연도<br>개시일 현재<br>책임준비금의 금액</td><td rowspan="4"></td><td colspan="2">최초 적용 사업연도 개시일 현재 금액</td></tr>
<tr><td>㉓ 보험계약자산</td><td></td></tr>
<tr><td>㉔ 재보험계약자산</td><td></td></tr>
<tr><td>㉕ 소계(㉓+㉔)</td><td></td></tr>
<tr><td>㉖ 최초 적용 사업연도<br>개시일 현재<br>책임준비금의 조정금액<br>(㉒－㉕)</td><td></td><td colspan="2"></td></tr>
<tr><td>㉗ 전환이익<br>(㉑－㉖)</td><td colspan="3"></td></tr>
</table>

「법인세법 시행령」 제78조의3제6항에 따라 전환이익 익금불산입신청서를 제출합니다.

년 월 일

신청인 (서명 또는 인)

**세 무 서 장** 귀하

### (1) 관련 규정

❑ **법인세법 제31조【비상위험준비금의 손금산입】**

① 보험사업을 하는 내국법인이 각 사업연도의 결산을 확정할 때 「보험업법」이나 그 밖의 법률에 따른 비상위험준비금(이하 이 조에서 "비상위험준비금"이라 한다)을 손비로 계상한 경우에는 대통령령으로 정하는 바에 따라 계산한 금액의 범위에서 그 계상한 비상위험준비금을 해당 사업연도의 소득금액을 계산할 때 손금에 산입한다.

② 제1항을 적용할 때 한국채택국제회계기준을 적용하는 내국법인이 비상위험준비금을 제60조 제2항 제2호에 따른 세무조정계산서에 계상하고 그 금액 상당액을 해당 사업연도의 이익처분을 할 때 비상위험준비금으로 적립한 경우에는 대통령령으로 정하는 바에 따라 계산한 금액의 범위에서 그 금액을 결산을 확정할 때 손비로 계상한 것으로 본다.

③ 제1항을 적용하려는 내국법인은 대통령령으로 정하는 바에 따라 비상위험준비금에 관한 명세서를 납세지 관할 세무서장에게 제출하여야 한다.

④ 제1항 및 제2항에 따른 비상위험준비금의 처리에 필요한 사항은 대통령령으로 정한다.

❑ **법인세법 시행령 제58조【비상위험준비금의 손금산입】**

① 법 제31조 제1항에 따른 비상위험준비금(이하 이 조에서 "비상위험준비금"이라 한다)은 해당 사업연도의 보험종목(화재보험, 해상보험, 자동차보험, 특종보험, 보증보험, 해외수재 및 해외원보험을 말한다. 이하 이 조에서 같다)별 적립대상보험료의 합계액에 「보험업법 시행령」 제63조 제4항에 따라 금융위원회가 정하는 보험종목별 적립기준율을 곱해 계산한 금액(이하 이 조에서 "보험종목별적립기준금액"이라 한다)의 범위에서 손금에 산입한다.

② 제1항에 따라 손금에 산입하는 비상위험준비금의 누적액은 해당 사업연도의 보험종목별 적립대상보험료의 합계액의 100분의 50(자동차보험의 경우에는 100분의 40, 보증보험의 경우에는 100분의 150)을 한도로 한다.

③ 법 제31조 제2항에서 "대통령령으로 정하는 바에 따라 계산한 금액"이란 보험종목별적립기준금액을 합한 금액의 100분의 90을 말한다.

④ 제1항 및 제2항에 따라 손비로 계상한 비상위험준비금의 처리 및 적립대상보험료의 계산방법은 「보험업법 시행령」 제63조 제4항에 따라 금융위원회가 정하여 고시하는 바에 따른다.

⑤ 법 제31조 제1항을 적용받으려는 내국법인은 법 제60조에 따른 신고와 함께 기획재정부령으로 정하는 비상위험준비금명세서를 납세지 관할 세무서장에게 제출해야 한다.

### (2) 비상위험준비금의 손금산입

12

보험회사의 특성상 비경상적 위험에 대비하여야 하므로 보험업법에서 비상위험준비금의 적립을 규정하고 있다. 그러나 기업회계기준서 제1104호 및 제1117호에서 비상위험준비금을 부채로 인정하지 않으므로 감독회계에서도 비상위험준비금을 부채로 적립할 수는 없었다. 이에 따라, 감독규정에서는 이익잉여금의 처분으로 비상위험준비금을 적립하도록 하고 있다.

비상위험준비금을 법인세법에서 손금으로 인정하지 않으면 법인세 과세 등 사외유출되어 향후 비경상적 위험에 대비하기 부족하게 되는 문제가 생길 수 있다. 또한, 비상위험준비금을 부채로 인정받을 때와 비교하여 세부담이 급격히 증가하는 문제, 보험사업을 하는 다른 내국법인[13]과 비교하여 과세형평이 맞지 않는 문제도 있었다.

이러한 점을 고려하여 법인세법에서는 이익잉여금 처분을 전제로 하여 보험회사가 비상위험준비금을 신고조정 방식으로 손금산입할 수 있도록 허용하고 있다.

### (3) 세무조정 및 서식

비상위험준비금의 손금산입 한도액과 관련된 규정은 보험회사가 손금에 산입할 수 있는 최대의 비상위험준비금을 나타내는 규정이다. 구체적인 적립한도에 관하여서는 보험업법 및 보험업감독규정의 내용을 법인세법이 따르도록 규정하고 있다.

다만, 보험업감독규정에서는 "보험종목별 적립대상보험료 × 감독원장이 정한 적립기준율"에 의하여 산출된 금액의 100분의 35이상 100분의 100이하를 비상위험준비금으로 적립하도록 범위를 넓게 규정하고 있으나 법인세법에서는 보험종목별적립기준금액을 합한 금액의 100분의 90을 한도로 규정하고 있다. 따라서, 법인세법에서 정한 한도보다 많이 적립한 경우에는 한도만큼만 손금산입할 수 있고, 적게 적립한 경우에는 적립액만큼만 손금산입할 수 있게 된다.

비상위험준비금 손금산입을 적용받고자 하면 세무조정계산서에 손금산입하고, 비상위험준비금 계산서 서식[14]을 제출하여야 한다.

---

**13)** 보험사업을 하는 다른 내국법인은 「수산업협동조합법」, 「무역보험법」, 「새마을금고법」, 「건설산업기본법」, 「중소기업협동조합법」 및 「신용협동조합법」에 따른 보험사업 또는 공제사업에 관한 약관에 따라 보험사업을 하는 법인을 의미한다.

**14)** 법인세 시행규칙 별지 제28호 서식 발췌

<table>
<tr><td colspan="7">3. 비상위험준비금 조정</td></tr>
<tr><td colspan="7">(1) 「법인세법」 제31조제1항에 따른 비상위험준비금 조정</td></tr>
<tr><td rowspan="3">손 금<br>산입액<br>조 정</td><td colspan="3">한 도 액</td><td rowspan="2">㊱ 회사계상액</td><td rowspan="2" colspan="2">㊲ 한도초과액<br>(㊱−㉟)</td></tr>
<tr><td>㉝ 적립대상보험료의<br>합계액</td><td>㉞ 보험종목별<br>적립기준율</td><td>㉟ 보험종목별<br>적립기준금액(㉝×㉞)</td></tr>
<tr><td></td><td></td><td></td><td></td><td colspan="2"></td></tr>
<tr><td rowspan="2">누 계<br>한도액<br>조 정</td><td>㊳ 장부상<br>준비금<br>기초잔액</td><td>㊴ 기중준비금<br>환입액</td><td>㊵ 준비금<br>부인누계액</td><td>㊶ 회사계상<br>누계액<br>(㊳−㊴−㊵)</td><td>㊷ 누계한도액<br>[㉝×50(40) / 100]</td><td>㊸ 한도초과액<br>(㊶−㊷)</td></tr>
<tr><td></td><td></td><td></td><td></td><td></td><td></td></tr>
<tr><td colspan="7">(2) 「법인세법」 제31조제2항에 따른 비상위험준비금 조정(한국채택국제회계기준 적용 법인)</td></tr>
<tr><td colspan="2">㊹ 한도액(㉟×90/100)</td><td>㊺ 신고조정 손금산입액</td><td colspan="2">㊻ 이익처분시 적립금액</td><td colspan="2">㊼ 한도초과액(㊺−㊹)</td></tr>
<tr><td colspan="2"></td><td></td><td colspan="2"></td><td colspan="2"></td></tr>
</table>

## 5. 해약환급금준비금

보험회사의 해약환급금준비금에 관한 설명은 제6장에서와 같다. 이하에서는 법인세법상 손금산입 내용을 위주로 설명한다.

### (1) 관련 규정

❑ 법인세법 제32조【해약환급금준비금의 손금산입】

① 「보험업법」에 따른 보험회사(이하 "보험회사"라 한다)가 해약환급금준비금(보험회사가 보험계약의 해약 등에 대비하여 적립하는 금액으로서 대통령령으로 정하는 바에 따라 계산한 금액을 말한다. 이하 이 조에서 같다)을 제60조 제2항 제2호에 따른 세무조정계산서에 계상하고 그 금액 상당액을 해당 사업연도의 이익처분을 할 때 해약환급금준비금으로 적립한 경우에는 그 금액을 결산을 확정할 때 손비로 계상한 것으로 보아 해당 사업연도의 소득금액을 계산할 때 손금에 산입한다.

② 제1항을 적용받으려는 보험회사는 대통령령으로 정하는 바에 따라 해약환급금준비금에 관한 명세서를 납세지 관할 세무서장에게 제출하여야 한다.

③ 제1항에 따른 해약환급금준비금의 손금산입 및 그 금액의 처리에 필요한 사항은 대통령령으로 정한다.

❑ 법인세법 시행령 제59조【해약환급금준비금의 손금산입】

① 법 제32조 제1항에서 "대통령령으로 정하는 바에 따라 계산한 금액"이란 「보험업법 시행령」 제65조 제2항 제3호에 따라 해약환급금준비금에 관하여 금융위원회가 정하여 고시하는 방법으로 계산한 금액을 말한다.

② 법 제32조 제1항에 따라 손비로 계상한 해약환급금준비금의 처리에 필요한 사항은 「보험업법 시행령」 제65조 제2항 제3호에 따라 금융위원회가 정하여 고시하는 바에 따른다.

③ 법 제32조 제1항을 적용받으려는 보험회사는 법 제60조에 따른 과세표준 신고를 할 때 기획재정부령으로 정하는 해약환급금준비금 명세서를 납세지 관할 세무서장에게 제출해야 한다.

### (2) 해약환급금준비금의 손금산입

해약환급금준비금 계산의 기초가 되는 해약환급금은 보험계약이 해지된 때 상법 제736조에 따라 보험계약자에게 반환해야 하는 법정 보험적립금이다. IFRS 17에서는 보험부채를 시가평가하고, 이러한 상황에서 보험회사가 적립하는 보험부채가 감소하여 해약환급금에 미달하게 될 가능성이 있다.

보험부채를 해약환급금에 미달하게 적립하여 주주 배당이나 법인세로 사외유출되는 경우 계약자에게 해약환급금을 지급하지 못할 위험이 생길 수 있으므로 감독규정에서는 이익잉여금의 처분으로 해약환급금준비금을 적립하도록 하고 있다.

해약환급금준비금을 손금으로 인정하지 않으면 법인세로 사외유출되어 향후 해약환급금으로 지급할 금액이 부족하게 되는 문제가 생길 수 있다. 또한, 해약환급금을 부채로 인정받을 때와 비교하여 세부담이 급격히 증가하는 문제, 보험사업을 하는 다른 내국법인과 비교하여 과세형평이 맞지 않는 문제도 있었다.[15]

또한, 기업회계기준상 전환회계처리 시 재무정보의 비교가능성 등을 위해 공정가치법이 적용됨에 따라 할인율 변동에 의한 책임준비금 감소액 또는 증가액 중 상당부분이 이익잉여금의 변동으로 반영되었다. 또한 공정가치법 처리의 영향이 전환이후 상당기간 동안 보험회사의 당기순이익에 영향을 미치게 되었다. 이러한 상황에서 전환이익의 과세특례 적용만으로는 보험회사의 급격한 세부담 변동을 충분히 제거할 수 없다는 문제가 있다.

이러한 점을 고려하여 법인세법에서는 이익잉여금 처분을 전제로 하여 보험회사가 해약환급금준비금을 신고조정 방식으로 손금산입할 수 있도록 허용하고 있다.

### (3) 세무조정 및 서식

보험회사가 해약환급금준비금을 세무조정계산서에 계상하고 그 금액 상당액을 해당 사업연도의 이익처분을 할 때 해약환급금준비금으로 적립한 경우에는 그 금액을 결산을 확정할 때 손비로 계상한 것으로 보아 해당 사업연도의 소득금액을 계산할 때 손금에 산입한다. 손금에 산입한 해약환급금준비금이 환입되는 경우에는 법인세법에서도 익금에 산입하여야 한다.

해약환급금준비금을 손금에 산입하려는 보험회사는 법인세 과세표준 신고를 할 때 해약환급금준비금 명세서[16]를 납세지 관할 세무서장에게 제출해야 한다.

---

15) 감독기준에 따라 추가적립이 요구되는 준비금은 해약환급금준비금과 보증준비금이 있다. 그러나 법인세법에서는 해약환급금준비금만 신고조정으로 손금산입할 수 있도록 하였는데, 이는 보증준비금은 IFRS 4에서도 법인세법상 손금으로 인정되지 않았으므로 세부담 증가나 과세형평 문제를 유발하지 않는 것이 그 이유라고 할 수 있다.

16) 법인세 시행규칙 별지 제28호 서식 발췌

<table>
<tr><td colspan="13">4.「법인세법」 제32조제1항에 따른 해약환급금준비금 계산</td></tr>
<tr><td rowspan="5">손금<br>(익금)<br>산입액</td><td colspan="12">「보험업법 시행령」 제65조제2항제3호에 따라 금융위원회가 정하는 방법으로 계산한 해약환급금준비금</td></tr>
<tr><td colspan="3">㊽ 해약환급금</td><td colspan="3">㊾ 미경과보험료</td><td colspan="3">㊿ 책임준비금</td><td colspan="3">(51) 특별계정부채의<br>계약자적립금</td></tr>
<tr><td colspan="3"></td><td colspan="3"></td><td colspan="3"></td><td colspan="3"></td></tr>
<tr><td colspan="4">(52) 해약환급금준비금(㊽+㊾−㊿−(51))</td><td colspan="4">(53) 직전 사업연도까지<br>손금산입한 해약환급금준비금</td><td colspan="4">(54) 신고조정 손금(익금) 산입액<br>((53)−(52))</td></tr>
<tr><td colspan="4"></td><td colspan="4"></td><td colspan="4"></td></tr>
</table>

### (4) 해약환급금준비금 손금산입과 전환이익 과세특례

보험회사는 전환이익 과세특례와 해약환급금준비금 손금산입 제도 중 하나만을 선택하여 적용할 수 있다. 그 이유는 전환이익과 해약환급금준비금 모두 시가부채와 원가부채의 차이를 이유로 계산된다는 면에서 효과가 겹치기 때문이다. 따라서 두 제도를 동시에 적용할 수 있도록 하면 이중으로 손금산입되는 부분이 발생할 수도 있다.

이때, 전환이익이 있는 회사는 전환 시 과세특례를 적용하지 않은 것을 전제로 해약환급금준비금 손금산입을 적용한다. 한편 전환 시 손실이 발생한 회사라고 하더라도 이후에 해약환급금준비금이 적립될 수 있는데 이 경우도 손금산입 가능하다.

**보충설명** IFRS 4와 IFRS 17에서의 보험회사 보험부채 관련 세무조정사항 비교

❑ **생명보험사**

• IFRS 4

| 구분 | 세무조정 | 내용 |
|---|---|---|
| 보증준비금 | 손금불산입 · 유보 | 법인세법에서 인정하지 않는 보증준비금(부채)을 손금불산입함<br>전기 보증준비금(부채)은 손금산입함 |
| 배당보험손실보전준비금 | 손금불산입 · 유보 | 법인세법에서 인정하지 않는 배당보험손실보전준비금(부채)을 손금불산입함<br>전기 배당보험손실보전준비금(부채)은 손금산입함 |
| 계약자이익배당준비금 | 손금불산입 · 유보 | 계약자이익배당준비금 중 3년 내 미사용분이 있는 경우 미사용금액을 손금불산입함 |

• IFRS 17

| 구분 | 세무조정 | 내용 |
|---|---|---|
| 보험계약자산(부채) 순금융손익_OCI | 양편조정 | 법인세법에서 인정하지 않는 할인율변동효과를 손(익)금불산입하는 동시에 자본조정으로 계상한 금액을 익(손)금불산입함<br>기초 금액을 반대 조정 |
| 해약환급금준비금 | 손금산입 · 유보 | 해약환급금준비금 적립액을 손금산입함<br>해약환급금준비금 환입액을 익금산입함 |

### ❏ 손해보험사

• IFRS 4

| 구분 | 세무조정 | 내용 |
|---|---|---|
| 배당보험손실보전준비금 | 손금불산입 · 유보 | 법인세법에서 인정하지 않는 배당보험손실보전준비금(부채)을 손금불산입함<br>전기 배당보험손실보전준비금(부채)은 손금산입함 |
| 계약자이익배당준비금 | 손금불산입 · 유보 | 계약자이익배당준비금 중 3년 내 미사용분이 있는 경우 미사용금액을 손금불산입함 |
| 구상채권 | 손금불산입 · 유보 | 법인세법에서 인정하지 않는 구상채권(자산)을 익금불산입함<br>전기 구상채권(자산)은 익금산입함 |
| 비상위험준비금 | 손금산입 · 유보 | 비상위험준비금 적립액을 손금산입함<br>비상위험준비금 환입액을 익금산입함 |

• IFRS 17

| 구분 | 세무조정 | 내용 |
|---|---|---|
| 보험계약자산(부채)<br>순금융손익_OCI | 양편조정 | 법인세법에서 인정하지 않는 할인율변동효과를 손(익)금불산입하는 동시에 자본조정으로 계상한 금액을 익(손)금불산입함<br>기초 금액을 반대 조정 |
| 비상위험준비금 | 손금산입 · 유보 | 비상위험준비금 적립액을 손금산입함<br>비상위험준비금 환입액을 익금산입함 |
| 해약환급금준비금 | 손금산입 · 유보 | 해약환급금준비금 적립액을 손금산입함<br>해약환급금준비금 환입액을 익금산입함 |

# 제2절
# 보험회사의 교육세

## 1. 금융 · 보험업자의 교육세 납세의무 개요

교육세법은 교육의 질적 향상을 도모하기 위하여 필요한 교육재정의 확충에 드는 재원을 확보함을 목적으로 하며, 금융 · 보험업자에게 교육세 납세의무를 부과하고 있다(교육세법 제3조 제1호). 금융 · 보험업자는 수익금액의 1천분에 5에 해당하는 세액을 교육세로 납부하여야 한다(교육세법 제5조 제1항 제1호).

이때, 과세표준이 되는 수익금액이란 금융 · 보험업자가 수입한 이자, 배당금, 수수료, 보증료, 유가증권의 매각익 · 상환익(유가증권의 매각 또는 상환에 따라 지급받은 금액에서 「법인세법」 제41조에 따라 계산한 취득가액을 차감한 금액을 말한다), 보험료(보험계약의 만기 · 해지 및 보험사고 등 보험계약에 따른 지급에 대비하여 적립되는 금액으로서 비상위험준비금 등 대통령령으로 정하는 금액과 재보험료를 공제한다), 그 밖에 대통령령으로 정하는 금액을 말한다(교육세법 제5조 제3항).

## 2. 보험계약 관련 교육세

### (1) 관련 규정

❑ **교육세법 제7조【금융 · 보험업자의 수익금액의 귀속시기】**

① 금융 · 보험업자의 수익금액의 귀속시기에 관하여는 「법인세법」 제40조 · 제43조 및 「소득세법」 제39조를 준용한다.

② 제1항에도 불구하고 별표 제6호에 따른 금융 · 보험업자의 다음 각 호의 구분에 따른 수익금액의 귀속시기는 해당 호에서 정하는 과세기간으로 한다.

1. 보험료 : 실제로 수입된 날이 속하는 과세기간. 다만, 과세기간 말 현재 경과하지 아니한 보험기간에 대응하는 보험료의 경우에는 다음 각 목의 구분에 따른 과세기간으로 한다.

12

가. 보험계약이 계속 유지되는 경우 : 해당 보험료에 대응하는 보험기간이 속하는 각 과세기간

나. 보험계약이 해지된 경우 : 해당 계약이 해지된 날이 속하는 과세기간

2. 보험약관에 따라 대출한 금액에서 발생한 이자 : 실제로 수입된 날이 속하는 과세기간

❑ 교육세법 시행령 제3조의 2【보험계약에 따른 지급에 대비해 적립되는 금액의 범위】

법 제5조 제3항에서 "비상위험준비금 등 대통령령으로 정하는 금액"이란 다음 각 호의 금액을 말한다.

1. 「보험업법」 제120조에 따른 책임준비금과 유사한 항목으로서 다음 각 목의 금액

가. 「보험업법」 제127조 제1항에 따라 작성한 보험약관에 따라 해당 과세기간 종료일 현재 법 별표 제6호에 따른 해당 금융·보험업자의 모든 보험계약이 해지된 경우 계약자 또는 수익자에게 지급해야 할 환급액(해약공제액을 포함한다. 이하 "계약자적립액"이라 한다)

나. 해당 과세기간 종료일 현재 보험계약에 따른 지급사유가 발생한 계약에 대해 아직 지급해야 할 보험금이 확정되지 않은 경우 그 손해액 및 환급액을 고려하여 추정한 보험금 상당액(손해사정, 보험대위 및 구상권 행사 등에 소요될 것으로 예상되는 금액과 보험계약자에게 향후 지급해야 할 의무가 있는 배당액을 포함한다. 이하 "발생사고요소"라 한다)

2. 「법인세법」 제31조 제1항에 따른 비상위험준비금(이하 "비상위험준비금"이라 한다)

❑ 교육세법 시행령 제5조【보험료 수익금액의 계산】

법 제5조 제3항에 따른 보험료(계약자적립액, 발생사고요소 및 비상위험준비금으로 적립되는 금액과 재보험료를 공제한다)는 제1호의 금액에서 제2호의 금액을 공제한 금액으로 한다.

1. 보험료·수재보험료·전기말 현재의 계약자적립액, 발생사고요소와 비상위험준비금 및 재보험회사로부터 받은 해약환급금(중도해약으로 인하여 지급받은 금액 중 미경과보험료에 해당하는 금액을 말한다)의 합계액

2. 당기말 현재의 계약자적립액, 발생사고요소와 비상위험준비금·해약환급금(중도해약으로 인하여 지급한 금액 중 미경과보험료에 해당하는 금액을 말한다)·출재보험료(제4조 제2항 제5호에 따른 보험료에 관계되는 출재보험료를 제외한다)의 합계액. 다만, 당기 중에 다음 각 목에 해당하는 금액이 발생한 경우에는 해당 금액을 당기에 한정하여 당기말 계약자적립액 및 발생사고요소에 가산한다.

가. 만기·사망·해약 등으로 소멸된 계약자적립액 및 발생사고요소 해당액

나. 사고 등에 따라 지급된 보험금으로서 보험료 산출기초에 이자율을 적용하지 아니하고 순보험료가 위험보험료로만 구성된 보험계약에 따라 지급된 보험금

다. 「법인세법 시행령」 제75조 제4항에 따른 자산의 평가에서 손실이 발생하여 감소한 계약자적립액 상당액

### (2) 외형주의 과세체계의 유지

교육세는 순이익이 아닌 외형(수입금액)에 부과되는 세금이다. IFRS 17 시행 후 감독회계에서는 수입보험료를 수익으로 회계처리하지 않기 때문에 감독회계를 포괄적으로 수용한 법인세와는

달리 교육세 과세표준 계산에 있어서 발생주의에 따라 인식하는 감독회계상 수익을 그대로 적용할 수 없는 문제가 있다.

현행 교육세법은 회계기준 변경에도 불구하고 외형과세 원칙을 지키면서 보험회사 수익금액 변동을 최소화하기 위하여 기존의 과세체계를 최대한 유지하기 위한 방식으로 입법되어 있다.

### (3) 수입보험료의 귀속시기 규정

교육세법 제7조 제1항에서는 교육세법상 귀속시기에 관하여 법인세법을 준용하는 규정을 두고 있다. 그러나 보험회사의 경우 IFRS 17 도입으로 인해 수익 · 비용의 인식체계가 변경되어 법인세법에서는 이를 전면 수용하였기 때문에 외형주의 과세체계를 유지하는 교육세법상 수익금액의 경우 법인세법의 귀속시기를 준용할 수 없고 종전 귀속시기와 동일하게 유지할 필요가 있어 귀속시기에 관하여 별도로 규정하고 있다.

보험료 · 약관대출이자는 실제로 수입한 날이 속하는 과세기간에 수익금액으로 인식한다. 예외적으로 과세기간 말 현재 경과하지 아니한 보험기간에 대응하는 보험료의 경우에는 유지 중인 계약에 대한 보험료는 대응하는 보험기간에 속하는 각 과세기간에, 해지된 계약에 대한 보험료는 해약일이 속하는 과세기간에 수익금액으로 인식한다.

### (4) 교육세법 시행령 제3조의 2(정의 규정)의 신설

IFRS 4에서는 책임준비금 및 비상위험준비금과 관련하여 교육세법에서 따로 정의 규정을 둘 필요가 없었다. 이는 감독회계에서의 책임준비금과 비상위험준비금을 법인세법에서 인정하고, 교육세법에서도 같은 준비금을 과세표준 계산에 반영하고 있었기 때문이다.

그러나 IFRS 17 하에서 법인세법은 감독회계의 내용을 수용하기로 한 반면에 교육세법은 외형주의 과세체계를 유지하기로 하였으므로 개정 전 교육세 과세표준과 유사한 수준의 계산이 가능하도록 하는 정의 규정을 교육세법 시행령에 신설한 것이다. 정의된 내용은 계약자적립액, 발생사고요소, 비상위험준비금이다.

계약자적립액은 해당 과세기간 종료일 현재 모든 보험계약이 해지된 경우 계약자 등에게 지급할 환급액을 의미하는 것으로 현행 감독규정 제1-2조 제26호의 계약자적립액과 같은 개념이며, 종전 감독규정상 보험료적립금을 의미한다.[17]



---

17) IFRS 17상 잔여보장요소도 개념적으로는 감독규정의 계약자적립액과 유사하지만, 평가방법 등 차이가 있어 교육세법에서는 감독회계상 잔여보장요소 대신 계약자적립액을 공제하도록 한 것으로 이해된다.

발생사고요소는 보험사고 발생 관련 부채뿐 아니라 계약자에게 배당하기 위하여 적립한 부채(계약자배당준비금, 계약자이익배당준비금 및 배당보험손실보전준비금)도 포함하는 개념이다.[18] 계약자적립액과 같이 감독규정 등에서 차용할 수 있는 다른 개념이 없는 발생사고요소는 감독회계상 금액(즉 IFRS 17의 발생사고요소)을 교육세법에서도 인정한다.[19]

비상위험준비금은 법인세법 제31조를 제1항을 따르고 있으며, IFRS 4 적용 시와 차이가 없다.

### (5) 교육세법상 보험료 수입금액의 계산

외형주의 과세체계인 교육세법에서 이자 등 과세표준을 계산할 때 특별한 정함이 없으면 관련 비용 등을 공제하지 않는다. 그러나 보험계약에 있어서 수입보험료 중 상당부분은 해약환급금, 보험금 등으로 법률상 보험계약자에게 지급할 의무가 있기 때문에 보험회사 몫이라고 할 수 없다. 이러한 이유로 계약자적립액, 발생사고요소 및 비상위험준비금으로 적립되는 금액 등을 공제하도록 하는 시행령 제5조 규정을 두고 있다.[20]

이때, 보험료의 수입과 보험금의 지급이 대응하지 않기 때문에 과세기간의 보험료에서 차감하는 계약자적립액, 발생사고요소 및 비상위험준비금의 적립금액을 계산하여 과세표준에서 제외하도록 하고 있다. 이때, 교육세법 시행령은 계약자적립액, 발생사고요소 등이 총액법으로 회계처리되는 점을[21] 고려하여 과세기간의 적립금액을 계산하는 다음의 산식을 두고 있다.

보험료에서 차감하는 계약자적립액 등
= 당기말 현재의 계약자적립액 등
　+ 당기 중에 만기 · 사망 · 해약 등으로 소멸된 계약자적립액 등
　− 전기말 현재의 계약자적립액 등
= **당기 계약자적립액 등 적립금액**

---

18) 배당 관련 부채의 회계상 계정 과목 처리를 발생사고요소로 하는 보험회사도 있지만 잔여보장요소로 하는 보험회사도 있다. 그러나 이러한 보험회사들의 실제 계정분류와 무관하게 교육세법상으로는 배당 관련 부채는 발생사고요소로 보도록 규정되어 있다.

19) 교육세법 시행령 제3조의2 제2호 나목의 정의가 IFRS 4 적용 시의 지급준비금을 정의한 법인세법 규정의 내용과 같다는 이유로 IFRS 4의 지급준비금으로 해석하는 견해도 있다.

20) 재보험료의 경우에도 재보험사가 위험을 부담하면서 얻는 수익에 해당하므로 보험회사의 몫이라고 할 수 없어서 차감하는 규정을 두고 있다.

21) 실무적으로 보험회사의 경우 최소 월별로 마감처리를 하게 되므로 계약자적립액, 발생사고요소 등의 잔액은 월단위로 산출된다.

상기 서식에서와 같이 교육세법 시행령은 가산과 관련되어 계약자적립액 등의 소멸 뿐 아니라 만기 · 사망 · 해약이라는 요건을 규정하고 있어 그 범위의 해석과 관련한 사건이 계속되고 있다.

그러나 당기말과 전기말 계약자적립액 등의 범위에 포함된 계약자적립액 등이 당기 중에 소멸하였음에도 그 사유에 따라 가산 여부를 달리 취급하는 것은 당기 적립금액을 계산하고자 하는 규정의 취지에 부합하지 않아 보인다. 또한, 시행령 규정이 "만기 · 사망 · 해약 등"으로 규정되어 있는 것을 볼 때 열거된 사유가 소멸사유를 예시한 것으로 해석될 수 있으므로 사유의 구분 없이 소멸된 계약자적립액 등을 가산하는 것이 적절한 것으로 생각된다.[22)]

---

22) 현재 대법원에 계류 중인 손해보험회사들을 원고로 하는 소송 사건에서도 고등법원 또한 상해 · 질병 등 보험사고의 발생으로 인하여 보험금이 지급됨으로써 소멸된 책임준비금도 교육세 과세표준에서 공제되어야 한다고 판결하였다(서울고등법원2021누48153, 2021.11.25. 등).

해당 사건에서 피고(국세청)은 장기손해보험에서 상해 · 질병의 보험금 지급사유가 발생하여 그에 대한 보험금이 지급되어도, 전손(全損)에 상당한 손해가 발생하여 계약이 소멸되지 않는 한, 보험가입금액에 대한 책임준비금 적립의무가 그대로 존재하므로, 지급준비금이 감소하지만 보험료적립금이 재적립된다는 전제하에 이중공제가 되어 부당하다는 취지의 주장을 하였다. 해당 주장의 근거는 아래 기획재정부 유권해석에 따른 것으로 이해된다.

> 기획재정부 금융세제과-239, 2018.07.02.
>
> 【질의】
>
> (사실관계)
>
> ○ 손해보험사인 A법인은 만기 · 사망 · 해약 등으로 지급사유가 발생한 보험계약에 대하여 보험업감독규정에 따라 적립한 책임준비금으로 보험금, 해약환급금 등을 지급
>
> – 이와 함께 A법인은 상해, 질병 등 장기손해보험의 보험사고 발생으로 보험금을 기중에 지급한 경우 책임준비금을 소멸시키고 발생한 보험사고에 대해 재차 책임준비금을 설정
>
> ○ 2017.11.30. A법인은 「교육세법 시행령」제5조제2호가목의 보험료 수익금액에서 공제하는 '만기 · 사망 · 해약 등으로 소멸된 책임준비금'에 '상해 · 질병으로 소멸된 책임준비금'이 포함된다고 판단
>
> – 기 신고된 교육세 과세표준 포함액 중 상해, 질병 등 보험사고 발생으로 소멸된 책임준비금을 제외하는 취지의 경정청구를 신청
>
> (질의요지)
>
> ○ 교육세 과세표준 계산시 보험료 수익금액에서 공제되는 교육세법 시행령 제5조제2호가목의 '만기 · 사망 · 해약 등으로 소멸된 책임준비금 해당액'에 '상해, 질병 등 사망이외의 보험사고 발생으로 소멸되는 책임준비금'이 포함되는지 여부
>
> 【회신】
>
> 교육세 과세표준 계산시 보험료 수익금액에서 제외되는 「교육세법 시행령」 제5조제2호가목의 '만기 · 사망 · 해약 등으로 소멸된 책임준비금 해당액'은 만기 · 사망 · 해약 등으로 책임준비금 적립의무가 소멸되는 경우를 의미함

그러나 고등법원은 지급보험금과 보험료적립금은 양자의 성격이 다르기 때문에 재적립으로 볼 수 없고, 장기손해보험의 특성상 개별 보험계약자에게 전손에 상당한 손해가 발생하지 아니하여 책임준비금 적립의무가 존재하더라도 보험집단 기준으로 보면 보험금을 지급함에 따라 예견되는 위험과 관련 책임준비금 적립액이 낮아지게 될 것이므로 이중의 공제가 발생한다고 보기 어렵다고 판시하였다.

# 보론 : 변액보험 특별계정의 세법상 취급과 관련 유권해석 등의 정리

변액보험에서 발생하는 손익은 전부 계약자적립액으로 적립되고, 보험계약자에게 귀속되는 것이 원칙이며, 자본시장법 등에서 투자신탁으로 의제된다. 그러나 세법에서는 변액보험에서 발생한 손익에 대하여서도 보험회사의 익금과 손금이 될 뿐만 아니라 교육세 과세표준에도 포함하고 있다. 본 보론에서는 변액보험과 관련하여 세제상 취급과 그와 관련된 유권해석, 판례 및 입법례를 정리하고자 한다.

## 1. 법인세법 제5조 제4항

법인세법 제5조는 신탁소득의 귀속에 관하여 규정하고 있다. 신탁소득은 원칙적으로 신탁의 이익을 받을 수익자가 그 재산을 가진 것으로 보고 법인세법을 적용한다. 이때, 같은 조 제4항에서는 "자본시장법의 적용을 받는 법인의 신탁재산에 귀속되는 수입과 지출은 그 법인에 귀속되는 수입과 지출로 보지 아니한다."라고 규정하면서 보험회사의 특별계정은 적용대상에서 제외하고 있다.

이를 문리해석하면 보험회사의 특별계정에 귀속되는 수입과 지출은 보험회사에 귀속되는 수입과 지출로 보아 법인세 과세표준과 세액을 계산하여야 한다.

### (1) 변액보험 관련 자산의 평가손익

변액보험 특별계정의 자산에 관하여서도 자산 · 부채의 평가 대상으로 규정하고 있으며, 시가법을 선택하여 평가할 수 있도록 특별히 정하고 있다.

❏ **법인세법 시행령 제73조【평가대상 자산 및 부채의 범위】**

법 제42조 제1항 제2호에서 "재고자산(在庫資産) 등 대통령령으로 정하는 자산과 부채"란 다음 각 호의 것을 말한다.

1. 다음 각목의 1에 해당하는 재고자산
   가. 제품 및 상품(부동산매매업자가 매매를 목적으로 소유하는 부동산을 포함하며, 유가증권을 제외한다)
   나. 반제품 및 재공품
   다. 원재료
   라. 저장품

2. 다음 각 목의 어느 하나에 해당하는 유가증권 등
   가. 주식 등
   나. 채권
   다. 「자본시장과 금융투자업에 관한 법률」 제9조 제20항에 따른 집합투자재산
   라. 「보험업법」 제108조 제1항 제3호의 특별계정에 속하는 자산

**❑ 법인세법 시행령 제75조【유가증권 등의 평가】**

① 제73조 제2호 가목 및 나목에 따른 유가증권의 평가는 다음 각 호의 방법 중 법인이 납세지 관할세무서장에게 신고한 방법에 의한다.
   1. 개별법(채권의 경우에 한한다)
   2. 총평균법
   3. 이동평균법
   4. (삭제, 2009. 2. 4.)

② 제74조 제3항 내지 제6항의 규정은 제73조 제2호 가목 및 나목에 따른 유가증권의 평가에 관하여 이를 준용한다. 이 경우 제74조 제4항 중 "선입선출법"은 "총평균법"으로, 동조 제6항 중 "재고자산평가조정명세서"는 "유가증권평가조정명세서"로 본다.

③ 투자회사등이 보유한 제73조 제2호 다목의 자산은 시가법에 따라 평가한다. 다만, 「자본시장과 금융투자업에 관한 법률」 제230조에 따른 환매금지형집합투자기구가 보유한 같은 법 시행령 제242조 제2항에 따른 시장성 없는 자산은 제1항 각 호의 어느 하나에 해당하는 방법 또는 시가법 중 해당 환매금지형집합투자기구가 법 제60조에 따른 신고와 함께 납세지 관할 세무서장에게 신고한 방법에 따라 평가하되, 그 방법을 이후 사업연도에 계속 적용하여야 한다.

④ 보험회사가 보유한 제73조 제2호 라목의 자산은 제1항 각 호의 어느 하나에 해당하는 방법 또는 시가법 중 해당 보험회사가 법 제60조에 따른 신고와 함께 납세지 관할세무서장에게 신고한 방법에 따라 평가하되, 그 방법을 이후 사업연도에도 계속 적용하여야 한다.

시가법을 적용하는 범위에는 특별계정내 외화유가증권의 외화환산손익은 평가손익에 포함된다.

**❑ 기획재정부 법인세과-275, 2010.3.30.**

「보험업법」에 따른 보험회사가 「법인세법 시행령」(2009.2.4. 대통령령 제21302호로 개정된 것) 제73조 제2호 라목 및 제75조 제4항에 따라 「보험업법」 제108조 제1항 제3호의 특별계정에 속하는 자산을 시가로 평가하는 경우 해당 특별계정 내 외화유가증권의 외화환산손익은 그 시가평가액에 포함되는 것이며, 동 규정에 따른 시가평가는 특별계정 내 모든 자산에 대하여 적용할 수 있는 것임.

### (2) 외국납부세액공제

변액보험에서 발생한 외국납부원천세액에 대해서도 보험회사가 법인세법 제57조에 따른 외국납부세액공제를 적용할 수 있다.

❑ 기준-2020-법령해석국조-0164, 2020.08.07.

보험업을 영위하는 내국법인이 변액보험의 특별계정에 예치되는 보험료를 국외에서 운용함에 따라 발생한 국외원천소득에 대하여 외국에 납부한 세액이 있더라도 해당 외국납부세액에 대해서는 법인세법 제57조의2 제3항에 따른 외국납부세액공제를 적용받을 수 없는 것이며, 법인세법 제57조에 따른 외국납부세액공제 대상임.

책임준비금은 국외원천투자소득에서 차감하여야 하는 국외원천소득대응비용에 해당하지 않는다.

❑ 기획재정부 국제조세제도과-40, 2022.01.25

보험사업을 하는 내국법인이 해당 사업연도의 소득금액 계산 시 「법인세법」 제30조에 따라 손금에 산입하는 책임준비금은 그 내국법인이 국외에 투자하여 얻은 국외원천투자소득과 관련하여 「법인세법」 제57조 제1항 및 같은 법 시행령 제94조제2항에 따라 외국납부세액 공제한도를 계산할 때 국외원천투자소득에서 차감하여야 하는 국외원천소득대응비용에 해당하지 않음.

## 2. 교육세 과세표준의 계산

변액보험 특별계정의 수입보험료 등은 보험회사의 교육세 과세대상에 해당한다.

❑ 대법원2014두13140, 2015.02.12. 판결 요지

[1] 구 교육세법(2010.12.27. 법률 제10407호로 개정되기 전의 것, 이하 '구 교육세법'이라 한다) 제5조 제1항 제1호, 제3항, 구 교육세법 시행령(2009.2.4. 대통령령 제21296호로 개정되기 전의 것, 이하 '구 교육세법 시행령'이라 한다) 제4조 제1항, 제2항의 문언 내용과 취지 및 체계 등에 비추어 보면, 순자산을 증가시키는 거래로 인하여 발생하는 수익금액으로서 '구 교육세법 제5조 제3항, 구 교육세법 시행령 제4조 제1항 각 호에 해당하는 금융 · 보험업자의 수익금액'은 '구 교육세법 시행령 제4조 제2항 각 호에서 교육세 과세표준에 산입하지 아니하도록 규정한 수익금액'에 해당하지 않는 이상 원칙적으로 교육세 과세표준에 산입되어야 한다.
이러한 법리에 비추어 살펴보면, 보험금이 자산운용의 성과에 따라 변동하는 변액보험의 특별계정에 예치되는 보험료와 보험료를 운용하여 발생한 수익은 구 교육세법 제5조 제3항이 규정한 보험업자가 수입한 '보험료'와 구 교육세법 시행령 제4조 제1항 제8호가 규정한 '기타 영업수익 및 영업 외 수익'에 해당할 뿐 구 교육세법 시행령 제4조 제2항 각 호가 규정한 수익금액에는 해당하지 아니하므로, 보험업자의 교육세 과세표준에 산입되어야 한다.

〔2〕 구 간접투자자산 운용업법(2007.8.3. 법률 제8635호로 제정되어 2009.2.4.부터 시행된 자본시장과 금융투자업에 관한 법률 부칙 제2조로 폐지, 이하 '구 간접투자법'이라 한다) 제135조 제1항, 자본시장과 금융투자업에 관한 법률 제251조 제1항은 변액보험의 특별계정을 집합투자기구의 하나인 투자신탁으로 보도록 규정하고 있으나, 이는 투자자 보호와 함께 동일한 성격의 금융투자상품에 대한 통일적 규제 등을 위하여 마련된 것일 뿐이므로 그로써 바로 과세상의 취급까지 결정되는 것은 아니다. 오히려 변액보험 특별계정의 보험료나 보험료를 운용하여 발생한 수익도 특별한 사정이 없는 한 일반보험과 마찬가지로 보험계약에서 정하는 바에 따라 보험계약자에 대한 해약환급금이나 보험수익자에 대한 보험금 등으로 지급될 때 비로소 이들에게 귀속된다고 보아야 하는 점, 법인세법 제5조 제2항이 구 간접투자법 등의 적용을 받는 법인의 신탁재산에 귀속되는 수입과 지출을 법인에 귀속되는 수입과 지출로 보지 아니하도록 하는 특례를 규정하면서도 변액보험의 특별계정에 귀속되는 수입과 지출은 특례대상에서 제외하여 법인에 귀속되는 것으로 규정하고 있는 점, 구 교육세법(2010.12.27. 법률 제10407호로 개정되기 전의 것)이나 구 교육세법 시행령(2009.2.4. 대통령령 제21296호로 개정되기 전의 것)에서도 변액보험의 특별계정에 속하는 수익금액을 교육세의 과세표준에서 제외하는 별도의 규정을 두고 있지 아니한 점 등에 비추어 보면, 구 간접투자법 제135조 제1항 등의 규정이 있다는 사정만으로 변액보험 특별계정에 예치되는 보험료와 보험료를 운용하여 발생한 수익을 교육세의 과세표준에서 제외할 수는 없다.

변액보험계약을 위한 특별계정에 속하는 자산의 평가에서 주식 등의 가치 상승 또는 하락으로 발생한 이익 또는 손실의 경우 그 이익 또는 손실로 증감된 계약자적립액 상당액만큼 수익금액에 포함(교육세법 시행령 제4조 제1항 제7호의2)하거나 공제되는 계약자적립액에 가산(교육세법 시행령 제5조 제2호 다목)함으로써 과세표준이 변경되지 않도록 개정되었다.

12

MEMO

MEMO

MEMO

MEMO

MEMO

MEMO

MEMO